Daniel Wanke
Das Kreuz Christi bei Irenäus von Lyon

Beihefte zur Zeitschrift für die neutestamentliche Wissenschaft

und die Kunde der älteren Kirche

In Verbindung mit
James D. G. Dunn · Richard B. Hays
Hermann Lichtenberger
herausgegeben von
Michael Wolter

Band 99

Walter de Gruyter · Berlin · New York
2000

Daniel Wanke

Das Kreuz Christi bei Irenäus von Lyon

Walter de Gruyter · Berlin · New York
2000

♾ Gedruckt auf säurefreiem Papier,
das die US-ANSI-Norm über Haltbarkeit erfüllt.

Die Deutsche Bibliothek — CIP-Einheitsaufnahme

Wanke, Daniel:
Das Kreuz Christi bei Irenäus von Lyon / Daniel Wanke. — Berlin ;
New York : de Gruyter, 2000
 (Beihefte zur Zeitschrift für die neutestamentliche Wissenschaft ; Bd.
 99) Zugl.: Mainz, Univ., Diss., 1998 ISBN 3-11-016606-2

Printed in Germany
Druck: Werner Hildebrand, Berlin
Buchbinderische Verarbeitung: Lüderitz & Bauer-GmbH, Berlin

Vorwort

Die vorliegende Arbeit ist die überarbeitete, kräftig abgespeckte und um ein Register erweiterte Fassung meiner Dissertation. Selbige wurde im Dezember 1996 am Fachbereich Evangelische Theologie der Johannes Gutenberg-Universität Mainz eingereicht und im Juli 1998 angenommen. Nach absolvierter theologischer Anstellungsprüfung konnte ich im Herbst 1999 die Druckvorlage fertigstellen. Dem erwähnten Rotstift fiel vor allem das Schlußkapitel zum Opfer, das die historische Situation von Advesus haereses zu ergründen sucht und in der Zeitschrift für Antikes Christentum als Aufsatz erschienen ist. Darüber hinaus habe ich zahlreiche Textzitate, Zitate aus der Literatur und Exkurse zu Kreuzesaussagen anderer christlicher Autoren des 2. Jahrhunderts weglassen oder extrem zusammengestrichen. Die Arbeit ist dadurch hoffentlich lesbarer geworden; in jedem Fall ist die Irenäus-Darstellung voll verständlich geblieben. Aufgrund beruflicher und familiärer Anforderungen konnte ich das Literaturverzeichnis nur geringfügig aktualisieren.

Zu danken habe ich allen, die zum Entstehen des Buches beigetragen haben: Mein Mainzer Chef Professor Dr. Gerhard May hat mich als wissenschaftlicher Mitarbeiter eingestellt, mir alle Freiheit beim Forschen gelassen und das Erstgutachten geschrieben. Professor Dr. Markus Vinzent hat als Lehrstuhlvertreter in Mainz das Zweitgutachten verfaßt und wertvolle Hinweise für die Überarbeitung beigesteuert. Professor Dr. Michael Wolter und den Herausgebern der BZNW danke ich für die Aufnahme der Arbeit in die Reihe, allen zuständigen Kräften beim Verlag de Gruyter für die verständnisvolle Zusammenarbeit.

Besonders danke ich an dieser Stelle allen Freunden und Kollegen, die mir mit Rat und Tat, nicht zuletzt beim Lesen der Korrekturen, zur Seite gestanden haben, allen voran Herrn Dr. Rüdiger Warns, mit dem ich lange und gewinnbringende Gespräche nicht nur zum Thema der Arbeit führen und an seinem unerschöpflichen Wissen über die Alte Kirche partizipieren durfte.

Mein größter Dank gilt jedoch meiner Frau Eva-Kathrin Siemoneit-Wanke. Sie hat neben ihrem eigenen Examen stets die Kraft und die Zeit gefunden, mir zuzuhören, ungezählte Entwürfe kritisch zu lesen und das ganze „Unternehmen Irenäus" liebevoll zu begleiten. Ihr gehört dieses Buch.

Lindau (Bodensee), im Dezember 1999   Daniel Wanke

Hinweise zur Zitation

Die *Schriften des Irenäus* werden wie folgt zitiert: Bei der *Epideixis* (*epid*) erfolgt nach der Stellenangabe in Klammern ein doppelter Seitenzahlenhinweis. Der erste bezieht sich auf Adelin Rousseaus neueste kritische Ausgabe in SC 406, der zweite auf die neueste deutsche Übersetzung in FC 8/1. *Adversus haereses* (*haer*) zitiere ich nach SC, wobei ich die lateinische Orthographie vereinheitlicht habe (*v* = *v*; *j* = *i*). Nach der Stellenangabe folgt in Klammern der Hinweis auf Seiten-und Zeilenzahl. Ich gebe immer zuerst den lateinischen Text an; wenn der Text auch griechisch überliefert ist, nenne ich dessen Stellenangabe anschließend nach dem Schrägstrich. Um den Anmerkungsapparat nicht übermäßig zu strapazieren, gebe ich beim Verweis auf Parallelbelege nicht immer die äußere Zitation an.

Alle *übrigen Quellenschriften* werden nach den Abkürzungsverzeichnissen der Lexika von Lampe (griechisch christlich), Blaise (lateinisch christlich), Liddell/Scott/Jones (griechisch nichtchristlich) und Glare (lateinisch heidnisch) zitiert, die benutzte Edition nach der Seiten- und Zeilenangabe (so vorhanden) jeweils mit der Abkürzung der Quellenreihe bzw. mit dem Namen des Herausgebers vermerkt (diese sind im Quellenverzeichnis kursiviert). Quellen (v.a. apokryphe und jüdische Literatur), die in diesen Lexika nicht vorkommen, kürze ich entweder nach Schwertner, IATG^2 ab, oder gebe ihnen eigene Abkürzungen, die ich im Quellenverzeichnis aufführe. Für die biblischen Bücher verwende ich die Abkürzungen der Loccumer Richtlinien, für die Schriften aus Nag Hammadi die bei Schenke, *Nag Hammadi*, 732f genannten.

Bei Verweisen auf und Zitaten aus *Sekundärliteratur* verwende ich *Kurztitel*, die im Literaturverzeichnis durch Kursivierung gekennzeichnet sind.

Inhaltsverzeichnis

Einleitung: Thema, Quellen und Aufbau der Arbeit

... et ipsi autem haeretici crucifixum confitentur (haer V 18,1).
Wenn Irenäus von Lyon in seiner fünfbändigen „Bloßstellung und Widerlegung der fälschlich so benannten Gnosis"[1] erwähnt, daß auch „die Häretiker den Gekreuzigten bekennen", so ist dies keineswegs selbstverständlich. Das Bekenntnis des Gekreuzigten, das Irenäus mit seinen Gegnern teilt, scheint dem im Titel seines Werkes formulierten Programm eher zuwiderzulaufen, und dies um so mehr, als jenes Bekenntnis nicht irgendein Adiaphoron zum Inhalt hat, sondern eine, wenn nicht *die* zentrale Grundaussage des christlichen Glaubens.[2]

Welche Gründe hatte Irenäus, daß er Christen, die wie er den Gekreuzigten bekannten, *trotz* dieser (zumindest auf den ersten Blick) fundamentalen Übereinstimmung im gleichen Atemzug als „Häretiker" bezeichnete? Dachten die „Häretiker" bei ihrem Bekenntnis des „Gekreuzigten" inhaltlich an etwas völlig *anderes* oder an einen ganz *anderen* „Gekreuzigten" als Irenäus, und wollte er sie aus diesem Grund als „Häretiker" entlarven?[3] Oder bestand für Irenäus deshalb theologischer und, als Folge davon, möglicherweise auch kirchenpolitischer Handlungsbedarf, weil seine Gegner mit ihm im Bekenntnis des „Gekreuzigten" *inhaltlich* zwar übereinstimmten, ihre übrige theologische Weltsicht nach Irenäus' Meinung jedoch falsch und *durch* jenes gemeinsame Bekenntnis als Irrlehre nicht mehr erkennbar war? Die Valentinianer beispielsweise traten in Kirchen auf, predigten dort und beschwerten sich

---

1 S. haer V pr. (12,16f); vgl. haer II pr. 2 (24,31-33); III pr. (16,7-18,18); IV pr. 1 (382,1-3); epid 99 [218/96]); Eus., h.e. V 7,1 (440,4f GCS). – Zur Aufnahme von 1Tim 6,20 im Titel von haer s. Noormann, *Paulusinterpret*, 71-73; ferner Brox, Γνωστικοί, 108; Benoît, *Introduction*, 152-158.

2 Allgemein zur Kreuzigung Jesu und zur theologischen Kreuzesinterpretation der ntl. Schriften sowie zur Kreuzesstrafe und zur Kreuzesterminologie in der heidnischen und jüdischen Antike: Zöckler, *Kreuz*, 7-118; Schneider, *ThWNT 7*, 572-584; Brandenburger, Σταυρός, passim; Kuhn, *ZThK 72*, 3-11.19-46 (Lit.); ders., *Kreuzesstrafe*, passim (Lit.); ders., *Giv'at hat-Mivtar*, passim; Hengel, *Mors*, passim; ders., *Crucifixion*, passim; Weber, *Kreuz*, passim; Reijners, *Terminology*, 1-18.

3 Vgl. Böhlig, *Lichtkreuz*, 473f: „Die Existenz eines Kreuzes wird eigentlich überall anerkannt. Aber in Frage steht, was für ein Kreuz das ist. Ist es wirklich das Kreuz von Golgatha? Genügt vielleicht eine neue Interpretation? Oder gibt es nicht sogar zwei Kreuze, das eine auf Golgatha, das andere im Kosmos?"

„auch über uns, daß wir, obwohl sie das gleiche wie wir dächten, uns ohne Grund des Umgangs mit ihnen enthielten, und wir sie, obwohl sie dasselbe sagten und dieselbe Lehre hätten, als Häretiker bezeichneten".[4] Eine strikte Unterscheidung von „Orthodoxie" und „Häresie", ein „Gegensatz von Falsch und Richtig"[5] lag den Gegnern des Irenäus demnach fern – und schon deshalb hielt es Irenäus für geboten, Grenzen zwischen „Orthodoxie" und „Häresie" zu ziehen, und zwar erstmals wirklich eindeutig, was ihm bislang trotz eigener Bemühungen und der Vorarbeiten anderer noch nicht hinreichend erfolgt zu sein schien.[6]

Bereits Justin[7] war ungefähr zwanzig Jahre früher mit einem ähnlichen Problem wie Irenäus konfrontiert: Es gibt „Wölfe im Schafspelz"[8], „die sich selbst als Christen ausgeben und den gekreuzigten Jesus als Herrn und Christus bekennen, die zugleich aber nicht seine, sondern die Lehren lügenhafter

---

4   Haer III 15,2 (280,36-40); vgl. auch Ptol., ep. 5,9 (64 SC). Ich nehme im folgenden Irenäus' Terminologie auf und lasse die Anführungszeichen bei Häresie, häretisch etc. weg, ohne damit selbst eine theologische bzw. historische Wertung abzugeben. Zum Häresiebegriff s. Bauer, *Rechtgläubigkeit*, 1-5; Altendorf, *Rechtgläubigkeit*, 64-74 (v.a. 68); Elze, *Häresie*, passim; Brox, *Häresie*, 248-297 (Lit.); ders., *Offenbarung*, 12f (Lit.); Benoît, *Les conceptions*, passim; Fantino, *La théologie*, 38-49. Zum Begriff Γνωστικοί, den Irenäus auch zur Bezeichnung der häretischen Strömungen insgesamt verwendet, s. Hilgenfeld, *Ketzergeschichte*, 342-345; Brox, Γνωστικοί, 105-114; ders., *Offenbarung*, 12f.299f (Lit.); Rudolph, *Gnosis*, 221-223; Smith, *Gnostikos*, passim; McGuire, *Valentinus*, 248; Edwards, *Gnostics*, 26-30; Logan, *Truth*, 3-11; SC 263, 299f. Zum Gnosisbegriff s. Jonas, *Gnosis I*, 1-91; Haardt, *Gnosis*, 9-29; Grant, *Gnosticism*, 6-13; Colpe, *Vorschläge*, passim; ders., *Gnosis II*, passim (Lit.); Rudolph, aaO, 60-65; Berger, *TRE 13*, passim (Lit.); Wilson, *TRE 13*, passim (Lit.); Markschies, *Art. Gnosis/Gnostizismus*, 868-871 (Lit.); ders., *Krise*, 1f¹; Logan, aaO, xix-xx; Langerbeck, *Anthropologie*, 38-46; Aland, *Christentum*, passim; Schenke, *Problem*, passim (v.a. 75-77); Tiessen, *Irenaeus*, 35-38; Fantino, aaO, 135-152 (Lit.).
5   Koschorke, *Polemik*, 183; s. aaO, 232f.237f u.ö.
6   S. haer IV pr. 2 (382,11-384,19) und dazu Koschorke, *Polemik*, 242-246 (mit Lit.): Haer IV pr. 2 ist ein wichtiger Beleg für die „spezifische *sachliche Unterschiedenheit* [sc. des gnostischen Christentums] gegenüber dem Gemeindechristentum *und* zugleich seine – von orthodoxer Seite so vehement beklagte – *äußere Ununterscheidbarkeit*" (aaO, 246). – Zum (noch nicht unterschiedenen bzw. noch nicht unterscheidbaren geschweige denn entschiedenen) Nebeneinander von „Orthodoxie" und „Häresie" in der frühen Christenheit s. Bauer, *Rechtgläubigkeit*, passim (v.a. 6-135.172-177.193-197); Elze, *Häresie*, 397-409; Koschorke, aaO, 175-185.220-255; Vallée, *Polemics*, 11; ders., *Motives*, 174f; Böhlig, *Bedeutung*, 163-171; Pagels, *Views*, 288 (das letzte Votum von H. Koester aus der Debatte im Anschluß an Pagels' Vortrag); McCue, *Orthodoxy*, passim; Norris, *Theology*, 286-288; Grant, *Heresy*, 1-13.
7   S. v.a. dial. 35,2-8 (131f Goodsp.).
8   Dial. 35,3 (zit. Mt 7,15); vgl. Iren., haer I pr. 2 (22,29-33/21f,29-34).

Geister lehren".[9] „Mit keinem von ihnen haben wir Gemeinschaft, weil wir
wissen, daß sie gottvergessen, gottlos, ungerecht und gesetzlos sind und an-
statt Jesus zu verehren, ihn allein dem Namen nach bekennen".[10]

Justin konzentriert sich im *Dialog* auf die für die theologische Diskussion
zwischen Juden und Christen entscheidende Frage nach der *Messianität* des
gekreuzigten Jesus. Er streicht immer wieder heraus, daß die Kreuzigung Jesu
durch Mose und die Propheten als Heilstat Gottes angekündigt und von Gott
selbst, seinen Verheißungen entsprechend, erfüllt wurde. Justin will damit
zeigen, daß das Handeln Gottes an Israel und die Botschaft seiner Propheten
mit der Person und dem gesamten Wirken Jesu einen heilsgeschichtlichen
Zusammenhang bilden. Die Kreuzigung Jesu – und darauf läuft Justins Argumentation im *Dialog* letztendlich hinaus – widerspricht dem nicht, im
Gegenteil: sie ist der sichtbare Beweis dafür, daß Jesus vom Gott Israels als
Messias zu allen Menschen gesandt wurde.

Mit dieser Argumentation verfolgt Justin ein zweites Ziel. Er will nicht
nur die Juden von der Messianität des Gekreuzigten überzeugen, sondern er
gibt zugleich *eindeutig* zu verstehen, daß das Bekenntnis des Gekreuzigten
stets das Bekenntnis zu dem einen Gott und Schöpfer der Welt, wie er von
den Propheten Israels und von Jesus selbst verkündigt wurde, notwendig einschließt. Genau dies wurde jedoch zur Zeit Justins von bestimmten, zum Teil
äußerst einflußreichen christlichen Gruppen bestritten. Für *Markion* war das
Bekenntnis zum Gekreuzigten mit dem Bekenntnis zum Schöpfergott des alttestamentlichen Gesetzes unvereinbar. Der gekreuzigte Jesus galt ihm als Offenbarer eines anderen, unbekannten, ganz und gar guten Gottes, der über
dem unvollkommenen Demiurgen steht, sich in seinem Wesen völlig von
diesem abhebt und den Menschen erst von Jesus bekannt gemacht wurde.
Konsequenterweise lehnte Markion die Schriften des Alten Bundes gänzlich
ab und stellte ein eigenes „Neues Testament" auf, das nur ausgewählte und
von jüdisch-gesetzlichen Tendenzen gereinigte Schriften „des" Apostels Paulus und des Evangelisten Lukas enthielt.[11] Weniger extrem, aber tendenziell
gleich verfuhren andere, die „den gekreuzigten Jesus als Herrn und Christus"

---

9 Dial. 35,2 (130 Goodsp.); vgl. dial. 35,7. Zu den Irrlehren zählt Justin unterschiedliche
Formen der Lästerung des Weltschöpfers und des von ihm angekündigten Christus.
10 Dial. 35,5 (131 Goodsp.). Unter diese Gruppen rechnet Justin die „Markianer, die Valentinianer, die Basilidianer, die Satornilianer" und andere (dial. 35,6 [131 Goodsp.]); s. Le
Boulluec, *La notion*, 60-62.68f.79-91. Zu Justins Kreuzesverständnis s. Fédou, *La vision*,
36-107.
11 S. dazu Kinzig, *Title*, 519-544.

bekannten[12], wenn sie die alttestamentlichen Schriften zwar beibehalten, aber im Sinne eines (je unterschiedlich stark akzentuierten) theologischen Dualismus verstanden wissen wollten.

Mit diesem mehr oder weniger offen geführten Angriff auf den Gott Israels und die Heiligen Schriften des Alten Bundes stand für Christen wie Justin die Existenz der Kirche auf dem Spiel. Konnte Außenstehenden in der Mitte des 2. Jh.s das Bekenntnis zum Gekreuzigten als untrügliches Erkennungsmerkmal der Christen gelten, so war es umgekehrt *innerhalb* des Christentums offensichtlich weder möglich, mit Hilfe dieses Bekenntnisses präzise und hinreichend zwischen „wahren" und „falschen" Christen zu differenzieren, noch half es, die *Einheit* der Kirche zu sichern. Spätestens der spektakuläre Bruch Markions mit der römischen Gemeinde im Jahre 144 n.Chr.[13] – um das in seinen Auswirkungen bedeutsamste Beispiel zu nennen – hatte sichtbar vor Augen geführt, daß man am Bekenntnis zum Gekreuzigten festhalten, gleichzeitig jedoch bestimmte „traditionelle" Inhalte des christlichen Glaubens über Bord werfen und auf dieser Basis mit Erfolg eine eigene Kirche gründen konnte. Auch die anderen Christen, die das Bekenntnis zum Gekreuzigten mit theologischen Aussagen in Einklang zu bringen suchten, welche mit dem Verständnis Gottes als des *einen* Schöpfers nicht verbunden waren, traten, obwohl sie einen ähnlichen Schritt wie Markion nicht wagten oder wagen wollten, je länger je mehr in das Bewußtsein von Leuten wie Justin oder Irenäus.[14]

Summa: Das Problem, ob das Bekenntnis zu Gott, dem Schöpfer der Welt, notwendig zum Bekenntnis des gekreuzigten Messias Jesus führt, stellte Mitte des 2. Jh.s den Hauptstreitpunkt in der theologischen Auseinandersetzung zwischen Christen und Juden dar. Demgegenüber stand innerhalb des Christentums zur Debatte, ob das Bekenntnis zum Gekreuzigten das Bekenntnis zu dem *einen* Gott und Schöpfer notwendig voraussetzt und es einschließt. Die positive Beantwortung dieser Frage wurde für Justin oder Irenäus zum einen dadurch erschwert, daß die meisten ihrer Gegner die Schriften des Alten Testaments ganz oder teilweise akzeptierten und sich bewußt auf sie bezogen (wie z.B. Ptolemäus in seinem Brief an Flora), woraus die fundamenta-

---

12 Just., dial. 35,2 (130 Goodsp.).
13 Vgl. haer III 4,3 (50,57-52,59); Tert., Praescr. 30,1f (126f,1-10 SC); Marc. I 19,1 (186,9-17 SC); dazu von Harnack, *Marcion*, 18*-20*; Lampe, *Christen*, 203f.207.212.
14 Irenäus stellt das Gespräch mit den Juden vollständig hinter die *innerkirchliche* Auseinandersetzung zurück, ja er minimalisiert die Juden sogar zu einer kleinen Gruppe unter vielen (und viel gefährlicheren) christlichen Häresien (s. haer IV 33,1-7 [802,1-816,127/810,1-5; 816,1-10]).

le theologische Frage nach den *hermeneutischen Kriterien* der Schriftinterpretation erwuchs. Zum anderen stellte sich das kaum leichter zu lösende Problem, daß sich die unterschiedlichen Gottesbilder (sowohl der Häretiker als auch des Justin oder des Irenäus) auf nahezu alle theologische Einzelfragen direkt oder indirekt auswirkten. Um die Häretiker erfolgreich bekämpfen zu können, mußten nicht nur diese Konsequenzen, sondern auch ihre Voraussetzungen aufgespürt und durch eine *positive*, gleichermaßen umfassende Darstellung einer „orthodoxen" Theologie widerlegt werden.

Irenäus von Lyon war, wie angedeutet, nicht der erste, der sich dieser Aufgabe gestellt hat. Aber bei ihm wird (für uns heute) zum ersten Mal der Versuch greifbar, das Problem der christlichen Häresien in umfassender Weise anzugehen. Er hat es zum einen in Angriff genommen, die Aussagen der Häretiker, soweit sie ihm bekannt waren, erschöpfend darzustellen und die darin angelegten theologischen Grund- und Folgeprobleme im Ganzen wie im Detail zu durchdringen. Irenäus hat es zum anderen verstanden – und darin besteht seine besondere Leistung –, die Kreuzigung Jesu Christi mit dem „traditionellen" Verständnis des Heilshandelns Gottes als des einen Schöpfers so ins Verhältnis zu setzen, daß das Kreuz und der alttestamentliche Gottes- und Schöpfungsbegriff einander theologisch bedingen und auslegen. Dies hat wiederum zur Folge, daß das Kreuz in nahezu allen wichtigen Teilaspekten der irenäischen Theologie eine konstitutive Funktion besitzt.

Die beiden *Hauptquellen*, die der vorliegenden Untersuchung zugrundeliegen, die fünf Bücher Ἔλεγχος καὶ ἀνατροπὴ τῆς ψευδωνύμου γνώσεως[15] und die Ἐπίδειξις τοῦ ἀποστολικοῦ κηρύγματος[16], zeichnen sich durch ihre je unterschiedliche Charakteristik aus.

Haer ist durch und durch von der Auseinandersetzung mit den (gnostischen) Häresien geprägt. Der Adressat, der anonym bleibt[17], hatte „schon

---

15 Vgl. oben S. 1 Anm. 1.

16 „Darlegung/Erweis der apostolischen Verkündigung", s. Eus., h.e. V 26,1 (498,10f GCS): εἰς ἐπίδειξιν τοῦ ἀποστολικοῦ κηρύγματος.

17 S. haer I pr. 2 (22,37-42/22f,37-42; 24,50f/24,49-51); II pr. 1 (22,1-5) u.ö. Irenäus hat seinen Adressaten persönlich gekannt, wofür v.a. spricht, daß er mit der Abfassung von haer einer Bitte nachkommt (s.u. S. 6 Anm. 18 sowie Wanke, *Rom*, passim). Dazu paßt die typisch rhetorische Beteuerung, Irenäus sei als Redner und Schriftsteller unbegabt (vgl. haer I pr. 3 [24,56-26,63/25f,55-62]; s. Grant, *Culture*, 47-51; dazu Schoedel, *Philosophy*, 27), sowie seine Intention, das Werk einer breiteren Öffentlichkeit zugänglich zu machen (s.u. die angegebenen Texte S. 6 Anm. 24). Anders Vallée, *Motives*, 174: „The ‚friend' might be fictious, or stand for a segment of Irenaeus's community which was disturbed by Gnostic agitations and wished to be in a better position to discern among those teachings and defend itself".

lange den Wunsch gehegt", die Lehren der Häretiker kennenzulernen[18], und
Irenäus offensichtlich darum gebeten[19], seiner Unwissenheit abzuhelfen.
Nach haer I pr. 2[20] will Irenäus „über die Ansicht derer kurz und einleuch-
tend ... berichten, die gegenwärtig Falsches lehren, nämlich über die um Ptolemäus, eine Blüte der Schule Valentins", und in mehreren Anläufen[21] das nö-
tige Handwerkszeug liefern[22], mit dessen Hilfe die Häretiker entlarvt, zum
Glauben der Kirche bekehrt und die Gemeindeglieder – nicht zuletzt die
Neugetauften[23] – im Glauben gefestigt werden können.[24] Wenn Irenäus, über
die Bitte seines Adressaten hinausgehend, außer der Ptolemäischen Gnosis
noch eine Reihe anderer häretischer Lehrmeinungen behandelt, so verfolgt er
damit ein doppeltes Ziel. Zum einen will er durch eine Genealogie der Häresien, die er mit Simon Magus beginnen läßt (haer I 23,1-31,2), zeigen, daß die
häretischen Gruppen allesamt „jünger" als die apostolische Kirche sind und
ihre Lehren somit nicht auf Christus bzw. die Apostel zurückführen können.
Zum anderen hebt er die zahlreichen Widersprüche zwischen den einzelnen
Häresien hervor und stellt sie der einheitlichen Lehre der Kirche gegenüber.

Irenäus richtet *epid* an seinen Freund Marcianus, von dem er momentan
räumlich getrennt ist. Der ausdrückliche Hinweis auf haer in epid 99[25] belegt,
daß epid einige Zeit *nach* haer entstanden ist. Marcianus dürfte haer entweder
gekannt oder eine Abschrift von haer besessen haben. Weitere Nachrichten
über Marcianus fehlen. Ziel von epid ist es, „die Verkündigung der Wahrheit
darzulegen, um deinen (sc. Marcianus') Glauben zu befestigen. Als ein wichtiges Erinnerungsschreiben schicke ich es dir, damit du ... die Beweise für die
göttlichen Dinge in Kurzform vernimmst. Denn so wird es auch deine Erlösung befruchten, und du wirst alle, die das Falsche glauben, dazu bringen, die
Augen niederzuschlagen, und jedem, der erkennen will, unser gesundes und
unbeflecktes Wort in aller Entschlossenheit zuführen."[26] Epid kann als „ef-
fektiv nutzbares Handbuch oder Kompendium" der christlichen Theologie

---

18 Haer I pr. 3 (26,67-69/26f,66-68).
19 S. haer III pr. (16,1-4); V pr. (12,19f) u.ö. Zum „lebendigen Kontakt" zwischen Irenäus
   und den Valentinianern s. Sagnard, *La gnose,* 81-88.
20 22,42-24,46/23,42-45.
21 S. haer III pr. (16,8f).
22 S. haer I pr. 2 (24,46f/24,46f); pr. 3 (26,63-70/26f,63-69); IV pr. 1 (382,5-10).
23 S. haer V pr. (12,25f).
24 S. haer I pr. 3 (26,63-73/26f,63-73); IV pr. 1f (383,7-12); V pr. (12,21-29) u.ö.
25 218/96.
26 Epid 1 (82/32).

bezeichnet werden.[27] Irenäus konzentriert sich darin zwar auf die summarische Formulierung der kirchlichen Lehre[28], gibt aber zugleich zu erkennen, daß er bei der Abfassung theologische Kontroversen mitbedacht hat.[29]

Während Irenäus in haer also die Apologetik dem katechetischen Interesse vorordnet, verhält es sich in epid umgekehrt. Die je unterschiedliche Ausrichtung der beiden Werke schlägt sich wiederum in der Auswahl der theologischen Schwerpunkte nieder, die Irenäus in haer und epid vornimmt.

In *epid* kann er sich ganz auf die positive Darstellung der zentralen Lehraussagen konzentrieren. Irenäus gewichtet dabei Kreuzigung (bzw. Passion) und andere christologische Themen gleich stark. Diese Feststellung trifft sowohl auf das christologische Kernstück der Schrift (epid 30-39) als auch auf die zahlreichen, in epid 43-97 blockweise zusammengestellten biblischen Belegtexte zu Person und Wirken Jesu Christi zu. Die Testimonien zu Präexistenz[30], Königsherrschaft[31], Menschwerdung[32], Kreuzigung[33] und Auferste-

---

27 S. Brox, *FC 8/1*, 26-28 (d. Zit. aaO, 28). „Daß die Aussagenreihen in vielem mit Erst- und Taufkatechesen inhaltlich zusammenfallen, beweist nicht, daß man sie auf solche reduzieren darf. Wahrscheinlich haben wir Alltagskatechesen vor uns", deren Themenanordnung „sozusagen die 'natürliche' Reihenfolge darstellt, da die Bibel und die Heilsökonomie sie vorgeben" (aaO, 28). Zu einseitig bspw. Bardenhewer, *Geschichte*, 411 („Die Schrift ist keine Katechese, sondern eine apologetische Abhandlung"). Eine exakte Gliederung von epid bereitet Probleme, vgl. Rousseau, *SC 406*, 50-78; Benoît, *Introduction*, 234-245. Ferguson, *Proof*, 126f gibt zwei Möglichkeiten der Gliederung, die entweder auf rhetorischen oder aber auf inhaltlichen Überlegungen basieren, beide jedoch „a somewhat artificial arrangement of what is essentially an account of Biblical history centered on Christ with a baptismal/doctrinal introduction and a moral/anti-heretical conclusion" (aaO, 128) darstellten. Die von Ferguson favorisierte Einteilung von epid deckt sich weitestgehend mit Rousseaus Vorschlag. Irenäus kombiniere in seinem Aufriß die frühere, traditionelle Form der Katechese, die sich an der biblischen Heilsgeschichte orientierte, mit der trinitarischen Glaubensregel (s. aaO, 128f). Froidevaux, *SC 62* und Brox, *FC 8/1* verzichten auf eine Untergliederung in größere Abschnitte. Zur Funktion der Katechese im ausgehenden 2. Jh. und zu epid als Beispiel für eine Katechese, die einem biblisch-heilsgeschichtlichen Schema folgt, s. Ferguson, aaO, passim (mit einem Forschungsüberblick zur Gattungsbestimmung von epid).

28 Es ist auffällig, daß „manche nicht unbedeutende Themen, die man in einem Buch dieser Art erwartet, völlig fehlen, etwa die Eschatologie, die Eucharistie, Liturgisches generell, kirchliche Disziplin" (Brox, *FC 8/1*, 25); vgl. dazu auch Torrance, *Proclamation*, 59f.

29 Vgl. die unten S. 8 Anm. 36 genannten Texte aus epid.

30 Vgl. epid 43-46.

31 Vgl. epid 48-52 sowie epid 56; 69.

32 Vgl. epid 53-65.

33 Vgl. epid 34; 45f; 56f; 68-82.

hung[34] Christi – um nur die wichtigsten zu nennen – halten einander quantitativ wie „qualitativ" die Waage.

Im Unterschied zu epid ist in *haer* der Katalog der theologischen Themen durch die Häresien im wesentlichen vorgegeben. Dies hat zur Folge, daß Irenäus *kreuzestheologische* Fragen in haer weniger breit behandelt als andere christologische Probleme – ein Befund, der nicht selten mit Bezugnahme auf Paulus als Gradmesser in Sachen Kreuzestheologie immer wieder dahingehend fehlgedeutet wurde, daß das Kreuz in Irenäus' Theologie *insgesamt* eine untergeordnete Rolle spiele.[35] Dabei wird jedoch übersehen, daß das Kreuz in haer gegenüber den anderen christologischen Themen *allein in quantitativer* Hinsicht zurücktritt. Wie bedeutend das Kreuz jedoch für Irenäus' Theologie inhaltlich ist, geht zum einen daraus hervor, daß das Kreuz in haer in den gleichen theologischen Zusammenhängen wie in epid begegnet (insbesondere im Rahmen der Kosmologie, der Soteriologie, der Aussagen über die Richtermacht des erhöhten Christus und der Ekklesiologie). Zum anderen gibt Irenäus am Ende von epid zu erkennen, daß er sich in haer primär mit den theologischen Grundfehlern seiner Gegner auseinandergesetzt hat. In epid 99f[36] faßt er den christologischen Hauptirrtum der Häretiker ausdrücklich als Verachtung der „Herabkunft des Sohnes Gottes" und der „Heilsordnung seiner *Fleischwerdung*, von der die Apostel verkündigt und die Propheten vorhergesagt haben, daß damit die Vollendung unseres Menschseins stattfinden sollte", zusammen. Die Häretiker, so betont Irenäus nochmals, „nehmen den Sohn nicht an, indem sie gegen die Heilsordnung seiner *Fleischwerdung* re-

---

34 Vgl. epid 83-85.
35 Vgl. Aleith, *Paulusrezeption*, 70.74f; Bengsch, *Heilsgeschichte*, 174; Beyschlag, *Dogmengeschichte*, 200; Bonwetsch, *Theologie*, 113; Dassmann, *Stachel*, 310; Normann, *Didaskalos*, 151; Schneemelcher, *Paulus*, 19; Schwager, *Markion*, 307; Noormann, *Paulusinterpret*, 452. Auch Jacques Fantino behandelt in seinem lesenswerten Buch *La théologie d'Irénée. Lecture des Écritures en réponse à l'exégèse gnostique. Une approche trinitaire,* Paris 1994 (CFi 180) das Thema „Kreuz" stiefmütterlich. Eine Spezialuntersuchung zum Thema „Kreuz bei Irenäus" existierte bislang nicht. Die vorliegenden Arbeiten zum christlichen Kreuzesverständnis im 2. Jh. sind primär traditionsgeschichtlich ausgerichtet und nehmen die Gesamtbedeutung des Kreuzes für die Theologie des Irenäus nicht in den Blick (s. v.a. die Arbeiten von Dinkler, Dölger, Reijners, Sieper, Ko Ha Fong, Kuhn, Rahner, Orbe). – Daß in einigen Paulusbriefen (1Thess, Röm[!], Phlm) Begriffe wie σταυρός oder ξύλον fehlen, könnte ebenfalls zu dem Schluß führen, daß das Kreuz Christi für Paulus *aufs Ganze gesehen* nicht besonders wichtig war. Ein Vergleich mit seinen anderen erhaltenen Briefen beweist nicht nur das Gegenteil, sondern verdeutlicht zugleich, daß Paulus die *theologische Rede vom Kreuz* jeweils *situationsspezifisch* eingesetzt hat.
36 218-220/96f; vgl. außerdem epid 1f (82-86/32-34); s. dazu auch Ferguson, *Proof*, 131.

den". Der kurzen, aber präzisen Charakterisierung der häretischen Christologie in epid 99f entspricht die christologische Konzentration auf das Problem der wahren Menschwerdung des göttlichen Logos in haer. Irenäus ist sich angesichts des Bekenntnisses der Häretiker zum Gekreuzigten (haer V 18,1) darüber wohl im klaren, daß es dem apologetischen Zweck von haer weniger dienen würde, bestimmte kreuzestheologische Themen ausführlich zu besprechen, als diejenigen christologischen Irrtümer seiner Gegner zu behandeln, die er als direkte (oder, verglichen mit ihren Kreuzesaussagen, direktere) Folgen des von ihnen zugrundegelegten Gottesbildes entlarven konnte.

Andererseits läßt Irenäus in *haer* drei wichtige Aspekte seiner Kreuzestheologie einfließen, die keine Parallelen in epid haben und bewußt antihäretisch formuliert sind: Zum einen offenbart die Kreuzigung des menschgewordenen Logos den *einen* Gott in seinem *einheitlichen* Heilswirken als Vater, Sohn und Heiliger Geist. Sowohl Gott als auch seine οἰκονομία *müssen* aufgrund des Kreuzes Christi als Einheit verstanden werden. Zum anderen begreift Irenäus das Kreuz als *hermeneutischen Schlüssel* der Schriftinterpretation, der die Bücher des Alten Bundes als inhaltliche Einheit zusammenhält und ihren Ursprung bei Gott erweist. Drittens kann die Kirche, die den Gekreuzigten bekennt, in seiner Nachfolge nur *Kirche der Märtyrerinnen und Märtyrer* sein. Vor dem Hintergrund der je unterschiedlichen Gewichtung des Kreuzes in haer und epid verdeutlichen diese drei Aspekte, daß Irenäus die Kreuzesthematik im apologetischen Kontext gezielt eingesetzt hat.

Die folgende Arbeit gliedert sich in drei *Hauptabschnitte*. Im *ersten Abschnitt* systematisiere ich die in Irenäus' Referaten greifbaren Kreuzesdeutungen seiner Gegner nach theologischen Gesichtspunkten. Der *zweite Abschnitt* enthält die impliziten und expliziten Kritikpunkte des Irenäus an den theologischen Grundanschauungen der Häretiker und an den daraus erwachsenden Konsequenzen, die direkt oder indirekt mit ihren Interpretationen des Kreuzes zusammenhängen. Im *dritten Abschnitt* zeichne ich die Kreuzesaussagen des Irenäus in den Gesamtduktus seiner Theologie ein, wobei ich haer und epid nicht getrennt behandle, da beide Schriften, wie gezeigt, sowohl apologetisch als auch katechetisch ausgerichtet sind und einander inhaltlich ergänzen. Den Leitgedanken des dritten Teils bildet das irenäische Verständnis der *Allmacht Gottes* in ihrer trinitarischen Einheit und in ihrer dreifachen Gestalt als universale Allmacht über den *Raum*, die *Zeit* und die *Kreatur* (letztere realisiert sich als schöpferische *Güte und Liebe* sowie als Gehorsam fordernde und richtende *Gerechtigkeit*), da Irenäus dem Kreuz für die Begründung, Offenbarung und Konkretisierung der göttlichen Allmacht eine entscheidende Funktion gibt.

1. Die Kreuzesinterpretationen der Häretiker in der Darstellung des Irenäus

1.1 Vorbemerkung

Die Textgrundlage für das erste Kapitel bilden Irenäus' Referate über die Lehren und die Lebensgewohnheiten der Häretiker in haer I[1] – der ἔλεγχος (*detectio/traductio*), der sich „in einem einzigen Arbeitsgang erledigt". Davon unterscheidet Irenäus die ἀνατροπή (*eversio/destructio*), die er in „mehreren Anläufen"[2] in haer II-V vornimmt und an den *magna capitula*, an den großen Hauptstücken der gegnerischen Lehren, ausrichtet.[3] Die Möglichkeit, daß Irenäus vor dem Hintergrund dieser Widerlegungsstrategie „die Gnosis" in haer I nicht vollständig oder verzeichnend dargestellt hat, besteht.[4] Schon mit haer

---

1 Benoît, *Introduction*, 158-161; Rousseau, *SC 263*, 113-164; Brox, *FC 8/1*, 115-119. Tripp, *Sequence*, 157-162 vermutet, daß die Reihenfolge in haer I in Unordnung geraten sei. Er geht bei der Rekonstruktion der ursprünglichen Anordnung (haer I 1-12; 23-31; 13,1-16,2; 16,3-20,3; 21-22) von haer II pr. 1 aus, wo Irenäus „a full and careful summary of the foregoing book" gebe. Tripp zerreißt dabei jedoch die Referate über die *Valentinianer* (haer I 1-21), die Irenäus bewußt an den Anfang seines ἔλεγχος gestellt hat.

2 Beide Zitate in haer III pr. (16,7-18,18).

3 S. haer II pr. 2 (24,30f); vgl. I 22,2 (310,34f); II 19,8 (196,150-152); II 1,1 (26,1-9). Die *magna capitula* sind das *irenäische* Auswahlkriterium, das der Widerlegung zugrundeliegt. Die *charactera ipsorum* sind die Besonderheiten, die *Irenäus* an den Häretikern wahrnimmt und an denen er seine *contradictio* orientiert. Zu Irenäus' Widerlegungsstrategie s. Bengsch, *Heilsgeschichte*, 1-6; Joppich, *Salus*, 5f; Torisu, *Gott*, 32-34; Nielsen, *Adam*, 43-55; Tremblay, *La manifestation*, 25-35; Le Boulluec, *La notion*, 119-157; Perkins, *Rhetoric*, 195-197; Tortorelli, *Methods*, 125-127; Norris, *Irenaeus*, 65-68; Brox, *Polemik*, passim. Vallée (*Polemics*, 12-33; *Motives*, 175-185) betont, daß Irenäus auch aus sozio-politischen Gründen gegen die Häretiker schreibt: Die gnostische Bewegung hätte einen „strong revolutionary impetus ... Its potential for disturbing peace and order knows no limit and, consequently, Gnostics are seen as dangerous radicals"; dies sei v.a. auf den Dualismus der Gnostiker zurückzuführen [*Motives*, 183]).

4 Hippolyt (haer. VI 41,1 [295,3f PTS]; dazu s.u. S. 33 Anm. 119) kennt Anhänger des Valentinianers Markos, die bestimmte Berichte des Irenäus als unrichtig angegriffen hatten. Greer, *Dog*, 149-171 betont, daß die theologische Perspektive von haer II die Darstellung der Gnostiker in haer I bestimme und deshalb verzeichne; das Interesse der Valentinianer läge auf der Erlösung, während Irenäus die Gotteslehre im engeren Sinn zum Gegenstand der Auseinandersetzung mache; aus dieser Differenz ließen sich die unterschiedlichen Gnosisbilder der Häresiologen und der Nag-Hammadi-Schriften erklären;

I will Irenäus aufweisen, daß die Häresien absurd und widersprüchlich sind[5], und erste „Ausgangspunkte für ihre Widerlegung" angeben[6]; mit Polemik und Ironie spart er dabei nicht.[7] Außerdem lagen einzelne Aussagen seiner Gegner – wie das Bekenntnis zum Gekreuzigten – auf seiner Linie und machten die Widerlegung schwerer, als ihm lieb war. Andererseits dürfen die möglichen Eingriffe des Irenäus in den Referaten von haer I nicht überschätzt werden. Irenäus tritt mit dem Anspruch auf, die Positionen der Häretiker so „authentisch" und so vollständig wie möglich darzustellen.[8] Er beabsichtigt damit folgendes:

Zum einen will er über die Gefahren der Häresien umfassend aufklären.[9] Dazu referiert er die Lehren, „die bis jetzt zwar verborgen waren, nun aber nach der Gnade Gottes ans Licht gekommen sind. ‚Denn nichts ist verhüllt, was nicht offenbart werden wird, und (nichts ist) verborgen, was nicht bekannt werden wird' (Mt 10,26)."[10] Irenäus fühlt sich dafür verantwortlich, dem Irrtum, der sich „nicht zeigt, wie er wirklich ist, weil er Angst hat, in seiner Nacktheit durchschaut zu werden, und sich deshalb listigerweise mit einem überzeugenden Kleid schmückt"[11], seine kirchlich aussehende Tarnkappe dadurch vom Kopf zu reißen, daß er gerade auf die vermeintlichen Gemeinsamkeiten mit kirchlichen Lehren hinweist und die Unterschiede aufdeckt (haer I)[12].

---

vgl. auch das Diskussionsprotokoll zu Greers Vortrag aaO, 171-175. Auch von Campenhausen, *Kirchenväter*, 27; Widmann, *Väter*, 171; Rudolph, *Gnosis*, 16f; Pagels, *Versions*, passim bewerten Irenäus' Gnosis-Darstellung kritisch. Vgl. insgesamt auch Fantino, *La théologie*, 7-15; ders., *L'art*, passim.

5 S. haer I 11,1 (166,1-4/166f,1194-1197) u.ö. Zur inneren Disparatheit der valentinianischen Schule s. Markschies, *Valentinus*, 392-402.

6 Haer I pr. 2 (24,46f/24,46f).

7 S. haer I 8,1; 9,1-5; 11,4; 16,3; 25,3 u.ö. Vgl. Sagnard, *La gnose*, 266-291.

8 Der Großteil der Forschung geht davon aus, daß Irenäus' Gnosis-Referate zuverlässig sind (Aland, *Gnosis*, 165; von Harnack, *Überlieferung 1*, 174; Foerster, *Valentin*, 101; Sagnard, *La gnose*, 78.99-103.111; Bengsch, *Heilsgeschichte*, 32; Wilson, *TRE 13*, 543; Tröger, *Passion*, 4; Schenke, *Relevanz*, 209-211; Berthouzoz, *Liberté*, 51-54; Jaschke, *TRE 16*, 266; Tiessen, *Irenaeus*, 42-46 [Lit.]; McCue, *Versions*, passim; ders., *Orthodoxy*, 125-127).

9 S. v.a. haer II pr. 1 (22,1-24,28).

10 Haer I pr. 2 (24,51-55/24f,51-54).

11 Haer I pr. 2 (20,17-19/20f,18-20).

12 S.a. haer II 11,2 (92,18-94,33); IV pr. 2 (382,11-384,19). Vgl. Aland, *Gnosis*, 158f; Tremblay, *La manifestation*, 27-31; Koschorke, *Polemik*, 204-207.

Zum anderen kann Irenäus mit Hilfe einer detailreichen Darstellung besser als durch eine vergröbernde zeigen, daß die häretischen Lehren absurd und widersprüchlich sind. Es ist deshalb damit zu rechnen, daß Irenäus in haer I Einzelheiten berichtet, die in haer II-V wegfallen oder untergehen.

Drittens ist Irenäus davon überzeugt, daß die Lehrgebäude der Häretiker bereits durch ihre öffentliche Darstellung zum Einsturz gebracht werden[13]: sie widerlegen sich selbst[14] – so Irenäus' Nachweis in haer II.

Schließlich benutzt Irenäus seine Gnosisdarstellung als negative Kontrastfolie, von der sich seine eigene Lehre umso deutlicher abhebt. Die Wahrheit erscheint erst dann in vollem Licht, wenn eindeutig klar ist, wie die Lüge aussieht (haer III-V).[15]

Eine beabsichtigte und durchgängige Verfälschung der gegnerischen Ansichten würde Irenäus' Widerlegungsstrategie demnach zuwiderlaufen. Offensichtliche „Fehler" wie etwa die von ihm dargestellte Lehre des „Basilides", die mit dem ursprünglichen Basilides wohl nur wenig gemein hat[16], können auf mangelnder Kenntnis beruhen. Darüber hinaus haben Vergleiche mit den gnostischen Selbstzeugnissen aus Nag Hammadi (nicht zuletzt im Blick auf die Kreuzesthematik) gezeigt, daß Irenäus' Referate insgesamt zuverlässig sind.[17]

---

13 S. haer I 31,3f (388,38-42).

14 S. haer I 31,4 (388,40-44.51-390,57.63f); II pr. 2 (24,33-37; zur Rekonstruktion des Textes s. *SC 293*, 202 [P. 25, n. 4.]); III pr. (16,11-13).

15 S. z.B. haer II 2,6 (40,89-42,93).

16 Vgl. dazu Löhr, *Basilides*, 255-337 (mit Diskussion der Forschungslage).

17 S. v.a. Tröger, *Passion*, passim; ders., *Christologie*, passim; Koschorke, *Polemik*, passim; Pagels, *Views*, passim; Voorgang, *Passion*, 120-299). Zum Verhältnis der „Kirchenvätergnosis" zu Nag Hammadi s. weiterhin Schenke, *Relevanz*, passim; Aland, *Gnosis*, passim; Vallée, *Polemics*, 1-3; Wisse, *VigChr 25*, passim; Böhlig, *Bedeutung*, 172-203.

1.2 Das irdische Kreuz als Abbild des himmlischen

1.2.1 Das Kreuz im gnostischen System der Ptolemäus-Schule

Irenäus kennt die Lehre der Ptolemäer aus ihren „Kommentaren" (ὑπομνή-ματα/*commentarii*) und aus persönlichen Gesprächen.[18] Die Länge der Referate sowohl über die Schule des Ptolemäus als auch über die Ansichten des Markos weist auf Quellen „aus erster Hand", die Irenäus zur Verfügung standen.[19] Die Ptolemäusgruppe nimmt bei Irenäus als „Blüte der Valentinus-schule" eine Sonderstellung ein.[20] Einerseits handelt es sich bei denen, *qui sunt a Valentino*[21], um die Häretiker, „die gegenwärtig Falsches lehren".[22] Die Valentinianer „um Ptolemäus" sind zunächst rein äußerlich gesehen die *ak-*

18 S. haer I pr. 2 (22,33-44/22,34-23,44: οἱ περὶ Πτολεμαῖον); 12,1 (180,1/181,1); II 19,8 (196,154: ... *scola eorum qui sunt a Valentino*). Bei dem nur bei Ir^lat bezeugten Satz *Et Ptolomaeus quidem ita* (haer I 8,5 [136,189]) dürfte es sich um eine Glosse des Übersetzers handeln (vgl. Lüdemann, *Geschichte*, 97-99).
19 Vgl. Sagnard, *La gnose*, 81-99; Wisse, *VigChr 25*, 212. Wisse, ebd. vermutet, daß Irenäus mit dem in haer I pr. 2 erwähnten Kontakt mit der Valentinianerschule die Umtriebe der Markos-Anhänger (s. haer I 13,6f) meint, was allerdings nicht zu beweisen ist.
20 Zum Verhältnis *Valentins* zu seinen „Schülern" s. Langerbeck, *Anthropologie*, v.a. 62-82; Lüdemann, aaO, 99f; Cancik, *Gnostiker*, 175; Markschies, *Valentinus*, 388-402 (394: „Sichere und direkte Valentin-Schüler lassen sich ... unter den Valentinianern kaum finden, am wahrscheinlichsten wird man noch Ptolemäus für einen unmittelbaren Valentin-Schüler halten", obwohl „offenbar keine διαδοχή existierte, mittels derer sich die Meisterschüler auf Valentin zurückführten"); vgl. Lüdemann, aaO, 103f sowie Quispel, *Doctrine*, 46; Quispel geht davon aus, daß haer I 11,1 die Lehre Valentins zuverlässig wiedergibt. Markschies betont die „deutliche Differenz" (aaO, 394; vgl. aaO, 401 sowie de Faye, *Gnostiques*, 80), die zwischen den Aussagen des Valentin und der „Valentinianer" bestehe, eine Differenz, die sich kaum dadurch erklären lasse, daß Valentins Fragmente nur seine *exoterische* Verkündigung darstellten, „während er in *esoterischen* Schulvorlesungen anders und vor allem mehr im Sinne seiner Schüler gelehrt habe" (Markschies, aaO, 394); denn die exoterische Verkündigung widerspreche den fundamentalen Anschauungen der esoterischen Lehre nicht, wie ein Vergleich von Ptolemäus' *Brief an Flora* mit der „großen Notiz" bei Irenäus (haer I 1-8) zeige.
21 Haer II pr. 1 (22,3); vgl. I 31,3 (386,25); II 31,1 (324,1) III pr. (16,2; zur ungenauen lat. Übersetzung „*quae* [also die Lehren] *a Valentino sunt*", vgl. *SC 210*, 209-211 [P. 17, n. 1.] und Brox, *FC 8/3*, 18^1); IV pr. 2 (384,17). Zu den „Valentinianern" zählt Irenäus alle Häretiker, die auf der Lehre Valentins basieren. Das Referat über sie umfaßt haer I 1,1-21,5. Einen Forschungsbericht zu Valentin und den Anfängen der valentinianischen Gnosis bietet Markschies, *Forschungen*, passim. — Was im folgenden gesagt wird, gilt für die Valentinianer insgesamt, besonders aber für die Schule des Ptolemäus.
22 Haer I pr. 2 (22,42-45/23,42-45).

tuell auftretende Form der Häresie, die Irenäus an den Schreibtisch zwingt. Andererseits sieht er in den Valentinianern insgesamt die „recapitulatio aller Häretiker".[23] *Recapitulatio* bedeutet hier im vordergründigen Sinn: Die Lehren der Valentinianer sind wie ein Spiegel, in dem *alle* Häresien sichtbar werden[24]; bei ihnen wird alles greifbar, was häretisch ist. Es leuchtet deshalb unmittelbar ein, daß deren Widerlegung für Irenäus zugleich die Widerlegung der *multitudo haereticorum* bedeutet.[25]

Dieser „vordergründige" Sinn speist sich aus der theologischen Konnotation, die der Begriff *recapitulatio* bei Irenäus hat: Die Valentinianer sind für Irenäus in besonderer Weise die *Vorboten des Antichrists*.[26] Im Antichrist geschieht am Ende der Tage die ἀνακεφαλαίωσις ... πάσης ἀδικίας καὶ παντὸς δόλου.[27] Er „rekapituliert in sich jeden teuflischen Irrtum"[28], ist also die endzeitliche Zusammenfassung der gesamten Gottlosigkeit, was sich nicht zuletzt darin äußert, daß er sich als Gott und Christus ausgibt, als solcher angebetet werden will und viele zum Abfall verführt.[29] Die Valentinianer sind mehr noch als die Markioniten und „alle fälschlich sogenannten Gnostiker" als *recapitulatio omnium haereticorum* in besonderer Weise „Werkzeuge des Satans".[30] Sie tarnen sich wie der Antichrist mit der Maske der Rechtgläubigkeit[31], treten *in* den Gemeinden auf, verführen durch ihre Lehren viele gutgläubige Gemeindeglieder und gefährden dadurch deren Heil.[32] Wie der Antichrist die gesamte *Geschichte* der Gottlosigkeit zusammenfaßt, so ereignet

---

23 Haer IV pr. 2 (384,19f nach Ir[lat]; Ir[arm] liest „*omnis haereseos*", was vom Sinn her gleichbedeutend ist); vgl. auch haer II 31,1f.

24 S. haer IV pr. 2 (384,20-22); vgl. II 31,1f.

25 Haer II 31,1 (324,1f); vgl. IV pr. 2 (384,22-25).

26 Explizit bezeichnet Irenäus den Magier Markos als „πρόδρομος ... τοῦ Ἀντιχρίστου" (haer I 13,1 [190,7f/190,7f]).

27 Haer V 29,2 (366,22f/366,6-8).

28 Haer V 25,5 (322,106f).

29 Zum Auftreten des Antichrists s. haer V 25,1-30,4, zum Rekapitulationsgedankken v.a. haer V 25,1 (308,1-310,14); 28,2 (348,12-356,66/348,1-356,24); 29,2 (366,22-370,48/366,6-370,26); 30,1 (372,8-12). – Ausführlich zu haer V 25-30 Overbeck, *Menschwerdung*, 379-461; Orbe, *Teología III*, 3-286.

30 Haer V 26,2 (332,65-334,73); s.a. I 25,3 (336,35-338,46/336f,35-41). Vgl. auch die späteren Voten über die Valentinianer bei Tert., Val. 1,1 (78,1-5 SC: *frequentissimum plane collegium inter haereticos* ...) und Or., hom. in Ezech. II 5 (347,24 GCS: *robustissima secta*).

31 S. haer V 31,1 (388,1f).

32 S. neben haer IV pr. 3f (386,39-390,75) v.a. haer II 14,8 (142,152-144,180); III 15,2 (278,30-282,65); 17,4 [340,93-102]); dazu Koschorke, *Polemik*, 175-177.227-229; Rudolph, *Gnosis*, 223-235; McCue, *Orthodoxy*, 120-124.

sich in den Valentinianern die *recapitulatio* der ganze Häretiker*geschichte*, und diese *recapitulatio* nimmt als besonderes Ereignis der Unheilsgeschichte vorwegnehmend an der nahenden *recapitulatio* des Antichrists teil.[33]

Irenäus behandelt die ptolemäische Gnosis einschließlich ihrer Kreuzesinterpretation sowohl in den Referaten von haer I als auch in der Widerlegung (haer II-V) mit Abstand am ausführlichsten. Das Kreuz hat im theologischen System der Ptolemäer insofern eine zentrale Funktion, als es den göttlichen Heilsbereich *im Inneren* stabilisiert (1.2.1.1) und *nach außen* vor dem Eindringen fremder Elemente bewahrt (1.2.1.2).[34]

---

33 Daß Irenäus bei der Verwendung des Begriffs ἀνακεφαλαίωσις im Zusammenhang mit den Valentinianern *geschichtlich* denkt, wird schon daran deutlich, daß er, ausgehend von diesen (haer I 1-21), in haer I eine Geschichte der Häresien entwirft (s. v.a. haer I 22,2 [310,32-38]; 31,3 [386,24-388,27]; IV pr. 4 [386,44-388,57]; V 26,2 [334,71-336,85/334,1-336,9]. Auch haer III 16,1.5.8 (286,1-290,33; 306,154-310,188; 318,253-320,282/320,1-7) zeigt, daß Irenäus in den Valentinianern die zusammenfassende Spitze aller Häretiker sieht: In haer III 16,1 stellt er im Überblick häretische Christologien dar, die in der valentinianischen Lehre gipfeln. Alle Vertreter häretischer Christologien sind nach haer III 16,5 *Antichristi* (zit. 1Joh 2,18f.21b.22a) oder *pseudoprophetae ... ex Antichristo* (zit. 2Joh 7f nach 1Joh 4,1-3). – S.a. Le Boulluec, *La notion*, 181-185; van Unnik, *Ausdruck*, passim.

34 Das Referat des Irenäus in haer I 1-8 über das ptolemäische System („System A") stimmt mit dem von Hipp., haer. VI 29-36 referierten („System B") in den wesentlichen Grundzügen überein, weicht jedoch in Einzelzügen ab (dazu vgl. Lipsius, *Valentinus*, v.a. 602f; Sagnard, *La gnose*, 134-235; Foerster, *Valentin*, 44-67; Stead, *Sophia*, 77-81; May, *Schöpfung*, 92f; Holzhausen, *Mythos*, 166-187; Voorgang, *Passion*, 22-46.305-344; Fantino, *La théologie*, 195-198). Außerdem enthält Irenäus' Referat auch Gedanken aus System B, Hippolyts Referat solche aus System A. Einige Differenzen zwischen „A" und „B" betreffen die Kreuzesinterpretation. Weiterhin gehen haer I 1-8 und Clem., exc. Thdot. 43-65 mit großer Wahrscheinlichkeit auf gnostische Quellen zurück, die stark miteinander verwandt sind; ein und dasselbe Werk wird Irenäus und Clemens jedoch kaum vorgelegen haben (weitere Details bei Lipsius, *Valentinus*, 606-608; Dibelius, *Studien*, 230-247; Foerster, *NTS 6*, 16f; Sagnard, aaO, 521-562; ders., *SC 23*, 5-49; Schottroff, *Herkunft*, 86-97; Müller, *Gnosis*, 206). Irenäus' Referat weist weitere Parallelen zu exc. Thdot. auf (s. exc. Thdot. 22,4; 26,2; 35,1; 42,1.3; 64), wozu u.a. die Aussagen über den Ὅρος/Σταυρός und die entsprechenden Schriftbelege der Valentinianer gehören. Auch bei Tert., Val. finden sich Entsprechungen zu den von Irenäus referierten Kreuzesaussagen der ptolemäischen Gnosis. – Zu Ptolemäus und für das Folgende vgl. Heinrici, *Gnosis*, 19f; Hilgenfeld, *Ketzergeschichte*, 345-368; de Faye, *Gnostiques*, 80-119; Müller, aaO, 205-241 (v.a. 222-229); Sagnard, aaO, 295-449; Jonas, *Gnosis I*, 362-375; Koschorke, *Polemik*, 208-211; Brox, *Offenbarung*, 19-21; Holzhausen, aaO, 166-187; Torisu, *Gott*, 66-95; Berthouzoz, *Liberté*, 68-86; de Andia, *Homo*, 36-50; Fantino, aaO, 155-161.162-202; Beyschlag, *Dogmengeschichte*, 143-146; Foerster, *NTS 6*, passim.

1.2.1.1 Die festigende und trennende Funktion des ῞Ορος/Σταυρός
innerhalb des Pleromas

Die festigende und trennende Funktion des ῞Ορος/Σταυρός innerhalb des
Pleromas ist bei Ptolemäus eng mit der Frage nach der Entstehung der Welt
verbunden. Diese Frage wiederum ist durch das bedrängende Problem motiviert, „wie aus dem als Prinzip des Seienden gedachten höchsten Gott überhaupt weniger vollkommene Wesen entstehen konnten. Es geht ... darum,
die Antwort auf die religiös motivierte Frage nach dem Ursprung des Mangelhaften, des Vergänglichen und Bösen zu finden.“[35]
Der Ansatzpunkt des ptolemäischen Systems ist das pneumatische Äonenpleroma, der Inbegriff des harmonisch geordneten, vollkommenen und guten
Göttlichen.[36] Die Wohlgeordnetheit manifestiert sich in den unterschiedlichen *Emanationen* der Äonen, die in ihrem Urgrund, dem ersten
vollkommenen und präexistenten, unfaßbaren und unsichtbaren[37], ewigen
und ungezeugten Äon (Προαρχή, Προπάτωρ, Βυθός), mit dem zusammen
seine Paargenossin (῞Εννοια, Χάρις, Σιγή) existiert, ihren Ausgang nehmen.[38] Die Emanierung[39] erfolgt jeweils paarweise („syzygisch“[40]), so daß
schließlich insgesamt fünfzehn Äonenpaare das Pleroma bilden.[41] Die Hier-
archie innerhalb des Pleromas zeigt sich in der Zusammenfassung der Äonenpaare in die oberste „Achtheit“ (ὀγδοάς)[42], die aus der oberen und der unte-

---

35 May, *Schöpfung*, 93; vgl. dazu Ptol., ep. 7,8f (70-72 SC). Zur Theodizee in der Gnosis s.
   Haardt, *Schöpfer*, 37-48; zur Kosmologie und Kosmogonie s. Rudolph, *Gnosis*, 76-98.
36 S. haer I 1,1-3 (28,1-34,63/28,74-35,139). Vgl. dazu Müller, *Gnosis*, 179-184.206f; Sagnard,
   La gnose, 295-333; Markus, *Pleroma*, 199-206.
37 Vgl. dazu auch Tremblay, *La manifestation*, 50-60.
38 Daß der Urvater einen weiblichen Äon neben sich hat, ist ein Merkmal von „System A“
   (vgl. haer I 1,1). In „System B“ (s. haer I 2,4 [42,56-60/42,190-194; 42,192-194], eine Anmerkung des Irenäus: τὸν γὰρ Πατέρα ποτὲ μὲν μετὰ συζύγου τῆς Σιγῆς, ποτὲ δὲ
   καὶ ὑπὲρ ἄρρεν καὶ ὑπὲρ θῆλυ εἶναι θέλουσι) ist der Propator das alleinige Seins-
   prinzip, das göttliche Wesen emaniert (nicht jedoch „schafft“, s. May, *Schöpfung*, 102;
   Stead, *Sophia*, 77f; Foerster, *Valentin*, 46-48. Belege aus der Philosophie für die Existenz
   eines einzigen transzendenten Prinzips bei Sagnard, *La gnose*, 296-299).
39 Zum Begriff προβολή s. May, *Schöpfung*, 95-100 (Lit.).
40 Vgl. Fantino, *La théologie*, 167; Sagnard, *La Gnose*, 348-355.
41 Weitere Einzelheiten in haer I 12,1.3 (180,1-16/181f,1-16; 184,27-41/185f,1-16); s. dazu
   Sagnard, *La gnose*, 221-227.
42 Die „Ogdoas“ ist als „Wurzel und Substanz von allem“ (haer I 1,1 [30,25-28/31,98f]; vgl.
   v.a. I 8,5 [128,130-136,189/128,908-137,972] u.ö.) von besonderer Bedeutung.

ren „Vierheit" (τετράς/τετρακτύς)⁴³ besteht, sowie die „Zehnheit" (δεκάς) und die „Zwölfheit" (δωδεκάς).⁴⁴

Der unsichtbare und unfaßbare Ur-Äon, der Προπάτωρ, ist in seiner unermeßlichen Größe allein dem Μονογενής (Νοῦς), der ersten Emanation aus dem Urvater und seiner Paargenossin, bekannt und ansichtig.⁴⁵ Als der Μονογενής den anderen Äonen den Urvater bekanntmachen will, wird er von der Σιγή zurückgehalten. Die Äonen sollen den Urvater *suchen*.⁴⁶ Während alle Äonen in ihrem Verlangen nach der Erkenntnis des Urvaters „gleichsam in Stille" verharren, geht der jüngste, dreißigste (oder, innerhalb der Dodekas, zwölfte) Äon, die Σοφία, in seiner Suche nach dem Urvater weiter und damit zu weit.⁴⁷ Die Sophia verläßt ihren Paargenossen, gerät in

43 Vgl. Sagnard, *La gnose,* 299-304.334-348.355-357; 337-348 zur „Πυθαγορικὴ Τετρακτύς" (haer I 1,1 [30,16/30,91]) im 2.Jh.
44 Auf die Namen der Äonen kann hier nicht im einzelnen eingegangen werden (vgl. Sagnard, *La gnose,* 301-306.320-322; Beyschlag, *Dogmengeschichte,* 143f). Angemerkt sei nur, daß die Äonenbezeichnungen Ἐκκλησία (8. Äon) und Ἐκκλησιαστικός („Kirchenzugehöriger", 27. Äon) deutlich das kirchliche Bewußtsein der Ptolemäer zum Ausdruck bringen (vgl. überhaupt die Namen der „Dodekas"); s. dazu Müller, *Gnosis,* 200-204.217-220; auch Schmidt, *Kirche,* 109-113; Koschorke, *Polemik,* 227-229. – Schriftbeweise für die 30 Äonen und ihre Differenzierung in acht, zehn und zwölf zitiert Irenäus in haer I 3,1f (50,9-52,33/50,254-53,281); 8,5 (128,130-136,189/128,908-137,972); 18,2-4 (276,54-284,196/278,715-284,769). Unklar Voorgang, *Passion,* 49f, der zwischen dem „pneumatischen Pleroma der Äonen" und dem „Pleroma als überweltlichem Ort", in dem sich das „Pleroma der Äonen" und die anderen „Äonen" „Christus, Geist, zweiter Christus und Horos" aufhalten sollen, unterscheidet. Haer I 3,1; 4,1 soll dies belegen, weil dort zwischen „intra" und „extra" des Pleromas differenziert wird.
45 In haer II 17,9f (168,139-172,193) kritisiert Irenäus, daß die Valentinianer bereits beim Logos, der ersten Emanation aus dem Μονογενής, die *Unwissenheit (ignorantia)* einführen, weil der Logos „blind für die Erkenntnis und Größe des Vaters" sei. Dadurch, daß der Monogenes als einziger die Erkenntnis des Vaters hat, diese aber nicht an die anderen Äonen weitergibt, „wird ein Element der Unvollkommenheit innerhalb der göttlichen Sphäre prästabiliert, wodurch es auch möglich wird, daß jenes Pathos, welches im Ablauf des innergöttlichen Prozesses den Aion Sophia ergreift, eigentlich in der Aionenwelt selbst entstanden ist, und zwar in der Umgebung jener beiden Aionen, welche dem Urgotte ... am allernächsten stehen" (Haardt, *Schöpfer,* 46). Zum Monogenes/Nous der Ptolemäer s.a. Ochagavía, *Visibile,* 12-14; Tremblay, *La manifestation,* 132-137; Fantino, *La théologie,* 162f; Tiessen, *Irenaeus,* 47-49; allgemein Colpe, *Gnosis II,* 581-585.
46 Vgl. auch EV 18,38-40 (84 NHS); TractTrip 62,18-26 (210 NHS).
47 Zur Sophia-Gestalt in der Gnosis s. den guten Überblick bei Rudolph, *Sophia,* 221-237, der eine Rückführung aller in der Gnosis mit der Sophia zusammenhängenden Ideenkomplexe auf jüdische „Vorbilder" für unmöglich ansieht (was nicht heißt, daß einzelne Züge der gnostischen Sophia nicht doch aus dem atl.-frühjüdischen Traditionsbereich heraus verstehbar sind). Stead, *Sophia,* passim hat nachgewiesen, daß der Sophia-Mythos

größte Leidenschaft (πάθος) und dadurch zugleich in größte Bedrängnis und wäre „von seiner [sc. des Vaters] Süßigkeit zuletzt verschlungen und in die Gesamtsubstanz aufgelöst worden, wenn sie nicht auf die befestigende[48] und das All außerhalb der unsagbaren Größe haltenden Kraft gestoßen wäre. Diese Kraft nennen sie auch Horos (῞Ορος = Grenze, Grenzpfahl), von der er [sc. der Äon Sophia] angehalten und befestigt wurde und, indem er mit Mühe zu sich selbst gebracht und davon überzeugt wurde, daß der Vater unbegreiflich sei, die frühere Absicht (ἐνθύμησις) zusammen mit dem nach jenem schrecklichen Stauen entstandenen Leiden abgelegt hat."[49]

In haer I 2,2 bleibt zunächst unklar, woher der Horos stammt. Er ist einfach da. In haer I 2,3f referiert Irenäus eine *andere* Position der Ptolemäus-Schule, die die Vorgänge um die Sophia und den Horos genauer darstellt[50]:

„in its full complexity ... as a development *within* the gnostic structure of thought" erklärt werden muß (aaO, 75; vgl. schon Lipsius, *Valentinus*, 644). Markschies, *Valentinus*, 371-373.377f hält es für unwahrscheinlich, „daß Valentin einen separaten Aion Sophia kannte, weil sowohl die Fragmente wie das Zeugnis Tertullians dagegen sprechen, und möchte daher nahezu ausschließen, daß er von einem ‚Fall der Sophia‘ in der mythologischen Form, wie sie uns durch die Schüler [Valentins] vertraut ist, redete" (aaO, 378; vgl. Good, *Sophia*, 193-201). Dagegen sieht Logan, *Truth*, 32 den Sophia-Mythos als „*the* contribution of the Gnostics of Irenaeus 1.29 and 30 to Valentinus and Christian theology" an. „One significant task of second-century Christian theology could be said to be to determine the role and identity of Sophia, Wisdom, in relation to the Father, Son and Holy Spirit." S. weiterhin Scholten, *Martyrium*, 155-286; Colpe, *Gnosis II*, 572-581; Fantino, *La théologie*, 197f; Sagnard, *La gnose*, 439-446.

48 Das hier verwendete Verb στηρίζω begegnet unter anderem auch bei Mel., pass. 96,712 (54 Hall: „ὁ στηρίξας τὰ πάντα ἐπὶ ξύλου ἐστήρικται"), in Ps-Hipp., pass. 51,9f (177-179 SC) und in A. Andr. 14 (Mart. prius; 698,7 CChr); s. dazu Daniélou, *Jewish Christianity*, 287-289.

49 Haer I 2,2 (38,31-40,39/39f,167-174); vgl. I 3,1 (48,1-4/48f,245-248). Haer I 2,2 gehört zu System A; vgl. Foerster, *Valentin*, 49-55; ders., *NTS 6*, 21; Stead, *Sophia*, 78. – Traditionsgeschichtliche Vorstufen der ῞Ορος/Σταυρός-Vorstellung liegen u.a. bei Philo (z.B. Op 10 [11,5-16 Cohn]); vgl. Stead, aaO, 97; Sagnard, *La gnose*, 254; Fantino, *La théologie*, 165f; Orbe, *Los primeros herejes*, 165-168. S.a. unten S. 19 Anm. 53.

50 Haer I 2,3-4a (40,40-42,61/40,175-43,195) wird zu System B gerechnet (vgl. Hipp., haer. VI 30,6-31,2.5f [240,21-242,30 PTS]). Die Übertretung der Sophia besteht darin, daß sie ohne ihren Paargenossen wie der Propator ein Wesen emanieren und dadurch das Schöpferhandeln des Urvaters, der in System B ohne Paargenossin gedacht ist, nachahmen will. In System A (vgl. haer I 2,2 [38,16-19/38,154-157]) beginnt die Leidenschaft bereits im Bereich des Nous, also in recht großer Nähe zum höchsten Gott, vgl. May, *Schöpfung*, 95 (anders Voorgang, *Passion*, 345, vgl. dann aber *Passion*, 50!), Fantino, *La théologie*, 292f sowie Ptol., ep. 7,6 [70 SC]: zit. 1Kor 8,6). In System B geht der „Sündenfall" allein von der Sophia und ihrem Verlangen aus; s.a. Müller, *Gnosis*, 230[11]; Foerster, *NTS 6*, 21; Stead, *Sophia*, 78; Haardt, *Schöpfer*, 46-48 (s.o. S. 17 Anm. 45).

Das aussichtslose Unternehmen der Sophia, den Urvater zu suchen, führt dazu, daß sie ein „formloses Wesen" gebiert. Sie gerät in Trauer (über die Unvollkommenheit ihrer Erzeugung), Angst und Ratlosigkeit.[51] In diese Leidenschaften geraten, entschließt sie sich zur Umkehr und sucht beim Urvater Hilfe. Die anderen Äonen, besonders der Μονογενής (Νοῦς), schließen sich ihrer Bitte an, woraufhin der Urvater durch den Μονογενής – dieser Vorgang hebt die besondere Bedeutung des Νοῦς hervor – ἐν εἰκόνι ἰδίᾳ den Ὄρος emaniert.[52] Der Ὄρος trägt außerdem die Namen Σταυρός (Pfahl, Kreuz)[53], Λυτρωτής (Erlöser), Καρπιστής (Sammler, Schnitter), Ὁροθέτης (Grenzzieher) und Μεταγωγεύς („der in einen anderen Zustand/anderswohin überführt").[54]

---

51 Aus der „Unwissenheit" und den Leidenschaften Trauer, Angst und Bestürzung nimmt die Substanz der Materie (οὐσία τῆς ὕλης) ihren Anfang (s.u.).

52 Vgl. haer II 12,7 (104,111-113).

53 Die Doppeldeutigkeit der Begriffe („Grenzpfahl" = Ὄρος und „Pfahl/Palisade" = Σταυρός; vgl. Sagnard, La gnose, 247-249) führt dazu, daß das Kreuz selbst in seinem Bedeutungsgehalt mehrdeutig wird. „Im vorliegenden Zusammenhang könnte σταυρός den Charakter einer Lichtsäule haben, die dadurch Form gibt, daß sie das Licht zusammenfaßt und befestigt, zugleich aber auch Grenze ist, weil sie einerseits dem Licht im Pleroma die Form erhält, andererseits das Formlose aus dem Pleroma ausscheidet" (Böhlig, Lichtkreuz, 475; vgl. ExpVal 25,20-24; 26,29-31 [112-114 NHS]; zu Böhligs These s.u. ab S. 41). – S.a. Basilides nach Hipp., haer. VII 23,1-3 (292,1-13 PTS): hier bildet der Geist die Grenze zwischen dem überkosmischen und dem kosmischen Bereich.

54 Vgl. haer I 3,1 (48,4-6/49,248-250; hier ist mit Brox, FC 8/1, 140[13] ἐξ ἀγῶνος [aus Kampf] anzunehmen [vgl. I 2,2: ἐν πολλῷ πάνυ ἀγῶνι γενόμενον]; anders Rousseau, SC 263, 183 [P. 49, n. 2.], der ἐξάγωνος [„sechseckig"] liest und auf die Wiederholung der sechs Namen des „Horos" verweist). Für die Befestigung des Pleromas steht hier σύμπηξις. – Zu den unterschiedlichen Namen des Ὄρος vgl. Harvey I, 18f[24]; Burkitt, Note, 65-67. Böhlig, Lichtkreuz, 474f weist darauf hin, daß in haer I 3,1 (48,4/49,249 App.) statt σταυροῦ die Variante στύλου (belegt im Cod. Vossianus [1494 nChr] und im Epiphanius-Cod. Marcianus 125 [11.Jh.]) als lectio difficilior gewertet werden könnte, was ein Hinweis darauf wäre, daß die von Irenäus in seinem Referat mit σταυρός bezeichnete Größe „nicht unbedingt die Vorstellung vom Kreuz in unserem Sinne einzuschließen" braucht (Böhlig, aaO, 474). Zu der Bezeichnung μεταγωγεύς vgl. Hipp., haer. VI 31,6 (241f,25-30 PTS [d. folgende Zit. 241f,27f] bzw. 159,12-16 GCS), wo der Ὄρος „Μεταχεύς" genannt wird, „weil er am ὑστέρημα teilhat" (vgl. Böhlig, aaO, 474[10]: „liegt das daran, weil ein ὅρος nach zwei Seiten blickt?"); Σταυρός heiße der Ὄρος deshalb, „weil er unbewegt und ohne Wanken (ἀμετακινήτως mit GCS gegen PTS [ἀμετανοήτως]) feststeht, damit nichts von Mangel den Äonen im Pleroma nahen könne." Vgl. auch den Abschluß des bei Epiph., haer. XXXI 5,1-6,10 (390,5-395,13 GCS; das folgende Zitat haer. XXXI 6,9 [395,4-8]; Übersetzung bei Dibelius, Studien, 329-333) überlieferten valentinianischen Lehrbriefs, der (wohl ursprünglich) nur das Pleroma der Äonen beschrieben hat: Die Ogdoas, die „in untadeliger Lust" vereinigt ist, bringt „eine Fünfzahl geiler, nur

Irenäus setzt direkt fort und schildert einen doppelten Trennungsvorgang[55]: Der Horos hat die Sophia gereinigt, ihrem Paargenossen im Pleroma wieder zugeführt und – nachdem die ᾽Ενθύμησις mitsamt dem πάθος von ihr geschieden worden war (χωρισθείσης) – die Enthymesis und das Pathos *„abgetrennt und abgekreuzigt"* (ἀφορισθῆναι καὶ ἀποσταυρωθῆναι) und aus dem Pleroma ausgeschlossen.[56]

Damit die anderen Äonen in Zukunft „gleichsam in Stille" verharren und keiner von ihnen „ähnlich in diese Leidenschaft" fiele wie die Sophia, emaniert der Urvater durch den Μονογενής das Paar Χριστός und Πνεῦμα ἅγιον zur „Festigung und Stärkung (εἰς πῆξιν καὶ στηριγμόν[57]) des Pleromas". Der Christus belehrt die Äonen darüber, daß die Paargenossenschaft das Begreifen des Urvaters sei: Die Gnosis bestehe darin, daß der Urvater unfaßbar, unbegreiflich, unsichtbar und nicht zu hören sei (außer für den Μονογενής). „Die Ursache der ewigen Beständigkeit für alle (Äonen) ist das unfaßbare Sein des Vaters."[58] Die Ursache der „Zeugung und Gestaltgebung" ist der „Sohn", also das, was am Urvater faßbar ist. Das Pneuma führt unter den Äonen die wahre, vollkommene Ruhe (ἀνάπαυσις) ein, wodurch die Unterschiede zwischen ihnen verschwinden und sie „in Gestalt und Denken" einander gleich werden; alle werden „gefestigt".[59] Daraufhin trägt jeder von ihnen sein „Schönstes und Blühendstes" zusammen, und sie emanieren gemeinsam zur Ehre des Bythos die vollkommene Frucht „Jesus", der auch

---

männlicher Äonen zum Vorschein, deren Namen folgende sind: Καρπιστής, ᾽Οροθέτης, Χαριστήριος, ῎Αρετος, Μεταγωγεύς.

55 Haer I 2,4b-6 (42,61-48,105/43,196-48,244); vgl. Orbe, *Los primeros herejes*, 168-170.

56 Das bei Epiph. (in beiden Handschriften) überlieferte ἀποστερηθῆναι ist mit Ir^lat *(crucifixam)* zu ändern. Die beiden Verben ἀφορισθῆναι und ἀποσταυρωθῆναι beziehen sich auf die Doppelfunktion des ῎Ορος/Σταυρός: „ἀφορίζω = 'séparer (ἀφ-) par une limite (ὅρος)'; ἀποσταυρόω = 'séparer (ἀπο-) par une palissade (σταυρός)'", vgl. *SC 263*, 179f (p. 43, n. 6.) S. weiterhin haer I 3,4 (56,54-56/56,304-306; zu Ir^lat s. *SC 263*, 186 [P. 57, n. 1.]). Die Trennungsvorstellung resultiert aus (einem freien Umgang mit) Gal 5,24 („οἱ δὲ τοῦ Χριστοῦ ᾽Ιησοῦ τὴν σάρκα ἐσταύρωσαν σὺν τοῖς παθήμασιν καὶ ταῖς ἐπιθυμίαις"). Daß das Kreuz (bzw. die Kreuzigung Christi) „scheidet", ist ein in der Gnosis häufig anzutreffender Gedanke, vgl. die Belege bei Koschorke, *Polemik*, 105.

57 Haer I 2,5 (44,211); vgl. Rudolph, *Gnosis*, 170-172.

58 Haer I 2,5 (44,81-46,82/45f,218f). Vgl. auch Voorgang, *Passion*, 309-311 (= 25^40).

59 Haer I 2,6 (46,91/47,229); στηρίζω in haer I 2,4 (42,62/43,196); 3,5 [58,68/58,318]; II 12,7 (106,131-133: *fixio*) auch für die Wirkweise des ῎Ορος/Σταυρός. Das Paar Christus/Pneuma übernimmt also im Pleroma mit der Belehrung über die Unbegreiflichkeit des Urvaters und mit dem „Festigen" Funktionen des ῎Ορος/Σταυρός. Eine Übertragung von Funktionen des ῎Ορος/Σταυρός auf andere pleromatische Wesen findet auch an späterer Stelle des ptolemäischen Systems statt (s.u.). Vgl. Jaschke, *Geist*, 183-185.

Σωτήρ, (unterer) Christus, Logos und „All" heißt.[60] Der Vater gibt dem Soter alle Macht und alles, auch die Äonen, in seine Gewalt.[61]

Der Parallelbericht bei Hippolyt[62] weist einige Differenzen auf. Durch die Unwissenheit der Sophia und die Formlosigkeit ihres Produktes innerhalb des Pleromas geraten die anderen Äonen in Unruhe. Sie bitten den Vater, die Trauer der Sophia zu beenden. Dieser erbarmt sich ihrer und läßt den Nous und die Aletheia das Paar Christus und heiliges Pneuma hervorbringen, um die Sophia zu trösten und ihre Fehlgeburt zu gestalten. Christus und Pneuma trennen (ἀποχωρίζω) die gestaltlose Fehlgeburt von allen Äonen ab, damit diese bei deren Anblick „nicht durch die Gestaltlosigkeit erschüttert würden." Um nun vollständig zu verhindern, daß die Äonen die unförmige Mißgeburt zu Gesicht bekommen, bringt der Vater den *Äon* Σταυρός hervor. „Groß (μέγας) geworden als von einem großen (μεγάλου) vollkommenen Vater, emaniert zur Bewachung und Befestigung der Äonen, wird er Ὅρος des Pleromas, in sich selbst alle 30 Äonen zugleich habend."[63] Er ist es, der den „Mangel" (ὑστέρημα) vom Pleroma abgrenzt (ἀφορίζω).[64] Außerhalb des Ὅρος/Σταυρός befindet sich die abgetrennte Sophia, die vom Paar Christus/Pneuma gestaltet wird (diese beiden ziehen sich wieder in den Bereich innerhalb des Ὅρος zurück).

Irenäus' und Hippolyts Referat weisen folgende Unterschiede auf: Die von Irenäus in *haer I 2,4b* geschilderte Reinigung der Sophia durch die Abtrennung ihrer Enthymesis entspricht eher System A (von der „Fehlgeburt" ist hier nicht explizit die Rede). Andererseits paßt die Beschreibung der Enthymesis am Ende von haer I 2,4b als „form- und gestaltloser" Antrieb eines Äon, der „nichts empfangen" hat (d.h. ohne männliches Zutun entstanden ist), durchaus auch auf die „Fehlgeburt" in System B.

Die Hauptunterschiede liegen aber auffälligerweise in der Darstellung des Ὅρος/Σταυρός bzw. des Paares Christus/Pneuma.[65] Nach Irenäus entsteht zuerst auf die Bitte der Äonen hin der Ὅρος, dann erst das Paar. Bei Hippolyt ist die Reihenfolge umgekehrt.

60 Einige Schriftbeweise dafür zitiert Irenäus in haer I 3,4 (56,53-64/56f,302-314: Lk 2,23; Kol 3,11; Röm 11,36; Kol 2,9; Eph 1,10).
61 S. haer I 4,5 (72,87-93/72f,439-445).
62 Haer. VI 31,1-8 (241f,1-40 PTS).
63 Hipp., haer. VI 31,5 (241,23-25 PTS).
64 Im Anschluß an diese Aussage werden bei Hippolyt die weiteren Namen des Ὅρος/ Σταυρός aufgelistet.
65 Vgl. Foerster, *Valentin*, 50-55.

Weitere Differenzen bestehen bei den Funktionen der einzelnen Emanationen bzw. Äonen. Nach Hippolyt sind es Christus und Pneuma, die die gestaltlose Fehlgeburt der Sophia von allen Äonen abtrennen (ἀποχωρίζειν). Der ῞Ορος legt sich wie eine Schutzhülle um das gereinigte Pleroma und grenzt dadurch den „Mangel" vom Pleroma ab (ἀφορίζω). Vom „abkreuzigen" ist hier nicht die Rede. Die auffällige Verdoppelung des Trennens bei Irenäus (haer I 2,4b) wurde schon vermerkt.[66] Es ist durchaus möglich, daß sich hinter dem χωρισθείσης die Tätigkeit des Paares Christus/Pneuma verbirgt – zumindest weist die parallele Terminologie darauf hin. Daß die Enthymesis und das Pathos abgetrennt (ἀφορισθῆναι) werden, entspricht von der Funktion und von der Terminologie her dem, was Hippolyt über den ῞Ορος sagt.

Allerdings – und hier liegt nun das eigentliche Problem – sagt Irenäus ausdrücklich, daß das Paar Christus/Pneuma erst *nach* dem *gesamten* Abtrennungsvorgang emaniert wurde. Ihre Aufgabe ist es, die Äonen zu belehren und dadurch zu befestigen und zu stärken – was wiederum den Aussagen über den Horos in haer I 2,2 (System A) nahekommt – sowie die untere Sophia, die Achamoth, zu gestalten (letzteres stimmt wieder mit Hippolyt überein). Es ist weiterhin wichtig, daß Irenäus die *Emanationen* Horos, Christus, Pneuma und Jesus im Gegensatz zu Hippolyt[67] an *keiner* Stelle explizit als *Äonen* bezeichnet. Einzig in haer I 2,6[68] klingt der Gedanke an, daß Christus und Pneuma Äonen heißen können.[69] Auf der anderen Seite geht Irenäus in haer II 12,7[70] davon aus, daß die Ptolemäer die genannten vier Emanationen *nicht* Äonen genannt haben:

Horos, Christus, Spiritus sanctus und *Salvator,* die wie die Äonen des Pleromas (zeitlich nach diesen[71]) emaniert worden sein sollen, werden von den Valentinianern „nicht zur Anzahl des

---

66 S.o. S. 20.
67 S. Hipp., haer. VI 31,3 (241,13f PTS: Christus und Pneuma); 31,5 (241,22 PTS: ῞Ορος).
68 46,86-94/46f,223-232.
69 Stead, *Sophia*, 78f vermutet, daß Irenäus in haer I 2,4-6 hauptsächlich auf System A zurückgreift, aber auch einige Aspekte von „B" in seine Darstellung eingebaut hat, insbesondere die Emanierung des Paares Christus/Pneuma (und Jesu), das in „B" die Funktion hat, das aus *28* Äonen bestehende Pleroma nach dem Fall der Sophia zu komplettieren (s. Hipp., haer. VI 31,2f [241,5-13 PTS]). Dies werde dadurch bestätigt, daß Irenäus in haer I 2,6 Christus und Pneuma der oberen Ogdoas zurechnet (das oberste Prinzip in System B ist männlich, hat keine weibliche Paargenossin und wird nicht zu den 28 bzw. 30 Äonen gezählt [vgl. haer I 2,4]).
70 104,107-106,138.
71 Vgl. Fantino, *La théologie,* 356f.

Pleromas" addiert.[72] Dafür gibt es jedoch, so Irenäus' Kritik, keinen einleuchtenden Grund. Denn einerseits existieren die vier Emanationen „im selben Pleroma", und sie sind auf die gleiche Weise emaniert worden wie die Äonen.[73] „Sind sie (sc. die vier Emanationen) gleichsam geringer als jene (sc. die Äonen) und deshalb des Titels und der Zählung von Äonen unwürdig? Oder sind sie etwa besser als jene und verschieden von ihnen? Wie aber können diejenigen geringer sein, die auch zur Befestigung und Besserung der übrigen emaniert wurden?"[74] Wären die Valentinianer konsequent, so Irenäus, hätten sie die vier genannten Emanationen zu den 30 Äonen im Pleroma hinzuzählen müssen – was das gesamte Denkgebäude einschließlich der biblischen Belegtexte zum Einsturz gebracht hätte –, oder sie hätten den 30 Äonen den Ehrentitel „Äonen" aberkennen müssen.[75]

Dieses von Irenäus in haer II 12,7 angesprochene Problem kam den Valentinianern offenbar nicht in den Sinn, ja es konnte gerade durch die differenzierte Terminologie vermieden werden. Vor dem Hintergrund von haer II 12,7 halte ich es deshalb für denkbar, daß Irenäus in haer I 2,4-6 bereits eine besondere Form des valentinianischen Systems, vielleicht ein „kombinierter" Mythos aus System A und B vorlag. Dem steht freilich entgegen, daß Irenäus selbst zwischen den differierenden Aussagen der Valentinianer mehr oder weniger deutlich unterscheidet und daß in haer I 2,6[76] sowohl Christus als auch das Pneuma wohl zu den Äonen der obersten Ogdoas gezählt werden. Dies ist jedoch die einzige Stelle bei Irenäus, an der der Begriff „Äon" auf die beiden Emanationen bezogen werden kann; der "Ορος wird nie „Äon" genannt,

---

72 Haer II 12,7 (106,114f.123-128). Der Relativsatz *quem et Sotera dicunt* (106,127) ist insofern problematisch, als statt *Sotera* eigentlich *Stauron* zu erwarten wäre (vgl. haer I 2,4 [42,60/42,194]: Ir^{lat} transskribiert die gleich nach Σταυρόν stehende "Ορος-Bezeichnung Λυτρωτήν (Lytroten), was es relativ unwahrscheinlich macht, daß *Sotera* in haer II 12,7 (die übereinstimmende Lesart aller lat. Handschriften!) Übersetzung (nicht Transskription) von Λυτρωτήν ist. Rousseau, SC 293, 232 (P. 107, n. 2.) nimmt an, daß als Folge abgekürzter Schreibweise sehr früh ein Fehler in die griech. Texttradition eingedrungen ist (Σταυρόν → Σωτῆρα).

73 Der Urvater selbst ist selbstverständlich keine Emanation. Auch die Σιγή wird nicht als Emanation bezeichnet.

74 Haer II 12,7 (106,129-133).

75 S. haer II 12,7 (106,136-138): *Oportuerat autem et istos adnumerari in Pleromate Aeonum, aut et illorum Aeonum honorem huiusmodi appellationis auferri.* Brox, FC 8/2, 89 bezieht in seiner Übersetzung („Sie [sc. die vier Emanationen] hätten entweder im Pleroma der Äonen mitgezählt werden müssen, oder man hätte *ihnen* die Ehrenbezeichnung als Äonen entziehen müssen") das kursivierte *ihnen* auf die vier Emanationen (vgl. Brox, aaO, 88f: „Es ist also inkonsequent, wenn die Gnostiker diese vier Äonen nicht im Pleroma mitzählen ..."; auch Stead, *Sophia*, 79 und viele andere nennen die Emanationen Christus, Pneuma und Jesus aus haer I 2,5 „Äonen").

76 46,86-91/46f,225-229.

„Jesus" ebenfalls nicht. Weiterhin führen im selben Abschnitt haer I 2,6[77] die beiden Emanationen wieder eine Sonderrolle, indem sie dem „ganzen Πλή-ρωμα τῶν Αἰώνων" zustimmen, als dieses den „Jesus" emanieren will, an der Emanation „Jesu" also nicht beteiligt sind. Irenäus unterscheidet auch in seiner Zusammenfassung vor der Einführung der Schriftbelege in haer I 3,1[78] zwischen den Emanationen Christus/Pneuma und den Äonen: Zur πραγμα-τεία im Pleroma gehört u.a. „die im Vergleich zu den[79] Äonen spätere γένε-σις des ersten Christus mit dem heiligen Pneuma von ihrem Vater aufgrund (der) Umkehr (sc. der Sophia) ...".

Die Schwierigkeiten, die sich aus den genannten Stellen und aus den Differenzen zwischen den Referaten des Irenäus und des Hippolyt ergeben, sind also nur sehr schwer, wahrscheinlich überhaupt nicht befriedigend aufzulösen. Zwei Erklärungsmöglichkeiten kommen m.E. in die engere Auswahl:

1) Entweder hat Irenäus selbst die terminologische „Unordnung" verursacht, als er die unterschiedlichen (vielleicht auch mündlichen?) Quellen der Ptolemäer zusammengearbeitet hat; dann ist es kaum denkbar, daß ihm die inhaltlichen Differenzen zwischen „System A" und „System B" an *dieser* Stelle nicht aufgefallen sind, d.h. er hätte in haer I 2,6 *bewußt* nicht nur für eine terminologische Unordnung, sondern auch selbst für den von ihm in haer II 12,7 kritisierten Widerspruch gesorgt.

2) Die andere Möglichkeit, zu der ich aus den genannten Gründen eher neige, besteht darin, daß Irenäus eine aus „System A" und „System B" kombinierte Version in den von ihm benutzten valentinianischen „Kommentaren"[80] bereits vorgefunden hat. Eine solche Kombination stellte den Versuch dar, die Probleme, die vor allem in System B entstehen, zu beheben. Denn hier tritt die Schwierigkeit auf, daß sowohl der Horos, der die 30 Äonen (einschließlich der *Äonen* Christus und Pneuma) als schützende Hülle umgibt, als auch der Äon „Gemeinsame Frucht des Pleromas", der von den 30 Äonen nach der Abtrennung der Fehlgeburt der Sophia emaniert wird und sich zunächst *innerhalb* des Pleromas befindet, die Zahl 30 sprengen.[81] Dieser systemsprengende Widerspruch kann vermieden werden, wenn der Horos und die „Gemeinsame Frucht des Pleromas" keine „Äonen" mehr sind.

---

77 46,94-96/47,232-234.
78 48,1-50,9/48,245-50,254.
79 Brox, *FC 8/1*, 141 ergänzt hier „übrigen", was aus genannten Gründen nicht korrekt ist.
80 Haer I pr. 2 (22,34/22,34f: *commentarii*/ὑπομνήματα).
81 S. Hipp., haer VI 31,5-32,6 (241,21-243,33 PTS). Vgl. Voorgang, *Passion*, 48f.308f, der allerdings übersieht, daß in „System B" bereits der Horos ein überzähliger Äon ist.

Weiterhin könnte als Problem empfunden worden sein, daß der Urvater ohne Paargenossin außerhalb der 30 Äonen existiert, also an der vollkommenen Zahl der Triakontas nicht teilhat, gleichsam aus dem Pleroma ausgegrenzt ist – eine Ausgrenzung, die durch die Funktion des Horos in „System B" noch verstärkt würde. Wird der Urvater zu den pleromatischen Äonen gezogen, so muß mindestens ein Äon das Pleroma verlassen. Die Lösung liegt nahe, dem Urvater eine Partnerin (die Sige) an die Seite zu stellen und die beiden zuletzt emanierten Äonen des Pleromas, Christus und Pneuma, wie den Horos und die „Gemeinsame Frucht des Pleromas" ebenfalls nicht mehr als Äonen zu bezeichnen.

Haer I 2,4b-6 wäre ein Reflex dieses Kombinationsvorgangs. Christus und Pneuma rücken zeitlich hinter den Ὅρος. Die doppelte Abtrennung in haer I 2,4b und die (ein wenig in der Schwebe gehaltene) Bezeichnung von Christus und Pneuma als Äonen in haer I 2,6 sind Relikte von „System B". Der Ὅρος übernimmt (wie in haer I 2,2/„System A") vollständig die Aufgabe des Abtrennens, während Christus und Pneuma gleichzeitig die Funktion des belehrenden Festigens und Stärkens, die der Ὅρος in haer I 2,2 inne hatte, ausüben.

In haer I 3,3 referiert Irenäus Schriftstellen, die die Valentinianer für die Vorgänge um die Sophia und den Ὅρος/Σταυρός als Belege heranziehen[82]: Daß die Leidenschaft den *zwölften* Äon überkam, zeigten Judas, der als zwölfter Apostel „abgefallen" ist, und Jesus, der im zwölften Monat gelitten hat. Das *πάθος der Sophia* werde durch die Erzählung von der blutflüssigen Frau (Mk 5,25-34) abgebildet. Die Frau, die zwölf Jahre gelitten hatte, sei die Sophia. Sie habe sich aus gestreckt und sei „in das Unendliche des Wesens"[83] geströmt. Hätte sie nicht das Gewand des Sohnes berührt (die Ἀλήθεια der ersten Tetras[84], die Paargenossin des Μονογενής), wäre sie in die Gesamtsubstanz hinein aufgelöst worden. Weil aber vom Sohn eine Kraft, nämlich die des Ὅρος, ausgegangen sei (s. Mk 5,30), sei ihr πάθος zur Ruhe gekommen. Der Ὅρος habe sie geheilt und das πάθος von ihr abgetrennt (ἐχώρισεν).

Zu den Belegen für die Vorgänge *innerhalb* des Pleromas gehört auch haer I 8,2[85], obwohl Irenäus ihn an den Anfang der Testimonien für die außerpleromatischen Vorgänge stellt: „Der Herr (Jesus) ist in den letzten Zeiten der Welt (vgl. 1Petr 1,20) deshalb zum Leiden (ἐπὶ τὸ πάθος) gekommen, um

---

82 Vgl. auch haer II 20-23.
83 Haer I 3,3 (54,46f/54f,293f); vgl. II 20,1 (200,12f); 23,1 (228,5).
84 Nach haer II 20,1 (200,14f) bildet der Gewandsaum die ganze erste Tetras ab.
85 116,33-37/117,804-808. S.a. Voorgang, *Passion*, 338; Orbe, *Los primeros herejes*, 171.

das πάθος zu zeigen, das über den letzten der Äonen kam, und durch sein Ende das Ende der Vorgänge um die Äonen sichtbar zu machen." Das „Ende der Vorgänge um die Äonen" wird nichts anderes als die Abtrennung der ᾿Ενθύμησις und des πάθος von der Sophia durch den ῞Ορος/Σταυρός bedeuten. Danach ist das Äonengefüge wieder im Ruhezustand.

Die „festigende" und die „teilende" ἐνέργεια des ῞Ορος/Σταυρός belegen die Valentinianer nach Irenäus' Referat mit folgenden Texten[86]: Die ἐνέργεια zum Festigen und Stützen (ἑδράζειν; στηρίζειν) komme dem Σταυρός zu, die zum Teilen und Trennen (μερίζειν; διορίζειν) dem ῞Ορος. Die festigende Wirkweise des Σταυρός soll Jesus mit Lk 14,27 par Mt 10,38[87]

---

86 Haer I 3,5 (56,65-60,87/57,315-60,339). Vgl. Sagnard, La gnose, 253: „Un sermon chrétien sur la Croix, au IIᵉ siècle".

87 Das Zitat bei Irenäus entspricht eher Lk als Mt, keiner der beiden Stellen aber wörtlich. In exc. Thdot. 42,1-3 (120,1-7 GCS) heißt es: „Das Kreuz ist Zeichen der Grenze im Pleroma (῾Ο Σταυρὸς τοῦ ἐν πληρώματι ῞Ορου σημεῖόν ἐστιν). Denn es trennt (χωρίζει) die Ungläubigen von den Gläubigen wie jene (Grenze; sc. der ῞Ορος) die Welt vom Pleroma. Deshalb trägt auch Jesus die Samen durch das Zeichen auf seinen Schultern und führt sie in das Pleroma hinein. Denn Jesus heißt die 'Schulter des Samens', das Haupt aber Christus. Weshalb auch gesagt ist: 'Wer nicht sein Kreuz aufhebt und mir nachfolgt, der ist nicht mein Bruder' (vgl. Mt 10,38 par). Also trug er (sc. Christus) den Leib Jesu, der wesensgleich (ὁμοούσιον) war der Kirche." In diesem Text wird deutlich zwischen der Funktion des (irdischen) Kreuzes und der (himmlischen) Pleromagrenze unterschieden, dessen Zeichen das Kreuz ist. Der Christus trägt zusammen mit dem Leib Jesu und dem Kreuz, das auf seiner Schulter liegt, den „Samen", d.h. die Kirche in das Pleroma hinauf. Zugleich sind die Glaubenden durch das Kreuz von den Ungläubigen geschieden (vgl. auch A. Jo. 101 [213,1-215,16 CChr]; s. dazu Junod/Kaestli, CChr.SA 2, 600-603; sowie Orbe, Los primeros herejes, 171-175). Dölger, Beiträge IV, 11 vermutet, daß exc. Thdot. 42,1 einen Hinweis auf das Bekreuzigungszeichen als Aufnahmeritus der Katechumenen gibt, durch den die Glaubenden von den Ungläubigen geschieden werden. Diese These wird dadurch unterstützt – Dölger geht nur auf exc. Thdot. 42,1 ein –, daß hier das Kreuz, der Leib Jesu und die Kirche in enger Beziehung zueinander stehen. Sollte Dölger im Recht sein, so versteht exc. Thdot. 42,1 den mit der Bekreuzigung verbundenen Initiationsritus als „Verbrüderung" mit Jesus-Christus und als Beginn der Aufnahme ins Pleroma, dessen Grenze durch den kreuztragenden Jesus Christus überwunden wird. Liegt in dieser gnostischen Vorstellung vielleicht ein Grund dafür, daß Irenäus nichts über einen in seiner Gemeinde geübten Bekreuzigungsritus sagt? – Eine weitere Parallele für die doppelte Wirkweise des ῞Ορος/Σταυρός scheint Heracleon fr. 13 zu sein (69,13-70,21 Völker = Orig., Jo. X 19,210-216 [206,25-207,23 GCS]; vgl. auch fr. 14f [70,22-32 Völker = Orig., Jo. X 19,223f; X 21,248-253 {208,23-26; 212,25-32 GCS}]). S. dazu Sagnard, La gnose, 252f.254f.503f (503: fr. 11 müsse mit haer I 3,5; 4,1.5 verglichen werden; die dynamis Christi und des heiligen Geistes wirke sich gemeinschaftlich verbunden auf die Sophia aus durch Vermittlung des Kreuzes) und Foerster, Valentin, 9-12 (Heracleon erkenne in der Tempelreinigung nach

und Mk 8,34 par[88] kundgetan haben, die trennende des Ὄρος mit Mt 10,34[89].

Als Beleg für die zweifache Funktion des Ὄρος dient weiterhin Mt 3,12 par Lk 3,17[90]. Hier wird die Worfschaufel zum Reinigen der Tenne auf den Stauros gedeutet, der das Materielle vernichtet und die Geretteten reinigt.[91] Dieselbe Bedeutung des Ὄρος sollen 1Kor 1,18[92] und Gal 6,14[93] ausdrücken. In beiden Texten spreche Paulus von der Abtrennung der der Vernichtung anheimfallenden Materie von den Geretteten durch das „Kreuz".[94]

Summa: Der Ὄρος/Σταυρός ist im System der Ptolemäus-Schule eine eigene Emanation, die vom Urvater durch den Μονογενής hervorgebracht

---

Johannes ein Abbild der Wirksamkeit des Geistes, der reinigt und das Schlechte herausbläst. Der Stock, an den die Geißel [der heilige Geist] gebunden ist, sei Symbol des Kreuzes. Die Reinigung beziehe sich auf den inneren Menschen und die Gemeinde. Der Geist blase den schlechten Menschen heraus, das Kreuz verzehre alle Schlechtigkeiten und mache sie unsichtbar). Irenäus selbst berichtet über Heracleons Lehren nichts (nur in haer II 4,1 [46,26] erwähnt er ihn kurz neben Ptolemäus, ohne weiter ins Detail zu gehen).

88 Das Zitat bei Irenäus verwendet den Imperativ der 2. Person (vgl. Mk 10,21).

89 „Ich bin nicht gekommen, um Frieden zu bringen, sondern das Schwert." Der Schriftbeweis orientiert sich an der Eigenschaft des Schwertes, zu teilen und zu trennen.

90 Der Irenäus-Text weist nur unbedeutende Abweichungen gegenüber Lk und Mt auf.

91 Irenäus selbst deutet diese Stelle *nicht* auf das Kreuz, sondern auf das Gericht bei der *zweiten* Ankunft Christi (haer IV 33,1 [804,24-30]; 33,11 [826,202-204: hier wird nur Mt 3,12b par Lk 3,17b zitiert, die Schaufel kommt nicht vor]; vgl. V 27,1 [338,7-13: hier eine Paraphrase von Mt 13,30; diese Stelle enthält ebenfalls das Motiv des Sammelns in die Scheune und des Verbrennens in unauslöschlichem Feuer]; 28,4 [360,39f: Sammeln des Weizens]).

92 „Denn das Wort (λόγος) vom Kreuz ist denen, die verlorengehen, eine Torheit, [„uns" fehlt im Zitat bei Irenäus] den Geretteten aber Kraft (δύναμις) Gottes". Vgl. dazu Sagnard, *La gnose,* 251f: Der „Logos" ist normalerweise Christus, die „Kraft Gottes und Weisheit Gottes" (vgl. 1Kor 1,24), „qui agit *à travers* la Croix-Limite du Plérôme pour former ... la Sagesse" (aaO, 251; vgl. haer I 4,1). Diese Logos-Kraft, die in Christus wirkt, umkleidet nach haer I 4,5 den Soter, der die (untere) Sophia formt. „C'est la même action 'salvatrice' du *Logos-Christ-Sauveur* qui s'exerce 'à travers' la Croix-Limite sur les Sagesse-Pneuma" (aaO, 252).

93 „Ich aber will mich nichts rühmen als allein des Kreuzes [„unseres Herrn Jesu" fehlt im Zitat bei Irenäus] Christi, durch das mir der Kosmos gekreuzigt ist und ich der Welt." – Zu den beiden Pauluszitaten vgl. Lindemann, *Paulus,* 302; Sagnard, *La gnose,* 251f.

94 Die „festigende" und „teilende" Funktion des Ὄρος kennt auch ExpVal 27,30-38 (116 NHS; vgl. dazu Scholten, *Martyrium,* 158f), womit indirekt bestätigt wird, daß Irenäus' Referat über den Ὄρος insgesamt zuverlässig ist.

wird.[95] Der Μονογενής kennt als einziger Äon den Urvater in seiner Un-erforschlichkeit. Dies wiederum hat eine *inhaltliche* Bedeutung für die Wirk-weise des ῞Ορος/Σταυρός: Er tritt genau in dem Moment auf, in dem die Unfaßbarkeit des Vaters durch das πάθος der Sophia berührt zu werden droht. Der ῞Ορος/Σταυρός bremst ihren Vorwärtsdrang, verhindert da-durch ihre Auflösung, bewahrt die Vollzahl der Äonen und hält zugleich das „All" außerhalb der unsagbaren Größe des Urvaters – andernfalls würden sie verschlungen werden. Er belehrt die Äonen darüber, daß der Urvater unfaß-bar ist, begrenzt dadurch das Pleroma *im Inneren* und verleiht ihm seine in-nere Stabilität. Außerdem grenzt der ῞Ορος das Pleroma *nach außen* ab, in-dem er von der Sophia die ᾿Ενθύμησις zusammen mit dem πάθος abtrennt und beide aus dem Pleroma ausschließt.[96] Dies geschieht noch *vor* der Ema-nierung des Paares Christus/Pneuma und noch vor der Emanierung „Jesu".

Die Wirkung des ῞Ορος/Σταυρός im Inneren des Pleromas ist also inso-fern *positiv*, als er die Äonen vor fremden, nichtpneumatischen Elementen schützt und im Falle der Sophia reinigend einschreitet. Seine Wirkung im In-neren ist insofern *negativ*, als er die Äonen *außerhalb* der Größe des Urvaters hält. Er belehrt die Sophia nicht zuletzt darüber, daß der Urvater unfaßbar ist. Diese Funktion übernimmt nach der Reinigung der Sophia der „soeben emanierte Christus".[97]

Die genannten Schriftbelege verstehen die Ptolemäer teils als abbildhafte Schilderungen der Vorgänge, bei denen der ῞Ορος/Σταυρός auftritt (so v.a. die von Irenäus in haer I 3,3; 8,2 angeführten Stellen), teils als Beschreibung der beiden ἐνέργειαι des ῞Ορος/Σταυρός (haer I 3,5). Die Auswahl der Schriftstellen in *haer I 3,5* ist insofern auffällig, als mit ihnen nicht nur die Er-eignisse um die Sophia und die Achamoth in den Blick kommen, sondern ge-rade auch die auf die *Menschen* bezogene Wirksamkeit des ῞Ορος/Σταυρός.

---

95 Vgl. Böhlig, *Lichtkreuz*, 474: „Das Kreuz von Golgatha gehört in ein Erlöserbild, das Jesus in Palästina lehren, leiden und auferstehen läßt. Dieser Lebensgang ist das von Gott in die Geschichte eingefügte Heilsgeschehen. Für den Gnostiker ist eine solche Schau zu eng. Er benötigt ein Jesus- bzw. ein Christusbild, das in den Kosmos, ja darüber hinaus in das All gezeichnet ist. Ohne Kosmologie gibt es für den Gnostiker keine Soteriologie." S.a. unten ab S. 41.

96 S.a. Burkitt, *Church*, 46f: Sollte hinter dem ῞Ορος/Σταυρός der Valentinianer eine *crux commissa* (T) stehen, wäre der ῞Ορος „something which divides everything below it into 'right' and 'left', but above it there is no division." Nach Burkitt macht die Art, wie die Valentinianer das Kreuz in ihr Erlösungsdrama eingebaut haben, den Valentinianismus zur christlichen Häresie. S.a. Barth, *Interpretation*, 84-88.

97 Haer I 2,5 (46,84f/46,221f).

Es geht um die „Festigung" und die „Reinigung" derer bzw. die „Abtrennung" des πάθος von denen, die ins Pleroma gelangen und „gerettet" werden, und um die (notwendige) Vernichtung des Materiellen. Auf die trennende und reinigende Wirkung des Ὅρος verweisen vor allem die letzten drei Belege in haer I 3,5 (Mt 10,34; 1Kor 1,18; Gal 6,14). Angesichts dessen ist es um so auffälliger, daß die ersten beiden Stellen (Lk 14,27; Mk 8,34) von der Kreuzes*nachfolge* handeln und die „festigende" Wirkweise des Σταυρός anzeigen.[98] „Festigen" meint in diesem Zusammenhang: das Pneumatische zusammenführen und in seiner Vollständigkeit zusammenhalten. Bezogen auf die beiden Schriftstellen bedeutet das, daß der Eingang der Pneumatiker in das Pleroma nur über, oder besser: durch den Ὅρος/Σταυρός hindurch führen kann.[99] Indem die Pneuma-Samen vom Σταυρός am Weltende ins Pleroma eingelassen werden, werden dieses und mit diesem auch das Pneuma der Pneumatiker gefestigt.

Vor dem Hintergrund des in den ersten beiden Texten zum Ausdruck kommenden Nachfolgegedankens hat der dritte Text (Mt 10,34) eine Doppelfunktion. Zum einen zeigt er (wie dann auch die letzten drei Stellen) die trennende Funktion des Ὅρος an. Das „Schwert" weist hingegen auf die ersten beiden Texte (Lk 14,27; Mk 8,34). Es ist nicht auszuschließen, daß sich in den beiden Motiven der „Kreuzesnachfolge" und des „Schwertes" eine Einstellung widerspiegelt, die dem Martyrium wenigstens nicht völlig ablehnend gegenüberstand.[100] Die „Reinigung" vom Materiellen, die Abtrennung des πάθος also, kann gewaltsam geschehen, weil dadurch der Pneuma-Same befreit und durch die Vernichtung des materiellen Leibes für die Aufnahme ins Pleroma vorbereitet wird.

1.2.1.2 Die Funktion des Ὅρος/Σταυρός für die Vorgänge außerhalb des Pleromas

a) Die „Achamoth" und die Entstehung der Materie[101]: Die Ἐνθύμησις, die auch Ἀχαμώθ und „Mutter" heißt, wird durch den Ὅρος/Σταυρός zusam-

---

98 Zur Aufnahme des Logions vom Kreuztragen in apokryphen und gnostischen Texten (z.B. UnbW 15 [356,26-357,11 GCS]; vgl. dazu Böhlig, *Lichtkreuz*, 477f) s. insgesamt Ko Ha Fong, *Crucem tollendo*, 34-40 (mit weiteren Belegen).
99 Vgl. nochmals exc. Thdot. 42,1-3 (120,1-7 GCS; zit. oben S. 26 Anm. 87).
100 Sollten sich hinter „Kreuz" und „Schwert" Anspielungen auf die Todesarten der beiden in Rom hingerichteten Apostel Petrus und Paulus verbergen?
101 Haer I 4,1f.5 (62,1-66,49/62,353-67,399; 72,84-74,115/72,436-75,467).

men mit dem πάθος von der Sophia abgetrennt und „notwendigerweise" in Orte von Schatten und Leere geworfen. Außerhalb von Licht und Pleroma fehlen ihr, obwohl sie als „natürlicher Antrieb eines Äons" eine „pneumatische Substanz"[102] hat, wie einer Fehlgeburt[103] Form und Gestalt (ἄμορφος καὶ ἀνείδεος). Der (obere) „Christus" erbarmt sich ihrer und steht ihr auf unsichtbare Weise bei, indem er sich „durch den Σταυρός hindurch" ausstreckt (διὰ τοῦ Σταυροῦ ἐπεκταθέντα[104]) und ihr durch seine eigene Kraft eine Gestalt (μορφῶσαι) gibt[105], diese allein nach der Substanz bzw. dem Sein (κατ' οὐσίαν), nicht aber nach der Gnosis (κατὰ γνῶσιν).[106] Danach steigt der „Christus" wieder ins Pleroma auf, entzieht ihr seine Kraft und läßt sie in ihrem πάθος zurück, damit sie sich nach dem Besseren ausstreckt, zumal ihr „Christus" und das heilige Pneuma einen „gewissen Duft der Unsterblichkeit" zurückließen, der aber nicht genügt, um ins Pleroma zurückzukehren.

Die Achamoth wird sich ihrer Leidenschaft bewußt, macht sich auf die Suche nach ihrem entschwundenen Licht, kann es aber nicht erreichen, weil

---

102 Haer I 2,4 (44,67/44,203f).

103 Schriftbeleg dafür ist 1Kor 15,8 (haer I 8,2 [118,42-45/118,812-816]). S. dazu auch Stead, *Sophia*, 78 und Voorgang, *Passion*, 337-339.

104 Διά ist zunächst im räumlichen Sinn zu übersetzen. Der „Christus" durchdringt die Pleromagrenze und streckt sich nach außen hin zur Achamoth aus. Etwas später (haer I 7,2 [106,41-43/106,717-719]) heißt es, daß der obere Christus sich *am* Stauros ausgestreckt (τοῦ ἐπεκταθέντος τῷ Σταυρῷ) und die Achamoth nach der Gestalt ihrer Substanz gestaltet habe. Diese instrumentale Aussage über den Σταυρός zeigt, daß die Konstruktion mit διά (gen.) nicht nur räumlich, sondern zugleich auch instrumental aufzufassen ist (s.u.). Vgl. auch Sagnard, *La gnose*, 503: „... la 'dynamis' du *Christ* et de l'*Esprit-Saint* s'exerçait conjointement sur elle, par l'intermédiaire de la *Croix* (διὰ τοῦ Σταυροῦ) (I, 4, 1)" (s.a. aaO, 251-253).

105 Vgl. haer I 2,5 (46,83f/46,220f): Der „Christus" ist die Ursache der μόρφωσις. Zur „Formung" (μόρφωσις) der göttlichen Äonen (der kosmischen Materie), nach deren Analogie die Sophia-Achamoth entsteht, s. May, *Schöpfung*, 100.

106 S.a. haer II 5,1f (54,18-56,49). Hier heißt es, daß der obere Christus die „Mutter" (die Achamoth), „als er sie der Substanz nach formte, aus dem Pleroma warf" und somit „von der Gnosis abtrennte" [54,20f]). Nach haer I 4,1 findet die Formung der Achamoth bereits außerhalb des Pleromas statt. Dies wird wiederum durch haer II 5,2 bestätigt, wo Irenäus ausdrücklich betont, daß sich „ihr Soter [sc. bei der Gestaltung der Achamoth der Gnosis nach] und viel früher schon ihr Christus in Unwissenheit befanden, als sie zur Formung ihrer Mutter aus dem Pleroma heraustraten" (56,47-49). – Foerster, *NTS 6*, 18-20 weist darauf hin, daß sich das „Werden des Göttlichen" (aaO, 18) im ptolemäischen System dreistufig als „Gestaltung nach dem Sein", als „Gestaltung der Erkenntnis nach" und als endgültige syzygische Vereinigung vollzieht, und zwar auf den drei Seinsstufen Pleroma, übermaterielle Sphäre und Menschenkosmos. Diese „Dreistadienentwicklung" auf den drei Seinsebenen (aaO, 19) ist gottgewollt.

sie vom ῎Ορος daran gehindert wird (διὰ τὸ κωλυθῆναι ὑπὸ τοῦ ῎Ορου)[107], in den Bereich des Lichts (das Pleroma) zu gelangen.[108] Während der ῎Ορος die Achamoth in ihrem Aufbruch „nach vorne" hindert, spricht er „᾿Ιαώ".[109] Sie gerät in *Angst*, neben dem Licht auch das Leben zu verlieren, in *Ratlosigkeit* darüber, und in *Trauer*[110], daß sie „nichts zu fassen bekam"[111] (all dies geschieht in „Unwissenheit", die in den drei Leidenschaften vorhanden ist).[112] Dazu gerät sie in den Zustand der Hinwendung zum Lebenspender.[113] Während die „ganze Seele der Welt und des Demiurgen" aufgrund dieses Zustandes entstehen, sind Angst, Trauer, Ratlosigkeit und Lachen für die Genese der feuchten, körperlichen und „lichtigen" Welt-Elemente verantwortlich.

Die Achamoth wendet sich, nachdem sie „das ganze πάθος durchquert hatte", abermals an Christus. Dieser schickt ihr den Soter zusammen mit den Engeln, der ihr Gestalt gibt nach der Gnosis und sie von ihren Leidenschaften heilt, indem er diese von ihr abtrennt (χωρίσαντα) und durch Absonderung (ἀποκρίναντα) zur materiellen Substanz werden läßt, sie festigt (πῆξαι) und so „unkörperliche Leidenschaft in unkörperliche Materie" verwandelt.[114] Die vom πάθος befreite Achamoth wird von den Engeln schwan-

---

107 Als Schriftbeleg dient das Wort Jesu am Kreuz „Mein Gott, mein Gott, warum hast du mich verlassen" (Mk 15,34: haer I 8,2 [118,51-120,56/119f,823-827]; s.u.).

108 Vgl. haer III 25,6 (488,73f) innerhalb einer ironischen Bemerkung des Irenäus: „... *et Horus eam* (sc. die „Mutter" Achamoth) *non permisit introire in Pleroma* ..."

109 Damit ist der יהוה-Name, also der Weltschöpfer, der an der Grenze des Pleromas (und damit außerhalb desselben) entsteht, gemeint. Die Namensbezeichnung spielt für das ptolemäische System, wie es Irenäus referiert, keine weitere Rolle. Vgl. Aune, *Iao*, 9-11.

110 Als Schriftbeweise verwenden die Valentinianer für die „Angst" Mt 26,39 par („Vater, wenn es möglich ist, gehe der Kelch an mir vorüber"), für die Trauer Mk 14,34 par („Meine Seele ist betrübt") und für die Ratlosigkeit Joh 12,27 („Und was soll ich sagen? [Ich weiß es nicht]"), s. haer I 8,2 (120,56-61/120,828-832). Zur Bezeichnung der Affekte vgl. May, *Schöpfung*, 104; Stead, *Sophia*, 83f.

111 Nämlich das verlorengegangene Licht (s. haer I 4,1 [64,21f/65,374]).

112 Während die Achamoth „Gegensätzlichkeit" (ἐναντιότης) erfährt, erfährt ihre „Mutter", der Äon Sophia, „Veränderung" (ἑτεροίωσις) ihrer Leidenschaften.

113 Haer I 4,1 (66,34-36/66,385f): ἡ ἐπιστροφὴ ἐπὶ τὸν ζωοποιήσαντα. Der „Lebenspender" ist nach dem Kontext von haer I 4,1 der (obere) „Christus", der sich nach der Achamoth ausgestreckt hat.

114 Der Soter betätigt sich hier „mit Macht als Schöpfer" (vgl. exc. Thdot. 47,1 [121,16f GCS]). Die Valentinianer nehmen den Gedanken der Schöpfungsmittlerschaft Christi auf, was durch den kurz zuvor in Abwandlung zitierten Text Kol 1,16 (... damit „in ihm das All erschaffen werde, das Sichtbare und Unsichtbare, Throne, Gottheiten, Herrschaften"; s.a. exc. Thdot. 43,2f [120,10-14 GCS]) unterstrichen wird. S. dazu May, *Schöpfung*, 113f: Ptolemäus und Heracleon lassen die Schöpfung nicht von der Sophia,

ger und trägt eine pneumatische Leibesfrucht (κύημα πνευματικόν) nach der Ähnlichkeit der Engel in sich.[115]

Vor der Erschaffung der Welt waren also drei Substanzen vorhanden[116]: Die (schlechte) materielle (ὕλη) aus der Leidenschaft (bzw. den drei Leidenschaften Angst, Trauer, Ratlosigkeit[117]), die psychische (ψυχικόν) aus der Hinwendung zum Höheren (und aus der Angst[118]) und die pneumatische (πνευματικόν) aus dem, was die Achamoth geboren hat.

---

sondern vom Soter ausgehen, dem der Urvater seine gesamte Macht übertragen hat. Dadurch „verliert die Vorstellung, daß der Kosmos das Ergebnis eines Falles ist, an Gewicht für das Verständnis der irdischen Wirklichkeit" (aaO, 114). Außerdem wird auf diesem Weg eine Verbindung zwischen Schöpfung und Erlösung hergestellt, weil der Schöpfer-Soter bei der Taufe auf den pneumatischen Christus herabsteigt. Allerdings führt der Soter „das Werk der Schöpfung nicht allein aus, sondern leitet diesen Prozeß nur ein, der dann von der Sophia und dem Demiurgen weitergeführt und abgeschlossen wird, und ebenso bildet er nur das oberste Element in Christus, zu dem noch der pneumatische und psychische Christus und sein aus psychischer Substanz bereiteter Scheinleib hinzukommen. ... So wie Ptolemäus und Herakleon den Soter als den eigentlichen Erlöser ansehen, gilt ihnen dieser auch als der wahre Schöpfer. Und da sie den Soter mit dem Logos des Johannesevangeliums [vgl. haer I 8,5; 9,2] identifizieren, gelangen sie zu Aussagen, die formal den Sätzen der kirchlichen Logoslehre völlig entsprechen" (ebd.); vgl. dazu weiterhin Ptol., ep. 3,5f (52 SC); exc. Thdot. 45,2f (121,10-12 GCS); Heracleon, fr. 1 (63,24-64,27 Völker; = Orig., Jo II 14); fr. 22 (74,20-75,7 Völker = Orig., Jo. XIII 19); zur Johannesrezeption durch die Valentinianer s. von Loewenich, *Johannes-Verständnis*, 69-101 (zu Ptolemäus v.a. 72-80); Foerster, *Valentin*, 45f; Sagnard, *La gnose*, 306-320; Jaschke, *Johannesevangelium*, 338-344; ferner Barth, *Interpretation*, 93-96; Grant, *Heresy*, 55f. Daß der Soter an der Erschaffung der Welt mitwirkt – diesen Gedanken vertritt nur die italische Gnosis, deren Hauptvertreter Ptolemäus und Heracleon sind – kann mit May, aaO, 114-116 als Reaktion auf Markions negative Bewertung der Schöpfung verstanden werden (vgl. Ptol., ep. 3,2.6f; 7,6-8 [50-54; 70-72 SC]).

115 Schriftbelege dafür in haer I 8,4 (124,96-126,103/125f,872-880); s. Sagnard, *La gnose*, 388f.
116 Vgl. Fantino, *La théologie*, 168-180.
117 Vgl. haer I 5,4 (82,60-63/83,527-530). Aus Bestürzung (ἔκπληξις) und Ratlosigkeit (ἀμηχανία) sind die körperlichen Elemente entstanden (ebd. [84,80-86,83/85,549-551]). – Die Terminologie in Irenäus' Referat ist nicht einheitlich, was auf unterschiedliche Traditionen, die bereits die irenäische Quelle verarbeitet hat, und auf unterschiedliche Vorlagen schließen läßt (so v.a. haer I 4,2; vgl. May, *Schöpfung*, 109f; Voorgang, *Passion*, 321-323).
118 S. haer I 5,4 (82,62f/83,528-533): Das Psychische erhält aus der Angst (φόβος) und „aus der Hinwendung" (zum Höheren) seine σύστασις (Bestand). Während der Demiurg „aus der Hinwendung" seine Entstehung hat, stammt die ganze übrige Seelen-ὑπόστασις („Substanz", vgl. Lampe, *Lexicon*, 1454 r. [B. 4. c.]) „aus der Angst".

b) Die Entstehung des Demiurgen, der Welt und des Menschen[119]: Die Achamoth geht nun an die Gestaltung der Substanzen. Das Pneumatische kann sie nicht gestalten, weil es ihr wesensgleich (ὁμοούσιος) ist. Aus dem Psychischen, genauer: aus der „Hinwendung zum Höheren", bringt sie entsprechend den Belehrungen des Soter („Jesus") den „Gott und Vater und König" von allen *psychischen* („rechten") und von allen *materiellen* („linken") Dingen hervor.[120] Er heißt „König" für beide Arten von Dingen, „Vater" für die „Rechten" und „Demiurg" für die „Linken".

Der „König" ist verantwortlich für die Entstehung aller Dinge nach ihm. Er ist der Meinung, alles von sich aus zu schaffen.[121] In Wahrheit wird er von der Achamoth angestoßen, ohne daß er es merkt: Sie will zur Ehre aller Äo-

---

119 S. haer I 5,1-6 (76,1-90,117/76,468-90,586); 17,1-18,4 (264,1-284,106/265,608-284,769: hier wird das Urbild-Abbild-Verhältnis zwischen Pleroma und Welt besonders deutlich). Irenäus kehrt nach seinem ausführlichen Referat über den Magier Markos (haer I 13,1-16,2) wieder zur (allgemein) valentinianischen Lehre zurück und ergänzt die Ausführungen über Welt und Pleroma. Dafür spricht u.a., daß gleich in haer I 17,1 vom Ὅρος die Rede ist, den Irenäus in seinem Markos-Referat nicht nennt; vgl. die Gliederungen bei Brox, *FC 8/1*, 119; Sagnard, *La gnose*, 140f.358 (anders z.B. Fantino, *La théologie*, 404f u. viele andere; einen eigenen Weg geht Lipsius, *Valentinus*, 597f, der das Referat über Markos bis einschließlich haer I 18 gehen läßt), die ich für zutreffend halte und deshalb auch die in haer I 21 geschilderten Erlösungsriten *nicht*, wie es Hipp., haer. VI 42,1 (259,1-7 PTS) (m.E. zu Unrecht) schon getan hat, der Markos-Gruppe zurechne. Hippolyt zieht in haer. VI 52,11-54,2 (276,61-278,9 PTS) auch Irenäus, haer I 17,1f zu den Lehren der Markosianer, wobei er allerdings die große Zwischenbemerkung des Irenäus (haer I 16,3 [260,60-264,95/261,571-265,607]) ausgelassen und die Überleitungswendung (haer I 17,1: Βούλομαι δέ σοι καὶ ὡς ... διηγήσασθαι [264,1/265f,608-611]) entsprechend verändert hat. Der Behauptung der Markosianer, was Irenäus über ihre Waschungen und Erlösungen geschrieben habe, sei nicht korrekt, (s. Hipp., haer. VI 42,1 [259,3f PTS]), dürfte also unter der doppelten Voraussetzung stimmen, daß Irenäus ab haer I 17 nicht mehr die Markosianer im Blick hat und daß diese Irenäus' Darstellung auf sich bezogen haben. – Zur Anthropologie in der Gnosis allgemein s. Rudolph, *Gnosis*, 98-131; in der Ptolemäus-Schule s. Overbeck, *Menschwerdung*, 155-164; Müller, *Gnosis*, 212-214; Sagnard, *La gnose*, 389-415.

120 Zu den Bezeichnungen des Demiurgen s. May, *Schöpfung*, 106[213]. Schottroff, *Herkunft*, 86-88 weist darauf hin, daß das von Irenäus referierte gnostische System den Demiurgen aufzuwerten sucht und deshalb „als Dokument eines gnostischen Vermittlungsversuches mit der christlichen Kirche anzusehen" sei (aaO, 88); gleiches gelte für exc. Thdot. 43-65, wo der Demiurg noch positiver gezeichnet wird als bei Irenäus (Schottroff folgert aaO, 89 aus der haer I 1-8 und exc. Thdot. 43-65 gemeinsamen, aber unterschiedlich akzentuierten Tendenz, daß beide „auf die Bearbeitung des gleichen Stoffes durch gnostische Theologen" zurückgehen und daß die „Bearbeitung des Stoffes in Exc. 43ff die uns aus Iren. I, 1ff bekannte Quelle [vielleicht] bereits voraussetzt").

121 Vgl. exc. Thdot. 49,1 (123,3f GCS).

nen alle Dinge schaffen. Dazu macht der Soter Bilder der Äonen. Von diesen bewahrt die Achamoth das Bild des Urvaters, der Demiurg das Bild des Mo-νογενής und die vom Demiurgen geschaffenen Engel und Erzengel die der übrigen Äonen.[122] Der Demiurg ist somit Schöpfer aller psychischen und hylischen Lebewesen außerhalb des Pleromas. Er hat seinen Platz über den sieben Himmeln, die er geschaffen hat.[123] Als psychisches Wesen ist er jedoch zu schwach, das Pneumatische zu erkennen. Auch die Geister der Bosheit (τὰ πνευματικὰ τῆς πονηρίας), die aus der Trauer entstanden sind – zu ihnen zählen der Διάβολος (auch Κοσμοκράτωρ), der in der Welt bei den Menschen herrscht, und die Dämonen –, erkennt der Demiurg nicht.

Die Erschaffung der Welt geschieht „nach dem Bild der unsichtbaren Dinge", genauer: nach der Ogdoas, der Dekas und der Dodekas.[124] Die Abbilder der Dekas sind die sieben Kreisbahnen der Planeten („kreisförmige Körper"), der Kreis, der diese umfaßt (ὁ περιεκτικὸς κύκλος[125]: der „achte Himmel") sowie Sonne und Mond. Die Dodekas ist in den zwölf Tierkreiszeichen abgebildet. „Und weil dem rasenden Lauf des Alls der oberste Himmel 'entgegengespannt' ist, der an der Wölbung selbst sie (sc. die Sterne) beschwert[126] und ihr rasendes Tempo durch seine eigene enorme Langsamkeit ausbalanciert, so daß er in dreißig Jahren den Umlauf von (Stern-)Zeichen zu (Stern-) Zeichen vollbringt, nennen sie ihn (sc. den obersten Himmel) ein Bild des Ὅρος, der ihre Mutter (sc. die Achamoth), die den dreißigsten Namen trägt, rings umfaßt."[127] Der Umfang des Tierkreises beträgt 360 Grad, jedes Tier-

---

122 Vgl. ausführlicher exc. Thdot. 47,1-48,1 (121,19-122,12 GCS): Das Schöpfungswirken des Demiurgen wurde deutlich als Auslegung von Gen 1,1-4 geschildert.

123 Der Aufenthaltsort der Achamoth ist bis zum Weltende in der „Mitte" oberhalb des Demiurgen, aber unter- und außerhalb des Pleromas (zur ptolemäischen Vorstellung vom Weltende s.u.).

124 Vgl. haer I 17,1-18,4. Für meine Themenstellung ist die Dekas wichtig, auf die ich mich im folgenden konzentriere.

125 Ir^lat: *continens circulus*.

126 Meint: verlangsamt (s. Brox, *FC 8/1*, 260^75).

127 Haer I 17,1 (266,18-268,24/267,625-268,631). S.a. Daniélou, *Jewish Christianity*, 286: Platon weist in Ti. 43a-44d (68-74 Widdra) der Fixsternsphäre die Funktion zu, die Bewegung der Planeten zu hemmen (πεδάω). In den A. Andr. 14 (Mart. prius; 699,15f CChr]) preist Andreas das Kreuz: Εὖ γε, ὦ σταυρέ, τὴν περιφορὰν τοῦ κόσμου πεδήσας („Recht so, oh Kreuz, das du den Umlauf des Kosmos gehemmt [„gebremst"] hast"). Aus A. Andr. und der bei Irenäus überlieferten Aussage der Valentinianer folgert Daniélou, daß der gnostische Ὅρος/Σταυρός „is explicitly identified with the Platonic X" (aaO, 286; vgl. Sagnard, *La gnose*, 245-247.249; nicht zu Unrecht kritisch Prieur, *CChr.SA 5*, 258-260).

kreiszeichen hat also einen Bereich von 30 Grad. Auch die Erde ist in zwölf Zonen eingeteilt. Auf jede dieser Zonen wirkt eine Kraft (der Dodekas) vom Himmel.[128]

Weil der Demiurg die obere Ogdoas mit ihrer Unendlichkeit zwar nachbilden wollte, dies als „Frucht von Mangel" (καρπὸν ὑστερήματος) aber nicht konnte, wird sein Werk am Ende der Zeiten vergehen.[129]

Nach der Erschaffung der Welt verfertigt der Demiurg den ἄνθρωπος χοϊκός, den irdisch-materiellen Menschen, aus der *unsichtbaren, flüssigen* Substanz, indem er in diesen den psychischen Menschen hineinbläst (vgl. Gen 2,7).[130] „Nach dem Bild" (κατ' εἰκόνα) ist der hylische Mensch dem psychischen Demiurgen[131] beinahe gleich (παραπλήσιος), aber nicht ὁμοούσιος τῷ θεῷ; „nach dem Gleichnis" (καθ' ὁμοίωσιν) ist der psychische Mensch (vgl. Gen 1,26). Die Substanz des Menschen wird auch πνεῦμα ζωῆς genannt, weil sie aus einer pneumatischen Emanation entstanden ist. Das *sichtbare Fleisch* des Menschen wurde dem Menschen zum Abschluß gegeben (vgl. Gen 3,21: das „Kleid aus Fell").[132]

Im Moment der Anhauchung (vgl. Gen 2,7) senkt die Achamoth – unbemerkt vom Demiurgen – den *pneumatischen* Menschen (ihr σπέρμα bzw. κύημα) in die Seele und den materiellen Leib des Menschen. Dieser „Pneuma-Same", den die Valentinianer in sich tragen, ist der Antitypos zum Äon Ἐκκλησία.[133]

---

128 Weitere (v.a. atl.) Schriftbelege in haer I 18,1-4.

129 Für den Gedanken, daß die Welt aus Unwissenheit und Mangel entstanden ist, gibt es eine Reihe von Belegen in originalgnostischen Quellen, vgl. EV 17,5-18,11; 19,15-17; 22,27-33; 24,30-25,3 (82-84; 88-94 NHS); Rheg 48,38-49,6 (154 NHS); EvPhil 99a (= 75,2-9 [192 NHS; 167 NTApo Iᵉ]); UW 98,11-100,10 (30-34 NHS); Protennoia 39,28-40,18 (410-412 NHS); s. dazu Overbeck, *Menschwerdung*, 288f; May, *Schöpfung*, 112f.

130 Vgl. auch Voorgang, *Passion*, 327f.. Zur Auslegung von Gen 1-3 in der Gnosis s. Nagel, *Paradieserzählung*, 52-70 (mit zahlreichen Belegen). Gerade in der eklektizistischen Auswertung der beiden Schöpfungsberichte ist „die durchgehende Kombination von Gen 2,7 mit Gen 1,26f" charakteristisch (aaO, 59).

131 Vgl. SC 263, 201 (P. 84, n. 4.).

132 Weitere Details und Lehrunterschiede bei den Valentinianern über die Anthropologie in haer I 18,1f.

133 Hieran zeigt sich wieder das Bewußtsein der Valentinianer, (die wahre Geist-)Kirche zu sein. – Irenäus widerspricht der Vorstellung vom Pneuma-Samen in haer II 19,1-7 (184,1-196,140; vgl. Sagnard, *La gnose*, 394-396). Zur Erschaffung des Menschen vgl. exc. Thdot. 50-57 (123,9-126,7 GCS).

c) Unterschiedliche Ursprünge der Schriftworte[134]: Die Worte der Schrift lassen sich auf unterschiedliche „Autoren" verteilen. Der Demiurg liebt die Seelen der Menschen mehr, die den pneumatischen Samen besitzen, obwohl er den Grund für ihre Besonderheit nicht kennt. Deshalb machte er viele von ihnen zu Propheten, Priestern und Königen. Durch sie sprach der „Same" viele Worte. Anderes wurde durch die Achamoth gesagt, wieder anderes durch den Demiurgen selbst und durch die Seelen, die er geschaffen hat. Entsprechend kamen die Worte Jesu teils vom Soter, teils von der Achamoth, teils vom Demiurgen.

d) Die Erlösung der Menschen und die „Inkarnation" des Soter[135]: Ausgehend von der dreifachen Substanz im Menschen ergibt sich folgende soteriologische Konzeption[136]: Das Hylische („Linke") geht notwendig zugrunde, denn es kann keinen „Hauch der Unvergänglichkeit" annehmen. Das Psychische („Rechte") liegt zwischen dem Hylischen und dem Pneumatischen und geht dahin, worauf es seine „Zuneigung" richtet.[137] Das Pneumatische soll in Paar-

---

134 Haer I 7,3 (106,45-108,59/106,721-108,736); vgl. haer IV 35,1.4; exc. Thdot. 24,1; 59,2 (115,3-6; 126,19-21 GCS); Ptol., ep. passim.

135 Haer I 6,1-4 (90,1-100,85/90,587-100,674). Zu haer I 6,2-4 s. Fantino, *La théologie,* 180-187; Schottroff, *Herkunft,* 95-97 (in diesem Stück begegneten im Gegensatz zu haer I 1-8 [ausgenommen I 6,2-4] „massive Heilsbesitzvorstellungen" [aaO, 95], und es liege „eine Deutung des valentinianischen Stoffes der Dreiheit ὕλη, ψυχή, πνεῦμα vor, die sich nicht mit den beiden genannten Systemen [sc. Irenäus und exc. Thdot 45-63] vereinbaren" lasse [aaO, 96]). – Nach Hipp., haer. VI 35,1-7 (248,1-250,40 GCS), entbrannte unter den Valentinianern ein Streit über die „Inkarnation" Jesu. Die „διδασκαλία Ἰταλιωτική", zu der Heracleon und Ptolemäus gehören, lehrte, daß Jesus ein „ψυχικὸν σῶμα" gehabt habe, auf den das Pneuma bei der Taufe herabgekommen und in ihn eingegangen sei und ihn von den Toten erweckt habe; die „διδασκαλία ἀνατολική", zur ihr gehören Axionikos und Bardesianes, betonte, daß der Leib des Soter „πνευματικόν" gewesen sei, weil das Pneuma über Maria gekommen sei, um das, was ihr vom Pneuma gegeben wurde, zu gestalten. Zu den Unterschieden zwischen haer I 1-8 und I 11 und den Zusammenhängen zwischen dem „italischen" und dem „orientalischen" Traditionsstrang des Valentinianismus s. Markschies, *Valentinus,* 371-373.377f; zur unterschiedlichen Verhältnisbestimmung von „Leib Christi" und Kirche in den valentinianischen Schulrichtungen s. Pagels, *Views,* 277-283; Kaestli, *Valentinisme,* passim.

136 Valentinianische Schriftbeweise referiert Irenäus in haer I 8,3 (120,62-124,95/120,833-125,871). Zu den unterschiedlichen Erlöser- und Erlösungsvorstellungen in der Gnosis s. Rudolph, *Gnosis,* 132-186.

137 In haer I 7,5 (110,88-112,92/111f,765-769) präzisiert Irenäus die Seelenlehre der Valentinianer dahingehend, daß die einen Seelen φύσει ἀγαθάς und für den Pneumasamen empfänglich, die anderen φύσει πονηράς und für diesen unempfänglich sind. Damit dürfte er aber die ursprünglichen Intention des Ptolemäus nicht getroffen haben; vgl. exc. Thdot. 56,3 (125,18-21 GCS): „Das Pneumatische ist also von Natur aus gerettet, das

gemeinschaft mit dem Psychischen während des Aufenthaltes in der Welt „gestaltet" werden (μορφωθῇ)[138], weil das Psychische auch sinnliche Erziehung braucht. Aus diesem Grund entsteht die Welt, und aus diesem Grund kommt der Soter („Jesus") zum Psychischen.[139] Der Soter nimmt zu diesem Zweck die „Erstlinge" dessen an, was er retten wollte: „von der Achamoth das Pneumatische; vom Demiurgen wurde er mit dem ,psychischen Christus' bekleidet, von der ,Oikonomia'[140] mit einem Leib umgeben, der psychische Substanz hatte, aber mit unsagbarer Kunstfertigkeit so bereitet war, daß er sichtbar, berührbar und leidensfähig war."[141]

Psychische aber, da es selbstmächtig (αὐτεξούσιον) ist, hat eine 'Geschicktheit' zum Glauben und zur Unsterblichkeit und zum Unglauben und zum Untergang, nach eigener Wahl; das Materielle jedoch geht φύσει zugrunde." – Foerster, *NTS* 6, 28 vermutet, daß erst einige Schüler des Ptolemäus die Aufteilung der Psychiker in „von Natur aus gut" und „von Natur aus böse", wie sie v.a. in haer I 6,2-4 deutlich ausgesprochen ist, vorgenommen haben. Ptolemäus selbst bestimme das Psychische als zur Hinwendung zum Guten oder Bösen *frei* (s. aaO, 24-28), rede also nicht von einer natürlichen Festlegung der Psychiker zum Guten oder zum Bösen (gleiches gilt übrigens auch für Basilides, Valentin und Heracleon vgl. Langerbeck, *Anthropologie*, 49-82). Ähnlich auch Schottroff, *Herkunft*, 90-97, die haer I 6,2-4 für eine „Polemik gegen das [kirchliche] Christentum" (aaO, 96) hält, das mit dem sonst in haer I 1-8 geschilderten Mythos, der gerade eine Annäherung an das Christentum suche, nicht zu vereinbaren sei. Anders Schenke, *Problem*, 78; Aland, *Versuch*, 445[122]; Berthouzoz, *Liberté*, 95-99 (vgl. den ganzen Abschnitt aaO, 87-140, v.a. 126-140 zum Problem der Freiheit in der gnostischen Anthropologie); s.a. Noormann, *Paulusinterpret*, 495 (Lit.). Zum Ursprung des Bösen in der Gnosis s. Haardt, *Schöpfer*, passim.

138 Vgl. auch exc. Thdot. 57 (126,6f GCS). Wie Irenäus kennen auch die Valentinianer eine Art „Erziehung" des „vollkommenen" Menschen, allerdings mit dem Unterschied, daß die gnostischen Pneumatiker auf ihrem Weg ins Pleroma *als* Pneumatiker immer schon vollkommen (und das bedeutet: auch über den *psychischen* Demiurgen erhaben!) *sind,* während nach Irenäus jeder Mensch durch die Gabe des Geistes in einem Wachstumsprozeß, der erst im Reich des Vaters sein Ende findet und den Unterschied zwischen Schöpfer und Geschöpf niemals aufhebt, vollkommen gemacht *wird.* Vgl. Sagnard, *La gnose*, 394-405; Hauschild, *Gottes Geist*, 167-172; Bengsch, *Heilsgeschichte*, 44-46; Markus, *Pleroma*, 212-216; Koschorke, *Polemik*, 227-229 (betont, daß die Erziehung des pneumatischen Samens in der Kirche für den Gnostiker *notwendig* ist); Schottroff, *Herkunft*, passim (zu haer I 1-8 aaO, 83-97); Holzhausen, *Mythos*, 173-176; ausführlich Berthouzoz, *Liberté*, 87-140. – Zum Erziehungsgedanken bei Basilides s.u. S. 79 Anm. 337.

139 Diese Einschätzung der Welt und ihrer Lebensmöglichkeiten ist also durchaus positiv (s.a. May, *Schöpfung*, 116).

140 Οἰκονομία meint hier das Zusammenwirken aller Äonen. Zum Οἰκονομία-Denken der Valentinianer s.u.

141 Haer I 6,1 (92,13-17/92,600-605); vgl. exc. Thdot. 59f (126,17-127,3 GCS).

Hylisches nimmt er dagegen überhaupt nicht an, weil die Materie das Heil nicht empfangen kann.[142]

Diese „Inkarnation" kann von anderen Valentinianern auch folgendermaßen erklärt werden[143]: Der *Demiurg* habe seinen Sohn „Christus" als ein *psychisches* Wesen emaniert. Dieser sei durch Maria wie Wasser durch ein Rohr hindurchgegangen. Bei der Taufe sei der Soter (als „Pneuma"[144]) in Gestalt einer Taube auf ihn herabgekommen und habe den pneumatischen Samen mitgebracht. Der „Soter" und der in ihm enthaltene, pneumatische Same seien *leidensunfähig* geblieben und hätten unmöglich gelitten, weil sie aufgrund ihres pneumatischen Wesens „unangreiflich und unsichtbar" (ἀκράτητος καὶ ἀόρατος) seien. Als der „psychische Christus" Pilatus vorgeführt wurde, habe sich daher das bei der Taufe auf ihn gelegte „Pneuma" fortbewegt. Gelitten habe deshalb nur der psychische Christus, der von der „Oikonomia" auf geheimnisvolle Weise zubereitet ist.[145] Das Leiden sei geschehen, damit die Mutter durch ihn den *Typos des oberen Christus* anzeigte, der sich über den Σταυρός ausgestreckt (τοῦ ἐπεκταθέντος τῷ Σταυρῷ) und die Achamoth nach einer Form gemäß ihrer Substanz gestaltet habe.[146] „Denn sie sagen, daß all dies Typoi jener (oberen) Dinge sind."[147]

Während diejenigen Menschen, die den pneumatischen Samen tragen, die Gnosis über Gott erhalten und in die Geheimnisse der Achamoth eingeweiht werden und während ihrer Formung zur vollkommenen Gnosis durch den

---

142 Nach Irenäus' Auskunft behaupten die Valentinianer, daß der „Christus" auf der Erde nicht den Weltschöpfer (der Demiurg war allen Menschen immer schon bekannt), sondern den unbekannten Urvater verkündigt hat (s. haer I 19,1-20,3 [284,1-294,51/285,770-294,854]). Wichtigster Schriftbeleg dafür ist Mt 11,25-27. – Unpräzise Voorgang, *Passion*, 66f.

143 Haer I 7,2-5 (102,19-112,92/103,695-112,769).

144 Vgl. die folgenden Zeilen in haer I 7,2 (102,22-104,36/103,699-105,712) und Mk 1,10 par.

145 Vgl. exc. Thdot. 61,3f (127,8-12 GCS): Die offene Seitenwunde Jesu (vgl. Joh 19,34) zeige, „daß durch das Ausfließen der Leidenschaften aus dem Leidensfähigen die Wesenheiten, leidenschaftslos geworden, gerettet werden. Und wenn er sagt: 'Der Menschensohn muß verworfen, geschmäht, gekreuzigt werden' [hier liegt eine Zitatkombination aus verschiedenen Leidensankündigungen Jesu vor], scheint er wie über einen anderen zu reden, nämlich von dem Leidensfähigen." Irenäus selbst betont, daß sowohl Joh 19,34 als auch die Leidensankündigungen Jesu bestätigen, daß der göttliche Logos *in seinem Fleisch* gelitten hat.

146 Haer I 7,2 (104,39-106,43/105f,715-719).

147 Haer I 7,2 (106,43f/106,720).

Pneuma-Samen des Heils nicht verlustig gehen können[148], erhalten die Psychiker nur Unterweisung im Psychischen, d.h. sie werden gestärkt „durch Werke und bloßen Glauben" (δι' ἔργων καὶ πίστεως ψιλῆς).[149]

e) Das Weltende[150]: Wenn alle pneumatischen Menschen nach einem länger dauernden Erziehungsprozeß durch Gnosis geformt und vollendet sind und wenn sie die vollkommene Gnosis über Gott haben und in die Mysterien der Achamoth eingeweiht wurden, kommt das Weltende. Die Achamoth verläßt den Ort der Mitte und geht in das Brautgemach des Pleromas ein, wo sie den Soter, der von allen Äonen emaniert wurde, als Bräutigam empfängt. Die pneumatischen Menschen legen ihre Seelen ab, ziehen als „geistige Geister" (πνεύματα νοερά) ins Pleroma, wo sie als Bräute den Engeln, die den Soter begleiten, zugeführt werden. Der Demiurg steigt an den Ort der Mitte, wo alle Seelen, weil nichts Psychisches ins Pleroma gelangen kann, haltmachen. Dann geht die Materie im Feuer (der Unwissenheit) zugrunde.

f) Schriftbelege für die Vorgänge außerhalb des Pleromas[151]: Die Worte Jesu am Kreuz (Mk 15,34: „Mein Gott, mein Gott, warum hast du mich verlassen?") sollen zeigen, daß die (untere) „Sophia vom Licht verlassen und vom ῞Ορος in ihrem Aufbruch nach vorne gehindert wurde."[152] Die Leidenschaften (πάθη), die die Achamoth erlitt, als der Christus sich wieder von ihr entfernt hatte, seien durch Mk 14,34 („Meine Seele ist betrübt": Trauer [λύπη]), Mt 26,39 („Vater, wenn es möglich ist, gehe der Kelch an mir vorüber": Angst [φόβος]) und Joh 12,27 („Was soll ich sagen?" [folgt zusätzlich: „Ich weiß es nicht"]: Ratlosigkeit [ἀπορία]) angezeigt.[153] Die zwölfjährige Tochter des Synagogenvorstehers, die von den Toten auferweckt wurde (vgl. Mk 5,22f), sei ein Typos der Achamoth, „die ihr (sc. der Valentinianer) Christus

---

148 Irenäus betont, daß die Valentinianer nach eigenen Angaben *unabhängig* von ihrer Lebensführung das Heil erhalten; die Psychiker (οἱ ἀπὸ τῆς ἐκκλησίας) hingegen bräuchten zu ihrer Rettung die „gute Lebensführung" (τὴν ἀγαθὴν πρᾶξιν), vgl. haer I 6,2-4. S. dazu auch Markus, *Pleroma,* 206-211 (v.a. aaO, 210f); Foerster, *NTS 6,* 27; Voorgang, *Passion,* 62f.

149 Haer I 6,2 (92,25f/93,613).

150 Haer I 7,1.5 (100,1-102,18/100,675-103,694; 110,76-112,92/110,753-112,769); Schriftbelege in haer I 8,4 (126,104-128,129/126,880-128,907). Irenäus' Widerlegung erfolgt in haer II 29,1-3 (294,1-300,72); vgl. Overbeck, *Menschwerdung,* 40-47; Voorgang, *Passion,* 63-67.

151 Ich nenne nur die Belege, die Irenäus für den ῞Ορος/Σταυρός bzw. für das Leiden des „Soter" anführt.

152 Haer I 8,2 (118,51-120,56/119f,823-827).

153 Haer I 8,2 (120,56-61/120,828-832).

gestaltete, indem er sich ausstreckte, und die er zur Wahrnehmung des Lichtes führte, von dem sie verlassen worden war."[154]

g) *Interpretation der Vorgänge außerhalb des Pleromas:* Grundsätzlich gilt, daß der Ὅρος/Σταυρός auch im Zusammenhang mit den Vorgängen ἐκτὸς τοῦ Πληρώματος die Funktion hat, das Pleroma von allem, was nicht pneumatisch ist, reinzuhalten. Denn alles, was sich außerhalb des Pleromas befindet, befindet sich im Zustand der *Unwissenheit.*[155] Dies zeigt sich zum einen darin, *wie* der Ὅρος/Σταυρός bei der ersten Gestaltung der Achamoth gegenwärtig ist. Der obere Christus – er ist die „Ursache der Zeugung und Gestaltgebung"[156] – streckt sich dazu durch den Σταυρός hindurch zur Achamoth aus. Diese kann, da sie als von der oberen Sophia abgetrennte Ἐνθύμησις *immer noch das* πάθος *enthält, nur* eine *psychische,* mit „Leiden" verbundene Gestalt erhalten.[157] Gerade deshalb ist die Gegenwart des Ὅρος/Σταυρός notwendig. Er muß verhindern, daß während des Gestaltungsvorganges der *psychischen* Achamoth fremde Elemente ins Pleroma eindringen, und er muß es zulassen, daß der obere Christus das Pleroma verläßt, um die Achamoth zu gestalten. Der Ὅρος/Σταυρός fungiert demnach (durchaus

---

154 Haer I 8,2 (116,37-118,41/117f,808-812). Wie der erste Beleg aus haer I 8,2 (s.o. S. 25) bereitet auch diese Stelle Probleme. Sehen die Valentinianer in der Erweckung der Tochter des Synagogenvorstehers *beide* Gestaltungen der Achamoth abgebildet? Dann wäre die „Gestaltung der Substanz nach" im ersten („die ihr Christus gestaltete, indem er sich ausstreckte" [ἣν ἐπεκταθεὶς ὁ Χριστὸς αὐτῶν ἐμόρφωσεν]), die „Gestaltung der Gnosis nach" im zweiten Teil des Satzes („und zur Wahrnehmung des Lichtes führte, von dem sie verlassen worden war") ausgedrückt. Unklarheiten herrschen v.a. auch deshalb, weil nach Irenäus' Referat der *Soter* die Achamoth zum Licht führt, in diesem Belegzitat aber der obere Christus. Nach der *Reihenfolge* der Belege in haer I 8,2 bildet Mk 5,22f jedoch nur die erste Gestaltung der Achamoth ab (erst die folgenden Belege beziehen sich auf den Soter). Die „Wahrnehmung des Lichtes" wäre dann der „gewisse Duft der Unsterblichkeit", der der Achamoth blieb, als der obere Christus sie verließ. Sollte mit dieser Stelle nur die *zweite* Gestaltung der Achamoth im Blick sein, ergibt sich für die Wirkweise des Ὅρος/Σταυρός keine Veränderung: Er trennt das πάθος ab.
155 S. haer II 5,1f (54,18-56,49); IV 35,3 (868,58-870,70) u.ö.
156 S.o. S. 20.
157 Das Psychische in der Achamoth ist absolut dominierend, obwohl sie als „natürlicher Antrieb eines Äons eine pneumatische οὐσία ist" (haer I 2,4 [44,67f/44,202f]). Das Pneumatische wird bei ihr völlig vom πάθος unterdrückt. Die gleiche Dominanz des Psychischen zeigt sich am „irdischen Abbild" der Gestaltung der Achamoth. Das Leiden des *„psychischen"* Christus auf der Erde macht deutlich, daß die Gestalt, die die Achamoth erhält, nur psychisch, also vom πάθος bestimmt sein kann. Ihr wird noch nichts Pneumatisches mitgeteilt, zumindest nicht in ausreichendem Maße. Denn der „gewisse Duft der Unsterblichkeit", der nach dem Fortgang des Christus zurückbleibt, genügt nicht, um ins Pleroma zurückzukehren.

aktiv) als Türhüter des Pleromas, ohne jedoch in den eigentlichen Gestaltungsvorgang, den *allein* der Christus durchführt, einzugreifen. Der ῞Ορος/ Σταυρός bleibt als Pleromagrenze[158] „im" Pleroma und betritt den Bereich des Psychischen nicht. In diesem Sinne müssen m.E. die entsprechenden Wendungen – der obere Christus streckt sich „durch den Σταυρός hindurch" (διὰ τοῦ Σταυροῦ ἐπεκταθέντα/*per Crucem extensum*[159]) oder auch „am Σταυρός" (ἐπεκταθέντος τῷ Σταυρῷ/*extensus est Cruci*[160]) zur Achamoth hin aus – verstanden werden.

In exc. Thdot. 35,1 heißt es: „Jesus, unser Licht, ‚entäußerte sich', wie der Apostel sagt [Phil 2,7; man könnte auch übersetzen: ‚verließ den Ort', was gut zu dem folgenden Gedanken paßt], d.h. nach Theodot, er war außerhalb des ῞Ορος (ἐκτὸς τοῦ ῞Ορου γενόμενος), und weil er ein Engel des Pleromas war, führte er die Engel des besonderen Samens mit sich."[161] Exc. Thdot. setzen also an dieser und an den anderen beiden Stellen, wo vom ῞Ορος die Rede ist[162], voraus, daß die Pleromagrenze *starr* ist und sich *nicht* in den außerpleromatischen Bereich hinein ausstreckt. Bestätigt wird dies weiterhin durch Hippolyts Angaben über den ῞Ορος und die Gestaltung der „Sophia außerhalb des Pleromas" durch das Paar Christus/Pneuma in haer. VI 31,5-8.[163] Der ῞Ορος markiert hier deutlich die *starre Grenze* zwischen ἐκτὸς (bzw. ἔξω τοῦ) πληρώματος (der Bereich ἔξω τοῦ ῞Ορου) und ἐντὸς πληρώματος (der Bereich ἐντὸς τοῦ ῞Ορου). Diese Grenze überschreitet die „Gemeinsame Frucht des Pleromas", wenn er ἔξω τοῦ πληρώματος geht, um die Leidenschaften der äußeren Sophia abzutrennen und zu substanzhaften Wesenheiten zu machen.[164]

Anders die Interpretation Böhligs[165]: „Mit Christus streckt sich der σταυρός, d.i. die Lichtsubstanz des Pleromas, hin zur Achamoth und zieht sich bei seiner Rückkehr mit ihm wieder zurück. Diese Ausdehnung des σταυρός bildet in noch plastischerer Form ein Kreuz, da ja der Weg des Christus in Kreuzesform mit dem ὅρος erfolgt." Böhlig geht von einer Voraussetzung aus, die m.E. durch das irenäische Referat über die Ptolemäus-Schule nicht vollständig gedeckt ist. Der ῞Ορος/Σταυρός muß zwar aller Wahrscheinlichkeit nach als

---

158 Vgl. haer III 18,3 (346,34-37).
159 Haer I 4,1 (62,8/62,360).
160 Haer I 7,2 (106,42/106,718). Vgl. auch Tert., Val. 27,3 (136,23-27 SC): „Es leidet aber der seelische und fleischliche Christus zur Nachzeichnung des oberen Christus, der sich, als er die Achamoth nach der substantiellen, nicht erkenntnismäßigen Gestalt formte, auf das Kreuz, d.h. den ῞Ορος, stützte" (*qui ... Cruci, id est Horo, fuerat innixus*). An anderer Stelle (Val. 14,1 [112,7-10 SC]) spricht Tertullian davon, daß der ῞Ορος den oberen Christus „leitet" (*deducitur per Horon*), als dieser der Achamoth außerhalb der Pleromagrenze zu Hilfe kommt.
161 118,10-13 GCS.
162 S.o. S. 26 Anm. 87 und u. S. 47-48.
163 241f,21-40 PTS.
164 Hipp., haer. VI 32,5f (243,22-33 PTS).
165 *Lichtkreuz*, 476f (das Zitat aaO, 477).

Weiterinterpretation der platonischen Weltseele verstanden werden[166], aber die Deutung des ῞Ορος/Σταυρός als „Lichtsäule"[167] ist so an den entsprechenden Stellen von haer I 1-8 nicht nachweisbar. Der obere Christus streckt sich durch das „Himmelskreuz" hindurch zur Achamoth aus[168], ohne daß der ῞Ορος diesen Weg „mitgeht" oder daß er sich nach dem Abgrenzungsvorgang „in alles hinein ausgießt".[169] Die Vorstellung des Lichtkreuzes, die Böhlig im ptolemäischen ῞Ορος/Σταυρός wiederfindet, ist allerdings (und zwar ausschließlich) in A. Jo. 97-102 belegt:

(97) Nachdem Christus vor seiner Gefangennahme mit den Jüngern getanzt und gesungen hatte[170], wurde er gekreuzigt. Johannes konnte den Anblick des Leidens Christi nicht ertragen, floh auf den Ölberg und weinte. Als Christus zur sechsten Stunde am Kreuz aufgehängt wurde und Finsternis über die ganze Erde kam, „stand mein Herr mitten in der Höhle, erleuchtete mich und sagte: 'Johannes, für die Menge unten in Jerusalem werde ich gekreuzigt (σταυροῦμαι) und mit Lanzen und Rohren gestoßen (vgl. Joh 19,34) und mit Essig und Galle getränkt (vgl. Mk 15,36; Joh 19,29). Mit dir aber rede ich, und was ich rede, höre! Ich habe dir eingegeben, auf diesen Berg zu gehen, damit du hörst, was ein Jünger von seinem Lehrer lernen muß und ein Mensch von Gott.'

(98) Und als er dies gesagt hatte, zeigte er mir ein festgewordenes Lichtkreuz (σταυρὸν φωτὸς πεπηγμένον), und um das Kreuz eine große Menge, die nicht nur eine (sc. einzige, einheitliche; s.u. Kap. 100) Form hatte. Und in ihm war *eine* Form und eine gleichartige Erscheinung. Den Herrn selbst aber sah ich oben auf dem Kreuz, wobei er keine Gestalt (σχῆμα) hatte, sondern allein eine Stimme, aber nicht die uns gewohnte Stimme, sondern eine liebliche und gütige und wahrhaft Gott (gehörige), die zu mir sprach: 'Johannes, einer muß von mir dieses hören; denn eines bedarf ich, der hören soll. Das Kreuz des Lichts (ὁ σταυρὸς ὁ τοῦ φωτός) wird von mir wegen euch bald Logos (vgl. Joh 1,1) genannt, bald Vernunft, bald Christus, bald Tür (vgl. Joh 10,9), bald Weg (vgl. Joh 14,6), bald Brot (vgl. Joh 6,35.35.48), bald Same (vgl. Mk 4,26; Lk 8,5.11), bald Auferstehung (vgl. Joh 11,25), bald Sohn, bald Vater, bald Geist, bald Leben (vgl. Joh 11,25; 14,6), bald Wahrheit (vgl. Joh 14,6; 1,14.17), bald Glaube, bald Gnade (vgl. Joh 1,14.18); dies für die Menschen. Was es aber wirklich ist, für sich selbst verstanden und auf euch hin gesagt, (da) ist es Begrenzung von allem (διορισμὸς πάντων) und feste Erhebung des aus Ungegründetem Gefestigten (τῶν

---

166 Vgl. Böhlig, *Lichtkreuz*, 475f (d. Zit. aaO, 476): Dem Kosmos bei Platon entspricht das Pleroma, das vom ῞Ορος umgeben ist, also von der Grenze, die die Einheit des Pleromas dadurch erhält, daß sie es von allem Andersartigen abtrennt. „Könnte man im ὅρος als Verteidiger der Einheit des Pleromas im Valentinianismus eine Entsprechung des ‚äußeren' Kreises bei Platon sehen, der das ταὐτόν, das Selbige, verkörpert? Und der Kreis, der – geometrisch betrachtet – κατὰ διάμετρον verläuft, die Entsprechung von dem, was τὸ ἑκάτερον, das Verschiedene, ist, hätte dann bei den Valentinianern die Aufgabe, als σταυρός die Vielfalt des Pleromas als innere Einheit zusammenzuhalten? ὅρος – σταυρός wäre somit die kreuzförmige, abgegrenzte Weltseele, insoweit sie die Seele des Pleromas ist"); Bousset, *Weltseele*, 281f; Doresse, *Le refus*, 91f sowie oben S. 34 Anm. 127.
167 S.o. S. 28 Anm. 95. Vgl. Junod/Kaestli, *CChr.SA 2*, 657: „En fait, la Croix *de lumière* est une formule propre aux *AJ* (sc. Acta Johannis)".
168 S.a. unten ab S. 46.
169 A. Jo. 99 (s.u.).
170 S. A. Jo. 94-96 (199,1-207,28 CChr).

πεπηγμένων ἐξ ἀνεδράστων ἀναγωγὴ βεβαία) und Gleichmaß der Weisheit (ἁρμονία σοφίας); indem sich die Weisheit im Gleichmaß befindet, gibt es Rechte und Linke, Mächte, Gewalten, Herrschaften [und] Dämonen, Wirkkräfte, Drohungen, Zornesausbrüche, Verleumdungen, Satan und die untere Wurzel, aus der <die> Natur des Werdenden hervorgegangen ist.

(99) Dieses Kreuz also, das das All durch den Logos gefestigt (διαπηξάμενος) und das aus dem Entstehen und vom Unteren (Herkommende) abgegrenzt (διορίσας), dann aber in alles hinein sich ausgegossen hat, ist nicht das hölzerne Kreuz, das du sehen wirst, wenn du von hier heruntergehst. Und nicht ich bin der am Kreuz, den du jetzt nicht siehst, sondern (dessen) Stimme allein du hörst. Ich wurde für das gehalten, was ich nicht bin, der ich nicht bin, was ich für die Vielen bin; was sie aber von mir sagen werden, ist niedrig und nicht meiner würdig. Da also der Ort der Ruhe weder geschaut noch genannt wird, um wieviel mehr werde ich als der Herr dieses (Ortes) weder geschaut <noch genannt> werden.

(100) Die <nicht> einförmige Menge um das Kreuz herum ist die untere Natur. Und wenn die, die du in dem Kreuz siehst, auch nicht eine einzige Form haben: noch ist nicht jedes Glied des Herabgekommenen wieder aufgenommen. Wenn aber die Natur des Menschen und ein Geschlecht, das sich mir anschließt, indem es meiner Stimme gehorcht, aufgenommen ist, wird der, der mich jetzt hört, mit diesem sein, und wird nicht mehr sein, was er jetzt ist, sondern über ihm/ihnen wie ich jetzt. Denn solange du dich noch nicht selbst mein eigen nennst, bin ich nicht das, was ich war. Wenn du aber mich hörst, wirst auch du, hörend, sein wie ich, ich aber werde sein, wer ich war .... Sorge dich also nicht um die Vielen und verachte, die außerhalb des Mysteriums sind. Erkenne, daß ich ganz beim Vater (bin) und der Vater bei mir (ist) (vgl. Joh 10,38; 14,10f; 17,21).

(101) Nichts von dem also, was sie über mich sagen werden, habe ich gelitten; aber ich will, daß auch jenes Leiden, das ich tanzend dir und den Übrigen gezeigt habe, Mysterium genannt wird.[171] Denn was du bist, siehst du, das habe ich dir gezeigt. Was aber ich bin, das weiß alleine ich, niemand sonst. Das Meine also laß mich haben, das Deine aber sieh durch mich. Mich aber wirklich zu sehen, sagte ich, ist nicht möglich, sondern was du erkennen kannst, weil du verwandt bist. Du hörst, daß ich gelitten habe, und nicht habe ich gelitten; daß ich nicht gelitten habe, und habe gelitten; daß ich gestochen wurde, und nicht wurde ich geschlagen; daß ich aufgehängt wurde, und nicht wurde ich aufgehängt; daß Blut aus mir geflossen ist, und nicht ist es geflossen; und kurz, daß ich das, was jene über mich sagen, nicht zu erdulden gehabt habe. Was es aber ist, deute ich dir dunkel an; denn ich weiß, daß du verstehen wirst. Erkenne mich also als Ergreifung des Logos, das Durchbohren des Logos, das Blut des Logos, die Verwundung des Logos, die Aufhängung des Logos, das Leiden des Logos, das Anheften des Logos, den Tod des Logos. Und so rede ich, nachdem ich für den

---

171 Vgl. A. Jo. 96 (205,3-207,15 CChr): „Der du tanzt, erkenne, was ich tue, denn dein ist dieses Leiden des Menschen, das ich leiden muß. Denn du könntest überhaupt nicht erkennen, was du leidest, wenn ich dir nicht als Logos vom Vater gesandt wäre. Der du sahst, was ich tue, als Leidenden sahst du mich, und als du sahst, bliebst du nicht stehen, sondern gerietest ganz in Bewegung. ... Wer ich bin, wirst du erkennen, wenn ich fortgehe. Was du jetzt siehst, das bin ich nicht; <was ich bin>, wirst du sehen, wenn du kommst. Wenn du das Leiden kenntest, hättest du das Nicht-Leiden. Das Leiden erkenne, und du wirst das Nicht-Leiden haben."

Menschen Raum gegeben habe: Als erstes also erkenne den Logos, dann wirst du den Herrn erkennen, an dritter Stelle aber den Menschen und das, was er gelitten hat.'

(102) Nachdem er das zu mir gesagt hatte und anderes, das ich, wie er will, nicht zu sagen weiß, wurde er aufgenommen, wobei keiner aus der Menge ihn sah. Und als ich hinunterging, verlachte ich all jene, die zu mir sagten, was sie über ihn sagten, nur das eine mir versichernd, daß der Herr alles symbolisch und ökonomisch (οἰκονομικῶς) zur Bekehrung und zum Heil des Menschen unternommen hatte."[172]

Daß die A. Jo. 94-102 in das gnostische (namentlich in das [orientalisch-]valentinianische) Milieu gehören, ist zwar nicht unumstritten[173], dürfte aber (bei Beachtung aller Unterschiede) wegen der vielen terminologischen und sachlichen Verwandtschaften (v.a. zu exc. Thdot. 42,1-3) nicht völlig zu leugnen sein.[174] Das Lichtkreuz der A. Jo. mit dem Ὅρος/Σταυρός der Ptolemäer vollständig zu parallelisieren, ist aus den genannten Gründen m.E. dennoch nicht möglich. Der leidende Mensch am Kreuz hat mit dem Offenbarer nichts gemein (vgl. nur A.Jo. 99; 101). Dieser erscheint als völlig unfaßbar, polymorph, ja nahezu identisch mit dem Lichtkreuz (vgl. die Übertragung der Christus-Prädikate auf das Kreuz in A. Jo. 98) – ein Gedanke, der in haer I 1-8 völlig fehlt.

Die erste Gestaltung der Achamoth ist im ptolemäischen System also ein Vorgang, der allein den psychischen Bereich betrifft. Der Σταυρός markiert dabei lediglich die Grenze zwischen Pleroma und Nicht-Pleroma, während sich der obere Christus durch ihn hindurch ausstreckt und Außerpleromati-

---

172 207,1-215,7 CChr; deutsche Übers. bei Böhlig, *Lichtkreuz*, 479-481; *NTApo II*⁵, 168-171. Die Offenbarung des Kreuzesgeheimnisses in A. Jo. 97-102 gehört zu den Teilen der in der 2. Hälfte des 2. Jh.s (vielleicht an der Wende zum 3.Jh., vgl. Junod/Kaestli, *CChr.SA* 2, 682-687.694f-702; Schäferdiek, *Johannesakten*, 155) entstandenen Schrift, die durch ihre Sonderprägung auffallen (A. Jo. 94-102; 109) und möglicherweise später in die A. Jo. redaktionell eingegliedert wurden (so Junod/Kaestli, aaO, 581-589.700-702, die A. Jo. 94-102; 109 in syrisch-valentinianischen Kreisen der 2. Hälfte des 2.Jh.s lokalisieren; anders Schäferdiek, *Johannesakten*, 152.155 [vgl. ders., *Herkunft*, 255-260] der dafür eintritt, daß diese Stücke als vorgeformtes Überlieferungsgut von Anfang an zu den A. Jo. gehörten, und darüber hinaus die Verwurzelung der A. Jo. in der *ephesinischen* Johannestradition unterstreicht). Zu einzelnen theologischen Aspekten vgl. Bousset, *Weltseele*, 278-280; Reijners, *Terminology*, 78.177f; Böhlig, aaO, 479-491; Kuhn, *ZThK* 72, 12f; Brox, „*Doketismus*", 309-311; Weigandt, *Doketismus*, 39-56.84-86; Stockmeier, *Glaube*, 45; Junod/Kaestli, aaO, 589-677. Ähnliche Vorstellungen wie in den A. Jo. finden sich im Martyrium Petri 8-10 (= A. Petr. c. Sim. 37-39 [90,19-98,13 AAAp 1]: auch hier wird das Kreuz mit Christus nahezu identifiziert; vgl. dazu Bousset, *Weltseele*, 275-278; Dölger, *Beiträge IX*, 27; Orbe, *Los primeros herejes*, 176-212; Reijners, *Terminology*, 78f; Böhlig, aaO, 484f; Prieur, *CChr.SA 5*, 400-403) und in A. Andr. 14 (Mart. prius).

173 Vgl. den Überblick bei Junod/Kaestli, *CChr.SA* 2, 589-593.

174 S. v.a. den Anfang von A. Jo. 99; s. im einzelnen Junod/Kaestli, *CChr.SA* 2, 600-632 (v.a. 600f.611-617).

sches gestaltet.[175] Die irdische Kreuzigung Jesu als Abbild dieses Geschehens macht den Zusammenhang zwischen dem oberen Christus und dem Ὅρος/ Σταυρός anschaulich: Sichtbar ist Jesus, der am Kreuz seine Hände ausstreckt. Das Kreuz selbst steht „im Hintergrund".

Auch das zweite Auftreten des Ὅρος/Σταυρός im Rahmen der außerpleromatischen Vorgänge zeigt, daß seine Wirkung gegenüber dem Nichtpneumatischen negativ ist. Als der obere Christus die Achamoth wieder verläßt und ihr seine Kraft entzieht, bleibt sie in ihrem πάθος zurück. Ihr fehlt die Gnosis; sie ist ihrer gestalteten Substanz nach nur psychisch, lichtlos. Deshalb kann sie, obwohl sie es will, nicht ins Pleroma gelangen.[176] Der Ὅρος muß sie seiner Aufgabe gemäß daran hindern; er kann es nicht gewähren lassen, daß etwas Nichtpneumatisches die Harmonie der Äonen (zer-)stört. Es gibt für die psychische Achamoth ohne Gnosis keinen Zutritt zum Göttlichen.

Die Verlassenheit der Achamoth ist in Mk 15,34 angezeigt.[177] Jesus ruft am σταυρός: „Mein Gott, mein Gott, warum hast du mich verlassen"? Dies bedeutet[178]: Die vom Licht bzw. „oberen Christus" (Gott) verlassene Sophia (Jesus) wird vom Ὅρος (am Kreuz) ihrer Leidenschaft bewußt gemacht. Vor der Kreuzigung hatten sich, wie bei der Achamoth auch, die himmlisch-pneumatischen Kräfte von dem leidenden Jesus entfernt.[179] Allein die *psychische* Achamoth leidet, der mit dem Pneumatischen auch die „Gestalt der Gnosis nach" fehlt. Der am Kreuz ausgestreckte, *psychische* Christus weist nicht nur auf den durch den himmlischen Ὅρος hindurch ausgestreckten, oberen Christus hin, sondern auch auf die *psychische* „Substanz", nach der dieser die Achamoth gestaltet haben soll.[180] Der Ausruf des psychischen Christus am Kreuz kann als das Signal der Hinwendung zum Höheren, zum oberen Chri-

---

175 S.a. Dölger, *Beiträge IX,* 22f: Der Stauros ist im gnostischen Äonensystem im Sinne der „altertümlichen" Bezeichnung „Stauros = Pfahl, festeingerammte Palisade" ausgewertet. „Von einem Ausbreiten des oberen Christus an einem ‚Kreuze' war im ursprünglichen System der Gnosis nicht die Rede. Aber die allegorische Umdeutung oder das Mißverstehen des ursprünglichen Grenzpfahles ‚Stauros' ließ an das Leidenswerkzeug Christi denken. Dies löste eine reale Vorstellung wie die von dem Ausbreiten Christi am Kreuze aus. Das Hinüberneigen des oberen Christus über den Äon Stauros oder das Stützen auf diesen Äon wurde dann als himmlisches Sinnbild der irdischen Kreuzigung Christi aufgefaßt" (aaO, 23).

176 Vgl. haer I 7,1 (102,13f/102f,688f).

177 Haer I 8,2 (118,51-120,56/119f,823-827).

178 In Klammern die entsprechenden Elemente der Mk-Stelle.

179 Vgl. haer I 7,2 (104,32-36/105,708-712).

180 S. v.a. haer I 7,2 (104,39-106,43/105f,715-719).

stus verstanden werden. Aus dieser Hinwendung sind die ganze *psychische* Substanz der Welt und der Demiurg hervorgegangen. Die Achamoth bewegt sich also weiterhin im rein *psychischen* Bereich. Folglich kann das, was aus ihr entsteht, *nicht pleromatisch (pneumatisch)*, sondern nur psychisch und hylisch sein.

Eine interessante Wendung nehmen die Ereignisse außerhalb des Pleromas, als der obere Christus den *Soter* (und die Engel) zur Achamoth sendet. Dabei findet eine doppelte Funktionsübertragung statt. Der Soter gibt der Achamoth die „μόρφωσις ἡ κατὰ γνῶσιν" und heilt sie von ihren Leidenschaften, indem er diese abtrennt und zu unkörperlicher (psychischer und hylischer) Materie verwandelt, so daß diese nicht mehr ins Pleroma eindringen können. Der Soter übernimmt also einerseits die gestaltende Funktion des oberen Christus, andererseits die abtrennende[181] und reinigende[182] Funktion des Ὄρος/Σταυρός.

In diesem Gestaltungsvorgang wird das Pleroma in gewissem Sinne ausgeweitet. Um der Achamoth die μόρφωσις ἡ κατὰ γνῶσιν zu geben, trägt der Soter das Pneumatische in den außerpleromatischen Bereich, in den der Ὄρος/Σταυρός *nicht positiv* hineinwirkt. Der Soter weitet den pneumatischen Bereich dadurch mit der nötigen „Vorsicht" aus, daß er *gleichzeitig* die „Leidenschaften" von der Achamoth abtrennt *und* in Materie verwandelt. Als „*reine*" Ἐνθύμησις[183] ohne πάθος ist die Achamoth zur (Wieder-)Aufnahme ins Pleroma befähigt.[184] Sowohl sie als auch das materialisierte πάθος stellen keine Gefahr mehr für das Pleroma dar. Ein Eingreifen des Ὄρος/Σταυρός ist also wegen der besonderen gestaltenden und zugleich trennenden Tätigkeit des Soter überflüssig.[185] Er tritt dann erst wieder in Aktion, wenn die Pneuma-Samen, die die Achamoth ausstreut, von ihren psychischen und hylischen Anteilen getrennt werden müssen, um ins Pleroma einzuge-

---

181 Vgl. haer I 2,4; 3,3 mit I 4,5: An diesen Stellen steht für die Abtrennung der Leidenschaften eine Form von χωρίζω. Vgl. auch exc. Thdot. 42,1 (s.o. S. 26, Anm. 87) und die oben dargestellten Differenzen zwischen Irenäus' und Hippolyts Referaten (nach Hippolyt haben schon die beiden Äonen Christus und Pneuma die Funktion des Abtrennens inne).

182 Vgl. wiederum haer I 2,4; 3,5; 8,4 (Formen von καθαρίζω).

183 Vom πάθος gereinigt ist die Achamoth (endlich) wieder eine πνευματικὴ οὐσία, sie ist wieder „natürlicher Antrieb eines Äons" (vgl. haer I 2,6 [44,67f/44,202f]).

184 Vgl. haer I 8,4 (126,105-109/126,882-885).

185 S.a. haer II 12,7 (106,126-128). Hier spricht Irenäus nur vom Soter, der zur Formung der Mutter kam, jedoch nicht von der Ausdehnung durch den Ὄρος/Σταυρός hindurch.

hen. Das Psychische gelangt dann bis zur „Mitte", die Materie vergeht am Ὅρος/Σταυρός.[186]

Die zuletzt genannte Funktion des Ὅρος/Σταυρός wird durch zwei Parallelen aus exc. Thdot. (22,1-7; 64,1) bestätigt.[187] Der Ὅρος/Σταυρός hat hier ebenfalls die Aufgabe, pleromafremde Elemente am Eindringen ins Pleroma zu hindern. Grundlegend für den in *exc. Thdot.* 22 geschilderten Gedankengang ist die Unterscheidung zwischen „Männlichem" und „Weiblichem" (beides ist nach Gen 1,27 „die schönste προβολή der Sophia").[188] Das „Männliche" seien die Engel (die „Auswahl"), das „Weibliche" (die „Berufung") die zur Vereinigung mit dem Männlichen auserkorenen Valentinianer. Durch die Verbindung mit den männlichen Engeln würden die weiblichen „Samen" männlich und könnten ins Pleroma eingehen.[189]

In diesem Sinne sei nun 1Kor 15,29a („Denn was tun die, die sich für die Toten taufen lassen?") zu verstehen.[190] „Für uns" ließen sich die (männlichen) *Engel* taufen, d.h. für die „weiblichen" Menschen, die Paulus mit den „Toten" meine, weil „dieser Zustand" (τῇ συστάσει ταύτῃ) töte – gemeint ist das irdische Dasein, das als Trennung von den „männlichen" (= „lebendigen") Engeln und als Umwandlung in „diesen" (= „weiblichen") Zustand todbringend sei. 1Kor 15,29b („Wenn die Toten nicht auferstehen, was lassen sie sich taufen") sage, daß die Toten dem „Männlichen" wiedergebracht und somit engelgleich auferstehen würden. Die Engel ließen sich also für die „Toten" taufen, „damit auch wir, den Namen habend, nicht aufgehalten und durch den Ὅρος und den Stauros nicht daran gehindert werden, in das Pleroma zu gelangen" (ἵνα ἔχοντες καὶ ἡμεῖς τὸ ὄνομα μὴ ἐπισχεθῶμεν κωλυθέντες εἰς τὸ πλήρωμα παρελθεῖν τῷ Ὅρῳ καὶ τῷ Σταυρῷ)[191]. Die „Toten" er-

---

186 Vgl. haer I 3,5. Ähnlich das Verständnis der Kreuzigung Jesu im EV 18,11-24; 19,34-20,27 (84-86 NHS; s. dazu Aland, *Christentum,* 320-334, v.a. aaO, 327f)

187 113,28-114,15; 128,15-19 GCS.

188 S. exc. Thdot. 21 (113,18-27 GCS).

189 Vgl. haer III 15,2 (282,52-57: „Wenn sich ihnen aber einer [sc. ein Hörer der Valentinianer] wie ein kleines Schaf darbietet, der durch ihre Initiation auch ihre Erlösung [*redemptio* = ἀπολύτρωσις; vgl. haer I 21,1f] erlangt hat, dann ist dieser so aufgeblasen, daß er meint, weder im Himmel noch auf der Erde, sondern in das Pleroma eingegangen zu sein und seinen Engel bereits umarmt zu haben".

190 Zu den Kultpraktiken in der Gnosis vgl. Rudolph, *Gnosis,* 235-261. Er rechnet „die Totenzeremonien und die damit zusammenhängenden ‚Erlösungs'- oder ‚Vollendungs'-Handlungen der Valentinianer" „zu den ausgesprochen neugestalteten ... Riten", die „nur aus der gnostischen Vorstellungswelt zu verstehen sind und über den Bereich etwa der sonstigen kirchlichen Kultpraxis hinausgehen" (aaO, 251). Zur sakramentalen Praxis der Valentinianer s.a. Koschorke, *Polemik,* 143-145; Jaschke, *Geist,* 14f; weiterhin Lampe, *Christen,* 257-263 (Inschriften valentinianischer Provenienz von der Via Latina in Rom aus dem 2./3.Jh., die auf die Erlösungsriten Bezug nehmen).

191 Exc. Thdot. 22,4 (114,6-8 GCS). Vgl. auch exc. Thdot. 26,1f (115,15-21 GCS): „Das Sichtbare Jesu waren die Sophia und die Gemeinde der besonderen Samen, die er durch das Fleisch gerüstet hat, wie Theodot sagt. Das Unsichtbare aber (war) sein Name, das ist 'der eingeborene Sohn'. Deshalb, wenn er sagt: 'Ich bin die Tür' (Joh 10,7.9), sagt er:

hielten bei ihrer irdischen Taufe „zur engelhaften Erlösung" dieselbe „Erlösung" (λύτρωσις) durch den „Namen", auf den auch die Engel getauft worden seien, der auch auf Jesus in der Taube herabgekommen sei und ihn erlöst habe, „damit er nicht durch die Ennoia des Mangels, in die er versetzt war, zurückgehalten werde, (dazu) geführt durch die Sophia." Der Ritus der „λύτρωσις", den Jesus und die Engel schon empfangen hatten, als sie das Pleroma verließen, um die Gnostiker zu retten, macht also den Eingang ins Pleroma möglich.

Mit dieser Vorstellung der „λύτρωσις" ist wiederum Irenäus' Darstellung der „pneumatischen Erlösung" der Valentinianer (von dieser ist die „psychische Taufe" zu unterscheiden) in haer I 21,1-4[192] zu vergleichen, bei der ebenfalls der „Name" und das Vereinigungsmotiv eine wichtige Rolle spielen, ohne daß jedoch der Ὅρος erwähnt würde:

Die (ἀπο-)λύτρωσις sei für alle notwendig, die „vollkommene Gnosis" erhalten hätten, um in die „Kraft über allem" hineingeboren zu werden, d.h. um ins Pleroma zu gelangen. Die (psychische) Taufe des sichtbaren Jesus sei zur Sündenvergebung, die (pneumatische) „Erlösung" des auf Jesus herabgekommenen Christus dagegen zur Vollkommenheit[193], weil diese „in die Tiefe des Bythos hinabführe". Irenäus zitiert im folgenden (mehr oder weniger fehlerhaft[194]) liturgische Formeln, die die Valentinianer bei ihren Mysterienfeiern gesprochen haben sollen. Bei aller Problematik der irenäischen Zitate und der Textüberlieferung ist jedoch so viel deutlich, daß der „Name" (des unbekannten Vaters, des Christus etc.) in den Erlösungsformeln eine hervorgehobene Bedeutung hatte und daß die (ἀπο-)λύτρωσις dazu diente, die Pleromagrenze zu überwinden.[195]

'bis zum Ὅρος, wo ich bin, werdet ihr kommen, die ihr zum besonderen Samen gehört.' Wenn er aber selbst hineingeht, geht auch der Same mit ihm in das Pleroma durch die Tür hinein, vereinigt und eingeführt." Eine ähnliche Vorstellung von der Himmelstür (ebenfalls unter Aufnahme von Joh 10,7.9) findet sich bei den Naassenern (Hipp., haer. V 8,18-21.44 [158f,93-113; 164,236-241 GCS]), ohne daß jedoch vom Ὅρος die Rede wäre.

192 294,1-304,86/295,855-304,941.
193 Als Schriftbelege hierfür gelten Lk 12,50; Mk 10,38; Röm 3,24; Eph 1,7; Kol 1,14.
194 Vgl. SC 263, 270f (P. 299, n. 1. & 2.); Brox, FC 8/1, 278f[88]; Hilgenfeld, Ketzergeschichte, 379-382; Hoffmann, Hymnen, 298; Gressmann, ZNW 16, 191-195; Müller, Gnosis, 188-200; Sagnard, La gnose, 419-425.
195 Vgl. v.a. die als dritte geschilderte Erlösungsliturgie haer I 21,3 (300,47-302,65/300,901-302,920): „„Der Name, der verborgen ist vor jeder Gottheit und Herrschaft und Wahrheit, den Jesus, der Nazarener, angezogen hat in den Zonen des Lichtes des Christus des durch das heilige Pneuma Lebenden zur engelgleichen Erlösung (εἰς λύτρωσιν ἀγγελικήν [301,905]; vgl. exc. Thdot. 22,5 [114,9 GCS]: „Deshalb sagen sie auch bei der Handauflegung am Schluß: ,εἰς λύτρωσιν ἀγγελικήν'"), der Name der Wiederherstellung ist dieser'". Es folgt eine wohl aus dem Syrischen stammende Formel, die ursprünglich wahrscheinlich folgendermaßen lautete (s. SC 263, 270 [P. 299, n. 2.]; Brox, FC 8/1, 280f[90]; Gressmann, ZNW 16, 193-195): „Ich bin gesalbt und freigekauft von mir selbst und von jeder Verurteilung durch den Namen Jahwes; kauf mich frei, Jesus von Nazaret!". Irenäus „übersetzt" diese Formel: „Nicht trenne ich den Geist, das Herz und die überhimmlische, barmherzige Kraft; ich will mich deines Namens freuen, Retter der Wahrheit", was von den Einweihenden gesprochen wird. Der Vollendete (sc. der Eingeweihte) antwortet daraufhin: „Stark geworden und erlöst worden bin ich und ich löse

Im Gegensatz zu exc. Thdot. 22 dürfte exc. Thdot. 64 zu den Stücken der Excerpta gehören, die direkt Ptolemäus bzw. seiner Schule zuzurechnen sind. Dieser Text steht innerhalb
einer Schilderung der gnostischen Erlösung am Ende der Welt (exc. Thdot. 61,8-65,2).[196] Der
psychische Christus nimmt nach der Auferweckung seines psychischen Leibes seinen Platz
zur Rechten des Demiurgen ein. Die gleiche Rettung erhalten die Psychiker. Die Pneumatiker werden dagegen „über jene hinaus gerettet", sie erhalten die Seele als Brautkleider. So bekleidet verharren sie „in der Ogdoas" bei der „Mutter", „die Seelen habend, die Brautkleider,
bis zur Vollendung, während die anderen gläubigen Seelen (sc. die Psychiker) beim Demiurgen sind. Bei der Vollendung gehen auch sie in die Ogdoas." Dann feiern die Geretteten gemeinsam das Hochzeitsmahl. Die Pneumatiker legen die Seelen ab und erhalten wie ihre
Mutter einen Bräutigam; „dann gehen sie in das Brautgemach innerhalb des Ὅρος und
kommen zum Anblick des Vaters, intelligible Äonen geworden, zur intelligiblen und ewigen
Hochzeit der Syzygie."
    Der geschilderte Erlösungsvorgang unterscheidet sich von dem, was Irenäus in haer I 7,1
berichtet. Eine wichtige Differenz besteht darin, daß nach Irenäus „nichts Psychisches ins
Pleroma gelangt"[197]; allerdings erhalten die Psychiker nach exc. Thdot. 64 keinen Paargenossen, d.h. ihre Erlösung bleibt ebenfalls in gewisser Weise defizitär. Ein zweiter Unterschied
ist darin zu sehen, daß die vermählten Pneumatiker zur Schau des Vaters gelangen und den
innerpleromatischen Ὅρος überschreiten. Irenäus sagt davon nichts (wollte er das Motiv der
Gottesschau vollständig für seine eigene Theologie reservieren?), möglicherweise deshalb,
weil der Ὅρος bei den reinen Pneumatikern die Gottesschau nicht verhindern muß; sie stellen „bei der Vollendung" ganz einfach keine Gefahr mehr für das Pleroma dar. Was Irenäus'
Referat jedoch mit exc. Thdot. 64 verbindet, ist, daß die *Psychiker nicht* in den Bereich *innerhalb* des Ὅρος gelangen können. *Diese* Übereinstimmung zeigt m.E., daß Irenäus die Funktion des himmlischen Kreuzes im System der ptolemäischen Gnosis aufs Ganze gesehen
korrekt wiedergibt.

---

meine Seele von dieser Weltzeit (Äon) und von allem, was zu ihr gehört im Namen Jaos,
der seine Seele erlöst hat zur Erlösung im lebendigen Christus'. Und dann sagen alle An-
wesenden: ‚Friede allen, auf die sich dieser Name niedergelassen hat'"; danach erfolge
eine Salbung mit Balsamöl. Die Parallelen mit exc. Thdot. 22 sind insgesamt so auffällig
(Erlösung des irdischen Jesus durch den Namen Christi; „engelgleiche Erlösung"), daß
ich zu der Annahme neige, daß Irenäus in haer I 21,3 denselben oder einen doch stark
verwandten Erlösungsritus schildert, auch wenn er im Unterschied zu exc. Thdot. 22,4
nicht davon spricht, daß die λύτρωσις zur Überwindung des Ὅρος/Σταυρός dient.
Bestätigt wird dies durch weitere Angaben über den Einzug der Pneumatiker ins Pleroma (vgl. haer I 6,1 [90,1-92,23/90,587-93,611]; v.a. I 7,1 [100,1-102,18/100,675-103,694],
wo die Pneumatiker in das Pleroma eingehen, „um als Bräute den Engel zurückgegeben
zu werden, die den Soter begleiten", während das Psychische nur bis zum „Ort der Mitte", also bis zur Pleromagrenze, gelangt). Vgl. auch Dölger, *Sphragis*, 89-94.
196 Vgl. oben S. 39; s.a. Fantino, *La théologie*, 185-187.
197 Haer I 7,1 (102,13f/102f,688f).

1.2.1.3 Das irdische Kreuz als Abbild

An einigen Stellen ist bereits angeklungen, daß sich die irdische Kreuzigung Jesu und der himmlische ῞Ορος/Σταυρός im ptolemäischen System wie Abbild und Urbild zueinander verhalten.[198] Das bedeutet, daß das Kreuz Jesu vom urbildlich gedachten ῞Ορος/Σταυρός her interpretiert wird, nicht umgekehrt. Der für das Kreuzesverständnis der Ptolemäus-Schule entscheidende Gedanke ist, daß an beiden „Kreuzen" immer nur *Nichtpneumatisches* leidet, also Elemente, die in irgendeiner Form mit dem πάθος zusammenhängen, während das Pneumatische, so es denn πάθος erfährt, durch den Kontakt mit dem ῞Ορος/Σταυρός gerade von seinem Leiden befreit wird. Der ῞Ορος/Σταυρός sorgt dafür, daß das Göttliche nicht (mehr) leidet.[199]

Nach dem Referat des Irenäus führen die Valentinianer das irdische Kreuzesleiden Jesu an drei Stellen als Hinweis auf die inner- und außerpleromatischen Vorgänge ein:

Das Leiden Jesu zeigt das πάθος, das die Sophia *im Pleroma* überkam, *und* es zeigt die Abtrennung der ᾿Ενθύμησις und des πάθος von der Sophia sowie deren Beseitigung aus dem Pleroma durch den ῞Ορος/Σταυρός. Das Ende Jesu am Kreuz verdeutlicht das „Ende der Vorgänge um die Äonen", also die Beruhigung des Äonengefüges durch den ῞Ορος/Σταυρός (haer I 8,2). Indem die Sophia dem ῞Ορος/Σταυρός begegnet, endet ihr πάθος.

Die „Ausstreckung" und das Leiden des „psychischen Christus" am irdischen Kreuz zeigt die psychische Gestaltung der Achamoth *außerhalb des Pleromas*: Das Psychische wird in seiner Leidensfähigkeit bestätigt (haer I 7,2).

Die gleiche Funktion haben die Worte Jesu am Kreuz: „Mein Gott, mein Gott, warum hast du mich verlassen". Sie zeigen das Leiden, das die Achamoth überkam, als sie vom ῞Ορος/Σταυρός an der Rückkehr ins Pleroma gehindert und sich dessen bewußt wurde, daß sie rein psychisch sei.

Auch kosmische Phänomene bilden die unsichtbaren Ereignisse – in diesem Fall außerhalb des Pleromas – ab. Wie der oberste Himmel die Gestirne in ihrer Geschwindigkeit durch seine enorme Trägheit bremst, so hindert der ῞Ορος die Achamoth an ihrem ungestümen Aufbruch „nach vorne". Der ῞Ορος „umfaßt" sie, sie hat keine Möglichkeit, über ihn hinauszugelangen.

---

198 Vgl. Sagnard, *La gnose,* 244-249; Dölger, *Beiträge IX,* 21.

199 Vgl. auch EpPt 139,15-38 (246-248 NHS; dt. Übersetzung bei Koschorke, *Polemik,* 194). Auch hier wird die Passion „zunächst mit den Worten des traditionellen – kirchlichen – Kerygmas [formuliert], um es dann – transponiert auf eine höhere Verstehensebene – in den Kategorien des gnostischen Sophiamythos auszusagen" (Koschorke, aaO, 195).

Die Sophia und die Achamoth verhalten sich ebenfalls wie Urbild und Abbild. Wie der ῞Ορος/Σταυρός der Sophia die Ansicht des unfaßbaren Urvaters verwehrt, verwehrt er der psychischen Achamoth den Zugang zum Pleroma. Hinsichtlich der Abtrennung des πάθος von der Sophia bzw. der ᾽Ενθύμησις besteht jedoch ein Unterschied: *Im* Pleroma trennt der ῞Ορος/Σταυρός ab, *außerhalb* des Pleromas ist der Soter der Trennende. Dieser Unterschied hängt damit zusammenhängen, daß sich außerhalb des Pleromas im Zusammenhang mit der Achamoth „*Gestaltung*" ereignet, ein Vorgang also, der erst mit der Emanierung des Paares Christus/heiliges Pneuma möglich wird, bei der Reinigung der Sophia vom ῞Ορος/Σταυρός also noch gar nicht vorgenommen werden konnte und auch nicht vorgenommen werden mußte. Denn die Sophia *hat* als pneumatischer Äon ihre μόρφωσις ἡ κατὰ γνῶσιν. Mit Ausnahme seiner Türhüterfunktion greift der ῞Ορος/Σταυρός bei den beiden Gestaltungsvorgängen außerhalb des Pleromas nicht aktiv ins Geschehen ein. Das „Gestalten" liegt außerhalb seiner Fähigkeiten oder Befugnisse. Während er bei der ersten Gestaltung darüber zu wachen hat, daß nichts Psychisches ins Pleroma eindringt, übernimmt – wie gezeigt – bei der zweiten Gestaltung der Soter diese Funktion, weil die Gestaltung der Achamoth nach der Gnosis notwendigerweise mit der Abtrennung des πάθος zusammenfällt.[200]

1.2.1.4 Zusammenfassung

Der ῞Ορος/Σταυρός ist im System der ptolemäischen Gnosis eine eigene Emanation, die den göttlich-pneumatischen Bereich von allem „Leidensfähigen" reinhält. Πάθος wird von ihm entweder aus dem Pleroma ausgeschieden oder, sofern es von außen in das Pleroma eindringen will, gar nicht erst eingelassen. Der ῞Ορος/Σταυρός läutert, und er erläutert, daß der unsichtbare „Urvater" unerforschlich ist, begrenzt das Pleroma also nach innen. Als Pleromagrenze bleibt er stets Bestandteil des pneumatischen Bereiches; er überschreitet sich selbst nicht nach außen hin, sondern reagiert, wenn Psychisches oder Materielles auf ihn zukommt und unerlaubterweise Zutritt

---

200 Auch dann, wenn der ῞Ορος/Σταυρός auch bei der zweiten Gestaltung der Achamoth (in Analogie zur ersten Gestaltung) gegenwärtig sein sollte (diese Möglichkeit ist wegen der recht unklaren Diktion von haer I 8,2 durchaus gegeben), ergibt sich für die Wirkweise des „himmlischen Kreuzes" kein Unterschied: Er trennt dann das πάθος von der Achamoth ab, das danach vom Soter zu körperloser Materie gestaltet wird. S.o. S. 25 Anm. 84 und S. 40 Anm. 154.

zum Pleroma sucht. Die irdische Kreuzigung „Jesu" ist Abbild der himmlischen Vorgänge. Der ῎Ορος/Σταυρός steht dafür, daß das Göttliche nicht
(oder nicht mehr) leidet und durch das „πάθος" keinen Schaden nimmt.

1.2.2 Die zwei ῎Οροι des Valentin

Verglichen mit dem Referat über die Schule des Ptolemäus berichtet Irenäus
über die Lehre Valentins sehr knapp.[201] Seiner Auskunft nach war Valentin
„der erste, der die Prinzipien von der sogenannten gnostischen Häresie auf
die eigentümliche Prägung (seiner) Schule hin verändert hat."[202] Auch die bio-
graphischen Angaben des Irenäus zu Valentin sind nicht gerade ausführlich,

---

201 Haer I 11,1 (166,1-170,38/166,1194-171,1233). Zu Valentin s. Lipsius, *Valentinus*, 616-
644; Hilgenfeld, *Ketzergeschichte*, 283-316; de Faye, *Gnostiques*, 39-51; Quispel, *Doctrine*,
passim; ders., *Weltreligion*, 71-92; Stead, *Search*, passim; Rudolph, *Gnosis*, 342-348; Holzhausen, *Mythos*, 80-164 (Lit.); Markschies, *Valentinus*, passim (Lit.; zu haer I 11,1: 364-
379); ders., *Problem*, passim; ders. *Forschungen*, passim.

202 Haer I 11,1 (167,1197-1199 Ir^gr). Ir^lat liest anders (166,4-6): Valentin ist der erste *ab ea quae
dicitur gnostica haeresis antiquas in suum characterem doctrinas transferens*. Ir^gr wird von
weiteren Stellen unterstützt (haer I 28,1; vgl. I 24,7; II 31,1; s. *SC 263*, 229 [P. 167, n. 2.]).
Die ἀρχαί sind demzufolge *gnostische* Lehrprinzipien, denen Valentin seine spezielle
Prägung gegeben hat. Etwas irritierend sind die unterschiedlichen Übersetzungen des
Einleitungssatzes von haer I 11,1 (167,1197-1199), die Markschies, *Valentinus*, gibt: Er
übersetzt die Phrase ῾Ο μὲν γὰρ πρῶτος, ἀπὸ τῆς λεγομένης Γνωστικῆς αἱρέσεως
τὰς ἀρχὰς εἰς ἴδιον χαρακτῆρα διδασκαλείου μεθαρμόσας, Οὐαλεντῖνος, οὕτως
ὡρίσατο aaO, 365f mit „der als erster die Prinzipien der sogenannten gnostischen Häresie in eine eigene Gestalt der Lehre adaptierte (vgl. aaO, 405: Valentin habe laut haer I
11,1 und Tert., Val. 4,2 [86,9-11 SC] „Samen gewisser alter Lehren' der Gnosis aufgenommen), während es aaO, 409 heißt: „Denn der erste von der sogenannten gnostischen
Häresie, der die Prinzipien (oder: Anfänge) in eine eigene Gestalt der Schule transferier-
te, Valentin, setzte sie so fest). Markschies' erste Übersetzung geht mit *SC 264*, 167 konform („Le premier d'entre eux, Valentin, empruntant les principes de la secte dite ‚gnostique', les a adaptés au caractère propre de son école; vgl. Markschies, aaO, 366: „Das
dahinterstehende Bild, Valentin habe ‚die Samen gewisser alter Lehren' als erster in ein
System gebracht ...); seine zweite Übersetzung, die suggeriert, daß Irenäus Valentin zur
„sogenannten gnostischen Häresie" gerechnet hat, ist nicht nur syntaktisch falsch,
sondern steht auch gegen haer I 11,1 (170,28-30/170,1223), wo Irenäus Valentin deutlich
von der Gruppe der „fälschlich so genannten Gnostiker abhebt (s. bereits Lipsius,
Valentinus, 586-588; vgl. die Kritik an Markschies bei Schenke, *Rezension*, 174; McGuire,
Valentinus, 247; ähnlich Edwards, *Gnostics*, 26f). Zu haer I 11,5 (178,93-95/179,10-12) s.
Edwards, aaO, 27f.

ausführlicher jedoch als die zu Ptolemäus. In haer III 4,3[203] heißt es lediglich: „Denn vor Valentin gab es die von Valentin (herkommenden Schüler) nicht, noch gab es vor Markion die von Markion (herkommenden Schüler), noch gab es überhaupt die übrigen vorher beschriebenen Vertreter schlechter Ideen, bevor die Mystagogen[204] und Erfinder ihrer Verdrehung auftraten. Valentin nämlich kam unter Hyginus nach Rom, stand auf dem Höhepunkt unter Pius und blieb bis Aniket".

Es ist deutlich, daß es Irenäus hier „nicht primär um ein biographisches Detail aus dem Leben Valentins geht."[205] Immerhin kann mit einiger Sicherheit gesagt werden, daß Valentin wohl vor 140 n.Chr. nach Rom kam und mindestens 15 Jahre lang dort (ungestört) tätig war[206]. Vielleicht stand er sogar kurz davor, Bischof zu werden.[207]

Das grundsätzliche Problem bei der Rekonstruktion der Lehre Valentins besteht darin, ob „von den verschiedenen erhaltenen valentinianischen Texten" ein „Weg zur ‚ursprünglichen Lehre' Valentins zurückführt".[208] „The problem is, that the fragments of Valentinus, taken by themselves, would give no ground for supposing anything but a platonizing biblical theologian of some originality, whose work hardly stayed beyond the still undefined limits of Christian orthodoxy".[209] Die Referate bei Irenäus und Hippolyt zeichnen Valentins Theologie hingegen als höchst komplexes Gebilde, „in which an elaborate system of heavenly powers is propounded and the Jesus of the Gospels is fragmented and displaced." Aufgrund der Differenzen zwischen den Referaten der Häresiologen und den überlieferten Fragmenten Valentins ist der Quellenwert von haer I 11,1 in Bezug auf Valentin kaum zwei-

---

203 50,45-51/50,1f; s. Markschies, *Valentinus*, 294-298; ders., *Forschungen*, 40-42.
204 Vgl. dazu *SC 210*, 244 [P. 51, n. 2.] und Markschies, *Valentinus*, 295.
205 Markschies, *Valentinus*, 296; vgl. auch Lüdemann, *Geschichte*, 86-97; Ob Irenäus weitere Details über Valentins Tätigkeit in Rom kannte (etwa durch Polykarp?), ist ungewiß.
206 S. Lipsius, *Valentinus*, 588-591; von Harnack, *Chronologie 1*, 291f; Hilgenfeld, *Ketzergeschichte*, 284-287; Langerbeck, *Auseinandersetzung* 173; Lüdemann, *Geschichte*, 93.96; Lampe, *Christen*, 253f; Markschies, *Valentinus*, 298; ders., *Krise*, 4.
207 Vgl. Tert., Val. 4,1 (86,5-9 SC): Valentin sei nicht wegen häretischer Anschauungen übergangen worden, sondern zugunsten eines anderen Kandidaten, der den Bischofsstuhl als Anerkennung seines Konfessorenstatus erhalten habe.
208 Markschies, *Valentinus*, 363; vgl. Lipsius, *Valentinus*, 597. Eine kurze Zusammenfassung der Lehre Valentins, wie sie sich aus den überlieferten Fragmenten ergibt, bietet Markschies, *Krise*, 6-25; s.a. Foerster, *Valentin*, 91-101; Sagnard, *La gnose*, 121-126; Andresen, *Anfänge*, 64f.67f.
209 Dieses und das nächste Zitat Stead, *Search*, 75.

felsfrei zu bestimmen.[210] Dazu kommt, daß dieser Text möglicherweise „in der gegenwärtigen Form aus mehreren Abschnitten zusammengesetzt wurde"[211] und deshalb auch „nicht einlinig auf eine Quelle (und dann gar noch

---

210 S. Markschies, *Valentinus*, 364. Nach Christoph Markschies sei haer I 11,1 „weder für einheitlich ... noch für ‚wertvoll' und ‚vertrauenswürdig', was die Rekonstruktion der Lehre Valentins angeht", zu halten (aaO, 379; s. schon de Faye, *Gnostiques*, 39.49-51; Markschies' These richtet sich u.a. gegen Foerster, *Valentin*, 98; Quispel, *Doctrine*, passim); der „mythologische Valentinianismus, wie er uns vertraut ist", beginne „sichtbar erst mit Ptolemäus" (Markschies, aaO, 406). Zur Kritik an seiner Position s. Quispel, *Valentinus*, 1-4 (s.a. ders., *Apocryphon*, 123f: „I suggest that this short summary [sc. haer I 11,1] still furnishes a valid basis for the reconstruction of the original doctrine of Valentinus" [123]); haer I 11,1 dokumentiere nach Markschies „vielmehr eindrücklich die vielfältigen Varianten, die schon etwa zwanzig Jahre nach dem Ende von Valentins Tätigkeit in Rom möglich waren, und zeigt, wenn er historisch ernstzunehmen ist, daß Irenäus' Bild von der valentinianischen Gnosis als einem wildwuchernden Gewächs nicht nur antihäretische Polemik darstellt" (Markschies, aaO, 406; vgl. aaO, 397; s.a. Rudolph, *Gnosis*, 59f; Fantino, *La théologie*, 406-409). Markschies will aaO, 376-379 weiterhin nachweisen, „daß sich Irenäus' Referat und Valentins Fragmente praktisch in allen Punkten widersprechen oder wir, präziser gesagt, bei Valentin sogar auf Vorstellungen treffen, die in Konkurrenz zum valentinianischen Mythos stehen, den Haer. I 11,1 voraussetzt" (aaO, 376). Anders als Markschies geht Anne McGuire, *Valentinus* (v.a. 248-250; ihre Position sei stellvertretend für andere genannt; wichtig auch die gleichzeitig mit Markschies' Buch entstandene Arbeit von Holzhausen, *Mythos*, v.a. 151-159 [das Zitat 154], der „annehmen [möchte], daß Valentin selbst der Erfinder des erst bei den Schülern belegten kosmogonischen Mythos ist, der erklärt, weshalb aus der göttlichen Aionenwelt ein unwissender Demiurg und böse handelnde Dämonen oder Geister entstehen konnten") davon aus, daß Irenäus Valentin und die Valentinianer mit den in haer I 29-31 dargestellten „Gnostikern" enger verbinde als mit Simon Magus und den von diesem abgeleiteten Schulen (I 23-28), wobei Irenäus in haer I 23-28 und I 29-31 auf voneinander unabhängige Quellen zurückgegriffen habe. Texte aus Nag Hammadi (v.a. die „sethianischen" Quellen wie das AJ) zeigten auffällige Parallelen mit Irenäus' Referat über die „Gnostiker" in haer I 29-31. Weitere Beobachtungen führten zu dem Schluß, „that Valentinus adopted the structure of Gnostikos myth, but *adapted* its details to emphasize themes of central importance to his understanding of the Christian gospel. ... Thus ... Valentinan myth can be understood as a revision, or perhaps, even as allegorical interpretation, of Gnostikos myth, which attributes the movement from ignorance to gnosis at the personal, historical, and cosmic levels to the revelation of the Father in the Son. ... Irenaeus's statement on the Gnostikos sources of Valentinus's thought captures a crucial component of Valentinus's environment, and produces a convincing picture of Valentinus as a revisionist of Gnostikos thought, and of continuing Gnostikos influence on his school" (aaO, 250). Zur Kritik an McGuires Position (und v.a. an ihrem methodischen Zugang zu Valentin) s. Markschies, *Problem*, 384f.

211 Markschies, *Valentinus*, 366 (vgl. 366-376).

Justins Syntagma) zurückgeführt werden" kann.[212] Die Probleme, die haer I 11,1 bereitet, sind kaum mit letzter Sicherheit zu lösen.[213] Unabhängig davon, ob wir in haer I 11,1 Valentin selbst vernehmen oder nicht: Das referierte System ist im Sinne des *Irenäus* eindeutig „*valentinianisch*". Er will in haer I 11,1-12,4 zeigen, daß die Häretiker in ihren Lehraussagen unbeständig sind und einander widersprechen: Schon „zwei oder drei von ihnen" sagen περὶ τῶν αὐτῶν οὐ τὰ αὐτά.[214]

Nach Irenäus nimmt Valentin „zwei Ὅροι an[215], einen zwischen dem Βυθός und dem übrigen Pleroma, der die gezeugten Äonen vom ungezeugten Vater abgrenzt, einen anderen aber, der ihre Mutter vom Pleroma abtrennt."[216] Die Funktionen der Ὅροι, soweit dies aus dem irenäischen Referat hervorgeht, entsprechen denen des Ὅρος/Σταυρός im ptolemäischen System annäherungsweise. Der Hauptunterschied zwischen den zwei Ὅροι des Valentin und dem einen Ὅρος der Ptolemäer besteht darin, daß der *Bythos* bei Valentin durch den ersten Horos von *allen* gezeugten Äonen abgegrenzt wird und somit transzendenter erscheint als in der Ptolemäus-Schule, wo der Monogenes von Anfang an die volle Erkenntnis des Bythos besitzt. Möglicherweise liegt gerade in der genannten Funktion des ersten Horos ein

---

212 So m.E. richtig Markschies, *Valentinus*, 366; s.a. Hilgenfeld, *Ketzergeschichte*, 283.291.307 u.ö. (er vermutet, daß haer I 11,1-3 auf Justin zurückgeht, nicht jedoch Bestandteil des Syntagma war); Perkins, *Rhetoric*, 197; Schenke, *Rezension*, 175f. Bereits Heinrici, *Gnosis*, 41f schien es wegen der „schwankenden Bestimmungen über den Soter ... zweifelhaft, ob wir [sc. in haer I 11,1] einen einheitlichen Bericht vor uns haben, oder nicht Irenäus hier, wie auch sonst in diesem Abschnitt, verschiedenartiges zusammenschweißte. ... Ebenso würde die Annahme eines zweifachen ὅρος, die dem Streben, den Urgrund so erhaben und unnahbar als möglich sich zu denken, entgegenkommt, schwerlich von späteren unberücksichtigt geblieben sein, wenn Valentin sie ausgesprochen hätte."

213 Vgl. Holzhausen, *Mythos*, 154, der die Frage, ob Valentin selbst den von seinen Schülern übernommenen Mythos geschaffen habe, verhalten positiv beantwortet und einschränkend beifügt: „Allerdings erlaubt es die Lage der Überlieferung nicht, über eine Annahme hinauszugelangen" (vgl. aaO, 158f).

214 Haer I 11,1 (166,1-4/166f,1-3). Dieser Text spielt eine wichtige Rolle für Irenäus' *detectio* der Valentinianer. In haer I 1-8 bringt er die ptolemäischen Lehren ans Licht; in I 10-22 zeigt er den Kontrast zwischen der einheitlichen Lehre der Kirche und den widersprüchlichen Aussagen der Valentinianer; haer I 23-31 weist er die Wurzeln der valentinianischen Häresie auf.

215 Wenn im folgenden von Valentin die Rede ist, ist stets der von Irenäus gezeichnete Häresiarch gemeint.

216 Haer I 11,1 (168,16-19/169,1209-1213:). Ir^lat übersetzt Ὅρος mit *Terminus* (Grenze, Grenzpfahl), während der griechische Begriff sonst stets transskribiert wird.

eigenständiges Element der Theologie des historischen Valentin.[217] Die originalen Valentin-Fragmente, von denen sich keines „explizit mit der eschatologischen Erlösung oder mit der Bedeutung des Kreuzestodes beschäftigt"[218], sprechen nicht gegen diese Annahme, bestätigen sie jedoch auch nicht. Irenäus selbst geht auf die inhaltlichen Differenzen zwischen den Ὅροι Valentins und der Ptolemäer nicht gesondert ein. Er begnügt sich mit dem Hinweis, daß die Ptolemäer von *einem* himmlischen „Grenzpfahl" reden, Valentin hingegen deren *zwei* annimmt, was ihm für den Aufweis der Widersprüchlichkeit der häretischen Lehren über das „Kreuz" genügt.

1.2.3 Markos der Magier und die Zahlenharmonie des Kosmos: Die „ausgezeichnete Zahl", „Jesus" und „der sechste Tag"

Das Referat über die Lehre des Valentinianers Markos und seiner Anhänger ist wesentlich ausführlicher als das über Valentin[219], nicht zuletzt deshalb, weil Irenäus die Markos-Schüler aus seiner unmittelbaren Umgebung kennt und über deren und des Markos Wirken gut informiert ist.[220] Markos habe aufgrund seiner – nach eigenen Angaben – besonders tiefen Erkenntnis und wegen des Besitzes der „größten Kraft aus den unsichtbaren und unnennba-

---

217 Skeptischer Markschies, *Valentinus*, 370f (das Zitat 371): „Zusammenfassend kann man sagen, daß die Aussage über zwei ‚Horoi' in I 11,1 systematisiert, was in der voraufgehenden Darstellung so nicht deutlich erkennbar wurde, aber keinen Widerspruch darstellt. In dieser Information wird keinerlei Eigenständigkeit Valentins greifbar". Vgl. auch Hipp., haer. VI 31,5-8 (241f,19-40 GCS): „System B".

218 Markschies, *Krise*, 24f.

219 Dazu gehören in jedem Fall haer I 13,1-16,2 (188,1-260,59/189,1-261,570; ab haer I 16,3 referiert Irenäus m.E. wieder allgemein Valentinianisches, vgl. oben S. 33 Anm. 119), wahrscheinlich auch haer I 11,3 (172,44-174,56/173f,1-13). Markos wird dort selbst nicht genannt, sondern nur ein „anderer, ἐπιφανὴς διδάσκαλος" (173,1). Die in diesem Abschnitt referierte Position stimmt mit der von haer I 15,1 (232,1-236,25/232,342-236,367) überein. Außerdem verweist Irenäus hier auf eine frühere Darstellung zurück (καθὰ προείρηται [233,345]), womit wohl nur haer I 11,3 gemeint sein kann (s. Lipsius, *Valentinus*, 592f; Hayd, *BKV¹*, 90; Brox, *FC 8/1*, 240; Rudolph, *Gnosis*, 349f; Voorgang, *Passion*, 89-99). Hippolyt ordnet diesen Abschnitt in haer. VI 38,2f (254,5-12 PTS) hingegen nicht Markos zu, sondern beläßt es bei der Anonymität. Zum ganzen s. Hilgenfeld, *Ketzergeschichte*, 369-383; Sagnard, *La gnose*, 358-386.

220 S. haer I 13,7 (204,127-137/205,121-129). Markos selbst wird nicht in der Rhône-Gegend gewesen sein, sondern vielmehr in Kleinasien gewirkt haben, wo „wohl auch der ‚gottgeliebte Aelteste' zu suchen [ist], aus dessen gegen Marcus gerichteten Jamben Irenäus einige Verse mittheilt" (Lipsius, *Valentinus*, 599).

ren Regionen" eine größere Anzahl von Männern und (vor allem) Frauen mit seinen Zaubertricks hinters Licht geführt und als Anhängerschaft gewonnen – so Irenäus' Vorwurf.[221]

Markos' Theologie ist in ihren Grundzügen mit der der ptolemäischen Gnosis vergleichbar, allerdings legt er besonderen Wert auf Zahlenspekulationen, mit deren Hilfe er die Zusammenhänge im Pleroma beschreibt und das Verhältnis von Pleroma und übriger Welt „exakt", d.h. im gnostischen Sinne: *harmonisch* bestimmt.[222] Das Kreuz kommt in Irenäus' Referat nur an einer einzigen Stelle vor. Um diese Aussage richtig einordnen zu können, ist zuvor das Denksystem des Markos in den Blick zu nehmen.

1.2.3.1 Das System des Markos nach dem Referat des Irenäus

a) Das Pleroma in mathematischer Harmonie: Das unsagbare Wesen des unausdenkbaren, anfangs-, wesen- und geschlechtslosen Vaters (πατήρ) und die Entstehung des Pleromas und der Welt wurden Markos in einer Art „Berufungsvision" (haer I 14,1-8) offenbart. Weil er selbst der „Monogenes" ist, habe er als alleiniger „Schoß" und einziges „Gefäß" der Σιγή den in ihn gelegten „Samen" folgendermaßen zur Welt gebracht[223]:

---

221 Irenäus kennt zuverlässige Berichte über Frauen, die von Markosianern geschändet wurden und wieder den Weg in die Kirche zurückfanden (haer I 13,5.7). Während Markos selbst in der Asia sein Unwesen trieb, sind seine Anhänger bis ins Rhône-Gebiet gekommen (haer I 13,6f). Ob die ethischen Vorwürfe des Irenäus insgesamt in die Sparte der Ketzerpolemik gehören, wage ich nicht zu beurteilen. Manches klingt zweifelsohne stereotyp (vgl. haer I 6 u.ö.) und ist deshalb „mit Vorsicht zu behandeln" (Neymeyr, *Lehrer*, 146), zumal allgemein bekannt ist, daß die Gnostiker (von den Markioniten zu schweigen) in vielen Fällen alles andere als ethisch freizügig waren (vgl. nur Ptolemäus' Brief an Flora!; dazu s. Rudolph, *Gnosis*, 278-280). Die Versuchung, Einzelfälle zu einer generellen Charakterisierung der Häretiker als zügellose Libertinisten hochzustilisieren, war zweifelsohne gegeben. Dennoch kann nicht ausgeschlossen werden, daß sich hinter pauschalen Anklagen auch der ein oder andere wahre Kern verbirgt. S. dazu auch Koschorke, *Polemik*, 123-127; Rudolph, aaO, 261-293; Lampe, *Christen*, 263.

222 Vgl. Böhlig, *Struktur*, 17-20 (mit weiteren Beispielen aus der Gnosis für die Zahl als Ordnungsschema, das den Mythos harmonisch gliedern soll).

223 Haer I 14,1 (206,1-4/206,130-133). Mit dieser bildhaften Wendung ist die Entfaltung des Gnosis-Systems gemeint, das Markos als Offenbarungsmedium verkündigt. Seine Lehre zeigt direkt das Wesen der obersten Tetras, die in weiblicher Gestalt, genauer in der Σιγή als deren Repräsentantin, zu ihm herabstieg, weil die Welt ihr männliches Element nicht tragen konnte, und die Entstehung aller Dinge in einer Art, „wie sie noch nie unter Göttern oder Menschen offenbart worden war". Markos versteht sich als direkte

Als der Vater am Anfang wollte, daß das Unsagbare seines ganzen Wesens ausgesprochen und das Unsichtbare gestaltet würde, öffnete er seinen Mund und brachte einen Λόγος[224] hervor, der ihm gleich war und dem er sein Sein zeigte, indem er in der Form des Unsichtbaren erschien. Die Offenbarung des Namens des Vaters geschah dadurch, daß er das erste Wort sprach, das aus vier Buchstaben (στοιχεῖα) bestand (nämlich ἀρχή; s. auch Joh 1,1f).[225] Das zweite Wort des Namens hatte ebenfalls vier Buchstaben, das dritte zehn und das vierte zwölf, so daß die Aussprache des ganzen Namens 30 Buchstaben und vier Wörter umfaßt. In dieser Namenskundgebung sind bildlich die ersten beiden Äonen-Tetraden sowie die Δεκάς und die Δωδεκάς, also die ganze Triakontas der Äonen angelegt. Das Pleroma findet demnach seine zusammenfassende Einheit im Namen des unsagbaren Vaters.[226]

Dieser grundlegende Gedanke spiegelt sich in Markos' Buchstabenlehre wider.[227] Jedes στοιχεῖον hat eigene γράμματα, eigenen Charakter, eigene Aussprache, Formen und Bilder. Keines von ihnen kann die Gestalt des „Vaters" sehen, von dem es nur στοιχεῖον ist, noch kennt es die Aussprache des nächsten στοιχεῖον. Obwohl selbst nur ein Teil des Alls, nennt jedes στοιχεῖον seinen eigenen Ton wie das Ganze und hört nicht auf zu tönen, bis es beim letzten γράμμα des letzten στοιχεῖον angekommen ist. Wenn alles auf das eine γράμμα trifft und dieselbe Aussprache[228] tönt, ist die Vollendung (ἀποκατάστασις) des Alls erreicht. Die Klänge gestalten den wesenlosen und ungezeugten Äon; sie sehen (als „Engel") ständig das Angesicht des Vaters (vgl. Mt 18,10). Weil die γράμματα selbst wieder durch andere ausgeschrieben werden und diese nochmals durch andere, so daß schon ein einziges Schriftzeichen ins Unendliche reicht, ist der Abgrund (βυθός) der Schriftzeichen des ganzen (aus dreißig γράμματα bestehenden) Namens des Προπάτωρ unendlich.

Fortsetzung und einzig(artig)en Interpreten des gesamten kosmischen Geschehens (s.a, haer I 14,8); er ist es, der mit dem „Samen" die oberste Χάρις zur Erleuchtung des „inneren Menschen" und zur Ausübung prophetischer Rede an seine Anhänger durch sakramentale Handlungen weitergibt (s. haer I 13,1-4.6).

224 Vgl. Sagnard, *La gnose*, 363-365.

225 Haer I 14,1 (208,145-147). Ich folge der Terminologie von Brox, *FC 8/1* 226f, der συλλαβή *(syllaba)* mit „Wort", γράμμα *(littera)* mit „Schriftzeichen" (im Sinn von *geschriebenem* Buchstaben wie α, β, δ) und στοιχεῖον *(littera; elementum)* mit „Buchstabe" (im Sinn von Buchstaben*bezeichnung* wie Alpha) übersetzt.

226 Haer I 14,1 (206,10-208,24/206,139-208,153).

227 S. haer I 14,1 (208,24-210,41/208,153-211,170); 14,2 (212,54-214,72/212,183-215,204).

228 Ein Bild dieser Aussprache sei das gemeinsame „Amen" (ἀμήν).

b) Genauere Differenzierung des Pleromas[229]: Die *erste, allerhöchste Tetras* besteht aus der Μονότης (Alleinheit), dem „Voranfang" (Προαρχή) vor allen Dingen, der unausdenkbar, unsagbar und unnennbar ist; mit der Μονότης zusammen existiert die ʽΕνότης (Einheit). Weil diese beiden eins sind, emanieren sie die nur geistig wahrnehmbare, ungeborene und unsichtbare ʼΑρχή (Anfang) von allem, die Μονάς (Einsheit), und eine mit ihr zusammen existierende, wesensgleiche (ὁμοούσιος) Kraft, das ˝Εν (das Eine). Die vier allerheiligsten Namen der ersten Tetras, die nur gedacht, aber nicht ausgesprochen werden können, werden allein vom Sohn (υἱός) erkannt; der Πατήρ weiß, wie sie lauten: ˝Αρρητος und Σιγή, Πατήρ und ʼΑλήθεια.[230]

Der „Leib" der ʼΑλήθεια aus den oberen Wohnungen, der Markos in der „Berufungsvision" offenbart wurde[231], ist aus zwölf (z.T. paarweise vorhandenen) Gliedern zusammengesetzt, wobei für jedes Einzelglied (bzw. jedes Gliederpaar) zwei Buchstaben des Alphabets stehen.[232] Diesen Leib der Aletheia nennt Markos ˝Ανθρωπος[233], der die „Quelle jedes Wortes" ist, der „Mund der verschwiegenen Σιγή".

Die *erste Tetras,* die „Mutter des Alls", bringt die übrigen Äonen durch Emanation hervor, zuerst nach „Art einer Tochter" die zweite Tetras, Λόγος[234] und Ζωή, ˝Ανθρωπος und ʼΕκκλησία, so daß eine ʼΟγδοάς (Achtheit) entsteht.[235] Mit den beiden ersten Tetraden hängt die Entstehung der 24 Buchstaben (στοιχεῖα/*elementa*) zusammen.[236] Dafür gibt es folgende „mathematische" Beweise:

Die erste Tetras besteht aus 2 Syzygien, ergibt also zusammen die Zahl 4; zählt man die 2 und die 4 zusammen, ergibt sich die 6 (= Ϝ); diese sechs bringen vervierfacht die 24 „Formen" (μορφή) hervor. Addiert man die einzelnen Buchstaben der Namen der ersten Tetras, erhält man als Ergebnis ebenso 24, wie wenn man die der zweiten Tetras hinzuzählt.

---

229 S. haer I 11,3 (172,44-174,56/173f,1-13); 15,1 (232,1-234,13/232,342-234,354).

230 Der Πατήρ bzw. Προπάτωρ von haer I 14,1f ist mit dem ˝Αρρητος zu identifizieren; der dritte Äon der ersten Tetras, der ebenfalls Πατήρ heißt, ist mit jenem nicht identisch (vgl. haer I 15,3 [244,92-94/244f,436-439]).

231 S. haer I 14,3 (214,73-216,89/215,205-217,222).

232 Und zwar immer von innen nach außen: Der Kopf symbolisiert α und ω, der Hals β und ψ, die Schultern mit Händen γ und χ, die Brüste δ und φ usw.

233 Vgl. Colpe, *Gnosis II*, 545-554.

234 Vgl. Sagnard, *La gnose*, 363-365.

235 S. haer I 15,1 (234,18f/235,360); 15,2 (236,27-30/236,369-371); 15,3 (242,67-69/242,410-412).

236 Haer I 15,1 (232,1-234,20/232,342-235,361).

Weiterhin[237] sind die 24 γράμματα *(litterae)* bildliche Ausflüsse der drei Kräfte, die die Gesamtzahl der Buchstaben „oben" umfassen. Dem Πατήρ und der ᾿Αλήθεια der oberen Tetras sind, weil stimmlos, also unsagbar, die neun Konsonanten[238] zuzuordnen. Zu dem Λόγος und der Ζωή der zweiten Tetras gehören die acht Halbvokale[239], weil sie „den Ausfluß der oberen und die Erhebung der unteren Welt auffangen". Die sieben Vokale[240] schließlich gehen auf ῎Ανθρωπος und ᾿Εκκλησία zurück, weil vom „Mensch" „die Stimme hervorging, die alles gestaltet hat." Mit den drei Kräften existieren drei στοιχεῖα in Syzygie, von denen die 24 Buchstaben herkommen (die drei Syzygien ergeben die Zahl 6, multipliziert mit der obersten Tetras 24). Diese drei Buchstaben gehören folglich zum Bereich des Unnennbaren; sie werden von den drei Kräften zur Ähnlichkeit mit dem Unsichtbaren gebracht. Die Doppelgrammata ζ, ξ und ψ seien „Bildesbilder" dieser drei στοιχεῖα, die, da sie analog „sechs" sind[241], zu den 24 Buchstaben addiert, die Zahl der Triakontas ergeben.

Aus den beiden ersten Tetraden (der ᾿Ογδοάς) entsteht eine Äonen-Δεκάς („Zehnheit"), aus der Δεκάς die Δωδεκάς (Zwölfheit).[242]

---

237 S. haer I 14,5 (220,106-222,137/220,239-223,271).

238 β, γ, δ, π, κ, τ, φ, χ, θ.

239 λ, μ, ν, ρ, σ, ζ, ξ, ψ.

240 α, ε, η, ι, ο, υ, ω.

241 In ihnen ist das σ mit den drei Grundelementen der stummen Buchstaben (κ, π, δ) verbunden, wodurch diese hörbar werden (s. Hayd, *BKV¹*, 108f).

242 S. haer I 15,2 (236,27-30/236,369-371). Die Enstehung des Äonen-Pleromas kann mit weiteren Zahlenkonstruktionen erklärt werden (haer I 16,1 [252,1-254,12/252,504-254, 516]): Zählt man von der Μονάς bis vier (1+2+3+4), kommt die Δεκάς zustande; die Δωδεκάς wurde von der Δυάς (Zweiheit) zum Vorschein gebracht, indem diese von sich bis zur „ausgezeichneten" (ἐπίσημον) ausging (2+4+6); wird von der Δυάς aus bis zur Zahl 10 weitergezählt, gelangt man zur Τριακοντάς (Dreißigheit) aller Äonen, in der wiederum Achtheit, Zehnheit und Zwölfheit enthalten sind. Anders die Berechnung in haer I 16,2 (256,25-248,41/256,531-258,551): Die Ogdoas ergibt sich, weil das η unter Einschluß der „ausgezeichneten Zahl" (6 = Ϝ) an achter Stelle steht. Die Summe der Buchstaben bis zum η ohne die 6 ergibt wiederum 30. Die Ogdoas ist also die Mutter der 30 Äonen. Weil die 30 aus der Vereinigung dreier Kräfte resultiert, ergibt sie mit 3 multipliziert 90; die Trias der Kräfte mit sich selbst multipliziert ergibt 9; beides zusammen 99, was die Ogdoas hervorgebracht hat (s.a. unten S. 61 Anm. 245; vgl. Sagnard, *La gnose*, 382-385). – ᾿Επίσημον wird bei Lampe, *Lexicon*, 530, mit „*symbol*" (Zeichen) übersetzt. Gemeint ist damit eines der drei Zahlzeichen, die nicht durch einen zum Alphabet gehörigen Buchstaben ausgedrückt und deshalb ἐπίσημα genannt wurden (s. Hayd, *BKV¹*, 106f): 6 = Ϛ bzw. Ϝ; 90 = Ϟ; 900 = Ϡ. Aufgrund dieser Besonderheit ist der Name Jesu, der mit der 6 verbunden wird, ein bedeutsamer und „ausgezeichneter"

c) Das Leiden des zwölften Äons der Dodekas und die Entstehung der materiellen Welt – Jesus und die „ausgezeichnete Zahl" (I)[243]: Die Dodekas wird „Leiden" (πάθος) genannt, weil sie die „ausgezeichnete Zahl" bei sich hat, die ihr „beständig folgt"[244], und weil bei der Zahl 12 ein Versehen unterlaufen ist, indem eine einzelne Kraft abfiel und verlorenging, anders gesagt: indem der zwölfte Äon bei seinem Abfall die elf anderen Äonen der Dodekas verließ.[245]

Als biblische Belegstellen für den Abfall des zwölften Äons zieht Markos Lk 15,4-7.8-10 heran: Von den hundert Schafen ging eines verloren. Die übrigen 99 errechnen sich, indem man die 9 übriggebliebenen Drachmen mit der 11 der ehemaligen, nun aber dezimierten Zwölfheit multipliziert. Das „Amen" hat aus diesem Grund den Zahlenwert 99 (α = 1; μ = 40; η = 8; ν = 50). Nach haer I 16,2[246] wird ebenfalls mit Hilfe der Zahl 99 der Abfall des zwölften Äons berechnet[247], weil der Typos der Schriftzeichen in der Gestalt des Λόγος vorgegeben sei. Dieser Abfall wird hierbei eng mit der „oberen Heilsordnung" (ἡ ἄνω οἰκονομία) verbunden. Das *elfte* Schriftzeichen ist das Λ, das die Zahl 30 (also die Äonen-Triakontas) bedeutet und bildlich für die „obere Heilsordnung" steht, weil die Summe der Schriftzeichen bis zum Λ (ohne die „ausgezeichnete Zahl") 99 ergibt. Das Λ aber stieg, als elfter Buchstabe in der Reihe, herab, um die zwölfte Zahl wieder zu vervollständigen, indem es das suchte, was ihm ähnlich ist. Fündig geworden, wurde der zwölfte Buchstabe aufgefüllt: denn das M besteht aus zwei Λ. Der syzygische Partner des zwölften Äons der Dodekas sorgt also für die Wiederherstellung der Syzygie. Gleichzeitig werden durch das Λ zwei Sachverhalte signalisiert: (1) mit der 99, die einmal Produkt der Ogdoas ist, andererseits jedoch darauf hinweist, daß dem elften Äon (Λ) der Dodekas die Partnerin fehlt, kann gezeigt werden, daß das obere Pleroma, der Abfall des zwölften Äons und die Rekonstruktion des Kosmos in engem Konnex stehen; (2) die „obere Heilsordnung", also das gesamte Gefüge der 30 Äonen, für die das Λ steht, ist aktiv, wenn es darum geht, den entstandenen Mangel auszugleichen. Die Zahl 99 hat demnach eine bemerkenswerte Doppelfunktion, sie ist gewissermaßen die Grenzmarkierung zum Heil: Einerseits ist sie ein Produkt der Ogdoas; andererseits ist sie der „Ort", den es für den Gnostiker zu fliehen gilt, weil sich in der 99 der „Mangel" (ὑστέρημα) manifestiert und der Übergang von der „linken" zur „rechten" Hand vollzogen wird.[248] Dies wird auch am „Amen" deutlich: Es hat den Zahlenwert 99 und hängt mit dem Abfall des zwölften Äons zusammen; andererseits steht es nach haer I 14,1 als Bild

---

Name (ἐπίσημον ὄνομα/*insigne nomen:* haer I,14,4 [218,99f/218,233f]).

243 Zu den folgenden Abschnitten *c)-e)* vgl. Sagnard, *La gnose,* 367-376.

244 Haer I 16,1 (254,12-14/254,516-518). Die richtige Deutung dieser Stelle hängt davon ab, wer oder was mit der „ausgezeichneten Zahl" gemeint ist: s.u. ab S. 63.

245 Haer I 16,1 (254,14-18/254f,518-523).

246 258,42-260,59/258,551-261,570.

247 S.o. S. 60 Anm. 242.

248 S. haer I 16,2 (260,56-59/260f,566-570). Bis 99 zählte man die Zahlen auf der linken, ab 100 auf der rechten Hand; was zur Linken gehört, ist für die Gnostiker materiell und dem Verderben ausgeliefert. Der Soter ist gekommen, um das verlorene Schaf zu den 99 Geretteten hinüberzubringen (s.a. haer II 24,6 und Brox, *FC 8/2,* 206f).

für die Vollendung aller Dinge, die dann erreicht ist, wenn das Tönen aller Buchstaben auf das eine (letzte) Schriftzeichen trifft. Ganz ähnlich wie diese doppelte Bedeutung der 99 hat auch die „ausgezeichnete Zahl" eine Scharnierfunktion zwischen oberem Pleroma und hiesiger Welt.

In haer I 14,2 schilder Irenäus den Abfall des hintersten Schriftzeichens des letzten Buchstabens des „Ganzen", d.h. des ganzen Namens, der aus 30 Buchstaben besteht.[249] Dieses γράμμα ließ seine Stimme hören, und der von ihm ausgehende Laut zeugte nach dem Bild der στοιχεῖα andere, besondere στοιχεῖα, nach denen die hiesigen Dinge eingerichtet und „das vor diesen"[250] erzeugt wurden. Das Schriftzeichen selbst, das zusammen mit seinem Laut hinabstieg[251], wurde zur Vervollständigung des Ganzen wieder emporgebracht, dessen Laut hingegen, der dem Laut abwärts folgte, blieb unten, gleichsam hinausgeworfen.

In diesem Zusammenhang spielt nun die Zahl 7 eine wichtige Rolle. Wie oben bereits festgestellt wurde, sind die sieben Vokale dem Ἄνθρωπος und der Ἐκκλησία zugeordnet. Diese Buchstaben werden in haer I 14,7 mit den sieben Himmeln verbunden: Jeder Himmel ließ seinen entsprechenden Buchstaben ertönen, alle Kräfte der Ἑβδομάς (Siebenheit) priesen in enger Verschlungenheit den, von dem sie emaniert wurden: den Προπάτωρ. Der Klang dieser Doxologie jedoch fiel auf die Erde und wurde zum Bildner und Erzeuger der Dinge auf der Erde.[252] Folglich besteht die hiesige Welt in Nachahmung der Kraft der Hebdomas aus sieben Kräften. Diese Nachahmungen ahmen jedoch Wirklichkeiten nach, die gar nicht nachgeahmt werden können. Sie dienen vielmehr der „Überlegung" (ἐνθύμησις) der „Mutter"[253].

---

249 212,46-55/212,175-184 (ὕστερον [212,176] spielt auf ὑστέρημα [„Mangel"] an).

250 Nach Hayd, *BKV'*, 104 sind damit der „Demiurg und überhaupt die Grundlagen dieser Welt" gemeint.

251 Συγκατῆλθε; zum Motiv des Abstiegs s.u. S. 63 Anm. 260.

252 Haer I 14,7 (228,170-181/228f,305-316). An dieser Stelle bestehen Differenzen zu dem, was weiter oben gesagt wurde. Während einmal nur der Klang des letzten Buchstabens auf die Erde fällt, ist es hier der Klang des Lobpreises der sieben Himmel, aus dem der Demiurg entsteht. Wahrscheinlich soll durch beide Figuren ein und dasselbe ausgedrückt werden: Was die hiesige Welt ausmacht, hat zwar mit dem Pleroma zu tun, ist aber nur ein Nachhall bzw. eine Nachahmung des pleromatischen Urbildes.

253 Haer I 14,7 (226,167-228,170/227f,302-304). Mit der „Mutter" ist weder die erste Tetras als Mutter des Alls (haer I 15,2) noch die Ogdoas als Mutter der 30 Äonen (haer I 16,2) gemeint. Aus dem wenigen, was Irenäus über die Entstehung der „Mutter" in der Lehre des Markos berichtet, kann geschlossen werden, daß der Magier sich diesen Vorgang in etwa so vorstellte, wie ihn auch die Ptolemäus-Schule lehrte (vgl. haer I 2-5).

An dieser Stelle ist auf ein Problem einzugehen, das bereits angedeutet wurde.[254] In haer I 16,1[255] steht der rätselhafte Satz: „Sie nennen die Dodekas also πάθος, weil sie die ihr beständig nachfolgende ausgezeichnete (Zahl) bei sich hat". Aus dem engeren Kontext geht nicht hervor, was genauerhin mit τὸ ἐπίσημον gemeint ist. Es ist lediglich von dem Abfall, der von der Dodekas aus geschah, die Rede. Mit diesem Vorgang ist die „ausgezeichnete Zahl" eng verbunden. In haer I 14,4.6 wird ἐπίσημον stets mit „Jesus" in Zusammenhang gebracht, zunächst in haer I 14,4[256] (ʾΙησοῦς ... ἐστιν ἐπίσημον ὄνομα, ἐξ ἔχον γράμματα), danach zweimal in haer I 14,6, wobei ἐπίσημον im ersten Fall mit der „Ogdoas" verknüpft wird, die Jesus „war", als er zur Taufe kam[257], im zweiten Fall aber eindeutig auf das Erlösungsgeschehen bezogen ist, das mit der Erscheinung der „ausgezeichneten Zahl" „6" im letzten Menschen stattfindet.[258] Dies wird durch die Bemerkung bestätigt, daß nach der Lehre des Markos auch die Doppelschriftzeichen die „ausgezeichnete Zahl" haben (s.o.): Indem man diese zu den 24 Buchstaben addiert, ist der Name der 30 Buchstaben vollständig.

Dies wiederum ist wie folgt zu verstehen[259]: Die ungleichen Proportionen innerhalb der Buchstabenverteilung unter den „drei Kräften" (9–8–7) kamen dadurch in Ordnung (8–8–8), daß das beim Πατήρ überzählige Schriftzeichen hinabstieg (κατέρχομαι)[260] zu dem, von dem es getrennt worden war: zur Hebdomas, die nun zu einer Ogdoas wird. Nur weil dies geschah, kann die Rechnung mit den drei Doppelbuchstaben aufgehen; und nur deshalb ist „eine einzige Kraft aus allem in allen".[261] Daß mit dem überzähligen Schriftzeichen, das zur Hebdomas hinabstieg, nur „Jesus" gemeint sein kann, zeigt

---

254 S.o. S. 61 Anm. 244.
255 254,12-14/254,516-518; vgl. *SC 263*, 257f (P. 255, n. 2.). Ir^gr ist nach Ir^lat zu korrigieren.
256 218,99-101/218,233f.
257 224,141f/224,276f. Zur weiteren Interpretation s.u.
258 224,150-226,154/225f,285-289.
259 S. haer I 14,5 (220,106-222,137/220,239-223,271). Vgl. Sagnard, *La gnose*, 367.
260 Haer I 14,5 (220,120/221,255). Vgl. auch haer I 14,2 (s.o. S. 62); 15,2 (240,55f/240,400), wo von dem „ausgezeichneten, sechsbuchstabigen Namen" Jesus gesagt wird, daß er – vom Fleisch umgeben – zur Wahrnehmung der Menschen *hinabstieg* (κατέλθη; vgl. haer I 15,3 [242,80f/243,424] und I 21,3 [298,38-41/299,892-895]), wo vom Abstieg (und Aufstieg) der mit dem „oberen Jesus" „Ausgestreuten" die Rede ist. Zum Abstieg des oberen Soter auf den Menschen Jesus s.u. ab S. 68. – Der neunte Buchstabe der ersten der drei Kräfte ist das χ. Hängt damit die platonische Weltseele zusammen?
261 Haer I 14,5 (222,123/222,258).

die kurze Bemerkung in haer I 14,6[262] („der hinunterstieg und festgehalten wurde in der Hebdomas").[263]

Dagegen scheint nun in haer I 14,7 ein ganz anderer Bezug der „ausgezeichneten Zahl" vorzuliegen. Sie soll als Hilfe die Größe der „sieben Zahlen" benutzt haben, um die „Frucht des eigenmächtigen Willens" zu offenbaren. Dieses ἐπίσημον ἀριθμόν sei „im Jetztzustand" jedoch derjenige (Äon), der von dem ἐπίσημον gestaltet wurde, der gleichsam „geteilt" (μερισθέντα) oder „in zwei Teile gespalten" (διχοτομηθέντα) worden sei[264], „außerhalb" (ἔξω; zu ergänzen wohl: des Pleromas) geblieben sei und durch seine eigene Kraft und Klugheit und die von ihm ausgehenden Emanationen die hiesige Welt beseelt und sie als Seele (ψυχή) des sichtbaren Alls hingestellt habe.[265]

Mit der „ausgezeichneten Zahl im Jetztzustand" kann – nach dem bisher Gesagten – kaum etwas anderes gemeint sein als der gefallene zwölfte Äon

---

262 224,140f/224,275f (hier καταβαίνω).

263 Weiterhin wird der aussprechbare Name „Jesus" mit der Zahl „6" in haer I 15,1 (234,20-22/235,361-363); 15,2 (240,52-66/240f,397-409) verbunden, im letzteren Falle ausdrücklich im Zusammenhang mit der Erlösung der Menschen; auch hier trägt Jesus die Zahl 6 und die 24 in sich (vgl. haer I 15,1, wo die 24 auf den unaussprechlichen Namen des Soter gedeutet wird). Zur Interpretation der Erlösung s.u.

264 Zum „Gespaltensein" des letzten Äons der Dodekas vgl. haer I 16,2, wo es um die Wiederherstellung des elften Dodekas-Äon zum „Doppel"-Λ (= M) geht. Die „Mutter" mit dem dreißigsten Namen ist offensichtlich das Abbild der „Mutter der dreißig Äonen" (nach haer I 16,2 die Ogdoas; nach haer I 15,2 die erste Tetras).

265 S. haer I 14,7 (226,158-167/226,293-302). Aus haer I 14,9 („die Seele der Welt und des Menschen, insofern sie in der *Heilsordnung der Abbildhaftigkeit* stehen" [232,200-202/232,335-337]) und haer I 14,7f lassen sich keine sicheren Aussagen darüber ableiten, was mit der „Seele der Welt" gemeint sein soll. Die „7 Kräfte des Himmels" preisen den Λόγος (haer I 14,8 [230,185f/230,320]), der in Analogie zu dem in haer I 14,8 verwendeten Bild als „Seele der (oberen) Welt" identifiziert werden kann. Ob jedoch in haer I 14,8 mit der „Seele, die zu ihrer Läuterung in Nöte und Leiden geriet" und deshalb das ω als Lobzeichen ruft, damit die ἄνω ψυχή ihrer Verwandtschaft (συγγενές) gedenkt und Hilfe herabschickt (230,189-193/230,325-328), derselbe – nämlich der gefallene dreißigste – Äon gemeint ist, der in haer I 14,7 die hiesige Welt „beseelt und eine Seele des sichtbaren Alls einsetzt" (226,166f/227,301f), kann nicht mit letzter Sicherheit gesagt werden, erscheint jedoch nicht unwahrscheinlich (s.a. haer I 21,3 [300,58-61/301,912-916; Übers. nach Brox, *FC 8/1*, 281]: In einer liturgischen Formel der Valentinianer sagt der neu Eingeweihte: „Stark geworden und erlöst bin ich, und ich löse meine Seele von dieser Welt und allem, was zu ihr gehört, im Namen Jaos, der seine ψυχή erlöst hat zur Erlösung im lebendigen Christus"). Möglicherweise steht hinter dem Singular der zu läuternden Seele von haer I 14,8 die Summe der Seelen aller Pneumatiker, die sich auf dem Weg zur Erlösung befinden.

der Dodekas, der dreißigste Buchstabe, der für die Entstehung des Demiurgen verantwortlich ist. Wenn diese Interpretation richtig ist, stehen „Jesus" und der gefallene Äon in einer Verbindung, die gleichsam die Schnittstelle zwischen Pleroma, Entstehung der Welt und Erlösung der Menschen durch Gnosis darstellt. Die „Mutter" ist von der („oberen") „ausgezeichneten Zahl" gestaltet worden und bediente sich – nun selbst eine, wenn auch von den gegenwärtigen Verhältnissen bestimmte, „ausgezeichnete" Zahl – zur Erschaffung der Welt der Hilfe der „Hebdomas", des Demiurgen.

In der Dodekas also entstand das „Leiden" durch den Abfall des zwölften Äons, der durch die von der „oberen" ausgezeichneten Zahl vorgenommene Gestaltung bzw. Aufspaltung zur „Mutter" wurde. Insofern hat die Dodekas das ἐπίσημον immer bei sich, sei es als Fehlen eines Äons (die „untere" ausgezeichnete Zahl), sei es als Wirkung der „oberen" ausgezeichneten Zahl, die zum Fehlen des Äons führte. Die „Mutter" gibt als Produkt der „oberen" ausgezeichneten Zahl den erlittenen Mangel wieder an ihre Produkte weiter, weshalb allem, was mittelbar aus der Dodekas hervorgeht, dasjenige „Leiden" nachfolgt, welches von der „oberen" ausgezeichneten Zahl ausgelöst wurde. Die „obere" ausgezeichnete Zahl, die Kraft zur Schöpfung und Wiedergeburt hat und als ausgezeichnete im „letzten Menschen" erschienen ist[266], ist entscheidend für die Wiederherstellung der Dodekas und somit für die Vollständigkeit der Triakontas.

d) „Jesus" und die „ausgezeichnete Zahl" (II) oder die Entstehung „Jesu": Die *Entstehung* Jesu ging nach Markos auf folgende, unsagbare und überirdische Weise vor sich: Die Ἀλήθεια habe, nachdem sie dem Markos von der oberen Tetra(kty)s offenbart worden war, den Mund geöffnet und ein Wort fallengelassen[267], das zum Namen Χριστὸς Ἰησοῦς geworden sei. Dieser Name wird von der oberen Tetraktys als ein ἐπίσημον ὄνομα, als „ausgezeichneter Name" bzw. als „alter (παλαιόν) Name" erklärt, also wohl als der „erste" Name des dem Propator wesensgleichen ersten Λόγος.[268]

Ἰησοῦς, der *aussprechbare* Name des Σωτήρ, besteht aus sechs Schriftzeichen und ist allen Berufenen bekannt. Den *unaussprechlichen* Namen bei den

266 Zur Stelle s.o. S. 63 Anm. 258; zu „Jesus" als „ausgezeichnete Zahl" s.u.
267 Das Aussprechen des Namens des wesenlosen „Vaters", der seinen Mund öffnete und ein Wort hervorbrachte bzw. das Wort des ersten Namens sprach (haer I 14,1 [206,14f.208, 17f/207f,143.146]), steht in Parallelität zum Aussprechen des Namens Jesu durch den Mund der Aletheia (haer I 14,4 [218,90-92/218,224f]), der gleichzeitig der Mund der Σιγή ist, die wiederum in Syzygie mit dem „Unsagbaren" existiert und den Markos zum Schoß der Offenbarung hat. S.a. unten S. 69 Anm. 289.
268 Vgl. oben S. 58.

Äonen im Pleroma hingegen kennen nur diejenigen, die mit ihm verwandt und deren Größen immer bei ihm sind[269]; dieser besteht aus 24 Schriftzeichen.[270] Genauso hat das Unsagbare in Χρ(ε)ιστός 30 Schriftzeichen.[271]

Für die überirdische Entstehung Jesu entwirft Markos noch weitere Herleitungsmodelle[272]: Die Δεκάς vereinigte sich mit der 'Ογδοάς, verzehnfachte sie zur Zahl 80 und die 80 nochmals zur 800, so daß die Gesamtzahl der Schriftzeichen (γράμματα) aus der Vereinigung von Achtheit und Zehnheit 888 lautet[273], was „Jesus" bedeutet (ι = 10, η = 8, σ = 200, ο = 70, υ = 400, ς = 200). Die Entstehung Jesu kann auch so erklärt werden, indem man die Zahlenfolge der ersten Tetras addiert (1+2+3+4 = 10 = ι = 'Ιησοῦς). Jesus ist somit notwendig ein Erzeugnis der ersten Tetras. Zudem weist der Χρειστός mit seinen acht Schriftzeichen auf die erste Achtheit, die in enger Verbindung mit der Δεκάς Jesus hervorgebracht hat. Jesus wird weiterhin Υἱὸς Χρειστός genannt, was mit 4+8 Schriftzeichen die Δωδεκάς, die dritte Gruppe der Äonen, anzeigt. Jesus heißt sodann auch α und ω, was seine Entstehung aus allen[274] (Äonen) anzeigt und auf die Taube, die bei seiner Taufe auf ihn herabkam (Mk 1,10), verweist (s.u.).

---

269 Haer I 14,4 (218,90-105/218f,223-238).

270 Haer I 15,1 (234,20-22/235,361-363). Dazu muß der Name ΙΗΣΟΥΣ „per expansionem" geschrieben werden (s. Dornseiff, *Alphabet*, 31; Leisegang, *Gnosis*, 336): ΙΩΤΑ ΗΤΑ ΣΙΓΜΑ ΟΥ ΥΨΕΙΛΟΝ ΣΑΝ. Die Summe des unaussprechlichen (24) und des aussprechbaren Namens „Jesus" (6) ergibt 30 (vgl. haer I 15,2 [240,57f/240,401f]), also die Zahl der Äonen im Pleroma und des erstgeschaffenen Logos.

271 Haer I 15,1 (234,22-236,23/235,364f). Die Herleitung dieser Zahl ist komplizierter (vgl. Sagnard, *La gnose*, 370-372). Leisegang, *Gnosis*, 337 erklärt so: ΧΡΕΙΣΤΟΣ habe 3 ΧΕΙ +2 ΡΩ +2 ΕΙ +4 ΙΩΤΑ +5 ΣΙΓΜΑ +3 ΤΑΥ +2 ΟΥ +3 ΣΑΝ = 24 Buchstaben (vgl. Hipp., haer. VI 49,5 [269f,22-26 PTS], der diese Summe bildet, aber abschließt: οὕτως τὸ ἐν τῷ Χριστῷ ἄρρητον <ὄνομα> φάσκουσι στοιχείων <εἶναι> τριάκοντα); zusammen mit ΙΗΣΟΥΣ ergeben sich 30 Buchstaben; oder aber man nimmt ΣΑΝ = ΣΙΓΜΑ = 5 Buchstaben, dann hätte man 26 als Summe für ΧΡΕΙΣΤΟΣ, zusammen mit ΥΙΟΣ (4) = 30. Entscheidend für den Zusammenhang ist jedoch, daß im Namen ΧΡΕΙΣΤΟΣ die Unsagbarkeit des Namens des ersten Logos abgebildet ist, also auch hiermit auf die direkte Entstehung „Jesu" aus der obersten Tetras hingewiesen wird.

272 Haer I 15,2 (236,26-240,52/236,368-240,397). Vgl. Sagnard, *La gnose*, 372-374.

273 Das griechische Alphabet enthält 8 Monaden (α-θ), 8 Dekaden (ι-π) und 8 Hektontaden (ρ-ω), um auf Jesus hinzuweisen. Vgl. Leisegang, *Gnosis*, 40.338: Markos läßt bei der Berechnung der 888 die drei ἐπίσημα (Ϝ = 6; Ϙ = 90; Ϡ = 900) weg, weil sie nur Zahlzeichen, nicht jedoch Buchstaben sind.

274 Haer I 15,2 [238,41f/239,386f]); vgl. haer I 2,5f.

Der *auf der Erde erschienene Jesus*[275] wurde von Kräften erschaffen, die von der *zweiten Tetras* ausgegangen sind und insbesondere für die Geburt Jesu eine tragende Rolle spielen: Der „Engel Gabriel" (s. Lk 1,26) zeigt abbildlich die Stelle des Λόγος an, das heilige Pneuma die der Ζωή, die Kraft des Höchsten die des Ἄνθρωπος (s. Lk 1,35) und die Jungfrau die der Ἐκκλησία (s. Lk 1,27). Auf diese Weise ist der „Mensch, der auf die Heilsordnung bezogen ist"[276], durch Maria geboren. Ihn hat der Vater des Alls (ὁ πατὴρ τῶν ὅλων), als Jesus durch den Mutterschoß ging, durch den Λόγος zur Erkenntnis seiner (des Allvaters) selbst auserwählt, was wiederum den in Unwissenheit lebenden Menschen zugute kommen sollte.

e) „Jesus" und die „ausgezeichnete Zahl" (III) oder die Erlösung der Menschen: „Jesus" hat innerhalb des markosianischen System seinen Ort im Erlösungsgeschehen.[277] Bevor nämlich das ἐπίσημον dieses Namens Ἰησοῦς den „Söhnen" erschien, fristeten die Menschen in großer Unwissenheit und Verirrung (ἐν ἀγνοίᾳ ... καὶ πλάνῃ) ihr Dasein. Dann aber erschien der „sechsbuchstabige Name", die Zahlen 6 und 24 in sich enthaltend, umgeben mit Fleisch (σάρξ), um zur Wahrnehmung der Menschen hinabzusteigen (κατέρχομαι)[278] und den Willen des Πατήρ aller Dinge, die Unwissenheit und den Tod aufzuheben, zu erfüllen. Die Menschen erkannten (γνόντες) ihn, verloren ihre Unwissenheit und gingen vom Tod zum Leben hinauf, weil ihnen der „Name" der Weg zum Vater der Ἀλήθεια geworden war. Um die Unwissenheit der Menschen durch ἐπίγνωσις aufzulösen, wurde „der nach dem Bild der oberen Kraft gemäß der Heilsordnung eingesetzte (eingerichtete) Mensch", der sichtbare „irdische" Jesus, erwählt.

Das „Bild der oberen Kraft" ist in dem Ἄνθρωπος zu sehen, der nach haer I 14,3f der „Mund der Ἀλήθεια" ist und direkt den Namen (Χριστὸς) Ἰησοῦς ausspricht; er sollte auf den Menschen „Jesus" herabkommen (κατέρχομαι).[279] Als Mensch hat der irdische Erlöser einen nach dem Bild der

---

275 Haer I 15,3 (242,67-77/242,410-420).
276 Die Wendung ὁ κατ᾽ οἰκονομίαν ... ἄνθρωπος (haer I 15,3 [242,73-75/242,417f]) ist mit τὸν κατ᾽ εἰκόνα τῆς ἄνω δυνάμεως οἰκονομηθέντα ἄνθρωπον („der nach dem Bild der oberen Kraft gemäß der Heilsordnung eingesetzte/eingerichtete Mensch": haer I 15,2 [240,65f/241,408f]) sowie mit ὁ ἐκ τῆς οἰκονομίας Σωτήρ („der Soter aus der Heilsordnung": haer I 15,3 [244,87f/244,432]) und τοῦ ἐκ τῆς οἰκονομίας ἀνθρώπου („des Menschen aus der Heilsordnung": haer I 15,3 [244,89f/244,434]) zu vergleichen. S. dazu Sagnard, *La gnose,* 374-376; zur Bedeutung für das System des Markos s.u.
277 S. haer I 15,2 (240,52-66/240f,397-409).
278 S.o. S. 63 Anm. 260.
279 Haer I 15,3; s.o. S. 63 Anm. 260.

'Αλήθεια (bzw. nach der Gestalt und Ähnlichkeit des oberen ˝Ανθρωπος) gegliederten Leib.[280] Auf diesen Menschen kam bei der Taufe wie eine Taube[281] derjenige herab[282], der nach oben aufgestiegen ist und die Zahl 12 vervollständigt hat.[283]

Zu unterscheiden ist also zwischen der oberen „Kraft" (bzw. ˝Ανθρωπος, Πνεῦμα oder Χριστός) und dem unteren „Jesus", auf den diese bei Jesu Gang durch den Mutterschoß herabsteigt und sich mit ihm vereinigt. Dies wird angezeigt durch die Unterscheidung zwischen den aussprechbaren Namen „Jesus" bzw. „Christus" und dem Unaussprechlichen in diesen Namen, das nur durch die jeweiligen Zahlenwerte ausgedrückt werden kann.

Außerdem wird Markos in der „Berufungsvision" bei der Offenbarung des 'Ιησοῦς-Namens[284] mitgeteilt, daß er nur den „Klang" des Namens kenne, nicht jedoch dessen δύναμις sowie dessen Namen bei den Äonen im Pleroma, die ihm (dem „oberen", unaussprechlichen „Jesus") wesensverwandt (συγγενῶν) sind und deren Größen immer bei ihm sind. Diese δύναμις wird genauer bestimmt[285]: In dem Herabsteigenden war das σπέρμα derer, die gemeinsam mit ihm „ausgesät" wurden und mit ihm hinab-[286] und wieder hinaufgestiegen sind. Die δύναμις selbst, das Πνεῦμα, ist der Same des Πατήρ, der diesen und den υἱός sowie die unsagbare Kraft der Σιγή und alle Äonen enthält. Der Σωτήρ[287], der aus der οἰκονομία stammt, hob den Tod

---

280 Vgl. auch haer I 18,1f und oben S. 59 Anm. 232.

281 Nach haer I 14,6 (224,141-145/224,276-280) wird durch die Herabkunft der Taube bei der Taufe (vgl. Mk 1,10) die ganze Anzahl der στοιχεῖα geoffenbart, die Jesus enthielt: denn die Taube (περιστερά), deren Zahl 801 ist (π = 80 + ε = 5 + ρ = 100 + ι = 10 + σ = 200 + τ = 300 + ε = 5 + ρ = 100 + α = 1), steht für die Fülle der Buchstaben (also für das ganze Pleroma), die durch ω (= 800) und α (= 1) ausgedrückt wird (s.a. haer I 15,1 [236,24f/236,365-367]; 15,2 [238,41f/239,385-387]).

282 Κατελθεῖν; s.o. S. 63 Anm. 260.

283 S. haer I 15,3 (242,77-79/242,420-422). Zur Vervollständigung der Zahl 12 s.o. S. 61.

284 S. haer I 14,4 (218,97-105/218f,231-238).

285 S. haer I 15,3 (242,77-244,94/242,420-245,439).

286 Die „Kraft" trägt die Fülle des ganzen Pleromas in sich. Zu συγκαταβαίνειν vgl. oben S. 63 Anm. 260.

287 In dieser Bezeichnung liegt eine gewisse Problematik, denn die Stellung des „Soter" innerhalb der οἰκονομία läßt sich nicht ohne weiteres dem „oberen" oder dem „unteren" Bereich eindeutig zuordnen. Im Zusammenhang des markosianischen Systems – soweit es aus dem Referat des Irenäus zu rekonstruieren ist – scheint es sich bei dem „Erlöser" um die Vereinigung von unterem „Jesus" und oberem „Pneuma" (bzw. Anthropos) zu handeln; zumindest könnte das aus haer I 15,1 hervorgehen, wo vom aussprechbaren und vom unaussprechlichen Namen des Σωτήρ die Rede ist, mit dem „Erlöser" also sowohl der „obere" Unsagbare und der „untere" Jesus begriffen und bezeichnet werden.

auf und offenbarte den „Vater Χριστός"[288]; der „Geist" hat durch den Mund
Jesu, also des *Menschen*, der ebenfalls aus der οἰκονομία ist, gesprochen[289],
sich als Sohn des Ἄνθρωπος bekannt und den „Vater" offenbart. Nach der
Aufnahme des oberen Ἄνθρωπος hatte der „untere" Jesus die ganze obere
Ogdoas, bestehend aus Ἄνθρωπος, Λόγος, Πατήρ, Ἄρρητος, Σιγή,
Ἀλήθεια, Ἐκκλησία und Ζωή.[290]

Für Markos ist nach Irenäus' Referat also grundsätzlich wichtig, daß der
Mensch „Jesus" in Entsprechung zu seinem pleromatischen Urbild für die
Heilsordnung bestimmt wird, um die Menschen zu erlösen. Er empfängt die
Erkenntnis des Vaters, wodurch er selbst zum Urbild für die Errettung der
Menschen durch Gnosis wird. Anders gesagt: In der οἰκονομία des Plero-
ma-Gefüges ist das, was auf der Erde durch die in „Jesus" erschienene, „ausgezeichnete Zahl" vollendet wird, in seiner reinen Form bereits vollständig angelegt. An der „6" wird in verdichteter Form die gesamte οἰκονομία sichtbar, weil in ihr die Fülle der 30 Äonen, letztlich also der Propator selbst
agiert, dessen Name ihr Urbild ist. Eine entscheidende Begründung dafür liefert haer I 14,6.

1.2.3.2 Die Kreuzesaussage von haer I 14,6

Haer I 14,6[291] geht zu Beginn auf die Zahlenspekulationen von haer I 14,1-5
ein, mit denen das Pleroma als Urbild des irdischen Geschehens dargestellt
wurde: Markos sagt: „Dieser Berechnung und dieser οἰκονομία Frucht hat

---

Sicherheit läßt sich hier jedoch nicht gewinnen. Die Soter-Gestalt hat – und das ist das
Entscheidende – jedoch eine eindeutige Funktion, nämlich die *pneumatische* Heilung
derer, die „unten" sind (s.a. haer I 13,6).

288 Wie schon gezeigt, hat das Unsagbare in „Chr(e)istos" die Zahl 30, die für die Gesamtzahl der Äonen steht.

289 S. haer I 15,3 [244,84f/244,428f]). Vgl. auch hier wieder die abbildhafte Parallelität zum
Aussprechen des ersten Λόγος durch den Πατήρ (haer I 14,1) und zur Offenbarung des
„Jesus"-Namens durch den Mund der Ἀλήθεια (haer I 14,4); s.a. oben S. 65 Anm. 267.
In haer I 15,3 ist es *nicht primär* der „irdische" Jesus, der von sich aus spricht, sondern
der auf ihn herabgekommen Geist, der mit einem Menschen eine Einheit eingeht, um
der Menschheit die Gnosis zu bringen.

290 Deshalb auch der Satz in haer I 14,6 (224,141-144/224,276-279): „... er war eine ausgezeichnete Achtheit (ἐπίσημον Ὀγδοάδα ὑπάρχοντα) und hatte in sich die ganze Anzahl der Buchstaben, die geoffenbart wurde, als er zur Taufe kam und sich die Taube ...
auf ihn herabließ" (Übersetzung nach Brox, *FC 8/1*, 235.237).

291 224,138-141/224,272-276. Vgl. zum folgenden Sagnard, *La gnose*, 376-382.

‚in der Ähnlichkeit eines Bildes' (vgl. Röm 1,23) jener ans Licht gebracht, der ‚nach sechs Tagen' (s. Mk 9,2 par) als Vierter auf den Berg stieg[292] und sechster war[293], der hinabstieg und festgehalten wurde in der Hebdomas". Wichtig ist nun der folgende Satz:

> „Und deshalb sagte Mose, daß an dem sechsten Tag der Mensch entstanden sei, und auch die Heilsordnung [sei] am sechsten der Tage [entstanden] (vgl. Mk 15,42 par; Joh 19,14.31.42), das ist der Rüsttag, < an > welchem der letzte Mensch zur Wiedergeburt des ersten Menschen erschienen ist; Anfang und Ende dieser Heilsordnung sei die sechste Stunde (vgl. Joh 19,14-19), in der er an das Holz genagelt wurde"[294].

Zunächst ist ein nicht unbedeutendes Problem zu klären. Das „Holz" und die „Annagelung" tauchen innerhalb des Irenäus-Referats über Markos nur an dieser Stelle auf. Reijners[295] bemerkt m.E. zurecht: „Here ξύλον seems to be rather an explanatory addition than a Gnostic term." Es spricht einiges dafür, daß der kurze Relativsatz ἐν ᾗ προσηλώθη τῷ ξύλῳ bzw. *in qua adfixus est ligno*[296] nicht „Originalton Markos" ist, sondern eine erklärende Beifügung des Irenäus, zumal das Kreuz(esholz) selbst – folgt man dem irenäischen Referat – für Markos überhaupt keine Rolle spielt. Zu Irenäus' eigenem Sprachgebrauch sind folgende Texte zu vergleichen:

Haer II 24,4[297] (Irenäus beschreibt die Kreuzesform): Das Kreuz (*crux*) hat fünf Enden, auf dem mittleren ruht der auf, *qui clavis adfigitur*. Haer III 12,1[298] (zit. Apg 2,22-27) *Iesum ... per manus adfigentes interfecistis* (Apg 2,23: ... διὰ χειρὸς ἀνόμων προσπήξαντες ἀνείλατε).

---

292 Hinter Petrus, Jakobus und Johannes (vgl. Mk 9,2).

293 Nachdem Mose und Elia erschienen (vgl. Mk 9,4).

294 224,280-225,285 (Καὶ διὰ τοῦτο Μωϋσέα ἐν τῇ ἕκτῃ ἡμέρᾳ εἰρηκέναι τὸν ἄνθρωπον γεγονέναι, καὶ τὴν οἰκονομίαν δὲ ἐν τῇ ἕκτῃ τῶν ἡμερῶν, ἥτις ἐστὶν ἡ παρασκευή, <ἐν> ᾗ τὸν ἔσχατον ἄνθρωπον εἰς ἀναγέννησιν τοῦ πρώτου ἀνθρώπου πεφηνέναι, ἧς οἰκονομίας ἀρχὴν καὶ τέλος τὴν ἕκτην ὥραν εἶναι, ἐν ᾗ προσηλώθη τῷ ξύλῳ), vgl. Hipp., haer. VI 47,2f (266,8-12 PTS): καὶ διὰ τοῦτο Μωϋσέα ἐν τῇ ἕκτῃ ἡμέρᾳ λέγειν τὸν ἄνθρωπον γεγονέναι· καὶ τὴν οἰκονομίαν δὲ *τοῦ πάθους* ἐν τῇ ἕκτῃ τῶν ἡμερῶν, ἥτις ἐστὶν ἡ παρασκευή, <ἐν> ᾗ τὸν ἔσχατον ἄνθρωπον εἰς ἀναγέννησιν τοῦ πρώτου ἀνθρώπου πεφηνέναι. ταύτης τῆς οἰκονομίας ἀρχὴν καὶ τέλος τὴν ἕκτην ὥραν εἶναι, ἐν ᾗ προσηλώθη τῷ ξύλῳ). Hippolyt, der das Markos-Referat des Irenäus an dieser Stelle zitiert, hat lediglich die „Oikonomia" genauer als οἰκονομία τοῦ πάθους bestimmt (dazu s.u. S. 72 Anm. 309).

295 *Terminology*, 51.

296 Haer I 14,6 (224,150/225,285).

297 242,135-137.

298 180,27f.

Haer III 12,6[299]: Um bestimmte Ansichten der Häretiker zu widerlegen, verweist Irenäus auf den, den die Juden *cruci adfixerunt* bzw. *adfixissent cruci.* Haer V 17,3[300] (zit. Kol 2,14): Christus hat die Handschrift unserer Schuld ans Kreuz geheftet (... *affixit illud cruci*). Epid 33[301]: Der Menschensohn *clavis adfixus est ligno* (προσηλόω).

Irenäus verwendet die Formen von προσηλόω, προσπήγνυμι (*adfigere*) – in haer III 12,6 möglicherweise durch Kol 2,14 beeinflußt[302] – zumeist zusammen mit σταυρός (*crux*), was durchaus auch im profanen Sprachgebrauch üblich war.[303] Auch in haer III 12,1 sind mit *adfigentes* die Kreuzigenden gemeint.[304] Sollte der kurze Satz in haer I 14,6 ein irenäischer Zusatz sein, ließe sich die von Irenäus' üblichem Sprachgebrauch abweichende Verwendung von ξύλον so erklären, daß er, um das Markos-Referat zu erläutern, mit dem „sechsten Tag" den „Ungehorsam (Adams) am *Holz*" bzw. dessen Aufhebung durch den „Gehorsam am *Holz*" durch Christus (vgl. haer V 16,3-17,4; epid 33f) assoziierte und deshalb nicht σταυρός wählte. Auch der Hinweis auf die παρασκευή wirkt wie ein erläuternder Zusatz des Irenäus, besonders dann, wenn haer I 14,6 mit haer V 23,2 verglichen wird (hier behandelt Irenäus die Kreuzigung Jesu am sechsten Tag der Woche[305]).

Unabhängig davon, ob es sich beidemale um irenäische Einschübe handelt, wird den Hörern des Markos klar gewesen sein, daß mit dem „sechsten Tag" und der „sechsten Stunde" die Hinrichtung Jesu gemeint ist. Darüber hinaus ist deutlich erkennbar, daß die *Kreuzigung* Jesu für Markos nur insofern wichtig ist, als sich aus ihr, genauer: aus ihrem konkreten *Zeitpunkt*, bestimmte Hinweise auf die zahlenmäßige Ordnung des Pleromas ableiten lassen[306], was nicht zuletzt dadurch bestätigt wird, daß ein himmlischer Ὅρος/ Σταυρός in Markos' System keine Rolle spielt (s.u.); er konzentriert sich ganz auf die Zahlen – Konkreta jeglicher Art sind eher unbedeutend.

---

299 202,192.201f.

300 230,72.

301 130/55f.

302 Vgl. Reijners, *Terminology*, 65.

303 Vgl. Reijners, *Terminology*, 65.

304 Die einzige Ausnahme ist haer IV 2,1 (398,9f): innerhalb des Zitates von Jes 45,2 LXX: Der einzige Gott und Vater *fecit caelum et affixit illud.*

305 294,58-64: ... *sive secundum hunc circulum dierum, quia in ipsa mortui sunt in qua et manducaverunt, hoc est Parasceve, quae dicitur cena pura, id est sexta feria, quam et Dominus ostendit passus in ea.*

306 Dies gilt auch dann, wenn die „Annagelung ans Holz" auf Markos zurückgehen sollte.

Die Wiedergeburt vollzieht sich nach Markos mit Hilfe der *Zahl*, die die Kraft zur (Neu-)Schöpfung hat und in „Jesus" erschienen ist.[307] Um auf diese, für das irdische und das zu erlösende Leben der Menschen konstitutive Zahl hinzuweisen, stehen die erste Erschaffung des Menschen am sechsten Schöpfungstag (vgl. Gen 1,31)[308] sowie dessen Wiedergeburt am sechsten Wochentag zur sechsten Stunde, als der letzte Mensch als Träger „der" Zahl erschien, unter dem Zeichen der „sechs". In diesem *Zeitpunkt* „entstand" die οἰκονομία, genauer gesagt: ihr Anfang und zugleich ihr Ende, da Jesus der Träger der pleromatischen Einheit und Fülle ist, die durch ω und α symbolisiert wird. Das heißt zunächst: Das „Leiden" des zwölften Äons einschließlich seiner Folgen nahm seinen Anfang durch die „ausgezeichnete Zahl" und wird durch sie durch „Wiedergeburt" heilvoll überwunden. Beides verdichtet sich *abbildhaft* in der „sechsten Stunde", in der „Leiden" und Heil zusammenkommen.[309]

Auffällig ist, daß das *Kreuz selbst* sowohl als spezielles Hinrichtungsinstrument als auch als Theologumenon unbedeutend ist. Markos rückt demgegenüber den *Zeitpunkt* der Hinrichtung Jesu ins Zentrum, weil er daran den Nachweis für seine Spekulationen über die „ausgezeichnete Zahl" festmachen kann. Mit diesem Zeitpunkt ist nach Markos das Erlösungsgeschehen untrennbar verbunden. Denn die *Daten* der Schöpfung und der Neugeburt des Menschen sind Abbilder dessen, was urbildlich im Pleroma in dem ἐπίσημον angelegt ist:

Für Markos ist alles, was sich auf der Erde abspielt, ein Abbild dessen, was in der reinen Wirklichkeit des Pleromas geschieht. Was dem durch schicksalshaftes Verhängnis entstandenen Menschen (und allen irdischen Dingen generell) fehlt, ist die pleromatische Lebensfülle. Dem *homo primus*

---

307 S.o. S. 63 Anm. 258 sowie S. 65.

308 Mit dieser Aussage wird indirekt bestätigt, was oben (s. ab S. 63) bereits gesagt wurde: Die „ausgezeichnete Zahl" spielt eine entscheidende Rolle auch bei der Entstehung des Irdischen, wenn auch nur in abbildhafter Form, indem der von der Mutter unter Zuhilfenahme des Demiurgen geschaffene Mensch, und sei es nur, was den Tag seiner Erschaffung anlangt, die „sechs" bei sich trägt.

309 Die von Hippolyt (s.o. S. 70 Anm. 294) vorgenommene Näherbestimmung οἰκονομία τοῦ πάθους ist nicht unzutreffend, wenn mit dieser Wendung ein abbildhafter *Ausschnitt* aus der alles umfassenden, pleromatischen Heilsordnung angesprochen wird. Es besteht jedoch die Gefahr, daß die „Heilsordnung des Leidens", also das Drama um den letzten Äon, zu einer unabhängigen Größe wird und die Wiederherstellung des Ganzen aus dem Blick gerät. „Leiden" ist ein Phänomen, das den auf der Erde erschienenen Soter gerade *nicht* betreffen kann. Sein Erscheinen hebt das „Leiden" auf, und zwar so, daß das πάθος den Erlöser nicht berührt.

kommt von vornherein ein wesentlich geringerer Grad an „Wirklichkeit" und Lebensfähigkeit zu. Folglich hat die „ausgezeichnete Zahl" auf der Erde die Funktion, den der Abbildhaftigkeit inhärenten Mangel aufzuheben. In „Jesus" erscheint die himmlische Realität selbst; sie korrigiert und repariert den Schaden, den der Mensch nicht selbst verschuldet hat. Die Erschaffung des „Abbild-Menschen" am sechsten Schöpfungstag wird aufgehoben in seiner Neuschöpfung durch den urbildlichen, pleromatischen Menschen am sechsten Wochentag. Der Zeitpunkt der Hinrichtung Jesu markiert nach Markos also die zeitliche Grenze zwischen dem unerlösten und dem erlösten Dasein der Menschen; die „sechs" hat Ὅρος-Funktion.

Daß mit der „Heilsordnung, die am sechsten Tag zur sechsten Stunde entstand", von Eingeweihten problemlos das „Leiden" des dreißigsten Äons assoziiert werden konnte, dürfte auf der Hand liegen. Ein vollständiges Eingehen des Pleromas in Form seines Trägers Jesus in die irdische *Geschichte* ist dabei jedoch ausgeschlossen; denn die Weltgeschichte soll als Ansammlung von Abbildern aufgehoben und in die Urbilder zurückgeführt werden, und zwar mittels eines Aktes, der weder größere Anstrengungen noch etwa Leiden mit sich bringt, sondern darauf abzielt, das Leiden aufzuheben. Der „letzte Mensch" wird bei seinem Erscheinen auf der Erde *nicht* als Leidender beschrieben, sondern ausschließlich als derjenige, in dem die „ausgezeichnete Zahl" als *erneuernde* Kraft wirksam ist. Die Todesstunde des „letzten Menschen" ist der Beginn der Erlösung, weil die absolute Übermacht der Gnosis, die durch die „obere sechs" vermittelt wird, das „Leiden" der „unteren" ausgezeichneten Zahl verschwinden läßt. Dies betrifft auch den Leib, der die Zahl „umgibt": er erscheint – unberührt vom Materiell-Vergänglichen, und zwar „nach dem Bild der oberen Kraft für die Heilsordnung bestimmt"[310] und zu diesem Zweck mit den erlösenden Mächten völlig geeint – als sichtbare Manifestation des *pleromatischen* Anthropos, der zugleich die Fülle der Buchstaben des Alphabets darstellt.[311] Ein echtes Leiden hat in dieser Denkweise keinen Ort. Es würde die pleromatische οἰκονομία nur unnötig belasten und mit „Mangel" und „Unkenntnis" versehen, welche aufgehoben werden sollen. Konsequenterweise ist auch nicht davon die Rede, daß der „Soter-Jesus" den Tod *erlitt*, um ihn zu beseitigen, sondern lediglich davon, daß er den Tod, der das unterste Abbild des „Mangels" ist, für all dasjenige, was eigentlich zum Pleroma gehört, *beseitigt hat* (καθαιρέω)[312].

---

310 Haer I 15,2 (240,63-66/241,407-409).
311 Siehe den Hinweis auf „ω und α" (haer I 14,6 [224,144f/224,279]).
312 Haer I 15,3 (244,87-89/244,431-433).

1.2.3.3 Zusammenfassung

Im theologischen System des Magiers Markos erscheint in und mit „Jesus" die „ausgezeichnete Zahl sechs" als Repräsentantin der urbildlichen Pleromawelt zur Wiedergeburt der Menschen. Sie weist durch die „sechste Stunde" am „sechsten Tag" auf das Leiden des letzten Äons hin. Dieser Mangel wird von ihr aufgehoben, ohne daß sie sich selbst einem „Leiden" unterziehen müßte. Das Kreuz Jesu – unabhängig davon, ob es sich bei dem besprochenen Relativsatz in haer I 14,6 um einen irenäischen Zusatz handelt oder nicht – ist für Markos theologisch insofern relevant, als er das *Datum* der Kreuzigung aufs engste mit dem urbildlich-pleromatischen Erlösungsereignis durch die „ausgezeichnete Zahl" verknüpft.

1.3 Die Kreuzigung eines falschen oder eines verlassenen „Jesus"

In haer I 23-31 stellt Irenäus in mehr oder weniger langen doxographischen Notizen die Vorläufer des Valentinianismus (haer I 1-8; 11-21) dar. Die Frage, auf welche Quellen (etwa Justins *Syntagma gegen die Häresien*) er in diesen Abschnitten zurückgegriffen hat, kann hier nicht eingehend diskutiert werden.[313] Es dürfte Konsens sein, daß sich Irenäus in haer I 23-28 einer oder mehrerer Quellen bedient hat, möglicherweise eines „more up-to-date catalogue of heresies", als es das Syntagma Justins war (damit ist nichts darüber gesagt, inwieweit dieses die Vorlage für Irenäus' Quelle[n] bildete).[314] Haer I 11f wird ebensowenig in diesem „Katalog" enthalten gewesen sein[315] wie haer I 29,1-31,2. Auch in diesen Abschnitten bezieht sich Irenäus auf eine oder mehrere Vorlagen. Daß es sich dabei um ein Werk gehandelt hat, das wiederum

---

313 S. Hilgenfeld, *Ketzergeschichte*, 7-9.21-30.46-58 sowie den Überblick über die Forschungsergebnisse des ausgehenden 19. Jh.s und die weitergehenden Überlegungen bei Wisse, *VigChr 25*, 212-223; Perkins, *Rhetoric*, passim; Fantino, *La théologie*, 404-409; Le Boulluec, *La notion*, 163f.

314 Vgl. Wisse, *VigChr 25*, 214, der nur *eine* häresiologische Quelle (von Simon bis Tatian) annimmt. S.a. Le Boulluec, *La notion*, 84-91.163f; Löhr, *Basilides*, 257-262 (Lit.); Lüdemann, *Geschichte*, 87f (nur haer I 23-27 basiere auf dem bereits überarbeiteten Syntagma gegen alle Häresien, welches identisch mit dessen „Syntagma gegen Markion" sei, das Irenäus in haer IV 6,2 erwähnt).

315 So Perkins, *Rhetoric*, 197 (ähnlich Fantino, *La théologie*, 404) gegen Wisse (im Sinne von Wisse auch Quispel, *Apocryphon*, 123).

gnostische Quellen verarbeitet und möglicherweise sogar Bestandteil der Vorlage von haer I 23-28 war[316], ist eher unwahrscheinlich.[317] Irenäus dürfte in haer I 29-31 vielmehr auf die von ihm selbst angelegte Sammlung gnostischer Originalquellen zurückgreifen.[318]

1.3.1 Das Bekenntnis zum „scheinbar Gekreuzigten" bei „Basilides"

Die auffälligen Unterschiede, die das Referat und einige kleinere Bemerkungen des Irenäus[319] über Basilides von den bei Clemens Alexandrinus und Hippolyt erhaltenen Nachrichten und Fragmenten deutlich abheben[320], sind wahrscheinlich das Ergebnis eines Rezeptionsprozesses des „ursprünglichen Systems" des Basilides. Mit der großen Mehrheit der neueren Forschung gehe ich davon aus, daß Irenäus dieses wohl nicht gekannt hat.[321] Er gibt „anschei-

---

316 So Wisse, *VigChr 25*, 215f.

317 Perkins, *Rhetoric*, 197-200 führt m.E. gute Gründe dafür an, daß haer I 29f ursprünglich nicht zu der in haer I 23-28 verarbeiteten Vorlage gehörte, sondern daß Irenäus „among his Gnostic commentaries ... found at least two works which the Valentinians read as sources of their own systems" (aaO, 200); vgl. Logan, *Truth*, 1-69, der haer I 29(f) für die ursprüngliche Fassung des (originär christlich-)gnostischen, vor platonischem Hintergrund entstandenen Mythos hält, der im weiteren Verlauf der Entwicklung „sethianisiert" (vorliegend im AJ) und von den Valentinianern übernommen wurde; zum Nachweis s. aaO, passim; ähnlich Quispel, *Apocryphon*, passim; Aland, *Christentum*, 337f.347; Torisu, *Gott*, 64f.

318 Vgl. haer I 31,2: *Iam autem et collegi eorum conscriptiones* (386,12; Wisse, *VigChr 25* weist auf diese Stelle nicht hin); in haer I 31,1 (385,9-11) erwähnt Irenäus ein Judasevangelium. – Weitere Details zu haer I 29f s.u. S. 85 Anm. 360.

319 S. haer I 24,3-7 (324,40-332,123); II 16,2 (152,25-154,40); 35,1 (360,1-362,15).

320 Die Texte sind abgedruckt bei Völker, *Quellen*, 38-57 (s. dazu auch Foerster, *NTS 9*, 233-236) und bei Löhr, *Basilides*, passim (mit Übersetzungen und einem kurzen Forschungsüberblick aaO, 1-4).

321 Löhr, *Basilides*, 255-337 kommt in seiner Untersuchung zu dem Ergebnis, daß weder Irenäus noch Hippolyt „für eine Rekonstruktion des authentischen Basilides und seines unmittelbaren Schülerkreises ... herangezogen werden sollten" (aaO, 255; vgl. auch Langerbeck, *Anthropologie*, 46); andere Basilides-Forscher halten dagegen Clemens' und Hippolyts (bisweilen auch Irenäus') Mitteilungen für kombinierbar (s. Löhr, aaO, 1-4; Rudolph, *Gnosis*, 333-337; unsicher de Faye, *Gnostiques*, 37). Unabhängig davon stehen der starke Dualismus, die Ablehnung des Martyriums, die negative Beziehung der Gläubigen zur Welt und das antimonistische Weltbild in haer I 24 gegen die Annahme, daß das irenäische Referat auf den „echten" Basilides zurückgeht (s. Löhr, aaO, 271-273; zur älteren Diskussion s. Hilgenfeld, *Ketzergeschichte*, 195-230; Bardenhewer, *Geschichte*, 348-350 (Lit.); von Harnack, *Überlieferung 1*, 157-161; Lietzmann, *Geschichte*, I 302-307; Foerster,

nend die Lehre von Basilidianern wieder, die die entscheidenden Gedanken
des Schulgründers aufgegeben und in weitestem Ausmaß allgemein gnostische Vorstellungen aufgenommen haben."[322] Ist Irenäus' Bericht in haer I 24,
3-7 im Blick auf den „echten" Basilides also als (durchaus einflußreiche[323])
„Fehlmeldung"[324] zu werten, so bleibt er dennoch in bezug auf die Kreuzesaussagen von Bedeutung, zumal in anderen gnostischen Texten, die ungefähr
in die Zeit des Irenäus fallen, ähnliche Vorstellungen zu finden sind.

„Basilides", nach Irenäus Schüler des Simon Magus und des Menander[325],
entwirft ein Welt- und Geschichtsmodell, in dem „Fürsten und Engel"
(*principes et angelos*) eine besondere Rolle spielen. Der Ursprung von allem ist
der *ungezeugte Vater* (*pater innatus*), die Kraft *Innominabilis*, zu dem eine be-

---

NTS 9, passim; Mühlenberg, *Basilides*, 297-299; Weigandt, *Doketismus*, 9-12; Waszink, *Basilides*, passim). Grant, *Basilidians*, 121-125 möchte die Lehren der irenäischen Basilidianer als Reflex jüdisch-heterodoxer Kreise auf die v.a. in den Katastrophen von 67-70
bzw. 132-135 n.Chr. enttäuschten Endzeiterwartungen verstehen (vgl. Grant, *Gnosticism*, 27-38; Löhr, aaO, 326 betont dagegen, daß sich in den echten Basilides-Fragmenten
keine theologische Bezugnahme auf die Niederschlagung des jüdischen Aufstandes in
Alexandrien unter Trajan 115 n.Chr. und auf den Bar-Kochba-Aufstand findet). Hauschild, *Basilides*, 68 hält den Bericht Hippolyts für ein Produkt der Basilides-*Schule*, „da
... manche Einzelheiten als sekundäre ‚Wucherungen' zu beurteilen sind" (aaO, 68; vgl.
de Faye, *Gnostiques*, 36; der Kernbestand von Hipp., haer. VII 20-27 gehe mit „erheblicher Wahrscheinlichkeit" (Hauschild, aaO, 68) auf Basilides selbst zurück. Zu diesen
„Wucherungen" zähle u.a., daß nach Hipp., haer. VII 27,9f (301f,50-59 PTS) „im Blick
auf Jesu Leiden und Sterben eine Aufspaltung der Person vorgenommen" werde (Hauschild, aaO, 82). Gelitten habe nur der Leib Jesu, was wieder nicht zu Irenäus' und Clemens' Mitteilungen passe. „Man wird aus diesen ... Widersprüchen schließen können,
daß man in der Basilides-Schule nicht nur das Problem des Leidens Christi, sondern auch
das christologische Grundproblem in verschiedenen Konzeptionen zu lösen versuchte,
und zwar auch mit doketistischen Lösungen. Basilides selbst hat jedoch nicht doketi-
stisch gelehrt" (ebd.).

322 May, *Schöpfung*, 67: „Der Unterschied zu der Lehre des Basilides, wie wir sie durch Klemens und Hippolyt kennen, ist so groß, daß man das von Irenäus referierte System nicht
einmal Basilides-Schülern zuweisen möchte, die doch immerhin Zeitgenossen Isidors, des
Sohnes des Basilides, gewesen sein müßten, der, wie es scheint, unverändert die Lehre
seines Vaters vertrat" (zur Begründung s. aaO, 63-67); vgl. Foerster, *NTS 9*, 255. Zur
möglichen Vorlage von haer I 24 s. Löhr, *Basilides*, 264-271.

323 Vgl. Löhr, *Basilides*, 273-284.324f.

324 Mühlenberg, *Basilides*, 299.

325 Haer I 24,1 (320,1-4). Der Wert dieser Aussage ist wahrscheinlich gering; s. dazu Löhr,
Basilides, 17-19.325-337. Irenäus' Angabe, Basilides habe in Alexandrien gewirkt, dürfte
jedoch zuverlässig sein.

stimmte *dispositio* gehört.[326] Er zeugt den ersten Äon *Nous,* dieser den *Logos,* dieser die *Phronesis,* diese die *Sophia* und die *Dynamis.* Die beiden letzteren emanieren die „ersten" Fürsten und Engel, die den ersten Himmel gemacht haben. Aus ihnen gehen weitere „Fürsten und Engel" hervor, bis schließlich insgesamt 365 Himmel vorhanden sind. Der 365. Himmel ist sichtbar. Er wird von den Engeln umfaßt, die alles Körperlich-Irdische geschaffen und die Erde und ihre Völker unter sich aufgeteilt haben. Ihr *princeps* ist der Gott der Juden, von dem das Gesetz stammt und der seinem Volk die anderen Völker unterwerfen wollte. Dagegen wenden sich die anderen *principes;* ihre Völker ziehen sich von den Juden zurück.

Der *pater innatus* sieht die Verderbtheit der „Fürsten" und schickt den *Nous* – er heißt auch Christus – „zur Befreiung seiner Glaubenden aus der Gewalt derer, die die Welt gemacht haben."[327] Er erschien den Völkern als Mensch („Jesus"[328]) und tat Wunder. Gelitten hat nicht der Christus, sondern *Simon von Cyrene,* den man gezwungen hatte, das Kreuz zu tragen (vgl. Mt 27,32), und der aus Unwissenheit und Irrtum gekreuzigt wurde. Dies konnte deshalb geschehen, weil „Christus" Simon verwandelt hatte, so daß man Simon für „Jesus" hielt. „Christus" selbst nahm die Gestalt Simons an[329], beobachtete belustigt die Kreuzigung[330] und fuhr, weil er unsichtbar war und niemand ihn halten konnte, zum *pater innatus* auf.[331] Irenäus führt aus:

---

326 Haer II 16,2 (152,31). *Dispositio* wird hier (wie in haer I 24,4) Übersetzung von οἰκονομία sein (anders *SC 263,* 408).

327 Haer I 24,4 (326,66-328,67). Zum νοῦς als Gottesprädikat s. Löhr, *Basilides,* 268f.

328 Er heißt auch *Salvator* oder *Caulacau* (vgl. Jes 28,10; dieser Name taucht auch in anderen gnostischen Texten auf; zum Text s. *SC 263,* 286f [P. 331, n. 1.]) und ist für alle „Fürsten und Engel" unsichtbar und ungreifbar.

329 Als *virtus incorporalis* und *Nous* des *pater innatus* kann er sich beliebig verwandeln (ein ähnlich polymorphes Christusbild zeichnen die A. Jo. 97-102; zit. o. S. 42-44). Vgl. Stockmeier, *Glaube,* 44: Das in den antiken Mythen geläufige Motiv der Metamorphose der Götter, die den Menschen in fremder Gestalt gegenübertreten, „eignete sich vorzüglich zur Entlastung der himmlischen Wirklichkeit des gnostischen Christus von jeglichem Kontakt mit der Materie sowie dem skandalösen Ausgeliefertsein einer von Menschen vollzogenen Exekution, und zwar unter bewußter Preisgabe der Geschichte."

330 Vgl. auch Koschorke, *Polemik,* 203.

331 Eine ähnliche Erzählung findet sich in den A. Jo. (s.o. S. 77 Anm. 329) und in der ApcPt 80,23-84,13 (240-246 NHMS; Übersetzung nach *NTApo II⁵,* 642f): Jesus zu Petrus: „„Komm nun, wir wollen uns zuwenden der (Schau der) Erfüllung des Ratschlusses des unbefleckten Vaters. Denn siehe, es werden kommen diejenigen, die das (über mich gefällte) Urteil sich (selbst) zuziehen werden, und werden zuschanden gemacht werden. Mich aber können sie nicht berühren. Du aber, Petrus, wirst mitten unter ihnen stehen. ... Ihr Verstand wird sich verschließen, denn der Unsichtbare ist zu ihnen getreten.'

„Also sind diejenigen von den Weltschöpferfürsten befreit, die dies (sc. daß der Christus nicht gekreuzigt wurde) wissen. Und man darf nicht den bekennen, der gekreuzigt wurde, sondern den, der in der Gestalt eines Menschen kam, scheinbar gekreuzigt wurde, Jesus genannt wird und vom Vater gesandt ist, damit er durch diese *dispositio* (οἰκονομία) die Werke der Weltenschöpfer vernichte. Wenn also einer ... den Gekreuzigten bekennt, ist er immer noch ein Sklave und unter der Gewalt derer, die die Körper gemacht haben. Wer (den

---

Nachdem er dies gesagt hatte, sah ich (sc. Petrus) ihn so, als ob er von ihnen ergriffen würde. Und ich sagte: ‚Was sehe ich, Herr, bist du es, nach dem sie greifen, und bin ich es, nach dem du greifst? Oder wer ist der, der neben dem Holz (stehend) heiter ist und lacht? Und einem anderen schlagen sie auf die Füße und auf die Hände!‘ Der Erlöser sagte zu mir: ‚Der, den du neben dem Holz (stehend) heiter sein und lachen siehst, das ist der lebendige Jesus. Der aber, in dessen Hände und Füße sie Nägel schlagen, das ist sein fleischliches (Abbild), nämlich das Lösegeld, welches (allein) sie zuschanden machen (können). Das ist nach seinem Bild entstanden. Sieh ihn und mich doch (genau) an!‘ Als ich aber (genug) gesehen hatte, sagte ich: ‚Herr, niemand sieht dich, laß uns von hier fliehen!‘ Er aber sagte zu mir: ‚Ich habe dir gesagt, daß sie blind (sind). Laß sie gewähren! Du aber sieh doch, wie wenig sie wissen, was s[ie] reden. Denn: Den Sohn ihrer (eitlen) Herrlichkeit haben sie anstelle meines Dieners zuschanden gemacht.‘ Ich aber sah etwas auf uns zukommen, das ihm und dem, der neben dem Holz (stehend) lachte, glich – es war aber gewebt in heiligem Geist – und dies ist der Erlöser. Und da war ein großes unaussprechliches Licht, das sie umgab, und die Menge unaussprechlicher und unsichtbarer Engel, die sie priesen. Ich aber bin es, der ihn gesehen hat, während er offenbart wurde als der, der verherrlicht. Er aber sagte zu mir: ‚Sei standhaft! Denn du bist es, dem es gegeben wurde, die Geheimnisse unverhüllt zu erkennen. Denn jener, den sie angenagelt haben, ist der Erstgeborene und das Haus der Dämonen und der Steinkrug, in dem sie wohnen, < der Mensch > des Elohim, < der Mensch > des Kreuzes, der unter dem Gesetz ist. Der aber, der nahe bei ihm steht, ist der lebendige Erlöser, der zuvor in ihm war, der ergriffen und (doch wieder) freigelassen wurde und (nun) (schaden)froh dasteht, weil [er] sieht, daß die, die ihm Übles angetan haben, untereinander zerspalten sind. Deswegen (gilt:) er lacht über ihre Blindheit, weil er weiß, daß sie Blindgeborene sind. Es wird also (nur) das Leidensfähige < leiden >, insofern es als Leib Lösegeld ist. Der aber, den sie freilassen (mußten), ist mein leibloser Leib. Ich (selbst) aber bin der nur geistig wahrnehmbare Geist, erfüllt von strahlendem Licht (...).‘" Vgl. auch 2LogSeth 55,9-56,27; 58,19-59,9 (162-166; 170-172 NHMS, v.a. 56,9-11). – Zu beiden Texten s. Tröger, *Christologie,* 50f; Löhr, *Basilides,* 268-270 (Lit.); Koschorke, *Polemik,* 47f; zu 2LogSeth auch Schenke, *Relevanz,* 213-215. Zur ApcPt s. Koschorke, aaO, 11-90: Die Schrift, die Anfang bis Mitte des 3. Jh.s (aaO, 17), vielleicht schon etwas früher (s. Tröger, *Passion,* 209) entstanden ist, richtet sich gegen das katholische Christentum (Koschorke, aaO, 14.37-43.48-90), wahrscheinlich auch gegen andere Gnostiker (Werner, *NTApo II⁵,* 635). Sie will die Passionsberichte der Evangelien gnostisch deuten. *„Für das leibliche Auge ist der Soter also dem Leiden unterworfen, für das geistige jedoch ist er diesem gänzlich entnommen"* (Koschorke, aaO, 18; vgl. 18-27). Petrus wird zum „Augen"-Zeugen dafür, daß der Erlöser nicht gelitten hat, der Glaube an den toten Gekreuzigten zum „Hauptmerkmal der künftigen ‚Häresie'" (aaO, 38).

Gekreuzigten) geleugnet haben wird, ist von diesen frei und erkennt ferner die *dispositio* des ungezeugten Vaters."[332]

Der irenäische „Basilides" schließt in seiner Kreuzigungsinterpretation von vornherein aus, daß „Christus" gekreuzigt wurde. Der göttliche *Nous* kann gar nicht leiden, weil er göttlich ist. Als *virtus incorporalis*[333] ist er der verknechtenden *corporalitas* nicht unterworfen. Die irrtümliche Kreuzigung Simons soll die weltschöpferischen Mächte täuschen und letztlich vernichten. Diejenigen, die den „Gekreuzigten" bekennen, bringen lediglich ihre fortdauernde Versklavung unter die „Fürsten und Engel", die mit den von ihnen geschaffenen *corpora* ihre Macht über die Menschen ausüben, zum Ausdruck. Körperlichkeit ist Knechtschaft, weil sie nichts anderes bedeutet als Vergänglichkeit und Gefangenschaft der Seele. Die Freiheit der Seele ist dagegen die Befreiung aus der Körperlichkeit.[334] Wer hingegen das körperliche Leiden des „Christus" am Kreuz bestreitet, geht aus seiner fremdgewirkten Unfreiheit aus und hat die Erkenntnis, daß die οἰκονομία des *pater innatus* die Erlösung der Seele aus ihrem körperlichen Gefängnis zum Ziel hat. Die Seelen der Erkennenden sind dem versklavenden Zugriff der Weltschöpfer definitiv entzogen.[335]

Irenäus betont, daß die Anhänger des „Basilides" „zur Leugnung bereit(et) sind, wie sie noch viel weniger um des Namens willen leiden können".[336] Ein Martyrium um des Christusnamens willen scheidet für sie aus.[337] Aus dem

---

332 Haer I 24,4 (328,78-87). Diejenigen, die darüber hinaus die Namen, Prinzipien, Engel und Kräfte der 365 Himmel kennen (die Zahl der Erkenntnisträger ist recht eng begrenzt), werden für die Fürsten und Engel unsichtbar, ungreifbar und können von niemandem erkannt werden, während sie selbst alle kennen. Außerdem geht nach Irenäus mit der „Unsichtbarkeit" der Erkennenden ein besonderes Interesse zur Geheimhaltung ihrer Mysterien einher (s. haer I 24,6 [330,117f]).
333 Haer I 24,4 (328,74).
334 Haer I 24,5 (328,88f).
335 Etwas irreführend m.E. der von mir kursivierte Satz bei Löhr, *Basilides*, 271: „Die Vorlage des Irenäus ging von einem Dualismus zwischen oberstem Gott und Judengott aus; sie rechnete den Judengott polemisch zur Sphäre kreatürlicher, körperlicher Vergänglichkeit. *Die Erlösung von dieser Welt und ihren Mächten vollzieht sich am Kreuz; dort überlistet der Nous-Sohn die Mächte und entflieht ihnen.*" Zwar hängt das Erlösungsgeschehen bei „Basilides" aufs engste mit dem Kreuz zusammen, aber die Erlösung vollzieht sich nicht *am* Kreuz, sondern durch die Erkenntnis, daß der wahre Erlöser, der Nous-Sohn, gerade *nicht* gekreuzigt wurde.
336 Haer I 24,6 (330,112-114).
337 Der „echte" Basilides hat das Martyrium durchaus positiv gewertet und auf die (stets gute) „Vorsehung" zurückgeführt (s. Clem., str. IV 11,81,1-83,1 [284,5-285,3 GCS]; zit.

irenäischen Referat geht zwar nicht eindeutig hervor, was mit „zur Leugnung bereit(et)" genau gemeint ist, aber es ist durchaus denkbar, daß hinter dieser Wendung das Taufverständnis der „Basilidianer" steht: Die Taufe auf den Namen des „*Christus*" führt zu der Erkenntnis, daß die οἰκονομία des *pater innatus* auf *Leidenslosigkeit* abzielt.

In seiner Ketzergenealogie (haer I 23-31) läßt Irenäus „Basilides" auf prominente Vertreter doketistischer Ansichten folgen[338]: *Simon Magus* aus Samaria

---

aus dem 23. Buch der „Exegetica" des Basilides): Aus der Tatsache, daß Christen nur wegen ihres Christseins, nicht aber wegen offensichtlicher Verbrechen verfolgt werden, ist zu folgern, daß sie – weil keine böse Macht die Verfolgung verursacht – aufgrund *verborgener* Verfehlungen oder, sollten solche nicht vorhanden sein, wie scheinbar sündlose Kinder wegen ihrer Anlage zum Sündigen leiden. Das Martyrium reinigt von beidem, ist deshalb „eine Wohltat, die die Vorsehung (Gott) den Auserwählten erweist" (Mühlenberg, *Basilides*, 297) und selbst will. „Von einer Ursache der Sünde in der Materie oder im Kosmos ist nicht die Rede" (Langerbeck, *Anthropologie*, 48); Basilides gibt keine „dualistische" Begründung für das Leiden im Martyrium. Für Jesus heißt das, daß auch er als Mensch die Anlage zum Sündigen gehabt haben muß, weil er gelitten hat. Die Verheißung eines Lohnes für den Märtyrertod und die daraus folgende Glorifizierung der Blutzeugen lehnte Basilides ab. Ausführlich zu diesem Text (v.a. auch zum philosophischen und frühjüdischen Hintergrund) Löhr, *Basilides*, 122-137; Langerbeck, aaO, 46-49. Wie Basilides hat auch Heracleon (fr. 50 [85,15-86,21 Völker] = Clem., str. IV 9,71, 1.3 [280,10-281,3 GCS]) das Martyrium nicht gänzlich verworfen, sondern das Blutzeugnis gegen die von kirchlicher Seite vertretene Ansicht, das „Bekenntnis ... vor der Obrigkeit *allein*" sei das wahre Bekenntnis, in den Gesamtzusammenhang des Lebenszeugnisses eingeordnet (vgl. von Campenhausen, *Idee*, 109f; Koschorke, *Polemik*, 134f [mit weiteren Belegen aus Nag Hammadi]). – Basilides vertrat nach den Zeugnissen des Clemens und des Hippolyt die Willensfreiheit des Menschen und ging davon aus, daß sich im Glauben an des Evangelium enthüllt, daß ein Mensch „Sohn Gottes" ist. „Aber er *wird* es nicht durch diese Entscheidung in dem Sinne, daß dadurch eine eschatologische Existenz geschaffen ist; er ist es potentiell immer schon gewesen, weil Gott die ‚Sohnschaft', die ‚Erwählung' der Schöpfung keimhaft (aber ‚vermischt') eingestiftet hat. Die φύσις bzw. υἱότης ist von Gott überindividuell vorgegeben und wird durch den subjektiven Willensakt angeeignet. Deswegen kann Basilides die Christwerdung eines Menschen als Erziehungs- und Formungsprozeß darstellen" (Hauschild, *Basilides*, 90); vgl. die Fragmente bei Hipp., haer. VII 26,10; 27,11 (299,50-56; 302,59-61 GCS); Clem., str. II 20,112,1f; IV 12,81,2f; 24,153,4-6 (174,6-16; 284,6-15; 316,14-21 GCS). Der Frage nachzugehen, inwieweit der Erziehungsgedanke des Basilides mit dem des Irenäus übereinstimmt, wäre Aufgabe einer eigenen Untersuchung.

338 Zum Begriff „Doketismus" vgl. Weigandt, *Doketismus*, passim (v.a. aaO, 1-4.27-39; Lit.); Rudolph, *Gnosis*, 172-186. Brox, „*Doketismus*", 301-314, v.a. 304-309, reserviert den Begriff „Doketen"/„doketisch" einerseits für eine spezielle historische Sekte (vgl. Clem., VII 17,108,1f [76,20-30 GCS]; Serap. Ant. [bei Eus., h.e. VI 12,6 {546,2-7 GCS}]; Hipp., haer. VIII 8,2-11,2; X 16,1-6 [323,6-330,10; 395f,1-32 PTS]; s. dazu auch Weigandt, aaO, 74-82; Rudolph, aaO, 181f), andererseits will er den Begriff Doketisten/doketistisch als

(vgl. Apg 8,4-25)[339], „aus dem alle Häresien entstanden sind"[340] und mit dessen Schule die „fälschlich so benannte Gnosis ihre Anfänge nahm"[341], gab sich Irenäus zufolge als Jesus, heiliger Geist und Gott-Vater aus, erschien – als er als Erlöser auf die Erde hinabstieg – als Mensch, obwohl er kein Mensch war, und schien in Judäa gelitten zu haben, obwohl er gar nicht gelitten hat.[342] *Saturninus* (Satornil) aus Antiochia bei Daphne, der in Syrien wirkte[343], behauptete, der ungeborene, körper- und gestaltlose Σωτήρ sei „nur zum Schein als Mensch erschienen".[344] Nach Irenäus steigert „Basilides" die doketi-

---

dogmatischen Sammelbegriff für eine bestimmte Form der christologischen Häresie verwendet wissen, die weiter differenziert werden muß (allgemeiner die Leugnung der wahren Inkarnation und des vollen Menschseins Christi; spezieller die Behauptung, daß die „Erscheinung Christi, sein historisch-leibhaftiges Dagewesensein, also vor allem die menschliche Gestalt Jesu, insgesamt bloßer Schein, ohne wahrhafte Realität, gewesen ist", was dazu diente, „Menschwerdung und Passion des jenseitigen Erlösers zu eliminieren, wo sie Anstoß bedeuteten" [Brox, aaO, 306; vgl. auch Rudolph, aaO, 173f; Tröger, *Christologie*, 45f]). Auch die valentinianische Christologie kann nach Brox, aaO, 308 als „reflektierterer" Doketismus bezeichnet werden. „Historisch war das für Doketismus signifikante Element, daß Christus nur scheinbar ... Mensch war, ganz gleich wie das Zustandekommen oder Ins-Werk-setzen dieses Scheins aussah ... Der Doketismus ließ nie Mensch*werden* und Mensch*sein*, sondern immer nur Mensch*scheinen* zu" (aaO, 309). Brox betont mit Recht, daß „Doketismus nicht weiter als Sammelbegriff für die gnostischen Christologien gelten kann" (aaO, 312). „Gnostische Christologie und Doketismus sind jedenfalls nicht in jedem Fall gleichzusetzen" (aaO, 313; ähnlich auch Weigandt, aaO, 18f.27). Vgl. weiterhin Slusser, *Docetism*, 163-172; Overbeck, *Menschwerdung*, 105-108; Koschorke, *Polemik*, 44f; Voorgang, *Passion*, 252-257 sowie oben S. 75 Anm. 321. – Außer den im folgenden genannten Irenäus-Referaten s.a. Ign., Eph. 7,2 (84,25-28 SQS); 18f (87,18-88,5 SQS); Trall. 9,1 (95,7-10 SQS); Magn. 11 (91,21-27 SQS); Smyrn. 1 (106,4-15 SQS); dazu auch Weigandt, aaO, 27-29.57f.

339 S. haer I 23,1-4 (312,1-320/316,1-4; 317,1-319,12); vgl. auch Just., 1 apol. 26,1-3 (69f,1-14 PTS); EpAp 7(18) (209 NTApo I⁶); Hipp., haer. VI 7-20 (212,1-229,4 PTS). Über die Historizität der irenäischen Angaben, die unterschiedlich bewertet wird, kann hier nicht gehandelt werden; vgl. dazu Hilgenfeld, *Ketzergeschichte*, 163-186 (zu Irenäus 174-179); Quispel, *Weltreligion*, 51-70; Grant, *Gnosticism*, 70-96; Weigandt, *Doketismus*, 58-64; Rudolph, *Gnosis*, 315-319; Beyschlag, *Simon*, passim; Lüdemann, *Untersuchungen*, passim.
340 Haer I 23,2 (314,34f).
341 Haer I 23,4 (320,90f).
342 Haer I 23,3 (318,68-70/318,7-9).
343 Haer I 24,1f (320,1-324,39/321,1-325,35); s. dazu Hilgenfeld, *Ketzergeschichte*, 190-192; Holzhausen, *Mythos*, 211-216.
344 Haer I 24,2 (322,22f/323,18); vgl. Weigandt, *Doketismus*, 16f.64f. Zu Kerdon s. Weigandt, aaO, 65f; Lampe, *Christen*, 331f; zu Kerinth s.u. S. 84 Anm. 353. – Irenäus rechnet auch *Markion* zu den Doketisten (s. haer IV 33,2 [806,42-50] u. unten ab S. 86), wenn er an ihn die Frage richtet: „Und wie ist er (sc. Jesus), wenn er nicht Fleisch war, sondern

stische Position zum Paradox, indem er dem „Christus", der in gar keinem
Fall leiden kann, den „scheinbar Gekreuzigten" (Simon) gegenüberstellt, der
wiederum als Inbegriff der Todesverfallenheit erscheint.

1.3.2 Die Kreuzigung des gottverlassenen „Jesus" bei den „anderen" (Gnostikern)

Die eigentümliche, vor dem Hintergrund gnostisch-mythologischer Vorstellungen vorgenommene Interpretation alttestamentlicher[345] und christologischer Motive durch „andere" (Gnostiker) referiert Irenäus recht ausführlich.[346] Im Zentrum des Erlösungsmythos stehen (a) *Christus* (auch *Tertius
Masculus*), der vom *Primus Homo* (dem ersten, unvergänglichen und unbegrenzten Licht und Vater von allem), dessen *Ennoia* (auch *filius Hominis* oder
Secundus Homo) und von der über den abgesonderten Elementen Wasser,
Finsternis, Abgrund und Chaos schwebenden (vgl. Gen 1,2) *Prima Femina*
(auch *Spiritus sanctus*) gezeugt wird[347], (b) die *Prounikos* (auch *Sophia* oder
„untere Mutter"), welche aus der in den materiellen Bereich überschießenden
„Lichtfeuchtigkeit" der *Prima Femina* besteht, (c) *Jaldabaoth*, der aus den
Wassern hervorgebrachte Sohn des *Christus*, und (d) die anderen *sechs Söhne*

---

sich (nur) gezeigt habe, als wäre er ein Mensch, gekreuzigt worden und aus seiner
durchstochenen Wunde Blut und Wasser geflossen?" Nach haer V 1,2 (22,42-24,60/22,2-
24,17; dort auch eine dreiteilige Widerlegung der doketistischen Position [vgl. Overbeck,
Menschwerdung, 107f]; vgl. auch exc. Thdot. 59,4; 61,6f; 62,2f [126,24f; 127,15-23; 128,2-8
GCS] sowie May, *Schöpfung*, 117; Weigandt, *Doketismus*, 6-9) hätten auch die *Valentinianer* behauptet, daß Jesus „als Mensch erschien, obwohl er kein Mensch war".

345 Vgl. Brox, *Offenbarung*, 46-56; Wilson, *TRE 13*, 537-540.
346 Haer I 30,1-14 (364,1-384,276). Zum Quellenproblem s.o. ab S. 74. Irenäus gibt der in
haer I 30 beschriebenen Gruppe keinen Namen. Thdt., haer. I 14 (364-368 PG) identifiziert die „Sethianer" mit den „Ophianern" oder „Ophiten". Epiph., haer. XXXVII 1,1-
9,4; XXXIX 1,1-10,7; XL 7,5 (50,14-62,14; 71,22-80,23; 88,10-12 GCS) unterscheidet
„Ophiten", „Sethianer" und „Gnostiker". In den Nag-Hammadi-Texten gibt es für haer
I 30 keine ähnliche Parallele wie das AJ für haer I 29 (s.u.), „but many of the details in
this chapter are corroborated by such tractates as the Hypostasis of the Archons, the
Apocryphon of John, the Gospel of the Egyptians, and other tractates loosely belonging
to this group. *Adv. haer.* I,30 must be based on early traditions underlying these tractates" (Wisse, *VigChr 25*, 218; Logan, *Truth*, passim). S.a. Hilgenfeld, *Ketzergeschichte*,
241-250; Beyschlag, *Dogmengeschichte*, 140f; May, *Schöpfung*, 49-51; Voorgang, *Passion*,
14-20.300-305; Holzhausen, *Mythos*, 102-129.188-216.
347 Haer I 30,1 (364,12) hat eine Singularform *(illuminante)*. Aus haer I 30,2 (364,16: *con-
cumbentibus)* geht jedoch hervor, daß „Vater und Sohn" der „Frau" beiwohnen.

des *Christus,* die *Jaldabaoth* als Nachahmung des Vaters emaniert[348], die zusammen mit *Jaldabaoth* als Mächte, Kräfte, Engel und Schöpfer unsichtbar Himmlisches und Irdisches regieren. Die Arroganz und Herrschsucht *Jaldabaoths,* der sich für den einzigen Gott hält (vgl. Jes 45,5f; 46,9), und die Konkurrenz unter den Söhnen des Christus führen zur Erschaffung des Menschen, zur positiv (als Erkenntnis der allerhöchsten Kraft) verstandenen Übertretung des jaldabaothschen Gebotes und zur Vertreibung Adams und Evas aus dem Paradies durch den eifersüchtigen Jaldabaoth. Die im Paradies noch leichten und pneumatischen Leiber Adams und Evas werden auf der Erde dunkler und träger, auch ihre Seelen werden nachlässig und gleichgültig. Die *Prounikos* gibt ihnen aus Erbarmen wieder den „Duft der Süße der Lichtfeuchtigkeit". Trotz ihrer Nacktheit (vgl. Gen 3,7), ihrer materiell-leiblichen Beschaffenheit und des ihrem Leib inhärenten Todes sind die Menschen guter Dinge, weil ihre Leiblichkeit nur eine Zeitlang dauern soll. Aus den Nachkommen Kains entsteht die übrige Menschheit, die jedoch verderbt und schlecht ist. Jaldabaoth versucht durch Strafen (Sintflut), Krafttaten (Exodus), Gesetzgebung (Mose) und Propheten[349] die Menschen dazu zu bringen, ihn als Gott anzuerkennen. Durch die Sophia verkündigen die Propheten auch vieles über den *Primus Homo,* den unvergänglichen Äon und den *Christus,* was bei den sieben Göttern Verwunderung hervorruft.

Die *Prounikos* setzt schließlich das Erlösungsgeschehen in Gang. Sie bewirkt, daß durch den unwissenden *Jaldabaoth* von der unfruchtbaren Elisabeth und aus der Jungfrau Maria zwei Menschen (Johannes und Jesus) emaniert werden. Weil die Prounikos jedoch „weder im Himmel noch auf der Erde Ruhe hatte", wendet sie sich an die obere „Mutter" (die *Prior Femina*), die aus Erbarmen über die *paenitentia* ihrer Tochter den *Primus Homo* dazu auffordert, der Prounikos den Christus als Helfer zu senden. Dieser steigt zu ihr (seiner „Schwester") herab, und sie verkündigt durch Johannes seine Ankunft. Zuvor richtet sie Jesus ein, „damit der herabsteigende Christus ein reines Gefäß fände". Bei seinem Gang durch die sieben Himmel zieht Christus deren ganze Lichtfeuchtigkeit auf sich, hüllt sich dann zunächst in seine Schwester Sophia[350] und steigt schließlich zusammen mit der Sophia auf „Je-

---

348 *Jao* (vgl. dazu Aune, *Iao,* 9-11), *Sabaoth, Adonai, Elohim, Horeus, Astapheus.*
349 S. dazu Fallon, *Prophets,* 191-194.
350 Christus und Sophia schenken einander Ruhe (s. Brox, *FC 8/1,* 346).

sus", der als Sohn einer Jungfrau „weiser, reiner und gerechter als alle Menschen war"[351], herab, „und so wurde Jesus Christus."[352]

Der auf Jesus herabgestiegene Christus wirkt Wunder, heilt, verkündigt den *pater incognitus* und bekennt sich selbst als *filius Primi Hominis*. Die sieben von Jaldabaoth nach der Gesetzgebung aus den Juden ausgewählten und zu „Göttern" gemachten Archonten wollen ihn aus Zorn töten. Als „Jesus Christus" zur Hinrichtung geführt wird, „entfernt" sich „Christus" mit der Sophia in den unvergänglichen Äon, Jesus wird gekreuzigt.[353] „Christus" sendet jedoch von oben her eine „gewisse Kraft" in ihn hinein, die „Jesus" in einem *corpus animale et spiritale* auferweckt; das Weltliche läßt „Jesus" in der Welt zurück (die „gewisse Kraft" hat also eine abtrennende Funktion, die mit der des valentinianischen Ὅρος vergleichbar ist!). Die Jünger sehen „Jesus" nach seiner Auferstehung zwar, erkennen aber weder ihn noch durch wessen *gratia* er von den Toten auferstanden ist.[354] Die Meinung der Jünger, daß „Jesus" „in einem weltlichen Leib auferstanden" sei, sei ihr *maximus error* gewesen. Sie hätten nicht gewußt, daß „Fleisch und Blut das Reich Gottes nicht besitzen werden" (1Kor 15,50).[355]

Nachdem die *Aisthesis* auf „Jesus" nach seiner Auferstehung herabgestiegen war, lehrte er 18 Monate lang nur den (wenigen) Jüngern die Wahrheit, von denen er wußte, daß sie so große Mysterien fassen konnten. Seit seiner Aufnahme in den Himmel sitzt er unbemerkt zur Rechten Jaldabaoths und nimmt die Seelen derer, die ihn „nach Ablegung des weltlichen Fleisches erkannten"[356], bereichernd in sich auf, was Jaldabaoth immer mehr entleert.

---

351 S.a. das Referat über Kerinth (haer I 26,1 [344,1-9/344f,1-9]: Jesus sei der leibliche Sohn Josefs und Marias. Er war allen an Gerechtigkeit, Klugheit und Weisheit überlegen.

352 Haer I 30,12 (380,234).

353 *S.* haer I 30,13 [382,241-243]). Vgl. wiederum Kerinth (haer I 26,1 [346,12-15/346,12-15]): „Zum Schluß aber sei der Christus von Jesus weggeflogen (ἀποπτῆναι), und Jesus haben gelitten (πεπονθέναι) und sei auferweckt worden, Christus aber sei leidensunfähig (ἀπαθῆ) geblieben, weil er pneumatisch ist." S. dazu Hilgenfeld, *Ketzergeschichte*, 411-421; Weigandt, *Doketismus*, 4-6.

354 Vgl. Brox, *FC 8/1*, 348: „Irenäus scheint sagen zu wollen, daß die Jünger den Auferstandenen insofern nicht erkannten, als sie Christos nicht erkannten und auch Jesus nicht, der – auch in seiner Auferstehung – nicht begreiflich ist ohne Christos." Ein interessanter Paralleltext zu dieser „Passionsgeschichte" ist exc. Thdot. 61,6f (127,15-23 GCS).

355 S. haer I 30,13 (380,235-382,252).

356 Haer I 30,14 (384,265f).

„Die Vollendung wird sein, wenn die ganze Feuchtigkeit des Lichtgeistes eingesammelt und in den Äon der Unvergänglichkeit weggerafft wird."[357]

Bei den „anderen" (Gnostikern) aus haer I 30 leidet der göttliche „Christus" nicht. Mit „Jesus" hängt zwar ein besonders weiser, reiner und gerechter Mensch am Kreuz, aber eben *nur* ein Mensch, nur „Jesus", nicht „Jesus Christus": „Christus" und die Sophia hatten sich rechtzeitig von „Jesus" entfernt hatten. Die „Gottverlassenheit" des gekreuzigten „Jesus" zeigt sich auch daran, daß sich „Christus" *nach* der Kreuzigung wieder „Jesus" zuwendet und ihm den psychisch-pneumatischen Leib gibt, der dann aufersteht. Seine *mundialia* (Fleisch und Blut) bleiben *in mundo* zurück, wie auch die *Seelen* derer, die ihn erkannt haben, Erlösung erfahren, nicht jedoch ihre *caro mundialis*.[358]

1.3.3 Zum „Lignum" der „Barbelo-Gnostiker" und zu Markion

In seinem Referat über die *Gnostici Barbelo*, die „wie Pilze aus der Erde geschossen sind"[359], geht Irenäus an einer Stelle auf die Entstehung eines als Äon gedachten *„Lignum"* ein, ohne jedoch die Bedeutung dieses „Holzes" oder „Baumes" in haer I 29 oder später genauer zu erläutern.[360] Ob dieser

---

357 Haer I 30,14 (384,274-276).
358 S. dazu Noormann, *Paulusinterpret,* 502-504. Eine ähnliche Deutung von 1Kor 15,50 findet sich in EvPhil 23 (= 56,28-57,19 [152-154 NHS; 157f NTApo I⁶]): Auch hier wird die Auferstehung des irdisch-materiellen Fleischesleibes bestritten. Unverständlich das Urteil von Voorgang, *Passion,* 19, daß die „Klassifizierung dieses gnostischen Systems als häretisch in bezug auf den Erlöser Jesus fraglich" und die „Differenzen zum christlichen Symbol ... bei der Erlösungsvorstellung gering" seien. „Häretisch" ist an diesem Erlösungsmodell nach Irenäus jedoch, kurz gesagt, sowohl der Gedanke, daß „Jesus" im Tod von „Christus" verlassen wird, als auch die Ablehnung der *leiblichen* Auferstehung Jesu Christi (wie Voorgang, aaO, 17-20 selbst darlegt).
359 Haer I 29,1 (358,3).
360 Haer I 29,1-4 (358,1-364,75). Die Bezeichnung „Barbelo" „appears to be the gloss of a later editor based on the name of the supreme female entity and not due to Irenaus himself" (Logan, *Truth,* 2; ausführlich dazu *SC 263,* 296-299 [P. 358, n. 1.]; zum Namen „Barbelo" s. Burkitt, *Church,* 58-61). In haer I 29 liegt eine frühe Form des AJ zugrunde, das in einer längeren (NHC II,1; IV,1) und einer kürzeren Version (NHC III, 1; Cod. Berolinensis 8502) erhalten ist (s. Schmidt, *Quelle,* passim; Wisse, *VigChr 25,* 209; Till, *TU 60,* 33f; Logan, *Truth,* passim; *NHMS 33,* 1-8 [Lit.]). Dieser Text spielt eine zentrale Rolle für die Erforschung der Ursprünge der Gnosis (s. Rudolph, *Gnosis,* 294-315.330-332; Hilgenfeld, *Ketzergeschichte,* 230-241; Sagnard, *La gnose,* 439-446; Grant, *Gnosticism,* 13-15; Wilson, *TRE 13,* 537-540), nicht zuletzt des Valentinianismus (vgl. Sagnard, *La gnose,* 439-

Äon vergleichbare Funktionen wie der valentinianische Ὄρος/Σταυρός hat, läßt sich nicht ermitteln. Einige Elemente der „barbelo-gnostischen" Lehre sprechen eher dagegen.[361] Der einzige Anhaltspunkt für die Bedeutung des „Lignum" könnte darin liegen, daß der Demiurg das Gegenteil dessen in sich trägt, was das „Lignum" ausmacht. Jener schafft alles unter ihm, „weil er Ignorantia ist"; dieses heißt hingegen „Gnosis". Weitere Schlüsse können hieraus jedoch kaum gezogen werden. Irenäus läßt uns im Unklaren; er gibt nur die principales sententiae der Barbelo-Gnostiker wieder.

Obwohl sich Irenäus an vielen Stellen mit der Theologie Markions auseinandersetzt, geht er nirgends explizit auf dessen Kreuzesinterpretation ein.[362] Markion verstand Christi Tod als Loskauf aus der zur Sünde verführenden Gesetzesmacht des gerechten Schöpfergottes. Der Kreuzestod habe gezeigt, daß Christus nicht der Sohn des Schöpfers, sondern nur des „fremden" und „guten" Gottes gewesen sein konnte, denn letzterer hätte seinen eigenen Sohn keiner Todesart ausgesetzt, die er im Gesetz selbst mit dem Fluch (s. Gal 3,13) belegt hatte.[363] Irenäus' (zuverlässige) Auskunft, Markion habe do-

---

446; Jonas, *Gnosis I,* 361f; Wisse, *VigChr 25,* 217; Perkins, *Rhetoric,* 193f [Lit.]; Quispel, *Apocryphon,* passim; Torisu, *Gott,* 60-62). Ausführlich zu haer I 29f und verwandten Texten Krause, in: *Die Gnosis,* 133-139; Scholten, *Martyrium,* 207-223 (v.a. aaO, 223f); Holzhausen, *Mythos,* 165-216. Logan, aaO, passim, versucht zu zeigen, daß a) die Form bzw. Formen des Gnostizismus, die in den „sethianischen" Texten greifbar werden, „cannot be understood apart from Christianity" (aaO, xviii), daß es b) gerechtfertigt ist, sowohl „*a central core of ideas, a myth or myths based on and concretely expressed in a rite of initiation as a projection of Gnostic experience,* which holds it together", zu suchen. als auch diesen „Ideenkern" „*as a valid form (or forms) of interpreting Christianity*" zu behandeln (aaO, xix), und daß schließlich c) „*Irenaeus' summary in Adv. haer. 1.29 is closest to the original form of the Christian Gnostic myth of Father, Mother and Son, and that it underwent progressive development including* »*Sethianization*«, until it emerged in the latest form of the *Apocryphon,* the long recension" (aaO, xx).

361 Z.B. geschieht die „Festigung" (*confirmare*) der Äonen durch (syzygischen) Zusammenschluß (vgl. haer I 29,2f [360,25-40]). Das „*Lignum*" wird in einem Moment gezeugt, als die Äonen in einem Ruhezustand den „großen Äon" besingen (s. haer I 29,3 [362,48-52]).

362 Minimale Literaturauswahl: von Harnack, *Marcion,* passim; ders., *Lehrbuch,* 292-309; ders., *Überlieferung 1,* 191-197; ders., *Chronologie 1,* 297-311; Hilgenfeld, *Ketzergeschichte,* 316-341; Lietzmann, *Geschichte,* I 265-281; Weigandt, *Doketismus,* 66-73; Aland, *Versuch,* passim (Lit.); dies., *TRE 22,* passim (Lit.); Schwager, *Marcion,* passim; Beyschlag, *Marcion,* passim (Lit.); Lampe, *Christen,* 203-219.330f; May, *Marcion,* passim (Lit.). – Irenäus' Nachrichten über Markion gelten insgesamt als zuverlässig (vgl. von Harnack, *Marcion,* 242*-244*).

363 S. z.B. Tert., Marc. III 18,1 (156,1-6 SC); 23,5 (198,38-46); V 14,1-3 (705,15-13 [sic!] CChr). Vgl. dazu Harnack, *Marcion,* 171f; ders., *Lehrbuch,* 302; Kuhn, *ZThK 72,* 19; Stockmeier, *Glaube,* 44f; Aland, *Versuch,* 438f; dies., *TRE 22,* 96f.

ketistische Ansichten vertreten[364], ist der einzige Hinweis darauf, wie seine Auseinandersetzung mit Markion in dieser Frage ausgesehen haben könnte. Weitergehende Spekulationen scheitern an der Quellenlage. Was Irenäus in seiner verlorengegangenen Abhandlung gegen Markion[365] – wenn diese überhaupt geschrieben wurde – diskutiert hat, ist unbekannt.

Vielleicht ist das völlige Fehlen des Fluchmotives (vgl. Dtn 21,23; Gal 3, 13) in Irenäus' eigenem Kreuzesverständnis und sein sparsamer Umgang mit der „Loskauf"-Symbolik ein Indiz dafür, daß diese Gedanken durch Markions Kreuzesverständnis besetzt und deshalb für Irenäus in seiner Widerlegung der Gnosis nur sehr schlecht in positiver Weise anwendbar waren (zumal der ptolemäischen Gnosis, die an einigen Stellen wohl selbst schon eine Reaktion auf Markion darstellt). Daß diese beiden Gedanken fehlen, kann jedoch auch auf Irenäus' Schwerpunktsetzung *innerhalb* seiner eigenen Kreuzestheologie zurückgehen bzw. – was m.E. noch am ehesten zutrifft – durch sein *besonderes* Gegenüber (die valentinianische Gnosis) bedingt sein, das die Wahl und die Gewichtung seiner Themen nachhaltig beeinflußt hat.

1.4 Zusammenfassende Auswertung

Folgende Gemeinsamkeiten und Unterschiede zwischen den von Irenäus referierten häretischen Kreuzesdeutungen sind festzuhalten: Valentin, die Ptolemäus-Schule und Markos haben das Kreuz bzw. das Datum der Kreuzigung in ein theologisches Gesamtsystem als konstitutives Element integriert. Das Kreuz hat seinen festen Ort im urbildlichen Pleroma. Das Verständnis der ursprünglichen und urbildlichen, inner- wie außerpleromatischen Vorgänge bestimmt das Verständnis des irdisch-abbildlichen Kreuzes Jesu und damit auch seiner Kreuzigung. Sowohl in der Ptolemäus-Schule als auch bei Markos verhalten sich das irdische Kreuz und der himmlische Ὅρος/Σταυρός bzw. die Kreuzigung des Erlösers am sechsten Tag und die im Erlöser auf der Erde erscheinende „ausgezeichnete Zahl" wie Abbild und Urbild zueinander. Über Valentin gibt Irenäus diesbezüglich keine Auskunft. „Basilides" und die „anderen" (Gnostiker) legen dagegen weniger das Gewicht auf das *Kreuz*, sondern (nur) auf die mit der *Kreuzigung* zusammenhängenden und den auf der Erde erschienenen Erlöser betreffenden Ereignisse. Allerdings bestimmt auch

---

364 Vgl. oben S. 81 Anm. 344.
365 S. haer I 27,4 (352,53-56); III 12,12 (232,418-424).

hier das theologische Verständnis des Erlösers bzw. der Erlösung das Verständnis dessen, *wie* die Kreuzigung den Erlöser betrifft. Daß „Jesus" *gekreuzigt* wurde, wird weder von „Basilides" noch von den „anderen" (Gnostikern) noch von den übrigen Doketisten theologisch expliziert. Anders gesagt: Für ihr Verständnis des „Leidens" Jesu spielt die konkrete Hinrichtungsart keine besondere Rolle. Entscheidend ist allein, daß das Göttliche nicht leidet. Im Gegensatz dazu versuchen die Valentinianer, das *Kreuz* für ihr theologisches Denksystem als Ganzes auszuwerten. Die Vorstellung vom ῞Ορος/Σταυρός läßt für Jesus kein anderes Hinrichtungsinstrument als das Kreuz zu.

Trotz der genannten Unterschiede lassen sich sowohl bei den „Kreuzestheologen" als auch bei den (bloßen) „Kreuzigungsinterpreten" unter den Häretikern fundamentale Gemeinsamkeiten im Bezug auf ihr Verständnis von *Erlösung* sowie auf Schöpfungs- und Menschenbild feststellen, das der Soteriologie zugrundeliegt – ein Verständnis, das sich nicht zuletzt in der Deutung des Kreuzes bzw. der Kreuzigung Jesu ausdrückt und weitreichende Folgen für die theologische Weltsicht insgesamt hat. Was beide Kreuzesinterpretationen verbindet, ist der Gedanke, daß *das Göttliche nicht leiden kann.* Sowohl das systemorientierte Verständnis des Kreuzes als auch die „unsystematische" Deutung der Kreuzigung Jesu gehen davon aus, daß mit Jesus zwar ein besonderer Mensch, nicht jedoch das, was an ihm „Gott" ist, am Kreuz hängt. Den Extremfall bildet „Basilides": Bei ihm wird mit Simon von Cyrene ein Mensch gekreuzigt, der mit dem göttlichen Christus nichts zu tun hat. Größer kann die Distanz zwischen leidensfähiger Körperlichkeit und leidenslosem Gott kaum ausgesagt werden.

Das Kreuz bzw. die Kreuzigung machen folglich sichtbar, was zum Göttlichen gehört und was nicht-göttlich ist. Kreuz und Kreuzigung offenbaren, daß das, was am Menschen erlösungs*fähig* ist, vom Leiden befreit wird. In der Kreuzigung wird ein bestimmter *status quo* der menschlichen Existenz überwunden, der darin besteht, daß das Erlösungs*fähige* am Menschen – es kommt vom Göttlichen her und drängt zu diesem zurück, ist also seinem Wesen nach *unvergänglich* – zunächst als erlösungs*bedürftig* erfahren wird. Erlösungsbedürftig ist das Erlösungsfähige deshalb, weil es von erlösungs*unfähigen,* die Freiheit des Erlösungs*fähigen* behindernden oder massiv gefährdenden, weil *vergänglichen* „Anteilen" des Menschen befreit werden muß, die aus diesem Grund gerade *nicht* dem eigentlich göttlichen Bereich zugerechnet, sondern höchstens als unvollkommene Abbilder aufgefaßt werden können.[366]

Der Erlöser kann also, will er das Erlösungsfähige vom Nichterlösungsfähigen wirklich erlösen, selbst nicht am Erlösungsunfähigen teilhaben. Er muß vielmehr durch sein Erlösungswerk zeigen, was am Menschen erlösungsfähig und -unfähig ist und *wie* das Erlösungsfähige vom Erlösungsunfähigen befreit wird: indem das abgelegt wird, was Leiden verursacht. Durch das Kreuz bzw. die Kreuzigung Jesu wird ein anthropologischer *status quo* in einen schon immer feststehenden *status* überführt: Was am Menschen erlösungsfähig (also *göttlich*, weil auf ewigen Bestand hin angelegt) ist, wird von dem, was vergänglich ist und somit das Erlösungsfähige in seinem dauerhaften Bestand gefährdet, befreit. Besonders deutlich werden diese Zusammenhänge im ptolemäischen System. Der Ὅρος/Σταυρός befreit entweder das *Göttlich-Pneumatische* vom Leiden, d.h. er überführt das Göttliche aus dem *status quo* des Leidens in den dem Göttlichen qua Wesen eigentlichen, von der Gefährdung durch das Leiden freien *status;* oder er sorgt dafür, daß Erlösungsunfähiges in seinem ihm wesentlich eignenden *status* verbleibt, indem er entweder den pneumalosen Wesen den Zugang zum Pleroma verwehrt, oder bei „pneumahaltigen" Wesen durch die Vernichtung des Erlösungsunfähigen das Erlösungsfähige in den göttlichen Bereich einläßt, wodurch zugleich die beiden *status* des Erlösungsfähigen und des Erlösungsunfähigen definitiv festgeschrieben werden. Sowohl am himmlischen Ὅρος/Σταυρός als auch am irdischen Kreuz Jesu leidet gerade *nichts Göttliches,* sondern das Psychisch-Materielle wird in seiner Leidensfähigkeit bestätigt, das Pneumatische wird demgegenüber von seinem endgültig Leiden erlöst und erhält die Möglichkeit, zum wahrhaft Göttlichen zurückzukehren.

Festzuhalten ist schließlich, daß einige Schriftzitate, die in der Ptolemäus-Schule als Belege für die Wirkweisen des Ὅρος/Σταυρός angeführt werden, auf eine möglicherweise vorhandene Martyriumsbereitschaft hinweisen, auf eine Trennung des Erlösungsfähigen durch gewaltsame Vernichtung des Erlösungsunfähigen also, was vor dem Hintergrund der oben skizzierten anthropologischen und soteriologischen Grundgedanken nicht fern liegt, jedoch aus dem Referat des Irenäus nicht mit Sicherheit hervorgeht. Wie noch

---

366 Zu den erlösungs*fähigen* und damit -bedürftigen Anteilen zählen (entsprechend der zugrundeliegenden Anthropologie) entweder der Geist oder/und die Seele, zu den erlösungsunfähigen Anteilen in jedem Fall der materielle Leib, bisweilen auch die Seele. Die erlösungsfähigen und die erlösungsunfähigen Anteile des Menschen (und letztlich auch der Welt) werden konsequenterweise auf unterschiedliche Ursprünge (das göttliche Pleroma und den „mangelhaften" Demiurgen) verteilt.

zu zeigen sein wird, spricht Irenäus den Häretikern gerade die Martyriumsbereitschaft ab.

2. Die Kritik des Irenäus an den häretischen Kreuzesdeutungen

In seiner Kritik geht Irenäus auf die (im ersten Kapitel dargestellten) Gemeinsamkeiten und Unterschiede der häretischen Kreuzesdeutungen ein. Er moniert generell, daß alle Häretiker das *Leiden* dem Nichtgöttlichen in „Jesus" zuweisen und somit das wahre Leiden des gekreuzigten Jesus Christus leugnen[1]; und Irenäus versucht, die systematischen Kreuzesdeutungen der valentinianischen Gruppen implizit und explizit zu widerlegen.[2]

2.1 Die Gefährdung des biblischen Gottes- und Schöpfungsbegriffs

2.1.1 Implizite Argumente gegen den valentinianischen Ὅρος/Σταυρός

In seiner Widerlegung der valentinianischen *Pleroma- und Schöpfungslehre* (haer II 1-11) geht Irenäus explizit weder auf den Ὅρος/Σταυρός noch auf die Kreuzesthematik ein. Er verfolgt zunächst das Ziel, zentrale Gedanken der Valentinianer als unlogisch, widersprüchlich und mit der biblischen Rede von Gott unvereinbar zu erweisen, handelt es sich doch bei Gott, dem Weltschöpfer, um das „erste und bedeutendste Kapitel" der gesamten Theologie.[3]

---

1 S. nur haer III 11,3 (148,74-77).
2 Vgl. auch Torisu, *Gott,* 127-140; Tiessen, *Irenaeus,* 40f.
3 Haer II 1,1 (26,1); vgl. epid 6 (92/36). S. dazu Norris, *Transcendence,* 88-100; ders. *Irenaeus,* 68-70; Greer, *Dog,* 149-165; Donovan, *Unity,* 133f.190-213; Brox, *Offenbarung,* 189-195; Jaschke, *Geist,* 181f; Ochagavía, *Visibile,* 21-41. – Grundsätzliches zum Schöpfungsbegriff der Gnosis bei May, *Schöpfung,* 40-54, zu Irenäus und der antihäretischen Ausrichtung seiner Argumente aaO, 167-182; zu Irenäus' Auseinandersetzung mit den Häretikern um die Schöpfung und die Auslegung von Gen 1f vgl. Armstrong, *Genesis,* 67-73; auch Bauer, *Rechtgläubigkeit,* 150f; Brox, aaO, 46-56.

Seine Argumentation enthält jedoch an einigen Stellen eine implizite Kritik am ῏Ορος/Σταυρός.[4]

Das grundsätzliche Problem, das Irenäus im Gottesbegriff der Valentinianer angelegt sieht, besteht in dem unklaren Verhältnis zwischen dem göttlichen *Pleroma* und der außerpleromatischen Wirklichkeit. Ist von Gott als Pleroma die Rede, muß dieser nach Irenäus als derjenige gedacht werden, der „alles umfaßt und von niemandem umfaßt wird". Gott muß das unbegrenzte *„pleroma omnium"* sein[5]: „Wenn es aber außerhalb seiner irgendetwas gibt, ist er schon nicht mehr das Pleroma von allem und er umfaßt nicht alles: Denn es fehlt dem Pleroma oder diesem Gott, der über allem ist, das, was ihrer Aussage nach außerhalb von ihm ist. Dem aber etwas fehlt oder weggenommen wurde, der ist nicht das Pleroma von allem."[6]

Wird also etwas außerhalb des „Pleroma"-Gottes gedacht, ist dieser von vornherein nicht die „Fülle". Denn mit diesem „Außerhalb" existieren notwendigerweise Dinge (z.B. die Schöpfung), die nicht nur vom „Pleroma" *begrenzt werden,* sondern damit selbst das „Pleroma" *begrenzen,* (von allen Seiten) umfassen und sich so als größer und mächtiger erweisen als das nun nicht mehr allmächtige, weil begrenzte „Pleroma".[7] Dieses logische Problem

---

4 Ich konzentriere mich im folgenden auf die Kreuzesthematik und auf die dafür relevanten Argumente, die Irenäus allgemein gegen die valentinianische Pleroma- und Schöpfungslehre anführt.

5 Haer II 1,2 (26,12f); vgl. II 1,1 (26,2-9). Der Begriff *continere* (zu den griech. Äquivalenten s. Reynders, *Lexique II,* 68) ist für die irenäische Konzeption der Schöpfung durch den göttlichen Logos von erheblicher Bedeutung; vgl. Norris, *Transcendence,* 94-100; Greer, *Dog,* 156-165; Bonwetsch, *Theologie,* 52f. Zur philosophischen Verwendung von περιέχειν/συνέχειν s. Birrer, *Mensch,* 90f.

6 Haer II 1,2 (26,14-18); vgl. III 11,1 (142,30-38: Die Schöpfung befindet sich nicht außerhalb, sondern innerhalb des Pleromas, also im Eigentumsbereich Gottes); IV 19,2f (618, 21-622,70). Markus, *Pleroma,* 212-224, geht auf die eben zitierte Stelle nicht ein. Es ist sicherlich richtig, daß „our redemption is in Christ's fulfilment of God's redemptive plan unfolding in history and in the Church's perpetuation of that fulfilment. This is the ‚fulfilment' he opposes to the gnostic Pleroma" (aaO, 219); und es ist sicher richtig zu betonen, daß Irenäus vor allem mit Hilfe der Heilsgeschichte versucht, die Valentinianer zu widerlegen. Aber dennoch fällt auf, daß Irenäus seinen Widerspruch gegen die ptolemäische Lehre damit *beginnt,* Gott positiv als „Pleroma von allem" zu bestimmen.

7 S. haer II 1,2-5 (28,19-34,99); vgl. II 13,6f. Auch wenn das Pleroma und das Nicht-Pleroma als unendlich voneinander entfernt gedacht werden, wird das, was „zwischen" diesen ist, wieder größer als das Pleroma usw. Die Annahme eines Abstands zwischen Pleroma und Nicht-Pleroma führt zu einem *regressus in infinitum,* letztlich zur *„impietas."* Irenäus betont, daß dieses Argument auch auf die beiden Götter Markions zutrifft. – S.a. Meijering, *NedThT 27,* 31f, der auf die Nähe des irenäischen Arguments zu Aussagen

innerhalb des Gottesbegriffs ist nur dann zu vermeiden, wenn ein einziger, höchster Gott gedacht wird, der wirklich das „Pleroma" ist, also die gesamte sichtbare und unsichtbare Wirklichkeit als seinen Eigentumsbereich vollständig umfaßt und selbst Ursache alles Seienden ist.[8] Allein auf dieser Grundlage kann schlüssig erklärt werden, warum es überhaupt möglich war, daß die Erlösung der Menschen in einem Bereich stattfand, in den Gott hineinwirken konnte und kann.[9] „Die gegen die Gnostiker gerichtete Theologie des Irenäus ist schon ganz von jenem Gottes- und Vernunftbegriff bestimmt, den Jahrhunderte später Anselm von Canterbury in die Formulierung fassen wird: Gott ist dasjenige, über das hinaus nichts größeres gedacht werden kann."[10]

Irenäus hat die Widersprüche, die sich aus der *Kreuzesvorstellung* der Valentinianer für ihre Lehre vom Pleroma ergeben, wohl deshalb nicht weiter ausgeführt, weil sie offen auf der Hand liegen.[11] Die drei Probleme, die ich im folgenden beschreibe, lassen sich als *Schlußfolgerungen* aus der dargestellten allgemeinen Kritik des Irenäus ableiten.

a) Die Ptolemäer *reden* zwar vom göttlichen Pleroma, aber ihre Vorstellung vom Ὅρος/Σταυρός, der das Pleroma von der übrigen nicht-pleromatischen Sphäre abgrenzt, zeigt, daß ihr sogenanntes Pleroma gar kein Pleroma im Vollsinn des Wortes ist. Denn ein „Pleroma", von dem ein Grenzpfahl alle nicht-pneumatischen Elemente fernhält, kann nicht die allumfassende vollkommene göttliche Fülle sein. Der Ὅρος/Σταυρός stellt somit einen logischen Widerspruch *innerhalb* des grundlegenden Gottesgedankens der Valentinianer dar.

b) Auch aus der Funktion des Ὅρος/Σταυρός, die vom Urvater zu unterscheidenden Äonen zu festigen und „außerhalb der unsagbaren Größe" des Urvaters zu bewahren, erwächst ein Widerspruch.[12] Denn indem der Ὅρος/

---

der Skeptiker hinweist.

8 S. haer II 2,1-6 (34,1-42,93); 3,1 (42,1-5); 4,2 (48,27-30); 8,3 (80,30-39); vgl. II 6,1f (60,1-62,39); 30,1-9 (300,1-322,253) u.ö.

9 Vgl. nur haer V 18,1.

10 Schwager, *Markion*, 295.

11 Direkte Kritik am Ὅρος/Σταυρός als Pleromagrenze bzw. an der Deutung des Kreuzes Jesu als dessen Abbild übt Irenäus in haer IV 35,3 (870,70-80), allerdings in einem anderen theologischen Zusammenhang. Irenäus betont dort, daß die Valentinianer nicht in der Lage sind, für andere Ereignisse der Passion Jesu, die ihrer Ansicht nach ebenfalls Abbilder sein müßten, ein himmlisches Urbild anzugeben. Schon aus diesem Grund ist eine isolierte Interpretation der Kreuzigung Jesu als Abbild für die „Ausstreckung" des oberen Christus durch den Ὅρος unzulässig.

12 Haer I 2,2 (38,32-40,34/39f,168-170). Vgl. oben Abschnitt 1.2.1.1.

Σταυρός die übrigen Äonen vom Urvater abgrenzt, läßt er diesen von jenen umfaßt sein. Die Äonen werden dadurch – analog zu den oben genannten Argumenten – größer als die „unsagbare Größe".

c) Der ῞Ορος/Σταυρός hat die besondere Funktion, die *Unerkennbarkeit* des Urvaters zu wahren. Irenäus widerspricht dieser Aussage der Valentinianer nirgends direkt, sondern setzt ihr an späterer Stelle seine eigene Kreuzestheologie entgegen. Das Kreuz Jesu Christi offenbart gerade die für Menschen unerfaßbare Größe des Vaters und Schöpfers; dies zwar so, daß die Menschen (noch) nicht mit der wirklichen Größe Gottes konfrontiert werden, aber immerhin soweit, daß eine an den momentanen Möglichkeiten des Menschen bemessene „Schau Gottes" gewährleistet ist, die auf die *visio Dei* im eigentlichen Sinne vorbereitet. Erhält das Kreuz demgegenüber die Aufgabe, die vollständige Erkenntnis des wahren Gottes zu *verhindern*, verliert es eine seiner (nach Irenäus) wesentlichen Funktionen.

2.1.2 Explizite Argumente gegen den valentinianischen ῞Ορος/Σταυρός

In einem zweiten Widerlegungsgang untersucht Irenäus die valentinianische *Äonenlehre* (haer II 12-19) auf innere Widersprüche. An zwei Stellen kommt er explizit auf den ῞Ορος/Σταυρός zu sprechen.

2.1.2.1 Der ῞Ορος/Σταυρός als überzählige Emanation

Der grundlegende Einwand, den Irenäus gegen die Äonenlehre der Valentinianer und damit gegen ihr theologisches System insgesamt erhebt, besteht darin, daß die „Dreißigheit" der Äonen „als Ganze aus zwei Gründen wunderbar einstürzt, weil sie einmal mehr, das andere Mal weniger hat" als dreißig Äonen bzw. Emanationen.[13] Den Widerspruch, der sich aus der Behauptung ergibt, daß der ῞Ορος/Σταυρός eine eigene Emanation sei, legt Irenäus in haer II 12,7[14] dar wo er die Emanationen behandelt, die die Dreißigzahl der Triakontas erhöhen. Da dieser Text bereits besprochen wurde[15], genügt es an dieser Stelle, die wichtigsten Argumente des Irenäus kurz zusammenzufassen:

---

13 Haer II 12,1 (96,1-4). Argumente, die Irenäus anführt, um die zahlenmäßige Verringerung der Äonen-Triakontas nachzuweisen, in haer II 12,1-6 (96,1-104,106).

14 104,107-106,138.

15 S.o. S. 26-29.

Die Valentinianer addieren die Emanationen *Horos, Christus, Spiritus sanctus* und *Salvator* nicht zur Anzahl des Pleromas, obwohl sie dies aus naheliegenden Gründen eigentlich tun müßten. Umgekehrt würde diese Addition die die göttliche Vollkommenheit repräsentierende Zahl 30 unzulässig erhöhen und damit ihr gesamtes Denkgebäude einschließlich der biblischen Belegtexte zum Einsturz bringen. Der ῞Ορος/Σταυρός der Valentinianer – so die Quintessenz der irenäischen Kritik – befestigt das Äonengefüge nicht, sondern bringt es ins Wanken, weil er in logischem Widerspruch zu den wichtigsten „Grunddogmen" ihres Systems steht.

2.1.2.2 Die in der widersprüchlichen Lehre von der Sophia angelegte Sinnlosigkeit der Emanierung des ῞Ορος/Σταυρός

In haer II 17-19 konzentriert sich Irenäus auf die Frage nach der Entstehung und dem Wesen der Äonen. Er diskutiert die unterschiedlichen Möglichkeiten, die Art ihrer Emanation und ihres Verhältnisses untereinander denken zu können.[16] Unabhängig davon, wie die Emanation der Äonen zu denken ist, geraten die Valentinianer stets in Erklärungsengpässe. Sie müssen einerseits – falls eine Emanation und ihr „Erzeuger" (*generator*) einander unähnlich (*dissimilis*) sind und jene folglich „von einer anderen Substanz" (*ex altera substantia*) ist als dieser – begründen, wie diese andere Substanz, die nicht anders als veränderlich und leidensfähig gedacht werden kann, in das Pleroma kommen konnte, das selbst rein pneumatisch, also leidensunfähig sein soll. Oder sie müssen andererseits erklären, wie der Äon Sophia in Leidenschaft geraten konnte, falls alle Äonen einander ähnlich und demzufolge von der selben Substanz sind. Wird die substantielle Gleichheit der Äonen angenommen, sind entweder *alle* Äonen (einschließlich des Urvaters) leiden*unfähig* und befinden sich im Zustand der Gnosis des Urvaters. *Oder* aber sie sind *alle* leiden*fähig*, was in letzter Konsequenz bedeutet, daß sich der Urvater selbst im Zustand der Unwissenheit befindet und somit die eigentliche Ursache allen Übels ist. Denn die Leidensfähigkeit erwächst aus der Unwissenheit, und diese liegt wiederum in der unmöglich zu erfassenden Größe des Urvaters begründet.

---

16 Zum folgenden s. haer II 17,2-18,1 (158,11-174,11). Irenäus betont, daß er alle denkbaren Möglichkeiten der Art der Emanation aufführt. Er bezieht sich bei seiner Darstellung auf Gespräche mit den Valentinianern (haer II 17,9 [168,139-144]).

Die Vorstellung von der in Leidenschaft geraten(d)en *Sophia* ist also von
ihren Denkvoraussetzungen her Unsinn. Irenäus destruiert die für die Emanierung des Ὅρος/Σταυρός notwendigen theologischen Grundlagen. In
haer II 19,9 verdeutlicht er die Konsequenzen, die sich ergeben, wenn trotz
der skizzierten Probleme am „Leiden der Sophia" festgehalten wird.[17] Die
Entstehung der vier Emanationen *Christus, Spiritus sanctus, Horos* und *Soter*
sowie die Erschaffung der Welt, aber auch der pneumatische Same, den die
Achamoth ausstreut, gehen letztlich auf einen bedauerlichen Unfall (*labes*) im
Pleroma zurück, den es, hielten sich die Valentinianer konsequent an ihre
eigenen theologischen Prämissen, gar nicht geben dürfte.

Irenäus geht in seiner Kritik noch zwei Schritte weiter. Er entlarvt, ohne
dies explizit zu sagen, mit dem Aufweis weiterer Widersprüche innerhalb der
Sophia-Lehre zugleich die *Trennungsfunktion* des Ὅρος[18] und die *Festigungs-
funktion* des Σταυρός[19] als denkunmöglich bzw. als sinnlos.

Zunächst fragt Irenäus danach, wie es möglich gewesen sein soll, daß sich
die Ἐνθύμησις zusammen mit dem πάθος von der Sophia trennte.[20] Eine
Ἐνθύμησις (ein „Bestreben", eine „Absicht", ein „Gedanke") kann nur *erga
aliquem*, nicht jedoch abgesondert als für sich existierend gedacht werden.
Daraus folgt, daß eine *mala Enthymesis* eines Subjekts (im konkreten Fall also
der Wunsch der Sophia, den Urvater zu erkennen) nur von einer *bona Enthymesis* (die Belehrung darüber, daß der Urvater unbegreiflich und nicht zu finden ist[21]) „vertrieben und verschlungen" werden kann.[22] Irenäus widerlegt
hier also zunächst implizit die dem Ὅρος zukommende Funktion des *Trennens*, indem er den Gedanken der Abtrennung einer Ἐνθύμησις von ihrem
Subjekt als *denkunmöglich* nachweist.[23]

Um die dem Σταυρός zukommende Funktion des *Festigens* zu widerlegen,
greift Irenäus auf seine Argumente aus haer II 17,1-18,1 zurück.[24] Wenn die
Sophia und das Pleroma „von derselben Substanz" sind und das „gesamte Ple-

---

17 198,169-174.
18 S. haer II 18,2-4 (176,12-178,58).
19 S. haer II 18,5-7 (178,59-184,131).
20 Diese Abtrennung nimmt nach haer I 2,4; 4,1 der Ὅρος/Σταυρός vor (s.o.).
21 Auch über die Unfaßbarkeit des Urvaters belehrt nach haer I 2,2 der Ὅρος/Σταυρός.
22 Haer II 18,2 (176,12-26).
23 Mit der gleichen Argumentationsstrategie zeigt Irenäus in haer II 18,3f (176,27-178,58),
    daß auch die Entstehung der Materie aus den von der *Enthymesis* abgetrennten Leiden-
    schaften einen grundsätzlichen Denkfehler enthält. Auch „Affekte" (*adfectiones*) können
    nie für sich alleine existieren. Die *Enthymesis selbst* war das πάθος.
24 S.o. ab S. 95.

roma aus dem Vater" stammt, kann es unmöglich sein, daß ein Äon des Pleromas „aufgelöst wurde und in Leiden geriet."[25] „Angst nämlich, Entsetzen, Leiden, Auflösung und Ähnliches mag zwar vielleicht bei Wesen, die sich auf unserer Ebene befinden und körperlich sind, aufgrund ihrer Gegensätze eintreten; geistigen Wesen jedoch und denen, über die das Licht bereits ausgegossen ist, folgen solche Mißgeschicke nicht."[26]

Wie die Annahme der Gefahr, die Sophia könnte in die „Gesamtsubstanz" des Pleromas hinein aufgelöst werden, von vornherein widersprüchlich ist, so konnte auch der Wunsch der Sophia, den vollkommenen Urvater zu suchen, bei ihr weder Unwissenheit noch Leiden verursachen, „sondern vielmehr (nur) Vollkommenheit, Leidensunfähigkeit und Wahrheit"[27] – genauso, wie es die Valentinianer für sich selbst in Anspruch nehmen. Wenn es jedoch schon Menschen, die noch auf der Erde leben, möglich ist, „vollkommen zu sein, weil sie den Vollkommenen gesucht und gefunden haben"[28], dann erweist sich der Gedanke, daß ein rein pneumatischer Äon *intra Pleroma* auf der Suche nach dem Urvater „in solches πάθος verfiel, so daß er, wenn ihm nicht die Kraft begegnet wäre, die alles festigt, in die Gesamtsubstanz aufgelöst und vernichtet worden wäre"[29], als völlig unhaltbar. Die Sophia bedarf (wie alle anderen Äonen auch) als pneumatischer Bestandteil des Pleromas überhaupt keiner „Festigung". Ist die Funktion des *Festigens* unnötig, so auch das Vorhandensein einer festigenden Emanation.

2.1.3 Zusammenfassung

Im seiner Kritik an der valentinianischen Gottes- und Schöpfungslehre widerlegt Irenäus die Vorstellung vom Ὄρος/Σταυρός indirekt, indem er die *magna capitula* der Valentinianer auf logische Unstimmigkeiten hin untersucht. Sind ihre theologischen Grunddogmen widersprüchlich, müssen auch die daraus abgeleiteten Folgegedanken unsinnig sein. So ist ein begrenztes Pleroma kein Pleroma im eigentlichen Sinn; der Gedanke des Ὄρος/Σταυρός als Pleroma*grenze* ist ein Widerspruch in sich. Daß die *Sophia* als pneumatischer Äon in Leidenschaft geriet und ihre *Enthymesis* von ihr abgetrennt

---

25 Haer II 18,5 (178,59-180,61); vgl. I 2,2.
26 Haer II 18,5 (180,78-83).
27 Haer II 18,6 (182,89-93).
28 Haer II 18,6 (186,102f).
29 Haer II 18,6 (182,107-110).

wurde und für sich existierte, läßt sich nicht denken; der ῞Ορος/Σταυρός ist
überflüssig, weil „Trennen" und „Festigen" überflüssig sind. Wird an dem
Gedanken der leidenden *Sophia* festgehalten, ist der ῞Ορος/Σταυρός (zusammen mit den anderen drei „späteren" Emanationen) entweder eine Emanation zuviel – die pleromatische Harmonie der *Triakontas* steht auf dem
Spiel –, oder aber eine Emanation, deren Ursache der Unfall der *Sophia* ist,
wodurch die für das Heilsgeschehen zentralen Emanationen einen kaum
auslöschbaren Makel erhalten, was nicht zuletzt eine Lästerung Gottes bedeutet.[30] Der Gedanke des ῞Ορος/Σταυρός ist somit in der Form, wie die
Valentinianer ihn vortragen, schon von seinen grundlegenden theologischen
Denkvoraussetzungen her unhaltbar. Es erübrigt sich, die ῞Ορος/Σταυρός-
Lehre detailliert zu widerlegen.

2.2 Die Gefährdung des menschlichen Heils durch die
Aufspaltung des Erlösers

In haer II richtete Irenäus seine Kritik in erster Linie direkt gegen den valentinianischen *Gottesbegriff*.[31] Dies hatte zur Folge, daß er den christologischen,
den anthropologischen und den soteriologischen Ansichten seiner Gegner
meist nur indirekt widersprach.[32] Ab haer III rücken diese Themen (neben
anderen) in den Mittelpunkt der Widerlegung. Irenäus zeigt, daß die unterschiedlichen Fehldeutungen der Person Jesu Christi und seiner Kreuzigung in
einem falschen Verständnis Gottes, des einen Schöpfers und Erlösers von
Welt und Mensch, wurzeln. Theologie, Christologie, Anthropologie und Soteriologie stehen in einem Wechselverhältnis, das nicht aufzulösen ist. In haer
IV pr. 3f macht Irenäus diesen Zusammenhang deutlich.[33]

---

30 Die valentinianische Äonenlehre gefährdet somit die (Ende des 2.Jh.s freilich nur ansatz-
    weise durchreflektierte) *Trinitätslehre*. Irenäus wird nicht zuletzt versuchen, seine Kreu-
    zesdeutung für die Trinitätslehre fruchtbar zu machen (s.u.).
31 Andere Häretiker als die Valentinianer tauchen in haer II nur am Rande auf. Ab haer III
    bezieht Irenäus jene etwas stärker in seine Widerlegung ein.
32 Eine gewisse Ausnahme bildet haer II 20-34, wo Irenäus die falsche Hermeneutik und
    Eschatologie der Valentinianer sowie die Seelenwanderungslehre behandelt.
33 384,26-390,75; die beiden folgenden Zitate 384,28-386,32 und 388,57-390,61.68-73. Vgl.
    auch haer IV 33,3 (808,51-810,70).

Die Valentinianer lassen den einen Gott und Schöpfer „aus einem Unfall oder Mangel hervorgehen. Sie lästern aber auch unseren Herrn, indem sie Jesus von Christus und Christus vom Soter und den Soter vom Monogenes abtrennen und abscheiden."[34] Sie lassen den Weltschöpfer, Christus und den Heiligen Geist aufgrund eines Unfalls entstehen, und der Erlöser ist eine Frucht der Äonen, die sich im Zustand des Mangels befanden. Alle „Häretiker", „obwohl sie von unterschiedlichen Punkten ausgehen und Unterschiedliches lehren, kommen dennoch in derselben Hauptsache der Lästerung zusammen, ... indem sie gegen Gott, unseren Schöpfer und Ernährer, Lästerung lehren und das menschliche Heil aufheben. ... Was immer nämlich alle Häretiker mit größtem Nachdruck sagen, läuft letztlich darauf hinaus, daß sie den Schöpfer lästern und das Heil des Geschöpfes Gottes in Abrede stellen, d.h. (das Heil) des Fleisches, dessentwegen der Sohn Gottes die ganze Heilsordnung vollbracht hat".[35]

Alle Häretiker unterliegen aus Irenäus' Sicht dem gleichen *christologischen* Irrtum: Sie leugnen die wahre Menschwerdung des Logos bzw. des Göttlichen in Jesus Christus und sein wahres Leiden im Fleisch.[36] Dieser Fehler folgt aus zwangsläufig aus der häretischen Anthropologie, in der falsch bestimmt wird, was am Menschen von Natur aus erlösungsfähig ist und was nicht.[37] Anthropologie und Christologie gehen diesbezüglich parallel.[38] Der menschliche *Leib* sei aufgrund seiner materiellen Beschaffenheit prinzipiell erlösungs*unfähig*. Zugang zum Heil hätten nur das *Pneuma* oder die *Seele*, die aus dem Leib befreit werden müßten, um Anteil am ewigen Leben in Ge-

---

34 Vgl. auch Rudolph, *Gnosis,* 166-186.
35 S.a. haer III 20,2 (388,51-53: „Der Ruhm des Menschen ist Gott, das Gefäß des Wirkens Gottes aber und seiner ganzen Weisheit und Kraft ist der Mensch."); IV 20,7 (648,181f: „Der Ruhm Gottes ist der lebende Mensch, das Leben des Menschen aber die Schau Gottes."); weiterhin III 16,8 (318,253-264); V 19,2 (250,22-252,44).
36 Vgl. Jaschke, *Johannesevangelium,* 356f.363f; Houssiau, *La christologie,* 146-162.
37 Vgl. Joppich, *Salus,* 11-26.
38 S. nur haer IV 2,4 (404,56-59). Vgl. dazu die christologischen Aussagen in ApcPt 74,13-15 (226 NHMS), Zostr 48,27-29 (118 NHS); Silv 101,33-102,5 (324 NHMS); 1ApocJac 25,8-37,20 (70-92 NHS); 2LogSeth 55,9-56,27; 58,19-59,9 (162-166; 170-172 NHMS, v.a. 56,9-11); Melch 5,1-11 (48 NHS); EV 20,25-34 (86-88 NHS); s. dazu Koschorke, *Polemik,* 44-48; Aland, *Christentum,* 327-332; Tröger, *Christologie,* 45-52 (bietet in seiner Dissertation über die Passion Jesu Christi in der Gnosis nach den Schriften von Nag Hammadi eine umfassende Untersuchung zum Thema; zur Kritik an Tröger s. Voorgang, *Passion,* 120-299; Pagels, *Views,* 264). Irenäus' Kritik – er vertritt selbst eine Zwei-Naturen-Christologie (vgl. dazu Wingren, *Man,* 79-112) – bezieht sich unterschiedslos sowohl auf die „monophysitischen" als auch auf die „dyophysitischen" Christologien der Häretiker. Alle lehnen die *wirkliche* Menschwerdung und das *wahre* Leiden des göttlichen Logos seiner Meinung nach ab.

meinschaft mit dem Göttlichen zu erhalten. Der Leib und die übrige Materie gingen dauerhaft zugrunde.[39]

Konsequenterweise verteilen die Häretiker den *Ursprung* der menschlichen Bestandteile auf unterschiedliche schaffende Mächte, deren Grad an Göttlichkeit jeweils darüber entscheidet, ob der von ihnen hervorgebrachte Anteil des Menschen ganz oder teilweise erlösungsfähig ist oder vernichtet wird.[40] Daraus folgt, daß weder Gott als der eine Schöpfer noch der Mensch als einheitliches Geschöpf gedacht werden können.[41] Die Frage, wie die Erzeuger der anthropologischen Bestandteile genauerhin zu bestimmen sind, ob sie ewig-pneumatisch, entstanden-psychisch oder anders geartet sind, wird von den einzelnen häretischen Gruppen unterschiedlich gelöst. Diese Unterschiede sind für Irenäus jedoch nicht entscheidend. Ihm liegt an dem Nachweis, daß die Prädizierung des menschlichen Leibes als erlösungs*unfähig* mit der biblisch-kirchlichen Anthropologie nicht übereinstimmt, weil die *theologische* Grundentscheidung der Häretiker, den einen wahren Gott und Schöpfer zu leugnen, falsch ist.[42]

---

39 Nach haer V 9,1 (106,1-5) führen „*alle* Häretiker" 1Kor 15,50 („Denn Fleisch und Blut können das Reich Gottes nicht erben") als biblische Begründung für ihre Lehre an (zu Markion s. Tert., Marc. V 10,11-16 [693,2-695,5 CChr]; s. weiterhin EvPhil 23a-b (= 55, 26-57,19 [152-154 NHS; 157f NTApo I⁶]). Irenäus widerlegt diese Fehlinterpretation in haer V 9-14 (dazu s. ausführlich Overbeck, *Menschwerdung*, 192-248 [Lit.]; Orbe, *Teología I*, 401-703; Weiß, *Paulus*, 116-128; Dassmann, *Stachel*, 192-222; Noormann, *Paulusinterpret*, 293-333; de Andia, *Homo*, 278-297. – Zur Anthropologie der Ptolemäer s. haer I 5,3-7,5; 8,3 (80,44-112,92/81,511-112,769; 120,62-124,95/120,833-125,871); II 29,1-3 (294,1-300,72/299,1-5); vgl. Overbeck, aaO, 40-47; Dassmann, aaO, 210-214; Koschorke, *Polemik*, 225-228; Jaschke, *Geist*, 299-304. Auch andere Häretiker bestimmen den materiellen Leib des Menschen negativ und als erlösungsunfähig, während ihr Pneuma oder die Seele gerettet wird. Irenäus nennt u.a. Simon Magus (s. haer I 23,2f [314,34-318,80/317,1-319, 14]), Saturninus (haer I 24,1f [320,1-324,39/321,1-325,35]), Basilides (haer I 24,5 [328,88f]), Karpokrates (haer I 25,1-5 [332,1-342,95/ 332,1-343,10]), Markion (haer I 27,3 [350,34-352,37]), die „anderen" Gnostiker (haer I 30,1-14)

40 Diese theologische Konsequenz erkennt Irenäus bei allen Häretikern, deren Anthropologie er referiert (vgl. die genannten Beispiele im ersten Kapitel).

41 S. haer III 16,8 (318,253-264).

42 Repräsentativ für den Aufweis fehlerhafter theologischer Prämissen, die in eine falsche Anthropologie münden, ist ein weiteres Mal Irenäus' Kritik an der Ptolemäus-Schule, konkret: an ihrer Vorstellung vom pneumatischen Samen; s. haer II 19,1-9 (184,1-198,181); V 4,1f (54,1-60,39). Die eigentliche Ursache für die negative Qualifizierung der Materie – so ein entscheidendes Argument der irenäischen Widerlegung – liegt nicht beim außerpleromatisch agierenden Demiurgen, sondern im pneumatischen Pleroma, letztlich beim Urvater selbst. – Ein weiteres Argument, das Irenäus der „Samen-Lehre" der Valentinianer entgegensetzt, findet sich in haer IV 35,3 (868,58-870,70). Er kritisiert

Die Texte, in denen Irenäus die häretischen Christologien thematisiert, sind überaus zahlreich. Differenzierte Zusammenfassungen bietet er in haer III 11,3[43] und III 16,1[44].

„Nach ihrer Meinung aber ist weder der Logos noch der Christus noch der Soter, der aus allen (sc. Äonen) entstanden ist, Fleisch geworden. Denn sie wollen, daß der Logos und Christus nicht in diese Welt gekommen ist und daß der Soter weder Fleisch geworden ist noch gelitten hat, sondern daß er wie eine Taube auf den Jesus, der aus der ‚Heilsordnung' (*ex dispositione*) entstanden ist, herabgestiegen und, nachdem er den unbekannten Vater verkündigt hatte, wieder ins Pleroma aufgestiegen ist.[45] Die einen sagen, daß der Jesus, der aus der ‚Heilsordnung' ist und durch Maria wie Wasser durch eine Röhre gegangen sein soll, Fleisch geworden ist und gelitten hat[46]; andere sagen dagegen, daß es der Sohn des Demiurgen war, auf den der Jesus, der aus der ‚Heilsordnung' ist, herabgestiegen sei[47]; wieder andere sagen, daß Jesus von Josef und Maria geboren und daß auf diesen der Christus aus der oberen Welt herabgestiegen sei, der ohne Fleisch und leidensunfähig existiere.[48] Aber nach keiner Lehre der Häretiker ‚ist der Logos' Gottes ‚Fleisch geworden' (Joh 1,14). Wenn man nämlich ihrer aller Lehraussagen (*regulas*) durchforscht, findet man, daß der Logos Gottes und der Christus, der sich in der oberen Welt befindet, von ihnen allen ohne Fleisch und leidensunfähig eingeführt wird.[49] Denn die einen meinen, daß er sich, als Mensch verwandelt, offenbart habe, bezeichnen ihn aber weder als ‚geboren' noch als ‚fleischgeworden'; andere aber

---

in haer IV 35,1-4 die Vorstellung von den unterschiedlichen Ursprüngen der Schriftworte, von denen der beste Teil durch diejenigen Menschen gesprochen worden sein soll, die den pneumatischen Samen der „Mutter" Achamoth besaßen (S.o. S. 41 u. unten Abschnitt 2.4.1). Hier ergibt sich nach Irenäus das Problem, daß die Achamoth die pneumatischen Samen *außerhalb* des Pleromas geboren hat. Aus diesem Grund können die Menschen, die angeblich im Besitz des Pneuma-Samens waren, unmöglich die *innerpleromatischen* Geheimnisse, über die sie geredet haben sollen, gekannt haben. Denn nach valentinianischer Lehre befindet sich alles Außerpleromatische, auch die *extra Pleroma* geborenen Pneumasamen, im Zustand der Unwissenheit, was bedeutet, daß diese *aufgrund ihres Wesens* (nicht aufgrund ihrer Verbundenheit mit Psychischem oder Materiellem) erlösungsbedürftig sind (vgl. haer II 5,1f [54,18-56,49]).

43 146,58-148,82 (wird im folgenden zitiert).

44 286,1-290,33. Auf haer III 16,1 und weitere Texte verweise ich in den Fußnoten.

45 Vgl. haer III 16,3 (286,1-9); haer I 6,1 (90,12-92,19/91f,599-606); I 26,1 (Kerinth); III 9,3 (108,74-80/108,6-12); 10,4 (126,110-122); 18,3 (346,34-352,72/348,2-350,18) u.ö.

46 Vgl. haer III 16,1 [286,10-288,27]); 12,2 (182,55-184,60/182,1-184,6); 17,1 (328,1-6); 21,10-22,4 (426,215-444,91/428,1-430,14; 434,2-436,20) u.ö. Wichtig auch haer I 9,2f (140,30-36; 142,50-53/140f,1002-1007; 143,1022-1024; 144,62-66/145,1034-1038).

47 Vgl. haer I 7,2 (Valentinianer) und I 26,1 (Kerinth); III 11,1 (138,1-140,16: Kerinth und Valentinianer).

48 Vgl. haer I 26,1 (Kerinth), auch I 15,3 (Markos). In haer III 16,1 (286,9f) nennt Irenäus weiterhin Leute, die sagen, Jesus „habe scheinbar (*putative*) gelitten, weil er von Natur aus leidensunfähig sei".

49 Vgl. haer III 16,6 (310,189-312,200).

(sagen), daß er nicht einmal die Gestalt eines Menschen angenommen habe, sondern daß er wie eine Taube auf den Jesus herabgestiegen sei, der aus Maria geboren wurde."[50]

Indem die Häretiker die wahre Inkarnation des Logos und sein Leiden im Fleisch leugnen, spalten sie Jesus Christus in zwei oder mehrere Subjekte auf[51], wobei dasjenige Subjekt, das die Erlösung vollzieht, an der erlösungs- unfähigen Leiblichkeit des Menschen keinesfalls vollständig teilhaben *darf*. Eine solche Teilhabe würde die Erlösung der erlösungs*fähigen* Anteile des Menschen verhindern, weil sich der Erlöser durch die Partizipation am von Natur aus Erlösungs*unfähigen* selbst als erlösung*bedürftig* erweisen würde. Dabei ist es irrelevant, ob die Häretiker „Jesus Christus" in einem Scheinleib, der ein Leiden im Fleisch von vornherein ausschließt, auftreten lassen, ob sie – wie die Ptolemäus-Schule – behaupten, er habe überhaupt nichts Materiel- les angenommen[52], ob sie wie Markos in „Jesus" die „ausgezeichnete Zahl" erscheinen oder wie „Basilides" einen ganz anderen als Jesus leiden lassen – in jedem Fall kommen der göttliche Erlöser und die Fleischesmaterie, die die Erlösung der erlösungsfähigen Anteile des Menschen notwendig macht, in „Jesus Christus" nie so weit miteinander in Berührung, daß die Erlösung des Pneumas oder der Seele gefährdet würde. Und es ist deshalb letztlich gleich- gültig, wenn einige Häretiker, beispielsweise die Ptolemäer, einen Teil „Jesu Christi" durchaus als leidensfähig beurteilen und dem Leiden dieses Teiles so- teriologische Bedeutung beimessen, oder daß sie, wie einige Schriften aus Nag Hammadi zeigen[53], den Kreuzestod Jesu sogar positiv als heilvolle Befreiung aus dem leiblichen Leben und damit als soteriologisches Konstitutivum ver- stehen. Die Heilsbedeutung des „Leidens" „Jesu Christi" ist immer *relativ*, sie bezieht sich immer nur auf die entsprechenden (psychischen) Anteile des Menschen, nie auf den *ganzen* Menschen[54], oder sie richtet sich *negativ* gegen den als Gefängnis empfundenen Leib.

Irenäus hat m.E. richtig erkannt, an welcher Stelle das grundsätzliche Pro- blem aller von ihm bekämpften Häretiker liegt: Daß in den „zT konträren Bestimmungen [sc. die die Gnostiker dem Leiden und der Kreuzigung Jesu geben] ein einheitliches Grundmotiv wirksam [ist]: die Überzeugung, daß der

---

50 Ein Sonderfall sind die Ebionäer, die die Jungfrauengeburt ganz ablehnen.
51 Vgl. nur haer III 16,5f.8 und III 17,4 (338,86-340,92).
52 S.a. Foerster, *NTS* 6, 30f.
53 S. Koschorke, *Polemik*, 45; Rudolph, *Gnosis*, 178f (mit Belegen); vgl. auch die Übersicht über die Grundtypen gnostischer Christologien bei Weigandt, *Doketismus*, 4-19 sowie oben S. 99 Anm. 38.
54 Vgl. Koschorke, *Polemik*, 44f (mit Belegen aus Nag Hammadi); de Andia, *Homo*, 194-196.

Soter in seinem eigentlichen Sein der Sphäre des Leidens und der Vergänglichkeit gänzlich entnommen ist".[55]

Können die Gnostiker davon reden, daß „all die unterschiedlichen Chri-
sten(gruppierungen) Anteil an Christus haben – eben jeweils soweit, wie sie
ihn zu erkennen vermögen"[56] –, so weist Irenäus solche Gedanken strikt zurück. Jesus Christus ist einzig und allein als menschgewordener Logos Gottes, der im Fleisch gelitten hat, zu erkennen und zu bekennen. Menschen, die
mit ihren christologischen Spekulationen das Ziel verfolgen, das Subjekt der
Passion in einem anderen als in diesem einen Jesus Christus zu finden, haben
nichts mit dem kirchlichen Glauben und dem einen Bekenntnis der Kirche
zu tun – und sie haben auch keinen Anteil an Jesus Christus, der in der Kirche präsent ist.

Völlig konsequent lehnt Irenäus die in den christologischen Konzeptionen
der Häretiker angelegten Kreuzes- und Kreuzigungsdeutungen samt und son-
ders ab. Im Gegensatz dazu betont er, daß Jesus Christus zur Erlösung des
ganzen Menschen in einem menschlichen Leib am Kreuz gelitten hat.[57]

In haer III 18,2f[58] streift Irenäus kurz das Thema der Eucharistie, das er in
haer V 2,2f[59] breiter entfaltet. Wein und Brot der Eucharistie können als Blut
und Leib Christi nur dann heilvoll wirken und in die (wörtlich zu verstehen-
de) *leibliche* Christusgemeinschaft führen, wenn Jesus Christus ein Mensch
aus Fleisch und Blut war und sein Blut vergossen hat, um die Menschen zu
erlösen. Die valentinianische Christologie steht von vornherein dem effektiv-
soteriologischen Verständnis der Eucharistie entgegen. Dies verdeutlicht haer
III 18,2f. Irenäus führt eine Reihe von Paulustexten an, mit denen er nachweist, daß gerade das Kreuzesleiden Jesu, sein Tod und seine Auferstehung
die zentralen Heilsereignisse sind. Am Ende von haer III 18,2 zitiert er 1Kor
10,16[60], um anschließend die Frage an die Adresse der Valentinianer zu richten: „Wer aber ist es, der uns von den Speisen (sc. von der Eucharistie) mitgeteilt hat? Ist es etwa der obere Christus, der von ihnen erdichtet wird, der
sich über den Horos, das heißt über die ‚Grenze', hinweg ausgestreckt und

55 Koschorke, *Polemik,* 45; weitere Belege aaO, 45-47.175-241.
56 Koschorke, *Polemik,* 191f; s.a. aaO, 189-198 (Belege).
57 Irenäus streicht die Leidensfähigkeit des inkarnierten Logos an vielen Stellen heraus (s.
   nur haer I 9,3; 10,1.3; III 12,2.3.6; 16,5-9; 18,1.3-7; 22,1f; IV 7,2; 9,2; 10,2; 20,8; 26,1;
   33,1.11-13; 35,3; V 1,1; 14,2-4; 16,3-20,2 u.ö.).
58 346,33-40.
59 30,18-40,76/32,1-40,48; s.a. haer IV 18,4f (606,82-612,122/610,1-612,14).
60 „Der Kelch des Segens, den wir segnen, ist er nicht Gemeinschaft mit dem Blut Christi?"

ihre Mutter geformt hat, oder ist es der Immanuel aus der Jungfrau, der Butter und Honig aß (vgl. Jes 7,14f)?"

Indem die Valentinianer die Kreuzigung Jesu auf der Basis ihrer theologischen Prämissen als (bloßes) Abbild eines himmlischen Geschehens verstehen, leugnen sie die *geschichtlich-reale* Basis des kirchlichen Eucharistieverständnisses (die Hingabe des Christusleibes am Kreuz) und somit das Heil des *ganzen* Menschen von Grund auf.

Summa: Die häretischen Verständnisweisen des Erlösers und seiner Kreuzigung spiegeln ihre falschen *theologischen* Voraussetzungen und die daraus abgeleiteten *anthropologischen* Konzeptionen wider. Problematische Bestimmungen des Menschen (was ist an ihm erlösungsfähig und was nicht?) führen zu problematischen soteriologischen Entwürfen (was wird erlöst, was kann und was muß der Mensch tun, um an der Erlösung teilhaben zu können?). All diese Probleme kulminieren in Christologien, die von vornherein den aus Irenäus' Sicht *eigentlich* erlösungsbedürftigen „Teil" des Menschen, seinen vergänglichen Fleischesleib, aus „Jesus Christus" ausnehmen und damit das biblisch bezeugte Erlösungswerk, konkret also die Inkarnation des göttlichen Logos, sein wahres Leiden am Kreuz und seine leibliche Auferstehung, in einer Art verkürzen, die das Heil des *ganzen* Menschen grundsätzlich in Frage stellt.

2.3 Die Gefährdung der biblisch bezeugten οἰκονομία Gottes durch häretische Οἰκονομία-Konzeptionen

Die in *2.1* und *2.2* skizzierten Lehren der Häretiker verdichten sich in einem Verständnis des Handelns Gottes *in der Geschichte,* das vom Zeugnis der Bibel, wie es Irenäus interpretiert, an entscheidenden Punkten abweicht. Irenäus faßt das Wirken Gottes, das die gesamte Geschichte umschließt und auf den Menschen konzentriert ist, mit dem Begriff οἰκονομία (gelegentlich auch πραγματεία[61]) zusammen.[62] Valentin (nach haer I 11,1), die Schule des

---

61 Ir^lat übersetzt οἰκονομία in den meisten Fällen mit *dispositio,* seltener mit *dispensatio* (hierzu s. haer III 18,2 [344,18-21]; IV 20,11 [660,270-668,340]; 31,1 [788,25-790,29/788,1-790,6]; V 18,2 [242,52f]; 19,2 [250,22-252,44]). An einigen Stellen steht *dispositio* (einmal *dispensatio:* so wohl haer V 19,2) für πραγματεία. In haer III 11,8 (160,175-170,236/160,1-170,54) und V 19,2 bedeutet πραγματεία das gleiche wie οἰκονομία (s. haer III 11,9 [170,237-242/170,55-60]); 24,2 [476,44-48]; vgl. van Unnik, *Document,* 209; Widmann, *Begriff,* 9.16.20; Fantino, *La théologie,* 90. Für die *irenäische* Theologie besteht kei-

Ptolemäus, der Magier Markos und der irenäische „Basilides" sprechen ebenfalls von einer οἰκονομία (bzw. πραγματεία), die wiederum für ihre jeweiligen Kreuzesdeutungen bedeutsam ist.[63]

2.3.1 Οἰκονομία und πραγματεία im gnostischen Denken

Οἰκονομία (bzw. πραγματεία) bezeichnet im gnostischen Milieu das planvoll geordnete Gefüge der Äonen (die *dispositio* innerhalb des Pleromas), das sich abbildlich abgestuft in allen weiteren Sphären der unsichtbaren und sichtbaren Wirklichkeit widerspiegelt und in diese hineinwirkt[64], mithin die Vorgänge, die nach einer bestimmten feststehenden Ordnung, die sich im Gefüge der Äonen zeigt, ablaufen.[65] Die πραγματεία der Ptolemäus-Schule enthält beispielsweise das Leiden des zwölften Äons, die Befestigung der Sophia und des Pleromas durch den Ὅρος/Σταυρός, die Erzeugung des oberen Christus und des heiligen Pneumas sowie die Herstellung des Soter durch das Zusammenwirken des ganzen Pleromas.[66] In Analogie zum Pleroma liegt der Entstehung der Welt und der Materie, also den Vorgängen außerhalb des

---

ne nennenswerte Differenz zwischen den beiden Begriffen, vgl. haer I 10,3 (160,49-164,83/ 161,1151-165,1181); III 24,1 (470,1-472,16); IV 33,15 (842,325-846,345); V 19,2.

62 Heilsplan bzw. -ordnung, Schöpfungsplan, Anordnung, [einzelne] Heilsveranstaltung etc.. Fantino, *La théologie*, 86-126.128-135.410-413: Οἰκονομία hat vier Bedeutungsnuancen, die einander überschneiden und überlagern können: A1: organisierende oder produzierende Handlung; A2: Ziel der Handlung; B1: Disposition, Einrichtung, Plan; B2: Absicht. Vgl. d'Alès, *Le mot*, 3-9 (mit Tabelle); Widmann, *Begriff*, 6-89; Andresen, *Anfänge*, 87f. Irenäus widerlegt die häretischen Οἰκονομία-Konzeptionen in erster Linie dadurch, daß er diesen seine eigene Lehre von der οἰκονομία und der ἀνακεφαλαίωσις entgegenstellt. Eine direkte Auseinandersetzung erfolgt nicht oder nur am Rande, an einigen Stellen (z.B. im Falle des Markos) auch implizit oder indirekt.

63 Die Ausnahme bildet nach dem (kurzen) Referat des Irenäus Valentin. – Vgl. Fantino, *La théologie*, 128-135 (134: „Finalement, les divers textes gnostiques considérés présentent les mêmes sens pour le mot ,économie' que ceux recontrés lors de l'étude du corpus irénéen, à savoir action organisatrice, produit, arrangement et dessein").187-202. S.a. Widmann, *Begriff*, 90-127.

64 S. haer I 14,9 (230,194-232,202/230,329-232,337); II 7,5 (74,123-76,139); 16,1f.4 (150,1-7; 152,25-154,40; 156,60-70).

65 S. haer I 3,1 (48,1f/48f,245f; vgl. direkt dazu II 17,1 [156,1-3]; 24,1 [234,23f]); I 8,2 (116,31-37/117,802-808); I 11,1 (166,1-168,16/166,1194-169,1209); I 16,2 (258,41-260,53/259,554-260,563); II 30,7 (312,140-314,158).

66 S. haer I 2,6 (46,86-48,105/46,223-48,244).

Pleromas, eine bestimmte Ordnung zugrunde.[67] Konsequenterweise wird mit οἰκονομία auch auf Einzelereignisse Bezug genommen, die selbst wieder auf eine oder auf die übergeordnete *dispositio* verweisen.[68]

Ein weiterer wichtiger Aspekt der gnostischen Auffassung besteht darin, daß mit οἰκονομία das auf bestimmte Sachverhalte bezogene *Zusammenwirken handelnder Subjekte* und der aus diesem gemeinsamen Wirken sich ergebende *Zusammenhang bestimmter Ereignisse* ausgedrückt werden können.[69]

Nach dem Verständnis einiger prominenter Häretiker beschreiben die Begriffe οἰκονομία und πραγματεία also sowohl die vollkommene Ordnung des Pleromas, auf die hin die Gnostiker erlöst werden, als auch einzelne Ereignisse (oder deren Gesamtheit) außerhalb des Pleromas, die für die Entstehung des Kosmos und der Menschheit sowie für die Erlösung der Pneumatiker entscheidend sind. Das einheitsstiftende Moment bildet dabei der Gedanke, daß alles von Natur aus *Pneumatische*, das zur Zeit in der Materie verstreut ist, wieder zum Pleroma, zur wahren οἰκονομία zurückkehrt. Wenn dies geschehen ist, wird das Pleroma wieder in Wohlgeordnetheit und Voll-

---

67 S. haer I 5,3 (80,44-82,59/81,511-83,526), vgl. haer II 5,3 (56,57f); 14,1 (130,1-132,24); 14,9 (144,181-185); 30,8 (318,200-209); III 11,2 (144,47-146,56, vgl. die Rückübersetzung in *SC 211* [145,49-147,52] und die Begründung für πραγματεία in *SC 210*, 280 [P. 145, n. 3: Rückverweis auf haer I 5,3]).

68 S. haer I 14,6 (224,138-226,157/224,272-226,292); 18,3 (278,64-280,85/279,724-281,746); 24,4 (328,79-87). Nach *SC 263*, 394, ist *dispositio* hier beidemale Übersetzung von οἰκονομία.. In haer II 16,2 (152,32; 154,35) spricht Irenäus zweimal von der *dispositio* der Kraft *Innominabilis*, also des ungezeugten Vaters (nach *SC 293*, 408: πραγματεία; s.a. haer II 16,4, wegen haer I 24,4 könnte m.E. genausogut οἰκονομία hinter *dispositio* stehen). Widmann, *Begriff*, 10f geht zu Unrecht davon aus, daß die Rede von der οἰκονομία in haer I 24,4 auf Irenäus selbst zurückgeht. Es bleibe „freilich ungewiß, inwieweit hier Terminologie des Basilides einwirkt" (aaO, 11). Anders (und richtig) sagt Widmann später (aaO, 109): „Da Irenäus an unserer Stelle fortlaufend Basilides zitiert, besteht die Wahrscheinlichkeit, daß die Formulierung bis ins einzelne, also auch bis hin zu unserem Begriff, aus dem basilideischen System stammt".

69 Besonders deutlich wird dies im System der Ptolemäus-Schule an der Emanierung des „zweiten Christus" (haer I 2,6) aus allen Äonen. Mit diesem Vorgang innerhalb des Pleromas ist die urbildliche Grundlage dafür gegeben, daß die οἰκονομία den Soter, der zum „Psychischen" kam, um es zu retten, mit einem Leib von psychischer Substanz umgeben hat. Οἰκονομία bezeichnet die zusammenwirkende Gesamtheit der Äonen: s. haer I 6,1; 7,2. Auch der Magier Markos kennt diesen Gedanken in abgewandelter Form, s. haer I 15,2f (240,63-66/241,407-409; 242,71-77/264,417-420). – Weitere Belege bei Widmann, *Begriff*, 96, der m.E. aaO, 98-102.173 etwas zu kurz greift, wenn er die valentinianische Verwendung von οἰκονομία nur auf die „Demiurgen-Welt" oder das „Reich des Demiurgen" beschränkt. Zu knapp auch Overbeck, *Menschwerdung*, 24, der die „pleromatische" οἰκονομία außer Acht läßt.

ständigkeit bestehen, während die untersten Abbilder (die materiellen Dinge) vergehen.

Das grundsätzliche Problem, das Irenäus immer wieder kritisiert, liegt darin, daß es innerhalb der aus der reinen *dispositio* des Pleromas in abbildlichen Stufen sich entfaltenden theologischen Kosmogonie spätestens dann zu einem fundamentalen Bruch kommt, wenn die Materie entsteht.[70] Aus der *dispositio positiva* erwächst eine *dispositio negativa*. Letztere hängt zwar mit der *dispositio positiva* zusammen, aber nur noch als das unfallhafte Produkt des Abfalls und der Verirrung des zwölften Äons. Obwohl die Materie in irgendeiner Form noch den Charakter des Abbildlichen trägt, wird sie aus dem Bereich des Erlösungsfähigen ausgeschieden. Damit werden jedoch der biblische Schöpfungsbegriff und zugleich auch das biblisch bezeugte Wirken Gottes zum Heil der Menschen auf den Kopf gestellt.

Die Aufspaltung der *dispositio* in eine positive und eine negative Form wirkt sich auch auf die Christologie aus. Deutlich wird dies nicht zuletzt daran, wie die Ptolemäer, Markos und „Basilides" den Οἰκονομία-Begriff im Zusammenhang mit der Kreuzigung Jesu verwenden.

2.3.2 Folgen für die Interpretation der Kreuzigung Jesu

2.3.2.1 „Οἰκονομία" und Kreuzigung Jesu in der Ptolemäus-Schule

Auf für den Zusammenhang von οἰκονομία und Kreuzigung Jesu relevante Aussagen wurde in diesem und im vorigen Paragraphen bereits verwiesen.[71] Nach der Auffassung der Ptolemäer leidet am Kreuz nur der *psychische Leib* „Jesu", der von der οἰκονομία kunstvoll zubereitet wurde. Dieser leidende „Οἰκονομία-Leib" des Erlösers ist einerseits Abbild dafür, daß sich der „obe-

---

70 Dieser Bruch entsteht freilich schon dann, als die *Sophia* ins Leiden gerät; s. aus der breiten Widerlegung von haer II nur II 17,5-18,7 (162,65-184,131; vgl Abschnitt 2.1.2.2 sowie Haardt, *Schöpfer*, 46-48). Fantino, *La théologie*, 188-190 spricht im Blick auf das gnostische Verständnis des Verhältnisses zwischen Gott und Welt sicher nicht zu Unrecht von „une seule économie du Plérôme à la création" (aaO, 188) und einer „continuité de l'action divine", die sich „de la production du Plérôme jusqu'à la consommation finale" erstreckt „et comprend la création du monde d'en bas et le salut" (aaO, 189f).

71 S.o. S. 101 Anm. 45, S. 102 Anm. 52. Innerhalb irenäischer Kritik: haer I 9,3 (145,1035-1038); III 10,4 (126,110-115) u.ö. Nach *SC 210*, 446 ist *dispositio* in Entsprechung zu haer I 6,1; 7,2; 9,3 jedesmal Übersetzung von οἰκονομία.

re Christos" durch den Σταυρός hindurch zur Achamoth ausgestreckt hat, um diese „ihrer Substanz nach" zu gestalten.[72] Andererseits stellt die Äonengemeinschaft den „Οἰκονομία-Leib" her, was wiederum bedeutet, daß jener, obwohl leidensfähig, *nichts* Materielles enthält.

Aus diesem doppelten Abbildcharakter des „Οἰκονομία-Leibes" des Gekreuzigten ergibt sich, daß sich das Kreuzesleiden „Jesu" in seinen positiven Auswirkungen *allein* auf die *Psychiker* bezieht, denn der „Leib" verweist als Abbild *nur* auf das *Psychische,* das aus der ersten Gestaltung der Achamoth „ihrer Substanz nach" entstanden ist und keine „Gnosis" besitzt. „Erlösung" gibt es *für die Psychiker* deshalb nur in *eingeschränktem* Maße. Denn als Abbild der „ungnostischen Gestaltung" der Achamoth fehlt dem *Jesus ex dispositione* gerade die Gnosis, die für die Menschen, denen sein Leiden zugute kommt, für den Einzug ins Pleroma nötig wäre. Er bleibt am Kreuz hängen, während sich der pneumatische Christus rechtzeitig davonmacht. Gleiches wird den erlösten Psychikern geschehen. Wenn die Pneumatiker ihren Paargenossen im Pleroma zugeführt werden, kommen die Psychiker nur bis zum „Ort der Mitte", also bis zur Pleromagrenze. Sie bleiben am Ὅρος/Σταυρός hängen. *Für die Pneumatiker* hingegen ist die Erlösung durch den Gekreuzigten wegen ihres Pneumasamens, den die Achamoth *nach* ihrer „gnostischen" Gestaltung durch den Soter hervorbrachte[73], *nicht vonnöten*[74], für die Materie hingegen *unmöglich*. Denn der *psychische* „Οἰκονομία-Leib" „Jesu" schließt das Materielle aus dem Heilsgeschehen aus.[75]

Das „Οἰκονομία"-Denken der Ptolemäus-Schule schränkt die Kreuzigung Jesu somit in ihrer soteriologischen Reichweite ein. Weil das Wirken der pleromatischen οἰκονομία *nur auf einen bestimmten Teil des Erlösers* bezogen ist, kann das Kreuzesgeschehen *nur eine bestimmte Gruppe von Menschen* betreffen. Damit stehen jedoch wesentliche biblische Aussagen über das geschichtliche Handeln Gottes an den Menschen auf dem Spiel.

---

72 Haer I 7,2 (104,39-106,44/105f,715-720).
73 Wie gezeigt wurde spielt der Ὅρος/Σταυρός bei dieser zweiten Gestaltung der Achamoth keine Rolle!
74 Vgl. haer III 16,1 (s.o. S. 101 Anm. 46).
75 Vgl. auch Widmann, *Begriff,* 96-102; Torisu, *Gott,* 89-93.

2.3.2.2 „Οἰκονομία" und Kreuzigung Jesu bei Markos[76]

Im Gegenüber zur Ptolemäus-Schule ist die mit dem Οἰκονομία-Begriff zusammenhängende Erlösungslehre des Magiers Markos wesentlich stärker an Zahlenspekulationen ausgerichtet. Auch hier betrifft die eigentliche Erlösung nur die Pneumatiker.[77] Der auf der Erde erscheinende, mit „Fleisch" umgebene Mensch „Jesus" repräsentiert, vereinigt mit dem oberen „Christus", abbildlich die „obere", aus 30 Äonen bestehende „οἰκονομία". Er ist somit der „Mensch κατ' οἰκονομίαν"[78], was nicht zuletzt durch die Kräfte, die bei seiner Entstehung beteiligt sind, angezeigt wird.[79] „Jesus" steht als „ausgezeichnete Zahl" „sechs" weiterhin in besonderer Beziehung zu dem zwölften Äon der Dodekas, nach dessen Fall der Demiurg und die Welt entstanden sind. Der Abstieg „Jesu" auf die Erde hat zum Ziel, die Unwissenheit der Menschen und den Tod durch Erkenntnis des *Namens* „Jesu", der die „ausgezeichnete Zahl" und die dadurch repräsentierte, himmlische Ordnung enthält, zu beseitigen und den „Vater" zu offenbaren. „Gnosis" besteht demnach darin, durch das Abbild hindurch zum pleromatischen Urbild vorzudringen und die in Zahlen ausdrückbare Harmonie der göttlichen Welt zu erkennen.

Der oben ausführlich diskutierte Satz aus haer I 14,6, in dem Irenäus Markos' Deutung der Todesstunde Jesu referiert, gehört genau in diesen Zusammenhang. Die Erschaffung des Menschen „am sechsten Tag" steht abbildlich für den Unfall des zwölften Äons und dessen Folgen, das *Datum* der Hinrichtung Jesu am Kreuz für die Wiedergeburt des „ersten" durch den „letzten Menschen". Erlösung geschieht nicht deshalb, – Markos versteht die „Passion" „Jesu" als Heilsereignis! –, weil der inkarnierte Logos Gottes am Kreuz leidet, sondern weil er an einem besonderen Tag und zu einer besonderen Stunde erscheint, die als Abbilder der „ausgezeichneten Zahl" „sechs" Gnosis im oben beschriebenen Sinne ermöglichen, und auf diesem Wege die in Unordnung geratene Zahlenharmonie des Pleromas wieder in Ordnung bringt.[80] Die himmlische οἰκονομία wird durch die in „Jesus" erscheinende, „ausgezeichnete Zahl" wieder zu dem, was sie sein soll, nämlich leidensfreie, unge-

---

76 Vgl. Widmann, *Begriff*, 102-106.
77 S. haer I 15,3 (242,77-244,94/242,420-245,439). Dieser Text muß wohl so verstanden werden, daß die Erlösung nur die betrifft, die „zusammen mit ihm (sc. dem oberen Christus) ausgesät wurden".
78 S. haer I 15,3 (242,73-75/242,417f; 244,87f/244,432-434); 15,2 (240,65f/241,408f).
79 S. haer I 15,3 (242,67-77/242,410-420).
80 S. haer I 14,6 (224,150-226,154/225f,285-289).

störte und geordnete Vollständigkeit der himmlischen Kräfte, die den erkennenden Menschen zugute kommt.

Das Problem, das sich in diesem auf die Kreuzigung Jesu bezogenem Οἰκονομία-Verständnis ergibt, ist ähnlich gelagert wie bei der Ptolemäus-Schule. Interessant ist an der Kreuzigung Jesu primär das, was sich als Abbild für die urbildlich-himmlischen Vorgänge auswerten und dann, ausgehend von letzteren, soteriologisch deuten läßt. Wenn die oben vorgelegte Interpretation zutrifft, fällt jedoch gerade das wahre Leiden des Logos um einer „höheren" οἰκονομία willen aus dem Kreuzigungsverständnis des Markos heraus.

Wie nahe Markos und Irenäus bisweilen beieinanderliegen, ist später zu zeigen.[81] Hier genügt der Hinweis darauf, daß das besondere *Datum* von Jesu Kreuzigung auch für das irenäische Οἰκονομία-Verständnis wichtig ist.

2.3.2.3 „Οἰκονομία" und Kreuzigung Jesu bei „Basilides"

„Basilides" operiert nach Irenäus' Referat ebenfalls mit dem Οἰκονομία-Begriff.[82] Er steht zum einen für die „Heilsordnung des ungezeugten Vaters", aus der in abbildlicher Abstufung die 365 Himmel, also die „Fürsten und Engel", die alles Körperlich-Irdische geschaffen haben und darüber miteinander in Streit gerieten, entstanden sind.[83] Außerdem bezeichnet οἰκονομία Jesu Scheinkreuzigung, durch die er die Werke der Fürsten und Engel, konkret: die Versklavung der Menschen durch die Körperlichkeit, vernichtet und somit die Erkenntnis der *dispositio* des „ungezeugten Vaters" ermöglicht hat.

Auch bei „Basilides" zeigt sich ein ähnliches Problem wie bei Markos und den Ptolemäern. Die von „Jesus" durch seine vorgetäuschte Kreuzigung ins Werk gesetzte οἰκονομία dient dem Zweck, das (eigentlich aus der οἰκονομία des „Vaters" entstandene!) Mißgeschick der Menschheit aufzulösen und in die über allem stehende, göttliche Ordnung durch Gnosis einzuführen. Die οἰκονομία sowohl des „Vaters" als auch „Jesu" zielen lediglich auf die Erlösung der Seelen, nicht der menschlichen Körper, betreffen also nicht den „ganzen" Menschen.

---

81 Zur Interpretation von haer V 23,1f und der darin erfolgenden, *impliziten* Widerlegung des Markos s.u.

82 Vgl. Widmann, *Begriff*, 108f.

83 Vgl. haer II 16,2 (152,25-154,40): Hier ist nach *SC 293*, 408 *dispositio* Übersetzung von πραγματεία, ohne daß ein Unterschied zur (zweiten) οἰκονομία in haer I 24,4 festzustellen wäre.

2.3.3 Zusammenfassung

Der in Irenäus' Referaten über Valentin, die Schule des Ptolemäus, Markos und „Basilides" anzutreffende Begriff οἰκονομία (πραγματεία) bezeichnet zunächst die Ordnung oder Einrichtung, die dem göttlichen Grund eignet und sich dann im Verlauf der Weltentstehung abbildlich auf den Kosmos und seine Ordnung auswirkt. Die irdischen Verhältnisse bilden die himmlischen ab. Infolge eines himmlischen Unfalls kommt den materiellen Dingen nur noch sehr entfernt der Status des Abbilds zu. Das von der himmlischen οἰκονομία inszenierte Heilsgeschehen um „Jesus Christus" und seine Kreuzigung gereicht der Materie folglich auch nicht zum Heil.

Als Abbild für himmlische Urbilder kann die Kreuzigung auf Vorgänge hinweisen, die mit dem Abfall des letzten Äons und der Wiederherstellung der göttlichen Ordnung zu tun haben. Sofern dafür die Kreuzigung von entscheidender Bedeutung ist und diesbezüglich „Gnosis" ermöglicht, ist sie οἰκονομία, Heilsereignis, Heilsordnung. Aber ihre „soteriologische Reichweite" ist und bleibt grundsätzlich eingeschränkt. Denn die Leiblichkeit des Menschen, die ihn erst erlösungsbedürftig macht, gelangt im Kreuesgeschehen nicht zum Heil, sondern wird definitiv dem Untergang geweiht.

Irenäus hebt demgegenüber in seiner eigenen Οἰκονομία-Konzeption hervor, daß die Erlösung des *ganzen* Menschen nur über eine Betrachtung der *ganzen* Geschichte Gottes mit den Menschen zu gewinnen ist, die ihr Zentrum in Inkarnation und Kreuzigung des göttlichen Logos hat und von den heiligen Schriften bezeugt wird, sowie über ein Verständnis Jesu Christi, das vor dem Hintergrund jener Geschichte den Menschen in seiner leiblichen Verfaßtheit *einschließt*.

2.4 Die Gefährdung der Kircheneinheit

Irenäus sieht durch das Auftreten der Häretiker und die Verbreitung ihrer Lehren mit der kirchlich überlieferten Glaubenswahrheit zugleich die *Einheit* der einen Kirche gefährdet, die von Gott selbst dazu autorisiert ist, das heilbringende Evangelium zu verkündigen. Mit der Kircheneinheit und ihrer einheitlichen Verkündigung steht das Heil derer auf dem Spiel, an die sich die kirchliche Botschaft richtet.[84] Da die Häretiker zudem *in* den Gemeinden

---

84 S.a. Andresen, *Anfänge*, 92; Aland, *Gnosis*, 166f; Elze, *Häresie*, 398-409 (404f!).

auftreten und als rhetorisch wie philosophisch Gebildete mit pädagogischem Geschick und Erfolg[85] Mission unter den Gemeindechristen betreiben[86] – der kirchliche Glaube war ihnen „als vorbereitende Stufe [sc. zur wahren Gnosis] unverzichtbar"[87] –, wird die Vehemenz der irenäischen Kritik verständlich.[88]

Irenäus konzentriert die ekklesiologische Widerlegung der Häretiker auf drei Themenkreise. Dabei geht er grundsätzlich davon aus, daß sich der kirchliche Dienst an der Wahrheit[89] und an der Menschheit auf die verheißene Gegenwart des Heiligen Geistes gründet.[90] Diese Geistesgegenwart konkretisiert sich vor allem 1) in der *Organisationsstruktur der Kirche*, auf die sich ihre Lehrautorität gründet, 2) in der *zuverlässigen Bewahrung und Auslegung der heiligen Schriften* auf der Grundlage der apostolischen Glaubenstradition und 3) in der *Ausübung von Charismen*, wobei das Liebescharisma, das sich in besonderer Weise im Martyrium realisiert, die wichtigste Rolle spielt.[91] Damit sind die Kriterien angegeben, die ein einzelner oder eine Gruppe akzeptieren bzw. vorweisen muß, um den Anspruch erheben zu können, innerhalb der Kirche zu stehen und damit im Besitz des göttlichen Geistes und das heißt: der *wahren* Gnosis zu sein. Irenäus will nachweisen, daß die Häretiker die genannten Kriterien teilweise oder ganz ablehnen bzw. unvollständig oder unsachgemäß erfüllen. Er orientiert sich dabei weniger an detaillierten ekklesiologischen Entwürfen einzelner häretischer Gruppen, sondern an bestimmten Voraussetzungen, Inhalten und Konkretionen ihrer Lehren, die sich ekkklesiologisch auf unterschiedliche Weise auswirken und zugleich verdeutlichen, daß die Häretiker den Boden der Kirche verlassen oder noch nie betreten haben.

Irenäus gibt, wie noch zu zeigen ist, den genannten ekklesiologischen Kriterien jeweils eine *kreuzestheologische* Begründung, ohne damit jedesmal direkt häretischen Positionen entgegenzutreten, die selbst das *Kreuz* (in seinem Sinne falsch) ekklesiologisch auszuwerten suchen. Daß Irenäus das Kreuz in seine Ekklesiologie einbaut, ist vielmehr ein Indiz dafür, daß er nach einem *übergeordneten* Kriterium sucht, mit dem die *„notae Ecclesiae"* theologisch eindeutig auf ihren *einheitsstiftenden Grund* zurückgeführt werden können.

---

85 Vgl. Ptolemäus' Brief an Flora (s. dazu auch Lampe, *Christen*, 255f.326f).
86 S. haer II 14,8 (142,152-144,180); III 15,2 (278,30-282,65!); 17,4 (340,93-102); IV pr. 3f (386,39-390,75) u.ö. – Vgl. dazu May, *Schöpfung*, 43f; Koschorke, *Polemik*, 211-232; ders. *Gemeindeordnung*, passim (zum Traktat Inter [NHC XI,1], einer gnostischen „Gemeindeordnung", die wohl in der Mitte des 2.Jh.s in valentinianischen Kreisen entstanden ist [aaO, 31f]); Brox, *Offenbarung*, 22-35; Rudolph, *Gnosis*, 223-235; McCue, *Orthodoxy*, 119-124; Norris, *Theology*, 286-288; Lampe, *Christen*, 325-327.
87 Koschorke, *Polemik*, 224.
88 Vgl. May, *Einheit*, 69; Vallée, *Motives*, 181-185.
89 Vgl. Bonwetsch, *Theologie*, 31f; Jaschke, *Geist*, 277-294.
90 S. haer III 24,1 (470,1-474,35, v.a 474,27-29): *Ubi enim Ecclesia, ibi et Spiritus Dei; et ubi Spiritus Dei, illic Ecclesia et omnis gratia: Spiritus autem Veritas.*
91 S. haer IV 33,8 (818,137-820,148/818,8-10).

Ich gehe im folgenden exemplarisch vor. Soweit es möglich ist, diskutiere ich nur die Texte ausführlich, die entweder direkt mit häretischen Kreuzesinterpretationen zusammenhängen und gleichzeitig die Probleme, die Irenäus anschneidet, verdeutlichen, oder aber solche Passagen, die auf die Darstellung der kreuzestheologischen Ekklesiologie des Irenäus vorausweisen.

2.4.1 Die falsche Hermeneutik der Häretiker als Angriff auf die Einheit der kirchlichen Exegese, der heiligen Schriften und der apostolischen Tradition

Die skizzierten Probleme der häretischen Theologien setzen sich nach Irenäus auf ekklesiologischer Ebene nahtlos fort. Der Umgang der Häretiker mit den heiligen Schriften[92] speist sich aus dem Bewußtsein, die wahre Lehre über Gott und die Welt erkannt zu haben; die offenbarte Gnosis ist das hermeneutische Kriterium, das an die Schriften anzulegen ist.[93]

Die Problematik, vor der Irenäus steht, wird also auf der Begründungsebene dadurch verschärft, daß seine Gegner zum Nachweis ihrer Lehren nicht nur neue Offenbarungsschriften und mündliche Geheimüberlieferungen einführen, sondern auf die in der Kirche gebräuchlichen heiligen Schriften zurückgreifen und diese nach ihren eigenen Vorstellungen auslegen[94], im Ex-

---

92 Irenäus spricht meistens einfach von „der Schrift" oder „den Schriften"; er bezieht sich dabei auf das AT, die ntl. Schriften oder beide zusammen (ohne allerdings den Begriff „Neues Testament" als Ausdruck für das ntl. Schriftenkorpus zu verwenden). An einigen wenigen Stellen heißen diese „Scripturae dominicae" (haer II 30,6 [310,123]; 35,4 [366,65]; V 20,2 [258,40.43]), „Scripturae sanctae" (III 16,3 [296,77 zit. Röm 1,2]) oder „Scripturae divinae" (III 19,2 [376,46-378,47]); weitere Details bei Hoh, Lehre, 60-86.189-199; Bonwetsch, Theologie, 33-37; Benoît, Introduction, 74-102; Farkasfalvy, Theology, 325-327; von Campenhausen, Entstehung, 220; Sesboüé, Ecritures, passim). In haer II 28,3 (274,60f/274f, 5f) betont Irenäus, daß „alle Schriften pneumatisch sind". Dieses Urteil trifft auch auf die Übersetzung der LXX zu (s. haer III 21,2-4 [400,22-410,85/401,22-407,50]), was nicht zuletzt die Textübereinstimmungen zwischen dieser und den ntl. Schriften beweisen (s. dazu Hengel, Septuaginta, 200-202; ferner Jaschke, Geist, 283f).
93 Vgl. dazu auch Brox, Offenbarung, 39-46; Jaschke, Geist, 279-282.
94 S. nur haer I 3,6 (60,88-62,99/60,340-62,352); 9,2 (138,23-140,40/139,997-141,1007); III 11,7 (158,155-160,174). Aland, Rezeption, 1-24: Zwischen 150 und 180 nChr ist gerade für die christlich-gnostische Literatur und hier wiederum auch für Ptolemäus – die für ihn entscheidende Autorität sind die Herrenworte, die er den kanonischen Evangelien und den Paulusbriefen entnimmt – eine recht präzise Zitierweise festzustellen, wie sein Brief an Flora und Irenäus' Referat (s. haer I 3.8) zeigen (s.a. Patterson, Emergence, 201-215). „Schon Ptolemäus (nicht erst Irenäus) hat den Willen zum genauen Zitat der ganz be-

tremfall sogar zurechtschneiden. Irenäus' Kampf um die wahre Lehre ist also nicht zuletzt ein Kampf um die Schriften der Kirche und um ihre rechte Auslegung. Hierin liegt ein Hauptpunkt der Auseinandersetzung.[95] Irenäus referiert bewußt und ausführlich die exegetischen Ergebnisse seiner Gegner, und er verfolgt nicht umsonst (v.a. in haer III-V) das Ziel, den Glauben an den einen Gott und Schöpfer, an den einen Erlöser Jesus Christus und an den einen Geist Gottes *aus den Schriften* zu belegen.[96] Er will und muß beweisen, daß nur diejenigen mit Recht und zugleich richtig auf die Schriften zurückgreifen, die den wahren Glauben lehren, wie er in den Schriften bezeugt ist.

2.4.1.1 Formale Fehler der Häretiker im Umgang mit den heiligen Schriften

Irenäus kritisiert an der Exegese der Häretiker, daß sie, begründet durch ihre *schriftfremden theologischen Prämissen*, einen falschen *formalen* Umgang mit den heiligen Schriften pflegen.[97] Dies führt dazu, daß die Schriftaussagen auf *unterschiedliche Autoritäten* verteilt werden und somit von vornherein unter-

---

stimmten neutestamentlichen Hauptschriften" (Aland, aaO, 11). Allerdings haben auf den ersten Blick harmlos erscheinende Zitatabbrüche oder Omissionen „durch den Kontext, in den Ptolemäus sie stellt, den Charakter von [sc. im Sinne des Irenäus] erheblich tendenziösen Eingriffen bekommen" (ebd.; vgl. Lindemann, *Paulus,* 304-306). Außerdem spricht „einiges dafür, daß erst Irenäus im nachhinein die gnostischen Zitate zu ‚Schrift*beweisen*' umdeutet" (Aland, aaO, 11; vgl. 17-24). Diese „Umdeutung" des Irenäus signalisiert die Gefahr, die die gnostische Schriftinterpretation seiner Einschätzung nach für das „kirchliche" Bibelverständnis bedeutete. Die „vermeintlichen gnostischen Schriftbeweise nötigen ihn zu seinem eigenen Schriftbeweis. So kommt es zur ersten rechtgläubigen Auseinandersetzung mit dem Neuen Testament, wodurch die Kanonisierung eingeleitet wird" (aaO, 19). S.a. Heinrici, *Gnosis,* 46-62.182-190; Dassmann, *Stachel,* 192-222; Barth, *Interpretation,* passim; Schmidt, *Kirche,* 33-37; Le Boulluec, *L'écriture,* 71-73; ders., *La notion,* 215-253; Simonetti, *Interpretation,* 14-19; Brox, *Offenbarung,* 39-103; Nielsen, *Adam,* 50-54; Nagel, *Paradieserzählung,* 49-51; Schenk, *Textverarbeitung,* 299-313; Blanchard, *Canon,* 179-195; Fantino, *La théologie,* 152-155; Painchaud, *Use,* passim (Lit.). Zur positiven Bewertung des „Alten Testaments" bzw. des „von Mose erlassenen Gesetzes" durch die Gnosis (und v.a. durch Ptolemäus in seinem Brief an Flora) s. von Campenhausen, *Entstehung,* 90-106; Koschorke, *Polemik,* 211-216; auch Bauer, *Rechtgläubigkeit,* 198-205.

95 Vgl. Brox, *Offenbarung,* 39-41; Bengsch, *Heilsgeschichte,* 22-31.

96 S. haer II 35,2.4 (362,16-23; 364,52-366,70); III pr. (16,13-18,24); 12,9 (222,352-224,358).

97 Dies hat auf der *inhaltlich-exegetischen* Ebene sinnentstellende Ergebnisse zur Folge (s. den nächsten Abschnitt). Zur Auseinandersetzung des Irenäus mit der Hermeneutik seiner Gegner s.a. Armstrong, *Genesis,* 56-60; Dassmann, *Stachel,* 214-218.

schiedlichen Offenbarungswert besitzen: Einige Stellen oder ganze Teile der
Bibel können göttliche Autorität beanspruchen, andere nicht.[98] Die Ptolemäus-Schule beispielsweise läßt die Prophetien teils von den Trägern des pneumatischen Samens, teils von der „Mutter" (Achamoth bzw. Prounikos) und
teils vom Demiurgen und den von ihm geschaffenen Seelen ausgehen.[99] Auch
die *sermones* Jesu stammen bald vom „Allerhöchsten" (dem Pleroma), bald
von der „Mitte", bald vom Demiurgen.[100] Die Apostel sollen den „Worten
des Erlösers Gesetzliches" beigemischt haben.[101]

In dieser Konstruktion entdeckt Irenäus eine Reihe von Problemen und
Widersprüchen: Unklarheiten treten bereits dadurch auf, daß die Valentinia-

---

98 Die Einführung neuer Schriften oder Geheimtraditionen sowie die bewußte Zerschnei-
dung oder Ablehnung einzelner Teile sind lediglich besondere Ausdrucksformen dieser
Hermeneutik.

99 Haer I 7,3 (106,45-108,59/106,721-108,736); vgl. haer IV 35,1 (862,1-7) und das Fazit, das
Ptolemäus in ep. 7,2-4 (68 SC) (vgl. ep. 3,2 [50 SC]) formuliert (s. dazu von Campenhausen, *Entstehung*, 99-105.194; Langerbeck, *Auseinandersetzung*, 174; Lüdemann, *Geschichte*, 107-111; Löhr, *Auslegung*, 80.84.94). Nach Ptolemäus kann das „im Pentateuch
des Mose enthaltene Gesetz nicht von einem Gesetzgeber erlassen worden sein, das heißt
nicht von dem einen Gott", weil es „unvollkommen ist und der Erfüllung durch einen
anderen bedarf; es enthält ja Vorschriften, die der Natur und dem Willen eines solchen
Gottes unangemessen sind" (ep. 4,1; 3,4 [54; 50.52 SC]). Die Autorität der Gesetzesworte
hängt also von dem jeweils hinter ihnen stehenden „Verfasser" ab. Um zu ermitteln, welche Schriftworte göttliche Autorität besitzen, legt Ptolemäus an das Gesetz den Maßstab
der „Worte unseres Erlösers" an, „durch die es allein geschieht, daß man sicher zum
Verständnis des Seienden geführt wird" (ep. 3,8 [54 SC]; vgl. 7,9 [72 SC]); zum Ganzen
und zur weiteren Unterscheidung innerhalb des Gesetzes, die Ptolemäus vornimmt, s.o.
Heinrici, *Gnosis*, 75-88; Hilgenfeld, *Ketzergeschichte*, 346-350; Quispel, *SC 24bis*, 9-44: Foerster, *Valentin*, 81-85; Sagnard, *La gnose*, 451-479; von Campenhausen, aaO, 98-105;
Fallon, *Law*, 45-51; Dassmann, *Stachel*, 217; Lüdemann, aaO, 106-111; Löhr, aaO, 80-84;
ders., *La doctrine*, 179-191; Bacq, *Alliance*, 102f.230f; Berthouzoz, *Liberté*, 167-174; Grant,
Heresy, 49-58. – Ein anderes prominentes Beispiel für die Verteilung der Schriftworte auf
unterschiedliche Autoritäten – diesmal den Unterschied von „Altem" und „Neuem Testament" betreffend – ist Markion: Er läßt die Propheten *ab altero Deo esse* (haer IV 34,1-5
[846,1-860,125; d. Zit. 846,3f] u.ö.; vgl. Bacq, aaO, 228-230). Zu Markions Ablehnung des
AT und des „Gottes des Gesetzes" s. von Harnack, *Marcion*, 230-247; Bacq, aaO, 101f;
Grant, *Heresy*, 33-47 und jetzt Löhr, aaO, 77-80.

100 Haer III 2,2 (28,23-26; s.a. Brox, FC 8/3, 26). Dies steht in gewisser Spannung zu Ptol.,
ep. 7,9 (72 SC), wo Ptolemäus die „Lehre unseres Erlösers" zum hermeneutischen Prinzip erhebt. Irenäus richtet sich mit seiner Kritik also kaum gegen Ptolemäus selbst, sondern gegen seine Schüler bzw. gegen die, die sich (zu Recht oder zu Unrecht) auf ihn
beziehen.

101 Haer III 2,2 (28,22f). Über den Ὅρος/Σταυρός als valentinianische „Autorität" von
Schriftworten gibt Irenäus keine Auskunft.

ner sich nicht darüber einigen können, aus welchem der genannten Bereiche *ein einzelnes Schriftwort* stammt. Darüber hinaus scheint sich der valentiniani-sche „Allvater" in großer „Armut" zu befinden, weil er keine eigenen *instrumenta* hat, um die pleromatischen Dinge „rein" zu verkündigen. Er hatte offensichtlich Angst, daß zu viele die Wahrheit hören könnten, oder er war unfähig, die Verkündiger der Ankunft des Erlösers von sich aus zu „präparieren", so daß er auf unvollkommene Prediger wie den Demiurgen angewiesen war.[102]

Ein zusätzliches Problem liegt in der Annahme, daß die „Mutter" die innerpleromatischen Geheimnisse verkündigt haben soll. Sie kann jedoch vom Pleroma keine Ahnung gehabt haben, weil sie vom Ὅρος am weiteren Vordringen ins Pleroma gehindert und somit bis zum Ende der Welt auf den außerpleromatischen Zustand der Unwissenheit festgelegt worden war.[103] Am Ὅρος, der die Aufgabe hat, den pleromatischen Bereich der Gnosis von der außerpleromatischen Unwissenheit zu trennen, zeigt sich besonders deutlich, wie das Konzept der unterschiedlichen Autoritäten einzelner Schriftworte mit seinen theologischen Voraussetzungen in Widerstreit gerät.

Unabhängig davon, wie die Häretiker die Schriftworte auf unterschiedliche Autoritäten im einzelnen verteilen, diese Konzepte leiden stets an systemimmanenten Widersprüchen oder aber an mangelnder Übereinstimmung mit dem einheitlichen Zeugnis der Schriften, die nur einen Vater und Schöpfer und einen Jesus Christus verkündigen.[104] Gleiches gilt, wenn Aussagen der Schrift als ursprünglich göttlich angesehen, dann aber auf der Grundlage fehlerhafter theologischer Prämissen gedeutet werden.[105] Auch eine solche Exegese muß in ihren Ergebnissen *uneinheitlich* sein und in *exegetischer Beliebigkeit* enden.[106] Sie muß Schriftaussagen inhaltlich verkürzen, auf

---

102 Haer IV 35,1 (862,7-16).

103 Haer IV 35,3 (870,65-70).

104 Vgl. nur haer II 35,2 (362,16-23); III 12,12 (234,439-442); IV 33,10-15 (822,170-846,345); 36,1-8 (876,1-918,330). Diese – recht pauschale – Zusammenfassung der irenäischen Kritik mag hier genügen. Daß die ganze Schrift einen Gott und einen Jesus Christus verkündigt und deshalb *nur einen einheitlichen Ursprung* haben *kann*, betont Irenäus allenthalben.

105 Dazu gehören u.a. die unterschiedlichen Zahlenspekulationen (s. nur haer II 24,1-25,1 [232,1-252,19]), deren grundlegender Fehler darin besteht, „Gott aus den geschaffenen Dingen" ableiten zu wollen (s. haer II 25,1 [252,17-19]). Die Anordnung der Schöpfung hat zwar einen bestimmten Sinn, aber beliebig ausgewählte Dinge können niemals das übergeordnete, inhaltlich-hermeneutische Kriterium der Schriftinterpretation abgeben (haer II 25,1f; 26,2f [250,1-254,41; 258,25-262,75]).

106 Vgl. haer I pr. 1 (18,4-8/18f,5-9) u.ö.; s. Brox, *Offenbarung*, 62f.

ihre theologischen Prämissen hin umbiegen, ihnen *den* (schriftfremden) Sinn abgewinnen, der ihr zuvor beigelegt wurde, und dadurch die Einheit der Schrift nicht nur in Frage stellen, sondern in letzter Konsequenz ganz zerstören.[107] Wer außerdem einzelne Schriftworte aus ihrem Kontext herausreißt oder unabhängig von diesem deutet[108], wer neue Offenbarungsschriften oder Geheimtraditionen einführt[109] und Teile der Bibel ablehnt oder zerschneidet[110], der stellt die Propheten, Apostel und Christus selbst als Lügner, Un-

---

107 S. haer I 1,3 (32,46-34,63/33,120-35,139); 18,1-19,2 (272,1-288,30/272,661-288,801); 20,2f (290,13-294,51/290,814-294,854); II pr. 1 (22,9f); 20,1 (200,1-3); III 12,12 (232,425-427); V 13,5 (180,116-182,129) u.ö. Besonders deutlich wird Irenäus in haer I 3,6 (60,88-62,99/ 60,340-62,352); 8,1 (112,1-116,30/112,770-116,801); 9,1-5 (136,1-152,125/137,974-153, 1100); II 10,1f (86,6-88,37); 21,2 (210,30-212,54). S. dazu Le Boulluec, *La notion*, 231-233; Norris, *Theology*, 288-292. Allgemein zur Autorität des „Herrn", der Evangelien und der Apostel Bauer, *Rechtgläubigkeit*, 205-230; Ochagavía, *Visibile*, 175-180; Lindemann, *Apostel Paulus*, 53f.

108 S. haer V 13,2-5 (166,29-182,129/166,1-168,16; 172,1-174,17), v.a. V 13,2 (168,93-43/168, 12-16) und dazu Overbeck, *Menschwerdung*, 230-238.

109 Vgl. haer I pr. 2 (22,34f/22,34f); 8,1 (112,4f/112,773); 20,1 (288,1-12/288f,802-813!); 21,1-5 (294,1-308,120/295,855-304,941); 305,1-307,22); 25,5 (342,88-92/342,3-7); 31,1f (386,9-13; zum hier erwähnten „*Evangelium Iudae*" s. Puech/Blatz, *Evangelien*, 309f; Brox, *Offenbarung*, 65-67); III 3,1 (30,6-9). Wichtig v.a. haer III 2,1 (24,1-26,16; dazu Brox, aaO, 67f; Bräuning, *Gemeinde*, 60-62). Zum „*Evangelium veritatis*" der Valentinianer (haer III 11,9 [172,260-174,275]) s. von Campenhausen, *Entstehung*, 166f; Brox, *FC 8/3*, 118f (Lit.); ders., *Offenbarung*, 60f; Schenke, *Relevanz*, 209f; Wilson, *Valentinianism*, passim (Lit); Donovan, *Unity*, 14-22.261-272 (hält das *EV* [NHC I,3/XII,2] für eine Schrift Valentins); Tiessen, *Irenaeus*, 57-63; Markschies, *Valentinus*, 339-356 (Lit). Vgl. insgesamt Le Boulluec, *La notion*, 227-229.

110 Nach Irenäus' Auskunft ist Markion der einzige, der es gewagt hat, *circumcidere Scripturas* (haer I 27,4 [352,55]; vgl. I 27,2 [350,19-33]; III 11,7.9 [158,161-164; 170,242-245]; 12,12 [232,418f]; u.ö.). Zu Markions Schriftenkanon, seiner Paulusdeutung und seiner Bedeutung für die Kirche s. von Harnack, *Marcion*, 32-68.37*-237*; von Campenhausen, *Entstehung*, 173-201; Dassmann, *Stachel*, 176-192; Lindemann, *Paulus*, 378-395; ders., *Apostel Paulus*, 60-62; Schneemelcher, *Paulus*, 10f.16f; Blum, *Tradition*, 144-153; Kinzig, *Title*, 534-544. Irenäus kündigt eine eigene Schrift gegen Markion an, in der er diesen aus denjenigen Texten widerlegen will, die nach der Verstümmelung der Schrift übriggeblieben sind (Teile des Lukasevangeliums und der Paulusbriefe); s.a. Noormann, *Paulusinterpret*, 55-58). Auf einer anderen Ebene liegt das Verhalten der Ebionäer (vgl. Daniélou, *Jewish Christianity*, 55-64) – sie akzeptieren nur das Matthäusevangelium und lehnen Paulus ab (haer I 26,2 [346,19-21]; III 11,7 [158,158-161]; 15,1 [276,1-278,29]; vgl. Bauer, *Rechtgläubigkeit*, 186-193.278-281; zur Ablehnung des Paulus in judenchristlichen Kreisen des 2. Jh. Schneemelcher, aaO, 9f) – oder anderer (antimontanistischer?; vgl. Bauer, aaO, 145; Brox, *FC 8/3*, 116f; Jaschke, *Geist*, 151-157; Méhat, *StPatr 17/2*, 720) Gruppierungen, die das Johannesevangelium und mit diesem zusammen den „prophetischen Geist" verwerfen (s. haer III 11,9 [170,245-172,260]; vgl. epid 99).

wissende und Verführer hin[111] und bestreitet die zuverlässige und für Irenäus in ihrer Zuverlässigkeit überprüfbare Weitergabe der kirchlichen Lehrtradition.

Auf der gleichen Ebene liegt die häretische Behauptung, die Apostel hätten den Menschen *keine theologischen Neuigkeiten* verkündet[112] – für Irenäus ein unmißverständlicher Angriff auf die Zuverlässigkeit und den autoritativen Charakter des apostolischen Zeugnisses. Nach Ansicht seiner Gegner hätten die Apostel (und auch Jesus) den Juden keinen anderen Gott predigen können als den, an den die Juden immer schon geglaubt hatten. Wenn dem so wäre, so Irenäus, wäre das Auftreten Christi „überflüssig und nutzlos" gewesen.

Irenäus geht in seiner Kritik noch einen Schritt weiter: Die Botschaft der Apostel, daß derselbe Jesus, „den die Juden als Menschen gesehen und ans Kreuz geschlagen haben, der Christus, der Sohn Gottes und ihr ewiger König sei", ist nach Irenäus mit der „früheren Meinung" der Juden nicht in Einklang zu bringen.[113] Mehr noch: Angesichts dessen, daß die Apostel den Juden „ins Gesicht sagten, sie seien die Mörder des Herrn", können die Häretiker nicht einsichtig machen, warum die Apostel nicht „viel offener den über dem Demiurgen stehenden Vater" gepredigt haben.[114] Wenn es die Absicht der Apostel gewesen wäre, zu den Juden nach deren alteingesessener Meinung zu reden, hätten sie außerdem besser daran getan, (in Analogie zur Verkündigung des Urvaters) den Gekreuzigten nach der Konzeption der Häretiker zu predigen. Denn „die Sünde (der Juden) wäre viel kleiner, wenn sie nicht den oberen Erlöser, zu dem sie aufsteigen sollten, ans Kreuz geschlagen hätten"[115], sondern einen bloßen Menschen. Die Verkündigung des Gekreuzigten ist nach Irenäus' Einschätzung für das „alte" Gottesbild der Juden ein größeres Skandalon als die Botschaft eines vom biblischen Schöpfergott unterschiedenen, bis dahin unbekannten Urvaters![116]

Irenäus unterstreicht schließlich, daß die hermeneutischen Grundlagen der Häretiker nicht ausreichend begründet sind.[117] Ist einmal der *zuverlässige* Bo-

---

111 S. haer III 14,1f (262,42-266,73); IV 34,2 (848,25f) u.ö.; vgl. Blum, *Tradition*, 173-186.
112 Außer dem im folgenden ausführlich dargestellten Text haer III 12,6 (200,175-204,211) s.a. III 1,1 (20,7-10); 5,1-3 (54,22-62,84); 12,12 (230,413-232,418).
113 Haer III 12,6 (200,191-202,195).
114 Haer III 12,6 (202,195-199).
115 Haer III 12,6 (202,199-202).
116 S. haer III 12,13 (236,457-462).
117 S. haer II 28,8 (288,219-226).

den der einen, verbindenden (und verbindlichen) Wahrheit verlassen, läuft die Suche nach ihr ins Leere.[118] Wie viele unzuverlässige Lehrer, so viele unzuverlässige „Wahrheiten". Wie viele Meinungen, so viele Möglichkeiten, Schriftstellen, zumal „dunkle", zu deuten.[119]

2.4.1.2 Beispiele für falsche Exegesen

An einigen ausgewählten Beispielen soll gezeigt werden, wie Irenäus den Zusammenhang von falschen theologischen Prämissen und davon abhängiger Schriftauslegung nachweist. Ich konzentriere mich dabei auf die Texte, in denen Irenäus gegen die häretische Vereinnahmung einzelner Schriftstellen als Testimonien für ihre Kreuzes- und Passionsdeutungen angeht.[120] In haer IV 35,3[121] kritisiert Irenäus das valentinianische Verständnis der Passion Christi als Abbild himmlischer Vorgänge:

„Wenn sie aber außerdem sagen, das Leiden des Herrn sei ein Typus der Ausstreckung des oberen Christus gewesen, als er am Horos ausgestreckt ihre Mutter formte (*passionem Domini typum esse dicentes extensionis Christi superioris, quam extensus Horo formavit eorum Matrem*), werden sie in den übrigen Dingen überführt, weil sie keine Ähnlichkeit des Bildes mehr zeigen können. Denn wo wurde der obere Christus mit Essig und Galle getränkt? Oder wo wurden seine Kleider geteilt? Oder wo wurde er durchbohrt, und Blut und Wasser kamen heraus? Oder wo schwitzte er Blutstropfen? Und alles andere, was dem Herrn widerfuhr, worüber die Propheten gesprochen haben."

Der problematische Umgang der Valentinianer mit den Berichten der Evangelien zeigt sich nach Irenäus darin, daß sie die Kreuzigung Jesu als Abbild der „ersten Gestaltung" der Achamoth deuten. Ausgehend von ihren theologischen Voraussetzungen isolieren sie willkürlich *einen* (wenn auch den wichtigsten) Ausschnitt der Passion Jesu. Im Vordergrund ihrer Interpretation stehen einerseits die sichtbare Körperhaltung des Gekreuzigten (seine „Ausstreckung"), die sich problemlos als Abbild auf die Ausstreckung des „oberen

---

118 S. dazu auch Koschorke, *Polemik*, 198-202.
119 S. haer II 27,1-3 (264,1-268,61/264f,1-8).
120 Die kreuzestheologischen Testimonien der Häretiker wurden oben im einzelnen aufgeführt. Beispiele für andere Exegesen der Häretiker in haer I 3,1-5 (50,9-60,87/50, 254-60,339); 8,2-5 (116,31-136,189/117,802-137,972); III 6,5-7,2 (76,93-88,55/84,1-86,7) u.ö. Irenäus' Kritik an der häretischen Deutung der Texte über die *Kreuzesnachfolge* wird in Abschnitt 2.4.3 behandelt.
121 870,70-78.

Christus" am bzw. über den Horos übertragen läßt, andererseits das Leiden des (psychischen) Leibes Jesu, der die (psychische) Gestaltung der Achamoth darstellen soll.

Irenäus geht an dieser Stelle nicht weiter auf die für ihn unzulässige Trennung zwischen „pneumatischem" und „psychischem" Christus ein.[122] Im Zentrum seiner Kritik steht die valentinianische „Methode der Isolierung". Seine Gegner sind nicht in der Lage, für *alle* Details der Passion Jesu (den irdischen Abbildern) ein entsprechendes himmlisches Urbild anzuführen. Umgekehrt bedeutet dies, daß das himmlische *Urbild* (die Ausstreckung des oberen Christus am Horos) nicht in der Lage ist, das *ganze* irdische Abbild (die Passion Jesu mit all ihren Details) zu integrieren. Folglich muß das Urbild selbst defizitär sein. Mit der exegetischen Methode kritisiert Irenäus zugleich die „antianthropologische" Christologie der Valentinianer.[123]

Was nach Irenäus aus dieser Deutung herausfällt, sind die von der Schrift mannigfach bezeugten, eindeutigen Kennzeichen dafür, daß der Erlöser Jesus Christus wirklich im Fleisch gelitten hat.[124] Die Methode, aus der Passion Jesu diejenigen Details wegzulassen, die Christus als wahren Menschen, sein Leiden also nicht nur als *„psychisches"*, sondern als leibliches schildern, ist von den theologischen Prämissen der Valentinianer her gesehen konsequent. Aber das biblische Zeugnis steht gerade der Annahme entgegen, daß *nur ein bestimmter Ausschnitt* aus der *einen* Passion Jesu als Abbild dienen soll.

Der valentinianische Ὅρος erweist sich also in zweifacher Hinsicht als Hindernis, um zu einer korrekten Auslegung der heiligen Schriften zu gelangen. Seine theologische Funktion, zwischen dem Bereich der Gnosis und der außerpleromatischen Sphäre der Unwissenheit zu trennen, steht im Widerspruch zu der Annahme, die Achamoth hätte die *„sacramenta Pleromatis"* verkündigen können.[125] Und der Ὅρος und die mit ihm zusammenhängenden Ereignisse können bei weitem nicht *alle* Elemente der Passion Jesu als Abbilder erklären. Indem die Abbilder das Urbild als unzureichend erweisen, ist zugleich das exegetische Verfahren, die biblischen Texte auf der Suche nach passenden Abbildern steinbruchartig auszuwerten, als unsachgemäß überführt.[126] Die heiligen Schriften sind, was ihren Umfang *und* ihren Inhalt

---

122 S. dazu oben die Abschnitte 2.2 und 2.3.2.1.

123 S.o. Abschnitt 2.2.

124 Vgl. haer IV 33,12 (834,247-836,279); III 22,2 (435,28-437,43) u.ö. Irenäus zählt in diesen Texten unterschiedliche σύμβολα σαρκός (signa carnis) Christi auf.

125 S.o. S. 116.

126 Ähnliche Argumente benutzt Irenäus in anderen Zusammenhängen (vgl. haer II 21,1 [208,1-210,29] u.ö.).

betrifft, *nur* als Einheit zu haben. Jeder andere Zugang und jeder andere Umgang mit ihnen ist illegitim.

Zum problematischen Umgang der Häretiker mit der Schrift gehört die willkürliche *Auswertung biblischer Zahlenangaben.* Sie sollen Abbilder der himmlischen Vorgänge sein. Auf einige Ereignisse und Daten aus dem Leben Jesu, die die Valentinianer mit dem Leiden der *Sophia* in Verbindung bringen, geht Irenäus in haer II 20-23 ausführlicher ein.[127]

Die Heilung der Frau, die zwölf Jahre lang blutflüssig war (s. Mk 5,25-34 par) soll die Heilung der Sophia, des zwölften Äons, darstellen.[128] Irenäus unterstreicht, daß die elf Jahre vor der Heilung der Frau auf die anderen elf Äonen der *Dodekas* gedeutet werden müßten. Weil diese jedoch nicht gelitten haben, ist die valentinianische Deutung falsch – oder die elf Äonen haben ebenfalls gelitten. „*Typus* (Bild) und *imago* (Abbild) sind zwar im Blick auf ihre Materie und Substanz bisweilen von der Wahrheit verschieden. Im Blick auf ihre äußere Gestalt und ihre Konturen müssen sie die Ähnlichkeit *(similitudo)* bewahren und durch das Gegenwärtige das Nicht-Gegenwärtige als ähnlich zeigen." Außer der Frau aus Mk 5 gibt es andere Menschen, die länger als zwölf Jahre gelitten haben und von Jesus geheilt wurden[129]; diese Berichte lassen sich mit dem Leiden der Sophia jedoch *nicht* in Einklang bringen. „Geschmacklos aber und auf jede Weise unstimmig ist es zu sagen, der Erlöser habe in manchem den Typus bewahrt, in anderem aber nicht."[130]

Weiterhin soll der Verrat des zwölften Apostels Judas das Leiden der Sophia gezeigt haben. Doch auch hier ergeben sich nach Irenäus erhebliche Probleme[131]: Judas war zwar der zwölfte Apostel, wurde aber nach seinem Abfall verstoßen und durch Matthias ersetzt; die Sophia soll hingegen nach ihrer Trennung von der Enthymesis wieder ins Pleroma zurückgerufen worden sein. Außerdem hat Judas selbst nicht gelitten, sondern denjenigen verraten, der für das Heil der Menschen leiden sollte. Nimmt man die Zahl der

---

127 Irenäus bezieht sich auf haer I 3,3 (52,34-54,52/53,282-55,301) zurück. Weitere Probleme der Zahlenspekulationen diskutiert er in haer II 24 (232,1-250,215) u.ö.

128 S. haer II 20,1; 23,1f (200,7-16; 228,1-232,45); aus II 23,1 auch das folgende Zitat.

129 Vgl. Lk 13,16 (Heilung einer *18* Jahre lang kranken Frau); Joh 5,5 (Heilung eines seit *38* Jahren kranken Mannes).

130 Haer II 23,2 (230,42-44). – Daß Irenäus in haer II 20,1; 23,2 auf den in I 3,3 erwähnten Ὅρος nicht zu sprechen kommt, erklärt sich daraus, daß er sich bei der Widerlegung auf die Zahlenspekulationen konzentriert und den Nachweis, daß der Ὅρος eine überzählige, die Dreißig-Zahl des Pleromas sprengende Emanation ist, voraussetzt (s. haer II 22,1 [212,1-8]).

131 S. haer II 20,1f.4f (200,3-5; 202,17-33; 204,64-208,102).

Äonen genau, dann war die *Sophia* (als letzter Äon der *Dodekas*) der dreißigste Äon, nicht der zwölfte; Judas hingegen war wirklich der *zwölfte* Jünger. Auch die Deutung des Judas auf die Enthymesis geht fehl, denn auch diese soll, nachdem sie die Entstehung der irdischen Welt vollbracht hat, am Ende wieder ins Pleroma aufgenommen und dem Soter als Partner zugeführt worden sein. Judas ist aber nie mehr in die Jüngerschaft zurückgekehrt. Wenn man zuletzt versucht, Judas auf das „Leiden" und Matthias als Typos der Enthymesis zu deuten, so sind diese nur „zwei", die Sophia, die Enthymesis und das πάθος zusammen jedoch drei. Auch dieser Vergleich läuft somit wegen unüberbrückbarer Differenzen zwischen „Abbild" und „Urbild" ins Leere.

In haer II 22,1-3[132] setzt sich Irenäus mit der Behauptung auseinander, das Leiden Jesu im zwölften Monat sei ein Abbild für das Leiden der *Sophia*. Jesus habe nämlich nur ein Jahr lang nach seiner Taufe gepredigt[133] (als Schriftbeleg dient Jes 61,2: „... auszurufen *ein* angenehmes Jahr des Herrn und *einen* Tag der Vergeltung"[134]). Irenäus wendet grundsätzlich ein, daß Jesaja nicht einen normalen Tag mit zwölf Stunden und auch nicht ein Jahr mit zwölf Monaten gemeint habe; die Propheten hätten nämlich in den meisten Fällen „*in parabolis et allegoriis*" und nicht nach dem eigentlichen Wortlaut gesprochen.[135] Vielmehr sei mit dem „Tag der Vergeltung" der Tag des Gerichts gemeint, an dem der Herr jedem nach seinen Werken vergilt (vgl. Röm 2,6; Mt 16,27), mit dem „angenehmen Jahr des Herrn" aber die jetzige Zeit, in der die Glaubenden von Gott berufen und gerettet werden, also die ganze Zeit zwischen der ersten und zweiten Ankunft Christi, in der die Glaubenden Verfolgung leiden und getötet werden.[136] Der „Tag der Vergeltung" muß nämlich

---

132 212,1-220,92. Zur Johannesrezeption in diesem Abschnitt s. von Loewenich, *Johannes-Verständnis*, 124-128.

133 Haer II 20,1 (200,3-7); 22,1 (214,9f).

134 S. haer II 22,1 [214,12]). Vgl. auch Lk 4,19.

135 Vgl. Just., dial. 68,6 (177 Goodspeed); 90,2 (204; zu Tryphon): „Du weißt, daß die Propheten das, was sie sagten und taten – wie ihr es auch zugegeben habt – durch Gleichnisse (παραβολαῖς) und Vorbilder (τύποις) verhüllten, so daß das meiste von allen nicht leicht erkannt werden kann, weil sie die darin liegende Wahrheit verbargen, damit sich die, die sie finden und lernen wollen, Mühe geben."

136 Als weiterer Beleg für seine Deutung führt Irenäus Röm 8,36 an. Den dort erwähnten „ganzen Tag" bezieht er ebenfalls auf die gesamte Zeit, in der die Christen um Christi willen leiden und umgebracht werden. Das „angenehme Jahr des Herrn" kann also von der Schrift auch mit „Tag" bezeichnet werden, was die wörtliche Auffassung der Jesaja-Stelle durch die Valentinianer verbietet (zum Pauluszitat s. Noormann, *Paulusinterpret*, 97f). – Zur Bedeutung der „jetzigen Zeit" für Irenäus' Zeitverständnis s. Overbeck, *Menschwerdung*, 54-56.

unmittelbar auf das „angenehme Jahr des Herrn" folgen. Jede andere Deutung würde dagegen implizit behaupten, daß der Prophet sich geirrt hätte, wenn er mit dem „einen Jahr" nur von den zwölf Monaten des Auftretens Jesu gesprochen hätte; dieses eine Jahr nämlich ist vergangen, ohne daß der Tag der Vergeltung eingetroffen ist.[137] Irenäus stützt seine Argumentation darüber hinaus mit der vom Herrenjünger Johannes berichteten Teilnahme Jesu an drei Paschafesten in Jerusalem (vgl. Joh 2,13; 5,1; 12,1). Jesus hat bei seinem *dritten* Festbesuch in Jerusalem das Pascha gegessen und am *darauffolgenden Tag* gelitten.[138] Daß diese drei Paschabesuche Jesu nicht in einem Jahr gewesen sein können, ist unmittelbar einsichtig. Außerdem ist der Monat, in dem das Paschafest gefeiert wird, der *erste* des Jahres, nicht der zwölfte (vgl. Ex 12,2; Lev 23,5; Num 9,5; auch Dtn 16,1); er kann also schon von daher nicht auf die Leiden des zwölften Äons bezogen werden.

Mit diesen Beispielen zeigt Irenäus, daß die Häretiker in den Schriften nur das finden, was sie finden wollen. Was in ihr vorausgesetztes System nicht paßt, biegen sie zurecht[139], erklären es als „typos-frei" oder übergehen es, unabhängig davon, welchen Stellenwert die Schriften selbst einzelnen Dingen, Daten oder Ereignissen beimessen.[140] Mehr noch: Sie lassen gerade das beiseite, was „sicher und unzweifelhaft und wahr ist".[141]

In diesem Zusammenhang führt Irenäus am Beispiel der Zahl Fünf vor, daß die Auswahl der von den Valentinianern (und anderen Häretikern) bevorzugten Zahlen rein willkürlich ist. Neben einer Reihe von biblischen Erzählungen und Gegenständen (u.a. Ex 26,37; 28,1.5; Joh 10,17-25; Mt 25,1-12; Mk 9,2-8; Lk 16,19-31 usw.) und Beispielen aus der Natur (z.B. fünf Finger, Organe, Altersstufen) nennt er die Gestalt des Kreuzes als Beweis für die Fünfzahl[142]: „Und selbst die Gestalt des Kreuzes hat fünf Enden und Haupt-

---

137 Irenäus allegorisiert also an dieser Stelle (wie die Gnostiker auch), während er zuvor und auch später wieder mit dem Literalsinn argumentiert. Die irenäische Beweisführung ist somit nicht frei von Widersprüchen.

138 Haer II 22,3 (218,83f).

139 Dazu gehören auch die „unvollständigen" Deutungen der unterschiedlichen Titel Jesu (s. haer II 24,1f [232,1-236,60]; IV 12,1 [510,14f]).

140 Vgl. haer II 24,3 (236,61-240,114).

141 Haer II 27,3 (268,54f).

142 Haer II 24,4 (242,135-137).

punkte[143], zwei in der Länge, zwei in der Breite und einen in der Mitte, auf dem der Angenagelte aufruht."[144] Irenäus lehnt eine theologische Deutung, die die *Fünfzahl* (wie sie sich aus der Form des Kreuzes ergibt) zum Zentrum der Interpretation macht, grundsätzlich ab.[145] Eine solche Deutung birgt die Gefahr, daß eine mit dem Kreuz verbundene „Nebensächlichkeit" die eigentliche theologische Bedeutung des Kreuzes an den Rand drängt. Einer Aufladung des Kreuzes mit unangemessenen und sachfremden Inhalten wäre dadurch Tür und Tor geöffnet.

Irenäus geht nirgends mehr direkt auf die „fünf Enden" des Kreuzes ein. Er spricht an einigen Stellen nur von der „Länge, Breite, Höhe (und Tiefe)", denen er eine besondere Bedeutung zumißt. Er kann also durchaus die Kreu-

---

143 „Enden und Hauptpunkte" bilden ein Hendiadyoin.

144 *Et ipse habitus crucis fines et summitates habet quinque, duos in longitudinem, et duos in latitudinem, et unum in medio, in quo requiescit qui clavis adfigitur.* Irenäus setzt also eine *crux immissa* voraus (zur *crux immissa* vgl. Dinkler/Dinkler-v. Schubert, *RBK V*, Sp. 26; Dinkler, *Denkmäler*, 134-178; Amadou, *Mysterium*, 74). Anders Barn 9,7f (21,9-18 SQS), der bei Christi Kreuz eine *crux commissa* (T) vor Augen hat, wie seine Deutung der Zahl 318 (vgl. Gen 17,23.27; 14,14) zeigt (18 = I + H = Jesus; 300 = T = Kreuz); vgl. Clem., str. VI 10,84,1-6 (473,20-32 GCS: die Zahl 318 ist „τοῦ κυριακοῦ σημείου τύπον"); s. Daniélou, *Le signe*, 37f; Dölger, *Beiträge I*, 14-16; ders., *Beiträge III*, 14-16; Wengst, *Tradition*, 68f.71.79f; Grego, *Ireneo*, 191f.199f. Auch der „Spott-Kruzifix" vom Palatin in Rom (wohl nach 200 n.Chr.) zeigt ein T-förmiges Kreuz (vgl. Dinkler, *Denkmäler*, 150-153; Abbildung in ders., *Signum Crucis*, Tafel XIII, 33a). Mit dem im Papyrus Yale 1 (entstanden zwischen 100 und 150 n.Chr. und somit das älteste bekannte Exemplar eines von Christen geschriebenen Genesistextes) enthaltenen Fragment von Gen 14,5-8 (recto); 14,12-15 (verso) dürfte ein sehr alter Beleg für die von Barn 9,8 gegebene Interpretation der Zahl 318 aus Gen 14,14 vorliegen. Die 318 wurde in jüdischen LXX-Handschriften üblicherweise ausgeschrieben (τριακοσίους δέκα καὶ ὀκτώ). Im Pap. Yale 1 ist in der viertletzten Zeile des Versoblattes jedoch nur Platz für maximal vier Buchstaben; Reste des Tau-Querstriches sind erkennbar. Als mögliche Schreibweise der Zahl 318 käme nur TIH (T = 300; IH = 18) in Betracht, was zum einen auf die christliche Herkunft des Pap. Yale 1 schließen läßt; zum anderen läge hier „zum ersten Male in der Geschichte der christlichen Literatur die Verwendung eines kombinierten Sigels für ‚Jesus den Gekreuzigten'" vor, „das ein nomen sacrum enthält ..., in diesem Falle in gleicher Gewichtigkeit für T als auch für IH" (s. Dinkler, *Papyrus Yalensis 1*, 341-345, d. Zit. 345; vgl. auch ders., *Denkmäler*, 150-178).

145 Irenäus widerspricht der Möglichkeit kategorisch, aus den Schriftstellen, die etwas zur „Fünf" sagen, bspw. auf fünf Äonen über dem Weltenschöpfer zu schließen. Gott hat zwar alles mit großer Weisheit und Sorgfalt eingerichtet, aber das Verfahren, aus Zahlen, Silben und Buchstaben *„inquisitiones"* über Gott anzustellen, ist unsicher. Diese können alles mögliche bedeuten. Deshalb muß das Geschaffene mit der Wahrheit verbunden werden. Die Zahlen ergeben sich aus der Lehre und die Schöpfung aus Gott, nicht umgekehrt (s. haer II 25,1 [250,1-252,19]; 26,3 [260,49-262,75] u.ö.).

zesform zum Ausgangspunkt theologischer Aussagen machen. Irenäus ist dabei aber stets von dem Bemühen geleitet, das Kreuz mit seinen inhaltlichen Implikationen *als Ganzes* zur Geltung zu bringen, nicht nur einen Ausschnitt desselben. Das Kreuz oder auch nur ein theologischer „Teilaspekt" des Kreuzes ist niemals Abbild für ein wie auch immer geartetes, übergeordnetes Urbild im Sinne der Valentinianer.

2.4.2 Die häretischen Lehrer als falsche Lehrautoritäten

Aufgrund des bisher Gesagten ist es nun nicht mehr überraschend, wenn Irenäus den Schulhäuptern und Lehrern der Häretiker ihre Autorität als Lehrer der Kirche grundsätzlich abspricht.[146] Indem sie sich maßlos selbst überschätzen, wollen „viele von ihnen, ja vielmehr alle, Lehrer sein", so daß eine unüberschaubare Anzahl unterschiedlicher Schulen und Meinungen entsteht.[147] Mit ihren theologischen Ansichten, ihren selbstproduzierten Schriften und Geheimtraditionen und ihrem auf Willkür beruhenden Umgang mit den heiligen Schriften beweisen sie ein ums andere Mal, daß sie sich nicht nur über die von Christus eingesetzten Apostel, sondern in letzter Instanz über Christus und Gott erheben.[148]

2.4.2.1 Die Überhebung der häretischen Lehrer über den Lehrer Christus

Irenäus macht den Lehrern der Häretiker einen grundsätzlichen Fehler zum Vorwurf. Sie vergessen in ihrer Suche nach der *„causa omnium"*, daß sie *Menschen* sind, als Geschöpfe unter ihrem Schöpfer stehen und deshalb in ihrer Erkenntnisfähigkeit begrenzt sind.[149] Ihr Denken, das über den grenzenlosen Schöpfer hinauskommen will, ist wider die menschliche Natur („*contra natu-*

---

146 Zum „Lehrertum" in der Kirche des 2. Jh. s. allgemein von Campenhausen, *Amt*, 210-233; Neymeyr, *Christliche Lehrer*, passim. Zu den gnostischen Lehrern im 2. Jh. Neymeyr, *Lehrer*, 201-214; Rudolph, *Gnosis*, 227f. Zu Irenäus s. Winling, *Christ-Didascale*, 261-272; Normann, *Didaskalos*, 137-152; Brox, *Offenbarung*, 43f; Fantino, *L'art* 231-236; Lüdemann, *Geschichte*, 103-111.

147 Haer I 28,1 (354,1-7); vgl. haer III 4,3 (52,59-63).

148 S. nur haer III 1,2 (24,28-34). Vgl. Brox, *Offenbarung*, 117-127.

149 S. zum folgenden haer II 25,2-28,9 (252,20-292,265); s. dazu Brox, *Offenbarung*, 174-178. Bengsch, *Heilsgeschichte*, 56-62; Schoedel, *Method*, 31.

ram").[150] „Es gibt wohl keine größere Aufgeblasenheit, als daß einer meint, besser und vollkommener zu sein als der, der ihn geschaffen, gebildet, ihm den Lebensodem und das Dasein selbst gegeben hat."[151] Viele Dinge in der Schöpfung (und in der Schrift[152]!) entziehen sich der menschlichen Erkenntnis. Ein Mensch, der seine Erkenntnisgrenzen überschreitet, „verändert durch die Gnosis, die er gefunden zu haben glaubt, Gott, und schleudert seine Meinung über die Größe des Schöpfers hinaus"[153], weil er Antworten auf Fragen geben zu können glaubt, die allein Gott beantworten kann.[154] Die Häretiker reden über Unsichtbares und Unbeweisbares, sind aber selbst nicht in der Lage, die Ursachen für *irdische* Vorgänge und Ereignisse anzugeben. „Wenn aber die, die ach so vollkommen sind, noch nicht einmal das wissen, was auf der Hand und vor den Füßen und vor Augen und auf der Erde liegt – vor allem die Anzahl der Haare auf ihrem Kopf –, wie sollen wir ihnen dann das glauben, was sie durch hohle Überredung über die geistigen, überhimmlischen und die Dinge, die über Gott liegen, beteuern?"[155] Indem die Häretiker mit ihren Lehraussagen besser als der Schöpfer der Welt sein wol-

---

150 Haer II 25,4 (254,60-256,67), vgl. V 20,2 (258,45-49).
151 Haer II 26,1 (258,13-16); vgl. II 28,2 (270,21-24); 28,4.8 (278,92-280,129; 288,219-290,240); epid 99f (218-220/96f).
152 S. haer II 28,2f (270,24-278,91/274f,2-9; 277,1-8).
153 Haer II 26,3 (262,73-75).
154 S. haer II 28,2-4.6-9 (270,24-280,129; 282,145-292,265/274f,2-9; 277,1-8). Zu diesen Fragen gehören u.a. die folgenden: Was tat Gott, bevor er die Welt schuf (haer II 28,3)? Wie ist die Entstehung des Logos aus dem Vater zu denken (haer II 28,4-6)? Woher nahm Gott die Substanz der Materie und wie brachte er sie hervor (haer II 28,7)? Welcher Natur *(natura* = φύσις; vgl. Reynders, *Lexique II,* 205) sind die, die Gottes Gebote übertreten, und die, die seine Gebote halten (haer II 28,7)? Daß namentlich Ptolemäus die zuletzt genannte Frage „auf einer höheren Stufe des Unterrichts" (Foerster, *NTS 6,* 20) beantworten zu können glaubte, zeigt sein Brief an Flora (ep. 7,7f [70-72 SC]): „Das Wesen (οὐσία) des Widersachers ist Verderben und Finsternis – denn materiell ist er und vielgeteilt –, das des ungewordenen All-Vaters aber Unvergänglichkeit und selbstseiendes, einfaches und einheitliches Licht. ... Jetzt aber soll dich dies nicht verwirren, die du (sc. Flora) es lernen willst, wie von einem Anfang (ἀρχή) von allem, der einfach ist und ... ungeworden und unvergänglich und gut, auch diese Naturen (αὗται αἱ φύσεις) entstanden sind, sowohl die des Verderbens und die der Mitte, die ungleichen (ἀνομοούσιοι) Wesens sind, obwohl das Gute die Natur (φύσις) hat, ihm Ähnliches (ὅμοια) und Wesensgleiches (ὁμοούσια) zu zeugen und hervorzubringen." S. dazu Scholten, *Martyrium,* 271-286, der darauf hinweist, daß die Nag-Hammadi-Texte praktisch „keine Spur einer Beschäftigung mit dem Thema des Leids des Menschen [sc. in Verfolgung] angesichts der Gutheit Gottes" zeigen.
155 Haer II 28,9 (290,256-292,261); vgl. II 26,2 (258,25-260,48).

len (und es doch durch nichts beweisen können[156]), verraten sie, daß sie aus der Liebe zu Gott herausgefallen sind.[157] Sie wollen nicht anerkennen, „daß Gott immer lehrt, der Mensch aber immer von Gott lernt"[158]; und sie wollen mehr wissen als „Jesus Christus, den Sohn Gottes, der für uns gekreuzigt wurde"[159]. Die Art, wie die Lehrer der Häretiker sich als Lehrer aufspielen, ist für Irenäus ein eindeutiger Beweis, daß ihnen Gottesliebe und Geistbegabung fehlen.[160]

Es fällt auf, daß Irenäus auf der einen Seite sowohl die (selbsternannten) Lehrer der Häretiker[161] als auch Christus[162] besonders häufig als διδάσκαλοι (*magistri, doctores*) bezeichnet, während er mit diesem Titel in bezug auf die Lehrer der Kirche äußerst sparsam umgeht[163] – was natürlich nicht heißt, daß es in der Kirche keine Lehrer gäbe (Irenäus hat über die kirchlichen Amts- und Traditionsträger bekanntermaßen eine sehr hohe Meinung).[164] Irenäus signalisiert mit seinem Gebrauch des Lehrer-Titels zweierlei. Zum einen stellt er den Lehrern der Häretiker den wahren Lehrer Jesus Christus als einzige Autorität gegenüber. Nur er darf den Titel des „Lehrers" mit vollem Recht für sich beanspruchen.[165] Dies gilt insbesondere dann, wenn die Häretiker

---

156 S. haer II 30,1-9 (300,1-322,253).

157 S. haer II 26,1 (256,5-258,21); vgl. II 28,1 (268,5-270,9); I 10,3 (166,1190f).

158 Haer II 28,3 (274,64f/275,8f). In epid 12 (100/40f) tritt der Logos Gottes als Lehrer im Paradies auf; vgl. auch haer IV 5,1 (426,15-18).

159 Haer II 26,1 (258,22).

160 Vgl. auch Brox, *Offenbarung*, 178.

161 Offensichtlich als von ihnen selbst oder von anderen beigelegte Bezeichnung: haer I 11,3 (172,44f/173,1f: Markos?); 13,1 (188,1f/189,1f: Valentin? [s. Brox, *FC 8/1*, 217]); 28,1 (354,14-356,22/356f,7-14: Tatian; s.a. haer III 23,8 [466,174-468,183]). Auf Irenäus zurückgehend: haer I 10,3 (166,88f/166,1190f: allgemein); 26,3 (348,26-28: Nikolaus [vgl. Offb 2,14f] als Lehrer der Nikolaiten); 27,4 (352,59-64: Simon Magus als *magister* aller Häretiker); II 26,2 (260,46-48); III 14,2 (264,62f); 16,9 (326,314-316); 21,9 (426,210); IV 12,1 (510,14f).

162 Haer I 9,2 (142,44f/142,1015f); 10,2 (160,44f/160,1146f); I 22,4f (220,93-224,148); 28,6 (282,153f); III 12,13 (236,451); 18,6 (362,153-157); IV 1,2 (396,33-40); 5,2 (428,21f); 19,1 (616,17-20); 31,1 (786,9-12); 36,5 (894,149); V pr. (15,36f); 1,1 (17,1f; 16,7f); 31,2 (394,52).

163 Haer III 18,5 (356,104-106: zit. Mt 23,34 [*doctores* = γραμματεῖς]); 24,1 (472,22-474,27: zit. 1Kor 12,28 [*doctores* = διδασκάλους]); IV 9,1 (478,3-5.11-14: zit. Mt 13,52 [*scriba doctus* = γραμματεύς] und Mt 23,34 [in abgewandelter Form: ... *sapientes et scribas et doctores* = σοφοὺς καὶ γραμματεῖς καὶ διδασκάλους]); 26,5 (728,116-118: zit. 1Kor 12,28); vgl. auch haer IV 35,2 (864,24-28). S. dazu Winling, *Christ-Didascale*, 261.263.

164 Vgl. Burrus, *Leadership*, 43-45.

165 Vgl. Winling, *Christ-Didascale*, 267f.

zwar von Christus als ihrem Lehrer reden[166] oder ihn in ihrem theologischen System als Lehrer auftreten lassen[167], aber durch ihre Lehren bekunden, daß sie sich über die Lehre Christi hinwegsetzen und Christus damit faktisch zu einem unvollkommenen Lehrer machen.[168] Zum anderen weist Irenäus die Lehrer der Kirche darauf hin, daß sie nur Gott und Jesus Christus als einzige Lehrer haben.[169] Sie selbst bleiben immer Schüler ihres Herrn.[170]

Ein besonders eindrücklicher Text für die Überhebung der häretischen Lehrer über Christus ist haer II 22,4-6.[171] Irenäus weist dort nach, daß die Valentinianer durch eine falsche Exegese Christus seine Autorität als Lehrer grundsätzlich absprechen. Er knüpft an die Ausführungen über die häretische Interpretation von Jes 61,2 an. Dieser Text soll als Beleg dafür dienen, daß Jesus im zwölften Monat gelitten (und deshalb nur ein Jahr lang nach seiner Taufe gepredigt) hat und somit ein Abbild der leidenden Sophia ist.[172]

Irenäus übernimmt für seine Argumentation als gemeinsame Gesprächsbasis die häretische Annahme, daß Jesus in seinem Leben „alles durchmachen

---

166 Vgl. haer I 20,2 (290,20-23/290,820-824); 27,4 (352,64-354,70); II 32,1f (332,1-338,72); IV 33,5 (814,101-104).

167 Vgl. haer I 2,5 (44,76f/44f,212f: „Τὸν μὲν γὰρ Χριστὸν διδάξαι αὐτούς“, nämlich die Äonen; in haer I 2,6 belehrt das heilige Pneuma die Äonen, Dank zu sagen); 3,3 (54,42. 44/54,290-292: Der Soter belehrt die Jünger über die Heilung der Sophia von ihrer Leidenschaft).

168 Vgl. haer III 18,6 (362,146-157); IV 1,2 (394,23-396,40); 35,2 (866,42-868,52).

169 S. haer IV 35,4 (874,113-876,114): „Wir aber folgen dem einen und einzigen wahren Gott als Lehrer und haben als Richtschnur der Wahrheit seine Worte“; so Ir[lat] (alle Mss.). Die in SC 100/2, 874 App. ohne Angabe von Gründen vorgenommene Konjektur von „deum“ in „dominum“ geht wohl auf inhaltliche Überlegungen zurück – die Ausdrücke „nachfolgen“, „seine Worte“ als „Kanon der Wahrheit“ und die Einführung des einen Gottes und Schöpfers als Glaubensinhalt passen besser zum Lehrertum Christi – und hat außerdem Anhalt an anderen Stellen, wo Christus als Lehrer bezeichnet wird wie z.B. haer II 28,8 (288,231-233); vgl. aber haer II 28,3 (274,63-65/275,8f); s.a. Normann, Didaskalos, 139-141; Winling, Christ-Didascale, 264f.271.

170 Dies wird v.a. durch die Aufnahme von Mt 10,24 par Lk 6,40 („Der Schüler steht nicht über dem Lehrer“) in haer I 10,2 (160,42-48/160,1145-161,1150); II 28,6 (282,145-154); III 18,6 (362,146-157); IV 31,1 (786,9-12); 9,1 (478,11-14) hervorgehoben. S.a. Normann, Didaskalos, 144-149.

171 220,93-228,180. In haer II 22,4 bezeichnet Irnenäus Christus insgesamt fünfmal als Lehrer, so oft, wie in keinem anderen Abschnitt von haer. Zur Paulus- und Johannesrezeption in haer II 22,4 s. Noormann, Paulusinterpret, 98-100; von Loewenich, Johannes-Verständnis, 124-128. Zum Lebensalter Jesu und der Datierung seines Todes s. Hoh, Lehre, 160-166.202f (ältere Lit.).

172 S.o. S. 122.

mußte".[173] Wenn nun die Irrlehrer Jesus nur 31 Jahre alt werden lassen, vergessen sie seine notwendigste und ehrwürdigste Altersstufe, nämlich das „vorgerücktere" Alter, in dem er Lehrer war und Schüler hatte. „Anfang der 30"[174] ist man jedoch noch ein *iuvenis*. Das höhere Alter beginnt ab 40. So alt war Jesus mindestens, als er als Lehrer nach Jerusalem kam und von allen als solcher anerkannt wurde. Das wird von den Juden bestätigt (s. Joh 8,56f).[175] Sie warfen Jesus vor, er habe, obwohl er noch keine 50 Jahre alt sei, behauptet, Abraham gesehen zu haben. Eine solche Aussage wäre nach Irenäus unsinnig, wenn Jesus erst 30 Jahre alt gewesen wäre. Denn die Juden wollten ihn einer Lüge überführen. Es wäre töricht gewesen, hätten sie ihm ein anderes als sein tatsächliches Alter angedichtet, unabhängig davon, ob sie es aus einer Zensusliste kannten oder einfach aufgrund seines Aussehens schätzten.[176]

Mit dieser Altersbestimmung Jesu richtet sich Irenäus gleichzeitig gegen die doketistischen Aussagen der Häretiker: Von Jesus gilt: *quod erat, hoc et videbatur*[177]; *qui autem videbatur, non erat putativus, sed veritas*[178]. Er wurde also, als er nach Jerusalem (zum Leiden) kam, mit Recht von allen für einen Lehrer gehalten, weil er das Alter eines Lehrers hatte. Denn Jesus wollte als Lehrer die Menschen weder verachten noch überbieten noch die „*lex humani generis*" in sich aufheben, sondern *alle* Altersstufen durch Gleichheit mit sich heiligen und für alle die Gemeinschaft mit Gott wiederherstellen[179]: Säuglinge

---

173 Vgl. haer I 25,4 (338,47-62). Auf diese Stelle dürfte sich der Satz aus haer II 22,5 „*contra semetipsos obliti sunt solventes eius omne negotium*" (222,121f) beziehen (s. Brox, *FC 8/2*, 186): Jede Seele müsse auf ihrer Wanderung durch die Leiber schlechthin alles „(durch-)gemacht" haben, damit ihr beim Auszug aus dem Leib kein Erlebnis fehle und sie nicht noch einmal in einen Leib zurückgeschickt werde. Die Häretiker mißachten ihre eigene Prämisse, wenn sie Jesu „Alles Durchmachen" (Hayd, *BKV¹*, 287) auflösen und ihn schon mit 31 Jahren sterben lassen. Es stellt für Irenäus offensichtlich kein Problem dar, wenn er in haer II 22,5 die karpokratianische Seelenwanderungslehre mit den valentinianischen Schriftbeweisen zum Zwecke der Widerlegung kombiniert!

174 Haer II 22,5 (222,130). Irenäus zitiert hier Lk 3,23, nimmt aber eine Umstellung vor. Lk 3,23 heißt es: Καὶ αὐτὸς ἦν Ἰησοῦς ἀρχόμενος ὡσεὶ ἐτῶν τριάκοντα (und Jesus war, als er [mit seinem Wirken] begann, ungefähr 30 Jahre alt). Irenäus zieht das „ὡσεί" vor ἀρχόμενος, so daß der „Beginn" auf die Altersbestimmung bezogen wird.

175 Haer II 22,6 (224,149-226,170).

176 Irenäus folgert daraus: Wenn die Juden also Jesus auf „noch nicht 50" schätzten, dann war Jesus „noch nicht 50", aber auch nicht viel jünger; denn man sah ihm sein Alter am Aussehen an.

177 Haer II 22,4 (220,97f).

178 Haer II 22,6 (226,168); vgl. II 22,4 (220,96-98).

179 Haer II 22,4 (98,98-222,117); vgl. haer III 18,7 (366,176-178). S.a. Prümm, *Neuheit*, 206-209; Scharl, *Recapitulatio*, 33f.

(*infantes*), Kleinkinder (*parvuli*), Knaben (*pueri*), junge (*iuvenes*) und reife Männer (*seniores*).[180]

Diese Aussage bildet den theologischen Schwerpunkt. Jesus durchlebte jede Altersstufe, um allen Menschen Erlöser, Vorbild und (insbesondere den „Senioren") ein idealer Lehrer – sowohl die *expositio veritatis* als auch das Alter betreffend – zu sein.[181] Zuletzt ging er in den Tod, um als „Erstgeborener der Toten in allem den Vorrang zu haben" (Kol 1,18). Als „Anführer des Lebens" (vgl. Apg 3,15) ist er der erste von allen und allen voran.

Die von Irenäus vertretene Altersbestimmung Jesu hat zur Konsequenz, daß er die Kreuzigung Jesu in die Zeit des Kaisers Claudius (41-54 nChr) datiert. Wie paßt diese Datierung mit den anderen Zeitangaben über Jesu Leben zusammen? Irenäus geht selbstverständlich davon aus, daß Jesus unter Pontius Pilatus (ἐπὶ Ποντίου Πιλάτου/*sub Pontio Pilato*) gekreuzigt wurde.[182] Umso auffälliger ist es jedoch, daß Irenäus in epid 74 Pilatus offenbar ganz bewußt als „Prokurator des Kaisers Claudius"[183] bezeichnet, zumal er (a) in haer I 27,2 Markion nicht explizit widerspricht, wenn dieser das Auftreten Jesu in Judäa in die Zeit des „Pontius Pilatus datiert, der Prokurator des Kaisers Tiberius" (14-37 n.Chr.) war[184], und (b) in haer IV 22,2

---

180 S. haer II 22,4 (220,104f); s.a. II 24,4 (244,143-145).

181 Irenäus setzt also für die Lehrer der Kirche ein bestimmtes Alter voraus.

182 S. die Berichte der Evangelien und 1Tim 6,13; vgl. haer II 23,4 (342,109f/343,18f); III 4,2 (46,27); epid 97 (214/94f) u.ö.

183 188/83. Irenäus kannte selbstverständlich Lk 3,1, die einzige Stelle des NT, wo die (von 26-36 n.Chr. dauernde) Prokuratur des Pilatus unter dem Kaiser Tiberius (14-37 n.Chr.) erwähnt wird (es gibt keine von dieser Datierung abweichende Textvarianten); vgl. haer III 14,3 (268,83-85), wo Irenäus eindeutig auf Lk 3,1ff Bezug nimmt und die Taufe Jesu im 15. Jahr des Tiberius nennt (nicht jedoch Pilatus). – Schwierigkeiten bereitet die Angabe in haer III 21,3 (406,60-62: *natus est enim Dominus noster circa primum et quadragesimum annum Augusti imperii*). Augustus regierte von 31 v-14 n.Chr. Jesus wäre also ungefähr im Jahre 10 n.Chr. geboren. Mit diesem Datum ist die Taufe Jesu im 15. Jahr des Tiberius unter keinen Umständen in Einklang zu bringen (kann das „*circa*" einen Zeitraum von zehn Jahren umfassen, wo die Angabe „im 41. Jahr des Augustus" doch recht exakt erscheinen will?)! Vielleicht liegt einfach ein frühe Verschreibung in der griech. Überlieferung vor: Λ ist Zahlzeichen für 30, M (das Doppel-Λ, vgl. haer I 16,2) für 40. Das „31. Jahr des Augustus" würde ziemlich genau passen. – Auch der in A. Petr. et Paul. 40-42 (196,5-197,16 AAAp 1) enthaltene Brief des Pilatus bezeugt die von Irenäus favorisierte Datierung: Nero fragt Petrus, wer der Christus sei. Petrus: „Wenn du wissen willst ... wer der Christus ist, ... nimm die an Claudius geschickten Schriften des Pontius Pilatus, und so weißt du alles". Nero läßt die Schriften bringen und verlesen: „Πόντιος Πιλᾶτος Κλαυδίῳ χαίρειν ..." (A. Petr. et Paul. 39f [195,16-196,5 AAAp 1]). Die Abfassungszeit des Briefes ist nicht sicher zu bestimmen.

184 Haer I 27,2 (350,13-16). Diese Datierung ist eine der ersten Angaben über die Lehre Markions, die Irenäus in haer I 27,2-4 kurz umreißt. Er wirft Markion zwar vor, daß dieser das Lukasevangelium (und die Paulusbriefe) gekürzt habe. Davon, daß Markion diese

davon spricht, daß Christus nicht nur wegen der Menschen kam, die „seit den Zeiten des Kaisers Tiberius an ihn glaubten", sondern für alle Menschen.[185]
Wenn Jesus nach Lk 3,1.23 im 15. Jahr des Tiberius (28 oder 29 n.Chr.) getauft wurde und danach nicht viel weniger als zwanzig Jahre gewirkt hat (so Irenäus' Chronologie), wäre er etwa zwischen 45 und 47n.Chr. gekreuzigt worden. Judäa war damals nach dem Königtum Agrippas I. (41-44 n.Chr.) bereits wieder prokuratorische Provinz. Daß Pilatus in dieser Zeit schon lange nicht mehr Prokurator von Judäa war, hat Irenäus offensichtlich nicht gewußt. Weil aber einerseits die Evangelien berichten, daß Jesus unter Pilatus gekreuzigt wurde, andererseits die apostolische Tradition, auf die Irenäus sich stützt, von einer knapp zwanzigjährigen Wirksamkeit Jesu ausgeht, mußte Pilatus in seinen Augen auch (noch) unter Claudius Statthalter von Judäa gewesen sein.
Irenäus kann sich dabei zumindest darauf berufen, daß in den Evangelien (und im übrigen Neuen Testament) gerade *keine* Aussage darüber gemacht wird, welcher Kaiser in Rom an der Macht war, als Jesus von Pilatus verurteilt wurde. Von daher schien die Datierung in die Zeit des Claudius durchaus legitim, zumal sich Lk 3,1(.23) mit dem Hinweis auf Tiberius nur auf den Zeitpunkt der *Taufe* Jesu bezieht. Für Irenäus wird sich hier kein großes Problem oder gar ein Widerspruch zwischen Schriftzeugnis und mündlicher Aposteltradition aufgetan haben. Beide Aspekte – Taufe und Tod Jesu unter Pilatus sowie das „vorgerückte" Alter des Christus – sind für Irenäus unaufgebbar, weil sie als *historische* Daten der οἰκονομία Gottes in ihrer theologischen Bedeutung nicht verloren gehen durften.

Irenäus stützt seine Argumentation in haer II 22,4-6 auf gewichtige Autoritäten.[186] Außer dem Evangelium (Joh 8,56f) nennt er „alle πρεσβύτεροι", die in der Asia mit Johannes, dem Jünger des Herrn und Verfasser des Evangeliums[187], zusammengetroffen waren. Diese wiederum bezeugen, daß sie Johan-

---

Schriften auch *ergänzt* oder anderweitig verändert habe, sagt Irenäus nichts (vgl. Dassmann, *Stachel*, 186f). Man kann davon ausgehen, daß Markion die (richtige) Chronologie in Lk 3,1 vorgefunden (vgl. Tert., Marc. I 19,2 [186,9-17 SC]) und, obwohl er im Lukasevangelium „alles, was über die Abstammung des Herrn geschrieben ist, beseite" (haer I 27,2 [350,21]) und dieses erst mit dem vierten Kapitel beginnen ließ (s. Dassmann, aaO, 187), übernommen hat. – Zu Irenäus' Lukas-Bild s. Noormann, *Paulusinterpret*, 47-52.
185 688,27-33. Diese Stelle ist nur dann ein echter Widerspruch gegen die Datierung auf Claudius, wenn Ir^lat den ursprünglicheren Text bietet. In diesem Fall müßte gelesen werden: *propter eos solos qui temporibus Tiberii Caesaris crediderunt ei* („allein wegen der Menschen, die *in den* Zeiten des Kaisers Tiberius an ihn glaubten"). Mit den „Zeiten des Tiberius" könnte dann, besonders wenn man haer IV 22,1 mit in Betracht zieht, kaum etwas anderes ausgedrückt sein als die Epoche, in der Jesus wirkte *und* starb. Ir^arm liest vor *„temporibus"* ein *„a"* (von, seit). Rousseau nimmt die Präposition in den lateinischen Text der SC-Ausgabe auf. Der Sinn der Phrase wäre dann der, daß mit den Menschen *seit* den Zeiten des Tiberius all diejenigen gemeint sind, die an Jesus glaubten, *seitdem* er öffentlich wirkte, also seit seiner Taufe, als Tiberius Kaiser war. Ir^arm wird durch haer IV 6,2 (438,15-18) bestätigt.
186 S. haer II 22,5 (224,139-148/225,1-4).
187 Vgl. haer I 8,5-9,3; III 11,1; epid 43; u.ö.; s. dazu Jaschke, *Johannesevangelium*, 371-376.

nes selbst über das Alter Jesu unterrichtet hat. Aber nicht nur von Johannes, der bis in die Zeit Trajans (98-117 n.Chr.) gelebt haben soll, sondern auch von anderen Aposteln sei einigen Ältesten dasselbe erzählt worden. Ausgehend von dieser eindrücklichen Bezeugung stellt Irenäus die Frage: „Wem muß man mehr Glauben schenken? Ihnen (sc. den Aposteln und Presbytern), oder Ptolemäus, der nie einen Apostel gesehen und nicht auch nur im Traum der Spur eines Apostels gefolgt ist?"[188]

Die Deutung des Leidens Jesu im zwölften Monat als Abbild der leidenden Sophia verrät also nicht nur, daß die Valentinianer (und namentlich Ptolemäus) Jesus als Lehrer nicht gelten lassen wollen, sondern daß die Tradition, auf die sie ihre Auslegung stützen, mit dem Zeugnis der Apostel und Apostelschüler nicht übereinstimmt. Weil die Traditionskette der Häretiker eine andere ist, können sie nicht für sich in Anspruch nehmen, bevollmächtigte und deshalb glaubwürdige Lehrer der Kirche zu sein.[189]

2.4.2.2 Die „successio" der Häretiker

Irenäus verfolgt in haer I 23,1-31,3 die Absicht, alle Häresien auf Simon Magus zurückzuführen[190] und zu zeigen, daß die einzelnen häretischen Schulen auseinander hervorgegangen sind.[191] Der Widerspruch Simons gegen die Apostel und seine Gier nach Ruhm[192] pflanzte sich in der Folgezeit bei allen Häretikern fort, so daß auch sie gegen die apostolische Tradition lehrten und lehren und jede häretische Spielart von sich behauptet, allein die Wahrheit gefunden zu haben. In Wahrheit ist das Ergebnis eine unüberschaubare Menge von Lehrmeinungen, die nicht nur innere Widersprüche aufweisen, sondern auch untereinander auf keinen gemeinsamen Nenner zu bringen sind.[193] Als Werkzeuge des Satans bzw. des Antichrists, deren Wesen nichts als Lüge

---

188 Haer II 22,5 (224,145-148).
189 Vgl. Winling, *Christ-didascale*, 265-267.
190 Vgl. haer I 23,2 (314,34f); 27,4 (352,59-64); 31,3 (386,24-388,26); II pr. 1 (22,1-24,28); III pr. (16,1-7) u.ö. Daß die Konstruktion des Irenäus nicht den historischen Tatsachen entspricht, steht auf einem anderen Blatt; vgl. Elze, *Häresie*, 407-409.
191 S. nur haer I 28,1 (354,1-7); II 13,10 (128,206-209). Vgl. Blum, *Tradition*, 197f; Le Boulluec, *La notion*, 162-173; Elze, *Häresie*, 406-409.
192 S. haer I 23,1 (314,21-23); III 4,3 (52,59-63).
193 Vgl. nur haer I 11,1 (166,1-4/166f,1194-1197); 21,5 (308,115-120); III pr. (16,1-7); 2,2 (26,8-16); V 19,2 (252,42-44); 20,2 (258,43-45).

ist, müssen die Häretiker in bezug auf die *eine* Wahrheit notgedrungen für Verwirrung sorgen.[194] Wie es nur eine zuverlässige Wahrheit gibt, so kann es auch nur eine zuverlässige Traditionslinie der Wahrheit geben.[195] Und wie sich die eine Traditionslinie der einen Wahrheit zuverlässig angeben läßt, so läßt sich auch die *successio*[196] der Lüge, die ihrem Wesen nach vielfältig und widersprüchlich ist, eindeutig nachweisen. Denn das Charakteristikum der häretischen Traditionskette besteht nach Irenäus gerade darin, daß die einzelnen Schulen zwar einen gemeinsamen Ursprung[197] haben und deshalb einander in gewisser Weise ähneln, so daß Irenäus – wohl als erster – eine „Ketzergeschichte" entwerfen kann. Von diesem Ursprung laufen sie jedoch in uneinheitliche Richtungen chaotisch auseinander und erheben dabei zugleich den Anspruch, die apostolische Traditionslinie überspringen oder sich selbst

---

194 S. haer III 15,2 (280,43-47).
195 S. haer III 5,1 (52,1-56,33). Besonders prägnant haer III 1,1 (22,15-17): Die Apostel [und ihre Schüler] haben das Evangelium Gottes „alle in gleicher Weise und jeder für sich" (*omnes pariter et singuli eorum*). S. dazu Fantino, *La théologie*, 29-34. – Zum Traditions- und Sukzessionsgedanken vor und neben Irenäus s. ausführlich Blum, *Tradition*, passim (Lit.); Bräuning, *Gemeinde*, 175-178; Fantino, aaO, 35-49. Der von Irenäus in besonderem Maße bekämpfte Ptolemäus ist auf gnostischer Seite der erste Vertreter der theologisch akzentuierten Rede von der παράδοσις und der διδαδοχή (s. ep. 7,9 [72 SC]: „Denn du wirst, wenn Gott es gibt, der Reihe nach auch deren [sc. der vergänglichen Dinge] Ursprung und Entstehung lernen, wenn du der apostolischen Tradition gewürdigt bist, die auch wir durch Übernahme empfangen haben, indem wir alle Worte an der Lehre unseres Erlösers messen"; vgl. aber auch haer I 21,2 [298,885f]). Weitere Beispiele für den theologischen Überlieferungsgedanken im gnostischen Milieu bei von Campenhausen, *Amt*, 173f; s.a. Brox, *Offenbarung*, 127-133 (beide vertreten die Auffassung, daß der theologische Gebrauch des Begriffs διαδοχή in der christlichen Gnosis wurzelt); Blum, aaO, 115-119 betont, daß die „apostolische Tradition", von der Ptolemäus spricht, mit der Gnosis über den Ursprung des Demiurgen und des Teufels aus dem vollkommenen Gott (vgl. ep. 3,8 [50 SC]) identisch ist. Alle Überlieferung gehe letztlich auf den Kyrios selbst zurück, dessen Worte die Richtschnur „aller Worte" sei. Ptolemäus denke „an die Tradition einer Lehre, beziehungsweise einer Lehrerkette, die bis auf die Apostel zurückgeht. Der apostolische Ursprung gibt der gnostischen Lehre, die Ptolemäus vorträgt, ihre Legitimation und normative Geltung" (aaO, 116f). Anders als von Campenhausen und Brox vertritt Blum jedoch nicht die These, daß der Traditionsbegriff eine Neuschöpfung des Ptolemäus ist (aaO, 117-119).
196 Vgl. haer III pr. (16,5-7): *Aggressi sumus autem nos, arguentes eos a Simone patre omnium haereticorum, et doctrinas et successiones manifestare et omnibus eis contradicere.*
197 S. haer I 22,2 (310,32-38).

auf die „wahre" (und das heißt zugleich: geheime) Überlieferung der Apostel zurückführen zu können.[198]

Irenäus wirft noch ein weiteres Argument in die Waagschale. Indem er Simon Magus zum Stammvater der Häretiker erklärt, verlegt er die Entstehung der Häresien in die Zeit *nach* dem Beginn der apostolischen Mission. Die Tradition(slinie) der Apostel und der von ihnen autorisierten Schüler ist nicht zuletzt deshalb zuverlässiger, weil sie die ältere ist.[199] In haer V 20,1[200] faßt Irenäus seine Kritik zusammen:

> „Denn sie alle sind viel später als die Bischöfe, denen die Apostel die Kirchen übergeben haben. ... Die genannten Häretiker müssen notwendigerweise, weil sie für die Wahrheit blind sind, einen Weg nach dem anderen begehen und verfehlen: und deshalb sind die Fußspuren ihrer Lehre ohne Übereinstimmung und ohne Ordnung verstreut. ... Die also die Verkündigung der Kirche verlassen, die Unerfahrenheit der heiligen Presbyter ankreiden, erwägen nicht, um wie viel wertvoller ein einfältiger Frommer ist als ein lästernder und schamloser Sophist. Solche aber sind alle Häretiker; und die meinen, etwas zu finden, was über die Wahrheit hinausgeht, indem sie den zuvor genannten (Lehren) folgen und einen Weg beschreiben, der diffus, vielförmig und schwankend ist, weil sie über dasselbe nicht immer dieselben Meinungen haben, werden wie Blinde von Blinden herumgeführt, werden mit Recht in die offene Grube der Unwissenheit fallen, weil sie immer fragen und niemals das Wahre finden."

---

198 S. haer III 2,2 (26,17-28,30). Irenäus wirft den Häretikern nicht zuletzt vor, den öffentlichen Nachweis für ihre geheimen Mysterienüberlieferungen zu scheuen, s.a. haer II 27,2 (266,43-268,52); III 15,1 (276,1-278,28). Nach Clem., str. VII 16,104,6 (75,15-18 GCS) hätten z.B. Basilides den Dolmetscher des Petrus Glaukias (vgl. Hipp., haer. VII 20,1 [286,1-3 PTS]: Basilides und sein Sohn Isidor sagen, der Apostel Matthias „habe ihnen λόγους ἀποκρύφους mitgeteilt, die er παρὰ τοῦ σωτῆρος κατ' ἰδίαν διδαχθείς gehört habe") und Valentin den Paulusschüler Theodas als apostolische Autoritäten in Anspruch genommen, und Ptolemäus spricht in ep. 7,9 (72 SC) explizit davon, die „apostolische Überlieferung" empfangen zu haben. Basilides und Isidor haben sich angeblich auch auf prophetische Offenbarungen berufen (s. Eus., h.e. IV 7,6f [310,12-15 GCS]; Clem., str. VI 6,53,2-5 [458,19-459,5 GCS]); s.a. Lipsius, *Valentinus*, 585f; Bauer, *Rechtgläubigkeit*, 181-186; von Campenhausen, *Entstehung*, 234-236; Ochagavía, *Visibile*, 167-173; Blum, *Tradition*, 203; Flesseman-van Leer, *Tradition*, 122-125; Cancik, *Gnostiker*, 182; Grant, *Heresy*, 5f.

199 Vgl. haer III 4,2 (48,40-43); 4,3 (52,63-65); 14,1 (260,30-262,34); 21,1-3 (398,1-408,78/398, 1-406,31: Die LXX-Übersetzung ist älter und zuverlässiger als neuere Übersetzungen des hebräischen Textes, auf die sich z.B. die Ebionäer verlassen. Die Tradition der Apostel, die „älter sind als all diese Leute" [408,72-74], stimmt mit der LXX und diese mit jener überein); V 14,4 (194,97f).

200 252,1-254,7; 256,27-258,37.

Irenäus reagiert mit seiner Polemik und vor allem mit dem Sukzessionsargument[201] auf den von seinen Gegnern selbst vertretenen Gedanken der (apostolischen) „Überlieferung" (παράδοσις) und der „Übernahme" (διαδοχή) bestimmter Lehren. „Sonderlehren, die auf eine allgemeine Zustimmung nicht rechnen können, werden auf alte, nicht jedermann zugängliche Überlieferungen zurückgeführt, die von bestimmten Aposteln bestimmten erwählten Personen mündlich oder schriftlich übergeben sein sollen. Man ist nicht darum verlegen, diese ursprünglichen Zeugen und auch die Mittelsmänner zu nennen, durch die sich eine solche geheime Tradition angeblich fortgepflanzt habe"[202], um die durch die *„viva vox"* tradierte[203] und als Wahrheit erkannte und erfahrene Theologie historisch abzusichern.

2.4.3 Die Ablehnung des Martyriums durch die Häretiker

Die in den Abschnitten 2.4.1 und 2.4.2 dargestellten Kritikpunkte des Irenäus finden in der Ablehnung des Martyriums durch die Häretiker eine Art Zusammenfassung. Nicht nur aus diesem Grund bildet das Thema der Kreuzesnachfolge den Abschluß dieses Paragraphen und damit auch den Abschluß der Übersicht über die von Irenäus aufgespürten Irrtümer, die mit dem Kreuz zusammenhängen. Es ist Irenäus selbst, der dem Martyrium eine besondere Stellung im Leben der Kirche beimißt. In haer IV 33,8f[204] beschreibt er, was „wahre Erkenntnis" (γνῶσις ἀληθής/*agnitio vera*) ist:

„Wahre Erkenntnis ist: Die Lehre der Apostel und die alte ‚Verfassung' (σύστημα/*status*) der Kirche in der ganzen Welt; und das Unterscheidungsmerkmal des Leibes Christi in den Amtsnachfolgen der Bischöfe, denen jene (sc. die Apostel) die an einem jeden Ort bestehende Kirche übergeben haben; die bis auf uns gekommene, truglose Bewahrung der Schriften, wobei die vollständige Behandlung (sc. der Schriften) weder Hinzufügung noch Weglassung erfährt; und deren Lesung ohne Falsch; und die schriftgemäße, richtige und sorgfältige Aus-

---

201 Zu Hegesipp und zur Funktion seiner „διαδοχή" und deren Bedeutung für Irenäus s. Caspar, *Bischofsliste*, v.a. 449f; von Campenhausen, *Amt*, 178-185; Blum, *Tradition*, 78-90; Flesseman-van Leer, *Tradition*, 113-118; Kemler, *Bischofsliste*, passim; Abramowski, *Hegesipp*, passim.

202 von Campenhausen, *Amt*, 173 (s.a. 174-176); vgl. Langerbeck, *Problem*, 29f; Burrus, *Leadership*, 43-45; Cancik, *Gnostiker*, 176-178; Lampe, *Christen*, 238-245.298f.316-319; Markschies, *Valentinus*, 388-397 (Lit.).

203 S. haer III 2,1 (26,5-7).

204 818,135-822,170/818,8-10. Zu den syntaktischen Problemen dieser Stelle s. Flesseman-van Leer, *Tradition*, 110f; Molland, *Succession*, 18-20.

legung ohne Gefahr und Lästerung; und das vorzügliche Geschenk der Liebe, das wertvoller ist als die Erkenntnis (*agnitio*[!]), herrlicher als die Prophetie, weil es alle übrigen Charismata überragt."

Daß Irenäus die Liebe als höchste Geistesgabe besonders hervorhebt, ist nicht weiter überraschend (s. 1Kor 13). Auffällig ist dagegen, daß er das Liebescharisma mit dem Martyrium kombiniert (haer IV 33,9). Wahres Pneumatikertum zeigt sich in der Leidensnachfolge. Das Blutzeugnis der Kirche ist für Irenäus der höchste Ausdruck der geistgewirkten *Liebe zu Gott*.[205]

Im weiteren Verlauf von haer IV 33,9 unterstreicht Irenäus, daß „alle übrigen", alle Häretiker also, dieses entscheidende Zeugnis der Gottesliebe ablehnen. Sie können keine Märtyrer vorweisen und deshalb fehlt ihnen, so lautet die implizite Folgerung, die Liebe zu Gott. Mehr noch: Sie behaupten, daß das Martyrium, wie es die Kirche versteht, gänzlich unnötig sei. „Denn das wahre Martyrium sei ihre Lehre."[206] Nicht nur, daß diese Aussage offen die Märtyrer der Kirche verunglimpft[207]; sie enthält darüber hinaus ebenfalls eine

---

205 *Quapropter Ecclesia omni in loco ob eam quam habet erga Deum dilectionem multitudinem martyrum in omni tempore praemittit ad Patrem* (haer IV 33,9 [820,149-151]).

206 Haer IV 33,9 (820,154f): *esse enim martyrium verum sententiam eorum*. S. dazu Orbe, *Los primeros herejes*, 242-262. – Zur positiven wie negativen Stellung der Gnosis zum Martyrium s. Wendebourg, *Martyrium*, 298-300; von Campenhausen, *Idee*, 94.109f.113f; Koschorke, *Polemik*, 127-137; Pagels, *Views*, passim; Voorgang, *Passion*, 287f; Scholten, *Martyrium*, passim (v.a. 117-119). Ein besonders deutliches Zeugnis der Gnosis für die positive Stellung zum Martyrium ist EpJac 5,5-6,20 (34-36 NHS; s. dazu Koschorke, aaO, 136f sowie Scholten, aaO, 35-47, der die Leidensaussagen der Schrift als „nichtgnostische Vorstufe hinsichtlich gnostischer Leidensdeutung" [35] bezeichnet). Was Irenäus über die das Martyrium ablehnende Haltung seiner valentinianischen Gegner sagt, ist also nur *eine* spezielle Möglichkeit gnostischer Einstellung zum Zeugentod. Das bedeutet nun umgekehrt jedoch nicht, daß Irenäus falsch über seine Gegner berichtet (s. das Urteil von Scholten, aaO, 118f über die Fortsetzung des Zitats haer IV 33,9 [820,155-822,159]: „Irenäus kommt der Wahrheit wohl nahe, wenn man seine Angaben als pointierte Verhältnisbestimmung der Zahlen gnostischer und orthodoxer Martyrer versteht: ‚Aber in der ganzen Zeit, seit der Herr auf Erden erschien, hat vielleicht einer oder zwei mit unseren Martyrern, gleichsam als ob er selbst Barmherzigkeit erlangt hätte, die Schmach des Namens ertragen und ist mit ihm abgeführt worden, gleichsam wie eine Zugabe, die man ihm geschenkt hat'").

207 Vgl. haer III 18,5 (358,121-130!): ... *ad tantam temeritatem progressi sunt quidam ut etiam martyras spernant et vituperent eos qui propter Domini confessionem occiduntur ... Quos et concedimus ipsis martyribus: cum enim inquiretur sanguis eorum et gloriam consequentur, tunc a Christo confundentur omnes, qui inhonoraverunt eorum martyrium*. Zur Auseinandersetzung Tertullians mit Valentinianern, die das Martyrium ablehnen, s. nur Scorp 1,7.13 (1070,17-23; 1071,21-26 CChr); Val 30,1 (140,1-9 SC); vgl. Butterweck, „*Martyriumssucht*", 51-57.

implizite, für die irenäische Beurteilung der Häresien ausgesprochen weitreichende Konsequenz: Eine Lehre, die die Leidensnachfolge als Ausdruck der wahren Gottesliebe ablehnt und sich selbst an deren Stelle setzt, *lehrt einen anderen Gott* als den, der von den heiligen Schriften bezeugt wird. Eine derartige Lehre ist der Inbegriff der Häresie. Sie hat mit dem Gott, an den die Kirche glaubt, nichts zu tun, und sie will mit diesem offensichtlich auch nichts zu tun haben. Die Ablehnung der Leidensnachfolge ist in Irenäus' Augen die auffälligste, für die ganze Kirche sichtbare Konkretion der häretischen Theologie, namentlich der valentinianischen Christologie.[208]

Damit ist zugleich gesagt, daß die Verweigerung des Martyriums als öffentlicher Ausdruck fehlender Gottesliebe das Schlußglied einer Kette von Irrtümern bildet. Die eigentlichen Probleme beginnen vorher. Irenäus kreidet seinen Gegnern an, daß ihre martyriumsfeindliche Haltung konsequent aus ihren theologischen Prämissen erwächst. Ein falsches Verständnis des Gekreuzigten hat eine fehlerhafte Exegese derjenigen Worte Jesu zur Folge, mit denen er zum „Kreuztragen" aufruft. Beides wirkt sich nachhaltig darauf aus, wie die Apostel und ihre Schüler bewertet werden, die als Prediger der Wahrheit einen gewaltsamen Tod fanden.

---

208 Vgl. auch Tert., Scorp. 3,2; 5,1-13 (1074,1-6; 1076,19-1079,2 CChr). Holzhausen, *Martyrium*, passim hat anhand des vierten Fragments Valentins (Ausschnitt aus einer Predigt, überliefert bei Clem., str. IV 13,89,2f [287,11-15 GCS]: „Von Anfang an seid ihr unsterblich und seid Kinder des ewigen Lebens. Ihr wolltet den Tod unter euch aufteilen, damit ihr ihn aufbraucht und verbraucht und damit der Tod in euch und durch euch stirbt. Wenn ihr nämlich den Kosmos auflöst, selbst aber nicht zerstört werdet, dann seid ihr Herren über die Schöpfung und über die ganze Vergänglichkeit") zu zeigen versucht, daß Valentin das Martyriumsverständnis „einer bestimmten kirchlichen Märtyrertheologie" (aaO, 123) abgelehnt hat (nicht das Martyrium als solches; s. aaO, 128f), die den Zeugentod als Kaufpreis für die Unsterblichkeit und das ewige Leben verstand und durch den körperlich erduldeten Tod den Tod besiegen zu können glaubte. Holzhausen verweist als Illustration auf die von Tert., Val. 4,1 (86,5-9 SC) geschilderte Episode, daß Valentin aus Ärger darüber, daß ein Konfessor an seiner Stelle Bischof von Rom geworden war, mit der Kirche gebrochen habe. „Unabhängig von der Frage, ob Tertullians Nachricht den historischen Tatsachen genau entspricht (vgl. auch Markschies, *Valentinus*, 309), beleuchtet diese biographische Notiz aber den wachsenden Abstand zwischen einem Christen, für den die Gnosis des Göttlichen Ziel- und Mittelpunkt seines Denkens ist, und einer Mehrheitskirche, die dem körperlich erlittenen Martyrium einen höheren Stellenwert einräumt. Valentin mag dieses Ereignis dann tatsächlich bewogen haben, Rom zu verlassen, weil er sich in einer solchen Kirche nicht mehr heimisch fühlte" (Holzhausen, aaO, 131). – Vgl. auch die (ganz andere) Interpretation des vierten Valentin-Fragments von Markschies, *Valentinus*, 118-149.

Die Ptolemäus-Schule deutet Mt 10,38 par Lk 14,27 und Mk 8,34 par als Belege für die festigenden Wirkweise des himmlischen Σταυρός. Irenäus geht in haer III 18,4-6[209] auf diese Interpretation ein. Gleichzeitig setzt er sich mit Problemen auseinander, die sich aus jeder doketistischen Christologie für die Beurteilung der Kreuzesnachfolge ergeben.[210]

---

209 352,73-364,162.

210 Elaine Pagels, *Views*, passim hat zurecht darauf hingewiesen, daß gerade in der Bewertung des Martyriums die fundamentale Differenz zwischen „orthodoxer" und „häretischer" (und nicht zuletzt valentinianischer Christologie) sichtbar wird. Sowohl bei den Kirchenvätern als auch bei den Gnostikern ist die christologische Fragestellung mit „specific practical issues" verbunden. „Specifically, controversy over the interpretation of Christ's passion and death involves, for Christians of the first and second centuries, an urgent practical question: how are believers to respond persecution, which raises the imminent possibility of their *own* suffering and death? Irenaeus's defense of martyrdom is precisely the context of his attack on gnostic views of Christ's passion" (aaO, 265). Gleiches läßt sich z.B. auch für Ignatius, Justin, Polykarp, Tertullian und Hippolyt nachweisen (sie alle kannten die Gefahr der Verfolgung und des drohenden Martyriums aus erster Hand; Belege aaO, 266-270). Ihr Interesse besteht darin, das Martyrium als *vollständige imitatio* der Passion Jesu Christi zu verstehen. Dies wird dann unmöglich, wenn die Passionserfahrung Christi „essentially *differs* from ours" (aaO, 266), das Zeugenleiden der Glaubenden also „could be analogous only to the passion of the *psychic* Christ, or of his body" (ebd.). Die einzige valentinianische Stellungnahme zum Martyrium findet sich bei Heracleon (fr. 50 [85,15-86,21 Völker] = Clem., str. IV 9,71,1.3 [280,10- 281,3 GCS]), der das Martyrium nicht gänzlich verworfen, sondern das Blutzeugnis gegen die (kirchlicherseits vertretene) Ansicht, das „Bekenntnis ... vor der Obrigkeit *allein*" sei das wahre Bekenntnis, in den Gesamtzusammenhang des Lebenszeugnisses eingeordnet hat (vgl. Pagels, aaO, 275-277; Koschorke, *Polemik*, 134f). Obwohl Heracleon das Martyrium also nicht völlig ablehnt, steht seine Position der „orthodoxen" doch recht deutlich gegenüber. „He expresses none of the enthusiasm for martyrdom, none of the acclamation of the martyr's ‚glorious victory'. Above all, he never suggests that the believer, in suffering and death imitates that of Christ. To Irenaeus ... the Valentinian could reply that the *psychic* believer's experience is, indeed, analogous to that of the *psychic* Christ; but the experience of one who is pneumatic is analogous to that of the *pneumatic* Christ, whose nature transcends suffering. Such a view could well prompt Irenaeus's anger that these gnostics ‚show contempt' for the martyrs and devalue their sacrifice as if it were evidence of merely *psychic* faith, and his comment that the heretics claim the true witness (*martyrium*) ‚is *their* system of beliefs'" (Pagels, aaO, 276f). „Irenaeus's attack was so intense, I believe, not for theological reasons but because of the implications which he saw in the Christology for the believer's own suffering and death" (aaO, 283f).

Irenäus weist zunächst nach, daß der in Mt 16,24f par[211] erfolgte Aufruf zur Kreuzesnachfolge, dessen richtiges Verständnis durch weitere Jesusworte gesichert ist[212], nur dann als Beleg für die „Erkenntnis (*agnitio!*) eines ‚oberen Kreuzes'"[213] dienen kann, wenn das wahre Leiden Christi bestritten wird. Diese Annahme steht im direkten Widerspruch zu allem, was in den Schriften über Jesus und seine Kreuzigung gesagt ist.

Läßt man sich jedoch auf die These ein, daß der göttliche Erlöser vor der Kreuzigung „von Jesus fortflog"[214] oder nur „scheinbar gelitten hat"[215], so ist nicht einzusehen, warum „er die Jünger überhaupt dazu ermahnte, das Kreuz zu nehmen und ihm nachzufolgen, wo er es doch ihrer Meinung selbst nicht nahm, sondern die Heilsordnung der Passion beiseite gelassen hat."[216] Jesu Ruf in die Kreuzesnachfolge wird, wörtlich verstanden, entweder sinnlos und anstößig[217], oder er muß, wie die Valentinianer es tun, uminterpretiert werden.

Nimmt man hingegen Jesus mit seinem Aufruf zur Martyriumsbereitschaft beim Wort und hält gleichzeitig daran fest, daß der göttliche Erlöser *nicht* gelitten hat, ergeben sich schwerwiegende Folgen für die Einschätzung Jesu Christi. Er wäre in zweifacher Hinsicht ein Verführer.[218] Hätte Christus nur zum Schein gelitten, hätte er die Menschen, die ihre Hoffnung auf sein Leiden setzen und ihm dafür Dank erweisen, dazu verführt (*seducere*), „von ihnen für etwas gehalten zu werden, was er selbst nicht war." Und er würde durch seinen Aufruf zur Leidensnachfolge diejenigen verführen (*seducere*),

---

211 Irenäus zitiert den Text in haer III 18,4 (354,88-91) in der Form von Mt 16,24f. Nur in V. 25 zeigt sich eine Abweichung von Mt (Irenäus: *salvabit* = Mk 8,34; Lk 9,24; Mt: εὑρήσει; in haer III 18,5 [356,103] aber *inveniet*).

212 Irenäus zitiert weiterhin Mt 23,34 („Siehe, ich schicke Propheten und Weise und Lehrer zu euch, und ihr werden einige von ihnen töten und kreuzigen"), ein Mischzitat (bestehend aus Mt 10,18; Mk 13,9 und Mt 23,34), Mt 10,28 par und spielt auf Mt 10,32f par; Lk 11,50; 6,29 par an.

213 Haer III 18,5 (354,98f: *agnitio superioris Crucis*; 356,111: *altera Crux*). Daß Irenäus in haer IV 33,8f von der γνῶσις ἀληθής (*agnitio vera*) spricht und im folgenden das Martyrium als höchsten Ausdruck der Gottesliebe (= Gotteserkenntnis) einführt, dürfte eine implizite Spitze gegen die „*agnitio superioris Crucis*" und der damit zusammenhängenden *Ablehnung* des Martyriums durch die Ptolemäus-Schule darstellen (s.u. im 3. Abschnitt)!

214 Haer III 18,5 (354,95).

215 Haer III 18,6 (360,145-362,146).

216 Haer III 18,5 (354,95-98).

217 Zugleich werden Jesu Verheißungen an die Märtyrer sinnlos (s. die Texte oben S. 139 Anm. 212).

218 S. haer III 18,6 (360,145-362,155; die folgenden Zitate 362,151-155).

„etwas zu ertragen, was er selbst nicht ertragen hat; und dann werden wir
‚über dem Lehrer' (s. Mt 10,24 par) sein, weil wir leiden und aushalten, was
der Lehrer weder gelitten noch ausgehalten hat."

Für die Häretiker ergibt sich ein weiteres christologisches Problem aus der
Tatsache, daß Jesus am Kreuz seinen Henkern vergeben hat (s. Lk 23,34). Ein
„Christus", der *vor* der Kreuzigung die Reise in den Himmel antrat – er kann
die vergebenden Worte nicht gesprochen haben–, erwiese sich gegenüber
dem, der trotz der Folter vergeben konnte, als weit weniger gut.[219] Irenäus
spielt in haer III 18,5 den „oberen Christus" der Häretiker gegen ihren „unteren Jesus" *und* gegen den *einen* Jesus Christus aus, den die Kirche bekennt.
Weil der „untere Jesus" die vergebenden Worte sprach, erweist er sich als
wahrhaft gut und dem „oberen Christus" überlegen. Weil der *Logos Gottes*
selbst das Gebot der Feindesliebe [s. Mt 5,44 par] gegeben hat, muß der verge-
bende Gekreuzigte der inkarnierte Logos sein!

Gegen die Annahme, Jesus habe weder gelitten noch seinen Aufruf zur
Kreuzesnachfolge wörtlich gemeint, steht schließlich das Zeugnis der Apostel
und ihrer Schüler, die das Martyrium erlitten haben, namentlich das Zeugnis
des ersten Märtyrers Stephanus.[220] Irenäus tritt damit zugleich der oben besprochenen Behauptung der Häretiker entgegen, die Apostel und ihre Schüler hätten mit ihrer Predigt lediglich die angestammte Meinung der Menschen über Gott bestätigt. „Wenn sie das (sc. was die Häretiker behaupten)
getan hätten, hätten sie nicht gelitten. Aber weil sie denen gegenüber, die der
Wahrheit nicht zustimmten, Gegensätzliches (sc. im Blick auf deren angestammte Meinung) verkündigten, haben sie auch gelitten. Also ist es offen-
kundig, daß sie die Wahrheit nicht verlassen, sondern mit allem Freimut den
Juden und Griechen gepredigt haben".

Irenäus findet in der Ablehnung des Martyriums durch die Häretiker also
nicht nur den deutlichen Beweis dafür, daß ihnen das Charisma der Gottesliebe fehlt, sondern er deckt in diesem Zusammenhang auch die anderen Fehler auf, die belegen, daß sie mit der wahren Kirche im Grunde nichts verbindet. Sie verdrehen mit ihren falschen theologischen Prinzipien den Sinn der
Schrift, sie übergehen die apostolische Traditionslinie[221], indem sie die Urzeu-
gen des Evangeliums der Unwissenheit und der bewußten Vorenthaltung der
Wahrheit bezichtigen, und sie stellen den wahren Lehrer Jesus Christus als

---

219 S. haer III 18,5 (360,131-144).
220 S. haer III 12,10.13 (224,359-226,377; 234,443-238,469; das folgende Zitat 236,460-464).
221 Irenäus kennt eine *doppelte successio* der Kirche. Die eine bezieht sich auf die Lehrtradition, die andere auf die Märtyrer (s.u.).

Verführer hin, der noch dazu nicht bereit ist, seinen Feinden am Kreuz zu
vergeben.

2.5 Zusammenfassende Auswertung

In der zuletzt skizzierten Ablehnung der Leidensnachfolge konkretisiert sich
der grundsätzliche Irrtum, der die Häretiker aus der Sicht des Irenäus zu ihren falschen Kreuzesdeutungen führt. Dieser Irrtum liegt nicht etwa darin,
daß sie das Kreuz und den Gekreuzigten gänzlich aus ihrem Denken verban-
nen würden – *et ipsi autem haeretici crucifixum confitentur!*[222] –, sondern in
den *übergeordneten theologischen Deutekategorien*, die für das Verständnis des
Kreuzes Jesu und seiner Bedeutung für das Leben der Kirche leitend sind.
Der von Irenäus (in haer II am Beispiel der Ptolemäus-Schule) nachgewiesene
Kardinalfehler *aller* Häresien, daß der eine Gott in einen guten Erlösergott
und in einen weniger guten Schöpfer zerteilt wird, wirkt sich auf allen theologischen Ebenen aus. Kosmologie, Anthropologie, Soteriologie und Christologie: sie alle weisen den gleichen Bruch auf, der quer durch den häretischen
Gottesbegriff geht.

Weil die falschen Kreuzesdeutungen insofern nur Folgeerscheinungen eines tieferliegenden theologischen Fehlers sind, ist es nicht weiter verwunderlich, daß Irenäus seine Kritik zuerst auf den Gottesbegriff konzentriert und
das Kreuzesverständnis als Folgeproblem in den Blick nimmt. Die Konsequenzen, die sich aus den theologischen Prämissen für die häretischen Kreuzesinterpretationen ergeben, sind deshalb aber nicht weniger schwerwiegend.
Alle Häretiker, die „den Gekreuzigten bekennen", verstehen die Kreuzigung
Jesu – und sei sie nur das Abbild himmlischer Vorgänge[223] – durchaus als zentrales Offenbarungs- und Erlösungsgeschehen. Denn das Kreuz offenbart *als*
Erlösungsgeschehen, daß der gute Erlösergott vom unvollkommenen Weltenschöpfer durch einen garstigen Graben getrennt ist. Am Kreuz wird das zwischen wahrhaft Göttlichem und Weltlichem, zwischen Erlösungsfähigem
und Erlösungsunfähigem bestehende Verhältnis festgeschrieben. Der wirk-

---

222 Haer V 18,1 (236,11f).
223 Das Problem wird dadurch gewissermaßen nur auf die Erde verlagert. Der Widerspruch,
   den Irenäus gegen den valentinianischen Ὅρος/Σταυρός einlegt, zeigt, daß der angesprochene theologische Bruch – er *bestimmt* das Verständnis des Himmelskreuzes und
   seiner Funktionen *konstitutiv* – bei den Valentinianern schon *im Pleroma* nachgewiesen
   werden kann.

lich *gute* Gott, auf den hin die Seelen (oder Geister) der Menschen erlöst werden wollen, kann mit einer Welt, deren Lebensformen (die Menschen eingeschlossen) aufgrund ihrer materiellen Verfaßtheit unweigerlich auf den Tod zueilen, *nichts* oder nur als Negation des Todes bzw. der Bedingungen, die den Tod aus sich heraussetzen, zu tun haben. Der vom „guten" Gott gesandte Erlöser triumphiert „am Kreuz" über den Tod und die Materie gerade dadurch, daß er der Leiden und Tod verursachenden, materiellen Welt und damit auch dem Kreuz *nicht* ausgesetzt ist. Er überwindet das „Leiden" und ermöglicht die Erlösung, weil das wirklich Göttliche an ihm *nicht* leidet. Damit erweist der Erlöser den „guten" Gott als mit dem Schöpfer der Welt *nicht identisch.*

Die Häretiker *müssen* somit die soteriologische Reichweite des Kreuzestodes Jesu immer schon in entscheidender Weise einschränken, weil der Erlöser selbst die „Inkarnation" ihrer falschen theologischen Prämissen darstellt. Dadurch, daß das Heilsgeschehen des Kreuzes grundsätzlich nicht die ganze Menschheit oder nicht alle „Komponenten" des zu erlösenden Menschen betreffen *kann*, erweist sich der Gekreuzigte letztlich als ein machtloser Erlöser, der das am Menschen eigentlich zu Erlösende nicht erlösen kann – eine Folgerung, die wiederum direkt auf den „unbekannten" Gott der Häretiker zurückschlägt und sich in der Beurteilung der wesentlichen Grundlagen kirchlichen Lebens sichtbar manifestiert.

3. Das Kreuz in der Theologie des Irenäus

Vor dem Hintergrund der beiden ersten Kapitel kann die „kreuzestheologische Aufgabe" formuliert werden, vor der Irenäus steht. Wenn er am biblischen Zeugnis festhalten will, daß die Schöpfung der Welt und die Erlösung der Geschöpfe durch Menschwerdung, Kreuzigung und Auferstehung Jesu Christi ursächlich auf den einen und selben Gott zurückgehen, muß er nachweisen, daß das Kreuz des Erlösers nicht als Offenbarung eines vom Schöpfer unterschiedenen, „guten" (und bis zu seinem irdischen Auftreten und seiner Kreuzigung vielleicht sogar unbekannten[1]) Gottes verstanden werden darf, sondern daß das *Kreuz als Erlösungsgeschehen* zugleich Kundgabe und konsequenter Ausdruck des auf den *einen* Gott zurückzuführenden *Schöpferwillens* zu interpretieren ist.[2] Gottes Schöpfungshandeln und die in der Kreuzigung Jesu Christi vollzogene Erlösung der Welt müssen einander in der Weise auslegen, daß das eine ohne das andere theologisch nicht zu denken ist.[3] Nur unter dieser Voraussetzung können die Menschen zur wahren Gnosis gelangen, und allein unter dieser Bedingung kann es Irenäus gelingen, die „Gnosis" seiner Gegner als Pseudo-Gnosis zu überführen.[4]

Der dritte Abschnitt dieser Arbeit soll verdeutlichen, wie sich Irenäus der beschriebenen kreuzestheologischen Herausforderung gestellt hat. Die einleitenden Bemerkungen haben bereits anklingen lassen, daß Überschneidungen zwischen den einzelnen Abschnitten unvermeidlich sind. Die einzelnen Themen gehen ineinander über und durchdringen einander.

---

1 S. dazu Houssiau, *La christologie*, 41-53.
2 S. May, *Schöpfung*, 178; Bonwetsch, *Theologie*, 51; Donovan, *Unity*, 132-188; de Andia, *Irénée*, passim; Benoît, *Introduction*, 203-219; Noormann, *Paulusinterpret*, 384-387; Tremblay, *La manifestation*, 41-45; Kereszty, *Unity*, 202.
3 Die Art, wie Irenäus Schöpfung und Erlösung als *Offenbarungsereignisse* zueinander ins Verhältnis setzt, ist ein wichtiger Beitrag zur Ausbildung des christlichen Offenbarungsbegriffs an sich, der Mitte des 2. Jh.s eine „noch relativ unscharfe" Größe war (s. Markschies, *Krise*, 12). Irenäus hat auf diesem Gebiet – durch die Gnosis mehr oder weniger dazu gezwungen – Pionierarbeit geleistet.
4 Zum Verhältnis von wahrer und falscher Gnosis bei Irenäus s. Brox, *Offenbarung*, 169-208.

3.1 Die Schöpfung als gutes Werk des allmächtigen Gottes

Das Bekenntnis zu Gott, dem allmächtigen Schöpfer der Welt, ist das *maximum capitulum*[5] christlicher Theologie und damit die einzig legitime Grundlage jedes theologischen Nachdenkens. Diese Grundlage droht jedoch angesichts der Vergänglichkeit der Welt verloren zu gehen. Es ist die dem Tod ausgesetzte Schöpfung selbst, die den Gedanken an einen allmächtigen und guten Schöpfergott ad absurdum zu führen droht. Ein erlösendes Eingreifen „von außen" erscheint unter diesen Bedingungen unumgänglich.[6] Wenn Irenäus gegen die theologische Lösung seiner Gegner am Bekenntnis zu Gott, dem allmächtigen Schöpfer, festhalten will, muß er zeigen, daß die Welt in und trotz ihrer vorfindlichen Gestalt *nur* als Gottes eigenes Werk, durch das er seine Allmacht und Güte unter Beweis stellt, verstanden werden kann. Zugleich muß Irenäus deutlich machen, worin die Ursache für das Phänomen des Todes liegt, ohne daß dadurch die Güte und Allmacht des Schöpfers in Frage gestellt würde. Irenäus ist sich darüber im klaren, daß die Antworten auf diese Fragen das *maximum capitulum* der christlichen Theologie in seiner Wahrheit nicht ausreichend begründen können. Erst Gottes Erlösungshandeln wird den endgültigen Beweis dafür liefern, daß der eine Gott und kein anderer der Schöpfer der Welt ist.

3.1.1 Gottes trinitarische Einheit und Allmacht

Irenäus hat keine durchreflektierte und ausformulierte Trinitätslehre; und ihm ist kaum etwas daran gelegen, das innertrinitarische Verhältnis Gottes terminologisch genau zu differenzieren[7], stößt doch die menschliche Sprache bei der begrifflichen Bestimmung des göttlichen Wesens an ihre geschöpflichen Grenzen (s. haer II 13,4.8[8] u.ö.). Versuche, Gott mit menschlichen Mitteln in Analogie zu irdischen Dingen zu beschreiben, sind zwar berechtigt,

---

5 Haer II 1,1 (26,1-3); vgl. epid 6 (90-92/36).
6 Vgl. May, *Schöpfung*, 44f.
7 S. z.B. epid 10 (96/39); haer IV 7,4 (464,68-70): Logos und Geist sind *progenies* des Vaters (zur Verwendung von γέννεμα/*progenies* bei Irenäus s. Fantino, *La théologie*, 366-371, zur Anwendung von *substantia* auf Gott und den Menschen sowie zum philosophischen Hintergrund s. Birrer, *Mensch*, 51-53); IV 17,6 (594,156-172).
8 116,73-86; 124,174-184.

müssen aber stets von dem Bewußtsein begleitet sein, daß Gott alles Geschaffene weit überragt.[9]

Entscheidend an Irenäus' „immanent-trinitarischen" Aussagen ist, daß Vater, Sohn (Logos) und Geist (Weisheit) *ungeschaffen, gleich ewig*[10] und *eines göttlichen Wesens*[11] sind, so daß sie einander *kennen* und *in Gott* nicht in Form von zeitlich aufeinanderfolgenden Emanationen auseinanderdividiert werden können, was beispielsweise bei den Valentinianern dazu führt, daß dem Logos oder der Weisheit als spätere Emanationen der Urvater unbekannt ist.[12] Gott ist „ganz Gedanke, ganz Wille, ganz Verstand, ganz Licht, ganz Auge, ganz Ohr, ganz Quelle alles Guten."[13] „Weil Gott aber ganz Verstand und ganz Logos ist, spricht er, was er denkt, und was er spricht, das denkt er: Denn sein Denken ist sein Logos, und sein Logos ist sein Verstand, und der alles zusammenschließende Verstand ist der Vater selbst."[14]

Irenäus konzentriert sich vor allem darauf, die *„ökonomische"* Seite des göttlichen Wirkens an und in der Welt zu beschreiben: Gottes Handeln als Vater, Sohn (Logos) und Geist (Weisheit) in Schöpfung *und* Erlösung ist der eigent-

---

9 Irenäus betont, daß die Häretiker z.B. die Geburt des Sohnes (Logos) aus dem Vater „erraten" wollen. Die *generatio* des Sohnes aber ist *inenarrabilis* (s. haer II 28,5f [282,136-284,174]); vgl. Jaschke, *Geist*, 200-203; Donovan, *Unity*, 146-174; Tiessen, *Irenaeus*, 82-86.

10 S. v.a. haer IV 20,3 (632,53-56, zit. Spr 3,19f; 8,22-25.27-31: Geist); II 13,8 (124,178-184: Logos); III 19,2 (376,43-45); IV 14,1 (538,4-6) u.ö. – Vgl. Ochagavía, *Visibile*, 95-122; Jaschke, *Geist*, 201-208; Donovan, *Unity*, 143-146; Fantino, *La théologie*, 287-291.339-356; Tiessen, *Irenaeus*, 175-177.

11 Fantino, *La théologie*, 345: „... la réalisation du salut exige que le Fils et l'Esprit soient de la même condition et de la même nature que le Pére."

12 S. haer II 17,8 (166,119-168,138); 28,5 (282,136–144) u.ö. Vgl. Jaschke, *Geist*, 201; von Harnack, *Lehrbuch*, 582f.

13 Haer I 12,2 (184,24-26/184,5-7); vgl. II 13,3.8 (114,64-116,72; 124,166-184: hier auch „ganz *spiritus*" und „ganz *Logos/Verbum*"); IV 11,2 (500,25-29) und das folgende Zitat aus haer II 28,4f (278,110-280,133: hier auch „ganz *spiritus operans*"; d. Zit. II 28,5 [280,129-133]). – Irenäus greift hier auf ein Diktum des Xenophanes (fr. 24 [135,7 Diels/Kranz]) zurück, vgl. Birrer, *Mensch*, 160.168f; Schoedel, *Philosophy*, 26.

14 S.a. epid 9f (96-98/38f), wo Irenäus unter Rückgriff auf traditionelles Gut (vgl. Kretschmar, *Trinitätstheologie*, 46-53.97) von den sieben Himmeln, die die Welt umgrenzen, handelt (vgl. zur gnostischen Vorstellung haer I 5,2 [80,33-43/80f,500-510]). In den Himmeln wohnen Mächte, Engel und Erzengel, die den Schöpfer anbeten. Siebenfältig ist auch die Tätigkeit des Geistes (vgl. Jes 11,2). – Vgl. dazu Froidevaux, *SC 62*, 44-48; Schultz, *Origin*, 168-171. Daß Irenäus – nicht nur in diesem Zusammenhang – *direkt* auf Pseudepigraphen des Frühjudentums zurückgegriffen hat, ist m.E. nicht so sicher, wie Schultz es nachzuweisen sucht; es kann genauso gut sein, daß Irenäus viele seiner (frühjüdischen) Motive aus *christlichen* Auslegungstraditionen kannte, die frühjüdische Vorstellungen adaptiert hatten; s. dazu de Andia, *Homo*, 117; Daniélou, *Théologie*, 133f.191; Lanne, *Théologie*, 447f; ders., *Cherubim*, passim; Andresen, *Anfänge*, 94f; Overbeck, *Menschwerdung*, 46f; Jaschke, *Geist*, 259-261; Fantino, *La théologie*, 323-328.

liche und tiefste theologische Grund, der den inneren Zusammenhang von
Kosmologie und Soteriologie gewährleistet.[15] Gott hat die gesamte himmlische und irdische, geistige und materielle Welt in seiner unbedingten Freiheit
durch seinen *Logos* (seinen Sohn) und seinen *Geist* (seine Weisheit) aus Liebe
geschaffen.[16] Gen 1,26 ist der wichtigste Schriftbeleg für das trinitarische
Schöpferwirken Gottes.[17]

> „Ein Gott, Vater, ungeworden, unsichtbar, Schöpfer aller, über dem es keinen anderen Gott
> gibt und nach dem kein anderer Gott ist; und weil Gott ein vernünftiges Wesen ist, hat er
> durch den Logos das Gewordene geschaffen; und da Gott Geist ist, hat er durch den Geist
> alles geschmückt ... Weil nun der Logos schafft, das heißt leibhaftig macht und die Kraft zur
> Existenz verleiht, der Geist aber die Verschiedenheit der Kräfte anordnet und bildet, so wird
> mit Fug und Recht der Logos der Sohn, der Geist aber die Weisheit Gottes genannt."[18]

Vater, Sohn und Geist wirken bei der Schöpfung der Welt in der Weise zusammen, daß Gott-Vater „aus sich selbst den Wirklichkeitsgrund der Geschöpfe", als Sohn „das Musterbild der Gebilde" und als Geist „die Gestaltgebung der Kunstwerke in der Welt hat."[19] Während der Vater unsichtbar

---

15 S. nur epid 3-7 (86-92/34-37); 43 (144-146/62f). Zur ökonomischen Trinitäts- und zur
    Schöpfungslehre des Irenäus s. grundsätzlich Andresen, *Anfänge*, 93-98; Beyschlag, *Dog-
    mengeschichte*, 195-197; Bonwetsch, *Theologie*, 50-69; Wingren, *Man*, 3-38; Torisu, *Gott*,
    141-230 (144-150); Jaschke, aaO, 186-191.199-208.328-352; Fantino, *La théologie*, 1-3.283-
    309.344-347. – Weiterhin liegt Irenäus eine „trinitarische Stufung" der göttlichen Offen-
    barungs- und Heilsgeschichte besonders am Herzen, ein Gedanke, den er sehr wahr-
    scheinlich seiner kleinasiatischen Presbyter-Tradition entnommen hat; s.a. Wingren,
    Man, 22f; de Andia, *Irénée*, 32-38. Fantino, *La théologie*, 279-295 betont den Gegensatz der
    irenäischen Trinitätslehre zur valentinianischen Trias „Logos – Sophia – Demiurg".

16 Zur Freiheit des göttlichen Schöpferwillens, der zugleich Ausdruck seiner Liebe ist, vgl.
    haer II 1,1 (26,1-9); IV 20,1 (624,1-9) u.ö.; s dazu May, *Schöpfung*, 170-173; Donovan, *Uni-
    ty*, 198-201; Fantino, *La théologie*, 292-297. Zur polemischen Verwendung von Joh 1,3 in
    der irenäischen Schöpfungstheologie s. von Loewenich, *Johannes-Verständnis*, 120-122.

17 Als atl. Belege stehen weiterhin Ps 32,6.9 und v.a. Weish 9,1f im Hintergrund. – Vgl.
    Birrer, *Mensch*, 132-134; Armstrong, *Genesis*, 69f; Schenke, *Gott*, 120-143; Jaschke, *Geist*,
    249-265. Zu Übereinstimmungen zwischen Irenäus und Theophilus von Antiochien, auf
    die ich nicht weiter eingehe, s. Kretschmar, *Trinitätstheologie*, 33-36.44f.59f; Armstrong,
    aaO, 70.

18 Epid 5 (90/35f). Zur Erschaffung der Welt durch Logos (und Geist) vgl. weiterhin epid 43
    (144-146/62f); haer I 22,1; II 2,4f; 11,1; 27,2; 30,3.9; III 8,3; 11,1; 24,2; IV 20,4; V 18,1-3
    u.ö. – Zu den von Irenäus verarbeiteten pneumatologischen Traditionen s. Hauschild,
    Gottes Geist, 206-220; vgl. auch Bonwetsch, *Theologie*, 65-69; Ochagavía, *Visibile*, 129-134.

19 Haer IV 20,1 (626,17-23: *Adest enim ei* [sc. dem Vater] *semper Verbum et Sapientia, Filius
    et Spiritus, per quos et in quibus omnia libere et sponte fecit, ad quos et loquitur, dicens:
    „Faciamus hominem ad imaginem et similitudinem nostram"* [Gen 1,26], *ipse a semetipso*

bleibt, gibt er sich doch durch seinen „leibhaftig machenden" Logos und seinen „ausschmückenden" Geist in den geschaffenen Dingen als Schöpfer (gerade auch der Leiblichkeit!) zu erkennen.[20] Die Schöpfung hat dadurch eine – wenn auch begrenzte[21] – *Offenbarungsfunktion*.[22] Irenäus betont, daß „alle Menschen darin vollends übereinstimmen", daß Gott der *„fabricator mundi"* ist. „Denn die Schöpfung selbst zeigt den, der sie gegründet hat, und das Geschaffene selbst läßt den erkennen, der es gemacht hat, und die Welt tut offen den kund, der sie eingerichtet hat."[23] Die Dinge der Schöpfung, „die uns ins Auge fallen"[24], geben – zusammen mit den unzweideutigen Worten der heiligen Schriften – eindeutig Aufschluß darüber, wie die „Parabeln" (die zweideutigen Schriftstellen) zu verstehen sind: nämlich daß ein einziger Gott und kein anderer den Kosmos hervorgebracht hat.

---

substantiam creaturarum et exemplum factorum et figuram in mundo ornamentorum accipiens.) Der Halbsatz nach dem Gen-Zitat kann m.E. kaum anders als trinitarisch verstanden werden. – Zur Frage nach den hinter haer IV 20 stehenden Quellen s. v.a. Loofs, *Theophilus*, 10-22.413-420; überzeugend insgesamt Bacq, *Alliance*, 315-341, mit dem ich haer IV 20 für einen integrativen Bestandteil des irenäischen Denkens halte. Kommentare zu haer IV 20 bieten Bacq, aaO, 163-182; Orbe, *Gloria*, passim (zu IV 20,1-7).

20 Eine genauere Differenzierung, zwischen dem schöpferischen Wirken des Logos und dem des Geistes, die über die genannten Stellen epid 5 und haer IV 20,1 hinausgeht, ist wegen der schmalen Textbasis kaum vorzunehmen. Der Logos – so muß man Irenäus wohl verstehen – liefert gewissermaßen den grundlegenden Bauplan der Geschöpfe, in dem festgelegt ist, was allen Geschöpfen derselben „Gattung" gleichermaßen zuzukommen hat, der Geist sorgt für die jeweils individuelle Ausgestaltung der Einzelwesen. Vgl. auch Jaschke, *Geist*, 261-265; Donovan, *Unity*, 204-215.

21 S. haer II 25,1 (250,1-252,19): Die Schöpfung kann nur insofern als Offenbarung des Schöpfers „gelesen" werden, als die Interpretation der Schöpfung *immer* zuerst bei Gott selbst ihren Ausgangpunkt nehmen muß. Die geschaffenen Dinge brauchen, um als Hinweise auf ihren Schöpfer dienen zu können, die richtige theologische Verständnisgrundlage (vgl. haer I 10,3 [162,54-59/162,1156-1159]). Die Betrachtung der Schöpfung darf nie zu einem anderen Gott führen als zu dem einen Schöpfer.

22 S.a. Birrer, *Mensch*, 118-123.177-217; Wingren, *Man*, 4f; Ochagavía, *Visibile*, 70-80 (auch zum stoisch-philosophischen Hintergrund der irenäischen Vorstellung von der Erkennbarkeit Gottes durch die Schöpfung); Tremblay, *La manifestation*, 180-182; Tiessen, *Irenaeus*, 86-118.131-136; Fantino, *La théologie*, 210f.300-305. – Die Offenbarung Gottes in der Schöpfung besteht nicht zuletzt darin, daß Gott „allen, die auf der Erde leben, das Leben verleiht" (haer IV 20,7 [648,181-183]), und zwar – so ist diese kurze Bemerkung zu verstehen – das *zeitliche* Leben, das vom *ewigen* Leben, das die *visio Dei* bereitstellt, zu unterscheiden ist.

23 Haer II 9,1 (82,1-84,18; die Zitate 82,8f; 84,14-17); vgl. Röm 1,19f.

24 Haer II 27,1 (265,6f); zum folgenden s. haer II 27,1f (264,1-268,52/264f,1-8); vgl. Tremblay, *La manifestation*, 23-25.

Mit der trinitarischen Bestimmung des Schöpfungsaktes ist zugleich gesagt, daß die Erkenntnis Gottes aus der Schöpfung nur durch den Logos (und den Geist) vermittelt wird. „Denn durch die Schöpfung selbst offenbart der Logos den Schöpfer als Gott, und durch die Welt den Erbauer der Welt als Herrn, und durch das Gebilde den Bildner als Künstler, und durch den Sohn den Vater, der den Sohn gezeugt hat."[25]

3.1.2 Gottes unbegrenzte Allmacht über den Raum

Um nicht denselben Fehler wie die Valentinianer zu begehen, die die Schöpfung einem Bereich zuordnen, der *außerhalb* der Wirksphäre Gottes liegt, und damit einerseits Gott durch die Schöpfung begrenzt sein lassen und andererseits die Welt aus dem Eigentumsbereich Gottes ausklammern[26], geht Irenäus davon aus, daß „Gott als das Pleroma aller Dinge in seiner Unermeß-

---

25 Haer IV 6,6 (448,88-91); vgl. auch die Fortsetzung IV 6,7, die allerdings stärker auf die Heilsoffenbarung in Christus abzielt („Denn seit dem Anfang steht der Sohn seinem Gebilde bei, offenbart den Vater allen, denen er will und wann er will und wie der Vater will. Und deshalb ist in allem und durch alles ein Gott, der Vater und ein Logos, der Sohn, und ein Geist und ein Heil für alle, die an ihn glauben" [454,136-140]); weiterhin haer II 6,1 (60,13-17; s. dazu Fantino, *La théologie*, 301f); 30,9 (320,247-322,253); IV 7,4 (462,55-464,73); 20,6 (644,146-149); epid 7 (92/37) u.ö. Eine Aussage, die *thetisch* formuliert und für unsere Fragestellung wichtig ist, findet sich in haer IV 6,6 (450,99f: *invisibile etenim Filii Pater, visibile autem Patris Filius*). Gilg, *Weg*, 33-35 weist auf die modalistische Tendenz von haer IV 6,6 und anderer (wohl traditionellen) Stellen hin (vgl. auch Bousset, *Kyrios*, 347f und v.a. Hübner, *Charakter*, passim; ders., *Glaubensregel*, passim, der auf den monarchianischen Einfluß auf das Denken des Irenäus hinweist), betont aber zurecht auch, „daß Irenäus, der kein Modalist ist, nicht Anstand nimmt, diese Prägungen in seinem Werk zu benützen" (Gilg, aaO, 35). Irenäus rekurriert für die Offenbarung des Vaters durch den Sohn an einigen der genannten Stellen (insbesondere in haer IV 6,1-7) auf Mt 11,25-27, einen Text, den auch die Valentinianer heranziehen, um zu begründen, daß der Urvater *prinzipiell* unerkennbar ist (s. haer I 20,3 [292,39-294,51/292,840-294,854]); s. dazu Aland, *Rezeption*, 15f; Ochagavía, *Visibile*, 30f.62-69; Orbe, *El Dios*, passim; Houssiau, *La christologie*, 72f; Tremblay, *La manifestation*, 59f.63f.77-86.104f; Bacq, *Alliance*, 68-73; Tiessen, *Irenaeus*, 92-136.151-153; Fantino, *La théologie*, 304f. Anders ursprünglich wohl die Ansicht Valentins, vgl. Markschies, *Valentinus*, 65f mit weiteren Belegen aus dem gnostischen Milieu. Ausführliche Überlegungen zur wesenhaften Unsichtbarkeit/Sichtbarkeit des Sohnes bei Ochagavía, aaO, 82-95; zur Kritik an dessen Position s. Tremblay, aaO, 103.

26 S. dazu haer II 1,1-5 (26,1-34,99) u.ö.

lichkeit alles umfaßt und von niemandem umfaßt wird"[27], und daß er selbst den Plan der Schöpfung in sich trägt und den Schöpfungsakt durchführt.[28] Nur so kann der eine Gott als allein anfangslos, unbegrenzt und allmächtig gedacht werden[29], der zurecht in *seiner* Schöpfung auch die Erlösung bewirkt und nicht etwa in den Bereich eines anderen „Gottes" hineinwirkt.

An einigen Stellen bezeichnet Irenäus Logos und Geist, durch die der Vater die Welt und die Menschen geschaffen hat, auch als „Hände Gottes".[30] Der für die Fragestellung meiner Untersuchung entscheidende Aspekt dieser Metapher ist, daß Irenäus den Logos als die eine Hand Gottes in besonderer Weise mit der unfaßbaren *Größe* des Vaters, an der der Logos *vollständig* teilhat, verbindet.

„Alles nämlich vollbringt Gott nach Maß und Ordnung, und nichts ist bei ihm ungemessen, weil (bei ihm) nichts ungezählt ist (vgl. Weish 11,20[31]). Und der hat gut (geredet), der sagte, daß der unmeßbare Vater im Sohn gemessen ist: Denn das Maß des Vaters ist der Sohn, weil er ihn auch faßt" (... *ipsum immensum Patrem in Filio mensuratum: mensura enim Patris Filius, quoniam et capit eum).*[32]

---

27 Haer II 1,2 (26,12f); vgl. III 11,1 (138,1-142,38) u.ö. In haer IV 20,2 (628,24-27/628,1-3) zitiert Irenäus als „Schrift" Herm., mand. I 1 (26,1) (23,6-8 GCS). Zum philosophischen Gebrauch von τὸ πᾶν/τὰ πάντα s. Birrer, *Mensch*, 94-96.

28 S. haer II 2,1-5 (34,1-40,85); 26,3 (260,49-262,75); 30,9 (318,210-322,253) u.ö. Nach haer II 3,2-4,1 (42,19-46,26) fallen Planung und Durchführung zeitlich ineinander (vgl. haer I 12,2 [182,19-184,26/183f,1-7]).

29 S. epid 3f (86-88/34f).

30 S. epid 11 (98/40); 26 (120/51); 45 (148/46f); haer III 21,10 (428,220-225); 22,1 (430,3-9); IV pr. 4 (388,57-390,65); 20,1 (624,1-626,23); V 1,3 (26,83-28,89); 5,1f (60,1-72,63/62,1-70,39); 6,1 (72,1-5: Sohn und Geist als Hände Gottes vervollkommnen den Menschen); 15,2 (202,48-206,82); 16,1 (212,1-214,20); 28,4 (361,82-84); vgl. 1 Clem. 33,4f (142,27-144,3 FC: Verbindung der „heiligen und untadeligen Hände Gottes" mit Gen 1,26, aber noch keine Identifikation mit Sohn und Geist); Thphl. Ant., Autol. II 18,1-3 (65,1-16 PTS; s. dazu Torisu, *Gott*, 147f); Mel., pass. 79 (42,561f Hall). – Vgl. zu diesem Motiv Klebba, *Anthropologie*, 16-18; Mambrino, *Deux Mains*, passim; Gross, *Menschenhand*, 315-458 (zu christlichen Vorstellungen von der Gotteshand aaO, 418-458 mit vielen Belegen; zu Irenäus v.a. aaO, 429-431); de Andia, *Homo*, 64-67; Fantino, *La théologie*, 306-309; Birrer, *Mensch*, 134-148. Nach Birrers Zählung (aaO, 134) ist in haer 53x von der Hand oder den Händen Gottes die Rede.; Torisu, aaO, 144-148; Studer, *Gott*, 86f; Kretschmar, *Trinitätstheologie*, 33-36; Jaschke, *Geist*, 193f; Donovan, *Unity*, 200-204.

31 Vgl. *SC 100/2*, 203f (P. 419, n. 2.).

32 Haer IV 4,2 (420,31-35/420,1f). Zu beachten ist weiterhin, daß Irenäus in haer V 36,3 (464,68-466,74) davon spricht, daß der Mensch, wenn er durch die Weisheit Gottes „*conformatum et concorporatum Filio*" vollendet wird und der Logos in das Geschöpf hinabsteigt und dieses faßt (*capio*), *et factura iterum capiat Verbum et ascendat ad eum*, um Gott selbst fassen zu können. – Zum Motiv des „Messens" s.a. haer IV 6,3 (442,40-45) und

Irenäus greift in diesem Abschnitt die Aussage einer von ihm nicht weiter identifizierten Person auf. Mir ist kein vorirenäischer Text bekannt, auf den sich haer IV 4,2 zurückführen ließe. Allerdings, und dies ist zumindest auffällig, reden die Valentinianer der Ptolemäus-Schule davon[33], daß der Nous/Monogenes, also der erste Äon, den der Propator und die Sige emanieren, „dem, der ihn emaniert hatte, ähnlich und gleich ist *und als einziger die Größe des Vaters in sich faßt* (enthält, begreift) (καὶ μόνον χωροῦντα τὸ μέγεθος τοῦ Πατρός/*et solum capientem magnitudinem Patris*). Der Nous/Monogenes hat demnach zwei entscheidende Eigenschaften, die ihn von den anderen Äonen abheben: Er allein erkennt und schaut Gott in seiner *Größe*, und er hat an dieser Größe dadurch Anteil, daß er diese Größe „in sich faßt".[34] Außerdem spielt der Nous/Monogenes bei der Emanierung des Horos und des Paares Christos/Pneuma eine zentrale Rolle (vgl. haer I 2,3-6; II 12,7), hat also eine wesentliche Bedeutung im Rahmen der innerpleromatischen „Offenbarungen" des unerkennbar bleibenden Propator.

Der göttliche Logos hat nach Irenäus ähnliche Eigenschaften wie der valentinianische Monogenes (aber eben nur: *ähnliche* Eigenschaften). Auch der Logos kennt und faßt die Größe des Vaters, und er ist *der* Offenbarer Gottes, der die Menschen zur Gottesschau führt, sie an seiner eigenen Gottesschau teilnehmen läßt.[35] Irenäus setzt gerade an *diesem* Punkt die Logos-Christologie bewußt gegen die gnostischen Vorstellungen ein und versucht ihnen Gedanken zu entreißen, die für seine eigene Theologie wichtig sind. Eine entscheidende antivalentinianische Spitze der irenäischen Logos-Christologie, liegt nicht allein darin, daß die im gnostischen System auf unterschiedliche Äonen und Emanationen verteilten Funktionen in dem *einen* Logos Gottes vereint sind, sondern daß der inkarnierte Logos am Kreuz die unermeßliche

---

Orac. Sib. I 372-378 (24 GCS; Übersetzung nach Treu, *Sibyllinen*, 595): „Aber wenn er die Arme ausbreitet und alles ausmißt (ἀλλ᾽ ὅταν ἐκπετάσῃ χεῖρας καὶ πάντα μετρήσῃ) und den Dornenkranz trägt und sie seine Seite mit Lanzen durchbohren und deshalb drei Stunden finster gewaltige Nacht mitten am Tag sein wird, dann wird Salomons Tempel den Menschen ein großes Zeichen vollenden, wenn jener zum Hades geht, die Auferstehung den Toten zu künden"); VIII 302 (161 GCS: „ἐκπετάσει χεῖρας καὶ κόσμον ἅπαντα μετρήσει").

33 Haer I 1,1 (28,12-30,15/29f,85-88); vgl. I 2,1 (36,1-15/36f,140-153): Der Monogenes, der als einziger den Propator erkennt, ergötzt sich an der Schau der unermeßlichen Größe Gottes und will diese schließlich den anderen Äonen mitteilen, was aber von der Sige *verhindert* wird.

34 Vgl. auch Hipp., haer. VI 31,5 (241,21-25 PTS) über den Äon „Stauros": „Groß (μέγας) geworden als von einem großen (μεγάλου) vollkommenen Vater, emaniert zur Bewachung und Befestigung der Äonen, wird er des Pleromas Horos, innerhalb seiner selbst [gemeint ist der Horos] alle 30 Äonen zugleich habend."

35 Allgemein zur „Gottesschau" in Antike und Christentum s. Armstrong, *Gottesschau*, passim; zu Irenäus s. Orbe, *Visión*, passim; Tremblay, *La manifestation*, passim (v.a. 129-174); de Andia, *Homo*, 321-332.

Größe des Vaters offenbart und somit die Menschen auf die eschatologische Gottesschau vorbereitet.[36]
Irenäus beschreibt die unermeßliche Größe Gottes einige Male mit Hilfe der *Raumdimensionen*. Besonders wichtig für unseren Zusammenhang ist haer IV 19,2-3[37], weil Irenäus hier die gleiche Terminologie verwendet wie im Zusammenhang seiner kosmischen Kreuzesdeutung. Ausgehend von Jes 40, 12 („Die Himmel sind gemessen in seiner Hand"[38]) fordert Irenäus die Häretiker, die „ihre Gedanken über Gott erhoben haben", dazu auf, ihm die Fülle (*multitudo* = πλήρωμα[39]), die Breite (*latitudo* = πλάτος), die Länge (*longitudo* = μῆκος) und die Höhe (*altitudo* = ὕψος)[40], den Anfang und das Ende der „*circummensuratio*" zu erklären, die der Mensch in seinem Herzen nicht begreift:

„Denn wahrhaft groß sind die himmlischen Schatzkammern: unmeßbar (*immensurabilis*) für das Herz und unbegreiflich für die Seele ist Gott, der die Erde mit seiner Faust umschließt (*comprehendit*; vgl. Jes 40,12). Wer erkennt das Maß (*mensura*)? Und wer erkennt den Finger seiner Rechten? Oder wer versteht seine Hand, die das Unmeßbare mißt, die mit ihrem Maß das Maß der Himmel ausspannt und mit der Faust die Erde einschließlich ihrer Abgründe befestigt[41], die in sich enthält ‚*die Breite und Länge, unten die Tiefe und oben die Höhe*' (vgl. Eph 3,18) der ganzen Schöpfung[42], die sichtbar, hörbar, erkennbar und unsichtbar ist."[43]
Gott ist es, der mit seiner Hand „alles ergreift; und sie selbst ist es, die die Himmel erleuchtet, sie erleuchtet auch das, was unter dem Himmel ist ..., ist in unseren verborgenen und geheimen Dingen da und nährt und erhält uns im Sichtbaren."[44] Irenäus betont im folgenden gegen die gnostischen Pleroma-Spekulationen, die letztlich auf eine *Begrenzung* des „Urvaters" hinauslaufen, daß kein Mensch weder die „Fülle und Größe" der Hand Gottes begreifen noch aus den geschaffenen Dingen sagen kann, wie groß Gott ist.[45]

---

36 Vgl. auch Tremblay, *La manifestation*, 132-137.
37 618,21-622,70; vgl. Bacq, *Alliance*, 147-150.
38 Irenäus zitiert nicht wörtlich.
39 Damit ist die unermeßliche Größe Gottes im umfassenden Sinne gemeint. Irenäus spielt hier gleichzeitig auf das gnostische Pleroma an.
40 Zu Breite, Länge und Höhe vgl. Eph 3,18, wo zusätzlich die „Tiefe" (βάθος) genannt wird (weitere Details unten im Abschnitt über die kosmische Kreuzesdeutung).
41 *Constringere*, wörtlich „zusammenschnüren" (immer mit der Konnotation „etwas befestigen, zusammenhalten").
42 Das „Umfassen von allem" als Aussage über den Vater z.B. in haer IV 20,1 (624,1-8): *... et ipse est qui per semetipsum constituit et fecit et adornavit et continet omnia, in omnibus autem et nos et hunc mundum qui est secundum nos.*
43 Haer IV 19,2 (618,31-620,39). Kritisch Greer, *Dog*, 164f.
44 Haer IV 19,2 (620,46-50).
45 Vgl. haer II 25,4 (254,56-256,64): „Halte also die Ordnung deines Wissens ein und steige nicht als ein Ignorant der guten Dinge über Gott selbst hinaus; denn er ist ‚unübersteig-

Der Mensch hat wegen seiner beschränkten Fassungskraft von sich aus also keine Möglichkeit, die Größe Gottes zu erkennen oder auch nur annäherungsweise anzugeben[46], und er wird unter den geschöpflichen Erkenntnisbedingungen nie dazu in der Lage sein. Irenäus beläßt es jedoch nicht bei dieser negativen Aussage. Gott gibt, unsichtbar wirkend, allen Menschen ein „tiefes geistiges Verständnis und ein Gespür für seine gewaltige und allmächtige Größe. Wenn auch ‚niemand den Vater kennt außer der Sohn, noch den Sohn außer der Vater und die, denen der Sohn es offenbart hat‘ (vgl. Mt 11, 27; Lk 10,22), so erkennen doch alle dies eine, weil ja der Logos, ihren Geistern eingeprägt, sie bewegt und ihnen offenbart, daß ein Gott ist, der Herr von allem.“[47] So bleibt Gott in dem, *wie* er ist und *wie groß* er ist, für alle Menschen unsichtbar und unbeschreibbar, „unbekannt aber keineswegs“.[48] Werden die Menschen auf der Erde nie erkennen, *wie* groß Gott wirklich ist, so können sie doch wissen, *daß* Gott unfaßbar groß ist: „Nach seiner (sc. Gottes) Liebe – denn sie ist es, die uns durch den Logos zu Gott führt – lernen wir im Gehorsam gegen ihn immer, daß Gott so groß ist, und daß er selbst es ist, der durch sich alles grundgelegt, geschaffen und ausgeschmückt hat und zusammenhält, in allem aber auch uns und diese unsere Welt.“[49]

Dafür, *daß* Gott unermeßlich groß ist, daß *er* die ganze sichtbare und unsichtbare Welt in ihrer gesamten Ausdehnung geschaffen hat und zusammen-

---

lich‘. Und frage nicht, was über dem Weltschöpfer ist; denn du wirst es nicht finden. Grenzenlos nämlich ist dein Künstler. Und du sollst nicht einen anderen Vater über ihm ersinnen, als hättest du ihn ganz durchmessen und als wärest du gleichsam durch seine ganze Schöpfung gekommen und jede Tiefe und Länge und Höhe (*profundum et longitudinem et altitudinem*), die in ihm ist, betrachtet.“

46 Vgl. nur haer II 30,3 (304,54-306,60); IV 20,1.4.5.7 (624,1f; 634,70-75; 638,102-104.108f; 646,172-648,181) u.ö.

47 Haer II 6,1 (60,1-17; das Zitat 60,10-17); „Größe“ als Übersetzung von *eminentia* (der Begriff ist nur in diesem Abschnitt belegt), s. Brox, *FC 8/2*, 51. Zu haer II 6,1 ausführlich *SC 293*, 218-220 (P. 61., n. 2.; mit griech. Rückübersetzung); Birrer, *Mensch*, 187-190.193-202; Ochagavía, *Visibile*, 77-80.

48 Haer IV 20,6 (644,158-648,160); vgl. III 24,2 (476,48-58: Gott ist wegen seiner Liebe und unermeßlichen [*immensam*] Güte den Menschen zur Erkenntnis gekommen – Erkenntnis aber nicht entsprechend seiner Größe [*magnitudo*] und seinem Wesen [*substantia*], denn niemand hat ihn gemessen oder betastet, sondern damit wir wüßten, daß der einzig wahre Gott ist, der sie [sc. die Menschen] schuf und formte und den Lebensodem in sie einblies und uns durch die Schöpfung ernährt und durch seinen Logos alles befestigt und durch seine Weisheit zusammenhält“).

49 Haer IV 20,1 (624,3-8; mit der Trias *constituere, facere, adornare* dürfte Irenäus wieder auf das Schöpfungswirken der Trinität anspielen); vgl. haer II 13,4 (116,73-80); IV 20,4 (634, 75-80/634,1-4); 20,5 (638,104-106) u.ö.; vgl. Jaschke, *Geist*, 186-188.

hält, daß die Schöpfung also nicht eine Sphäre ist, die *außerhalb* Gottes liegt, sondern Bestandteil seines allumfassenden („pleromatischen") Machtbereiches ist, dafür liefert die *Kreuzigung* Jesu Christi den *eindeutigen* und damit den entscheidenden Beweis.[50]

---

50 Problematisch die Argumentation von Ochagavía, *Visibile*, 114-143, der sich an Orbe, *Procesión*, 114-143 anschließt: Ochagavía geht davon aus, daß Irenäus keine (im strikten Sinne) „ewige Zeugung" des Logos/Sohnes gelehrt habe. Der Sohn sei zwar ungeschaffen, aber „he was generated before creation as the first step in view of creation" (Ochagavía, aaO, 104), woraus folge, daß der Sohn *nicht per se* wie Gott-Vater unvergänglich sei (gleiches gelte für den Geist), sondern nur durch die *unmittelbare* Zeugung durch den Vater *ante tempus*. Zuvor „there was nothing actually limiting God's infinite potentiality" , und der Sohn existierte in Gott „without a determinate form and circumscription" (aaO, 110). In dem „Moment", in dem Gott „decided to come out of His silence", habe er dem, der in ihm ruhte, Form und „Umschreibung" gegeben. Im Moment der Zeugung erhielt der Sohn „as His ‚dimensions' the ‚breadth and the length, the height and the depth' of the pleroma" (aaO, 111), so daß die „Dimensionen des Sohnes" „can be rightly called the circumscription of the Father's infinity" (was nicht subordinatianisch zu verstehen sei) (aaO, 112). In diesem Sinne spreche Irenäus vom Sohn als *mensura Patris*. Weil die Menschen mit ihrer kreatürlichen Intelligenz wiederum nur eine „umschriebene" Größe fassen könnten, sei nur der Sohn in der Lage, den Vater den Geschöpfen zu offenbaren. *Kritik*: Zum einen läßt Ochagavía den Sohn dadurch, daß dieser nur die „circumscription" des Vaters darstellen soll, gerade *nicht* an der unermeßlichen Größe des Vaters Anteil haben. Die Worte „Irenaeus's conception of the visibility, comprehensibility and *limitation* of the Word" (aaO, 111) wecken diesen Verdacht. Die Tatsache, daß der Logos die unermeßliche Größe des Vaters in den Raumdimensionen sichtbar macht, heißt nicht, daß der Logos dadurch selbst *qua Wesen oder Zeugung* „begrenzt" wäre, sondern nur, daß er den Menschen in *deren* Erkenntnisgrenzen den Vater offenbart. Denn Gottes „Hand" mißt das Unermeßliche (s.a. Fantino, *La théologie*, 349f). Wenn von einer Begrenzung des Logos die Rede sein kann, dann überhaupt *nur* in einem *ökonomischen* und nur in der Ökonomie räumlich und zeitlich begrenzten, nicht jedoch in einem „innertrinitarischen" Sinn. *Gott* erfährt durch seine Ökonomie gerade *keine* Begrenzung (alles andere brächte Irenäus genau in das gleiche theologische Dilemma, in dem sich seine gnostischen Gegner befinden). Das bedeutet aber, daß Gott in seinem schöpferischen Handeln, und das heißt *als Logos*, selbst *unbegrenzt* bleiben muß, auch wenn die Schöpfung selbst räumlich und zeitlich begrenzt ist. Die Begrenzheit des Werkes wirkt *nicht* auf Gottes Wesen zurück. Zum anderen lehnt Irenäus selbst Spekulationen über die *inennarrabilis generatio* des Sohnes und das Wirken Gottes vor der Weltschöpfung ab (s. haer II 28,3.5f [276,82-278,91; 282,136-284,174]). Drittens und letztens sei angemerkt, daß Ochagavía nicht auf die Offenbarung der Größe Gottes durch die Kreuzigung des inkarnierten Logos eingeht. Vgl. auch Rousseau, *La doctrine*, passim; ders., *SC* 406, 290-296; Wingren, *Man*, 6f.100-102; Tremblay, *La manifestation*, 68 (Lit.); Fantino, *La théologie*, 347-356; Jaschke, *Geist*, 202f; Smith, *Proof*, 75.181f; Donovan, *Unity*, 152-174; wichtig haer II 13,8 (124,166-171; *in eo autem qui sit super omnes Deus, totus Nus et totus Logos cum sit ... et neque aliud antiquus, neque posterius aut aliud anterius habente in se, sed tot aequali*

3.1.3 Gottes gütige und gerechte Allmacht über die Kreatur

War im letzten Abschnitt von Gottes Allmacht und von seiner Schöpfung in universal-*räumlicher* Perspektive die Rede, so richte ich den Blick nun auf die *Zeitlichkeit* und die *kreatürliche Beschaffenheit* der Welt.

Die Zeitlichkeit gehört zu den Merkmalen, durch die die Schöpfung von Gott in grundsätzlicher Weise unterschieden ist. Gott allein ist (als Vater, Sohn und Geist) ungeschaffen, zeitlich unbegrenzt, anfangs- und endlos, er allein umfaßt in sich die gesamte Zeit in universaler Weise.[51] Alles von ihm Geschaffene hat dagegen einen zeitlichen Anfang (*initium, principium*/ἀρχή[52]), erfährt Wachstum und nimmt ein Ende, entsprechend der Zeit des Bestehens, die Gott ihm zumißt.[53] Mit der zeitlichen Konstituierung der Schöpfung stellt sich also sogleich die Frage nach ihrer *Vergänglichkeit* und damit die Frage nach der *Ursache* für das Phänomen des Bösen und des Todes.

Die Häretiker versuchten diese Fragen dadurch zu lösen, daß sie die Schöpfung auf unvollkommene Schöpfer (den Demiurgen oder Engelmächte) zurückführten, die selbst einen zeitlichen Anfang haben und für die todbringenden Bedingungen der Welt, d.h. für ihre materielle Verfaßtheit und den Tod als deren unausweichliche Folge, verantwortlich sind.[54] Die Materie ist unter diesen Bedingungen wesentlich zeitlich *und* zugleich vergänglich. Die Ursache für die Vergänglichkeit der Welt liegt im Weltschöpfer selbst, dessen Unvollkommenheit mit dem Tod an die Schöpfung weitergegeben wird.

Will Irenäus an der Einheit Gottes als Schöpfer und Erlöser festhalten, muß er zeigen, daß die Zeitlichkeit der Welt nicht nur der Ausdruck der Allmacht, sondern vor allem auch der *Güte* Gottes ist, daß also die Zeitlichkeit der Welt nicht von vornherein auch die Ursache für ihre Vergänglichkeit darstellt. Irenäus muß darlegen, inwiefern die Vergänglichkeit der Welt von Gott her als *mögliches*, nicht jedoch als notwendiges Implikat ihrer kreatür-

---

et simili et uno perseverante, iam non talis huius ordinationis sequetur emissio"); IV 20,1 (626,17-19); epid 43 (144-146/62f).

51 Vgl. Fantino, *La théologie*, 339-347.

52 Zum philosophischen und irenäischen Gebrauch von ἀρχή s. Birrer, 97-104.

53 S. haer I 22,1 (308,1-310,20); II 1,1-3 (26,1-30,59); 2,4f (38,48-40,85); 28,3 (276,82-87); 34,3 (356,37-358,65!); III 8,3 (94,49-96,77); IV 11,2 (500,21-24) u.ö. – Vgl. auch Brown, *Imperfection*, 21-24; Fantino, *La création*, 438-442; de Andia, *Homo*, 124f.135-138. Gut Wingren, *Man*, 7.

54 Vgl. haer I 1,1; 2,4; 4,4; 8,5; 9,2; 11,3; 18,1; 29,1; II 4,2; 5,3f; III 11,1; IV 35,4). Zum Teil adaptieren sie – so der Vorwurf des Irenäus in haer II 14,1f.6 – philosophische Weltentstehungstheorien. S. dazu van Unnik, *Notes*, 203f; ferner Fantino, *La théologie*, 357f.

lich-zeitlichen Beschaffenheit zu denken ist, d.h. inwiefern die Schöpfung als zeitliche in der Lage ist, an Gottes Unvergänglichkeit teilzunehmen, ohne daß Gott selbst die Letzturusache für die Vergänglichkeit der Welt ist[55], inwiefern also Gottes Allmacht, die sich in der Zeitlichkeit der Kreatur manifestiert, mit seiner Güte, die das dauerhafte Leben der Geschöpfe zum Ziel hat, vermittelt werden kann.[56]

Gottes Güte zeigt sich, allgemein gesprochen, darin, daß die Schöpfung als Schöpfung zwar zeitlich, zusammengesetzt, veränderlich und vergänglich[57], deshalb aber nicht weniger harmonisch ist.[58] Weil die Welt so (und nicht anders) ist, wie „der Vater sie bei sich selbst entworfen hat", ist sie seine *digna fabricatio*.[59] Gott verleiht als vollkommener Schöpfer der Welt die Möglichkeiten, durch die sie sich zur Vollkommenheit entwickeln kann.[60] Diese harmonisch geordnete Welt ist der Raum für die „„gegenseitige Angewöhnung' von Gott und Mensch."[61]

Irenäus faßt die guten Voraussetzungen, die Gott der Schöpfung mitteilt, mit dem Begriff „οἰκονομία" zusammen.[62] Der ganze Bereich des Natürlich-

---

55 Einer der grundsätzlichen Einwände des Irenäus gegen die Lehre vom Demiurgen lautete dahingehend, daß die eigentliche Ursache für die Vergänglichkeit der materiellen Welt bereits im gnostischen „Urvater" selbst liegt.

56 Aland, *Gnosis*, 167f, betont zurecht, daß Irenäus „die Sehnsucht der Gnostiker danach, gottgleich zu sein ..., teilt, ja als selbstverständliches Ziel des Menschen begreift." Vgl. auch Noormann, *Paulusinterpret*, 484-487.

57 "Vergänglich" meint hier eine Möglichkeit, nicht eine Notwendigkeit. Vgl. auch de Andia, *Homo*, 99.109 u.ö.

58 S. haer II 2,3f (34,13-38,47); 25,1f (250,1-254,41); 26,3 (260,49-262,75); IV 38,3 (952,54-61/952,1-8) u.ö. Der eigentliche theologische Grund für die Harmonie der Schöpfung liegt in dem „Gesetz", das der Logos gibt, s. haer V 18,3 (246,82f): Der Logos stellt auf „sinnliche Weise" das Gesetz auf, damit alles Geschaffene in seiner Ordnung verharrt (*sensuabiliter legem statuens universa quaeque in suo perseverare ordine*); vgl. epid 10 (96-98/39). Zur Harmonie der Schöpfung s. Birrer, *Mensch*, 113-116; May, *Schöpfung*, 179-181; Jaschke, *Geist*, 197-199; Fantino, *La théologie*, 328-331.

59 Haer II 3,2 (42,19-44,33); vgl. II 4,1 (44,3-5) u.ö. S.a. Joppich, *Salus*, 38-42.

60 Vgl. haer II 4,2 (48,27-50,60). Fantino, *La théologie*, 330: „Dans la théologie d'Irénée la temporalité est positivement valorisée".

61 Torisu, *Gott*, 155.

62 Irenäus verwendet diesen Begriff vor allem, um die Heilsgeschichte Gottes umfassend und im Detail zu beschreiben (s.u. Abschnitt 3.1.5). Im Unterschied dazu sind (natürliche) „Beschaffenheit" und „Einrichtung" die angemessenen Übersetzungen von „οἰκονομία" für die guten Voraussetzungen, die Gott der Schöpfung mitgeteilt hat. – Zu den Begriffen κόσμος, (δια-)κοσμέω etc. in der Philosophie und bei Irenäus s. Birrer, *Mensch*, 105-116.

Kreatürlichen ist *als* (und nur als) Gottes wohlgeordnete οἰκονομία zur Teilnahme an seiner in der Geschichte durchgeführten οἰκονομία befähigt.[63] Welt und Menschheit sind durch ihre „Beschaffenheit" oder „Einrichtung" darauf hin angelegt, auf Gott hin zur Unvergänglichkeit zu wachsen. Welt und Menschheit stehen darüber hinaus in einem Wechselverhältnis.[64] Irenäus geht zum einen davon aus, daß Gott die Welt um des Menschen willen geschaffen hat. Sie soll dem Menschen dienen.[65] Zum anderen wirkt sich das Verhalten des Menschen direkt auf die gesamte Schöpfung aus. Diese Verhältnisbestimmung dient dem Nachweis, daß die Ursache für die derzeitige, von Veränderlichkeit, Vergänglichkeit und Tod geprägte Gestalt der Schöpfung gerade *nicht* in ihrer materiellen Beschaffenheit und damit in Gottes Schöpferhandeln selbst, sondern im Verhalten des Menschen liegt.

„Denn weder die Substanz (ὑπόστασις/*substantia*) noch die Materie (οὐσία/*materia*) der Schöpfung wird (am Ende der Welt) vernichtet – denn wahr und zuverlässig ist, der sie gegründet hat –, sondern ‚die Gestalt (σχῆμα/*figura*) dieser Welt vergeht' (1Kor 7,31), also das, worin die Übertretung geschah, weil der Mensch hierin (als Folge der Übertretung) veraltet ist. Und darum ist diese zeitliche (sc. vergängliche) Gestalt geworden, indem Gott alles vorausweiß".[66]

---

63 S. haer I 22,1 (308,1-20); II 4,1 (44,1f); 7,5 (74,123-76,139: Die Gnostiker erlauben es dem wahren Gott, der die Welt vollendet hat, nicht, *a semetipso fecisse speciem eorum quae facta sunt et adinventionem ornatae dispositionis*. – Rousseau, SC 293, 224 [P. 77, n. 1] übersetzt *ornatae dispositionis* mit διακοσμήσεως, was bei Irenäus an keiner Stelle belegt. M.E. ist deshalb auch eine Übersetzung möglich, die „οἰκονομία" enthält [z.B. τῆς κοσμικῆς/κόσμιης/κοσμητῆς οἰκονομίας]); 28,9 (290,241-292,261: *dispositio capillorum capitis*); 35,4 (364,52-366,70); IV 5,1 (424,1-5); V 2,3 (34,37-36,50/34,7-36,22); 3,2 (44,37-46,41/44, 5-46,8).

64 Vgl. Scharl, *Recapitulatio*, 40-93 (v.a. 71-73), der den engen Zusammenhang zwischen der fleischlich-körperlich verfaßten Menschheit und der materiellen Welt und die Rekapitulation beider in Christus besonders herausstreicht. Die ganze Heilsgeschichte hindurch besteht „eine innere Schicksalsgemeinschaft der vernunftlosen Welt mit den Menschen" (aaO, 73).

65 S. epid 11-13 (98-102/40f); haer IV 20,4 (634,71f); V 29,1 (362,7-9) u.ö. Vgl. Klebba, *Anthropologie*, 20f; Andresen, *Anfänge*, 94; May, *Schöpfung*, 168.178; Fantino, *La théologie*, 204.

66 Haer V 36,1 (452,1-454,12/452,1-454,6); s.a. haer IV 3,1 (412,1-416,28); V 32,1 (396,1-398, 24 mit Zitat Röm 8,19-21); 34,2 (424,28-426,40); 36,3 (464,56-58) u.ö. Overbeck, *Menschwerdung*, 497f.540f.559-579 weist auf den wichtigen Umstand hin, daß Irenäus zwischen der im endzeitlichen Reich Christi stattfindenden Wiederherstellung der Erde und zwischen dem „neuen Himmel" und der „neuen Erde" im „eschatologischen Definitivum", d.h. im ewigen Reich des Vaters, unterscheidet. Anders, und m.E. nicht korrekt sind die Ergebnisse, zu denen Smith, *Chiliasm*, passim kommt. Zum Millennium s.a. Daniélou, *Jewish Christianity*, 377-404; de Andia, *Homo*, 299-306; Wingren, *Man*, 181-192.

3.1.3.1 Der zur Unvergänglichkeit bestimmte, zeitlich geschaffene Mensch als Ausdruck der gütigen Allmacht Gottes

Der Mensch ist, wie alle anderen Lebewesen, in der Zeit geschaffen. Durch seine Zeitlichkeit soll er seine Kreatürlichkeit und damit Gott als anfangslosen Schöpfer erkennen. Hierin liegt eine wesentliche antihäretische Spitze der irenäischen Anthropologie:

„Wenn aber einer die Ursache von allem, nach der er fragt, nicht findet, dann bedenke er, daß er ein Mensch ist, der unendlich viel kleiner als Gott ist, der die Gnade (erst) stückweise (vgl. 1Kor 13,9.12) erhalten hat, der dem Schöpfer noch nicht gleich oder ähnlich ist und der Erfahrung und Wissen von allem nicht wie Gott haben kann. Aber je geringer er ist als der, der unerschaffen und immer derselbe ist, er (sc. der Mensch), der heute geschaffen wurde und den Anfang als Geschöpf erhalten hat, desto geringer ist er in bezug auf die Kenntnis und die Erforschung der Ursachen von allem als der, der ihn geschaffen hat. Denn du bist nicht ungeschaffen, oh Mensch, und existiertest nicht schon immer mit Gott wie sein eigener Logos; aber wegen seiner überragenden Güte lernst du, der du jetzt gerade als Geschöpf den Anfang nimmst, nach und nach vom Logos die Heilsplanungen Gottes, der dich schuf."[67]

In der Zeitlichkeit des Menschen zeigt sich nicht allein die Allmacht, sondern, wie der abschließende Satz dieses Zitates zeigt, gerade auch die Güte Gottes. Besitzt doch der Mensch als Geschöpf die Voraussetzungen, um „Leben" zu empfangen, zeitliches wie ewiges. Denn der Mensch wurde „nach dem Bild (*imago*/εἰκών; s. a)) und der Ähnlichkeit (*similitudo*/ὁμοίωσις bzw. ὁμοιότης[68]; s. b)) Gottes" erschaffen (s. Gen 1,26a).[69]

---

67 Haer II 25,3 (254,42-55); vgl. IV 38,1 (942,1-944,7/942,1-944,7); 38,3 (952,61-954,65/952,8-11); V 2,3 (38,61-67/38,35-40) u.ö. – Zum philosophischen und theologiegeschichtlichen Hintergrund der Unterscheidung „geworden – ungeworden" s. Birrer, *Mensch*, 72-77. Zu haer IV 37-39 s. Andresen, *Anfänge*, 84-86; Bousset, *Schulbetrieb*, 278; Loofs, *Theophilus*, 420-424; Bacq, *Alliance*, 235-269.363-388; Berthouzoz, *Liberté*, 189-243 (190f!); Noormann, *Paulusinterpret*, 252f; Aland, *Gnosis*, 169. Nach den Analysen Bacqs (aaO, 363-388) ist die These, Irenäus habe eine externe Quelle seiner Darlegung künstlich eingefügt, kaum noch zu halten.

68 Zur Differenzierung von ὁμοίωσις und ὁμοιότης s.u. S. 160.

69 Der Genesistext lautet: „καὶ εἶπεν ὁ Θεός· Ποιήσωμεν ἄνθρωπον κατ᾽ εἰκόνα ἡμετέραν καὶ καθ᾽ ὁμοίωσιν". Daß Irenäus zwischen εἰκών/*imago* und ὁμοίωσις/*similitudo* auf der Grundlage des LXX-Textes unterscheidet, ist ebenso bekannt wie die Tatsache, daß auch die „Häretiker" die beiden Begriffe benutzt haben; s. Schwanz, *Imago*, 117-143; Fantino, *L'homme*, passim (Lit.); ders., *La théologie*, 216-218; Jaschke, *Geist*, 313f; Torisu, *Gott*, 180-185 (Lit.); de Andia, *Irénée*, 38-44. – Vgl. haer III 22,1 (430,1-432,11/430,12-14); 23,1 (444,1-5: Adam); 23,2 (444,1-5: Adam); IV pr. 4 (390,62-65: nur *secundum similitudinem*); 20,1 (624,8-626,23); 33,4 (812,93-100: nur *ad/secundum similitudinem*; der

a) Auf die Seite der *imago* gehören Fleischesleib und Seele. Der Leib, der von der Substanz der Erde genommen ist und in sie zurückkehrt (s. Gen 2,7; 3,19)[70], ist *sterblich*. Das heißt jedoch *nicht*, daß er notwendigerweise auch sterben *muß*. Es ist im Gegenteil für Tod und Leben gleichermaßen empfänglich, wie die Gabe des zeitlichen Lebens beweist.[71] Dieses zeitliche Leben empfängt der Mensch mit der Seele, die von Gott den Lebensodem erhalten hat (s. Gen 2,7).[72] Der Mensch wird dadurch zu einem vernünftigen Lebewesen[73], er ist eine *temperatio animae et carnis*[74] – *substantia nostra, hoc est ani-*

Mensch ist nach der Ähnlichkeit des Sohnes Gottes geschaffen); V 1,3 (26,83-28,85); 2,1 (28,8-30,10); 6,1 (72,8f: das Fleisch wurde nach der *imago Dei* gebildet); 15,4 (210,114-118); 16,2! (216,21-34/216,1-9: das Fleisch ist die εἰκών des Logos Gottes); epid 22 (114/47; s. dazu Schwanz, aaO, 123); 55 (162/71) u.ö. Das „Bild Gottes", nach dem der Mensch geschaffen wurde und zu dem der Leib und die Seele gehören, ist der Logos (vgl. haer IV 6,6 [450,99f]; vgl. Fantino, *L'homme*, 94-106.151-154). Zum folgenden s.a. Klebba, *Anthropologie*, 15-44; Joppich, *Salus*, 80-83; Wingren, *Man*, 14-26; Armstrong, *Genesis*, 70f; Torisu, *Gott*, 185-189. Zur Quellenfrage in haer V s. Overbeck, *Menschwerdung*, passim; Hauschild, *Gottes Geist*, 206-208; Scharl, *Recapitulatio*, 52-54; Tortorelli, *Two sketches*, 377-381; Jaschke, *Geist*, 304-316; de Andia, *Homo*, 53-87; zur Paulusrezeption in haer V 1-14 s. Noormann, *Paulusinterpret*, 263-333 (die Kapitel haer V 6-14 „bieten die höchste Dichte von Paulus-Zitaten im gesamten irenäischen Werk" [264]).

70 S. epid 11 (98/40); 15 (102-104/42); 32 (128/55); haer I 9,3 (145,1038-1041); III 18,7 (369, 203-371,208); 21,10-22,2 (426,216-436,42); IV 20,1 (624,10f); V 7,1 (84,1-88,32) u.ö. Gerade darin, daß das menschliche Fleisch von derselben Substanz ist wie die Erde (vgl. v.a. haer V 15), liegt ein wichtiges Begründungsmoment für das oben beschriebene Wechselverhältnis, in dem Schöpfung und Menschheit miteinander stehen (vgl. Scharl, *Recapitulatio*, 40-85. Vgl. auch Barn 6 (16,6-18,9 SQS). – Zum Begriff πλάσμα (*plasma/plasmatio*) bei Irenäus vgl. Overbeck, *Menschwerdung*, 88f; Birrer, *Mensch*, 126-129; Joppich, *Salus*, 27-38.49-55; Jenkins, *Make-up*, 92-95. Irenäus gebraucht „Fleisch" zumeist neutral für das Materielle und Körperliche am Menschen; gleiches gilt für die „Welt" (bzw. die „Erde", das „All"); s. Scharl, aaO, 40-42.68f; Noormann, *Paulusinterpret*, 509-512; Altermath, *Purpose*, 63-65.

71 S. v.a. haer V 2,2 (30,18-21); 3,2f (44,30-54,91/44,1-54,52); 4,2 (58,32-60,36); 5,1f (60,1-72, 63/62,1-70,39); 7,1f (84,10f; 86,17-21; 88,28-90,52); 12,1 (140,1-142,14/140,1-142,12) u.ö.; vgl. Thphl. Ant., Autol. II 24,1-8 (72f,1-34 PTS). – Vgl. Aland, *Fides*, 24-26.

72 Mit dem Lebensodem wird dem Menschen noch nicht der ewiges Leben vermittelnde Geist verliehen. Vgl. Klebba, *Anthropologie*, 92-112; Armstrong, *Genesis*, 72f; Noormann, *Paulusinterpret*, 493f; de Andia, *Homo*, 74-87 (Lit.); Jaschke, *Geist*, 254-257 betont, daß Adam im Urstand neben dem Lebensodem den Geist im „Gewand der Heiligkeit" erhalten hat, aber nicht als natürlichen Besitz.

73 S. haer III 22,1 (432,15-18); 24,2 (476,52-58); V 1,3 (26,76-78); 7,1 (84,10-86,16); epid 11 (98/40). – Zur Vernunft des Menschen bei Irenäus vgl. Klebba, *Anthropologie*, 113-130.

74 Haer IV pr. 4 (390,62); vgl. haer II 13,3 (114,49-51.64-116,71).

mae et carnis adunatio[75] –, wobei das Blut die *copulatio animae et corporis*[76] bildet.

Für das Verhältnis von Leib und Seele gilt: Der Leib ist nicht stärker als die Seele, sondern der „Leib ... erhält von ihr Atem und Leben, Wachstum und Gliederung; ... die Seele besitzt und beherrscht den Leib. ... Und die Seele wird durch die Teilhabe an ihrem Leib zwar etwas gehemmt, weil ihre Geschwindigkeit der Trägheit des Körpers beigemischt ist; aber sie verliert ihre Kräfte nicht völlig, sondern sie gibt dem Leib gleichsam das Leben mit und hört selbst nicht zu leben auf."[77]

Auch die Seelen sind nicht anfangslos wie Gott, sondern von ihm *erschaffen*. Dennoch schenkt Gott ihnen (im Unterschied zum Leib) *dauerhaftes* Leben.[78] Irenäus geht also von der Unsterblichkeit (nicht von der Anfangslosigkeit!) der Seele aus, die ihr Gott durch den Lebensodem schenkt.[79] Der menschliche Leib aus Fleisch und Blut erweist sich durch die Vereinigung mit der Seele als zur Aufnahme des Lebens imstande. Lebensodem und Seele sind jedoch stärker miteinander verbunden als Seele und Leib. Dieser stirbt, wenn jene mit dem belebenden Lebensodem weicht.[80] Das „seelische Leben" ist demnach kein dauerhafter Besitz des Menschen, es kann verloren gehen und es geht verloren, wenn nicht der Geist Gottes vom Menschen Besitz ergreift.[81]

---

75 Haer V 8,2 (96,32f).
76 Haer V 3,2 (48,54).
77 Haer II 33,4 (350,61-78).
78 S. haer II 34,4 (360,66-77).
79 Vgl. auch haer V 7,1 (84,9-86,15.21-25); 7,2 (90,45-52); 9,1 (106,1-108,18); 12,1-3 (142,13-152,68/142,1-150,15); 13,3 (172,64-174,81/172,3-174,17). – Vgl. Fantino, *La théologie*, 322f; de Andia, *Homo*, 273-278; Overbeck, *Menschwerdung*, 173f.220-226.
80 Irenäus betont in haer I 22,1 (310,28-31), daß sowohl die Häretiker als auch die Heiden „im Leib auferstehen werden, und sei es gegen ihren Willen, damit sie die Kraft dessen erkennen, der sie von den Toten auferweckt; wegen ihres Unglaubens werden sie aber jedoch nicht zu den Gerechten gezählt werden." Besonders deutlich haer II 33,5 (352,79-354,97/352,2-355,16): Die Glaubenden werden mit Leib, Seele und Geist auferstehen und leben; die Strafe verdient haben, müssen sich ihr mit ihren Leibern und Seelen unterziehen. S. weiterhin haer II 32,3 (338,86-91); IV 27,1 (736,55-62). Zu den Seelen der Glaubenden s. epid 42 (140-142/61). Nach haer II 29,2 (296,31-298,41); 34,1 (356,21f) und V 31,2 (392,32-396,58/394,1-6) warten die Seelen der Glaubenden am Ort der Ruhe, um am Jüngsten Tag wieder mit dem (geistigen) Leib umkleidet zu werden.
81 Irenäus beschreibt den *imperfectus homo*, den ψυχικὸς ἄνθρωπος, zusammenfassend folgendermaßen: *Si autem defuerit animae Spiritus, animalis est vere qui est talis et carnalis derelictus imperfectus erit, imaginem quidem habens in plasmate, similitudinem vero non assumens per Spiritum* (haer V 6,1 [76,27-31]); vgl. II 33,5; ferner de Andia, *Homo*, 273-278. – Zur quellenkritischen Problematik von haer V 6,1 (ist dieser Text von Ps-Just., De

Das Fleisch ist ohne den Geist Gottes tot, das Blut *irrationalis.*[82] Diese Tatsache kann jedoch in keinem Fall als Argument für die Behauptung dienen, daß der Mensch überhaupt keine Möglichkeit hat, als fleischliches Wesen das ewige Leben aufzunehmen. Das Gegenteil ist der Fall. Der Mensch ist von Anfang an dazu bestimmt, die göttlichen Wohltaten zu empfangen.[83] „Wenn dieses zeitliche Leben, das doch viel schwächer ist als jenes ewige Leben, dennoch dazu fähig ist, daß es unsere toten Glieder belebt (vgl. Röm 8,11), warum soll dann das ewige Leben, das stärker ist als jenes, das Fleisch nicht beleben, das doch schon geübt und gewohnt war, das Leben zu tragen?"[84]

Irenäus betont, daß sich gerade an der Schwachheit des menschlichen Fleisches, das die Möglichkeit zu sterben in sich trägt, Gottes Güte und Allmacht erweist (vgl. 2Kor 12,9).[85] Denn Gott gibt dem Menschen nicht nur die kreatürlichen Voraussetzungen für unvergängliches Leben mit, sondern er macht dieses ewige Leben, das im Gegensatz zum „seelischen Leben" dauerhafter Besitz des Menschen sein soll[86], zu dessen ausdrücklicher Bestimmung. Mit den Worten des anthropologischen Leittextes Gen 1,26: Der Mensch ist dazu geschaffen, nach dem Bild *und* nach der Ähnlichkeit Gottes zu leben.[87]

b) Innerhalb des irenäischen *similitudo*-Begriffs muß mit Jacques Fantino zwischen einer anthropologischen und einer soteriologischen Kategorie un-

---

resurrectione 8 [= fr. 107,45,265-47,324 Holl] abhängig?) s. die m.E. überzeugende, eine literarische Abhängigkeit ablehnende Argumentation von Overbeck, *Menschwerdung*, 160-164.

82 Haer V 9,3 (112,41).

83 S. haer IV 14,1 (538,1-3).

84 Haer V 3,3 (52,78-83/52,42-46); vgl. Overbeck, *Menschwerdung*, 142-144; de Andia, *Homo*, 263-266.

85 S. nur haer V 3,2 (44,30-35/44,1f); vgl. Overbeck, *Menschwerdung*, 134-152; Noormann, *Paulusinterpret*, 154-157.274-277.474f.486f.529; Jaschke, *Geist*, 324f; de Andia, *Homo*, 181-184.

86 S. v.a. haer V 12,1-3 (142,13-154,73/142,1-150,15): Der „Lebensodem", der mit der Seele gegeben wird, ist kein ewiger Besitz des Menschen, der Geist Gottes, so er vom Menschen Besitz ergreift, aufgrund der Verheißung Gottes hingegen schon.

87 Bezeichnend ist der Abschluß von haer (V 36,3 [464,65-466,74]): *Etenim unus Filius, qui voluntatem Patris perfecit, et unum genus humanum, in quo perficiuntur mysteria Dei, „quem concupiscunt angeli videre"* (1Petr 1,12), *non praevalentes investigare Sapientiam Dei per quam plasma eius conformatum et concorporatum Filio perficitur, ut progenies eius primogenitus Verbum descendat in facturam, hoc est in plasma, et capiatur ab eo, et factura iterum capiat Verbum et ascendat ad eum, supergrediens angelos et fiens secundum imaginem et similitudinem Dei.* Vgl. weiterhin haer III 18,1 (342,9-344,13); IV 38,3f (954,68-960,114/954,15-956,15); V 1,1 (16,6-18,19); epid 97 (216/95f) u.ö.

terschieden werden.[88] Wie *imago* (εἰκών) bezeichnet *similitudo* als Übersetzung von ὁμοιότης („Gleichnis") den *Menschen, wie er von Gott geschaffen wurde*, und bezieht sich auf die *Willensfreiheit* des Menschen (s.u.), die ihm unverlierbar eignet. Demgegenüber meint ὁμοίωσις[89] die soteriologische Gegenwart des heiligen Geistes im Menschen, die dieser empfangen hat, um dem Ratschluß und den Anordnungen Gottes zu folgen.

Die *similitudo* (ὁμοίωσις) des Menschen mit Gott besteht in der Unvergänglichkeit[90], die ihm der Geist[91] (bzw. der Logos Gottes) zueignet.[92] Irenäus setzt sich mit seiner pneumatologisch-soteriologischen Anthropologie deutlich von seinen Gegnern, namentlich von den Valentinianern und ihrem Pneumatikerbegriff, den sie mit Paulus (1Kor 2,6) zu begründen suchen, ab. Der *perfectus homo*, der *homo vivens* (im eigentlichen Sinne[93]) ist eine *commixtio et adunitio ... animae assumentis Spiritum Patris et admixtae ei carni quae est plasmata secundum imaginem Dei.*[94] Der vollkommene Mensch, in dem Gott verherrlicht wird, ist der, der durch die Hände Gottes, den Sohn und den

---

88 Fantino, *L'homme*, 106-118 (dort die Belege); vgl. ders., *La théologie*, 1.
89 Fantino sieht weiterhin einen Zusammenhang zwischen den drei Merkmalen εἰκών – ὁμοιότης – ὁμοίωσις mit Gottes Trinität: Die ὁμοιότης verweise auf den Vater, die εἰκών auf den Sohn, die ὁμοίωσις auf den Geist (*L'homme*, 118; vgl. *La théologie*, 1: Die Entsprechung der ὁμοιότης „ne figure que dans quelques textes dont nous n'avons plus le texte grec original et, de ce fait, elle présente un caractère hypothétique, à la différence des deux autres qui sont solidement attestées").
90 S. de Andia, *Homo*, 16-21.
91 S. Overbeck, *Menschwerdung*, 173. Ausführlich zur geistgewirkten Formung des Menschen zur Vollkommenheit Hauschild, *Gottes Geist*, 208-214; Noormann, *Paulusinterpret*, 493-501 (hier auch zu den fundamentalen Unterschieden zwischen der valentinianischen und der irenäischen Auffassung über die soteriologische Rolle des Geistes. „Das irenäische Verständnis der Rolle des Geistes in der Anthropologie stimmt mit dem paulinischen in hohem Maße überein" [500]).
92 Vgl. nur haer V 1,1 (16,6-18,19) u.ö. Zu haer V 6,1-8,3 s. Overbeck, *Menschwerdung*, 152-192; s. weiterhin von Harnack, *Lehrbuch*, 560f; Joppich, *Salus*, 84-90; Torisu, *Gott*, 189-191; Studer, *Gott*, 80; Scharl, *Recapitulatio*, 54-68; Noormann, *Paulusinterpret*, 487-492; Jaschke, *Geist*, 294-304; Fantino, *L'homme*, 125-134; ders., *La théologie*, 209f.332-338.
93 Zentral haer IV 20,7 (648,180-184: *Gloria enim Dei vivens homo, vita autem hominis visio Dei. Si enim quae est per conditionem ostensio Dei vitam praestat omnibus in terra viventibus, multo magis ea quae est per Verbum manifestatio Patris vitam praestat his qui vident Deum*). Dazu s. Fantino, *La théologie*, 207f.210f.
94 Haer V 6,1 (72,6-9). S.a haer IV 31,2 (792,57-794,63); V 9,1 (106,1-108,18). S. dazu Tortorelli, *Two sketches*, 381; Noormann, *Paulusinterpret*, 278-293.484-516; Jaschke, *Geist*, 296f.

Geist, geschaffen wurde *secundum similitudinem Dei*.[95] Die *homines perfecti*
sind diejenigen, die *perceperunt Spiritum [Dei]*[96], die *secundum participationem
Spiritus exsistens spiritales*[97], die ihr Leben außerhalb ihrer selbst empfangen[98]:

> „Wenn aber dieser Geist, vermischt mit der Seele, mit dem Gebilde (sc. dem Leib) geeint
> wird, dann ist durch die Ausgießung des Geistes der geistige und vollkommene Mensch ge-
> worden. Und dieser ist es, der nach dem Bild und der Ähnlichkeit Gottes geschaffen wurde.
> ... Vollkommen also sind die, die sowohl den Geist Gottes stets fortwährend haben und die
> Seelen und Leiber ohne Tadel bewahren, das heißt: jenen Glauben an Gott bewahren und
> die Gerechtigkeit gegen den Nächsten beachten."[99]

In der *redintegratio* und *adunitio* von Leib, Seele und Geist besteht deren *una
et eadem salus*[100], denn weder der Leib noch die Seele noch der Geist sind für
sich allein genommen der „Mensch".[101] Erst ihre Vereinigung macht den *homo perfectus*. Der Geist rettet und gestaltet, das Fleisch wird mit dem Geist
geeint und geformt. Zwischen beiden steht die Seele, die vom Geist erhoben
oder mit dem Fleisch in die Begierden hinabgezogen wird.[102]
    Durch die Wirksamkeit des Geistes geht nicht etwa die Fleischessubstanz
(und mit ihr die *imago*) verloren, sondern diese wird in ihrer *Qualität* und in
ihren *Werken* verändert[103] und durch Gottes Kraft (nicht aufgrund ihrer Substanz) ewig leben. Denn der in den Menschen durch den Glauben wie in einem Tempel[104] wohnende Geist Gottes rüstet „zur Ähnlichkeit mit Gott".[105]

---

95 Haer V 6,1 (72,1-5).
96 Haer V 6,1 (74,12); vgl. haer II 19,6 (194,116-120).
97 Haer V 6,1 (74,18f); vgl. v.a. haer V 9,2-4 (108,19-122,97/114,1-120,23): Die Schwachheit
    des Fleisches wird von der Stärke des Geistes überwunden und verschlungen, das Fleisch
    vom Geist in Besitz genommen (s.a. Overbeck, *Menschwerdung*, 198-209).
98 Vgl. Aland, *Fides*, 20.
99 Haer V 6,1 (76,24-27.80,52-56); vgl. ebd. (78,40f; mit 1Thess 5,23 als Begründung); V 20,2
    (260,56-58); epid 2 (84-86/33f).
100 Haer V 6,1 (78,49f); s.a. haer II 33,5 (352,82-354,97/352,2-355,16). Vgl.Wingren, *Man*,
    153-159; Brox, *FC 8/2*, 290f; Jaschke, *Geist*, 294-327. Klebba, *Anthropologie*, 162-166
    spricht sich m.E. zu Unrecht gegen einen „Trichotomismus des hl. Irenaeus" (166) aus.
101 S. v.a. haer V 6,1 (72,1-80,56); 8,2 (96,31-34); 9,2 (112,35-40) u.ö. Vgl. Fantino, *L'homme*,
    121-125.
102 S. haer V 6,1 (76,27-35); 9,1 (106,1-108,18) u.ö. Vgl. Fantino, *L'homme*, 128-134.
103 Vgl. nur haer II 29,1-3 (294,1-198,58); V 8,1 (92,1-96,26); 11,2 (136,38-140,59); 12,4 (154,
    73-156,95) u.ö. Ausführlich zu haer V 9-14 (Irenäus widerlegt hier die häretische Deu-
    tung von 1Kor 15,50) Overbeck, *Menschwerdung*, 192-248; Noormann, *Paulusinterpret*,
    293-333; de Andia, *Homo*, 278-297.
104 Vgl. haer V 6,2 (80,57-84,82) unter Aufnahme von 1Kor 3,16f; 6,13-15; Joh 2,19 (die
    letzte, auf Christus bezogene Stelle wendet Irenäus allgemein anthropologisch an). – Zu

Die „eigentliche Spitze" der irenäischen Argumentation gegen die valentinianische Anthropologie darin besteht, daß ohne das menschliche Fleisch „von Vollkommenheit nicht die Rede sein kann."[106]

Als leiblich-seelisches Wesen ist der Mensch nach Irenäus also prinzipiell dazu in der Lage, zeitliches und ewiges Leben aufzunehmen. Das Ziel seiner Existenz ist der Empfang des ewigen Lebens, das den *ganzen* Menschen betrifft. Dieses Bild der irenäischen Anthropologie ist um einen wesentlichen Aspekt zu ergänzen: *Unter welchen Bedingungen* empfängt der Mensch das ewige Leben? Diese Frage gliedert sich in zwei Teilfragen auf: Welche weiteren Voraussetzungen hat der Mensch als Geschöpf empfangen, um seiner Bestimmung, Gott ähnlich zu werden, entsprechen zu können? Welche sind die inhaltlichen Kriterien dafür?

3.1.3.2 Der zum Gehorsam gegen Gott bestimmte, frei geschaffene Mensch als Ausdruck der gütigen und gerechten Allmacht Gottes

a) Zu den Voraussetzungen, die Gott schafft, damit sich der Mensch zur Unvergänglichkeit entwickeln kann, gehört die Gabe der *Freiheit*, welche der Mensch mit dem Lebensodem erhalten hat.[107] Sie ist nichts anderes als der Ausdruck der Güte Gottes: „Denn Gewalt kommt Gott nicht zu."[108]

Die *Willensfreiheit* – sie bezieht sich nach Irenäus nicht nur auf die Werke, sondern auch auf den Glauben des Menschen[109] – ist somit ein, wenn nicht

---

haer V 6,2-8,3 und zur Paulusrezeption in diesen Abschnitten s. Overbeck, *Menschwerdung*, 168-192. Im Unterschied zu seinen Gegnern, die Paulus „an geeigneter Stelle in ihrem Sinne (um)interpretieren, strebt Irenäus zumindest an, den Apostel anhand einer Vielzahl von Zitaten aus der Breite seines Brief-Corpus zum Sprechen zu bringen" (169).

105 Epid 5 (90/36). Zum Vergottungsgedanken bei Irenäus s. Bousset, *Kyrios*, 333-335.341-344.348 (Bousset sieht darin den Grundgedanken der irenäischen, aus der einfachen Gemeindefrömmigkeit sich speisenden Theologie).

106 Overbeck, *Menschwerdung*, 159f. S.a. de Andia, *Irénée*, 44; Berthouzoz, *Liberté*, 179-183.

107 S. epid 11 (98/40).

108 S. haer IV 37,1 (918,1-920,7/920,1f; s. Noormann, *Paulusinterpret*, 253-255); vgl. haer IV 37,3 (928,65-68/928,17-19); 38,4 (960,105-107); 39,3 (968,63-970,68/968,1-970,6). Noormann, aaO, 479f bietet einen Überblick über die Diskussion um Irenäus' Verständnis der Willensfreiheit. S.a. unten S. 169-174.

109 Haer IV 37,5 (932,94-98: *Et non tantum in operibus sed etiam in fide liberum et suae potestatis arbitrium hominis servavit Dominus, dicens: „Secundum fidem tuam fiat tibi"* [Mt 9,29], *propriam fidem hominis ostendens, quoniam propriam suam habet sententiam*; als weitere Schriftbelege folgen Mk 9,23; Mt 8,13; Joh 3,36). Vgl. Bacq, *Alliance*, 257f – An

das konstitutive Wesensmerkmal des Menschen, das ihn im Unterschied zu allen anderen Lebewesen[110] von Anfang an in besonderer Weise auszeichnet. Im Gegensatz zu den seelen- und vernunftlosen Kreaturen gilt von ihm: „Der Mensch aber, vernünftig und in dieser Hinsicht Gott *ähnlich* (*similis*), in seinem Willen frei und selbstmächtig geschaffen[111], ist sich selbst Ursache, daß er einmal Frucht, das andere Mal Spreu wird".[112]

Irenäus rechnet den freien Willen *allen* Menschen zu, (also auch denen, die die ὁμοίωσις mit Gott verloren haben). Die *sua potestas* (die *libera sententia*, das *liberum arbitrium*) macht den Menschen zum Gleichnis (*similitudo* = ὁμοιότης) Gottes.[113] Das *liberum arbitrium* nimmt wie die Seele, genauer: als deren zentrale Funktion, eine Mittelstellung ein. Es bestimmt darüber, ob sich die Seele dem Fleisch zuwendet oder dem göttlichen Geist zuneigt. Der menschliche Wille ist der Ort, an dem die Entscheidung darüber fällt, ob der Mensch als Geschöpf *secundum imaginem et similitudinem*[114] Gottes lebt oder nicht.[115] Das bedeutet andererseits nicht, daß sich der Mensch das Heil selbst erwerben könnte. Dieses bleibt – wie der Geist auch – immer Gottes *Gabe*, die der Mensch zu bewahren hat.[116]

---

     dieser Stelle ergibt sich ein nicht unwesentliches Problem für die Irenäus-Interpretation. Ist es Sache des Menschen, den Glauben und damit das Wachstum auf Gott hin selbsttätig zu vollziehen? Oder bleibt der Mensch auch in seinem freien Glauben immer ein von Gott Empfangender? Dazu s.u.

110 Mit Ausnahme der Engel, die als vernünftige Geschöpfe ebenfalls im Besitz der Willensfreiheit sind (s. haer IV 37,1 [920,8-10]).

111 Vgl. Wingren, *Man*, 36 („... for Irenaeus man's freedom is, strangely enough, a direct expression of God's omnipotence, so direct, in fact, that a diminution of man's freedom automatically involves a corresponding diminution of God's omnipotence").139-141.

112 Haer IV 4,3 (424,57-64); vgl. IV 15,2 (558,75-79); 37,6 (934,108-936,134) u.ö. sowie die Texte oben S. 158 Anm. 73 (insbesondere epid 11); s.a. Fantino, *L'homme*, 173-175. – Vgl. Thphl. Ant., Autol. II 27 (77,1-20 PTS: 'Ελεύθερον γὰρ καὶ αὐτεξούσιον ἐποίησεν ὁ θεὸς τὸν ἄνθρωπον).

113 S. haer IV 37,4 (932,90-93); vgl. IV 4,3 (s.o. S. 164 Anm. 112); 38,4 (958,101-960,114). Vgl. Fantino, *L'homme*, 106-118.178 u.ö. – Zur Freiheit als Eigenschaft Gottes s. haer II 5,4; 30,9; III 8,3; IV 20,1 u.ö.

114 *Similitudo* = ὁμοίωσις.

115 Vgl. Aland, *Gnosis*, 172: Das eigentliche Interesse des Irenäus an dem traditionellen Diktum der Willensfreiheit liegt darin, daß es diese dem Menschen ermöglicht, Gott freiwillig zu gehorchen, „weil für das Geschöpf vollkommener Gehorsam gegenüber dem Schöpfer Unsterblichkeit *ist*".

116 S. haer IV 14,1 (538,1-542,43); 36,6 (902,205-908,263); 37,1 (920,7-16) u.ö. Vgl. Bengsch, *Heilsgeschichte*, 109-118; Schmidt, *Kirche*, 147-154.159; Wingren, *Man*, 31-33; Berthouzoz, *Liberté*, 141-253; s. ferner Klebba, *Anthropologie*, 131-154; Tiessen, *Irenaeus*, 218-221.

In der Gabe der Willensfreiheit zeigt sich, daß die Güte und die Gerechtigkeit Gottes untrennbar miteinander verbunden sind: Ein guter Gott, der
nicht zugleich gerecht ist, und ein gerechter Gott ohne Güte sind für Irenäus
schlechthin undenkbar. Güte und (richtende) Gerechtigkeit sind zwei konstitutive Wesensmerkmale des einen und selben Gottes.[117] Werden Gerechtigkeit und Güte auf zwei voneinander unterschiedene Götter verteilt, wird beiden „der Verstand und die Gerechtigkeit" genommen.

„Denn wenn der richtende (Gott) nicht auch gut ist, um zu begnadigen, die es verdienen,
und um denen Vorwürfe zu machen, die es nötig haben, wird der Richter weder als gerecht
noch als weise erscheinen. Umgekehrt der gute Gott, wenn er nur gut ist und nicht auch
prüft, welchen er seine Güte zukommen läßt, steht er außerhalb von Gerechtigkeit und
Güte, und seine Güte, die nicht alle rettet, wird schwach erscheinen, wenn sie nichts mit
Richten zu tun hat."[118]

Gottes Gerechtigkeit besteht nicht zuletzt darin, daß er auf gütige Weise *allen* Menschen mit der Willensfreiheit die gleichen Voraussetzungen gibt, auf
die Erweise seiner Güte angemessen zu antworten.[119] Wären die einen von
Natur aus gut, die anderen schlecht, erwiese sich der Schöpfer selbst als ungerecht. Der Mensch hätte keine Möglichkeit, Gottes Güte kennenzulernen
und zu genießen.[120]

---

117 S. haer III 25,3 (482,26-31).
118 Haer III 25,2 (480,14-25); vgl. auch die Fortsetzung III 25,3-5 (482,26-486,60; III 25,3 geht
   namentlich gegen Markion) sowie haer IV 27,1-29,2 (728,129-770,44); V 27,1-28,1 (338,1-
   348,11/342,1-348,19) u.ö. Zu den (äußerst beliebten) Platon-Zitaten aus *Lg. IV 715e-716a*
   (254-256 Schöpsdau) und *Ti. 29e* (36 Widdra) in haer III 25,5 (484,53-486,66) s. Schoedel,
   Philosophy, 24; van Unnik, *Notes*, 201-209.
119 S. haer III 25,4 (484,46-52 mit Anspielung auf Mt 5,45); IV 37,2 (924,35-38/922,3-924,7).
   Vgl. Noormann, *Paulusinterpret*, 479f: Die Freiheit des Menschen, auf Gottes Handeln
   zu antworten darf „im Sinne des Irenäus keinesfalls als Autonomie oder Selbstbefreiung
   mißverstanden werden. Er sagt vielmehr beides: Alles menschliche Sein und Werden
   und insbesondere seine Rettung verdanken sich dem göttlichen Handeln. Aber Gott
   zwingt den Menschen nicht, er will ihn vielmehr als ein zwar ausschließlich empfan-
   gendes, aber bereitwilliges Gegenüber" (aaO, 480).
120 S. haer IV 37,6 (936,123-134). Irenäus diskutiert am Beginn dieses Abschnitts (934,108-
   936,122) zwei Einwände: Gott sei machtlos, weil er seinen Willen gegenüber den freien
   Menschen nicht durchsetzen kann; Gott kenne seine Geschöpfe nicht, weil er einigen
   Menschen, die als „Choiker" (Hyliker) für seinen Willen qua Natur unempfänglich sei-
   en, dennoch seinen Willen zu tun auftrage. Die Lösung, die die Vertreter dieser beiden
   Einwände vortragen, lautet: Gott hätte weder Engel noch Menschen als frei erschaffen
   sollen. – Vgl. auch haer IV 37,7 (938,135-942,177; zu den Zitaten Eph 4,25.29; 5,4.8;
   Röm 8,29; 13,13; 1Kor 6,11; 9,24-27 s. Noormann, *Paulusinterpret*, 256-260).

b) Die Gabe der Willensfreiheit wäre zwecklos, wenn der Mensch nicht zugleich wüßte, worauf er seinen freien Willen richten soll. Deshalb gibt Gott dem Menschen von Anfang an mit dem *liberum arbitrium* zugleich „guten Rat"[121], d.h.: die Erkenntnis des Guten und des Bösen und die Erkenntnis, daß das Ergreifen des Guten im Gehorsam[122] gegen Gott, das Böse hingegen im Ungehorsam besteht. Die gehorsame Unterordnung unter Gott ist das konstitutive Kennzeichen des *perfectus homo*, des ἄνθρωπος πνευματικός", und allein der Gehorsam gegen den göttlichen Willen bedeutet ewiges Leben[123]: „Aber der Mensch hat die Erkenntnis von Gut und Böse empfangen.[124] Gut aber ist es, Gott zu gehorchen, ihm zu glauben und sein Gebot zu bewahren, und das ist das Leben des Menschen, gleichwie es auch böse ist, Gott nicht zu gehorchen, und das ist sein (sc. des Menschen) Tod."[125]

In der Aufforderung zum Gehorsam manifestieren sich ein weiteres Mal Gottes allmächtige Güte und Gerechtigkeit. Zum einen verweist Gott den Menschen mit dem Gebot des Gehorsams von Anbeginn an in seine kreatürlichen Grenzen.[126] Zum anderen bedeutet der Gehorsam gegen Gott selbst das Leben, ist also nichts anderes als die gute Gabe Gottes, deren Bewahrung

---

121 Haer IV 37,1 (920,7-9.13f; 922,26]); vgl. IV 38,4 (960,105-107).

122 *Subiectio* = ὑποταγή bzw. *obaudientia* = ὑπακοή und die entsprechenden Verben. Inhaltlich gleichbedeutend sind auch die Wendungen „Nachfolge" oder „Verharren im Dienst Gottes"; s. haer IV 14,1 (538,1-540,30); vgl. IV 12,5 (520,84-522,112).

123 So Aland, *Gnosis*, 168-171 (vgl. dies., *Fides*, 13-17), der ich mich anschließe. Irenäus formt den traditionellen Gedanken, daß der Mensch seinem Schöpfer gehorsam sein müsse (vgl. 1 Clem. 21,1-9; 33,5-34,4 [118,1-120,24; 142,31-144,36 FC]; Thphl. Ant., Autol. II 27,5-7 [77,13-20 PTS]), vollständig um. Die gehorsame Unterwerfung ist für Irenäus „gerade nicht ein Mittel, mit dem man etwas anderes erwerben kann, sondern sie ist selbst die dem Menschen als Menschen eigene Bestimmung. Daraus folgt, daß der Mensch auch gar nicht mehr nach einem Lohn streben muß. Vielmehr ist er in seinen Erwartungen und seinem Selbstverständnis völlig umgekehrt worden, sofern er nämlich begriffen hat, daß in Glauben und gehorsamer Unterwerfung, die identisch sind, für den Menschen die Erfüllung des Wesens besteht, das Gott ihm als seinem Geschöpf zugedacht hat. ... Nicht also um Unsterblichkeit zu ‚erwerben', gehorchen wir Gott, sondern weil für das Geschöpf gehorsame Unterwerfung Unvergänglichkeit *ist*" (Aland, *Fides*, 14f; vgl. de Andia, *Homo*, 99-101).

124 In Ir^arm fehlt dieser Satz.

125 Haer IV 39,1 (960,1-4); vgl. epid 33 (130/56: *malum est autem inobaudire Deo, sicut obaudire Deo bonum est*); haer IV 37,1 (920,7-922,32); 37,3 (928,65-68/928,17-19); 37,4 (932,90-93); V 23,1 (290,30).

126 S. epid 15; vgl. de Andia, *Homo*, 99-101.

den Menschen zur *similitudo* mit Gott führt.[127] Und schließlich ist der Gehorsam gegen Gott das inhaltliche (und gute!) Kriterium, nach dessen Maßgabe Gott Gericht halten wird.[128] Das aber heißt für den aus Leib, Seele und Geist bestehenden *homo spiritalis*, daß der bloße *Besitz* des Geistes Gottes für die Zueignung des Heils nicht genügt, sondern daß sich der Geistbesitz als *handelnder Gehorsam* zu artikulieren hat, weil der Mensch im gelebten Gehorsam erst zu seiner wahren Bestimmung kommt.[129] In haer IV 39,2f faßt Irenäus zusammen, worin die Gabe und die Aufgabe des Menschen als Geschöpf Gottes bestehen[130]:

„Denn es ist nötig, daß du zuerst die menschliche Ordnung einhältst, hierauf aber an der Herrlichkeit Gottes teilnimmst. Denn nicht du machst Gott, sondern Gott macht dich. Wenn du also das Werk Gottes bist, dann erwarte die Hand deines Künstlers, der alles rechtzeitig ausführt, rechtzeitig aber im Blick auf dich, der du gemacht wirst. Biete ihm aber dein Herz weich und nachgiebig dar und bewahre die Gestalt, zu der dich der Künstler gestaltete, indem du Feuchtigkeit in dir hast und nicht verhärtet die Spuren seiner Finger verlierst. Wenn du aber die Gestalt bewahrst, wirst du zum Vollkommenen aufsteigen. Denn durch die Kunst Gottes wird der Schlamm in dir überdeckt. Seine Hand hat die Substanz in dir geschaffen; überziehen wird sie dich von innen und von außen mit Gold und Silber und dich so sehr schmücken, daß selbst der König nach deiner Schönheit begehrt. Wenn du aber, sofort verhärtet, seine Kunst verschmähst und undankbar bist gegen ihn, weil du als Mensch geschaffen wurdest, so hast du, Gott undankbar geworden, zugleich seine Kunst als auch das Leben verloren. Denn das Machen ist eigentliche Sache Gottes, das Werden aber eigentliche Sache der menschlichen Natur. Wenn du also gibst, was dein ist, das heißt den Glauben an ihn und die Unterordnung, wirst du seine Kunst empfangen und ein vollkommenes Werk Gottes sein. Wenn du aber nicht glaubst und seine Hände fliehst, wird die Ursache der Un-

---

127 S. haer IV 37,4 (932,90-93: *Sed quoniam liberae sententiae ab initio est homo, et liberae sententiae est Deus cuius ad similitudinem factus est, semper consilium datur ei continere bonum, quod perficitur ex ea quae est ad Deum obaudientia*); s.a. II 34,3 (358,52-59). Besonders deutlich wird der Zusammenhang von Güte und Allmacht Gottes in haer IV 38,3 (952,61-954,70/952,8-954,16): „Denn weil sie (sc. die Geschöpfe) geschaffen sind, sind sie nicht unerschaffen; sofern sie aber ewige Zeiten fortbestehen, empfangen sie die Kraft des Ungeschaffenen, indem Gott ihnen umsonst immerwährenden Fortbestand verleiht. Und so wird zwar in allem Gott den Vorrang innehaben, denn er allein ist ungeschaffen, der erste von allem und selbst die Ursache für alles, alles übrige aber verbleibt in Unterordnung (ὑποταγή/*subiectio*) unter Gott. Unterordnung unter Gott aber ist Unverweslichkeit, Fortdauer der Unverweslichkeit die Herrlichkeit des Ungeschaffenen."
128 S. nur haer IV 37,1f (922,26-924,42/922,1-924,11); 39,4 (970,71-972,96); 40,1f (974,1-978, 39/974,1-12) u.ö. Vgl. Wingren, *Man*, 57-62; Tiessen, *Irenaeus*, 242-244.
129 Vgl. Klebba, *Anthropologie*, 154-157; Overbeck, *Menschwerdung*, 167; Aland, *Fides*, 26f; Hauschild, *Gottes Geist*, 211; Schwanz, *Imago*, 126f.134-136; Jaschke, *Geist*, 316-322.
130 964,36-968,58; vgl. auch Thphl. Ant., Autol. II 27,1-7 (77,1-20 PTS).

vollkommenheit in dir selbst sein, der du nicht gehorcht hast, aber nicht in ihm, der (dich) berufen hat."

3.1.4 Die Geschichtlichkeit des Menschen – Sündenfall und Tod

3.1.4.1 Die Geschichtlichkeit des Menschen und der Sündenfall

Einen entscheidenden Aspekt der irenäischen Anthropologie hatte ich bisher nur andeutungsweise erwähnt. Wenn von der Zeitlichkeit des Menschen die Rede war, dann geschah dies in erster Linie deshalb, um den Menschen als geschaffenes Lebewesen zu kennzeichnen, das durch seinen zeitlichen Entstehungsanfang von seinem anfangslosen Schöpfer grundsätzlich unterschieden ist. Als zeitliches Wesen ist der Mensch jedoch immer zugleich ein *geschichtliches*. Er ist nicht wie Gott von je her vollkommen, sondern *kann und muß* im Rahmen seiner geschöpflich-zeitlichen Möglichkeiten zur Vollkommenheit wachsen und sich zur Unvergänglichkeit *entwickeln*.[131] *Kein* Mensch, und daran hält Irenäus gegen die Häretiker entschieden fest[132], ist zu irgendeinem Zeitpunkt seines Lebens von sich aus in der Lage, Gott auf andere Weise ähnlich zu werden als durch diesen Wachstumsprozeß.[133] Denn erst

---

131 S. haer IV 5,1 (424,1-5); 11,1f (498,18-502,37: Gott hat den Menschen „auf Wachstum und Vermehrung hin geschaffen [folgt Gen 1,28]. Und darin ist Gott vom Menschen unterschieden, daß Gott schafft, der Mensch aber geschaffen wird. Und der erschafft, ist immer derselbe, der Erschaffene aber muß Anfang, Mitte, Zufügung und Wachstum erhalten. Und Gott tut wohl, dem Menschen aber wird wohlgetan. Und Gott ist vollkommen in allem, sich selbst gleich und ähnlich, ... der Mensch aber erhält Fortschritt und Wachstum zu Gott. Wie nämlich Gott immer derselbe ist, so schreitet der in Gott gefundene Mensch immer auf Gott hin fort ..."); 20,7 (646,172-648,181); 37,7 (942,171-177); 38,3 (954,70-956,84/954,1-956,15); V 29,1 (362,1-7/362,49-54); epid 12 (100/40f). – Vgl. Thphl. Ant., Autol. II 24-27 (72,1-77,20 PTS; dazu Noormann, *Paulusinterpret,* 471-473).

132 Vgl. nur haer IV 38,4 (besonders deutlich der Anfang des Abschnitts 956,85-87: *Irrationabiles igitur omni modo qui non exspectant tempus augmenti et suae naturae infirmitatem adscribunt Deo*).

133 S. haer IV 38,4 (956,85-960,105); 39,2 (964,33-966,38); V 12,2 (148,39-41); 31,1 (388,2f); 36,3 (466,73f). – Zum Wachstumsgedanken bei Irenäus s. Overbeck, *Menschwerdung,* 178-182; Klebba, *Anthropologie,* 34-38; Bousset, *Kyrios,* 352-356; Bonwetsch, *Gedanke,* 637-649; Prümm, *Neuheit,* 196f; Wingren, *Man,* 26-38; Berthouzoz, *Liberté,* 221-227; Noormann, *Paulusinterpret,* 468-477 (Lit.); Fantino, *L'homme,* 134-138; de Andia, *Homo,* 127-145; Torisu, *Gott,* 174-176.200-230, der m.E. jedoch den Sündenfall zu stark nivelliert, wenn er sagt, daß dieser „sich dann als Anfangsphase des gesamten Wachstumsprozesses des Menschen" (200) erweist. Es ist wohl richtig, daß der Mensch, auch wenn

durch seine Entwicklung auf Gott hin lernt der Mensch die Gabe des ewigen Lebens wirklich schätzen[134], erst im fortschreitenden Wachstum des freien, besser: des *befreienden* Gehorsams[135], in welchem der Mensch lernt, Gott immer vollkommener zu gehorchen, kommt der Mensch zu seinem wahren Menschsein.

Durch den Wachstumsgedanken schränkt Irenäus also auch das *liberum arbitrium* grundsätzlich ein.[136] In haer V 29,1 heißt es: Gottes gesamtes Heilswirken geschah für den zu erlösenden Menschen, „indem es seinen freien Willen (τὸ αὐτεξούσιον) reif machte zur Unsterblichkeit und ihn geeigneter machte für die dauerhafte Unterwerfung unter Gott."[137] Irenäus' Lehre von der Willensfreiheit kann demnach nie unabhängig vom Gehorsam und auch nie unabhängig vom *Wachstum* im Gehorsam gesehen werden. Der freie Wille wächst mit dem Gehorsam, er „muß gewissermaßen trainiert werden, um das Gute als solches zu erkennen."[138]

---

er „nicht gegen Gott ungehorsam geworden wäre, ... trotzdem gemäß der ‚Ordnung des Menschen' wie ein Kind wachsen und sich durch rechten Gebrauch seiner Freiheit und Vernunft [hätte] entwickeln müssen" (200), aber Irenäus denkt, wie noch zu zeigen ist, den Menschen und die Menschheitsgeschichte *nie* ohne den Sündenfall. Anders wäre das ganze Heilswerk Jesu Christi überflüssig! Sowohl die Isolierung des Wachstumsgedankens als auch die völlige Ablehnung desselben läuft darauf hinaus, daß Christus aus der Heilsökonomie Gottes entfernt wird, denn in beiden Fällen wird dem Menschen eine natürliche Erlösungsfähigkeit zugeschrieben. Wachstum auf Gott hin ist nach Irenäus nur deshalb möglich, weil Christus die adamitische Menschheit zum Wachstum *befreit* hat.

134 S. haer IV 37,6f (936,123-940,165). Vgl. Wingren, *Man*, 33.

135 Vgl. Berthouzoz, *Liberté*, 187: „La liberté de l'homme est envisagée, premièrement, comme l'événement d'une libération" (s. haer III 5,3).

136 S. die Texte oben S. 168 Anm. 133. Der Wachstumsprozeß betrifft, wie Overbeck, *Menschwerdung*, 422, gegen Orbe, *Teología III*, 207f, mit Verweis auf haer V 29,1 (362, 1-7/362,49-54; s. das folgende Zitat im Haupttext) und im Anschluß an Aland, *Fides*, 23-25, mit Recht betont, auch das *liberum arbitrium*. „Die wirkliche Reife des liberum arbitrium ist erst dann erreicht, wenn der Mensch sich mit seinem Willen ganz dem Willen Gottes unterstellt." Hätte der Mensch immer schon ein vollkommenes *liberum arbitrium* im Sinne des Irenäus, hätte es nicht zum Sündenfall kommen können. Das Bild von den ersten Menschen als „Kinder" unterstreicht dies (s.u.). Sie waren zwar frei, wußten mit ihrer Freiheit aber nicht das Rechte anzufangen. Die Willensfreiheit nutzt dem Menschen im Blick auf Gott also nichts, wenn sie sich nicht als reifender (und am Ende gereifter) Gehorsam artikuliert.

137 S.a. haer IV 14,1 (v.a. 540,25f).

138 Kinzig, *Novitas*, 223. Vgl. Aland, *Fides*, 23f; Overbeck, *Menschwerdung*, 422f; Noormann, *Paulusinterpret*, 477-483 (Lit.); s.a. die Diskussion zwischen Hick, *Freedom*, 419-422 und Ward, *Freedom*, 249-254.

Die Geschichtlichkeit, das Angewiesensein auf das Wachstum im freien Gehorsam gegen Gott und auf die Zueignung des Lebens durch den Geist, prägt das Wesen des Menschen so grundlegend, daß er selbst im Eschaton nicht aufhört, auf Gott hin zu reifen, ja daß der Mensch erst im tausendjährigen Reich des Sohnes zu seiner wahren Bestimmung kommt und Mensch nach der *imago* und *similitudo* Gottes *wird*.[139] Irenäus überträgt damit den Gedanken der göttlichen Erziehung des Menschen auf die gesamte Geschichte der Menschheit mit Gott.[140] Im Blick auf die oben beschriebenen „substantiellen Voraussetzungen" des Menschen heißt dies, daß die urständliche *similitudo* Adams und Evas nicht mit der endzeitlichen Vollkommenheit der Geschöpfe gleichzusetzen ist.[141]

Darüber, daß Gott den Menschen dazu auffordert, seiner Bestimmung im freien Gehorsam nachzukommen und Gottes Gebot zu beachten, kommt es zum *Sündenfall*, durch den der Mensch das Leben nach der *similitudo* Gottes verliert und fortan dem Tod unterworfen ist.[142] Irenäus unterstreicht mit Nachdruck, daß die *Ursache* für den Sündenfall in keinem Fall bei Gott selbst gesucht werden darf.[143] Gott hat den ersten Menschen das Leben angeboten,

---

139 S. nur haer V 36 (v.a. den Abschluß 36,3 [466,73f]: Der Mensch, der vom Logos gefaßt wird und den Logos umfaßt, steigt zum Logos auf, „indem er die Engel überschreitet und nach dem Bild und der Ähnlichkeit Gottes *wird [fiens]*") und die bei Overbeck, *Menschwerdung*, 492-495 zusammengetragenen Stellen aus haer V 35f. S.a. Aland, *Fides*, 27f; Wingren, *Man*, 181-192.201-213.

140 S. Kinzig, *Novitas*, 224; vgl. haer IV 38,4 (955,85-987,93); s.a. Loewe, *Question*, 168.

141 So Wingren, *Man*, 26-38; Torisu, *Gott*, 167-169.192. Das Werk der *recapitulatio*, das Christus durchführt, kann auf der Grundlage dieser Überlegungen nicht als bloße Restauration des Urzustandes verstanden werden.

142 S. nur haer III 18,1 (342,9-344,13): ... *sed quando incarnatus et homo factus* (sc. der Sohn Gottes), *longam hominum expositionem in seipso recapitulavit, in compendio nobis salutem praestans, ut quod perdideramus in Adam, id est secundum imaginem et similitudinem esse Dei, hoc in Christo Iesu reciperemus.* In der Wendung *secundum imaginem et similitudinem esse Dei* liegt die Betonung auf dem *„et"*. – Ob mit der *similitudo* auch der Gottesgeist verlorenging, bleibt bei Irenäus insgesamt unscharf, denn seine oben dargestellte pneumatologisch-soteriologische Konzeption „baut nicht darauf auf, daß mit der rettenden Geistverbindung ein ursprünglicher Zustand restituiert wird" (Hauschild, *Gottes Geist*, 213). Neben der „Wachstumsaussage" erscheint jedoch auch am Rande der Gedanke, daß der Mensch mit der *similitudo* die ursprüngliche Geistausstattung verloren hat (s. haer III 23,5; V 12,2; dazu Hauschild, aaO, 213; Jaschke, *Geist*, 254-257 betont die ursprüngliche Geistbegabung Adams stärker). Vgl. auch von Harnack, *Lehrbuch*, 588-596; Klebba, *Anthropologie*, 45-63; Fantino, *L'homme*, 138-142.160-165; ders., *La théologie*, 358-364; Armstrong, *Genesis*, 73-79; de Andia, *Homo*, 109-125.

143 Vgl. Fantino, *La théologie*, 359f.

aber sie haben, weil sie als „Kinder" im vollkommenen Leben ungeübt und ungewohnt waren[144] und deshalb vom Satan leicht verführt werden konnten, den Tod gewählt.[145]

Außer der Unvollkommenheit der ersten Menschen, die kein Beweis für die Unvollkommenheit auch des Schöpfers, sondern gerade für seine Vollkommenheit ist, führt Irenäus weitere Gründe dafür an, daß es zum Sündenfall kommen konnte. In haer V 16,2 beispielsweise schreibt er, daß „in früheren Zeiten nur gesagt wurde, daß der Mensch nach dem Bild Gottes geschaffen ist, aber es wurde nicht gezeigt. Denn der Logos war noch unsichtbar, nach dessen Bild der Mensch geschaffen wurde. Deshalb verlor er (sc. der Mensch) auch die ,Ähnlichkeit' leicht."[146] Die entscheidende Ursache für den Sündenfall ist jedoch der Engel, der die Menschen im Paradies dazu verleitete, vom Baum der Erkenntnis zu essen, was Gott ausdrücklich verboten hatte. Der als Schlange auftretende Satan[147], der die Menschen um die vielen Vorteile beneidete, die Gott ihnen eingeräumt hatte[148], nutzte den kindlichen Zustand Adams und Evas aus, um sie unter dem Vorwand, die Unsterblichkeit zu erlangen, zur Mißachtung des göttlichen Gebots zu verführen.[149]

Manfred Hauke[150] zieht aus den dargestellten Begründungen, die Irenäus für den Sündenfall angibt, den Schluß, daß die Ursünde „für Irenäus einen schwerwiegenden Bruch ... in der

---

144 S. nur haer IV 38,1 (944,7-948,29/944,7-948,29); 38,2 (950,51-53/950,51-53); epid 12 (100/ 40f). – Vgl. Thphl. Ant., Autol. II 25,1-8 (74f,1-28 PTS); s. dazu Klebba, *Anthropologie*, 40-43; Wingren, *Man*, 20.26-38; de Andia, *Homo*, 93-99.

145 Vgl. auch Noormann, *Paulusinterpret*, 431-439.

146 216,24-29/216,1-4; vgl. auch epid 31 (126-128/54: „Er [sc. Christus] hat den Menschen mit Gott vereinigt und eine ausgleichende Eintracht zwischen Mensch und Gott hergestellt; denn es lag nicht in unserem Vermögen, auf eine andere Weise der Unverweslichkeit teilhaftig zu werden, wenn er nicht zu uns gekommen wäre. Denn solange die Unverweslichkeit unsichtbar und nicht erschienen war, nutzte sie uns nichts; nun wurde sie sichtbar, damit wir in jeder Hinsicht an der Unverweslichkeit Anteil haben können").

147 S. epid 16 (104/43); vgl. dazu Schultz, *Origin*, 184-187. Teils identifiziert Irenäus die Schlange und den Satan, teils versteht er die Schlange als Instrument des Satans. Schultz führt das Nebeneinander dieser beiden Vorstellungen auf die Aufnahme frühjüdischer Traditionen durch Irenäus zurück. S.a. de Andia, *Homo*, 110f.

148 Zum frühjüdischen Hintergrund des „Neid-Motivs" in haer IV 40,3; V 23,1; 24,4; epid 16 (104/43) s. Andresen, *Anfänge*, 90; Schultz, *Origin*, 187-189; Overbeck, *Menschwerdung*, 356-360.375-379.

149 S. haer III 23,1 (444,10-446,29); 23,3 (452,71-454,80); 23,5 (456,101-105); IV 40,3 (978,40-982,61/ 978,1-982,20 [im Anschluß an Mt 13,24-30.36-43]); V 23,1 (286,1-290,31); epid 16 (104/43).

150 *Heilsverlust*, 233 (vgl. aaO, 226-233); s.a. Schwanz, *Imago*, 134.

von Gott geplanten Menschheitsentwicklung" bedeutet, „der auf die persönliche Schuld der Stammeltern zurückgeht. Die Schwere dieser Schuld wird in theologisch fragwürdiger Weise abgeschwächt, aber nicht beseitigt."

Dieser Satz weist auf das Problem hin, das sich in der Tat zeigt, wenn man die unterschiedlichen Begründungen des Irenäus für die „Ursünde" miteinander vergleicht. Ob deshalb allerdings die Schwere der menschlichen Schuld „in theologisch fragwürdiger Weise" abgeschwächt wird, bezweifle ich.[151] Irenäus weiß darum, daß kein Mensch eine letzte Erklärung dafür geben kann, welcher „Natur" diejenigen Geschöpfe sind, die sich gegen ihren Schöpfer richten.[152] Gleichzeitig ist er angesichts der scheinbar stimmigen Antworten seiner Gegner dazu herausgefordert, ebenfalls eine Lösung der Frage „unde malum?" zu bieten.

Zum einen muß Irenäus zeigen, daß der Mensch *nicht von Natur aus böse ist*. Alles andere hätte fatale theologische Konsequenzen. Eine solche „natürliche Bosheit" fiele direkt auf den Schöpfer zurück: Der Produzent schlechter Geschöpfe muß selbst in seinem Wesen schlecht sein, und jede Bestrafung der Menschen durch diesen Gott wäre immer schon ungerecht; der Mensch selbst hätte nie eine Chance, das Heil zu finden, und die Geschichte Gottes mit den Menschen könnte nicht als *Heils*geschichte verstanden werden. Deshalb muß der Mensch *als Geschöpf* von Anfang an die Möglichkeit erhalten, sich seiner *salus* annähern zu können. Die *similitudo* Adams (und Evas) im Paradies bringt dies zum Ausdruck. Gottes οἰκονομία mit den Menschen hat deren Leben zum Ziel. Aus diesen Gründen muß Irenäus die eigentliche Ursache für das Böse in dem Apostaten suchen, ohne jedoch, wie gesagt, die Entstehung des Bösen in letzter Konsequenz begründen zu können und zu wollen.

Zum anderen sucht Irenäus nach Erklärungen, warum die von Gott als freie Wesen erschaffenen Menschen der teuflischen Verführung erlagen und ihre Natur nicht „unversehrt" bewahren konnten, obwohl dem Lebensodem, den Gott den ersten Menschen gegeben hatte, „die Schlechtigkeiten unverständlich und unzugänglich sind", „solange er in (seiner) Ordnung und Kraft bleibt."[153] Die Erklärung einer wesenhaften Boshaftigkeit der Menschen *muß*

---

151 Vgl. Klebba, *Anthropologie*, 28; Fantino, *L'homme*, 142.

152 Haer II 28,7 (284,183-286,189): Nur Gott weiß, welcher *Natur* die *transgressores* sind.

153 Epid 14 (102/42). Nach Schwanz, *Imago*, 133f.136-138.141-143 liege der grundsätzliche „Fehler" des Irenäus darin, daß er durch den Rekapitulationsgedanken die dem Menschen durch Christus zugeeignete *similitudo* als *Wiederherstellung* der in Adam verlorengegangenen Urstands-*similitudo* verstehe (s. 133.137.142). Irenäus setze dadurch „die Aussage von Gen. 1,26 und die paulinisch-johanneischen Gottebenbildlichkeitsvorstellungen in eine Linie" (133). Zwar spreche Irenäus davon, daß Adam die Gottähnlichkeit, nicht jedoch die endgültige Vollkommenheit (und das heißt für die *similitudo* Adams: sie war „eine werdende und am Anfang nicht perfekt" [134]) hatte, aber dies führe dazu, daß Irenäus „den Fall letztlich unter teleologische Betrachtung" stelle, „und zwar den Fall selbst, und nicht wie Paulus nur die Folgen des Falls. ... So ist durch den Fall eigentlich weniger die ursprüngliche Bestimmung des Menschen aufgehoben worden, sondern der Fall ist vielmehr selbst ein Mittel gewesen, um das Menschengeschlecht an die Erreichung der Vollkommenheitsbestimmung heranzuführen" (134). Schwanz betont nun, daß die Gottähnlichkeit, so sie „eine dem Menschen ursprünglich schöpfungsmäßig zugeeignete Größe" sei, „gar nicht anders als in der – vererbbaren – Natur des Menschen bestehen" könne, „denn im Unterschied zu der Neuschöpfung durch Christus nach paulinischem Verständnis begründet die erste Schöpfung die Natur des Menschen" (137).

aus genannten Gründen ausscheiden. Daß sich der Mensch wider besseres Wissen aus „Schwäche", „Unreife", „Nachlässigkeit" etc. von Gott ab- und dem Bösen zuwendet, ist gleichsam ein „Erfahrungswert", den sich Irenäus nutzbar zu machen und mit dem er das Phänomen des „Verführtwerdens" zu erklären sucht. Irenäus schwächt die Schwere der Schuld der ersten Menschen trotz seines anthropologischen „Optimismus"[154] nur scheinbar ab. Adam und Eva sind als „Kinder" voll verantwortlich für ihr Tun – „Schwäche", „Unreife", „Nachlässigkeit" etc. können nicht als Ausreden gelten –, und sie empfangen ihre Strafe.[155] *Aber* diese Strafe ist begrenzt, und zwar aus zwei Gründen, von denen der entscheidende nicht der ist, daß die Menschen Opfer der Verführung durch den Teufel wurden,

---

Irenäus' Rekapitulationsgedanke führe zu einer Entleerung und „absoluten Ethisierung" (172) des paulinisch-johanneischen Glaubensbegriffs, weil er die Gottähnlichkeit als „Natur" verstehe. „Was man naturmäßig besitzt, braucht man nicht zu glauben, sondern hat es durch ethische Bemühungen zu ‚bewahren'" (172). Darin jedoch, daß nach Irenäus die „Homoiosis schon vor dem Eingreifen Christi schöpfungsmäßig dem ersten Menschen Adam zugeeignet gewesen" sei, befinde „sich der Riß in der Gottähnlichkeitslehre des Irenäus, der nun doch der Gnosis ähnliche Gedanken eindringen" lasse (141). „Denn obwohl es Irenäus gerade durch die Scheidung von Eikon und Homoiosis gelingt, das Christusgeschehen richtig zu würdigen ..., wird nun doch alles schief in der Anthropologie, wenn die eigentliche Gottähnlichkeit, die Homoiosis, nach Irenäus' Verständnis von Gen. 1,26 mit der ursprünglichen Geschöpflichkeit, und d. h. dann: der Natur des Menschen, auf eine Ebene gerückt wird" (141f). Irenäus „verderbe" die richtige Unterscheidung von Eikon und Imago durch die Verbindung „mit einem falschen Schöpfungsverständnis" (142), das nicht mehr „an der in Christus anhebenden Neuschöpfung orientiert, sondern nichts anderes als Rückverweis auf die ursprüngliche Schöpfung, also recapitulatio" (172) sei, was „zwangsläufig" zu einer „völligen Naturalisierung der Gottähnlichkeit" (172) führe: Irenäus mache die Gottähnlichkeit zur menschlichen Natur und vergöttliche die menschliche Natur durch die Gottähnlichkeit selbst (s. 142). „Diese Anschauung ist bereits die katholische, und wie die katholische ist sie zu kritisieren" (172). – Schwanz' Interpretation geht von vielen richtigen Beobachtungen aus, gleitet dann aber in eine Einseitigkeit ab, die Irenäus m.E. nicht mehr gerecht wird. Sein Maßstab für Irenäus sind offensichtlich Paulus, Johannes und die Kategorie „katholisch". Daß Irenäus durch die antihäretische Frontstellung gerade in seiner Anthropologie zu *Kompromissen* genötigt ist, scheint Schwanz entgangen zu sein. Ich möchte an dieser Stelle lediglich zu bedenken geben, daß es wohl kaum möglich ist, angesichts einer *verlierbaren similitudo* – unabhängig davon, welche Probleme sich im einzelnen daraus ergeben – davon zu sprechen, daß die *similitudo* zur *vererbbaren Natur* des Menschen gehört, und daß Irenäus die Erschaffung des Menschen *von dem in Christus offenbar gewordenen Menschen nach der imago et similitudo Dei* aus versteht. Irenäus *muß* gegen die Häretiker die *Schöpfung* – und zwar die *am Anfang* geschehene, *gute* Schöpfung der Welt und des Menschen – mit der Erlösung theologisch so vermitteln, daß *die Güte Gottes unangreifbar feststeht.* Der statische Naturbegriff, der Schwanz bei seiner Interpretation leitet, verkürzt die *Dynamik*, die nach Irenäus die *Geschichte* Gottes mit den Menschen auszeichnet, auf unsachgemäße Weise.

154 Vgl. Noormann, *Paulusinterpret,* 462f.
155 Vgl. Noormann, *Paulusinterpret,* 436f.

sondern daß sich Gott in Jesus Christus seinen Geschöpfen liebevoll zuwendet und ihnen in seinem Sohn *immer schon* Heil und ewiges Leben zugedacht hat. Daß die Menschen für ihre Sünde(n) die Verantwortung tragen, wird auch aus folgendem deutlich:

Irenäus betont, daß alle Menschen, selbst die, die der Verführung durch den Satan seit Adam und Eva erlagen, stets Gottes Geschöpfe bleiben. Darüber hinaus muß jedoch zwischen „natürlicher Sohnschaft" und „Sohnschaft bezüglich des Gehorsams" unterschieden werden. Als erschaffene Lebewesen sind alle Menschen „Söhne Gottes", weil nur Gott die Macht hat zu erschaffen. In bezug auf den Gehorsam können jedoch nur diejenigen „Söhne Gottes" genannt werden, die an ihn glauben und seinen Willen tun; nur sie werden das Erbe der Unvergänglichkeit erlangen.[156] Die anderen, die dem Teufel glauben schenken, werden von Gott verstoßen und „enterbt" und hören auf, seine Söhne zu sein. Sie erweisen sich durch ihren Ungehorsam vielmehr als „Söhne des Bösen", als „Kinder des Teufels", obwohl sie – wie die Gehorsamen – von Gott geschaffen wurden. Ihr Herr ist aufgrund ihrer Entscheidung gegen Gott der Teufel, der zuerst für sich selbst, dann aber für die anderen zur *causa abscessionis* geworden ist.[157]

Aus der Spannung also, eine Antwort geben zu müssen und gleichzeitig keine Antwort geben zu können, ergeben sich Irenäus' Teilantworten, die nicht immer bis ins Letzte miteinander vermittelt werden können. Sie stellen, jede für sich und in ihrer Gesamtheit, den Versuch dar, die verschiedenartigen Momente und die Ursachen menschlicher Sündhaftigkeit einzukreisen und theologisch einzuordnen, ohne dadurch in der Auseinandersetzung mit seinen Gegnern in allzu große Argumentationsengpässe zu geraten. Weil sich Irenäus auf einer (durch seine Gegner aufgezwungenen) theologischen Gratwanderung befindet, ist Vorsicht bei der Interpretation geboten, d.h. konkret: keine der Einzelaussagen sollte isoliert und zur alleinigen Deutekategorie der anderen verabsolutiert werden.

Mit Paulus (s. Röm 5,12.19; 1Kor 15,21f) kann Irenäus über den Sündenfall zusammenfassend sagen: Durch den Ungehorsam des einen Menschen fand die Sünde Eingang in die Welt, und durch die Sünde gewann der Tod die Macht über das Leben der Menschen.[158] Alle Menschen wurden in der Erst-

---

156 Das Motiv der Erbschaft spielt auch in haer V 9,4 (116,61-122,97) eine wichtige Rolle, wo Irenäus die häretische Interpretation von 1Kor 15,50 widerlegt (s. Overbeck, *Menschwerdung*, 204-209).

157 Zum ganzen Absatz s. haer IV 41,2.3 (984,12-992,77); vgl. haer III 18,7; 19,1 (366,179-184; 370,1-3); IV 28,3 (760,42-764,82); epid 16 (104/43) u.ö. – S.a. Wingren, *Man*, 39-50; Hauke, *Heilsverlust*, 226-233; Schultz, *Origin*, 172-175; Prümm, *Neuheit*, 199f.

158 S. haer III 21,10 (426,216-218); epid 31 (126-128/54f). – Zur Frage, ob die „Sündengemeinschaft" der ganzen Menschen mit Adam von Irenäus als echte „Erbsünde" oder nur als eine „mystische Einheit" (von Harnack, *Lehrbuch*, 594f) verstanden werden kann, s. Klebba, *Anthropologie*, 64-88; Hauke, *Heilsverlust*, 260f. Zu den Differenzen zwischen der paulinischen und der irenäischen Adam-Christus-Typologie vgl. Schultz, *Origin*, 163; Dassmann, *Stachel*, 308-310; de Andia, *Homo*, 117-125; Wingren, *Man*, 113; Noormann, *Paulusinterpret*, 435-439 (mit Forschungsüberblick; wichtig der Hinweis 438, daß bei Irenäus die „paulinische Personifikation der Sünde ... zu einem erheblichen Teil auf die biblische Gestalt des Versuchers über[geht]").

schöpfung Adams durch seinen Ungehorsam an den Tod festgebunden[159] und
haben von sich aus keine Möglichkeit, ihre Sterblichkeit zu überwinden.[160]

3.1.4.2 Der Sündenfall als geschichtliches Ereignis

Irenäus bringt den Sündenfall im Paradies nicht nur mit der Geschichtlichkeit des Menschen in Verbindung, sondern er zeichnet ihn in den umfassenden Gesamtzusammenhang der Weltgeschichte ein. Die Erschaffung der Welt
geht dem Menschen, der für den Sündenfall und damit für die vergängliche
Gestalt der Schöpfung, die sich vor dem Fall im Paradies von ihrer besten
Seite zeigte[161], verantwortlich ist, zeitlich voraus.[162] Dadurch gewinnt Irenäus
ein entscheidendes Argument gegen seine theologischen Gegner, die die Entstehung des Bösen in die Zeit *vor* der Schöpfung verlagern und die Welt, deren Substanz den Tod von Anfang an in sich trägt, deshalb immer nur als
zeitlich *und zugleich* vergänglich verstehen können.

Irenäus kann den genauen Zeitpunkt des Sündenfalls angeben.[163] Das göttliche Verbot, vom Baum der Erkenntnis zu essen (Gen 2,17), enthielt die An-
drohung des Todes: „An dem Tag, an dem ihr von jenem (Baum) gegessen
haben werdet, werdet ihr des Todes sterben." Im Gegensatz zum Teufel, der
die Menschen belog, als er sagte, sie würden „wie Götter sein und Gutes und
Böses erkennen", wenn sie vom verbotenen Baum äßen (s. Gen 3,4f), erwies
sich Gott darin als wahrhaftig, daß er seine Drohung wahr machte und die
Menschen an demselben Tag sterben ließ, an dem sie das Verbot übertreten
hatten. Um den Tag des Sündenfalls exakt zu bestimmen, verweist Irenäus
auf die *dispositio Domini*.[164]

---

159 S. haer III 18,7 (368,197-200/368,1-4); epid 31 (126-128/54f) u.ö.; s.a. Tiessen, *Irenaeus*,
   214-218.
160 S. haer III 18,2 (344,14-21); 20,3 (392,77-79) u.ö. – Vgl. auch Hauke, *Heilsverlust*, 233-235;
   Noormann, *Paulusinterpret*, 433f.
161 S. epid 11-14 (98-102/40-42). Das Paradies ist der Ort, der „besser ist als diese Welt". Vgl.
   dazu de Andia, *Homo*, 91-107 (Lit.).
162 S. epid 11 (98/40) u.ö.
163 Zum folgenden s. haer V 23,1f (286,1-294/70).
164 Zur genaueren Differenzierung der in haer V 23,2 verarbeiteten Auslegungstraditionen
   des zweiten Schöpfungsberichtes und zur Funktion der *Kreuzigung* Jesu am sechsten
   Wochentag für das irenäische Οἰκονομία-Denken in Auseinandersetzung mit dem Magier Markos s.u. Ich setze voraus, daß Irenäus die „Sechs-Tage-Lösung" favorisiert (s. das
   folgende Zitat haer V 23,2 [290,36-292,52]).

„Wenn aber jemand im Blick auf den Kreislauf der Tage, wonach der eine (Tag) der erste, ein anderer aber der zweite und ein anderer der dritte Tag genannt wird, genau lernen will, an welchem der sieben Tage Adam gestorben ist, wird er es in der Heilsordnung des Herrn finden. Denn indem er den ganzen Menschen in sich vom Anfang bis zum Ende in sich rekapitulierte, ist auch sein (sc. des Menschen) Tod rekapituliert worden. Denn es ist offenbar, daß der Herr an jenem Tag den Tod im Gehorsam gegen den Vater auf sich genommen hat, an dem Adam im Ungehorsam gegen Gott gestorben ist. An welchem Tag er (sc. Adam) starb, an dem hat er auch gegessen. Denn Gott sagte: ‚An dem Tag, an dem ihr von jenem (Baum) gegessen haben werdet, werdet ihr des Todes sterben‘ (Gen 2,17). Um diesen Tag also in sich selbst zu rekapitulieren, kam der Herr am Tag vor dem Sabbat zum Leiden, das ist der sechste Schöpfungstag (s. Gen 1,26.31), an dem der Mensch geschaffen wurde, indem er (sc. Christus) ihm (sc. dem Menschen) durch sein Leiden die zweite Bildung aus dem Tod verlieh.“

Vom Wochentag der Kreuzigung Jesu Christi aus kann eindeutig gesagt werden, zu welchem Zeitpunkt der Weltgeschichte der Sündenfall geschah und der Tod unter den Menschen Einzug hielt. Mit der Datierung des Sündenfalls hält Irenäus aber nicht nur fest, daß das Hereinbrechen des Todes hinsichtlich seines Anfangs, sondern gerade auch im Bezug auf sein Ende ein geschichtliches Ereignis ist. Nichts anderes meint er, wenn er in haer V 23,2 von des Menschen *secunda plasmatio, ea quae est a morte* redet. Der Tod ist kein unausweichliches Fatum, das immer schon in der Materie der Schöpfung liegt, sondern als Strafe Gottes für den menschlichen Ungehorsam[165] und als Mittel, um den einerseits Menschen zum Gehorsam zu erziehen[166] und andererseits die Sünde nicht unsterblich werden zu lassen[167], ein Phänomen, das nicht zuletzt um der Allmacht[168] und um der Güte[169] Gottes willen *zeitlich begrenzt* ist. Der Tod klärt den Menschen darüber auf, daß sich Gottes Kraft in der Schwachheit des menschlichen Fleisches vollenden wird.[170]

---

165 S. haer III 23,3-5 (450,56-460,134); epid 16f (104-106/43f) u.ö.: Gott verflucht nicht den Menschen, sondern den Satan auf Dauer.

166 S. haer III 20,1 (386,30-38); 20,2 (388,40-390,66); IV 37,7 (940,158-162); 38,4 (956,85-960,107); 39,1 (960,5-962,20); 39,2 (964,33-966,38); vgl. Thphl. Ant., Autol. II 27,1f (77,1-6 PTS).
S.a. haer IV 4,1 (416,10-418,16). – Zur „Pädagogik Gottes“ bei Irenäus vgl. auch Bengsch, *Heilsgeschichte*, 136-156.

167 S. haer III 23,6 (460,135-464,144); vgl. Röm 6,2.10 und Thphl. Ant., Autol. II 26,1-4 (76,1-15 PTS).

168 S. haer III 23,1 (444,10-446,15).

169 S. haer I 10,3 (162,57-60/162,1159-1162); IV 37,7 (942,166-174); vgl. Torisu, Gott, 209-212. – Gott übt mit den Menschen nach dem Sündenfall Geduld

170 S. haer V 3,1-3 (40,1-54,91/40,49-42,54; 44,1-54,54 [Exegese über 2Kor 12,7]); 7,1f (88,33-90,46); 9,1-13,5 (106,1-182,129/z.T. griech.).

Die Funktion, dem Willen Gottes für einen begrenzten Zeitraum zur Erziehung der Menschheit zu dienen, ist aber auch schon alles, was über den Tod *positiv* gesagt werden kann. Der Tod ist seinem Wesen nach Feind des Menschen und wird von Gott am Ende der Zeiten vernichtet werden (s. 1Kor 15,26.54f).[171]

Gerade in haer III 20-23 ist das Nebeneinander von „positiver" und negativer theologischer Bewertung des Todes besonders auffällig (s. v.a. haer III 23,6f!). Mehrere Gründe sind für dieses Nebeneinander ausschlaggebend. Irenäus versucht zum einen, die *biblischen* Aussagen des zweiten Schöpfungsberichtes (Gen 2f: hier ist es Gott selbst, der die Strafe des Todes verhängt) und v.a. paulinische Texte (1Kor 15; Röm 6 etc.: Gott wird den Tod vernichten) gegen die Häretiker stark zu machen. Zum anderen ist deutlich, daß Irenäus häretische Extremdeutungen des Todes abwehrt:

Gegen das „natürliche Unsterblichkeitsdenken" der Häretiker verstärkt Irenäus die *anthropologische* Bedeutung des Todes: Der Tod ist diejenige Grenze, die der Mensch aus eigener Kraft niemals überschreiten kann und in solchem Maße „definitiv", daß alle menschlichen Versuche, den Tod zu überwinden oder ihm auszuweichen, zwecklos sind. Angesichts des Todes kommt der Mensch zu dem Bewußtsein, daß er sich selbst einmal unwiederbringlich entzogen sein wird, ohne sich selbst festhalten oder sich sich selbst zurückgeben zu können.

Gegen die häretische Vorstellung von der Todesverfallenheit der Materie, d.h. gegen den für den Tod verantwortlichen Demiurgen, relativiert Irenäus die *theologische* Bedeutung des Todes. Gott ist als *Schöpfer* dem Tod absolut überlegen, sowohl was den Eintritt des Todes in die Geschichte als auch was dessen endgültige Vernichtung angeht. Man könnte etwas zugespitzt sagen: Von Gott aus gesehen muß der Tod beides sein: Er muß den Menschen so sehr ängstigen, daß dieser lernt, seine einzige Zuflucht nur bei Gott zu suchen. *Nur* in diesem Sinne hat der Tod eine positive Seite, weil der Mensch zu sich und zu der Einsicht kommt, als Geschöpf von Gott unterschieden und deshalb ganz auf Gott angewiesen zu sein. Im Lichte des göttlichen Lebens jedoch erscheint der Tod (und mit ihm der Teufel) als das, was er wirklich ist: nur negativ, ganz Feind.[172]

Der Gedanke, daß der Tod aufgrund des menschlichen Ungehorsams in die Welt kam und der Mensch seine ursprüngliche Unsterblichkeit durch den Sündenfall verloren hat, steht aufs Ganze gesehen also in gewisser Spannung zu der Aussage, daß der Mensch wegen seines Fleischesleibes von Natur aus sterblich ist und sich deshalb vom „Kind" zum „Erwachsenen" bzw. von der Sterblichkeit zur Unsterblichkeit entwickeln muß.[173]

Dem Tod kommt für die Geschichte Gottes mit den Menschen somit eine *relative* Notwendigkeit zu.[174] Irenäus geht davon aus, daß der Tod vom

---

171 S. nur haer III 23,7 (464,145-468,169). Dazu Noormann, *Paulusinterpret*, 164-167.
172 Vgl. Wingren, *Man*, 39-44.
173 Vgl. von Harnack, *Lehrbuch*, 588-596; Wingren, *Man*, 26-38.
174 „Relativ" ist diese Notwendigkeit, weil der Sündenfall immer in Relation zum Erlösungshandeln Gottes steht. – S.a. Andresen, *Anfänge*, 90f; Armstrong, *Genesis*, 77.

Erlösungshandeln Christi aus gesehen zu einem theologischen Erfordernis wird.[175] Weil der göttliche Logos von je her *Erlöser* ist, „mußte auch etwas werden, das erlöst würde, damit der Erlösende nicht überflüssig wäre."[176] Das bedeutet jedoch zugleich, daß auch das Ereignis, das die Erlösung notwendig machte (der Sündenfall und der Einzug des Todes in der Welt), geschehen *mußte*.[177]

3.1.5 Gottes allwissende Allmacht über die Zeit: Der Zusammenhang von Schöpfung und Erlösung als Heilsgeschichte (οἰκονομία und ἀνακεφαλαίωσις)

Der relativen Notwendigkeit des Todes entspricht positiv auf der Seite Gottes, daß er, weil der Logos in seiner Präexistenz Schöpfer *und* Erlöser ist, immer schon im voraus um den Sündenfall der Menschheit weiß. Gott wäre nicht allmächtig, wenn in seiner Schöpfung irgendetwas geschehen würde, was seiner dem Ereignis vorauslaufenden Kenntnis, entzogen wäre.[178] Um nun nicht sofort die positive Bestimmung der menschlichen Zeitlichkeit und Geschichtlichkeit durch Gott an eine durch *Gottes* Vorherwissen um den Sündenfall immer schon *negativ* qualifizierte Gesamtgeschichte zu verlie-

---

175 Vgl. Bousset, *Kyrios*, 352.
176 Haer III 22,3 (438,53-55; vgl. die ganze Passage 438,43-55). Der Gedanke des Supralapsarismus, den Irenäus hier vertritt, besagt nichts anderes, als daß Schöpfung und Erlösung theologisch nur als Einheit gedacht werden dürfen und in Gott nicht auseinanderliegen können. Das eine ist ohne das andere nicht verstehbar. Fantino, *La théologie*, 362-364 betont zu Recht, daß sich Irenäus mit der supralapsaristischen Lösung zugleich von den Gnostikern absetzt, die den Soter *nach* dem Fall der Sophia emaniert sein lassen; s.a. Wingren, *Man*, 5f und Scharl, *Recapitulatio*, 13-21, deren Interpretation ich für zutreffend halte; ferner Widmann, *Begriff*, 28; Studer, *Gott*, 80f. – Hauke, *Heilsverlust*, 226-233, erwähnt haer III 22,3 nicht, wenn er die Notwendigkeit des *Sündenfalls*, der s.E. nicht notwendig, sondern ganz menschliche Schuld war, thematisiert.
177 Vgl. nochmals haer IV 39,1 (960,5-962,20); s.a. Bonwetsch, *Theologie*, 101f.
178 S. haer III 20,1 (382,1-3); 23,1 (444,8-10); IV 29,2 (768,2-770,44); 32,2 (800,45f); 37,7 (942,166-174); 38,4 (960,105-114); 39,4 (970,71: *Deus autem omnia praesciens ...*). – Daß Gott alles immer schon weiß, ist ein theologisches Postulat, das sich aus seiner Ewigkeit und seiner Allmacht ergibt. Weil in Gott alle Zeit gleichzeitig ist, ist sein Wissen um die Geschichte nicht als zunehmendes Wissen von aufeinander folgenden Ereignissen, sondern nur als gleichzeitiges (und in diesem Sinne den Ereignissen vorausgehendes Wissen) aller Vorgänge der gesamten Geschichte zu denken.

ren[179], muß Irenäus zeigen, daß Gottes auf die Zeit bezogene Allmacht, seine fürsorgende *providentia*[180], durch alle Zeiten hindurch Gottes *gütige* Allmacht ist, wie also im Blick auf Gottes Wirken in der Zeit von einer einheitlichen, planvoll eingerichteten geschichtlichen Heilsordnung (von einer „οἰκονομία") gesprochen werden kann.[181]

Die Güte Gottes, die die Geschichtlichkeit jedes Menschen positiv qualifiziert, setzt sich in seinen Offenbarungen in der Geschichte „im Großen" fort: Weil der Mensch als Geschöpf in seiner Gotteserkenntnis allmählich wachsen muß, begleitet Gott den Menschen von Anfang an und durch die ganze Geschichte hindurch mit seinen Offenbarungen, um ihn auf die seligmachende *visio Dei* vorzubereiten[182]; und wie der Mensch in der Gotteserkenntnis wächst, so gibt sich Gott den Menschen im Laufe der Geschichte immer mehr zu erkennen:

„Denn der Mensch von sich aus sieht Gott nicht. Er aber will den Menschen erscheinen, welchen er will und wann er will und wie er will. Mächtig nämlich in allem ist Gott, und er erschien damals (sc. in der Zeit der Propheten) durch den Geist prophetisch, durch den Sohn aber erschien er ‚adoptierend‘, erscheinen wird er aber im Himmelreich väterlich, indem der Geist den Menschen im Sohn Gottes vorbereitet, der Sohn aber zum Vater hinführt, der Vater aber die Unvergänglichkeit zum ewigen Leben schenkt, die einem jeden dadurch zukommt, daß er Gott schaut."[183]

---

179 Das hieße nicht zuletzt, daß Gottes Vorherwissen um den Sündenfall diesen mit absoluter Notwendigkeit als kommend determinierte. Damit wäre Gott selbst die Ursache des Bösen.

180 S. z.B. haer III 22,3 (438,50-52). – Zu weiteren Bedeutungsnuancen von *providentia* bei Irenäus s. Birrer, *Mensch*, 150-159; Noormann, *Paulusinterpret*, 480-483; Fantino, *La théologie*, 300f.

181 Irenäus verwendet den Begriff οἰκονομία (wohl als Reaktion auf die oben dargelegte Verwendung des Οἰκονομία/Πραγματεία-Begriffs durch die Häretiker) nicht, um das *innertrinitarische* Wesen Gottes zu beschreiben (vgl. d'Alès, *Le mot*, 8; Torisu, *Gott*, 14f [Lit.]). – Loewe, *Question*, 168 bezeichnet Irenäus' Konstrukt der heilvollen Geschichte Gottes mit den Menschen als „Christian counermyth" zum gnostischen Mythos.

182 S. nur haer IV 20,4-8 (634,70-654,221/634,1-6; 640,1-642,14); epid 12 (100/41) u.ö. – Zum Entwicklungsgedanken in der heilsgeschichtlichen Konzeption des Irenäus s. Kinzig, *Novitas*, 210-238. Die Ausbildung des Fortschrittsgedankens in der Kirche des 2. Jh.s liegt nach Kinzig in der doppelten Frontstellung gegen das Judentum (die Christusoffenbarung muß in ihrer qualitativen Neuheit und ihrer Superiorität gegenüber dem Alten Bund festgehalten werden) und die Gnosis (hier liegt die Betonung auf der Einheit der Offenbarung) begründet.

183 Haer IV 20,5 (638,108-640,117); vgl. II 25,3 (254,42-55). Zur monarchianischen (modalistischen) Tendenz bestimmter Aussagen des Irenäus s.o. S. 146 Anm. 17.

Der zentrale Begriff, den Irenäus für Gottes Handeln an der Welt und am Menschen gebraucht, ist οἰκονομία, seltener πραγματεία. Da auch einige prominente Häretiker den Οἰκονομία-Begriff verwenden[184], steht Irenäus vor der Aufgabe, sein Οἰκονομία-Verständnis deutlich von diesen abzusetzen.[185] Er darf nicht bei der bloßen Behauptung stehenbleiben, daß Gottes Geschichte mit den Menschen eine einheitliche mit heilvollem Ausgang ist, sondern er muß den überzeugenden Beweis für diese Behauptung liefern. Das heißt: Die zunächst unverbunden nebeneinanderstehenden und bisweilen einander widersprechenden Ereignisse der Geschichte müssen von Gott her so (an)geordnet sein, daß ein einheitlicher, planvoll strukturierter und zielgerichteter Ablauf der Gesamtgeschichte eindeutig erkennbar wird. Irenäus erreicht dieses Beweisziel dadurch, daß er im Zusammenhang mit Gottes Heilsgeschichte nicht nur von „οἰκονομία" (Gottes Geschichte mit seiner Welt *ist* eine einheitliche, heilvolle Geschichte), sondern auch von „ἀνακεφαλαίωσις" (*recapitulatio*) bzw. „ἀνακεφαλαιόω" (*recapitulo*) spricht (damit beschreibt Irenäus, *wie* die Einheit der Geschichte zustandekommt und *wie* die Geschichte zur *Heils*geschichte wird, wie also Gottes „Geschichtsplan" aussieht). Ich skizziere im weiteren lediglich diejenigen Grundgedanken des Irenäus, die nötig sind, um die Stellung und Funktion des Kreuzes innerhalb der οἰκονομία zu verstehen.[186]

---

184 S.o. Abschnitt 2.3 (hier auch Grundsätzliches zur Terminologie).

185 Irenäus ist in seinem Οἰκονομία-Begriff „und dessen soteriologischer Verwendung einer frühkatholischen Gemeindetradition verpflichtet", die „allerdings komplexer Natur" ist (Andresen, *Anfänge*, 87). Andresen betont aaO, 88 zurecht, daß der heilsgeschichtliche Universalismus, der „Schöpfung und Menschheit von Anfang bis Ende umspannt", der „theologischen Eigenständigkeit des Irenäus ... anzurechnen" ist. Literatur zur Herkunft und Bedeutung des Begriffs bei Irenäus: d'Alès, *Le mot*, 1-9; Bengsch, *Heilsgeschichte*, 74-163; Brox, *Offenbarung*, 180-189 (Lit.); Benoît, *Introduction*, 219-227; Andresen, aaO, 87f; Torisu, *Gott*, 141f [Lit.]; Widmann, *Begriff*, passim; ders., *Väter*, passim; Nielsen, *Adam*, 56-60; Jaschke, *Geist*, 191f; Noormann, *Paulusinterpret*, 379-384; Fantino, *La théologie*, 85-98.102-126.203-392; de Andia, *Homo*, 88f (Lit.); Tiessen, *Irenaeus*, 118-122.

186 Der Einfachheit halber unterscheide ich fortan nicht zwischen οἰκονομία und πραγματεία sowie zwischen *dispositio* und *dispensatio*.

3.1.5.1 Οἰκονομία in der Theologie des Irenäus

Die Behauptung, daß Gottes Wirken in der Zeit einheitlich ist[187], setzt voraus, daß Gottes Wille (und damit Gott selbst) *einer* ist. Nur unter dieser Bedingung kann von einem einheitlichen Heilsplan Gottes die Rede sein[188]; und nur so läßt sich die Annahme einer wesenhaft *negativen* οἰκονομία, die als unterste Abbildstufe der himmlischen Urbilder aus dem Erlösungsgeschehen ausgenommen bleibt, ausschließen. Denn nur wenn der eine Gott der alleinige Souverän der Geschichte ist, kann es sein, daß auch diejenigen Lebewesen, die gegen Gottes οἰκονομία agieren, ihr schließlich dienen müssen.[189]

Daß Gottes einheitlicher Wille in der gesamten Geschichte wie auch in ihren Einzelereignissen wirksam ist, zeigt Irenäus dadurch, daß er sowohl den einen, übergeordneten Heilsplan (bzw. die Summe des geschichtlichen Handelns Gottes), als auch die einzelnen Entschlüsse und Taten Gottes mit οἰκονομία bezeichnet. Die eine *dispositio Dei* entfaltet sich in verschiedenartigen *dispositiones*.[190] Zwei Gründe – ein immanent-theologischer und ein „ökonomischer" – sind für diese Entfaltung der einen οἰκονομία ausschlaggebend: Der Logos des Vaters ist „reich und vielgestaltig", und jede geschichtliche Situation verlangt „ihre" eigene *dispositio*.[191] Das Ziel der einen οἰκονομία Gottes ist es, die Menschheit zu erlösen.[192] Die *dispositio secundum hominem*[193] gliedert sich als Bestandteil der umfassenden οἰκονομία wiederum in

---

187 Vgl. den Aufriß der epid, der in „seinem Kernstück ... nichts anderes als eine fortlaufende Darstellung der biblischen Geschichte als Heilsgeschichte [bietet], die von der Schöpfung der Welt bis zu *Christus* reicht und bis zur Begründung der universalen Kirche durch die Weltmission der Apostel" (von Campenhausen, *Heilsgeschichte*, 52).
188 S. haer II 28,1 (268,1-270,9); III 12,12 (234,432-442); 16,6 (310,189-314,223); 24,1 (470,1-472,16); 24,2 (476,44-48); IV 1,1 (394,16-20) u.ö.
189 S. nur haer III 16,8 (318,253-261); V 28,4-29,1 (360,78-364,21/360,35-364,5) u.ö.
190 Vgl. nur haer IV 33,15 (844,340-846,345); V 32,1 (396,1-10).
191 S. haer I 10,1 (154,1-158,24/155,1101-158,1128); II 25,3 (254,42-55); IV 20,8 (650,200-652,214); 20,10 (656,237-239; 658,258-260); 20,11 (660,279-662,283; 668,338-341); 22,2 (688,39f); 23,1 (690,9-692,15); 27,2 (738,79-740,87).
192 S. haer I 10,3 (160,49-164,83/161,1151-165,1181: Die Parabeln der Schrift müssen in die Grundlage der Wahrheit eingeordnet werden, und es gilt, die πραγματεία [*instrumentum*] sowie τὴν οἰκονομίαν τοῦ Θεοῦ τὴν ἐπὶ τῇ ἀνθρωπότητι γενομένην [*dispositionem Dei in genere humano factam*] vollständig zu erzählen. [Es folgt eine kurze Aufzählung verschiedener, für die genannte οἰκονομία zentraler Taten Gottes]); III 1,1 (20, 1-6); IV 7,4 (462,61-464,68); 23,2 (696,55f); 26,1 (714,22-716,32); V 19,2 (250,22-252,44); V 20,2 (260,54-56); epid 47 (152/65f). S. Widmann, *Begriff*, 31f; Fantino, *La théologie*, 204.
193 S. haer V 2,2 (30,18-21); 10,1 (124,17-19/124f,16-19); 13,2 (168,37-43/168,10-16).

unterschiedliche οἰκονομίαι auf, durch die Gott den Menschen zu allen Zeiten beisteht.[194] Weil der göttliche Heilswille in allen *dispositiones* gegenwärtig ist, können diese, je für sich genommen, die gesamte οἰκονομία vollständig repräsentieren.[195] Negativ gesprochen: Wer ein Element der οἰκονομία mißachtet oder verwirft, verwirft die ganze *dispositio* und zerbricht ihre Einheit. Im Zentrum der *dispositio secundum hominem* steht die Heilstat Jesu Christi.[196] Indem er diese οἰκονομία erfüllt, ist das entscheidende Ziel der gesamten *dispositio Dei* erreicht. Irenäus unterscheidet auch hier wieder das Heilswerk Christi als Ganzes[197] und einzelne Ereignisse der Christus-οἰκονομία (z.B. Inkarnation[198], Jungfrauengeburt[199], Passion[200] und anderen[201]).

3.1.5.2 Ἀνακεφαλαίωσις in der Theologie des Irenäus

Indem Irenäus die Einheit Gottes und seines Heilswillens untetstreicht, kann er verdeutlichen, *daß* Gottes Wirken in der Geschichte als Einheit gedacht werden muß. Damit ist aber noch nicht hinreichend erklärt, *wie* die unterschiedlichen *dispositiones* (in) der οἰκονομία miteinander verbunden sind

---

194 Allgemein: haer II 12,13 (236,453-455); IV 37,7 (942,172-177); 28,2 (758,34-41); 33,1 (802, 1-5) u.ö.. Bestimmte Ereignisse: haer III 11,7 (158,152f); 12,15 (250,557-561); 15,3 (284,66-76); IV 21,3 (680,35f); V 25,2 (312,26-28) u.ö.

195 Vgl. Bengsch, *Heilsgeschichte*, 106.

196 Vgl. Widmann, *Begriff*, 19.32.

197 S. haer III 13,1 (250,8-252,11); 17,4 (338,77-83/338,6-11: Der eingeborene Sohn Gottes wurde zur Fülle der Zeiten um des Menschen willen in einem Menschen Fleisch und erfüllte πᾶσαν τὴν κατὰ ἄνθρωπον οἰκονομίαν); 18,2 (344,14-21); IV pr. 4 (390,71-73); V 26,2 (332,62-65) u.ö.

198 S. haer V 14,2 (186,32-188,56); epid 58 (168/73f); 99f (218-220/96f).

199 S. haer III 21,1 (398,1-400,10); V 19,2 (250,22-252,44) u.ö.

200 S. haer III 18,5 (354,94-98: Wenn Christus selbst nicht leiden sollte, sondern, wie einige Häretiker annehmen, von Jesus weggeflogen ist, *quid et adhortabatur discipulos tollere crucem et sequi se, quam ipse non tollebat secundum ipsos relinquebat dispositionem passionis?*); IV 5,5 (434,74-77); V 17,4 (232,84-234,101/232,1-234,18); 18,1 (234,102f); 23,2 (290, 39-41).

201 S. haer III 10,5 (134,172-174); 16,3 (300,114-118); 17,4 (336,74-338,75/336,1-338,4: Bei der Taufe ist der Heilige Geist διὰ τὴν προωρισμένην οἰκονομίαν [*propter praedictam dispositionem*] auf Christus herabgestiegen). Die Entfaltung der *einen* οἰκονομία Christi in einzelne *dispositiones* wird vor allem an haer III 11,8 (160,175-170,236/160,1-170,54; vgl. III 11,9 [170,237-242/170,55-60]); IV 33,10 (842,182-189); 33,15 (842,325-846,345) deutlich.

und wie sie im Erlösungsgeschehen zu ihrer Einheit finden. Diese Erklärung liefert der Gedanke der ἀνακεφαλαίωσις (*recapitulatio*).[202]

Ἀνακεφαλαίωσις und ἀνακεφαλαιόω sind keine direkten Ableitungen von κεφαλή (= Haupt), sondern von κεφάλαιον (= Hauptabschnitt/Hauptstück/Summe). Ἀνακεφαλαίωσις (und entsprechend ἀνακεφαλαιόω, s. Röm 13,9) bedeutet demnach „Summarische Zusammenfassung, Zerlegung in Hauptabschnitte, Zusammenstellung bestimmter Dinge, Wiederholung".[203] Schon ein statistischer Überblick zeigt, daß die *recapitulatio*, dessen neutestamentliche Grundlage Eph 1,10 bildet, ein Lieblingsgedanke des Irenäus ist.[204]

Im Unterschied zur οἰκονομία ist das *Subjekt* der *recapitulatio* nie Gott, der Vater, sondern immer Jesus Christus oder der Antichrist.[205] Irenäus unter-

---

202 Zur ἀνακεφαλαίωσις bei Irenäus s. aus der Lit. Beyschlag, *Dogmengeschichte*, 197-200; Staerk, *RAC 1*, Sp. 411-414; Bonwetsch, *Theologie*, 98-104; Scharl, *Recapitulatio*, passim; Wingren, *Man*, xiv-xv.79-90.122-132.170-180.192-201; McHugh, *Reconsideration*, 304-308; Brox, *Offenbarung*, 186-189; Noormann, *Paulusinterpret*, 443-449 (Lit.); Houssiau, *La christologie*, 216-224; Tiessen, *Irenaeus*, 158-162; Fantino, *La théologie*, 240-264 (Lit.). – gibt eine Übersicht über die Texte, in denen Irenäus ἀνακεφαλαίωσις (*recapitulatio* = Stichwort α), ἀνακεφαλαιόω (*recapitulo* = β) und κεφαλή (*caput* = γ) spezifisch theologisch verwendet (s.u. im Anhang, dort auch die genauen Stellenbelege).
203 Vgl. Staerk, *RAC 1*, Sp. 411f; Schlier, *ThWNT 3*, 681; Scharl, *Recapitulatio*, 6f.
204 Vgl. Noormann, *Paulusinterpret*, 445-447; Scharl, *Recapitulatio*, 95-97; McHugh, *Reconsideration*, passim; Fantino, *La théologie*, 256-258; *Biblia Patristica 1*, 489f (mehr als dreißig Stellen, wo Irenäus Eph 1,10 übernimmt). Zur Wirkungsgeschichte von Eph 1,10 s. Schnackenburg, *EKK 10*, 325-329: Irenäus formt die im Eph *theozentrisch* gedachte ἀνακεφαλαίωσις (Gott ist das Subjekt in Eph 1,10) *christologisch* um. „Während in Eph die ganze Heilsveranstaltung von Gott ausgeht (1,9f.20-23; 2,4-7), ergreift Christus bei Irenäus ‚in sich selbst' den Primat (wiederholt: in semetipsum)" (aaO, 327). Für die christlichen Autoren vor Irenäus sind nur zwei Stellen belegt, an denen Eph 1,10 Aufnahme findet, wobei Irenäus eine von ihnen (Just., *Adversus Marcionem*, s. haer IV 6,2 [440,28-30/440,1-3]; zur Abgrenzung des Zitats vgl. Wingren, *Man*, 80f [Lit.]) zitiert. In der vorirenäischen Literatur außer Eph 1,10 kommt *recapitulatio* in christologischem Zusammenhang nicht vor (s. Noormann, aaO, 448). Irenäus zitiert den Ephesertext „nirgends explizit" (aaO, 445; auch zum folgenden), sondern immer in christologischer Umformung (aufgrund monarchianischer Beeinflussung?). Implizite Aufnahmen finden sich in haer I 10,1; III 16,6; 21,9; IV 38,1; V 18,3; 20,2; 21,1; epid 6; 30. Die einzige direkte Auslegung von Eph 1,10 gibt Irenäus in haer V 20,2. Die Ptolemäus-Schule benutzte laut haer I 3,4 (56,62-64/57,312-314) Eph 1,10 als Beleg für die Entstehung des „Soter" aus allen Äonen (s.u. S. 194); vgl. Fantino, *La théologie*, 259-261.
205 S. in Tabelle 1 unter *A* und *C (2)*; vgl. Scharl, *Recapitulatio*, 31; Fantino, *La théologie*, 242-247. Die einzigen Ausnahmen *[C (1)]* bilden epid 95 (210-212/92f; vgl. Froidevaux, *SC 62*, 163: „Gott hat in uns den Glauben Abrahams rekapituliert"); haer IV pr. 2 (384,17-20); III 11,8 (170,233-236), wobei im zuletzt genannten Text Christus als Subjekt implizit mitgedacht ist.

streicht dadurch, daß sich die ἀνακεφαλαίωσις im *sichtbaren* Bereich der Geschichte ereignet hat bzw. ereignen wird. Die in Christus durchgeführte ἀνακεφαλαίωσις führt somit nicht nur zu nachprüfbaren Aussagen über die gesamte vergangene, sondern auch über die noch ausstehende Geschichte, also über die ἀνακεφαλαίωσις alles Bösen im Antichrist[206] und dessen definitive Überwindung sowie über das universale Christusgericht und die endgültige *recapitulatio* am Jüngsten Tag.[207]

Die ἀνακεφαλαίωσις in Christus ist ihrem Wesen nach *universal*, und sie *muß* universale Bedeutung haben[208], weil anders ihre einheitsstiftende Funktion für die Gesamtgeschichte nicht denkbar ist. Wie die eine οἰκονομία Gottes alle Welt und Zeit umgreift, so nimmt Christus „*alles*, was im Himmel und auf der Erde ist" (s. Eph 1,10), „zusammenfassend, wiederholend, erneuernd, erfüllend und vollendend εἰς ἑαυτόν" hinein[209] und „verbindet Anfang und Ende"[210].

Ziel des ganzen Rekapitulationsgeschehens ist die ἀνακεφαλαίωσις der Menschheit, die Christus als der zweite Adam durchführt.[211] Er vollzieht die Entstehungs- (haer III 22,2) und Daseinsbedingungen der Menschen nach, wird seiner „alten Bildung" (haer III 18,7; 21,10; 22,1f; IV 6,2; 40,3; V 1,2; 12,4) „ähnlich" und ein sichtbarer, faßbarer und leidensfähiger (haer III 16,6;

---

206 Vgl. Fantino, *La théologie*, 243.

207 S. haer I 10,1 (154,8-156,13/155,1108-157,1115; nur hier spricht Irenäus von der *recapitulatio* am Jüngsten Tag. Vgl. auch haer III 12,3 (188,92f); 16,6!. Wingren, *Man*, 192-201 und Torisu, *Gott*, 158f.178 betonen zurecht, daß die *recapitulatio* am Ende der Zeiten im Zusammenhang mit der in Christus bereits geschehenen ἀνακεφαλαίωσις (und deshalb nicht als bloßes Anhängsel zu dieser) gesehen werden muß; anders Fantino, *La théologie*, 253-256.

208 S. die Texte in *Tabelle 1* unter *A (1)* und *A (3)* (der Bezug von *omnia* in haer III 11,8 ist nicht eindeutig); sowie haer III 16,6; V 20,2; V 21,1 (unter Kombinationen aus *A* und *B*); 32,1 (396,1-298,24); vgl. Fantino, *La théologie*, 241.

209 So stets Ir^gr (haer III 22,2; IV 38,1; V 1,2); Ir^lat wechselt zwischen *in semetipsum, in se(met)ipso* und *in se recapitulare/ari* ab. Die Übersetzung von ἀνακεφαλαιοῦσθαι orientiert sich an Noormann, *Paulusinterpret*, 443f und Scharl, *Recapitulatio*, 11.21f.26. 28; s.a. McHugh, *Reconsideration*, 307.

210 Eine äußerst beliebte Wendung bei Irenäus, s. haer I 10,3; III 22,3f; IV 10,2; 20,3f; 22,1; 34,4; V 1,3; 2,1; 15,2.4; 16,1f; 17,1; 18,3; 21,2; 23,2 u.ö.

211 S. die Belege in Tabelle 1 unter *A (2 a)*, aber auch schon *A (1)*. Etwa drei Viertel aller christologischen Belege für *recapitulatio/recapitulo* gehören in den Zusammenhang „Befreiung der adamitischen Menschheit vom Fall und seinen Folgen" (Noormann, *Paulusinterpret*, 446). – In haer III 16,6 (312,210-314,220) betont Irenäus, daß Jesu Wirken als Mensch und die Rekapitulation des Kosmus untrennbar zusammengehören. S.a. haer IV 38,1; V 18,3; epid 6; 30.

18,1.7; 22,1) Mensch aus Fleisch und Blut (haer III 18,7; 22,1f; V 1,2; 14,1f; epid 32f; 99).[212]

Die entscheidenden Ereignisse der ἀνακεφαλαίωσις [213] sind der Ungehorsam des ersten Menschenpaares am Baum der Erkenntnis und ihr Tod, was durch den Gehorsam Christi am Kreuz und seinen Tod am „sechsten Tag" (dem Todestag Adams) rekapituliert wird (haer V 16,3-17,4; 19,1; 23,2; epid 33).[214]

Das negative Gegenstück zur heilvollen ἀνακεφαλαίωσις in Christus ist die bereits angesprochene *recapitulatio* alles Bösen im Antichrist – nicht zuletzt symbolisiert durch die Zahl 666 –, die der Wiederkunft Christi unmittelbar vorausgeht.[215] Auch sie ist ihrem Wesen nach universal.[216] Wie Christus in seiner ἀνακεφαλαίωσις durch seine Inkarnation und seinen Gehorsam am Kreuz den Sündenfall der Menschen in seinen Auswirkungen rückgängig gemacht und darin die ganze Geschichte nach ihrer heilvollen Seite hin zusammengefaßt hat, kommt in der ἀνακεφαλαίωσις des Antichristen, der die Wirksamkeit des Teufels fortsetzt[217], der ganze, gegen Gott und seine heilvollen Taten gerichtete Ungehorsam zusammen. Eine Chance auf Rettung besteht für den Antichrist und seine Gefolgschaft nicht mehr. Im Gericht, das unmittelbar auf die Zeit des Antichrists folgt, geschieht die endgültige Scheidung zwischen dem, was zu Gott gehört, und dem, was sich eigenmächtig von Gott abgewandt hat. Die durch die *recapitulatio* Christi auf Erden wiederhergestellte Unvergänglichkeit wird den Glaubenden nach der Trübsal der letzten Prüfung in der letzten ἀνακεφαλαίωσις am Jüngsten Tag ein für alle mal zugeeignet (vgl. haer I 10,1).

---

212 Mit der ἀνακεφαλαίωσις ist also ein, wenn nicht das zentrale Argument gegen die gnostisch-doketistischen Christologien gewonnen, s. haer V 1,2 (24,56-58/24,12-16); vgl. haer V 14,2.

213 S. die Texte in Tabelle 1 unter *A (2 b)*.

214 Damit ist aufs engste die ἀνακεφαλαίωσις der „Feindschaft zwischen dem Menschen und der Schlange" bzw. des „Krieges gegen unseren Feind" (haer IV 40,3; V 21,1f) verbunden. Außerdem ist alles vergossene Blut der getöteten Gerechten als Folge des Sündenfalls in die *recapitulatio* eingeschlossen (haer V 14,1), weil Christus selbst als Inbegriff des Gerechten unschuldig getötet wird (vgl. haer IV 34,4).

215 S. die Texte in Tabelle *1* unter *C (2)*. Auch im Zusammenhang mit dem Antichrist spricht Irenäus davon, daß er die Bosheit *in sich* (ἐν ἑαυτῷ; πρὸς ἑαυτὸν, *in se/semetipsum/semetipso*) rekapitulieren wird. – Ausführliche Kommentare zu haer V 25-30 bieten Overbeck, *Menschwerdung*, 379-461 und Orbe, *Teología III*, 3-286.

216 Die antithetische Parallelität, die zwischen der ἀνακεφαλαίωσις in Christus und der *recapitulatio* des Antichrists besteht, zeigt ein Vergleich von haer V 29,2 (368,32-34) und V 14,1 (184,23-26).

217 S. nur haer V 25,1 (308,1-4).

3.1.5.3 Das Verhältnis von ἀνακεφαλαίωσις und οἰκονομία[218]

Angesichts der menschlichen Unheilsgeschichte wird der Nachweis der *Kontinuität* des Handelns Gottes gegenüber der häretischen Behauptung der Diskontinuität unumgänglich.[219] „Wer im Weltgeschehen die Disposition nicht kennt, nach welcher Gottes Wille alles ablaufen läßt, kann die Gesamtschau nicht haben."[220] Diese Gesamtschau der οἰκονομία erwächst nach Irenäus dadurch, daß die unterschiedlichen *dispositiones*, in denen sich Gottes Heilswille manifestiert, einander in Form der ἀνακεφαλαίωσις zugeordnet werden können und nicht, wie bei den Häretikern, durch einen ὅρος getrennt werden. Erst mit der *recapitulatio* ist die Zielbestimmung der einzelnen *dispositiones* und damit zugleich der ganzen οἰκονομία *eindeutig* gegeben (zumal es Schriftstellen gibt, die doppeldeutig sind, *ambiguas autem non quasi ad alterum deum, sed quasi ad dispositiones Dei*).[221] Anders gesagt: Erst indem die einzelnen *dispositiones* der einen οἰκονομία in der ἀνακεφαλαίωσις vollendet und erfüllt werden, läßt sich die Funktion der verschiedenartigen Geschichtstaten Gottes innerhalb der Gesamtgeschichte eindeutig bestimmen. Erst durch die ἀνακεφαλαίωσις tritt die οἰκονομία, deren Einheit in Gott immer schon beschlossen ist, in der Geschichte *als einheitlicher Zusammenhang* vor Augen. Indem sich in Jesus Christus ἀνακεφαλαίωσις ereignet, gelangt die οἰκονομία zu ihrer Einheit.[222]

Über die ἀνακεφαλαίωσις gelingt es Irenäus, die οἰκονομία in ihren einzelnen Elementen und damit zugleich in ihrer Gesamtheit als geschlossenes Ganzes darzustellen. Die *recapitulatio* wird somit zum entscheidenden Argument gegen die Häretiker, die mit ihrem Οἰκονομία-Denken nicht in der Lage sind, die *ganze* Schöpfung und ihre *Geschichte* in das Erlösungshandeln des *einen* Gottes zu integrieren[223], sondern angesichts des Sündenfalls und des

---

218 S. dazu Armstrong, *Genesis*, 61-67 und de Andia, *Homo*, 59-62 (Lit.). S. v.a. haer III 23,1; IV 20,8 (652,204-209); V 14,2 (444,1-8).

219 Zum Verhältnis von Kontinuität und Diskontinuität in Irenäus' heilsgeschichtlichem Denken s. Bengsch, *Heilsgeschichte*, 88-108; Noormann, *Paulusinterpret*, 380-384.

220 Brox, *FC 8/1*, 105.

221 Haer II 10,1 (86,11f; nach *SC 293*, 403: *dispositio* = οἰκονομία).

222 Daß die *dispositiones* in der *recapitulatio* zur Einheit der einen οἰκονομία zusammengefaßt werden, wird nicht zuletzt daran deutlich, daß Irenäus von der ἀνακεφαλαίωσις *immer* im Singular spricht (dies gilt für Christus und den Antichrist gleichermaßen).

223 Es ist nicht auszuschließen, daß sich Irenäus mit der überaus starken Betonung der ἀνακεφαλαίωσις *direkt* gegen die Ptolemäus-Schule richtet. Diese benutzte unter anderem Eph 1,10 als Schriftbeleg für die Abstammung des Soter aus allen Äonen (s.o. S.

Kreuzes eine Bruchlinie quer durch die Schöpfung, durch die Geschichte Gottes mit den Menschen und durch Gott selbst gehen lassen. Folgerichtig erhebt Irenäus genau diesen Punkt – den Fall Adams und seine ἀνακεφα-λαίωσις am Kreuz Jesu Christi – zum Dreh- und Angelpunkt seiner Rekapitulationstheologie.

3.1.6 Zusammenfassung

Irenäus' Gottesbegriff ist durch und durch von den Gedanken der *Einheit* und der *freien Allmacht* bestimmt. Die Einheit Gottes manifestiert sich in seinem Wesen als Vater, Sohn (Logos) und Heiliger Geist (Weisheit), seine freie Allmacht in seiner universalen Herrschaft über den *Raum* (Gott *ist* das allumfassende Pleroma) und über die *Zeit* (Gottes Handeln in der Geschichte verläuft trotz aller vermeintlicher Diskontinuität planvoll und zielgerichtet). In seiner Einheit schafft Gott aus freiem Entschluß durch seinen Logos, der an der unermeßlichen Größe des Vaters teilhat, die Welt und die Menschen, denen er von Anfang an als allmächtiger Schöpfer seine *Liebe, Güte und Gerechtigkeit* erweist. Deshalb sind Welt und Menschheit grundsätzlich und ganzheitlich *erlösungsfähig*. Diese Erlösungsfähigkeit gründet zum einen darin, daß Gottes Kreatur *gut* und zum Guten geschaffen ist, zum anderen darin, daß Gott selbst seinen Geschöpfen (wiederum von Anfang an) mitteilt, daß sie zum Guten (zum ewigen, gottgleichen Leben) bestimmt sind, und welche Bedingungen (Gehorsam gegen Gott) sie erfüllen müssen, um an der Unvergänglichkeit Gottes teilzuhaben.

Die gesamte Schöpfung ist somit nach Irenäus der Ausdruck der räumlich-zeitlich universalen, liebenden und gerechten und in allen Stücken freien Allmacht des einen Gottes, die er *im* Erlösungsgeschehen offenbart.

---

183 Anm. 204; vgl. Fantino, *La théologie*, 259-261). Als Emanation des ganzen Pleromas (der „οἰκονομία") ist der Soter auch Träger des „Οἰκονομία-Leibes", mit dem er von den Äonen umkleidet wird, um auf der Erde die Erlösung durchzuführen. Obwohl im Soter alle Äonen zusammenwirken und er selbst das „All" ist, ist er dennoch nicht fähig, auch der Materie (und speziell dem *fleischlichen Leib* der Menschen) Heil zu verschaffen.

3.2 Die Offenbarung der Allmacht Gottes in der
ἀνακεφαλαίωσις *des Menschen*

Indem Irenäus das Erlösungsgeschehen als ἀνακεφαλαίωσις konzipiert, gelingt es ihm, das Heilshandeln Gottes als konsequente Weiterführung und Vollendung des Schöpfungshandelns darzustellen und somit den Nachweis zu führen, daß der *eine* Gott der Schöpfer der Welt und ihr Erlöser ist. Gottes Heilswille konzentriert sich auf den Menschen, der für den Einzug von Sünde und Tod in die Welt mitverantwortlich ist. Weil der *ganze* Mensch von Sünde und Tod betroffen ist, muß sich die Erlösung auf den *ganzen* Menschen beziehen; und sie muß, weil sich die Ursünde des ersten Menschenpaares in allen nachfolgenden Generationen fortsetzte, in zeitlicher Hinsicht *alle* Menschen, Adam und Eva eingeschlossen, erreichen können.[224] Nur wenn kein Teil des Menschen und kein Teil der Menschheit von vornherein aus dem Erlösungsgeschehen ausgenommen sind, kann die Menschheit in umfassender Weise als erlösungs*fähig* dargestellt werden.[225] Der Erlöser muß also wie Adam *wahrer Mensch* sein[226], und er muß in seinem Leben und Wirken und in seinem Tod wie Adam die *ganze* Menschheit repräsentieren.[227] Und er muß, um die Menschen wirklich *erlösen* zu können, die von Gott festgelegte Bestimmung des Menschen vollständig erfüllen, d.h. er muß dem Vater vollkommenen Gehorsam entgegenbringen und so *Menschsein* als Leben nach der *imago* und der *similitudo* Gottes offenbaren.[228] Mit anderen Worten: Der Erlöser darf selbst nicht erlösungs*bedürftig* sein. Nur als *sündloser homo perfectus* kann er den Menschen zum Heil verhelfen.[229]

Damit ist aber noch nicht alles über die „Beweisaufgabe" der Erlösung gesagt. Gottes Allmacht wäre nicht universal, wenn nicht auch die *ganze außer-*

---

224 Vgl. Wingren, *Man*, 25.

225 Hierzu gehört auch, daß Jesus "alle Altersstufen" erreichen mußte, die ein Mensch erleben kann. Erst wenn vom Säugling bis zum "Senioren" alle Altersgruppen in die Erlösung eingeschlossen sind, ist die Erlösung universal (s.o.).

226 Vgl. den programmatischen Eingangstext am Beginn von haer V (V pr.-1,1) und dazu Overbeck, *Menschwerdung*, 80-87; Bousset, *Kyrios*, 344-348; Noormann, *Paulusinterpret*, 439-449; Wingren, *Man*, xiii-xiv.

227 S. haer III 22,3 (438,43-55); vgl. Scharl, *Recapitulatio*, 46-50.70-73; Noormann, *Paulusinterpret*, 430-466 (439-449); Fischer, *Adam*, passim; Donovan, *Unity*, 216-245; Nielsen, *Adam*, 11-23; Fantino, *L'homme*, 155-170; ders., *La théologie*, 226-230.

228 S.a. Wingren, *Man*, 20f.24; Fantino, *L'homme*, 145-176.

229 Vgl. haer III 16,9 (326,322-325: ... *unus et idem est Iesus Christus Filius Dei, qui per passionem reconciliavit nos Deo et resurrexit a mortuis, qui est in dextera Patris, et perfectus in omnibus*); V 1,1 (18,18f); 1,3 (26,71-83). S.a. Donovan, *Unity*, 222-224.

menschliche Schöpfung, auf die sich die Sünde des Menschen auswirkt(e), an der Erlösung teilhaben könnte. Diese muß also nicht nur Gottes liebende Macht über den Menschen, sondern über die ganze Welt darstellen, d.h. es muß im Erlösungsgeschehen selbst eindeutig erkennbar werden, daß die Schöpfung in ihrer ganzen räumlichen Ausdehnung, in ihrer ganzen Zeit und in ihrer ganzen kreatürlichen Beschaffenheit (also vor allem in ihrer *materiellen* Verfaßtheit) am Heilsgeschehen teilhaben kann.

Während die Forderung nach der Erlösung der Materie durch die Inkarnation und die Auferstehung Jesu Christi vollständig erfüllt wird[230], ergeben sich im Bezug auf die räumlich-zeitliche Reichweite des Heilsgeschehens Probleme. Läßt sich durch die Struktur der Heilsgeschichte als ἀνακεφαλαίωσις einsichtig machen, inwiefern die Erlösung die Zeit *bis* zum eigentlichen Erlösungsereignis einschließt, so bedarf es einer eigenen Erklärung, wie die Erlösung in der Zeit *nach* dem irdischen Wirken des Erlösers bis zu seiner erhofften Wiederkunft wirksam, d.h. für die Menschen zugänglich ist. Noch schwieriger scheint es, die Forderung nach der räumlichen Universalität der Erlösung erfüllen zu können. Ein lokal beschränktes Ereignis wie die Kreuzigung eines einzelnen Menschen eignet sich auf den ersten Blick kaum, um Gottes universale Allmacht über den ganzen sichtbaren und unsichtbaren Kosmos zu beweisen. Wie Irenäus diese Probleme löst, werde ich später zu zeigen versuchen. Zunächst konzentriere ich mich – der theologischen Diktion des Irenäus folgend – auf die Erlösung des Menschen und damit der psychisch-materiellen Schöpfung insgesamt.

3.2.1 Christus als Mittler zwischen Gott und Mensch: Inkarnation und Kreuz als Eckdaten des Heilsgeschehens

Außer den in den einleitenden Bemerkungen genannten Bedingungen der wahren Menschheit (Inkarnation) und des wahren Menschseins (Gehorsam) muß der Erlöser eine weitere Bedingungen erfüllen, um der Menschheit (und der Schöpfung insgesamt) Heil verschaffen zu können. Er muß *wahrer Gott* sein, denn allein Gott kann erlösen. Jesus Christus erfüllt alle drei Bedingungen, und darin ist er der *Mittler* zwischen Gott und den Menschen.[231] Irenäus

---

230 Der menschliche Leib Jesu Christi steht stellvertretend für die Erlösung allen Fleisches (und damit aller Materie) zur Unvergänglichkeit; vgl. Scharl, *Recapitulatio*, 40-85 sowie unten die Abschnitte 3.2.1 und 3.2.4 (dort auch Belege aus Irenäus).
231 Vgl. von Harnack, *Lehrbuch*, 582f.

bezeichnet Jesus nur an zwei Stellen als μεσίτης (vgl. 1Tim 2,5).[232] Die beiden Texte verdeutlichen jedoch gut den Zusammenhang von Fleischwerdung und Gehorsam Jesu Christi, einen Zusammenhang, der sich auf soteriologischer Ebene als *conditio sine qua non* erweist. In haer III 18,7 bezieht sich die Mittlerschaft in erster Linie auf die Inkarnation:

„Also hat er (sc. Jesus Christus) den Menschen mit Gott vereint (ἥνωσεν). Wenn nämlich nicht der Mensch den Feind des Menschen besiegt hätte, wäre der Feind nicht zurecht besiegt worden.[233] Hätte auf der anderen Seite nicht Gott das Heil geschenkt, wären wir seiner nicht sicher. Und wenn der Mensch nicht mit Gott vereint worden wäre, hätte er nicht der Unsterblichkeit teilhaftig werden können. Denn der ‚Mittler zwischen Gott und den Menschen‘ (ὁ μεσίτης Θεοῦ τε καὶ ἀνθρώπων: 1Tim 2,5) mußte durch seine eigene Verwandtschaft (οἰκειότης) mit beiden die zwei zur Freundschaft und Eintracht führen und bewirken, daß Gott den Menschen annahm und der Mensch sich Gott hingab.“[234] Der Abschluß der zitierten Passage weist auf den Gehorsam Christi hin, den Irenäus kurz zuvor in haer III 18,6[235] angesprochen hatte, ohne jedoch das Kreuz zu nennen. Auch hier stehen Aussagen über Inkarnation und Gehorsam Christi direkt beieinander; auch ist von Christi Menschheit und Gottheit die Rede: „Aber weil unser Herr der einzige wahre Lehrer ist und der gute wahre Sohn Gottes und der geduldige Logos Gottes, des Vaters, ist er ‚Menschensohn‘ geworden. Denn er hat gekämpft und gesiegt; er war nämlich ein Mensch, der für die Väter stritt (vgl. Gal 1,14) und durch den Gehorsam den Ungehorsam auflöste (vgl. Röm 5,19); er hat den Starken gebunden (vgl. Mk 3,27) und die Schwachen befreit und seinem Geschöpf das Heil geschenkt, indem er die Sünde vernichtete. Denn überaus liebevoll und barmherzig ist der Herr (vgl. Ps 102,8; 144,8 LXX), und er liebt die Menschheit.“

In haer V 17,1[236] betont Irenäus die auf seinen Gehorsam bezogene Mittlerfunktion Christi stärker: Die Menschen übertraten das Gebot des Vaters und wurden dadurch seine Feinde; „und deshalb hat uns der Herr in den letzten Zeiten durch seine Fleischwerdung in die Freundschaft zurückgeführt, indem er ‚Mittler Gottes und der Menschen wurde‘ (1Tim 2,5), als er den Vater, gegen den wir gesündigt hatten, für uns versöhnte und unseren Ungehorsam durch seinen Gehorsam heilte, uns aber den Umgang mit und die Unterwerfung unter unseren Schöpfer schenkte.“

---

232 Vgl. Noormann, *Paulusinterpret,* 140f.337f; Houssiau, *La christologie,* 207-215.

233 Zu diesem Motiv s. Wingren, *Man,* 45f.129-131.

234 364,164-366,176/364,2-366,12. Der Abschluß des Zitats folgt Ir[lat] (zur Begründung s. *SC* 210, 338-341 [P. 367, n. 1.]). Zu den Pauluszitaten in haer III 18,7 s. Noormann, *Paulusinterpret,* 140-148.

235 362,155-364,162.

236 220,5-222,11/220,31-222,33. – Zum Ausdruck „in den letzten Zeiten“ bei Irenäus s. van Unnik, *Ausdruck,* 293-304.

Inkarnation und Gehorsam Christi am Kreuz bilden somit einen unlösbaren Zusammenhang; sie sind die beiden konstitutiven Elemente des Christusgeschehens. Irenäus unterstreicht diesen Zusammenhang auch durch den Aufbau von haer V[237]: Der Neueinsatz in haer V 15,1 liefert zunächst einen Nachtrag zum Thema der Fleischesauferstehung (V 1-14), die Irenäus noch bis V 16,2 behandelt, wobei er allerdings den Schwerpunkt auf die *Selbstoffenbarung Gottes als des einen Schöpfers und Erlösers* und auf den *Rekapitulationsgedanken* verlagert. Diese beiden Aspekte werden in V 15,2-16,2 anhand der Heilung des Blindgeborenen (Joh 9)[238] und in V 16,3-18,3 mit der ausführlichen Deutung des Kreuzestodes Jesu entfaltet. Haer V 19,2-20,2 bildet eine antihäretische Zusammenfassung[239]; dazwischen steht mit V 19,1 die Eva-Maria-Typologie, die die beiden in V 16,3-18,3 wichtigen Motive des Gehorsams und des "Tragens" auf die Jungfrau anwendet und einen weiteren Beweis für die Schöpfung als Werk des einen guten Gottes bildet. Haer V 19,1 gehört durch die zentralen Motive „Gehorsam" und „Tragen" thematisch eindeutig zu haer V 16,3-18,3. Es ist deshalb nicht überraschend, wenn die Thematik von V 15,1-16,2 „eigentümlicherweise ausgespart"[240] bleibt. Die *Conclusio* beginnt mit haer V 19,2. Daß Irenäus am Anfang von V 19,1 die grundsätzlichen Aussagen von V 16,3-18,3 nochmals kurz umreißt, hat theologische Gründe. Der Gehorsam Christi und die Tatsache, daß der Logos, der die Welt trägt, am Kreuz von der Welt getragen wird, ist die Voraussetzung für den Gehorsam Marias, die dem Logos gehorsam ist und ihn trägt.

Der einleitende Satz von haer V 16,3 („Und nicht allein aber durch das zuvor Gesagte offenbarte der Herr sowohl den Vater als auch sich selbst, son-

---

237 Zum Aufbau von haer V (nach haer IV 41,4 [992,78-994,104] und V pr. [10,1-14,39] hat Irenäus vor, in haer V die noch nicht behandelten "Reden des Herrn" und die paulinischen Aussagen zu behandeln) s. ausführlich Overbeck, *Menschwerdung*, 67-79.249-253 (mit Lit.), dessen Analysen ich im wesentlichen für zutreffend halte. Vgl. auch Bousset, *Schulbetrieb*, 278-282; Benoît, *Introduction*, 192-196; SC 152, 166-191.

238 Christus offenbart sich als Schöpferhand Gottes, die dem Kranken einen Lehm-Speichel-Brei auf die Augen streicht und dadurch auf die Erschaffung des Menschen aus Erde als sein Werk hinweist; der Blindgeborene steht stellvertretend für die ganze Menschheit, die Christus aufsucht und der er sich als Schöpfer zu erkennen gibt. Gegen die Valentinianer betont Irenäus die Identität der Substanz (Erde), aus der Christus sowohl die Augen des Blindgeborenen als auch den ganzen Menschen gebildet hat. Ausführlich dazu Overbeck, *Menschwerdung*, 267-277.

239 Irenäus blickt v.a. in haer V 19,2-20,1 nicht nur auf haer V, sondern auch auf haer I-III zurück (vgl. Overbeck, *Menschwerdung*, 307f).

240 Overbeck, *Menschwerdung*, 303.

dern auch durch das Leiden selbst"[241]) stellt den Zusammenhang zwischen Inkarnation (s. außer V 16,2 v.a. auch V 14,1-3) und Kreuzesgehorsam Christi her.[242] Die Hinweise auf das Leiden Jesu, die Irenäus in die Kapitel haer V 1-14 immer wieder hatte einfließen lassen, dienten dort in erster Linie dem Ziel, Jesus als wahren Menschen aus „Fleisch und Blut" darzustellen.[243] Für das richtige Verständnis der Kreuzigung ist das rechte Wissen über die Inkarnation des Logos unabdingbare Voraussetzung. *Auf der anderen Seite ist nicht zu verstehen, warum Christus wahrer Mensch werden mußte, wenn nicht klar ist, worin das eigentliche Ziel der Inkarnation bestand: in seinem vollständigen, heilbringenden Gehorsam gegen Gott, in seinem Tod am Kreuz.*

Sowohl die Inkarnation als auch die Passion bringen denselben Offenbarungsinhalt zur Geltung (Gott, den Vater, und seinen Sohn, der selbst wahrer Gott ist), aber nur in ihrer gegenseitigen Zuordnung können sie richtig interpretiert werden. Das „nicht nur, sondern auch" aus dem Einleitungssatz von haer V 16,3 verdeutlicht dies. Inkarnation und Kreuzigung können zwar je für sich genommen das Christusgeschehen vollständig repräsentieren.[244] Es genügt andererseits jedoch *nicht*, vom Leiden Jesu abzusehen und *nur* von der Fleischwerdung des Logos zu reden, *sondern* es muß immer *auch* der Ge-

---

241 Καὶ οὐ μόνον γε διὰ τῶν προειρημένων τὸν Πατέρα τε καὶ ἑαυτὸν ἐμήνυσεν ὁ Κύριος, ἀλλὰ δι᾽ αὐτοῦ τοῦ πάθους (218,10-12). Vgl. den Neuansatz nach dem Nachtrag V 15,1 in 15,2 (202,48f): *Et propter hoc manifestissime Dominus ostendit se et Patrem qui est suis discipulis ...*

242 Vgl. Overbeck, *Menschwerdung,* 277: „Mit diesem Rückblick auf die Blindenheilung, vor allem aber doch wohl auf seine Überlegungen zur Inkarnation in AH V 16,2, ist gleichzeitig eine Einordnung des folgenden gegeben. Es hatte zuletzt geheißen, daß in Jesus Christus das Urbild des Menschen ... offenbar wurde. Indem Irenäus hier direkt seine Ausführungen zum Leiden und Sterben Christi anschließt, meint das offenbar auch, daß eben darin eine Offenbarung wahren Menschseins zum Ausdruck kommt." M.E. formuliert Overbeck hier noch zu vorsichtig. Dadurch, daß sich wahres Menschsein für Irenäus im Gehorsam gegen Gott manifestiert, *ist* der bis zum Tod gehende Kreuzesgehorsam Christi *die* Offenbarung wahren Menschseins!

243 Irenäus redet dort entsprechend fast ausschließlich vom „Blut", wenn er auf die Passion hinweisen will.

244 Vgl. Noormann, *Paulusinterpret,* 451f: Die „*Betonung* [kann] wechseln: Erscheint gelegentlich das Kreuz als ‚Abschluß und höchste Konzentration' der Inkarnation ..., so wird umgekehrt die Inkarnation als notwendige Voraussetzung für Tod und Auferstehung dargestellt". Noormanns Fortsetzung („Die herausgehobene Stellung, die das *Kreuz* in der paulinischen Theologie besitzt, kommt ihm bei Irenäus nicht zu ... Dies dürfte auch damit zu tun haben, daß für die Gegner, mit denen Irenäus zu tun hat, nicht erst das Kreuz, sondern schon die Inkarnation ‚das größte Skandalon' ist") weist in die richtige Richtung, ist m.E. aber nicht präzise genug.

horsam am Kreuz als eigentliches Ziel des Menschseins Jesu und als konstitutives Kennzeichen des erlösten Menschen zumindest mitgedacht werden.[245] Andererseits kann die Kreuzigung als Heilsereignis nicht richtig verstanden werden, wenn nicht eindeutig feststeht, *wer* nun eigentlich für die Menschheit am Kreuz starb. Inkarnation und Kreuz sind somit die beiden grundlegenden Eckdaten des einen Heilsgeschehens, in denen die anfänglichen Ereignisse im Paradies rekapituliert werden.[246]

3.2.2 Jesus Christus als wahrer Mensch: Die Inkarnation als ἀνακεφαλαίωσις der Erschaffung Adams

Irenäus versteht Jesus Christus im Gegensatz zu den Häretikern, die den Erlöser in mehrere Subjekte mit unterschiedlichen Funktionen aufteilen, für die gesamte Dauer seiner irdisch-sichtbaren Wirksamkeit als einheitliches gottmenschliches Subjekt. Die Schriftstelle, die Irenäus in diesem Zusammenhang mit Abstand am häufigsten zitiert, ist Joh 1,14a (Καὶ ὁ Λόγος σὰρξ ἐγένετο, καὶ ἐσκήνωσεν ἐν ἡμῖν/*Et Verbum caro factum est, et inhabitavit in nobis*), wobei er besonders oft auf den ersten Teil des Halbverses zurückgreift.[247] Daß es unmöglich ist, Jesus Christus im Stile der Häretiker aufzuteilen, bringt Irenäus auch dadurch zum Ausdruck, daß er als Subjekt der Inkarnation nicht nur den „Logos" oder den „Sohn" Gottes, sondern nicht selten (und betont) auch „Jesus Christus" oder auch nur „Jesus" bezeichnet.[248] Ire-

---

245 Irenäus redet, abhängig von der Aussagerichtung, an vielen Stellen von der Inkarnation, ohne auf das Leiden oder speziell auf das Kreuz Jesu einzugehen (vgl. haer III 9,1; 10,2; 11,2; 16,2f; 19,1; 21,1.4.8; IV 40,3 u.ö.).

246 S.a. von Harnack, *Lehrbuch*, 609f; Gilg, *Weg*, 40, die zurecht auf die Bedeutung des Kreuzesgehorsams Christi für das irenäische Denken hinweisen. Anders z.B. Beyschlag, *Dogmengeschichte*, 199f. Auch ein Blick auf die epid zeigt, daß Irenäus Inkarnation und Kreuzigung an keiner Stelle voneinander abtrennt (vgl. Torrance, *Proclamation*, 69).

247 S. *Biblia Patristica I*, 384f; Jaschke, *Johannesevangelium*, 348-354; Tremblay, *La manifestation*, 116f. – Irenäus richtet sich damit vor allem auch gegen die ptolemäische Gnosis, die die unterschiedlichen Bezeichnungen für Jesus Christus, die im Joh-Prolog genannt sind, auf die Äonen der obersten Ogdoas verteilt (s. haer I 8,5; 9,2f und dazu Grillmeier, *Jesus der Christus*, 213.217f; von Loewenich, *Johannes-Verständnis*, 72-80.115-141; Jaschke, aaO, 338-347; Barth, *Interpretation*, 92-97). In haer III 11,1 (138,1-142,38) behauptet Irenäus, daß Johannes sein Evangelium bewußt als antihäretisches Werk (gegen die Nikolaiten und v.a. gegen Kerinth) verfaßt habe (vgl. Jaschke, aaO, 344f).

248 S. haer I 9,2 (142,46f/142,1017f); 9,3 (142,54-56/143,1025-1027).

näus hält damit fest, daß der „eine und selbe"[249] Erlöser aufgrund des *Namens* „Jesus Christus" *nicht* aufgespalten werden kann. Der präexistente Logos ist stets im Hinblick auf *seine* Inkarnation zu sehen, zu der er *von Anfang an* bestimmt ist (was wiederum nicht heißt, daß der „Sohn Gottes" erst mit der Inkarnation seinen Anfang nahm).[250]

3.2.2.1 Die ἀνακεφαλαίωσις der kreatürlichen Beschaffenheit des Menschen in Jesus Christus

Um den Menschen in seine ursprüngliche Bestimmung zurückzuführen, wird Jesus Christus Mensch *secundum imaginem et similitudinem Dei.*[251] Die Inkarnation des Logos ist Offenbarungsgeschehen[252]: Als Mensch offenbart Christus die *imago*[253], nach der und auf die hin der Mensch erschaffen wurde, indem er selbst diese εἰκών wird.[254] Was vor seinem irdischen Wirken nur „gesagt" wurde – daß der Mensch nach der *imago Dei* geschaffen ist – wird in der Inkarnation des Logos sichtbare Wirklichkeit. Im Gegensatz zur *similitudo* muß Christus die *imago* „nur" zeigen, weil der Mensch sie nicht verloren hatte. Aber er *muß* sie zeigen, weil die Menschen, obwohl sie um ihr *Imago-Dei*-Sein wußten, dieses dennoch leicht vergaßen und ihre *similitudo* mit Gott verloren. In der Offenbarung der *imago Dei,* also darin, daß der Logos einen

---

249 Vgl. haer III 16,8 (320,276-279/320,2-4) u.ö.

250 S. dazu haer I 9,2 (138,24-140,30/139,996-140,1002); 9,3 (144,62-146,71/145f,1034-1045); 10,1 (154,5f/155,1106-1108); epid 3 (88/34f) u.ö.

251 S. haer III 18,1 (342,7-344,13); 23,1 (444₁₋₇); V 12,4 (156,88-95, mit Aufnahme von Kol 3,10) u.ö.

252 Zum folgenden s. haer V 16,2 (216,21-34/216,1-9): *Tunc autem hoc verum ostensum est* (sc. daß die Hand Gottes uns vom Anfang bis zum Ende bildet, zum Leben bereitet und vollendet nach dem Bild und Gleichnis Gottes; zur textkritischen Problematik – Ir^arm liest den zitierten Text, Ir^lat statt *verum "Verbum"* – s. Overbeck, *Menschwerdung,* 274), *quando homo Verbum Dei factum est, semetipsum homini et hominem sibimetipsi assimilans, ut per eam quae est ad Filium similitudinem pretiosus homo fiat Patri.* Ἐν τοῖς [γὰρ] πρόσθεν χρόνοις [ἐλέγετο μὲν] κατ' εἰκόνα Θεοῦ γεγονέναι τὸν ἄνθρωπον, οὐκ ἐδείκνυτο δέ· ἔτι γὰρ ἀόρατος ἦν ὁ Λόγος, οὗ κατ' εἰκόνα ὁ ἄνθρωπος ἐγεγόνει· διὰ τοῦτο [δὲ] καὶ τὴν ὁμοίωσιν ῥᾳδίως ἀπέβαλεν. Ὁπότε δὲ σὰρξ ἐγένετο ὁ Λόγος τοῦ Θεοῦ, τὰ ἀμφότερα ἐπεκύρωσεν· καὶ γὰρ καὶ τὴν εἰκόνα ἔδειξεν ἀληθῶς, αὐτὸς τοῦτο γενόμενος ὅπερ ἦν ἡ εἰκὼν αὐτοῦ, καὶ τὴν ὁμοίωσιν βεβαίως ἀποκατέστησεν (= *restituit*) συνεξομοιώσας τὸν ἄνθρωπον τῷ ἀοράτῳ Πατρὶ διὰ τοῦ βλεπομένου Λόγου. S.a. haer V 2,1 (28,5-30,11).

253 Vgl. Fantino, *L'homme,* 142.

254 Vgl. Wingren, *Man,* 84f.

Leib aus Fleisch und Blut und eine Seele annimmt, besteht seine *assimilatio* mit den Menschen.[255]

Irenäus bringt diese *assimilatio* mit dem Wortfeld „Fleisch (Mensch[256]) werden" (σαρκόομαι/ *incarnor;* σάρκωσις/*incarnatio*[257]; σὰρξ [ἄνθρωπος] γίγνομαι/*caro [homo] factus esse*) zum Ausdruck.[258] Es ist klar, daß Irenäus damit häretische Christologien im Visir hat.[259] Wer die Fleischlichkeit des Erlösers leugnet, übersieht das, was es zu erlösen gilt: das sterbliche Fleisch. „Menschwerdung als Herabkunft in die Niedrigkeit heißt für Irenäus, daß gerade das Schwache, das Elende und Verwesliche am Menschen von Gott aufgesucht und geheilt wird."[260] Daß auch die Seele konstitutiv zur Menschheit Christi gehört, zeigt haer III 22,1.[261] Irenäus geht auf die Seele Jesu Christi sonst kaum näher ein. Der Grund dafür liegt wohl darin, daß im Inkarnierten die (aus Leib und Seele bestehende) *antiqua substantia plasmationis Adae* vollständig mit dem Logos und dem Geist Gottes geeint, der Mensch insofern also *vivens et perfectus* ist.[262]

Im Gegensatz zur *imago* muß die *similitudo* des Menschen mit Gott, die durch den Sündenfall verlorenging, in Christus wiederhergestellt werden.[263] In dieser Wiederherstellung kommt es zur *assimilatio/consimilatio* des Menschen mit dem in Jesus Christus sichtbar gewordenen Logos und durch ihn zur *assimilatio/consimilatio* mit dem unsichtbaren Vater.[264] Indem Christus durch seine Inkarnation offenbart, daß die wahre Bestimmung des Menschen

---

255 S. haer IV 33,4 (812,88-100); epid 22 (114/47). S.a. Houssiau, *La christologie,* 236-247.
256 S. nur haer II 32,5 (342,123-126); III 21,1 (398,1f/398,1f); IV 17,6 (594,156-161).
257 S. nur haer III 18,3 (348,50/348,6f); 19,1 (372,13-15/372,3-5); V 1,1 (20,38f).
258 S. haer III 9,1 (102,36-41). – Gleichbedeutend sind die Wendungen *carnalis adventus* (haer III 10,2 [120,64-66] u.ö.), *in carne venire* (haer III 11,8 [164,193–195/164,19-21] u.ö.), συνενηπίασεν ὁ Λόγος τοῦ Θεοῦ ... τῷ ἀνθρώπῳ (*coinfantiatum est homini Verbum Dei:* haer IV 38,2 [950,48/950,48]), *Filius Dei hominis Filius factus (est)* (haer III 16,3 [298,95]; epid 92 [206/91] u.ö.), σαρκωθέντος ἐν ἀνθρώπῳ (*incarnatus in homine;* haer III 17,4 [338,76f/338,5-7]), in Menschengestalt/als Mensch erschienen (epid 30 [126/54]). Haer III 19,1 (370,1-374,28/372,1-374,10) bietet eine repräsentative Zusammenstellung der irenäischen Inkarnationsterminologie. Vgl. de Andia, *Homo,* 150-158.
259 Stellvertretend für viele andere vgl. haer V 1,2 (22,42-24,58/22,1-24,16).
260 Overbeck, *Menschwerdung,* 88; s.a. Donovan, *Unity,* 227f.
261 432,11-19. S.a. haer V 1,3 (26,71-83; gegen die Ebionäer, vgl. dazu Noormann, *Paulusinterpret,* 268-270).
262 Die gleiche Tendenz ist auch bei der Anthropologie des Irenäus zu beobachten. Wenn er von der Erlösung der „alten Substanz des Menschen" spricht, steht die Einigung dieser Substanz (aus Leib *und* Seele) mit dem Geist Gottes im Vordergrund. Weil die Seele ganz vom *Geist* in Besitz genommen wird, genügt es, im Zusammenhang mit der Erlösung des Fleisches den *Geist* zu nennen.
263 S.o. haer V 16,2 (S. 194 Anm. 252).
264 S. haer IV 33,4 (810,77-80/810,2-5; gegen die Ebionäer).

in der Verähnlichung mit Gott besteht, offenbart er den *einen Vater* als
Schöpfer und zugleich sich selbst als den *einen Logos des Vaters*, der allein der
Menschheit wegen seiner Einheit mit dem Vater das Heil vermitteln kann.[265]
Jesus Christus verkörpert sichtbar die vollkommene, zur Unvergänglichkeit
befähigende Vereinigung von menschlichem Leib, menschlicher Seele und
göttlichem Geist. Göttlicher Logos und göttlicher Geist gehen *in enger Gemeinschaft* in den Menschen ein und stellen so *zusammen* die feste Vereinigung der *antiqua substantia* mit Gott her.[266] Besonders deutlich ist dies in
Texten wie haer III 20,2[267], V 1,3[268], V 6,2[269] und V 20,2[270] sowie in der zwar
variablen, insgesamt aber einheitlich auf jene feste Vereinigung von Gott und
Mensch in Christus ausgerichteten christologischen Terminologie des Irenäus.[271]
    Daß Irenäus die Vereinigung von Göttlichem und Menschlichem in Jesus
Christus nachhaltig betont, führt weiterhin dazu, daß er da, wo er die *Tätigkeiten* des Erlösers darstellt, in vielen Fällen von dem *einen* Herrn als dem
handelnden Subjekt spricht. Allerdings kann er bestimmte Handlungen – je
nach Aussageintention – differenzierend dem menschlichen oder dem göttlichen Wesen Christi zuweisen.[272] Die Prämisse der Einheit gerät dabei je-

---

265 S. den einleitenden Satz von haer V 16,3 (oben S. 192 Anm. 241); vgl. auch Jaschke,
    Geist, 305-307.
266 Vgl. auch Jaschke, *Geist,* 220-222.
267 390,67-392,75; vgl. haer III 17,1 (s.o. S. 196 Anm. 269).
268 S.o. S. 195 Anm. 261.
269 80,57-82,64; vgl. epid 97 (216/95f).
270 260,54-58. Vgl. auch den Argumentationsgang von haer IV 33,11-13 (824,190-840,308),
    wo Irenäus von der Herrlichkeit Christi über die Vereinigung des Logos mit dem Men-
    schen zu den Merkmalen des Menschseins Jesu fortschreitet.
271 S. dazu nur haer III 16,6 (312,203-314,217: der Logos ist mit seinem Geschöpf *vereint*
    und *vermischt;* zu den antithetischen christologischen Aussagen am Ende der angege-
    benen Stelle s. Hübner, *Charakter,* passim und ders., *Glaubensregel,* 305-309: die negativen
    Attribute Christi [unsichtbar, ungreifbar, leidensunfähig] begegnen auch im ptolemäi-
    schen System [s. v.a. haer I 7,1f]; Hübner vermutet, daß Irenäus auf eine antiptolemäi-
    sche [und -markosische] Glaubensformel des Noët von Smyrna zurückgreift, mit der die-
    ser „unmittelbar auf den im ptolemäischen Pleroma explizierten Gottesbegriff und auf
    den Mythos vom descensus incognitus des Erlösers zugleich" [*Charakter,* 71] geantwortet
    habe. Irenäus wird die antivalentinianische Theologie des Noët bei seinem Besuch in
    Rom kennengelernt haben [*Charakter,* 75; *Glaubensregel,* 309f]); III 18,1 (342,1-5: der Lo-
    gos Gottes ist – mit seinem „Gebilde" *vereint* – leidensfähiger Mensch geworden); 19,1
    (370,1-374,28/372,1-374,10: der Logos Gottes ist mit dem Menschen *vermischt).* S.a.
    Grillmeier, *Jesus der Christus,* 218; Studer, *Gott,* 83f; Liébaert, *Christologie,* 33f.
272 Vgl. z.B. haer III 18,7 mit haer III 20,2; 21,10; 23,1; IV 33,4; V 21,1; epid 38.

doch nie aus dem Blick. Das Menschliche und das Göttliche in Christus nehmen aufgrund der festen Verbindung beider je an der Tätigkeit oder an dem Wesensmerkmal des anderen teil.[273]

Indem der göttliche Geist (der göttliche Logos) und die aus Leib und Seele bestehende, menschliche *plasmatio* in Jesus Christus eine feste Einheit bilden, ist zugleich festgehalten, worin sich der Erlöser von allen anderen Menschen, trotz seiner *similitudo* mit ihnen, wesentlich *unterscheidet*: Jesus Christus ist als leiblich-seelischer Mensch *sündlos* geblieben. Die Differenz zwischen ihm und der adamitischen Menschheit besteht also nicht darin, daß seine Fleischessubstanz eine andere wäre[274], sondern darin, daß er als *homo perfectus* den Begierden des Fleisches nicht erlag.[275] „The Incarnate One, it is true, is without sin, and in being sinless he lacks what ist common to all men, but His lack is the lack of that which corrupts man's humanity. If Christ too had been bound in sin He would not have been more human than He in fact now is, but less human. And, moreover, if He himself had been defeated, He would not have had the power to liberate man."[276]

Die Sündlosigkeit Jesu Christi ist in der Auseinandersetzung mit den Häretikern eines der entscheidenden christologischen Argumente des Irenäus. Er stimmt mit seinen Gegnern darin überein, daß der Erlöser in keinem Fall erlösungsbedürftig sein darf. Nur unter dieser Bedingung kann überhaupt Erlösung geschehen. Christologie und Soteriologie hängen also entscheidend davon ab, wie die Erlösungsbedürftigkeit der Menschen (bzw. der ganzen Schöpfung) inhaltlich bestimmt wird. Die Häretiker, die das Böse in der sichtbaren Welt auf die erlösungsunfähige Materie zurückführen, lassen den Soter dadurch nicht-erlösungsbedürftig sein, daß er mit der materiellen Substanz des Fleisches nicht in Berührung kommt. Im Gegensatz dazu betont Irenäus, daß das Böse nicht substantiell mit dem Fleisch verbunden ist (das

---

273 Ich verweise nur auf die für das Thema „Kreuz" wichtigen Stellen haer V 17,3 (228,58-230,74) und V 18,3 (244,66-246,91), auf die ich unten ausführlich eingehe. Vgl. auch Wingren, *Man*, 86f.98f.105-108. Irenäus kennt also, wenn auch nicht systematisch durchgeführt, den Gedanken einer *communicatio idiomatum*.

274 Vgl. haer V 16,1 (212,1-214,20).

275 Vgl. haer V 14,3 (188,57-192,77, mit Aufnahme von 1Petr 2,22; Eph 1,7; 2,13-15); IV 20,2 (628,32-630,52); epid 2f (84-86/33-35). Irenäus zeigt v.a. in haer V 14,3, daß er durchaus auch einen (im Sinne des Paulus negativ) „qualifizierten" Sarx-Begriff kennt. In dieser Hinsicht sind auch die Stellen zu verstehen, in denen Irenäus Röm 8,3 aufnimmt (haer III 20,2 [390,67-392,75]; IV 2,7 [412,109-113]; epid 31 [126-128/54f]). Vgl. Houssiau, *La christologie*, 245f.

276 Wingren, *Man*, 102.

Fleisch bleibt erlösungsfähig), sondern als Sünde von außen mit der Zustimmung des Menschen in das Fleisch hineinkam und sich darin festsetzte (das Fleisch ist deshalb erlösungsbedürftig). Das Böse mußte vom Erlöser folglich gerade dort überwunden werden, wo es seine Macht über den Menschen ausübte[277], und es konnte nur dadurch überwunden werden, daß der Erlöser selbst nicht-erlösungsbedürftig, also für die ganze Zeit seines Lebens *sündlos* blieb.

3.2.2.2 Die Leidensfähigkeit des menschgewordenen Logos Gottes

In der Auseinandersetzung mit den Häretikern ist für Irenäus ein Merkmal der wahren Menschheit Jesu Christi wie kein anderes von entscheidender Bedeutung: Sein menschliches Fleisch ist zugleich der Ort seines *Leidens*.[278] Indem der Logos Gottes Mensch wird, nimmt er an der Leidensfähigkeit des Fleisches bis zum Tod[279] teil und ist somit – in der Einheit mit der von ihm angenommenen Fleischessubstanz – selbst Subjekt der Passion.[280] Die Texte, in denen Irenäus die Leidensfähigkeit des menschgewordenen Logos herausstreicht, sind überaus zahlreich.[281] Er wehrt damit die Lehren seiner Gegner

---

277 S. z.B. epid 31 (128/54: "Da aber der Tod über den Leib herrschte, so gebührte es, daß er, durch den Leib vernichtet, den Menschen von seiner Bedrückung befreie. Das Wort ist nun Fleisch geworden, damit die Sünde durch denselben Leib, durch den sie sich festsetzte und herrschte, vernichtet würde und nicht mehr in uns sei") und S. 197 Anm. 275. Vgl. Faus, *Carne*, 236-238.

278 S. grundsätzlich haer II 18,5 (180,62-66.78-83); III 9,2 (106,62-70); IV 38,4 (958,89).

279 S. haer III 12,9 (216,301-218,305/216,9-11: zit. Phil 2,8); 18,2 (344,18-21); 19,2 (378,47-50); 20,4 (394,98f); IV 20,2.8 (628,37-630,43; 652,206f); 24,2 (702,36-704,40: zit. Phil 2,8); V 16,3 (218,35-42/218,10-17: zit. Phil 2,8); epid 3.30-34.38f (88.126-136/34.54-57.59f).

280 Vgl. Houssiau, *La christologie*, 188-195; Orbe, *Los primeros herejes*, 161-163. Nicht korrekt m.E. Loofs, *Leitfaden*, 114f.

281 S. haer I 9,3 (142,54-146,75/143,1025-146,1048); 10,3 (162,68-164,69/163f,1170f); III 12,2 (182,55-184,65/182,1-184,10); 12,3 (190,106-114/190,1-9); 12,6 (200,191-202,202); 16,5 (306,154-310,188); 16,6 (310,189-314,223); 16,7 (314,224-318,252); 16,8 (318,253-320,282/321,2-7); 16,9 (322,283-326,328); 18,1 (342,1-344,13); 18,3 (346,34-352,72/348,2-350,18); 18,4 (352,73-354,94); 18,5 (354,94-360,144); 18,6 (360,145-364,162); 18,7 (364,163-370,209/364,2-366,12; 368,1-370,7); 22,1 (430,1-434,27); 22,2 (434,28-436,42/434,2-436,20); IV 7,2 (Ir^arm liest statt *palpabilis* [458,28] *passibilis*); 9,2 (480,29-486,70); 10,2 (494,27-496,48); 20,8 (648,185-654,221); 26,1 (712,1-716,42/712,1-714,15); 33,2 (804,31-806,50); 33,11-13 (824, 190-840,309: v.a. 33,12 [834,247-836,279]); 35,3 (868,58-872,80); V 1,1 (16,1-20,41/16,5-8; 20,2-4); 14,2-4 (186,32-194,98) u.ö.

ab, die das Leiden gerade der göttlichen Seite Jesu Christi absprechen[282], und er betont die *Veränderung*, von der der Logos Gottes durch die Inkarnation betroffen war: Er *wurde* – von Natur aus leidensunfähig – leidensfähig. Wäre Christus leidensunfähig geblieben, wäre er nicht wahrer Mensch gewesen. So lautet, negativ gesprochen, die theologische Konsequenz der Inkarnation. Das bedeutet zugleich positiv: Das Leiden Christi ist der *maßgebliche* Beweis dafür, daß der Logos wirklich Mensch wurde, und es ist nicht zuletzt Beweis dafür, daß sich *Gott* in seiner gütigen Allmacht dem *ganzen* Menschen in Jesus Christus vollständig zugewandt hat.

Daß gerade im Leiden Christi die entscheidende Ursache dafür liegt, ihn auch als *Gott* zu verstehen, gibt Irenäus in epid 70[283] zu erkennen: Jes 53,8 („Wer wird seinen Stamm erzählen?") ist gesagt, damit „wir ihn also nicht seiner Feinde wegen und der von ihm ertragenen Leiden wegen verschmähen wie einen unscheinbaren und geringen Menschen ... Denn derjenige, der dies alles erlitten hat, hat einen unerzählbaren Stamm, da er (sc. Jesaja) doch mit Stamm seine Abstammung meint, d.h. seinen Vater, der unerzählbar und unsagbar ist. Erkenne nun, daß eine solche Abstammung solche Leiden getragen hat, und verschmähe ihn nicht der Leiden wegen, die er absichtlich deinetwillen ertragen hat, sondern fürchte dich vor ihm seiner Abstammung wegen."

Obwohl Christus im Fleisch wirklich gelitten hat, unterscheidet sich seine Passion vom Leiden aller anderen Menschen[284]: Sie dient der Überwindung des Todes. Der Tod darf deshalb, obwohl der fleischgewordene Logos selbst von ihm betroffen ist, nicht den endgültigen Schlußpunkt seines Leidens bilden. Um die Menschen zur Unvergänglichkeit zu befreien, muß sich Gottes Allmacht gerade *im* Tod erweisen. Zwei Texte machen die soteriologische Zielrichtung der Passion Jesu deutlich:

„Überhaupt ist Christi Leiden dem Leiden des Äons (sc. *Sophia*) weder ähnlich, noch geschah es unter ähnlichen Umständen. Denn der Äon litt eine Passion der Auflösung und des Untergangs, so daß er, der litt, selbst Gefahr lief unterzugehen. Aber unser Herr Christus litt

---

282 S. haer I 6,1 (90,1-92,23/90,587-93,611); 7,2 (102,19-106,44/103,695-106,720); 9,2 (142,50-53/143,1022-1024); 9,3 (s. die vorige Anm.); 23,3 (316,61-318,80/317,1-319,14); 24,4 (326, 55-328,87); 26,1 (344,1-346,15/344,1-346,15); III 9,3 (108,74-80/108,6-12); 11,1 (138,1-142, 38); 11,3 (146,58-148,84); 11,7 (158,150-160,174); 12,2 (178,22-184,65/182,1-184,10); 12,6 (200,175-204,211); 16,1 (286,1-290,33); 16,6 (310,189-314,223); 16,8-17,1 (318,253-330,22); 17,4 (336,74-342,104/336,1-338,11); 18,3 (346,34-352,72/348,2-351,18); 18,5 (354,94-360, 144); IV pr. 3 (384,26-386,43); 2,4 (402,37-404,59); 35,3 (868,58-872,80).
283 182-184/81.
284 Dieser Unterschied entspricht der Differenz zwischen dem *sündlosen* Fleisch Jesu und dem Fleisch aller Menschen.

eine Passion, stark und unnachgiebig[285], bei der er nicht nur selbst nicht Gefahr lief unterzugehen, sondern auch den zugrundegegangenen Menschen mit seiner Kraft bestärkte und in die Unvergänglichkeit zurückrief. Und der Äon litt an dem Leiden, während er selbst den Vater suchte und ihn nicht finden konnte. Aber der Herr hat gelitten, um die, die vom Vater weg in die Irre gelaufen waren, zur Erkenntnis und in seine Nähe zu bringen. Und für jenen (Äon) bewirkte die Suche nach der Größe des Vaters verderbliches Leiden. Uns aber hat der Herr durch sein Leiden Heil geschenkt, indem er uns die Erkenntnis des Vaters verschaffte. Und das Leiden des Äons hat eine ,weibliche Frucht' hervorgebracht, wie sie sagen, schwach, kraftlos, unförmig und handlungsunfähig. Des Herrn Leiden hingegen trug als Frucht Stärke und Kraft: Denn der Herr ,stieg' durch sein Leiden ,in die Höhe und führte Gefangene mit und gab den Menschen Geschenke' (Eph 4,8; Ps 67,19 LXX[286]) und ließ die, die an ihn glauben ,auf Schlangen und Skorpione und auf die ganze Kraft des Feindes treten' (Lk 10,19), das ist der Fürst der Apostasie. Und der Herr hat durch sein Leiden den Tod vernichtet und den Irrtum aufgelöst, das Verderben verjagt und die Unwissenheit zerstört, das Leben aber offenbart, die Wahrheit gezeigt und die Unvergänglichkeit geschenkt. Ihr Äon aber hat sich nach seinem Leiden Unwissenheit eingehandelt und eine formlose Substanz geboren, aus der ihrer Meinung nach alle materiellen Werke hervorgegangen sind, Tod, Verderben, Irrtum und ähnliches.«[287]

Irenäus stellt das Leiden Christi in jeder Hinsicht als Gegenteil der Passion der valentinianischen Sophia dar. Es steht von vornherein unter dem Zeichen des Sieges über den Tod, der den Menschen zugute kommen soll. Jesu Passion ermöglicht *wahre* Gnosis. Denn die Kraft des menschgewordenen Logos ist im Leiden so groß, daß sie den *corruptus homo* in die *incorruptio* zurückruft[288] und sich im Erlösungshandeln als gütige Allmacht des einen Schöpfers erweist. Obwohl der Logos im Leiden als Schöpfer seine Allmacht gegen den

---

285 Den Worten *passionem validam et quae non cederet* („eine Passion, stark und [der Übermacht des Todes gegenüber] unnachgiebig") lag wohl das griech. πάθος στερεὸν καὶ ἀνένδοτον zugrunde (s. SC 293, 281f [P. 205, n. 1]). Zu vergleichen ist exc. Thdot. 30,1 (116,26-117,1 GCS): ὃ γὰρ συνεπάθησεν ὁ πατήρ, ‚στερεὸς ὢν τῇ φύσει', φησὶν ὁ Θεόδοτος, ‚καὶ ἀνένδοτος', ἐνδόσιμον ἑαυτὸν παρασχών, ἵνα ἡ Σιγὴ τοῦτο καταλάβῃ, πάθος ἐστίν. Clemens zeigt in dieser Passage, daß die Valentinianer sich selbst widersprechen, indem sie das Leiden einer Natur zusprechen, die sie als „stark und unnachgiebig" prädizieren. Die irenäische Diktion des „starken und unnachgiebigen Leidens" findet sich auch in Ep. Lugd. (bei Eus., h.e. V 1,22 [410,10-13 GCS]), der über die Verfolgung der Christen in den gallischen Gemeinden berichtet: Der Märtyrer Sanctus bleibt in der Folter ἀνεπίκαμπτος καὶ ἀνένδοτος, στερεὸς πρὸς τὴν ὁμολογίαν. Irenäus greift in haer II 20,3 offensichtlich auf Martyriums- oder auf gnostische Terminologie zurück.

286 Dazu s. Noormann, *Paulusinterpret*, 94-96.

287 Haer II 20,3 (202,34-204,63); vgl. de Andia, *Homo*, 196f.

288 Aus der Fortsetzung und aus haer III 19,3 (s.u.) geht hervor, daß diese Aussage sowohl die Menschheit insgesamt als auch den Leib Christi selbst umfaßt.

Tod durchsetzt, insistiert Irenäus darauf, daß Jesus wirklich gelitten hat. Dieser kann die Passion bis zum Tod nur deshalb aushalten und den Tod überwinden, weil sie in der Kraft der Unvergänglichkeit (im vollkommenen Gehorsam gegen Gott) geschieht.[289]

Das Stichwort "aushalten" führt zu der zweiten Stelle, die in diesem Zusammenhang besonders interessiert. Haer III 19,3[290] ist der einzige Text, in dem Irenäus genauer darüber Auskunft gibt, wie er sich das Zusammenwirken von Gott und Mensch im Leiden Christi denkt:

(I)   Ὥσπερ γὰρ ἦν ἄνθρωπος ἵνα πειρασθῇ,
    Sicut enim homo erat ut temptaretur,
    Wie er nämlich Mensch war, damit er versucht würde,

(II)   οὕτω καὶ Λόγος ἵνα δοξασθῇ,
    sic et Verbum ut glorificaretur,
    so auch Logos, damit er verherrlicht würde,

(Ia)   ἡσυχάζοντος μὲν τοῦ Λόγου
    requiescente quidem Verbo
    indem sich zwar der Logos ruhig verhielt,

(Ib)   ἐν τῷ πειράζεσθαι καὶ σταυροῦσθαι καὶ ἀποθνῄσκειν,
    ut posset temptari et inhonorari et crucifigi et mori,
    damit er versucht, verunehrt, gekreuzigt werden und sterben könne,

(IIa)   συγγινομένου δὲ τοῦ ἀνθρώπου
    absorto autem homine (vgl. 1Kor 15,53f; 2Kor 5,4)
    der Mensch aber vereinigt/verschlungen wurde

(IIb)   ἐν τῷ νικᾶν καὶ ὑπομένειν καὶ χρηστεύεσθαι καὶ ἀνίστασθαι καὶ ἀναλαμβάνεσθαι
    in eo quod vincit et sustinet et resurgit et adsumitur.
    im Siegen, Aushalten[291], Gütigsein, Auferstehen und Aufgenommenwerden.

(III)   *Hic igitur Filius Dei Dominus noster, Verbum exsistens Patris, et Filius hominis, quoniam ex Maria quae ex hominibus habebat genus, quae et ipsa erat homo, habuit secundum hominem generationem, factus est Filius hominis.*

Die Frage, ob Ir[lat] oder das von Theodoret überlieferte griech. Fragment dem Original näherkommt, ist kaum sicher zu entscheiden.[292] Der lat. Text hat in den Zeilen Ib und IIb jeweils vier parallele Glieder, der griech. Text in Ib nur deren drei, in IIb jedoch fünf. *Et inhonorari* (καὶ ἀτιμάζεσθαι, Ib) könnte im Griech. durch Textverderbnis ausgefallen sein.

---

289 Vgl. dazu auch haer II 18,6 (182,89-93); epid 62 (174/76f); 86 (198-200/88) sowie epid 68-83 (178-196/79-87).

290 378,54-380,62/378,1-6; vgl. Houssiau, *La christologie*, 192-195.

291 *Sustinere* steht bei Irenäus öfters im Zusammenhang mit *pati* (s. v.a. haer III 18,6 [362, 153-155]; 22,1 [432,11-19]; IV 18,3 [604,73-76] u.ö.). Er verwendet die beiden Begriffe vorzugsweise, um die dem Christusleiden entsprechenden Leiden der Kirche zu beschreiben (s.u.).

292 Vgl. Brox, *FC 8/3*, 242f.

Das zusätzliche καὶ χρηστεύεσθαι könnte echt sein, denn es erinnert an haer III 18,5[293], wo Irenäus auf das Gebet des Gekreuzigten für seine Peiniger (vgl. Lk 23,34) eingeht, durch das dieser seine *longanimitas et patientia et misericordia et bonitas* (χρηστότης) zeigte.

Der Text ist kompositorisch durchgeformt. Zeile I nennt das Menschsein Jesu Christi, Zeile II sein „Logos-Sein" als Bedingungen dafür, daß der Erlöser versucht bzw. verherrlicht wurde. Diese beiden Bestimmungen – sie können zusammen als Überschrift über das Folgende verstanden werden – werden in den nächsten Zeilen jeweils aus der Sicht der anderen „Natur" Jesu Christi genauer expliziert. In Zeile Ia/b beschreibt Irenäus das Verhalten des *Logos* beim Versuchtwerden und bei weiteren zentralen, mit dem Menschsein Jesu zusammenhängenden Formen der Erniedrigung, in Zeile IIa/b (parallel zu Ia/b) erörtert er die auf den Menschen Jesus Christus einwirkende Tätigkeit des Logos.[294]

Die Struktur des Textes läßt vermuten, daß Irenäus einen *vorgeformten Text* verarbeitet. Diese Vermutung wird durch zwei Begriffe im griech. Text unterstützt, die für den irenäischen Sprachgebrauch ungewöhnlich sind und innerhalb des Textes eine besondere Funktion einnehmen (sie eröffnen jeweils die Explikation der „Überschrift" [I + II]): ̔Ησυχάζω (Ia) wird nur in haer III 19,3 im Zusammenhang mit der Christologie spezifisch theologisch verwendet.[295] Συγγίνομαι[296] (IIa) ist als Ausdruck für die Aufnahme des Menschen in den göttlichen Machtbereich bei Irenäus sonst nicht belegt. Normalerweise steht dafür das aus 1Kor 15,54; 2Kor 5,4 (unter Aufnahme von Jes 25,8) stammende καταπίνω („verschlingen"), das stets mit *absorbo* übersetzt wird.[297]

---

293 360,131-139.

294 Haer III 19,2 (376,34-378,53) nennt für das Gottsein Jesu konkret die Gottesprädikate *Deus, Dominus, Rex aeternus, Unigenitus, Verbum incarnatum, Dominus sanctus, mirabilis Consiliarius, Deus fortis* (vgl. Jes 9,5), die allein Jesus zukommen, sowie seine *praeclara genitura ab Altissimo Patre*, die *praeclara generatio ex Virgine*, das *decorus specie* (vgl. Ps 44,3 LXX) und seine auf Wolken geschehende Ankunft als *universorum Iudex* (vgl. Dan 7,13.26); für das Menschsein, daß er *indecorus et passibilis* (vgl. Jes 53,2f) war, auf einem Esel saß (vgl. Sach 9,9), mit Essig und Galle getränkt (vgl. Ps 68,22 LXX) und im Volk verschmäht wurde und bis zum Tod hinabstieg (vgl. Phil 2,8).

295 Die ἡσυχία spielt in der gnostischen Pleromavorstellung eine wichtige Rolle: Das vollkommene Pleroma befindet sich im Zustand der Ruhe (vgl. haer I 1,1; 2,1; II 17,11). – In Ign., Eph. 19,1 (87,23-25 SQS) hat die „ἡσυχία" Gottes, in der die Jungfräulichkeit Mariens, ihre Niederkunft und ὁ θάνατος τοῦ κυρίου als τρία μυστήρια κραυγῆς geschahen, die Funktion, dem „Fürsten dieses Äons" die drei Ereignisse zu verbergen. Ich sehe hierin keine inhaltliche Parallele zu haer III 19,3.

296 Die Überlieferung bei Theodoret ist hier unklar (συγγινομέ̒ου oder συγγινομένῳ? τοῦ ἀνθρώπου oder τῷ ἀνθρώπῳ?). Wegen der Parallelität zwischen die Zeile Ia (ἡσυχάζοντος μὲν τοῦ Λόγου) und IIa wird auch für letztere ein absoluter Genetiv anzunehmen sein (s. Brox, *FC 8/3*, 242).

297 S. haer III 19,1 (375,25); IV 36,6 (902,208f) u.ö. Den Gedanken des „Verschlingens" wendet Irenäus auch auf die Unterwerfung des Menschen unter die Macht des Apostaten an (er wird mit dem Wal, der Jona verschlang, verglichen, vgl. haer III 20,1 [382,1-386,38]). S. insgesamt *SC 210*, 343-345 (P. 379, n. 1.; die aaO, 343f vorgeschlagene Änderung in καταπινομέ̒ου übersieht m.E. den traditionellen Charakter von haer III 19,3).

Die den Abschnitt einleitenden Worte ῞Ωσπερ γὰρ könnten darauf schließen lassen, daß die ganze aus den Zeilen I+II bestehende Überschrift auf Irenäus selbst zurückgeht. Allerdings ist es aufgrund der Struktur des Textes wahrscheinlicher, daß Irenäus lediglich den Anfang (῞Ωσπερ γὰρ) verändert hat, um dieses in seinen Kontext einzupassen. Als ursprünglicher Anfang der traditionellen Formulierung wäre ᾽Ιησοῦς Χριστός ohne weiteres denkbar. Satz III faßt zusammen (igitur/οὖν) und ist eine irenäische Eigenformulierung.

Der originäre Sitz im Leben des Traditionsstückes dürfte die innergemeindliche Katechese sein (einprägsame christologische Lehrformel). Darüber hinaus verweist der Inhalt deutlich auf eine apologetische Situation, in der die Gemeinde gezwungen war, den theologischen Gehalt der Christologie in Form einer (noch nicht in allen Einzelheiten durchreflektierten) Zwei-Naturen-Lehre genauer festzulegen.[298] Sowohl die menschliche als auch die göttliche „Natur" Jesu Christi werden dabei mit Verben umschrieben, welche auf Ereignisse Bezug nehmen, die das Neue Testament berichtet.[299] Das Stück dient im irenäischen Kontext als apologetischer Beweis für die Leidensfähigkeit des inkarnierten Logos Gottes.

Auf der inhaltlichen Ebene sind folgende Beobachtungen wichtig: In den Zeilen I und II ist das Objekt, auf das sich die beiden Passiva πειρασθῇ und δοξασθῇ beziehen, der *eine* Herr Jesus Christus (vgl. haer III 19,2). Dies gilt auch für die vier Passiva[300] der Zeile Ib. Dem *Logos* selbst kommt in diesem Zusammenhang eine aktive Tätigkeit zu: er verhält sich ruhig (Ia: ἡσυχάζοντος, part. act.), um in der Einheit mit dem Menschlichen zu leiden. In Zeile IIa wird von der *menschlichen* Seite Christi passivisch gesprochen (συγγινομένου). Das Subjekt des „Vereinigens" kann hierbei nur das *Göttliche* in Christus sein. Die vier substantivierten Infinitive aus Zeile IIb beziehen sich wieder auf den *einen* Jesus Christus, aber Zeile IIa verrät, daß das Menschliche auch hier passiv ist, während das Göttliche im Siegen etc. aktiv wird und das Menschliche in seine Tätigkeit aufnimmt.[301]

---

298 Obwohl Irenäus in haer III 19,3 (insbesondere mit dem Bild vom „ruhenden Logos") durchaus in die Nähe gnostischer Aussagen über die beiden Naturen Jesu Christi gerät, bleibt festzuhalten, daß seine Formulierung die Funktion hat, Jesus Christus als *einheitliches* Subjekt des Leidens zu bestimmen. Gleichwohl macht gerade die von Irenäus in haer III 19,3 vertretene Position deutlich, wie fließend die Grenzen zwischen christologischer "Orthodoxie" und "Häresie" im 2. Jh. waren. Vielleicht hat Irenäus hier auch einen ursprünglich gnostischen Text umformuliert?

299 Zu πειράζω vgl. Mt 4,1.3 par; Joh 6,6; 8,6; Hebr 2,18; 4,15 u.ö.; zu ἀτιμάζω vgl. Joh 8,49; zu ἀποκτείνω vgl. Mk 8,31; 9,31; 10,34 par; Apg 3,15 u.ö.; zu νικάω vgl. Joh 16,33; Offb 5,5; zu ὑπομένω vgl. Hebr 12,2f; zu ἀνίστημι vgl. Mk 16,6 u.ö.; zu ἀναλαμβάνω vgl. Mk 16,19; Apg 1,2.11.

300 ἀποθνῄσκειν ist zwar Aktivform, der Sinn ist jedoch passivisch (den Tod *erleiden*).

301 Vgl. auch Grillmeier, *Jesus der Christus*, 219; Scharl, *Recapitulatio*, 44-46. Anders die Tendenz bei von Harnack, *Lehrbuch*, 604f; Brox, *FC 8/3*, 242f (im Anschluß an Liébaert, *Christologie*, 34).

In seiner Vereinigung mit dem Menschen ist der Logos Gottes also auch im Leiden in gewisser Weise aktiv. Während dem Menschlichen aufgrund seiner fleischlichen Natur das Leiden und die Aufnahme in die göttliche Machtsphäre *widerfährt*, schafft der Logos selbst die entscheidende Voraussetzung dafür, daß er zusammen mit dem Menschen leiden kann: „er verhält sich ruhig"[302], indem er das Widerfahrnis des Leidens wider seine Natur zuläßt und um der Menschen willen darauf verzichtet, sein Gottsein dem Leiden entgegenzustellen[303] – um sich im Gegenzug, das Leiden bis zum Tod aushaltend, gerade als göttlich zu erweisen.[304] Ein Blick auf exc. Thdot. 61,6f[305] zeigt, daß sich Irenäus gerade darin von seinen valentinianischen Gegnern unterscheidet, daß er den göttlichen Logos am Leiden Jesu Christi im Leib teilnehmen läßt. In exc. Thdot. 61 heißt es:

Der auf Erden mit dem psychischen Leib bekleidete Christus „starb, als sich der Geist, der im Jordan auf ihn herabgestiegen war, von ihm trennte, nicht, damit er für sich sei, sondern er zog sich zurück, damit der Tod wirksam werden konnte, denn wie wäre der Leib gestorben, wenn das Leben in ihm gewesen wäre? Denn so hätte der Tod die Herrschaft über den Herrn bekommen, was widersinnig wäre. Durch eine List aber wurde der Tod überrumpelt. Denn als der Leib gestorben war und der Tod die Herrschaft über ihn erhalten hatte, schickte der Soter den Strahl der Kraft, der auf ihn gekommen war, zurück und vernichtete den Tod; den sterblichen Leib aber weckte er auf, nachdem er die Leiden vertrieben hatte."[306]

Der vom Logos Gottes bewirkte Sieg des *einen* Gott-Menschen über den Tod *im Tod* ist das christologische Paradox (das Unerwartete, Unglaubliche[307]),

---

302 Vgl. Houssiau, *La christologie*, 194f.

303 Vgl. Wingren, *Man*, 116f. S.a. epid 69 (180-182/80): Irenäus versteht Jes 53,7 („Er tut seinen Mund nicht auf wie ein Schaf, wenn es zum Schlachten geführt wird, wie ein Lamm vor dem Scherer verstummt") als Hinweis darauf, daß Christus *freiwillig* zum Tod kommt".

304 Vgl. epid 48 (152-154/67: David tut in Ps 109,7 LXX „die herrliche Erhöhung des Menschlichen und Niedrigen und des Unherrlichen in ihm [sc. Christus] kund"); 72 (186/82f); haer V 13,4 (174,82-180,115). – Die Vorordnung des Göttlichen gegenüber dem Menschlichen in Jesus Christus macht deutlich, daß Irenäus die Christologie in Parallelität zur Soteriologie konzipiert. Wie der Geist bzw. der Logos Gottes im *homo perfectus* das Menschliche in Besitz nimmt und über es bestimmt (s. nur haer V 9,2 [108, 19-112,40]), so ist der Logos in Christus (auch in der Passion) das *regens*, das in letzter Instanz darüber entscheidet, was mit dem einen gott-menschlichen Subjekt geschieht.

305 127,15-23 GCS; dieser Text gehört zu den „ptolemäischen" Stücken der Excerpta.

306 Der auferweckte „psychische" Christus erhält seinen Platz zur Rechten des Demiurgen (s. die Fortsetzung exc. Thdot. 62,1 [128,1f GCS]).

307 Zum „Paradox" vgl. epid 54 (162/160-162) und haer III 21,6 (418-420,150.156f), wo die Jungfrauengeburt und die Rettung des Menschen als *inopinatus* = παράδοξος bezeich-

das Irenäus entschieden gegen die Versuche der Häretiker festhält, das Göttliche in Jesus Christus von jeglicher Berührung mit dem Leiden fernzuhalten. „Und daß Christus, der Geist Gottes ist, leidensfähiger Mensch werden sollte, das deutet die Schrift an; und sie staunt und wundert sich gleichsam über seine Leiden, denn so sollte derjenige Leiden ertragen, unter dessen Schatten wir zu leben dachten" (vgl. Klgl 4,20).[308]

Dieses Paradox bedarf aber auch einer eigenen Erklärung. Die Inkarnation des Logos bewirkt zwar die feste Vereinigung von Gott und Mensch in Jesus Christus und schafft somit die notwendige Voraussetzung für das entsprechende soteriologische Geschehen der *unitio* der Menschen mit dem Geist (bzw. dem Logos Gottes), aber die Inkarnation des Logos *allein* überwindet noch nicht den Tod im menschlichen Fleisch, und sie ist noch nicht die ἀνακεφαλαίωσις desjenigen Ereignisses, das die Menschwerdung des Erlösers notwendig machte: des Ungehorsams Adams am „Holz" im Paradies, durch den er und mit ihm alle seine Nachfahren die *similitudo* mit Gott verloren hatten. Die ἀνακεφαλαίωσις des Ungehorsams Adams und damit zugleich die Überwindung der gott- und menschenfeindlichen Macht des Teufels[309] geschieht am Kreuz.

3.2.3 Der Gehorsam Jesu Christi am Kreuz als ἀνακεφαλαίωσις des wahren Menschseins nach der *imago* und *similitudo* Gottes

3.2.3.1 Der heilsgeschichtlich notwendige Zusammenhang von Inkarnation und Kreuzigung[310]

Daß der Logos Gottes durch die Annahme des menschlichen Fleisches *wahrer* Mensch wird, ist zwar die notwendige Bedingung dafür, daß die menschliche ὁμοίωσις mit Gott wieder hergestellt werden kann. Aber das entscheidende Ereignis, das die Inkarnation notwendig macht – der Ungehorsam Adams am Baum der Erkenntnis im Paradies, der den Verlust der *similitudo*

---

net werden, sowie haer V 5,2 (68,38-41/68,30-34: die Hand/der Sohn Gottes vollbringt an Elia, der im Fleisch unversehrt im feurigen Wagen in den Himmel aufgenommen wurde, an Jona, der vom Wal verschlungen wurde, und an den drei Jünglingen im Feuerofen [Dan 3] παράδοξα καὶ ἀδύνατα; in gleicher Weise wird Gott auch bei der Auferstehung der Toten handeln). S.a. Wingren, *Man*, 137f.

308 Epid 71 (184/81f).

309 Vgl. Wingren, *Man*, 116-118.

310 Vgl. auch oben Abschnitt 3.2.1.

(der Möglichkeit, Menschsein in seiner eigentlichen Bestimmung zu leben) zur Folge hatte – ist damit noch nicht in das Geschehen der ἀνακεφαλαίωσις einbezogen. Christus rekapituliert den Sündenfall nicht schon dadurch, daß er Mensch wird, sondern (erst) durch seinen Gehorsam am Kreuz. Die Inkarnation des Logos ist, für sich alleine genommen, *noch nicht* das entscheidende Heilsereignis. Vielmehr bilden Menschwerdung und Kreuzestod Jesu Christi in der als ἀνακεφαλαίωσις konzipierten οἰκονομία Gottes einen festen Zusammenhang: *Verbum Dei ... caro factum est, et pependit super lignum, uti universa in semetipsum recapituletur.*[311]

Winfried Overbeck[312] ist hier nicht deutlich genug, wenn er sagt: „Das Kreuz ist neben der Inkarnation der Akt der Rekapitulation schlechthin." Das Kreuz ist vielmehr *zusammen mit* der Inkarnation der Akt der Rekapitulation schlechthin. „Überspitzt" und in ihrer Pauschalität unzutreffend ist die Aussage von Alfred Bengsch[313]: „Dementsprechend führt die starke Betonung der Inkarnation dazu, daß man – überspitzt gesagt – die theologia crucis, die Betrachtung des Kreuzes als des Skandalons und des Paradoxons für alles menschliche Denken vermißt." Gleiches gilt für Wilhelm Schneemelcher[314] (bei aller feststellbarer Bezugnahme des Irenäus auf Paulus dürfe „nicht verschwiegen werden, daß trotzdem der Abstand zwischen Irenäus und Paulus vielfach erstaunlich groß ist. Um nur einen Punkt zu nennen: Für Irenäus ist die Inkarnation, für Paulus aber sind Tod und Auferstehung Christi die entscheidenden Heilstatsachen") und Raymund Schwager[315] („Fest steht auf alle Fälle, daß man bei ihm eine ausdrückliche und klar vorgetragene Kreuzestheologie vermißt"). Ähnlich auch Eva Aleith[316]: „Wie unverarbeitet die paulinische Lehre vom Kreuzestod geblieben ist, erhellt daraus, daß seine absolute und überzeitliche Bedeutung auf eine gewissermaßen historisch beschränkte begrenzt werden kann". Demgegenüber betonen Emmeran Scharl[317], Gustaf Wingren[318] und Godehard Joppich[319] zu Recht, wie wichtig die Kreuzigung Jesu Christi für die irenäische Rekapitulations-Theologie ist.

311 Haer V 18,3 (244,71-74); vgl. V 18,1 (236,9f: *ipsum Verbum Dei incarnatum suspensum est super lignum*); III 18,2 (344,14-346,34); IV 10,2 (496,42-45). S. Wingren, *Man*, 120-122 (u.ö.); Noormann, *Paulusinterpret*, 451 (Lit.); Ko Ha Fong, *Crucem tollendo*, 40f; Faus, *Carne*, 223f; Fantino, *La théologie*, 205.
312 *Menschwerdung*, 278.
313 *Heilsgeschichte*, 174.
314 *Paulus*, 19.
315 *Markion*, 307. Ich halte Schwagers Darstellung aaO, 306-308 insgesamt für unzutreffend.
316 *Paulusrezeption*, 70.74f, das Zitat 74f. Vgl. auch Bonwetsch, *Theologie*, 113; Dassmann, *Stachel*, 310; Normann, *Didaskalos*, 151.
317 *Recapitulatio*, 31-39.
318 *Man*, 121f.
319 *Salus*, 101-113.

Irenäus begründet Zusammenhang von Inkarnation und Kreuzigung nicht zuletzt mit dem in haer III 22,3[320] ausgesprochenen Gedanken des Supralapsarismus: Adam ist nach Röm 5,14 *typus futuri*, weil „der Logos als Schöpfer von allem die zukünftige, auf den Sohn Gottes bezogene Heilsordnung des Menschengeschlechts auf sich selbst hin entworfen hatte, indem Gott zuerst den seelischen Menschen vorgesehen hat (*praedestinante*), freilich um vom geistigen erlöst zu werden. Weil nämlich der Erlöser präexistierte, mußte auch etwas werden, das erlöst würde, damit der Erlösende nicht überflüssig wäre." Der Logos ist als Schöpfer zugleich Erlöser, d.h. sowohl seine Inkarnation als auch seine Tod sind in Gottes ewigem Ratschluß immer schon vorgesehen. Jesu Leiden hätte für die Menschheit keine Bedeutung, wenn er nicht wirklich Mensch geworden wäre. Genauso wäre die Inkarnation des Logos ohne den Tod Jesu Christi bedeutungslos.[321]

Zu vergleichen ist weiterhin haer III 21,10[322], wo Irenäus *vor* den Bedingungen der Inkarnation des Sohnes vom Ungehorsam Adams und vom Gehorsam Christi spricht: *Et antiquam plasmationem in se recapitulatus est, quia quemadmodum per inobaudientiam unius hominis introitum peccatum habuit et per peccatum mors obtinuit, sic et per obaudientiam unius hominis iustitia introducta vitam fructificat his qui olim mortui erant hominibus. Et quemadmodum protoplastus ille Adam de rudi terra et de adhuc virgine ... habuit substantiam et plasmatus est manu Dei ..., ita recapitulans in se Adam ipse Verbum exsistens, ex Maria quae adhuc erat Virgo, recte accipiebat generationem Adae recapitulationis. ... Si autem ille (sc. Adam) de terra quidem sumptus est et Verbo Dei plasmatus est, oportebat idipsum Verbum, recapitulationem Adae in semetipsum faciens, eiusdem generationis habere similitudinem.* Gleiches gilt für epid 31-33[323]: In epid 31 ist der Ungehorsam Adams, durch den der Tod über den Leib herrschte, die Begründung dafür, daß der Erlöser die Sünde und den Tod in demselben Leib vernichtet; epid 32 behandelt die typologische Entsprechung der Erschaffung Adams und der Inkarnation Christi; epid 33 nennt zuerst den Ungehorsam Evas und den Gehorsam Marias; abschließend spricht Irenäus nochmals über den Gehorsam Christi am Holz.

Die heilsgeschichtliche Konzeption der ἀνακεφαλαίωσις macht es nun erforderlich, daß Christus in seinem Gehorsam den Ungehorsam Adams nicht nur in inhaltlicher, sondern auch in „formaler" Entsprechung rekapituliert. Irenäus bezieht sich grundsätzlich auf Röm 5,19 (vgl. 1Kor 15,21f).[324] Mit

---

320 438,49-55.
321 Vgl. auch epid 37 (134/58); haer III 18,7 (364,163-370,209/364,1-366,12; 368,1-370,7); IV 22,1 (684,4-686,9).
322 426,215-430,238.
323 126-130/54-46.
324 "ὥσπερ γὰρ διὰ τῆς παρακοῆς τοῦ ἑνὸς ἀνθρώπου ἁμαρτωλοὶ κατεστάθησαν οἱ πολλοί, οὕτως καὶ διὰ τῆς ὑπακοῆς τοῦ ἑνὸς δίκαιοι κατασταθήσονται οἱ

diesem Text ist die *inhaltliche* Seite (Ungehorsam Adams/Gehorsam Christi) angegeben. Über Paulus hinausgehend setzt Irenäus aus polemischen Gründen andere Akzente[325] und baut die Adam-Christus-Typologie in „formaler" Hinsicht aus. Er fügt das konkrete Geschehen, oder besser: den konkreten *Ort* des adamitischen Ungehorsams in den Röm-Text ein und setzt ihn mit dem *Ort* des Gehorsams Christi typologisch in Beziehung. Weil Adam an einem „Holz" ungehorsam war und so zum *homo imperfectus* wurde, mußte Christus als *homo perfectus* seinen Gehorsam an einem „Holz" erweisen und dadurch *homo perfectus* bleiben. Die Kreuzigung ist folglich die einzig mögliche Todesform, die für Jesus in der als ἀνακεφαλαίωσις konzipierten οἰκονομία in Frage kommt.[326]

3.2.3.2 Die theologische Bedeutung des Gehorsams Christi am Kreuzesholz in haer V 16,3-20,2

Irenäus behandelt den Kreuzesgehorsam Christi ausführlich in haer V 16,3-20,2.[327] Die Passage ist folgendermaßen zu gliedern:

V 16,3   *Exposition:* Die Offenbarung des Vaters und des Logos durch das Leiden Christi und die Konsequenzen aus seinem Gehorsam am „Holz".

V 17,1-4   *Unmittelbare Folgerungen:* Der Sohn offenbart den einen Vater als den, dessen Gebot die Menschen übertreten hatten, bewirkt die Versöhnung der Menschen mit dem Vater und vergibt den Menschen ihre Sünden, wodurch er sich als der Sohn Gottes erweist.

V 18,1-3   *Weiterführende Folgerungen:* Der gekreuzigte Logos Gottes ist Schöpfer und Herr des Universums, der die ἀνακεφαλαίωσις seiner Geschöpfe vollbringt.

V 19,1   *Rückblick und Anhang:* Der Ungehorsam Adams und der Gehorsam Christi in Parallelität zum Ungehorsam Evas und dem Gehorsam Marias.

V 19,2-20,2   *Antihäretischer Abschluß:* Die Kirche lehrt die Wahrheit über die Heilsordnung Gottes, die die Häretiker nicht (er)kennen.

πολλοί: s. epid 31 (126-128/54f); haer III 18,6f (362,158f; 368,197-370,202/368,1-370,7); 21,10 (426,216-428,220). Zur kontrovers diskutierten Paulusrezeption des Irenäus, auf die ich nicht weiter eingehen kann, s. Noormann, *Paulusinterpret,* passim; Nielsen, *Adam,* 56-94; Balás, *Use,* passim; Benoît, *Introduction,* 127-141; Schneemelcher, *Paulus,* 12f.18f; Lindemann, *Apostel Paulus,* 51; Aleith, *Paulusverständnis,* 70-81; Bousset, *Kyrios,* 356-362; Dassmann, *Stachel,* 292-315. Zur Gnosis Lindemann, *Paulus,* 97-101.297-343; Pagels, *Gnostic Paul,* passim.

325 Vgl. Noormann, *Paulusinterpret,* 337.

326 S. haer III 18,5 (354,94-356,113); IV 5,4f (432,62-436,87/432,9-434,17).

327 218,35-260,60/218,10-222,33; 232,1-234,18.

Haer V 16,3-20,2 bildet zusammen mit der parallelen Stelle epid 30-34[328] die Grundlage der folgenden Darstellung.[329]

a) Terminologie und Motivik in haer V 16,3-20,2: Betrachtet man haer V 16,3-20,2 unter terminologischen Gesichtspunkten, so fällt zunächst auf, daß das unspezifische Substantiv πάθος aus haer V 16,3[330] in dem ganzen Abschnitt haer V 16,3-20,2 nicht mehr vorkommt (auch das Verbum πάσχειν fehlt), sondern sogleich durch die Worte θάνατος σταυροῦ präzisiert wird. Fortan verwendet Irenäus, wenn er vom Leiden Christi spricht, folgende Ausdrücke[331]:

- Kreuz (σταυρός/*crux*)[332],
- Gehorsam am Holz (ἐν τῷ ξύλῳ ὑπακοή/*obaudientia in ligno*)[333],
- Holz (ξύλον/*lignum*)[334],
- am Holz hängen (*suspensum est super lignum/pependit super lignum*)[335],
- Gekreuzigter (*crucifixum*)[336].

---

328 126-132/54-56. Diese Kapitel der epid sind ebenfalls von der Antithese „Ungehorsam/ Gehorsam" geprägt – zudem kommen die Themen der Eva/Maria, die Suche des verlorenen Schafes (vgl. haer V 15,2) und das Kreuz in kosmischer Deutung vor – und erweisen sich somit trotz kleinerer Varianten insgesamt als Kurzform des haer-Abschnittes.

329 S.a. Faus, *Carne*, 231-253; Orbe, *Teología II*, 104-343; Overbeck, *Menschwerdung*, 277-317.

330 S.o. S. 192 Anm. 241.

331 Die nicht eindeutig überlieferte Stelle haer V 18,3 (244,70: *et in universa conditione infixus*) behandle ich im Zusammenhang mit der kosmischen Deutung des Kreuzes.

332 Haer V 16,3 (218,40/218,14; hier in der Verbindung „Tod des Kreuzes" innerhalb eines Zitats von Phil 2,8); 17,3 (230,72; Irenäus zitiert Teile aus Kol 2,14: ἐξήλειψε το χειρόγραφον τοῦ ὀφειλήματος ἡμῶν καὶ προσήλωσεν αὐτὸ τῷ σταυρῷ).

333 Haer V 16,3 (218,41/218,15; ἐν τῷ ξύλῳ fehlt bei Ir^gr; Ir^lat hat wegen haer V 17,4 [s. die nächste Anm.] und haer V 19,1 sachlich richtig ergänzt); 19,1 (248,4f). Beidemale wird der *obaudientia in ligno* Christi die *inobaudientia in ligno* Adams gegenübergestellt. – S.a. den nächsten Exkurs ab S. 211.

334 Haer V 17,3 (230,73f; Holz ist hier Interpretation des Kreuzes aus Kol 2,14, durch das den schuldig gewordenen Menschen die Sünden vergeben werden); 17,4 (234,93f/234, 10f; innerhalb der Deutung von 2(4)Kön 6,1-7 LXX); in beiden Fällen steht das Kreuzes-Holz wieder in unmittelbarer Verbindung mit dem Holz aus dem Paradies. Die in haer V 17,4 zweimal (232,87/232,4; 234,93/232,8-234,10) vorkommende Wendung ἡ τοῦ ξύλου οἰκονομία (*ligni dispositio;* genaueres dazu u. S. 229): bezieht sich jeweils auf die am Holz des Kreuzes vollzogenen Heilsordnung Gottes. – S.a. den nächsten Exkurs ab S. 211.

335 Haer V 18,1 (236,10: der fleischgewordene Logos Gottes hing am Kreuz); 18,3 (244,73: innerhalb einer kurzen Zusammenfassung des Wirkens Christi): jeweils Aufnahme von Apg 5,30; 10,39; Gal 3,13 (jedoch ohne Bezug auf das paulinische Fluch-Motiv). – S.a. den nächsten Exkurs ab S. 211.

336 Haer V 18,1 (236,11) als Bezeichnung für „den Logos, der am Holz hing".

Der statistische Befund verdeutlicht, daß sich Irenäus in haer V 16,3-20,2 bei den Ausführungen über das „Leiden" Christi zum einen unter Absehung der Begleitumstände der Passion ausschließlich auf das Kreuzesgeschehen konzentriert. Zum anderen richtet er seine Darstellung an dem typologischen Zusammenhang „Holz des Ungehorsams/Holz des Gehorsams" aus.[337] Irenäus gewinnt dieses Leitmotiv durch die Kombination folgender Elemente:

Die typologische Verbindung zwischen dem Baum der Erkenntnis von Gut und Böse im Paradies und dem Kreuz Christi erfolgt zunächst äußerlich über den Begriff, der das Material bezeichnet, aus dem beide bestehen. Was der Baum im Paradies und das Kreuz gemeinsam haben, ist das „Holz" (ξύλον bzw. *lignum*).

Irenäus kann sich dabei auf die Septuaginta stützen, die für den „Baum der Erkenntnis von Gut und Böse" (wie auch für den „Baum des Lebens") das Wort ξύλον verwendet (vgl. Gen 2,8.17; 3,3.6.11f.17).[338]

Der neutestamentliche Gebrauch von ξύλον für das Kreuz Christi ist von Dtn 21,22f her motiviert. Apg 5,30; 10,39 (jeweils κρεμάσαντες ἐπὶ ξύλου) und auch 13,29 (Jesus wird nach seinem Tod ἀπὸ τοῦ ξύλου genommen) wollen durch die Anspielung auf Dtn 21,22f (v.a. 21,23b: „verflucht ist von Gott jeder κρεμάμενος ἐπὶ ξύλου") die besondere Schande deutlich machen, die die Juden durch die Kreuzigung Jesu auf sich geladen haben: Das Handeln Gottes, der den am Holz des Fluches gestorbenen Jesus auferweckt und ihn erhöht hat, steht ihrem Tun diametral entgegen. Paulus zitiert in Gal 3,13 den Halbvers Dtn 21,23b und deutet den *Kreuze*stod Jesu als Aufhebung des Gesetzesfluches, den dieser als Sündloser mit seinem „Hängen am Holz" stellvertretend für alle auf sich genommen hat. 1Petr 2,24 spricht davon, daß der sündlose Jesus unsere Sünden in seinem Leib ἐπὶ τὸ ξύλον hinaufgetragen hat, damit wir der Gerechtigkeit leben.[339]

---

337 Eine gewisse Ausnahme bilden dabei haer V 18,1-3; 20,1f (zur genaueren Interpretation dieser Texte s.u.).

338 Zur Bezeichnung von „lebendigem Holz" als ξύλον in der LXX s. Schneider, *ThWNT* 5, 37. Reijners, *Terminology*, 8f weist darauf hin, daß Josephus σταυρός und ξύλον sowie σταυροῦν und κρεμάζειν jeweils als Synonyme verwenden kann, „and thus it becomes more understandable that the application oft the text from Deut. 21,23 ... to Christ's crucifixion (cf. Gal. 3,13) should have been accepted as natural in Jewish-Hellenized circles" (aaO, 9).

339 Vgl. insgesamt Schneider, *ThWNT* 5, 38f.

b) Überblick über die Verwendung von ξύλον *(lignum) in den Schriften des Irenäus*[340]: Ξύλον *(lignum)* ist bei Irenäus an insgesamt 39 Stellen in Referaten über häretische Lehrmeinungen oder im direkten oder indirekten Zusammenhang mit Kreuzesaussagen belegt.

In den Referaten über die Häretiker kommt „*Lignum*" als Äon nur bei der Barbelo-Gnosis vor (haer I 29,3). Darüber hinaus sollen die Valentinianer die nach Gen 1,11f am dritten Schöpfungstag geschaffenen Bäume als Hinweis auf den zehnten Äon der „Dekas" interpretiert haben (haer I 18,1). Die Wendung προσηλώθη τῷ ξύλῳ *(adfixus est ligno)* in haer I 14,6 im Referat über Markos dürfte auf Irenäus' Sprachgebrauch zurückgehen (vgl. Apg 2,23; 5,30; 10,39; Gal 3,13; insbesondere epid 33). Zieht man haer I 14,6 ab, entfallen nur gut 5% der ξύλον-Belege auf die Gnosis. Keiner von ihnen scheint mit dem Kreuz zusammenzuhängen.

Bei Irenäus liegt ξύλον fünfmal als Bestandteil eines direkten Schriftzitates vor: Haer III 12,5: *Deus patrum nostrorum excitavit Iesum, quem vos apprehendistis et interfecistis suspendentes in ligno* (κρεμάσαντες ἐπὶ ξύλου: Apg 5,30). Haer III 12,7: *(Iesum,) quem et interfecerunt suspendentes in ligno* (ὃν καὶ ἀνεῖλαν κρεμάσαντες ἐπὶ ξύλου: Apg 10,39). Haer III 18,3: *Maledictus omnis qui pendet in ligno* ('Επικατάρατος πᾶς ὁ κρεμάμενος ἐπὶ ξύλου: Gal 3,13 zit. Dtn 21,23). Haer IV 10,2: *pendens in ligno* (κρεμάμενος ἐπὶ ξύλου: Gal 3,13; Dtn 21,23; Irenäus verwendet das kurze Zitat zusammen mit Dtn 28,66 als Beweis, daß der Logos, der am Anfang die Menschen schuf, am Kreuz hängen sollte). Epid 34: *pendens in ligno* (κρεμάμενος ἐπὶ ξύλου: Gal 3,13; Dtn 21,23; im Zusammenhang mit der „Baum-der-Erkenntnis-Typologie"). Dtn 21,22f bildet auch die Grundlage der drei neutestamentlichen Belege, die Irenäus in haer III anführt. Der Hinweis auf den „am Holz Hängenden" dient dort jeweils dem Nachweis der gott-menschlichen Einheit Jesu Christi.

Der *Baum der Erkenntnis,* der für die typologische Interpretation des Kreuzes als „ξύλον des Gehorsams" entscheidend ist, kommt in direkten Zitaten fünfmal vor (alle Belege in haer V 23,1f), als Anspielung auf Gen 2f insgesamt elfmal. Von diesen elf Belegen entfallen zwei auf epid 33f, zwei auf haer V 23,1f und alle übrigen auf haer V 16,3-19,1. In haer V 17,4 deutet Irenäus die Elisa-Geschichte 2(4)Kön 6,1-7 LXX im Sinne der „Baum-der-Erkenntnis-Typologie": Einer der ξύλον-Belege in haer V 17,4 bezieht sich auf die von den Elisa-Schülern gefällten Bäume, zwei auf den „Baum, an dem wir

---

340 Vgl. zum folgenden Schneider, *ThWNT 5*, 36-40; Reijners, *Terminology*, 1-18.50-67 sowie die Tabellen 2 & 3 im Anhang (dort auch die genauen Stellenangaben).

das Wort Gottes verloren haben"; die Bäume der Elisa-Schüler werden dadurch faktisch mit dem Baum der Erkenntnis identifiziert.

In haer V 16,3-19,1 sowie in epid 33f wird das Kreuz Christi innerhalb der „Baum-der-Erkenntnis-Typologie" insgesamt elfmal[341] mit ξύλον bezeichnet. Außer der Typologie spielt die direkte oder indirekte Aufnahme von Dtn 21,22f bzw. Apg 5,30; 10,39; Gal 3,13 die entscheidende Rolle für die hier verwendete Begrifflichkeit. An fünf Stellen steht ξύλον für das Kreuz (haer V 16,3; 17,3; 17,4; 19,1; epid 33), davon dreimal (haer V 16,3; 19,1; epid 33) verbunden mit ὑπακοή (vgl. Röm 5,19). In haer V 17,4 ist das Holz, das Elisa auf das Wasser wirft, typologische Vorabbildung des Kreuzes. Im selben Text taucht zweimal die Wendung ἡ τοῦ ξύλου οἰκονομία (ligni dispositio) auf. Irenäus beschreibt damit den heilsgeschichtlichen Zusammenhang zwischen dem Baum der Erkenntnis (den Bäumen, die die Elisa-Schüler fällen) und dem Kreuz (dem Holz, das Elisa aufs Wasser wirft). In haer V 18,1 (*Verbum Dei incarnatum suspensum est super lignum* [ἐκρεμάσθη ἐπὶ ξύλου]) sowie in V 18,3 (*Verbum Dei ... pependit super lignum* [ἐκρεμάσθη ἐπὶ ξύλου]) bezieht sich Irenäus deutlich auf Apg 5,30; 10,39 bzw. Gal 3,13/Dtn 21,23. Darüber hinaus findet sich in epid 33 die Formulierung *Filius hominis clavis adfixus* (προσηλόω) *est ligno*. Sie ist mit haer I 14,6, epid 56 (*clavis fixus"*), epid 79 (*confige meas carnes* [Ps 118,120 LXX]: jeweils προσηλόω) sowie mit Apg 2,23 zu vergleichen.

In zwei weiteren Typologien verwendet Irenäus für das Kreuz den Begriff ξύλον: In haer IV 5,4 wird das ξύλον (Ir[lat] *ligna*), das Isaak trägt (vgl. Gen 22,6), mit dem Kreuz, das die Jünger Jesu tragen sollten (vgl. Mk 8,34 par), typologisch in Beziehung gesetzt. In epid 45 identifiziert Irenäus die von der Erde bis zum Himmel reichende Leiter, die Jakob im Traum schaut (vgl. Gen 28,12f), mit dem ξύλον, dem Kreuz Christi, auf dem „die, die an ihn glauben, in den Himmel aufsteigen. Denn sein Leiden ist unser Aufstieg nach oben."

Die Formulierung *in ligno martyrii exaltatus a terra* (ἐπὶ τῷ ξύλῳ τῆς μαρτυρίας: haer IV 2,7) hat keine biblische Grundlage, wirkt aber traditionell. Irenäus deutet hier Joh 3,14f; 12,32; auch Röm 8,3 wird aufgenommen.[342] Keine der neutestamentlichen Stellen enthält das Wort ξύλον.

Die in haer IV 34,4 vorkommende Wendung *lignum copulatum ferro* (ξύλον συνενούμενον σιδήρῳ), die auf die Bestandteile eines Pfluges Bezug nimmt, kann m.E. nicht als Kreuzestypologie verstanden werden.[343]

---

341 Im griech. Text von haer V 16,3 fehlt ein Beleg.
342 Vgl. Noormann, *Paulusinterpret*, 172f.
343 S.u. ab S. 334.

Im Vergleich zu allen anderen Kreuzestermini verwendet Irenäus ξύλον (*lignum*) insgesamt am häufigsten, um die (über die bloße Leidensaussage hinausgehende) theologische Bedeutung des Kreuzes auszudrücken.[344] Dafür sind v.a. zwei Gründe ausschlaggebend. Zum einen kommt ξύλον in den Lehren der Häretiker, die Irenäus in haer referiert, im Zusammenhang mit dem Kreuz nicht vor. Zum anderen kann Irenäus auf die biblische Terminologie zurückgreifen.[345] Es ist deshalb nicht überraschend, daß sich die Mehrzahl der ξύλον-Belege bei Irenäus im Rahmen der „Baum-der-Erkenntnis-Typologie" findet, handelt es sich doch bei der Aufhebung des adamitischen Ungehorsams durch den Kreuzesgehorsam Christi um eine τοῦ ξύλου οἰκονομία, deren Inhalt *et per alios quidem multos*[346], die im Alten Bund auf Christus hinwiesen, besonders aber durch Elisa gezeigt wurde.

Das Heilswerk Christi hängt also entscheidend am „Holz".[347] Auffällig ist, daß die theologische Auswertung des Kreuzes in dieser Typologie bei Irenäus weniger mit Hilfe *direkter* Bibelzitate geschieht, die ξύλον enthalten. *Theologisch* wichtiger sind Phil 2,8 und Kol 2,14 (jeweils σταυρός), die für die mit dem Kreuz zusammenhängenden Aspekte „Gehorsam" und „Sündenvergebung" entscheidende Aussagen beisteuern. Die neutestamentlichen Ξύλον-Texte fungieren eher als bestätigende Zusammenfassungen („der Logos Gottes hing am Holz", vgl. v.a. haer V 18,1.3 und epid 33). Aber gerade dadurch gibt Irenäus diesen Schriftstellen eine nicht zu unterschätzende, theologische Wendung. Während er in haer III 12,5.7; 18,3; IV 10,2 (alles Zitate!) mit dem Hinweis auf das Leiden Christi am ξύλον „nur" die Leidensfähigkeit Jesu Christi und die Einheitlichkeit der kirchlichen Verkündigung unterstreicht, die Kreuzesaussage somit ganz in den Dienst der Inkarnationsaussage stellt, wird das „Hängen am Holz" – in Verbindung mit der Inkarnation – zur kürzesten Zusammenfassung des gesamten Heilswerkes Jesu Christi. Im „Hängen am Holz" ist alles enthalten, was in der „Baum-der-Erkenntnis-Typologie" ausführlich dargelegt wird. Aus diesem Grund kann Irenäus auch innerhalb seiner kosmischen Kreuzesdeutung haer V 18,3 das irdische Heilswerk

---

344 Mit ξύλον hängen die Verben προσηλόω, προσπήγνυμι, κρέμαμαι und κρεμάννυμι zusammen (s. die Tabellen 2 & 3 im Anhang).

345 S.o. S. 210. Vgl. Thphl. Ant., Autol. II 25-27 (75,1-77,20 PTS).

346 Haer V 17,4 (230,75).

347 Über das Stichwort „hängen" tritt mit Dtn 28,66 ein weiterer Text in diesen Zusammenhang, der die Heils- (und die Gerichts)aussage der Typologie unterstreicht, dies vor allem in haer V 18,3 (s.u.). Zur Verwendung von Dtn 28,66 als frühkirchliches Kreuzestestimonium vgl. Daniélou, *Leben*, passim (weitere Belege).

Jesu Christi kurz und prägnant mit *et caro factum est, et pependit super lignum* umschreiben.

An zwei weiteren Stellen verbindet Irenäus ξύλον über Typologien mit dem Kreuz. Die in Isaak vorabgebildete Kreuzesnachfolge der Kirche (haer IV 5,4) wird in haer III 18,4f, wo wegen der einschlägigen Schrifttexte der Begriff σταυρός dominiert, ausführlich behandelt. Die Himmelsleiter Jakobs (epid 45), die mit dem ξύλον identifiziert wird, weist sowohl auf die kosmische Kreuzesdeutung als auch auf die Taufe. Daß ξύλον als kurze Zusammenfassung theologischer Inhalte dienen kann, zeigt schließlich auch haer IV 2,7 (*lignum martyrii*).

Irenäus knüpft sowohl in bezug auf den „Baum der Erkenntnis" als auch im Blick auf das Kreuz an die biblische Terminologie an. Was er in diesem Zusammenhang überhaupt nicht aufnimmt, ist die paulinische Deutung des „Gesetzesfluches".[348] Irenäus geht auch in haer III 18,3[349], wo er Gal 3,13 ganz zitiert, nicht auf das Fluchmotiv ein, sondern verwendet die Stelle als Beleg dafür, daß nicht ein von den Häretikern propagierter, leidensunfähiger „Christus" auf einen leidensfähigen „Jesus" herabgestiegen ist, sondern der *eine* Jesus Christus für die Menschen gelitten hat. Auch die mit der neutestamentlichen Aufnahme von Dtn 21,22f verbundene Interpretation des Kreuzes als „Fluchholz" spielt in haer V 16,3-20,2 keine Rolle.[350] Irenäus geht es hier in erster Linie um das Verhältnis von Ungehorsam und Gehorsam, das er aus Röm 5,19 („παρακοή" Adams und „ὑπακοή" Christi; das Kreuz wird nicht erwähnt) und Phil 2,8 (Jesus Christus wurde ὑπήκοος bis zum Kreuzestod) heraus entwickelt.[351]

---

348 Ein völlig anderes Bild zeigt Justins Dialog mit dem Juden Tryphon; vgl. van Unnik, *Fluch,* passim, dort auch die entsprechenden Belege.

349 350,57-65. Vgl. Noormann, *Paulusinterpret,* 135-139.

350 Das Fehlen des Fluchmotives erklärt sich am besten aus der spezifischen Kommunikationssituation von haer. Die Auseinandersetzung mit den Juden spielt für Irenäus nur eine marginale Rolle – wie auch für Justin in den beiden Apologien.

351 Irenäus zitiert Phil 2,8b.c; das Motiv der Erniedrigung von Phil 2,8a [ἐταπείνωσεν ἑαυτόν] ist in der Kreuzigung selbstverständlich enthalten. S.a. epid 34 (130/56: *Igitur, per obaudientiam, qua usque ad mortem* [Phil 2,8] *obaudivit pendens in ligno* [Gal 3,13], *antiquam factam in ligno inobaudientiam solvit*); haer III 18,2. Hinzuweisen ist außerdem auf Hebr 5,8f, eine Stelle, die im Hinblick auf das Argumentationsgefälle und die Terminologie mit Röm 5,19.21 parallel geht: „Obwohl er (sc. Christus) [Gottes] Sohn war, lernte er an dem, was er litt, den Gehorsam (ὑπακοή), und wurde – vollendet – allen, die ihm gehorsam sind (τοῖς ὑπακούουσιν αὐτῷ), zum Urheber ewigen Heils". Vgl. Noormann, *Paulusinterpret,* 335-337.

c) Ξύλον/*lignum in haer V 16,3-20,2:* Wie wichtig Irenäus der Motivkomplex „*Holz* des Ungehorsams/*Holz* des Gehorsams" ist, wird daran deutlich, daß in haer V 16,3-20,2 der Terminus ξύλον/*lignum* (insgesamt acht Belege[352]), verglichen mit σταυρός bzw. σταυρόω (insgesamt dreimal), eindeutig dominiert. An den beiden Stellen, wo Irenäus vom σταυρός spricht, entnimmt er den Begriff neutestamentlichen Zitaten.[353] Beidemale interpretiert er den theologischen Gehalt des Kreuzes durch Formulierungen, die das von der konkreten Kreuzesform abstrahierende Wort ξύλον/*lignum* enthalten[354] und so das Kreuz über die Terminologie mit dem „Baum der Erkenntnis" typologisch verknüpfen.

Mit haer V 18,1 beginnt die weiterführende Interpretation des Kreuzesgeschehens, die vor allem von der Funktion des Logos Gottes für die Schöpfung und der οἰκονομία bestimmt ist (V 18,1-3). Die in haer V 16,3-17,4 im Vordergrund stehende Typologie tritt hier zunächst zurück (sie wird in haer V 19,1f wieder aufgenommen), so daß Irenäus terminologisch nicht so stark an die Verwendung von ξύλον/*lignum* gebunden ist.[355] In haer V 18,1[356] folgt der „*crucifixus*" unmittelbar auf die Erwähnung des „*Verbum Dei incarnatum suspensum est super lignum,*" dient also einerseits der begrifflichen Zusammenfassung des längeren Ausdrucks. Zum anderen betont Irenäus hier, daß auch die „Häretiker" den „Gekreuzigten" bekennen. Haer V 18,1-20,2 ist durch und durch apologetisch ausgerichtet.

Abhängig von der jeweiligen Aussageintention, die Irenäus aus dem Motivkomplex „Holz des Ungehorsams/Holz des Gehorsams" in mehreren Anläufen entwickelt, kann er die Begriffe „Ungehorsam" und „Gehorsam" auch durch andere Wendungen ersetzen.[357] Aufs Ganze gesehen bleiben jedoch *inobaudientia*/παρακοή und *obaudientia*/ὑπακοή (nicht zuletzt deshalb, weil sie sich direkt an den paulinischen Sprachgebrauch anlehnen) die zu-

---

352 Nach Ir[lat], ohne die Vorkommen, die sich auf den Baum der Erkenntnis beziehen.

353 Phil 2,8 (haer V 16,3) und Kol 2,14 (V 17,3), s.o. S. 209 Anm. 332.

354 Haer V 16,3 und V 17,3 (s.o. S. 209 Anm. 332 und 334).

355 Der Befund in epid 33f (130-132/56) bestätigt dies. Irenäus spricht dort zunächst nur vom „Vergehen, das an einem Baum stattfand" und vom „Baum des Gehorsams" (epid 33 Ende) und vom „Gehorsam, den der Menschensohn bis in den Tod festhielt; an das Holz gehängt, löste er den alten mit dem Holz verbundenen Ungehorsam auf" (epid 34). Irenäus verläßt in epid 34 die Typologie und geht zur kosmischen Deutung des Kreuzes über; hier verwendet er dann von der Wurzel σταυρ- abgeleitete Begriffe.

356 S.o. S. 209 Anm. 336.

357 Irenäus spricht z.B. vom „Vertrauen gegen den Logos Gottes" (haer V 16,3 [218,46-220, 47/218,19-220,21]) und von der „Erkenntnis des Guten" (epid 33 [128-130/56]).

sammenfassenden Grundbegriffe für das, was sich an den beiden „Hölzern"
ereignet.

Dies geht nicht nur aus dem programmatischen Einleitungsabschnitt haer
V 16,3 hervor, sondern auch aus haer V 17,1[358], wo Irenäus die beiden Ausdrücke absolut als verkürzende Umschreibung der Gesamttypologie verwendet, sowie aus haer V 19,1[359], wo die Verbindung vom „Ungehorsam am
Holz" und dem „Gehorsam am Holz" als zusammenfassende Rückschau auf
haer V 16,3-18,3 zugleich den Ausgangspunkt für die Überlegungen über das
Verhältnis zwischen dem Ungehorsam Evas und dem Gehorsams Marias bildet. Doch nun zur Einzelinterpretation der Texte.

*d) Das Kreuzesleiden Jesu Christi als Offenbarung des Vaters und Selbstoffen-
barung des Logos*: Haer V 16,3 gibt als programmatische Zusammenfassung
von haer V 16,3-20,2 das Ziel und die theologische Grundlage der gesamten
Argumentation an.

„Und nicht allein aber durch das zuvor Gesagte offenbarte der Herr sowohl den Vater als
auch sich selbst, sondern auch durch das Leiden selbst. Indem er nämlich den am Anfang am
Holz geschehenen Ungehorsam des Menschen aufhob, ‚wurde er gehorsam bis zum Tod,
dem Tode aber des Kreuzes' (Phil 2,8), den Ungehorsam am Holz durch den Gehorsam am
Holz heilend. Er wäre aber nicht durch dasselbe gekommen[360], um den Ungehorsam gegen
den, der uns geschaffen hat, aufzuheben, wenn er einen anderen Vater verkündigt hätte.
Weil er aber gerade durch dasselbe (sc. das Holz), wodurch wir Gott nicht gehorcht und
seinem Wort nicht geglaubt haben, den Gehorsam und das Vertrauen auf sein Wort einführte, zeigte er aufs deutlichste denselben Gott, den wir im ersten Adam beleidigten, indem wir
sein Gebot nicht einhielten, mit dem wir aber im zweiten Adam versöhnt wurden, indem
wir ‚gehorsam bis zum Tode' wurden. Wir waren nämlich nicht einem anderen Schuldner,
sondern jenem, dessen Gebot wir am Anfang übertreten hatten."[361]

Indem er durch sein Leiden am Kreuz *demselben* Vater gehorsam war, dem
die ersten Menschen im Paradies den Gehorsam verweigerten und somit seine „Schuldner" wurden, offenbart Jesus Christus, daß es nur *einen Gott* und
Schöpfer gibt, und daß er selbst der menschgewordene Logos dieses Gottes
ist.[362]

---

358 222,8-11; vgl. epid 31 (126-128/54), wo Irenäus in Aufnahme von Röm 5,12.19; 1Kor
    15,21 zunächst ebenfalls nur von „Ungehorsam" und „Gehorsam" spricht.
359 248,1-5.
360 Meint: er hätte nicht dasselbe wie wir durchgemacht, nämlich den Weg ans „Holz" ge-
    nommen.
361 218,35-220,53/218,10-220,26.
362 Vgl. Orbe, *Teología II*, 106. – Dazu, daß die Menschen in Adams Ungehorsam Schuldner
    des Vaters und Schöpfers wurden, s.a. haer V 17,1 (220,1-5; 222,8-18/220,17-31).

Daß Christus demselben Vater gehorsam war, der den ersten Menschen im Paradies verboten hatte, vom Baum der Erkenntnis zu essen, ist zunächst eine bloße Behauptung. Um die Identität des einen Vaters sicherzustellen, verbindet Irenäus die beiden *Orte* des Ungehorsams und des Gehorsams. Erst die heilsgeschichtlich-typologische Verknüpfung zwischen dem Baum der Erkenntnis und dem Kreuz macht die Offenbarung des Vaters Jesu Christi zur Offenbarung des Gottes, der seinen Menschen am Anfang auferlegt hatte, das *auf das „Holz" bezogene* Gebot zu befolgen, und nun in dem „zweiten Adam" versöhnt worden ist. Hätte der Gehorsam Jesu nicht das Ziel gehabt, den am „Holz" im Paradies geschehenen Ungehorsam aufzuheben, so hätte Jesus nicht den Weg an *dasselbe* „Holz" gehen müssen. Die Identität der *Orte* des von Adam im Paradies nicht geleisteten und von Christus am Kreuz geleisteten Gehorsams erweisen somit die Identität des *einen* Gottes und Vaters.

In epid 31[363] beschreibt Irenäus die Situation des Menschen vor dem Kommen Christi folgendermaßen: „Weil wir nun alle in der Erstschöpfung Adams durch seinen Ungehorsam an den Tod festgebunden wurden, so gebührte es sich, daß der Tod durch den Gehorsam des für uns Mensch Gewordenen aufgelöst werde." Im Anschluß daran behandelt Irenäus zunächst den fleischlichen Leib als den *Ort* der „Erstschöpfung Adams", *in dem* sich Sünde und Tod festgesetzt hatten, sowie die daraus folgende Notwendigkeit der Inkarnation Christi (epid 31f). In epid 33f thematisiert er die *„Hölzer"* als die entscheidenden *Orte, an denen* sich der Ungehorsam Adams und der Gehorsam Christi ereigneten. Die *am „Holz"* geschehene Sünde Adams setzte sich *im Fleisch* Adams fest. Christus kommt *ins Fleisch* und geht *ans „Holz".*[364]

e) Die ἀνακεφαλαίωσις des „Baumes des Ungehorsams" im Kreuz: Das Leiden Jesu am Kreuz gibt als entscheidendes Ereignis der ἀνακεφαλαίωσις eindeutigen Aufschluß über die Situation der seit Adam unter der Macht der Sünde und des Todes stehenden Menschheit. Jesus bewirkt die *recapitulatio,* indem er den Weg des ersten Menschen ans „Holz" ganz nachgeht und den Tod erleidet. Christus trägt am Kreuz selbst den Tod als Folge und letzte Zuspitzung des adamitischen Ungehorsams.[365]

---

363 126-128/54.

364 Vgl. epid 38 (134-136/58): „Nun war Gott, der Vater, voll Erbarmen; er sandte das schöpferische Wort, das kam, um uns zu erretten, und es hielt sich an denselben Orten und Plätzen auf, an denen wir das Leben verloren haben (*in iisdem regionibus nobis et in iisdem locis factum est in quibus nos facti perdidimus vitam*), indem es die Bande jener Fesseln löste."

365 Diese Aussage steht in Parallelität zu dem Gedanken, daß Jesus – um alle Menschen mit sich zu heiligen – erst dann sterben konnte, als er alle Altersstufen durchlaufen hatte (s.

Die Kreuzigung Christi führt also nicht nur den Gehorsam ein und läßt ihn aneignen, sondern in der „Vernichtung der Erkenntnis des Bösen"[366] am Kreuz ereignet sich zugleich die ἀνακεφαλαίωσις des Baumes der Erkenntnis aus dem Paradies als Baum des *Ungehorsams*.[367] Die ἀνακεφαλαίωσις betrifft demnach nicht nur den Menschen, sondern auch den *Ort* seiner ursprünglichen Verfehlung: Indem der Ungehorsam Adams gerade durch sein Gegenteil, den freiwilligen Gehorsam Christi[368], aufgehoben wird, integriert das Kreuz als Ort des Gehorsams den Paradiesesbaum und führt ihn zu seiner eigentlichen Bestimmung zurück, als Baum der Erkenntnis von Gut und Böse gerade Baum des (guten) Gehorsams zu sein.[369]

Wenn die Deutung zutrifft, daß im Tod Jesu am Kreuz auch der Ungehorsam Adams am Baum der Erkenntnis dargestellt wird, so ist damit zugleich

---

haer II 22,4-6). Wie Christus mit allen Menschen darin gleich wird, daß er jedes menschliche Alter annimmt, so auch darin, daß er die bestimmenden Daseinsbedingungen der Menschen – die wahre Fleischwerdung und den Weg Adams ans Holz, der den Tod zur Folge hatte – nachvollzieht (s. haer III 18,7 [366,172-178]; V 23,2 [290,41-292,42]).

366 S. epid 33 (130/56: „Auch das Vergehen, das an einem Baum stattgefunden hatte, wurde durch einen Baum des Gehorsams aufgelöst, indem der Menschensohn im Gehorsam gegen Gott ans Holz geschlagen wurde, wodurch er die Erkenntnis des Bösen vernichtete, die Erkenntnis des Guten aber einführte und aneignen ließ. Und es ist böse, Gott nicht zu gehorchen, wie Gott gehorchen gut ist").

367 Vgl. haer V 16,3 (219,42-44): „... weil er aber gerade durch *dasselbe* (sc. das Holz, an dem Adam ungehorsam war), wodurch wir Gott nicht gehorcht und seinem Wort nicht geglaubt haben, den Gehorsam und das Vertrauen auf sein Wort einführte" (Ἐπειδὴ δὲ δι' ὧν παρηκούσαμεν Θεοῦ καὶ ἠπειθήσαμεν αὐτοῦ τῷ λόγῳ, διὰ τῶν αὐτῶν τὴν ὑπακοὴν εἰσηγήσατο). – Die valentinianisch-gnostischen Schriften EV 18,24-29; 20, 13f.25-27 (84; 86 NHS) und EvPhil 15; 70f; 93f (= 55,6-14 [150 NHS]; 68,17-26 [178]; 73,19-74,12 [188-190]; 156f; 164; 167 NTApo I⁶) beziehen Paradies und Passion ebenfalls eng aufeinander. Dazu Nagel, *Paradieserzählung*, 66-69: „Das durch Christus bewirkte Heil stellt sich als Antityp des im Paradies widerfahrenen Unheils dar" (aaO, 66). Das Todesverhängnis wird u.a. auf das Essen vom Baum der Erkenntnis zurückgeführt. „Die todbringende Frucht des paradiesischen Erkenntnisbaumes wird außer Kraft gesetzt durch die Frucht, die Jesus vom Holz des Kreuzes aus spendet. Die lebenspendende Frucht des Kreuzes,holzes' ... steht der todbringenden Frucht des Paradieses,holzes' dergestalt gegenüber, daß das Passionsgeschehen die antitypische Aufhebung des Paradiesesgeschehens bildet" (aaO, 67).

368 Vgl. epid 69 (182/80): Irenäus versteht Jes 53,7 („Er tut seinen Mund nicht auf wie ein Schaf, wenn es zum Schlachten geführt wird, wie ein Lamm vor dem Scherer verstummt") als Hinweis darauf, daß Christus *freiwillig* zum Tod kommt", und unterstreicht damit indirekt den soteriologisch entscheidenden Zusammenhang zwischen der Willensfreiheit und dem Gehorsam des Menschen.

369 Vgl. auch haer IV 38,4 (960,105-114).

gesagt, in welch erniedrigtem Zustand sich die Menschheit „in Adam" befindet: Der *gekreuzigte* Christus ist jeglicher Würde beraubt. Durch seine anfängliche Verfehlung gegen Gott verfehlte der Mensch seine Bestimmung, nach der *similitudo* Gottes zu sein und in unvergänglicher Gemeinschaft mit Gott zu leben. Der Tod, dem der Mensch seitdem unterworfen ist, ist der tiefste Ausdruck dieser vom Menschen in die Wege geleiteten Selbsterniedrigung und -entwürdigung.

f) Die Einbeziehung der Menschen in den Gehorsam Christi: Wie der Ungehorsam Adams die ganze Menschheit betraf, so wirkt sich auch der Gehorsam Christi auf alle Menschen aus. Indem er den Gehorsam erneut einführte, zeigte Christus denselben Gott, „den *wir* im ersten Adam beleidigten ..., mit dem *wir* aber im zweiten Adam versöhnt wurden, indem *wir* gehorsam bis zum Tode wurden" (ἐν δὲ τῷ δευτέρῳ ᾿Αδὰμ ἀποκατηλλάγημεν ὑπήκοοι μέχρι θανάτου γενόμενοι).[370] „Der Ungehorsam Adams ist ‚*unser*' Ungehorsam, in Christus sind ‚*wir*' gehorsam geworden."[371] Im neuen Gehorsam der Glaubenden gegen Gott wirkt sich der Gehorsam Christi heilvoll aus. Weil der Gehorsam Christi den Tod überwunden hat, besteht für alle Menschen, die sich in den Raum dieses Gehorsams begeben, die Gewißheit, an der Unverweslichkeit teilzunehmen, wie sie im Sohn Gottes erschienen ist.[372]

Dieses Geschehen ist jedoch kein Automatismus. Vielmehr fordert der Kreuzesgehorsam Jesu Christi die Menschen unmißverständlich und kompromißlos zum Gehorsam auf. Die *Möglichkeit* des menschlichen Ungehorsams bleibt also weiterhin bestehen. Denn im Kreuz wird der Baum der Erkenntnis aus dem Paradies nicht etwa abgeschafft, sondern eindeutig als derjenige Ort kenntlich gemacht, an dem der Ungehorsam Adams stattfand. Dieser Ungehorsam kann sich gerade angesichts des Kreuzes fortsetzen.[373] Wie nämlich der menschliche Gehorsam schon im Paradies auf den noch *unsichtbaren* Logos als Geber des Gebots bezogen war[374], so richtet sich der

---

370 Haer V 16,3 (220,48-51/220,21-24). Der Gehorsam Christi am Kreuz ist, weil er *bis zum Tod* geht, die tiefste Ausdrucksform des Gehorsams gegen Gott. Solcher Gehorsam ist in gleicher Weise von den Glaubenden gefordert (vgl. Phil 2,5: Τοῦτο φρονεῖτε ἐν ὑμῖν ὃ καὶ ἐν Χριστῷ ᾿Ιησοῦ). Die zitierte Passage aus haer V 16,3 ist eine konsequente Auslegung von Phil 2,5. Vgl. auch haer III 12,13 (236,457f).

371 Noormann, *Paulusinterpret*, 336; vgl. aaO, 416-420.

372 S. epid 31 (126-128/54) und haer V 16,2 (216,21-34/216,1-9).

373 Vgl. nur haer IV 33,15 (842,325-846,345); V 1,3 (26,73-83).

374 Vgl. haer V 17,1 (222,18-31); 17,2 (226,45-228,57); epid 12 (100/41). Irenäus kann einmal davon sprechen, daß es der *Vater* ist, der das Gebot gab, andererseits aber davon, daß der Logos Geber des Gebotes ist. Der Vater ist der ursprüngliche Urheber des Gebotes ist,

Gehorsam des Neuen Bundes ebenfalls auf den Logos Gottes, der – nun allerdings *sichtbar* – am Kreuz hängt. Weil der Logos selbst allein die Kenntnis Gottes vermittelt[375], ist das Kreuz der neue „Baum der Erkenntnis", an dem die Entscheidung über Gehorsam und Ungehorsam des Menschen gegen Gott fällt.[376]

Die Kirche ist deshalb *„paradisus in hoc mundo.*[377]" Sie ist diejenige Gemeinschaft, die sich um das Kreuz, also um den neuen Baum der Erkenntnis von Gut und Böse versammelt und sich in Leben und Lehre *gehorsam* an der von Christus am Kreuz eröffneten Erkenntnis orientiert. Die Häretiker befinden sich demgegenüber außerhalb des „Paradieses" am „alten" Baum des Ungehorsams, weil sie meinen, sich mit Hilfe *ihrer* „Erkenntnis" über den einen Gott hinwegsetzen zu können.[378] Wie der Zugang und das Verbleiben im „neuen" Paradies konstitutiv mit dem Kreuz zusammenhängen, so auch das Verbleiben im „neuen alten" Ungehorsam.

Christus offenbart durch seinen Gehorsam am Kreuz keine neue Gehorsamsforderung Gottes, sondern den einen, zu allen Zeiten gleichbleibenden Gehorsam, den Gott von allen Menschen verlangt. Damit ist zugleich gesagt, daß es immer der eine und selbe Gott (als Vater und Logos[379]) ist, der seine Gehorsamsforderung an die Menschen richtet. Diese Forderung bestimmt das Gottesverhältnis der Menschen sowohl unter den Bedingungen des Alten Bundes als auch im Neuen Bund konstitutiv. Allein durch den Glauben an und den Gehorsam gegen Gott empfängt der Mensch die Herrlichkeit Gottes, die ihm als Geschöpf fehlte (nicht jedoch durch Opfer[380]). Auch den Gehorsam der Gerechten des Alten Bundes versteht Irenäus als Christusnachfolge. Gehorsam gegen Gottes Gebot ist zugleich Gehorsam gegen den Logos Gottes, der die Gebote mitgeteilt hat. Christus ist somit auch das Objekt, auf das sich der Gehorsam richtet, im Alten Bund noch implizit, seit der Einsetzung des Neuen Bundes aber explizit[381]:

---

der Logos gibt es an die Menschen weiter. Der menschliche Ungehorsam richtete sich also nicht nur gegen den Vater, sondern auch gegen den Sohn.

375 S. v.a. haer IV 5,1 (426,15-18); 6,1-7,4 (436,1-464,72); weiterhin II 30,9; IV 20,6f.11.

376 Epid 33 (130/56) spricht nur scheinbar gegen diese Feststellung. Ich verstehe die „Vernichtung der Erkenntnis des Bösen" als *indikativischen* Ausdruck für den Gehorsam Christi als Bedingung der Möglichkeit, Gott den Gehorsam entgegenzubringen, wie er ursprünglich gedacht, seit Adam aber nicht oder nur kaum möglich war.

377 Haer V 20,2 (258,41); zur ekklesiologischen Funktion des Kreuzes s.u.

378 S. haer V 20,2 (258,40-260,54).

379 S.o. S. 219 Anm. 374.

380 S. haer IV 16,4 (568,85-570,87); 17,1-4 (574,1-590,135). – Zur Eucharistie der Kirche als Opfer s.u.

381 Zum folgenden s.a. Houssiau, *La christologie*, 114-118; Wingren, *Man*, 63-65.176-180; Noormann, *Paulusinterpret*, 390-426; Jaschke, *Geist*, 274-277; Bacq, *Alliance*, 101-129; Berthouzoz, *Liberté*, 155-167.

Wie die prophetischen Weissagungen die Ankunft Christi zum Inhalt hatten, so gab das (von der pharisäischen Überlieferung zu unterscheidende) Gesetz nach Irenäus durch zeitlich-irdische Güter eine „schattenhafte Zeichnung der ewig-himmlischen Dinge", um die Menschen, die in den Zeiten vor Christus lebten, auf Christus hin zu erziehen.[382] Das Gesetz lehrte die Menschen im voraus, Christus zu folgen. Die entscheidenden Mittel dieser Erziehung zu Christus liegen zum einen in dem zentralen Gebot der Gottes- und – daran anschließend – der Nächstenliebe.[383] Diese Gebote sind heilsnotwendig und deshalb sowohl im Gesetz als auch im Evangelium die ersten und größten.[384] Zum anderen ist von den Geboten allein der Dekalog, der die „Naturgebote" enthält, zur Rechtfertigung des Menschen nötig.[385] Jene natürlichen Gesetze seien schon vor der Verkündigung des Mosegesetzes von denjenigen eingehalten worden, die Gott liebten, denen die „Kraft des Dekalogs in die Herzen und Seelen geschrieben war"[386] und die durch den Glauben gerechtfertigt wurden.[387] Die übrigen Vorschriften des Alten Bundes (z.B. Beschneidung und Sabbat) versteht Irenäus entweder nur als Zeichen für das kommende Heil, oder aber als Erlasse Gottes, die wegen der Hartherzigkeit der Israeliten notwendig waren, keinesfalls jedoch zur Rechtfertigung ausreichen würden.[388]

Christus selbst hat nun die „natürlichen Gebote" des Dekalogs nicht aufgehoben, sondern erfüllt und erweitert. Der Glaube richtet sich nicht mehr allein auf den Vater, sondern auch auf den geoffenbarten Sohn, der in die Gemeinschaft und Einheit mit Gott führt. Zum anderen gebietet er, nicht nur das im Gesetz Verbotene, sondern selbst die Begierden danach zu vermeiden.[389] Durch diese erweiterte Neuinkraftsetzung des Dekalogs entbindet Christus die Glaubenden von der alten Knechtschaft und führt sie zu den Werken der Freiheit, die von den Kindern Gottes wegen der Zuversicht auf das neue Heil in umso größerem, von der Liebe zum Vater getragenem Gehorsam vollbracht werden können.[390] „Weil also alle natürlichen Gebote uns und jenen (sc. den Juden) gemeinsam sind, haben sie bei jenen gewissermaßen einen Anfang und Ursprung, bei uns aber Wachstum und Erfüllung erhalten. Gott beistimmen nämlich und seinem Wort folgen, ihn über alles lieben und den Nächsten wie sich selbst ..., sich von allem bösen Handeln zu enthalten und was weiterhin beiden gemeinsam

---

382 S. haer IV 11,4 (506,76-508,89); 12,1 (510,15-17).
383 S. haer IV 12,2 (512,25-514,45).
384 S. haer IV 12,3 (514,46-516,55).
385 S. haer IV 15,1 (548,3-6). – In ep. 5,3 (60 SC) nennt Ptolemäus den Dekalog „das zwar reine und von Beimischung freie Gesetz Gottes", das „aber das Vollkommene nicht hat und der Erfüllung durch den Erlöser bedarf." Zur Vorstellung vom „neuen Gesetz", das Christus der Kirche gegeben hat, s. Kühneweg, *Gesetz*, passim (mit Belegen; zu Irenäus v.a. 134-136).
386 Haer IV 16,3 (564,50-53).
387 S. haer IV 13,1 (524,1-5).
388 S. haer IV 15,2-16,2 (554,41-44; 558,1-562,33).
389 S. haer IV 13,1 (526,18-24).
390 S. haer IV 13,2f (528,33-47; 532,67-78); IV 28,1f (754,1-758,41: Im Alten Bund übte Gott seine richtende Gerechtigkeit „vorbildlich und zeitlich und maßvoll" aus, im Neuen Bund jedoch verhängt Gott eine ewige Strafe über die Ungehorsamen, weil durch das Wirken Christi die Freiheit und der Glaube der Menschen vermehrt und die Gebote wegen der größeren Freiheit radikalisiert wurden).

ist, weist auf ein und denselben Gott. Das ist aber unser Herr, der Logos Gottes, der zuerst zwar die Knechte zu Gott hinzog, danach aber die befreite, die ihm Gehorsam entgegenbrachten."[391]

Christus ist also insofern „Anfang" und „Ende" des Gesetzes, als er selbst die Menschen durch das Gesetz als Knechte zum Gehorsam vorbereitet, um das Gesetz in Form der Werke der Freiheit den Christen ins Herz zu legen. Der Gehorsam der Christusnachfolge hat zwar weitestgehend den gleichen Inhalt wie der Gehorsam im Alten Bund, aber wegen des neuen Status der Glaubenden – sie sind die von der Knechtschaft befreiten Kinder Gottes – eine völlig andere Qualität.[392]

g) Das Kreuz als Ort der Versöhnung: Mit dem Gedanken, daß in Christus die in Adam schuldig gewordene Menschheit mit Gott *versöhnt* wurde[393], knüpft Irenäus deutlich an paulinische Aussagen an, führt aber auch über diese hinaus.[394]

Der Sprachgebrauch in haer V 16,3 (ἀποκαταλλάσσω = *reconciliare*) erinnert außer an Röm 5,10; Kol 1,20-22 vor allem an 2Kor 5,18-21, wo Paulus die Rechtfertigung des Menschen in Christus unter der Perspektive der καταλλαγή darstellt. Paulus spricht in den genannten Versen zwar nicht vom Kreuz, spielt aber durch kleinere Wendungen darauf an: vgl. τὸν λόγον τῆς καταλλαγῆς (2Kor 5,19) mit ὁ λόγος ... τοῦ σταυροῦ (1Kor 1,18); außerdem das ὑπὲρ ἡμῶν (2Kor 5,21), das auf das stellvertretende Leiden Christi verweist, und die Aussage im selben Vers, daß Christus von Gott ᵃὑπὲρ ἡμῶν ἁμαρτίαν ἐποίησεν, ἵναᵇ ἡμεῖςᶜ γενώμεθαᵈ ᵉδικαιοσύνη θεοῦᵉ ᶠἐν αὐτῷᶠ, die strukturelle Parallelen mit Gal 3,13f aufweist[395] (Χριστὸς ἡμᾶς ἐξηγόρασεν ἐκ τῆς κατάρας τοῦ νόμου ᵃγενόμενος ὑπὲρ ἡμῶν κατάραᵃ [es folgt das Zitat aus Dtn 21,23], ἵναᵇ ᶜεἰς τὰ ἔθνηᶜ ᶜἡ εὐλογία τοῦ Ἀβραὰμᵉ γένηταιᵈ ᶠἐν Χριστῷ Ἰησοῦᶠ, ἵναᵇ ᶜτὴν ἐπαγγελίαν τοῦ πνεύματοςᶜ λάβωμενᶜ/ᵈ διὰ τῆς πίστεως). Das Wort *propitiare* (ἱλά[σκ]ομαι) aus haer V 17,1 erinnert an das Traditionsstück Röm 3,25, wo Christus als derjenige bezeichnet wird, den Gott als ἱλαστήριον[396] „durch den Glauben in seinem Blut aufgestellt" hat zum „Erweis seiner Gerechtigkeit, indem er die früher begangenen Sünden vergibt". Irenäus assoziiert also Paulusstellen, die das Versöhnungsgeschehen implizit oder direkt mit dem Kreuz in Verbindung bringen.

---

391 Haer IV 13,4 (534,79-89).

392 Vgl. auch epid 87 (200-202/88f); 89f (202-206/90f).

393 S. haer V 16,3 (s. o. S. 219 Anm. 370); 17,1 (222,8-10).

394 Vgl. Prümm, *Neuheit*, 209-212; Noormann, *Paulusinterpret*, 336f; 452-454 (hier zu den Differenzen zwischen Paulus und Irenäus); Orbe, *Reconciliación*, passim (v.a. 22-26).

395 Die Entsprechungen sind durch kleine Buchstaben kenntlich gemacht.

396 Paulus bezieht sich damit möglicherweise auf das Kreuz als den neu eingesetzten Ort der Versöhnung; s. dazu Büchsel, *ThWNT 3*, 321-324; Wilckens, *Römer*, 190-193; Roloff, *EWNT II*, 456f; Kraus, *Tod*, passim (v.a. 150-157; 184-188).

Die Versöhnung ist die direkte Folge des Gehorsams Jesu Christi. Wie in ihm alle Menschen „gehorsam" wurden, so wurden sie auch mit Gott versöhnt. Die am Kreuz bewirkte Versöhnung ist gleichzeitig die Bedingung der neu eröffneten Möglichkeit für den direkten Umgang (*conversatio*) der Glaubenden mit dem Schöpfer im Gebet[397] und den Gehorsam (*obaudientia* bzw. *subiectio*) gegen Gott. Die Menschen werden in Christus zugleich versöhnt *und* gehorsam. Beide Aspekte gehören für Irenäus untrennbar zusammen.

h) Das Kreuz als Ort der Sündenvergebung: Die Versöhnung der Menschen mit Gott geschieht dadurch, daß Christus den Menschen durch seinen Tod am Kreuz ihre *Sünden erläßt*.[398] Der Schlußsatz von haer V 17,3[399] zeigt dies: David habe mit Ps 31,1-2a LXX auf die durch die Ankunft Christi erfolgte Vergebung hingewiesen, „durch die er die Handschrift unserer Schuld austilgte und sie ans Kreuz heftete (vgl. Kol 2,14), damit, wie wir durch das Holz Schuldner vor Gott geworden sind, wir auch durch das Holz die Vergebung unserer Schuld empfingen."

Christus ist zur Vergebung der menschlichen Schuld in der Lage, weil er selbst als Logos (bzw. „Stimme") Gottes den Menschen im Paradies das Gebot gab. Nur der kann in Wahrheit vergeben, dessen Anordnungen übertreten wurden.[400] Außerdem erweist sich der menschgewordene Logos gerade darin als Gott, daß ihm vom Vater die Vollmacht zur Sündenvergebung übertragen wurde; denn es ist allein Sache Gottes, Sünden zu erlassen.[401] Nicht umsonst wollen die „Zeichen" (*signa*) Jesu, in denen er Menschen die Sünden vergibt, als Aufforderungen verstanden werden, Gott selbst, dem Urheber der Sündenvergebung, die Ehre zu geben[402] und fortan nicht mehr zu sündigen.[403]

---

397 S. haer V 17,1 (222,12-18). Die Vaterunser-Bitte *Et remitte nobis debita nostra* (Mt 6,12) ist für Irenäus ein weiterer Beleg dafür, daß Christus keinen anderen Vater verkündigt hat als den, dessen Gebot die Menschen nicht eingehalten haben.

398 Die von Jesus einzelnen Menschen in der Zeit seines öffentlichen Wirkens zugesprochene Sündenvergebung (Irenäus führt Mt 9,1-8 als Beispiel an) weist auf die am Kreuz in universaler Weise vollzogene *remissio*. Vgl. Noormann, *Paulusinterpret*, 451.

399 228,67-230,74. Vgl. Noormann, *Paulusinterpret*, 339.

400 Vgl. oben S. 219 Anm. 374. Zur antimarkionitischen Spitze in haer V 17,1 s. Overbeck, *Menschwerdung*, 281f.

401 S. haer V 17,3 (228,58-64).

402 S. haer V 17,2 (226,40-49).

403 Vgl. haer IV 27,2 (738,79-744,118). Irenäus greift hier eine Presbytertradition auf, die die Einmaligkeit des Todes Christi daraufhin deutet, daß Sünden die *post agnitionem Christi* begangen werden, *möglicherweise* (*ne forte*) vergeben werden. „Der Presbyter stellt die Gefahr, keine Sündenvergebung mehr zu erlangen, als Möglichkeit warnend vor Augen,

Christus verschafft dadurch, daß er sich in der *remissio peccatum* als *Gott* erweist, den Menschen die Gewißheit, daß ihr Heil wirklich von Gott kommt.[404] Die aus dem Erbarmen Christi geschehende Nachlassung der Sünden ist aber nicht nur der Beweis für die Göttlichkeit des Menschensohnes. Vielmehr kommt in seinem „Mitleid" mit den Menschen auch seine wahre Menschheit zur Erscheinung.[405]

Die beiden Begriffe „mitleiden" (*compatior*/συμπαθέω) und „sich erbarmen" (*misereor*/ἐλεέω) erinnern an Stellen aus dem Hebräerbrief, die für dessen Christologie von fundamentaler Bedeutung sind. Hebr 2,14-18 handelt über die Gleichheit des Erlösers mit den Menschen. Er mußte Fleisch und Blut annehmen, um durch seinen Tod den Teufel als denjenigen zu überwinden, der die Macht über den Tod hat und so die Menschen in Knechtschaft hält. „Daher mußte er (sc. Christus) in allem seinen Brüdern gleich werden, damit er barmherzig (ἐλεήμων) würde und ein treuer Hohepriester vor Gott, um die Sünden des Volkes zu sühnen (ἱλάσκεσθαι). Worin er nämlich – versucht – selbst gelitten hat, kann er den Versuchten helfen." Hebr 4,14-5,10 knüpft daran an. In Christus haben die Glaubenden „nicht einen Hohenpriester, der nicht mitleiden (συμπαθῆσαι) könnte mit unseren Schwachheiten, sondern einen, der gleichermaßen in allem versucht wurde, aber ohne Sünde. Laßt uns also mit Freimut hinzutreten zum Thron der Gnade, damit wir Barmherzigkeit (ἔλεος) empfangen und Gnade finden als Hilfe zur rechten Zeit" (4,15f). Auf die enge Verbindung von Leiden und Gehorsam Christi sowie das Heil derer, die ihm gehorsam sind (Hebr 5,8f), wurde bereits hingewiesen.[406]

Irenäus übernimmt den Gedanken, daß Christus zugleich mit den Schwachheiten der Menschen mitleiden und ihnen aus Erbarmen die Sünden vergeben kann. Wie Hebr bezieht er dabei das Mitleiden auf Jesu Menschheit: Christus wurde wie Adam vom Teufel versucht, ohne sich jedoch zu versün-

---

behauptet jedoch nicht die strikte Unmöglichkeit einer Sündenvergebung nach der Taufe", was nicht zuletzt aus den in haer I 13 geschilderten Fällen hervorgeht (Noormann, *Paulusinterpret*, 231 [mit Lit.], der den Forschungskonsens wiedergibt; vgl. aaO, 228-232 [zur Aufnahme der Paulustexte in diesem Abschnitt]); ähnlich auch Prümm, *Neuheit*, 210f; anders Koch, *Sündenvergebung*, 41-45; vgl. auch Dölger, *Sphragis*, 126-140 (schließt sich aaO, 132 Koch an).

404 Vgl. haer III 18,7 (364,163-366,176; 368,192-370,209/364,2-366,12).

405 S. haer V 17,3 (228,64-67). Zum Erbarmen bzw. der Barmherzigkeit (*misericordia*) als Prädikat des göttlichen Wesens (an den mit * gekennzeichneten Stellen wird diese göttliche Eigenschaft auch Christus zugesprochen) vgl. epid 8; 38; 60*; haer III 6,4; 18,6*; 23,5.6; 25,3; IV 20,8; 40,3; V 21,3. Nach haer I 4,1 erbarmt sich der „obere" Christus der Valentinianer der gefallenen Enthymesis (οἰκτείρω = *misereor*) und streckt sich ihr über den Horos/Stauros hinweg entgegen. In haer II 31,3 betont Irenäus, daß in der Kirche im Gegensatz zu den Häretikern Mitleid (*miseratio*), Erbarmen (*misericordia*), Kraft und Wahrheit zur Hilfe für die Menschen gelebt wird.

406 S.o. S. 214 Anm. 351.

digen und dem Ungehorsam gegen Gott zu verfallen.[407] Er lernte auf diesem Weg die Wurzeln des menschlichen Ungehorsams selbst kennen, wurde also den Menschen insofern ganz gleich, als er auf dem Weg des Gehorsams „durch dasselbe kam" (haer V 16,3) wie sie. Das in der Sündenvergebung zum Vollzug kommende Erbarmen, das Hebr dem hohepriesterlichen Wirken des Erlösers zuweist (Sühne, Empfang der Barmherzigkeit am himmlischen „Thron der Gnade"), verbindet Irenäus entsprechend mit der Sündenvergebung, dem göttlichen Wirken Christi.[408] Der geschilderte Zusammenhang der *remissio* dient also nicht zuletzt der Offenbarung Jesu Christi als des einen, *mensch*gewordenen Logos *Gottes* und damit der Offenbarung des *einen* Vaters.[409]

i) Die Elisa-Typologie: In haer V 17,4[410] führt Irenäus als Illustration der *dispositio ligni* eine zweite Typologie ein, mit der er einerseits das seit haer V 16,3 Gesagte zusammenfaßt, andererseits eine inhaltliche Überleitung zu haer V 18,1-3 herstellt. Der biblische Text, der der Typologie zugrundeliegt, ist 2(4)Kön 6,1-7 LXX.

Es besteht guter Grund zu der Annahme, daß Irenäus das Beispiel des Elisa einer Testimoniensammlung zum Stichwort „Holz" (= „Kreuz") entnommen hat, worauf vor allem der Eingangssatz (*Hoc et per alios quidem multos, iam autem et per Heliseum prophetam significanter ostensum est*) hinweist. Irenäus wird aber kaum auf die Justin vorliegende Sammlung von

---

407 Vgl. haer V 21,1-24,4, wo Irenäus ausführlich den Sieg Christi über den Teufel, der ihn in Versuchung führen wollte, behandelt. Zum Verhältnis von Versuchung und Kreuzestod Christi s. Noormann, *Paulusinterpret,* 450 („Beide Ereignisse sind prononcierte Äußerungen des *einen* Gehorsams, der das gesamte Dasein des Menschgewordenen bestimmt"); Wingren, *Man,* 118-120.

408 Vgl. haer IV 8,2 (470,42-46). Nach haer III 18,5 (360,131-137) erweist Christus als *Logos Gottes* seine Langmut (*longanimitas*), Geduld (*patientia*), Barmherzigkeit (*misericordia*) und Güte (*bonitas*) am *Kreuz* gegenüber denen, die ihn gekreuzigt haben, indem er für sie betet (vgl. Lk 23,34; s.a. haer III 16,9). Die gleiche Zuordnung des Prädikats „barmherzig" zur Gottheit Christi läßt haer III 18,6 (362,155-364,163) erkennen: „Weil aber allein unser Herr wahrhaft Lehrer ist, ist auch der Sohn Gottes wahrhaft gut (*bonus*) und geduldig (*patiens*) der Logos Gottes, des Vaters, der Menschensohn geworden ist. Er kämpfte nämlich und siegte; denn er war Mensch, der für die Väter stritt und durch Gehorsam den Ungehorsam aufhob; er band aber den Starken und löste die Schwachen und schenkte seinem Geschöpf Heil, indem er die Sünde vernichtete. Denn äußerst treu (*piissimus*) und barmherzig (*misericors*) ist der Herr, das Menschengeschlecht liebend (*amans*)." Vgl. auch haer IV 20,8 (654,218-221), wo Irenäus Ex 34,6f (bezogen auf den Vater) zitiert

409 Vgl. haer V 16,3!

410 230,75-234,101/232,1-234,18.

Kreuzestestimonien (s. dial. 86,1-2.4-6[411]) zurückgegriffen haben[412], zumal sich Justins Interpretation von 2(4)Kön 6,1-7 (dial. 86,6[413]) deutlich von der des Irenäus unterscheidet. Auffällig ist jedoch, daß Justin von allen angeführten Testimonien allein der Elisa-Geschichte eine ausführliche Deutung gibt (alle anderen Belege „sprechen für sich"): „Indem Elisa ein Holz (ξύλον) in den Jordanfluß warf, barg er das Eisen der Axt, mit der die Prophetensöhne gegangen waren, Bäume für den Bau des Hauses zu schlagen, in dem sie das Gesetz und die Gebote Gottes lesen und einüben wollten. So hat auch uns, die wir in schwersten Sünden, die wir begangen hatten, untergetaucht waren (βεβαπτισμένους), unser Christus durch die Kreuzigung am Holz und durch die Reinigung mit Wasser (διὰ τοῦ σταυρωθῆναι ἐπὶ τοῦ ξύλου καὶ δι' ὕδατος ἀγνίσαι) erlöst und uns zu einem Haus des Gebetes und der Verehrung gemacht hat." Im Gegensatz zu Irenäus betont Justin das Motiv der Taufe (die Verbindung von „Holz"/Kreuz und „Wasser"/Taufe prägt dial. 86 insgesamt) und das „Haus des Gebetes". Diese beiden Aspekte spielen bei Irenäus keine Rolle. „Selbst für den Fall, daß Irenäus hier auf Justins Testimoniensammlung zurückgreift, ist deutlich festzustellen, daß er eine eigenständige, auf die Belange seiner Beweisführung abgestellte Interpretation vornimmt."[414] Diese lautet folgendermaßen:

Einem Schüler Elisas fällt beim Fällen der für einen Zeltbau benötigten Bäume (*ligna*/ξύλα) das Eisen (*ferrum* = σιδήριον) seiner Axt (*securis* = ἀξίνη) in den Jordan. Das Werkzeug bleibt unauffindbar. Elisa kommt an den Ort des Geschehens, läßt sich die Stelle zeigen, an der das Eisen unterging, und wirft ein Holz (*lignum*/ξύλον) auf das Wasser. Dadurch taucht das Eisen des Beils auf. Die Schüler, die das Eisen verloren hatten, nehmen es wieder auf. In seiner Paraphrase betont Irenäus im Hinblick auf seine Interpretation folgende Aspekte der Elisa-Geschichte:

Zum einen stehen als zentrale typologische Anknüpfungspunkte die „Hölzer", die die Elisa-Schüler fällen, und das „Holz", mit dem Elisa das Eisen schwimmend macht, im Vordergrund des Interesses (s. 2(4)Kön 6,4.6 LXX, wo entsprechend von ξύλα/ξύλον die Rede ist). Wie schon in der Adam-Christus-Typologie ist auch hier die Terminologie durch den Begriff „Holz" geprägt. „Σταυρός" fehlt, obwohl das Elisa-Holz das Kreuz symbolisiert.

Zum anderen legt Irenäus besonderen Wert darauf, daß es das Eisen einer *Axt* war, das in den Jordan fiel. Selbstverständlich ist mit dem σιδήριον aus 2(4)Kön 6,5.6 LXX der obere Axt-Teil gemeint; das Wort ἀξίνη kommt jedoch im Septuagintatext nicht vor. Irenäus betont die Axt deshalb, weil er im folgenden über Mt 3,10 („schon ist die ἀξίνη/*securis* an die Wurzel der Bäume [τῶν δένδρων] gelegt") und Jer 23,29 LXX („Das Wort des Herrn ist wie

---

411 199f Goodspeed.
412 So Overbeck, *Menschwerdung*, 286f gegen Orbe, *Teología II*, 170.
413 200,5-12 Goodspeed.
414 Overbeck, aaO, 287.

eine zweischneidige Axt [πέλεκυς/*bipennis*], die Felsen zerschlägt"[415]) eine
(zweite) typologische Verbindung zwischen dem „Beil" und dem Logos Gottes herstellt, der so „stark" ist wie eine Axt. Dabei kommt in der Mt-Stelle
der für die *Elisa*-Typologie entscheidende Zusammenhang zwischen der Axt
(= Logos Gottes) und den Bäumen (=Holzstämme) aus 2(4)Kön 6,4f LXX
deutlicher zum Ausdruck als bei Jeremia (hier besteht die Verbindung nur
zwischen der Axt und dem Logos). Obwohl also das „Eisen" für Irenäus inhaltlich dasselbe darstellt wie die Axt (s.u.), redet er um des zweiten typologischen Vergleichs willen nicht allein vom „Eisen" als *pars pro toto*, sondern
von der „ganzen" Axt, die den Logos Gottes symbolisiert.[416]

Das Holz, auf dem das Eisen der Axt befestigt wird, spielt in der Typologie keine eigenständige Rolle, etwa in der Art, daß mit der Verbindung von
Eisenteil und hölzernem Stiel auf die Annagelung des Logos ans Kreuz angespielt würde.[417] Dies wird schon daraus ersichtlich, daß das *ferrum* nicht
vom „Holz", sondern von der Axt (*de securi*) herunterfällt. Der Stiel der Axt,
den der Elisa-Schüler nach dem Verlust des Eisens zurückbehält, ist also gerade *nicht* das „Holz", an dem er das Wort Gottes verloren hatte; das entscheidende „Holz" ist vielmehr der zu fällende Baum.[418] Entsprechend ist das,
was aus dem Jordan auftaucht, das Eisen der *Axt* (*ferrum securis*; wiederum
erwähnt Irenäus den „Holz"-Stiel nicht). Dieses ist der allein wichtige Vergleichspunkt. Mit dem verlorengegangenen Eisen ging nicht etwa nur ein
Teil, sondern das *ganze* Wort Gottes verloren. Dieses taucht „vollständig"
(vgl. die Deutung) in Form des *ferrum securis* wieder auf.

Irenäus nimmt hier also – geleitet vom Bildmaterial aus Mt 3,10 und Jer
23,29 LXX – ganz bewußt eine gewisse Unausgeglichenheit zwischen dem
Bild der Elisa-Geschichte und seiner Deutung in Kauf: Während im Bild der
Logos Gottes „nur" in Form des Eisens verloren ging und wieder zum Vorschein kam, insistiert er in der Deutung darauf, daß der wiedergefundene Logos wie eine *ganze* Axt ist. Von einer „Reparatur" der Axt mit Hilfe des Holzes, das Elisa auf den Jordan warf, also von einer Zusammenfügung des einen
Teiles des Logos (Eisen) mit dem anderen (Holz = Kreuz) im Sinne einer vervollständigenden Wiederherstellung ist nicht die Rede. Wäre für die Typolo-

---

415 Die Septuaginta liest den Plural „meine Worte" (οἱ λόγοι μου), der masoretische Text
  den Singular (דְּבָרִי); der ganze Satz ist beidemale als rhetorische Frage formuliert.
416 Vgl. haer II 2,3 (36,39-38,43).
417 Diese Feststellung ist für die Deutung von haer IV 34,4 wichtig (s.u. ab S. 334).
418 Die Einführung des Mt-Zitats und die Deutung, in der der zu fällende Stamm mit dem
  Baum der Erkenntnis aus dem Paradies in Beziehung gesetzt wird, bestätigen dies.

gie diese erneute Verbindung des Eisens mit dem Holz(-Stiel) wichtig gewesen, hätte sie Irenäus mit Sicherheit erwähnt.

Irenäus unterstreicht weiterhin, daß Elisa an *denselben Ort* (*veniens in ipsum locum*) kam, an dem seine Schüler Bäume fällten. Diese Feststellung ist zwar selbstverständlich, erhält aber durch die Aussagen von haer V 16,3 (*per eadem venisset*; vgl. oben S. 217) besonderes Gewicht.

Irenäus hebt schließlich das Motiv des „Verlorengehens und Nichtwiederfindenkönnens" besonders hervor. Das Wort ἀποβάλλω/*amitto* kommt insgesamt dreimal vor[419], davon einmal in der Paraphrase und zweimal in der Deutung.

Elisa habe – so Irenäus – durch seine Tat deutlich gemacht, „daß wir den starken Logos Gottes (= das Beil), das wir *durch das Holz* nachlässigerweise verloren hatten und nicht fanden, wieder aufnehmen würden durch die Heilsordnung des Holzes."[420] Die *dispositio ligni* machte den vor den Menschen verborgenen Logos offenbar.

Irenäus bezieht sich bei seiner knappen Interpretation der Elisa-Erzählung auf die „Baum-der-Erkenntnis-Typologie als übergeordneten Deutungszusammenhang zurück. Die Bäume, die die Prophetenschüler fällen, nehmen die Funktion des Baumes der Erkenntnis aus dem Paradies ein. Nicht umsonst verwendet Irenäus den Singular *lignum*, wenn er die zu fällenden *ligna* der Elisa-Erzählung deutet. Im Paradies wurde Adam der Logos Gottes in Form des Gebots gegeben; am Jordan ist es die den Logos Gottes abbildende Axt, die mit den „Hölzern" in Verbindung gebracht wird. Dort ging Adam der Logos und (damit zugleich die *similitudo* mit Gott) durch seinen Ungehorsam verloren; hier verlieren die Jünger Elisas den Logos (das Eisen) durch Unachtsamkeit.[421] Irenäus verweist also mit der Elisa-Typologie auf den

---

419 232,83.86; 234,94.
420 Ir^lat fügt an der mit *...* gekennzeichneten Stelle gegenüber Ir^gr zusätzlich *per lignum* ein. Vgl. 232,84-87 (*per operatinem ostendente propheta quod firmum Verbum Dei, quod *per lignum* neglegenter amiseramus nec inveniebamus, recepturi essemus iterum per ligni dispositionem*) mit 232,1-4 (Ὧδε δι᾽ ἔργου ἔδειξεν ὁ προφήτης ὅτι τὸν στερεὸν Λόγον τοῦ Θεοῦ, ὃν *[...]* ἀμελῶς ἀποβαλόντες οὐχ ηὑρίσκομεν, ἀποληψόμεθα πάλιν διὰ τῆς τοῦ ξύλου οἰκονομίας). Entweder standen die bei Ir^lat belegten Wörter ursprünglich auch bei Ir^gr oder der Übersetzer hat sich bei seiner Einfügung an der einige Zeilen später erfolgten Wiederholung der Deutung orientiert, wo auch bei Ir^gr das Holz zweimal erwähnt wird, vgl. 234,93-95 (*Quoniam enim per lignum amisimus illud, per lignum iterum manifestum omnibus factum est*) mit 234,10-12 (Ἐπεὶ γὰρ διὰ ξύλου ἀπεβάλομεν αὐτόν, διὰ ξύλου πάλιν φανερὸς τοῖς πᾶσιν ἐγένετο).
421 Zum Verlust-Motiv s. haer V 16,2 (216,24-29) und epid 12 (100/41): „Denn in den früheren Zeiten wurde zwar gesagt, daß der Mensch nach dem Bild Gottes erschaffen

Verlust der Gottähnlichkeit des Menschen durch Adam und auf die erneute
Offenbarung des göttlichen Logos am Kreuz.

Im Gegensatz zur Paradieserzählung enthält die Elisa-Geschichte selbst bereits den typologischen Anknüpfungspunkt für die *Wiederbringung* des Logos, weshalb sich der Text aus 2(4)Kön 6 LXX gut als Zusammenfassung der
bisherigen Argumentation eignet. Auffällig ist, daß Irenäus den Propheten
Elisa, der für die Wiederbeschaffung des Eisens die entscheidende Tat ausführt, gerade *nicht* als typologische Vorabbildung Christi deutet. Die theologische Aussage orientiert sich allein am Zusammenhang der beiden „Hölzer". Letzteres geht auch daraus hervor, daß Irenäus erstmals in haer V 16,3-
20,2 das Kreuzesgeschehen („die Wiederbringung des Logos") zweimal als ἡ
τοῦ ξύλου οἰκονομία (*ligni dispositio*) bezeichnet.[422] An die zweite *dispositio
ligni* schließt Irenäus eine Deutung an, die von der *Form* des Kreuzes bzw.
des Gekreuzigten ausgeht und als Überleitung zu haer V 18,1-3 bereits die
kosmischen Dimensionen des Kreuzes Christi einführt.[423]

Die Wendung *ligni dispositio* dient also einmal dazu, die heilsgeschichtliche Dimension des Kreuzesgeschehens zusammenzufassen.[424] Das Stichwort
οἰκονομία leitet weiterhin zu haer V 18,1-3 über, wo Irenäus die in den Typologien angelegten Aussagen in den universalen Zusammenhang der Schöpfung einzeichnet. Er meint dort unter Rückbezug auf haer V 16,3-17,4 (insbesondere aber auf die Elisa-Typologie haer V 17,4) mit der *tanta dispositio*[425]
die Heilsordnung, daß „der fleischgewordene Logos Gottes selbst am Holz
hing".

j) Zusammenfassung: Indem Jesus Christus als menschgewordener Logos
Gottes dem Vater den von den Menschen geforderten Gehorsam entgegenbringt, offenbart er nicht nur den Vater als Schöpfer und sich selbst als dessen Logos, sondern er bringt darüber hinaus auch als *wahrer Mensch wahres
Menschsein*, das in nichts anderem als in dem bis zum Tode gehenden Gehor-

---

worden war, aber es wurde nicht gezeigt. Der Logos, nach dessen Bild der Mensch erschaffen wurde, war nämlich noch unsichtbar. Deshalb verlor er (ἀπέβαλεν/*amisit*)
aber auch die Ähnlichkeit leicht (ῥᾳδίως/*facile*)".

422 Vgl. oben S. 209 Anm. 334.

423 Irenäus rahmt diese Deutung durch die zweite *dispositio ligni* und die Wendung *tanta
dispositio* (haer V 18,1, s.u.). Diese Rahmung unterstreicht die Überleitungsfunktion des
Schlußsatzes von haer V 17,4, der wegen seines über die Aussagen der Typologie weit
hinausgehenden Inhalts im Zusammenhang mit haer V 18,1-3 behandelt wird (s.u.).

424 Die τοῦ ξύλου οἰκονομία schließt auch das „Holz des Ungehorsams" ein, das durch
das Kreuz rekapituliert wird (s.o. ab S. 217).

425 Haer V 18,1 (234,1), das folgende Zitat ebd. (236,9f).

sam gegen Gott besteht, zur Vollendung. Dadurch ereignet sich im Kreuzestod Jesu die ἀνακεφαλαίωσις des ganzen Menschen. Die im Kreuzesgehorsam Christi erfolgte Aufhebung des Ungehorsams Adams, die Versöhnung Gottes und die Vergebung der Sünden sind drei Aspekte des einen Heilsgeschehens, die sich – wie das folgenreiche Verhalten Adams – in ihrer Einheit auf die ganze Menschheit auswirken.

Durch die typologische Verbindung der beiden „Hölzer", derjenigen Orte also, an denen die Entscheidung über Tod und Leben der Menschen fällt, erscheint das Kreuz als der zentrale Ort der οἰκονομία, an dem die seit dem Anfang durch Sünde und Tod bestimmte Menschheitsgeschichte aufgehoben und die neue, von der Hoffnung auf Unvergänglichkeit bestimmte Existenzweise der Menschen gültig in Kraft gesetzt wird.

Im Kreuz Christi werden der eine Vater, der eine Sohn und die Menschheit in ihrer Situation vor Gott offenbart. Das Kreuz trifft die Menschen als grundsätzlich veränderndes Geschehen, und zwar gerade dadurch, daß *Gott* seinem Geschöpf seine Treue erweist[426]: Das Gebot des Anfangs ist inhaltlich identisch mit dem „neuen Gehorsam", der durch das Kreuz ermöglicht wird; der Mensch wird nicht etwa neu geschaffen, sondern bleibt als Mensch aus Fleisch und Blut Objekt des Heilshandelns; es ist Gottes Heilswille, den Menschen wieder in seine ursprüngliche Bestimmung zurückzuführen; die *similitudo* des Menschen mit Gott ist dem *Menschen* zwar verlorengegangen, bei *Gott* aber *für den Menschen* aufbewahrt worden.

Die verändernde Macht des Kreuzesgeschehens liegt also darin, daß der Mensch durch Gottes Treue in die Treue („Gehorsam") zu Gott und in dessen Unvergänglichkeit eingeholt wird. Die grundsätzliche Veränderung, die mit dem Ungehorsam Adams das menschliche Verhältnis zu Gott und damit die Existenz der ganzen Menschheit unter die negativen Vorzeichen der Sünde und des Todes stellte, wird durch das Kreuz rückgängig gemacht. Die Kreuzigung des inkarnierten Logos offenbart – und das ist gegen die Behauptungen der Häretiker entscheidend – die inhaltliche Kohärenz von Schöpfung und Erlösung und damit die Identität von Schöpfer und Erlöser.

---

426 Vgl. nur haer V 18,1 (234,1-238,28).

3.2.3.3 Das Verhältnis zwischen dem Ungehorsam Evas und dem Gehorsam Marias und die Adam-Christus-Typologie[427]

Irenäus parallelisiert den Gehorsam Christi und den Gehorsam der Jungfrau Maria und überträgt damit die Grundstruktur von Röm 5,19 (Adam und Christus) auf Eva und Maria.[428] Wie Christus den Ungehorsam Adams aufhob, so hob Maria, die zwar mit einem Mann verlobt war, aber bei der Empfängnis Christi unbefleckt blieb, den Ungehorsam Evas auf, welche ebenfalls einem Mann versprochen war, als Jungfrau aber sündigte. In den in der letzten Anmerkung genannten Texten entsteht der Eindruck, Irenäus verleihe Maria für das Erlösungswerk ähnliches Gewicht wie Christus. In anderen Zusammenhängen erscheint Maria stets als *passiv*.[429] Es ist der Wille des Vaters,

---

427 Lit. in Auswahl: Quasten, *Patrology*, 297-299 (Lit.); von Campenhausen, *Jungfrauengeburt*, 26-35; Regnault, *Irénée*, Sp. 1952-1955 (dieser Abschnitt des Lexikonartikels ist länger als der über die Inkarnation und die Rekapitulationslehre!); Söll, *Mariologie*, 30-40 (Lit.); Hauke, *Heilsverlust*, 265-267; Noormann, *Paulusinterpret*, 463-466 (Lit.); Ramos-Lissón, *Le rôle*, 167-172; Orbe, *La Virgen*, passim; ders. *Teología II*, 256-283.

428 S. haer V 19,1 (248,1-250,22; zur formalen Parallelität von haer V 19,1 und V 1,1 s. Overbeck, *Menschwerdung*, 305-307); haer III 22,4 (438,56-444,91); epid 33 (128-30/55f); zur Anwendung der paulinischen Adam-Christus-Typologie auf Eva/Maria s. Noormann, *Paulusinterpret*, 162f.345f.463-466. Die mariologische Tradition, die Irenäus entfaltet, wird erstmals bei Just., dial. 100,4-5 (215,13-22 Goodspeed) greifbar (dazu s. von Campenhausen, *Jungfrauengeburt*, 15f.23-26.31f), dürfte aber schon weiter verbreitet gewesen sein, so daß für Irenäus eine einseitige Abhängigkeit von Justin unwahrscheinlich ist (so von Campenhausen, aaO, 31f; zustimmend Overbeck, *Menschwerdung*, 304; anders Noormann, *Paulusinterpret*, 465).

429 Vgl. von Campenhausen, *Jungfrauengeburt*, S.29f. Irenäus richtet dabei seine Gedankenführung christologisch aus. Dies wird gerade auch an den Stellen sichtbar, wo Irenäus die *dispositio* im Zusammenhang mit Maria erwähnt: haer III 21,1 (398,8): Indem Gott das Zeichen der Jungfrau gibt, zeigt er an, daß Gott in Christus (ohne Zutun Josefs) Mensch wurde und er selbst uns erlösen wird. Wer statt „Jungfrau" „Mädchen" liest, löst die *tanta dispositio Dei* auf. Hier bezieht sich die *dispositio* eindeutig auf das Wirken *Gottes*, für das die Jungfrau *Zeichen* ist. In haer III 21,7 (420,159-171) geht es ebenfalls darum, daß Josef nicht an der Zeugung Jesu beteiligt war. Die Ankunft Jesu in der Welt erfolgte *non operante in eum Ioseph, sed sola Maria cooperante dispositioni* (420,165f). Der Aussageschwerpunkt des Abschnitts liegt jedoch nicht auf der *aktiven* Rolle Marias, sondern auf dem Willen *Gottes*, der Christus aus der Jungfrau geboren sein läßt (mit von Campenhausen, *Jungfrauengeburt*, 30). Auch der Kontext (vgl. haer III 21,5f.8f und die vielen darin vorkommenden *passiva Divina*) spricht dafür, daß Maria hier als Objekt des Handelns Gottes gesehen wird. In haer V 19,2 (252,34) handelt Irenäus von der *dispensatio Virginis"* (gen. obj.! Gott setzt die *dispensatio*), die von denen ignoriert wird, die Jesus aus Josef gezeugt sein lassen und nicht aus *Gott*. In epid 37 (134/58) steht Christus im Vordergrund, der die Erlösung durchgeführt und die Väterverheißung erfüllt hat.

daß sie Christus durch den Heiligen Geist empfängt, und es liegt in den
Verheißungen *Gottes* an Abraham und David begründet, daß die Jungfrau
und mit ihr Christus von beiden abstammt.[430] Auch bei der Annahme der
menschlichen Wesenseigenschaften von Maria ist Christus aktiv, nicht die
Jungfrau.[431] *Aktiv* greift Maria erst da in die Heilsordnung ein, wo sie sich
Gott gegenüber als gehorsam erweist. Im Gehorsam Marias liegt jedoch gerade die entscheidende Parallele zum Gehorsam Christi am Kreuz.

Eine Analyse der Kontexte von epid 33, haer III 22,4 und haer V 19,1 ergibt zunächst eindeutig, daß die Aussagen, in denen Gott bzw. Christus *aktiv*
in der Heilsordnung wirksam sind, *quantitativ* eindeutig überwiegen. Wo die
Jungfrau innerhalb dieser Aussagen genannt wird, bleibt sie als Empfangende
bzw. als Bestandteil der *dipositio* passiv. Irenäus redet außerdem wesentlich
öfter vom Gehorsam Christi als vom Gehorsam Marias. Die letzteren Aussagen kommen in den übergeordneten Argumentationszusammenhängen nur
in je einem Abschnitt vor, stehen dementsprechend nie isoliert, sondern sind
stets von christologischen Texten gerahmt bzw. unterbrochen. Bevor vom
Gehorsam Marias und dem Ungehorsam Evas die Rede ist, hat Irenäus immer schon vom Gehorsam Christi und vom Ungehorsam Adams gesprochen. Damit ist die Perspektive vorgegeben, von der aus die mariologischen
Aussagen zu verstehen sind. Ohne die vom Logos auf sich selbst hin eingerichtete οἰκονομία der *recapitulatio*, also ohne den den Ungehorsam Adams
aufhebenden Gehorsam Christi gibt es auch keinen den Ungehorsam Evas
aufhebenden Gehorsam Marias.

Irenäus betont den Ungehorsam Adams gegenüber der Verfehlung Evas
nicht zuletzt deshalb in wesentlich stärkerem Maße, weil er Adam und Christus (mit Paulus, vgl. Röm 5,12-21; 1Kor 15,21f) als Prototypen der alten und
der neuen Menschheit versteht.[432] Eva und Maria spielen in dieser „Klammer"

---

430 S. v.a. haer III 16,2 (290,39-294,73), wo Irenäus Mt 1,18-23 und Joh 1,13f zitiert. Vgl.
   auch epid 32f (128-130/55) und haer III 21,10 (430,234-238).
431 Vgl. haer III 22,1f (430,1-436,40).
432 Vgl. haer V 23,1f (286,1-294,70). Während Irenäus in haer V 23,1 noch vom Ungehorsam Adams *und* Evas spricht, durch den sie den Tod „herbeizogen" (*asciverunt*), redet er
   in haer V 23,2, wo es um die Rekapitulation des „ganzen Menschen" geht, zunächst *nur*
   von Adam, um am Ende wieder beide zu erwähnen. Auch der Argumentationsgang von
   haer V 21,1 ist auffällig (260,1-264,27). Dort geht es um die Überwindung des Teufels,
   der „uns in Adam am Anfang als Gefangene wegführte". Zwar hat der Feind „durch eine
   Frau über den Menschen geherrscht"; aber rekapituliert wird Adam, aus dem heraus Eva
   anfangs gebildet wurde. Denn er ist es, der vom Teufel „besiegt" wurde. In haer III 22,4
   vergleicht Irenäus, nachdem er zuerst auf Marias Gehorsam zu sprechen kam, die Aufhebung des Ungehorsams Adams und Evas mit der Auflösung von ersten „Schlingen"

der Heilsordnung zwar eine wichtige, im Vergleich zu Adam und Christus jedoch zumindest nicht gleichgeordnete Rolle.

In welcher Weise ist nun Maria in ihrem Gehorsam *aktiv?* Irenäus schreibt ihr folgende Tätigkeiten zu: a) Maria gehorchte dem Wort Gottes (vgl. Lk 1,38; epid 33; haer III 22,4; V 19,1), daß sie Gott tragen sollte (haer V 19,1). b) Durch ihren Gehorsam erhält der Mensch das Leben „mittels des im Menschen von neuem entwickelten Lebens" (epid 33[433]). c) Maria wurde durch ihren Gehorsam (= Glauben) für sich und die ganze Menschheit zur *causa salutis,* wie Eva durch ihren Ungehorsam (= Unglauben) zur *causa mortis* wurde (haer III 22,4).

d) Maria wurde durch den Gehorsam zur *advocata* Evas und löste so die Menschheit vom Tod als Folge des Ungehorsams Evas (epid 33; haer V 19,1): Maria „rekapitulierte" Eva wie Christus Adam (epid 33).[434] Diese Aussagen über Maria widerlegen die Ergebnisse der Kontextanalyse nur scheinbar. Die Jungfrau ist mit ihrem Gehorsam zwar heilsnotwendig, aber sie bleibt stets in die *christologisch* bestimmte οἰκονομία eingebettet:

Haer IV 33,11[435]: Die Propheten, „die ihn als Emmanuel aus der Jungfrau ankündigten, offenbaren die Vereinigung des Logos Gottes mit seinem Gebilde, weil der Logos Fleisch

---

durch zweite. Der Knoten, „mit dem wir gefesselt sind, mußte auf eben die Weise wieder gelöst werden, in der er geschlungen war" (von Campenhausen, *Jungfrauengeburt,* 29). Im folgenden nennt Irenäus zuerst die Auflösung der „Adams-Schlinge" durch Christus, dann erst die Auflösung des „Eva-Knotens" durch Maria. Auch hier wird der Gehorsam Christi vorgeordnet. Vgl. Noormann, *Paulusinterpret,* 465: „Eine Differenz besteht freilich darin, daß Christus nicht als *advocatus* Adams bezeichnet wird – dem Gegenüber von Eva und Maria eignet etwas Individuelles, das demjenigen von Adam und Christus fehlt – und keinesfalls wie Maria auch für sich selbst die *causa salutis* sein könnte."

433 128-130/55. (*sic et per Virginem, quae obaudivit verbo Dei, denuo accensus homo vita recepit vitam*). Die Übersetzung dieser Stelle ist nicht ganz eindeutig, der Sinn jedoch klar. Wie durch Eva „der Mensch" (= die Menschheit) starb, so erhielt er das Leben durch den Gehorsam der Jungfrau zurück, weil sie Christus zur Welt brachte, der als „Hirt" das Verlorene (den Menschen) suchte und fand. In Christus erscheint selbst konkret das neue Leben der Menschheit; insofern „entwickelt" sich in ihm als Menschen das Leben, das der ganzen Menschheit zugute kommt, neu (vgl. Smith, *Proof,* 169). Epid 33 ist m.E. von haer III 22,4 (442,81-84) her zu verstehen: *Primogenitus enim mortuorum natus Dominus et in sinum suum recipiens pristinos patres, regeneravit eos in vitam Dei, ipse initium viventium factus, quoniam Adam initium morientium factus est.* Zur genaueren Deutung, die auch auf haer IV 33,11 Bezug nimmt, s.u.

434 Die direkte Nebeneinanderordnung von Christi Werk und Marias Gehorsam auch in haer III 22,4.

435 830,225-231. Irenäus stellt in diesem Abschnitt eine Reihe von Testimonien zusammen, die sich auf die Hoheit Christi beziehen.

und der Sohn Gottes Sohn des Menschen sein werde, der als Reiner rein den reinen Mutter-schoß (*vulva*), der die Menschen in Gott von neuem gebiert (*eam quae regenerat homines in Deum*) und den er selbst rein gemacht hat, öffnete. Und dieser wurde, was auch wir waren, der starke Gott, und er hat einen unaussprechliche Herkunft." Indem Christus selbst den Mutterschoß der Jungfrau „reinigt"(!), schafft er die Voraussetzung dafür, daß aus diesem Schoß die Menschen in Gott neu geboren werden können.[436] Irenäus drückt letzteres durch die Wendung „den Mutterschoß öffnen" aus. Das entscheidende Gewicht der Aussage liegt also nicht auf der Aktivität Marias, sondern darauf, wie sie durch das Handeln des Sohnes Gottes für die Wiederherstellung der Menschen in Dienst genommen *wird*, und daß diese Indienstnahme von vornherein so angelegt ist, daß ihr vorherbestimmtes Ziel, nämlich die Menschwerdung des Erlösers, zu keinem Zeitpunkt in Frage gestellt werden kann (deshalb betont Irenäus die von Christus bewirkte „Reinheit"). Das alleinige *Subjekt* in jedem Moment der Inkarnation ist Christus (bzw. Gott) selbst.

Genauso deutlich redet Irenäus von Christus als Subjekt und Anfang des Heils in haer III 22,4[437]: „Denn als Erstgeborener von den Toten wurde der Herr geboren, und, indem er die alten Väter in seinen Schoß (*sinus*) aufnahm, hat er sie in das Leben Gottes wiedergeboren (*regeneravit eos in vitam Dei*), selbst der Anfang der Lebenden geworden, wie Adam der An-fang der Sterbenden geworden ist. Deshalb hat auch Lukas den Anfang seiner Genealogie mit dem Herrn beginnen lassen und auf Adam zurückgeführt, womit er anzeigt, daß nicht jene (sc. die Väter) ihn, sondern er jene zum Evangelium des Lebens wiedergeboren hat (*in Evan-gelium vitae regeneravit*)."

Von diesen beiden Texten her ist auch die oben diskutierte Stelle epid 33 zu verstehen. „Mittels des im Menschen von neuem entwickelten Lebens" bezieht sich nicht auf eine Aktivität der Jungfrau, sondern darauf, was durch sie als „Medium" zum Vollzug kommt. Christus ist immer schon der „Erstgeborene von den Toten" und der „Anfang der Leben-den", und als dieser wird er geboren. Damit ist bereits in der Geburt des Erlösers das Ganze seiner Wirksamkeit vollständig vorhanden. Maria bringt zwar den Träger des „neuen Le-bens" zur Welt. Weil jedoch Christus stets Subjekt seiner Menschwerdung und des damit verbundenen Heilswirkens bleibt, kann Irenäus sogar Christus selbst die Rolle der Mutter übernehmen lassen: Es ist „sein Mutterschoß" (*sinus suus*), aus dem heraus *er* die *patres* zum neuen Leben wiedergebiert.[438]

Maria ist somit als Nachfahrin der Väter in die mit der Geburt Jesu begin-nenden und durch ihn gewirkten „Wiedergeburt in das Leben Gottes" einge-schlossen. Zugleich dient sie dem, als sie sich durch ihre gehorsame *fides* in das Heilsgeschehen hineinstellt, das sie selbst betrifft. Indem sie Christus ge-

---

436 Zum Zusammenhang zwischen dem wiedergebärenden Mutterschoß Marias und der taufenden Kirche (vgl. zu haer IV 33,11 auch IV 33,4 [810,80-812,84]) s. Hauke, *Heils-verlust*, 269; Söll, *Mariologie*, 39; SC 100/1, 269 (P. 813, n. 1.); Kereszty, *Unity*, 205.
437 442,81-87. Das Zitat steht unmittelbar nach dem Bild von der „Auflösung der Schlingen" (s. S. 232 Anm. 432). Irenäus schickt dem Text die beiden Schriftstellen Mt 19,30 (20,16) und Ps 44,17a LXX voraus, in denen für ihn das „Knotenbild" dargestellt ist.
438 S.a. haer V 1,3 (24,61-28,89); epid 53 (158-160/69).

biert, bringt *er* der Menschheit die Erlösung. In haer V 19,1[439] stellt Irenäus
den Gehorsam Marias in Parallelität zum Gehorsam Christi dar:

„Weil also der Herr sichtbar in sein Eigentum kam und weil ihn seine eigene Schöpfung, die
von ihm getragen wird, trug, und weil er die *recapitulatio* des am Holz geschehenen Ungehorsams durch den Gehorsam am Holz vollbrachte; und weil jene Verführung, durch die die
bereits mit einem Mann verlobte Jungfrau Eva übel verführt wurde, durch die Wahrheit
aufgelöst wurde, die der schon unter einem Mann seienden Jungfrau Maria in guter Weise
von einem Engel als Frohbotschaft verkündigt worden ist – wie nämlich jene (sc. Eva), durch
die Rede eines Engels dazu verführt wurde, daß sie Gott fliehe durch Verletzung seines
Wortes, so ist auch dieser (sc. Maria) durch die Rede eines Engels die Frohbotschaft verkündigt worden, daß sie Gott tragen würde, indem sie seinem Wort gehorchte; und wie jene
verführt wurde, daß sie Gott nicht gehorchte, so wurde auch dieser der Rat gegeben, Gott zu
gehorchen, damit die Jungfrau Maria Anwältin der Jungfrau Eva würde; und wie durch eine
Jungfrau das Menschengeschlecht an den Tod festgebunden wurde, so ist es durch eine Jungfrau ausgelöst worden, indem der jungfräuliche Ungehorsam durch den jungfräulichen Gehorsam aufgewogen wurde –, und weil weiterhin auch die Sünde des Protoplasten (sc. Adam)
Heilung durch die Richtigkeit der Führung des eingeborenen (sc. Christus) erhielt und die
Klugheit der Schlange in der Einfalt der Taube besiegt wurde, jene Fesseln aber, durch die
wir an den Tod festgebunden waren, aufgelöst wurden: (19,2) so widersprechen alle unge-
lehrten Häretiker und die, die die *dispositiones* Gottes verkennen und keine Ahnung von
seiner *dispensatio* bezüglich des Menschen haben, weil sie auf dem Auge der Wahrheit blind
sind, selbst ihrem Heil ...“.

Die christologische Rahmung der Eva-Maria-Typologie zeigt erneut, daß der
Gehorsam Marias nur unter der Bedingung des Gehorsams Christi gesehen
werden kann.[440] Wichtig für die Interpretation von haer V 19,1 ist das Verständnis des Satzes „daß sie Gott tragen würde, indem sie seinem Wort gehorchte". Wie das *Deum portare* zu verstehen ist, geht aus haer V 18,1-3 hervor, wo das Motiv des „Tragens" eine tragende Rolle spielt.[441] Irenäus betont
dort, daß es nicht eine fremde oder aus Unwissenheit bzw. Fehltritt entstandene Schöpfung war, in die der Logos kam, um dort die *tanta dispositio*[442]
zum Heil der Menschen zu vollenden, sondern daß es dazu seine eigenen Geschöpfe benutzte, „die aus der Weisheit und Kraft seines Vaters die Substanz

---

439 248,1-250,24. Die Übersetzung nimmt aus syntaktischen Gründen die ersten Worte von
haer V 19,2 mit auf.
440 Nach haer V 23,2 rekapituliert *Christus* den Tod Adams *und Evas*, indem er am selben
Tag stirbt, an dem Adam und Eva sich den Tod zuzogen, als sie von dem „*praedictum
lignum*" aßen und „*inobaudientes*" wurden.
441 *Portare* bzw. *baiulare* [= βαστάζω] kommt bis zum Beginn von haer V 19,1 insgesamt
elfmal vor.
442 Vgl. oben S. 229 und Anm. 429.

erhalten haben. ... Denn die Schöpfung hätte jenen (sc. den Logos) nicht getragen (*portasset*), wenn sie das Produkt von Unwissenheit und Fehltritt gewesen wäre. Denn der fleischgewordene Logos Gottes aber hing am Holz".[443] Indem die Schöpfung auf sichtbare Weise den Logos trug, trug sie zugleich auch den Vater (vgl. Joh 14,11: „Ich bin im Vater und der Vater ist in mir"), von dem sie auf unsichtbare Weise getragen wird. Gleichzeitig trägt der Vater den Logos. Weil dieser nun *mundi Factor vere* ist, umfaßt es unsichtbarerweise selbst alles, was geschaffen ist; er ist der ganzen Schöpfung (in Kreuzesform) sichtbar eingeprägt (*infixus*), weil er alles lenkt und ordnet[444], und kann deshalb wiederum nicht anders verstanden werden als derjenige, der selbst seine Schöpfung trägt, von der er – Mensch geworden – getragen wird. Dieses gehorsame Tragen des Logos, das Maria in haer V 19,1[445] zugeschrieben wird, ist unabdingbar an den Gott von Christus am Kreuz entgegengebrachten Gehorsam gebunden, weil dadurch erst offenbart wird, was mit „Gehorsam" gegen Gott wirklich gemeint ist. Bezogen auf Maria heißt das:

a) Die Jungfrau trägt zwar Gott (den Sohn und mit ihm den Vater), indem sie dem Wort des Engels (dem Logos selbst!) gehorsam ist, aber darin ist sie selbst als Teil der Schöpfung immer schon die vom Vater und vom Logos Getragene. Denn Christus kommt in die Schöpfung (und in Maria) als *sein* Eigentum.

b) Maria *kann* nur deshalb den Logos tragen, also „gehorsam" sein, weil der *gehorsame* Kreuzestod Jesu im ewigen Ratschluß Gottes ihrem Gehorsam imer schon vorausgeht. Auch ihr Eintreten für Eva als *advocata* steht unter diesem Vorzeichen. Daß Maria die Menschheit „vom Tod loslöst", ist folglich nur unter der Prämisse des aktiven Heilswirkens Christi denkbar.

c) Sie ist die erste, die im Glauben an den Logos den neuen Gehorsam übt.[446] Insofern ist sie *auch* Vorbild des Gehorsams, weil sie zeigt, wie ein Geschöpf in rechter Weise den Logos Gottes aufnimmt. Ihr Gehorsam ist – was den besonderen heilsgeschichtlichen Ort angeht – als ein zentrales Ereignis der οἰκονομία zwar einzigartig, aber die *inhaltliche* Seite ihres Gehorsams, der sich *auf den Logos Gottes* richtet, wird von Irenäus gerade nicht als unwiederholbar, also als nur von Maria und von niemandem sonst zu leisten,

443 236,3-5.7-10. Irenäus bestimmt den inkarnierten Logos weiterhin als denjenigen, „der die Erkenntnis des Universums in sich umfaßt und der Wahre und Vollkommene ist" (Z.13f). Zum Zusammenhang von Logos, Schöpfung und Kreuz s.u.
444 Haer V 18,3 (244,66-71).
445 248,11f.
446 Vgl. o. S. 219-220.

gedacht. Der Gehorsam der Jungfrau bleibt – wie der Gehorsam der Glaubenden – eine Folgewirkung des Gehorsams Christi. Von daher dient die gehorsame Jungfrau als Paradigma für das Verhalten *aller* Menschen, die in gleicher Weise wie Maria als Eigentum des Logos zu dessen gehorsamer Aufnahme aufgefordert sind, weil seine Aufnahme die Aufnahme des *Lebens* ist. Deshalb sind der Gehorsam Marias und der Gehorsam der Glaubenden, was ihre Wirkung für die einzelnen angeht, durchaus gleichgeordnet. Die exponierte Stellung der Jungfrau bezieht sich „lediglich" auf den ihr von Gott zugewiesenen Ort innerhalb der Heilsgeschichte.

d) Maria steht nicht nur dadurch unter der Perspektive des Kreuzes, daß sie dem am Kreuz gehorsamen Logos gehorsam ist, sondern auch dadurch, daß sie *von* ihm getragen wird, der selbst der ganzen Schöpfung in Kreuzesform eingeprägt ist und ohne Ausnahme allem, was in der Welt existiert und geschieht, seinen „Charakter" verleiht.

e) Maria trägt den Logos wie das Kreuz den Logos trägt. Die Jungfrau und das Hinrichtungsinstrument Jesu sind nach Irenäus deutliche Beweise dafür, daß die Erlösung (allein) in *dieser* Schöpfung möglich war, *weil* sie die Schöpfung des einen Gottes ist. Im Gegensatz zum Kreuz, das die ganze Schöpfung repräsentiert, steht das „Tragen" des Logos durch die Jungfrau primär für die Menschen, die im Gehorsam gegen Gott dazu in der Lage sind, den göttlichen Logos aufzunehmen. Im Gegensatz zum universalen „Tragen" des Kreuzes ist das „Tragen" Marias nur ein Ausschnitt davon, wie der Logos von seiner Schöpfung getragen wird.

Wenn Irenäus also von einem Mitwirken Marias an der Heilsordnung spricht[447], dann immer unter der Voraussetzung, daß die Jungfrau ein Bestandteil der οἰκονομία ist, die der Logos um seiner Menschwerdung und um der Offenbarung seines Gehorsams gegen Gott willen auf sich selbst hin eingerichtet hat. Maria ist nur in der Weise „aktiv", als sie stets einem vorher festgelegten Plan Gottes dient, den sie weder in seiner Ereignisfolge in Frage stellen noch durch ihr eigenes Verhalten durchkreuzen kann. Wenn Christus sich bestimmten Ereignissen der οἰκονομία unterzieht, in denen er als passiv erscheint („geboren bzw. Mensch werden"), so tut er dies jederzeit als *Verbum Dei gubernans et disponens omnia.*[448] Ein *eigenständiges* soteriologisches Wirken der Jungfrau kennt Irenäus nicht.[449]

---

447 Haer III 21,7 (s.o. S. 231 Anm. 429).
448 Haer V 18,3 (244,71).
449 Söll, *Mariologie*, S.36f trägt die in der römisch-katholischen Mariologie vollzogene „Verselbständigung der Mariengestalt" in seine Irenäus-Deutung ein.

3.2.3.4 Die ἀνακεφαλαίωσις Adams am Tag der Kreuzigung Jesu und die soteriologische Universalität des Christusgeschehens

Irenäus betont, daß durch den Gehorsam Christi nicht nur die Menschheit *seit* Adam, sondern Adam *selbst* in das Heilsgeschehen einbezogen ist. Alle gegenteiligen Behauptungen beschneiden die soteriologische Reichweite des Christusgeschehens und damit die Allmacht Gottes über seine Geschöpfe. Denn wäre Adam, der von Gott zum Leben erschaffen wurde, im Tod verblieben, wäre *Gott selbst* besiegt worden. Gott erweist sich jedoch als „unbesiegbar und langmütig", indem er – nach einer festgesetzten Zeit der Geduld, in der sich die adamitische Menschheit „bessern" sollte[450] – Adam wieder in den Bereich des Lebens zurückholt. Diejenigen, die Rettung Adams bestreiten, „schließen sich selbst vom Leben aus, weil sie nicht glauben, daß das Schaf gefunden wurde, das verloren ging."[451] Die *recapitulatio* muß sich nach Irenäus deshalb auf den ganzen Menschen „vom Anfang bis zum Ende" beziehen.[452] „Denn es ist doch sehr unvernünftig zu sagen, daß derjenige, der vom Feind stark verletzt wurde und als erster die Gefangenschaft erfuhr, nicht befreit wird von dem, der den Feind besiegt hat, dafür aber dessen (sc. Adams) Söhne, die er in derselben Gefangenschaft gezeugt hat."[453]

Indem Gott auch Adam befreit, erweist er sich nicht nur als stärker als der Teufel, sondern zudem als „gerecht", weil er den „Erstling der Gefangenen" nicht in der Gefangenschaft zurückläßt. Der „Erstgeborene der Schöpfung", nach dessen Bild Adam geschaffen wurde, erbringt als „zweiter" Adam und als „Erstgeborener aus den Toten"[454] in der ἀνακεφαλαίωσις *Adams* den Beweis dafür, daß das Heilsgeschehen die *ganze* Menschheit umfaßt. Weil

---

450 S. nur haer III 20,1f (382,1-392,75).
451 Haer III 23,8 (466,171f). Zum folgenden s. haer III 23,1-8 (444,1-468,193). Urheber dieser Lehre sei der Justin-Schüler Tatian gewesen, der nach Irenäus' Auskunft behauptet habe, „daß wir in Adam alle sterben" (vgl. 1Kor 15,22; dazu s. Noormann, *Paulusinterpret,* 167f), vgl. haer III 23,8 und I 28,1 (354,14-356,26/356f,7-18). Dieser Lehre Tatians sollen sich nach haer I 28,1 die Enkratiten angeschlossen haben. Zu Tatian s. Hilgenfeld, *Ketzergeschichte,* 384-397; Langerbeck, *Auseinandersetzung;* Neymeyr, *Lehrer,* 182-195; Lampe, *Christen,* 245-251.
452 Haer V 23,2 (290-292,41f); s.a. haer III 22,3 (438,43-49: Das lukanische Geburtsregister [Lk 3,23-38], das von Adam bis Christus geht, zeigt, daß der Herr alle seit Adam zerstreuten Generationen der Menschheit *cum ipso Adam* in sich selbst rekapituliert hat); 18,1 (342,9f); 21,10 (428,226-228.232f).
453 Haer III 23,2 (448,36-40).
454 Zu dieser aus Kol 1,18 stammenden Bezeichnung vgl. haer II 22,4; III 16,3; IV 2,4; 20,2; epid 38f u.ö.

Adam selbst Objekt der *recapitulatio* ist, wirkt das Heilsgeschehen auch in die ganze Zeit vor dem irdischen Wirken Jesu zurück. Dieser Zeitaspekt der ἀνακεφαλαίωσις kann noch präzisiert werden.

In haer V 23,1f[455] verknüpft Irenäus die ἀνακεφαλαίωσις des „ganzen" Menschen[456] mit dem Tag der Kreuzigung Jesu. Im Zusammenhang mit der zeitlich begrenzten Herrschaft des Todes hatte ich bereits auf die *recapitulatio* des Todestages Adams und Evas im Todestag Christi Bezug genommen, ohne jedoch den genannten Text im Detail zu analysieren.[457] Dies ist nun nachzuholen.

Irenäus wendet sich am Ende von haer V 22,2 der Thematik zu, die haer V 23,1f bestimmt („Denn der Teufel ist ein Lügner von Anfang an, und in der Wahrheit stand er nicht" [Joh 8,44])[458] und paraphrasiert in haer V 23,1 die Sündenfallerzählung aus Gen 2. Gott erweist sich darin als *verax*, daß er die Menschen an demselben Tag sterben läßt, an dem sie sein Gebot übertraten. Er macht seine Strafandrohung wahr und überführt den Teufel damit als *mendax*. Im Hintergrund dieser Überlegungen steht die häretische These, daß der Demiurg auf die Menschen neidisch gewesen sei und deshalb gegen sie die Todesdrohung Gen 2,17b ausgesprochen, dann aber doch nicht wahr gemacht habe; die Menschen seien an einem anderen Tag gestorben (und der Teufel habe damit Recht behalten!).[459]

In haer V 23,1f setzt sich Irenäus mit dieser These ausführlich auseinander und nennt fünf Lösungsmodelle, mit denen begründet werden kann, daß Adam und Eva wirklich an dem Tag starben, an dem sie Gott ungehorsam wurden. Irenäus faßt zusammen[460]:

---

455 286,1-294,70.

456 S. haer V 23,2 (290,41-292,43): *Recapitulans enim universum hominem in se ab initio usque ad finem, recapitulatus est et mortem eius.* – *Universus homo* meint den durch Adam und durch Adams Geschichte repräsentierten „ganzen Menschen" (als leiblich-seelisches Wesen) und die ganze Menschheitsgeschichte. Mit der ἀνακεφαλαίωσις des Todes des Menschen zielt Irenäus – dies verdeutlicht der Kontext – an dieser Stelle primär auf den *Zeitpunkt* des Todes Adams.

457 S.o. Abschnitt 3.1.4.2.

458 Haer V 22,2 (286,58f); 23,2 (294,69f). Die Thematik „der Teufel ist ein Lügner" ist bis haer V 24,4 leitend (s. Overbeck, *Menschwerdung*, 356).

459 So nicht zuletzt die Ansicht der Ophiten. Belege aus frühjüdischen und gnostischen Texten für die Neid-Hypothese bei Overbeck, *Menschwerdung*, 358f (Lit.).

460 Das folgende Zitat (292,56-294,70) ist entsprechend der fünf Argumente, die Irenäus anführt, gegliedert. – Overbeck, *Menschwerdung*, 367f: Haer V 23,1f (290,28-294,65) „bietet ... in einzigartiger Weise lebhaften Anschauungsunterricht dafür, in welchem Maße Irenäus mit exegetischen Traditionen seiner Zeit vertraut war. Allein die Breite des hier

„(1) Sei es also hinsichtlich des Ungehorsams, der der Tod ist[461],

(2) sei es, daß sie von da an (dem Tod) übereignet wurden und zu Schuldnern des Todes geworden sind[462],

(3) sei es, daß es insofern ein und derselbe Tag war, an dem sie aßen und gestorben sind, weil der Tag der Schöpfung einer ist[463],

(4) sei es im Blick auf den Kreislauf der Tage, weil sie an demselben (Tag) starben, an dem sie aßen, das heißt am Rüsttag[464] – er heißt: „das reine Mahl" –, der der sechste Wochentag ist, den auch der Herr zeigte, als er an ihm litt[465],

---

abgedeckten Spektrums darf als Beleg dafür gelten, daß er sich keineswegs lediglich eng an bestimmte Vorläufer oder Zeitgenossen anlehnte ..., sondern daß er die Vielfalt theologischer Reflexion zur Kenntnis nahm und sie für den Zusammenhang seines theologischen Grundkonzeptes nutzbar zu machen wußte." S.a. Orbe, *Cinco exegesis*, passim; ders., *Teología II*, 480-502 (beide Darstellungen Orbes variieren; dazu Overbeck, aaO, 360-368).

461 Vgl. haer V 23,1 (290,28-30 [hier beginnt Irenäus mit der Aufzählung der Argumente]: „Gleichzeitig mit der Speise nämlich nahmen sie den Tod auf, weil sie ungehorsam aßen: denn Ungehorsam gegen Gott bringt den Tod ein") sowie Thphl. Ant., Autol. II 25,1 (74,1f PTS). Die erste Lösung rechnet mit der Unmittelbarkeit des Todes (vgl. Overbeck, *Menschwerdung*, 364).

462 Vgl. haer V 23,1 (290,30f: „Deshalb sind sie von da an dem Tod übereignet worden, weil sie Schuldner des Todes geworden waren") sowie Thphl. Ant., Autol. II 25,8 (75,24-28 PTS). Diese Lösung sieht „in dem Akt des Ungehorsams [den] Beginn eines Verfallsprozesses ..., an dessen Ende der Tod steht. De jure ist der Mensch mit dem Essen vom Baume dem Tode ausgeliefert, doch de facto tritt dieser erst später ein" (Overbeck, *Menschwerdung*, 364).

463 Vgl. haer V 23,2 (290,32-36: „Deshalb starben sie an demselben Tag, an dem sie aßen und Schuldner des Todes wurden, weil der Tag der Schöpfung *einer* ist: Denn ,es wurde', sagt er, ,Abend und es wurde Morgen: ein Tag.' [Gen 1,5]. An diesem Tag aber haben sie gegessen, an demselben sind sie aber auch gestorben"). – Vgl. Philo, Op 15f; 35 (4,15-5,6; 10,23-11,4 Cohn); dazu Orbe, *Cinco exegesis*, 92.

464 Haer V 23,2 (294,62-64). Mit *Parasceve* (= παρασκευή) ist *nicht* der Pascharüsttag, sondern der *Rüsttag vor dem Sabbat* gemeint. Vgl. Balz, παρασκευή, 80f sowie Did. 8,1 (118,11-13 FC); M. Polyc. 7,1 (123,12-14 SQS). Nur bei Joh (v.a. 19,14) ist die παρασκευή zugleich παρασκευή τοῦ πάσχα. Ir[lat] erklärt *Parasceve* mit *quae dicitur cena pura*; vgl. haer I 14,6 (224,147/224,282), wo Ir[lat] das griech. παρασκευή wegläßt und stattdessen den sechsten Tag der Woche mit *quae est [in] cena pura* wiedergibt (s.u.).

465 Vgl. haer V 23,2 (290,36-292,52): „Wenn aber jemand im Blick auf den Kreislauf der Tage, wonach der eine (Tag) der erste, ein anderer aber der zweite und ein anderer der dritte Tag genannt wird, genau lernen will, an welchem der sieben Tage Adam gestorben ist, wird er es in der Heilsordnung des Herrn finden. Denn indem er den ganzen Menschen in sich vom Anfang bis zum Ende in sich rekapitulierte, ist auch sein (sc. des Menschen) Tod rekapituliert worden. Denn es ist offenbar, daß der Herr an jenem Tag den Tod im Gehorsam gegen den Vater auf sich genommen hat, an dem Adam im Ungehorsam gegen Gott gestorben ist. An welchem Tag er (sc. Adam) starb, an dem hat er auch gegessen. Denn Gott sagte: ,An dem Tag, an dem ihr von jenem (Baum) gegessen

(5)   sei es in Hinsicht darauf, daß er (sc. Adam) die tausend Jahre nicht überschritt, sondern
      innerhalb derselben starb[466]:
In all dem Gezeigten erweist sich Gott als wahr – denn gestorben sind, die vom Holze
naschten –, aber die Schlange wird als Lügner und Mörder offenbart, wie auch der Herr
davon sagt: ‚Denn er ist ein Mörder von Anfang an, und in der Wahrheit stand er nicht‘ (Joh
8,44).“

Daß die vierte Lösung auf Irenäus selbst zurückgeht, ist kaum von der Hand
zu weisen. Nur hier fallen die Stichworte *dispositio* und *recapitulare*, die sein
Denken in besonderer Weise kennzeichnen.[467] Zwei weitere Dinge fallen auf:
Zum einen ist nur in der vierten Lösung von Jesu Tod und seiner Offenbarungsfunktion die Rede (a); zum anderen setzt sich Irenäus deutlich vom Magier Markos ab (b).

    a) Irenäus geht davon aus, daß die Erschaffung des Menschen, wie sie in
Gen 2f berichtet wird, am sechsten Schöpfungstag geschah (s. Gen 1,26-31).
Gen 2f stellt eine Art „Ausschnittsvergrößerung“ des ersten Schöpfungsbe-
richts dar. Bei der genauen Datierung des Todestages Adams (und Evas) läßt
sich Irenäus ganz vom Rekapitulationsgedanken leiten. Die als ἀνακεφαλαίωσις konzipierte *dispositio Domini*[468] verlangt, daß das Rekapitulationsgeschehen die zu rekapitulierenden Ereignisse nicht nur inhaltlich, sondern
auch in formaler Entsprechung wiederholend in sich aufnimmt. Wie Adam
aus jungfräulicher Erde geschaffen wurde und am Baum der Erkenntnis ungehorsam war, so wurde Christus aus einer Jungfrau Mensch und starb am
Kreuz. Damit sind auf formaler Ebene die Aspekte der Substanz (der Leib des

----

haben werdet, werdet ihr des Todes sterben‘ (Gen 2,17). Um diesen Tag also in sich
selbst zu rekapitulieren, kam der Herr am Tag vor dem Sabbat zum Leiden, das ist der
sechste Schöpfungstag (s. Gen 1,26.31), an dem der Mensch geschaffen wurde, indem er
(sc. Christus) ihm (sc. dem Menschen) durch sein Leiden die zweite Bildung aus dem
Tod verlieh.“ Diese vierte Lösung ist die einzige, die keine traditionsgeschichtlichen
Vorläufer oder Parallelen hat – mit Ausnahme der markosischen Deutung.
466 Vgl. haer V 23,2 (292,52-56): „Einige aber setzen den Tod Adams in das tausendste Jahr,
weil ‚ein Tag des Herrn wie tausend Jahre ist‘ (Ps 89,4 LXX; 2Petr 3,8). Aber (Adam)
überschritt die tausend Jahre nicht, sondern ist innerhalb dieser gestorben, womit er die
Strafe seiner Übertretung erfüllte.“ – Für diese Lösung gibt es eine Reihe von Parallelen
(s. Overbeck, *Menschwerdung*, 366f), v.a. Just., dial. 81,3 (193 Goodspeed).
467 Die vierte Lösung ist mit Abstand die umfangreichste (dies gilt sowohl für die ausführliche Form [s. S. 240 Anm. 465] als auch für die kurze Zusammenfassung).
468 Irenäus hält die vierte Lösung nicht zuletzt deshalb für besonders überzeugend, weil sie
als einzige auf Christus und seine Geschichte verweisen kann, die sich erst vor kurzem
ereignete, und darüber hinaus eine wirklich exakte Datierung des Todestages Adams bietet, die noch dazu christologisch-ökonomisch abgesichert ist.

Menschen) und des Raumes (die beiden „Bäume") im Rekapitulationsgeschehen vorhanden.

Weil der Mensch ein zeitliches Wesen ist, muß die ἀνακεφαλαίωσις des „ganzen Menschen" auch seine Geschichtlichkeit umfassen. Der Analogieschluß verläuft in haer V 23,2 auffälligerweise nicht (wie bei der Inkarnation, der Jungfrauengeburt und der Kreuzigung Jesu) von Adam zu Christus, sondern umgekehrt. Irenäus signalisiert damit deutlich, daß die Ereignisse des Anfangs (d.h. alle sieben Schöpfungstage) nur vom Erlösungsgeschehen her verstanden werden können. Indem Christus am Tag vor dem Sabbat den Tod erleidet, stirbt er am *„selben Tag"* wie Adam.[469] Dadurch erweist Christus nicht nur Gott als *verax* und die Teufelsschlange als *mendax* – weil er im Gehorsam gegen Gott *stirbt* und den Menschen dadurch genau an dem Tag, an dem sie geschaffen wurden, die *secunda plasmatio, ea quae est a morte*[470] schenkt, bestätigt er, daß die Übertretung des paradiesischen Verbotes gegen die Lügen des Teufels wirklich den Tod zur Folge hatte –, sondern er zeigt außerdem, daß Gottes *Geschichte* mit den Menschen einen einheitlichen Zusammenhang bildet. Der Todestag Jesu konnte wegen der planvollen Einrichtung der οἰκονομία nur auf einen *Freitag* fallen (vgl. Mk 15,42; Mt 27,62; Lk 23,54; Joh 19,14.31.42). Weil Adam und Eva am sechsten Tag der Schöpfung geschaffen wurden, das Gebot Gottes übertraten und starben, mußte Christus am Tag vor dem Sabbat sterben.

Irenäus bestimmt die Kreuzigung Jesu[471] und den Sündenfall Adams und Evas am sechsten Tag als die *zentralen Ereignisse der* οἰκονομία, die über das Verhältnis zwischen Gott und den Menschen entscheiden. Adam ist nach Irenäus also nicht nur in seiner kreatürlichen Beschaffenheit und in dem Ort seines Ungehorsams Objekt der ἀνακεφαλαίωσις, sondern gerade als *geschichtliches* Wesen. Am „sechsten Tag" der Schöpfung ereignet sich die *gesamte Geschichte* Adams (Erschaffung, Ungehorsam, Tod) und darin die ganze Menschheitsgeschichte. Die Kreuzigung des „zweiten Adam" am „sechsten Tag" rekapituliert diese ganze Geschichte Adams (Gehorsam, Tod, *secunda plasmatio*) zum Heil für die ganze Menschheit *ab initio usque ad finem*.

---

469 S. haer V 23,2 (292,43-46).

470 Haer V 23,2 (292,51).

471 Die Begriffe „Kreuz" und „Holz" fehlen in haer V 23,2. Das Stichwort *lignum* fällt jedoch in haer V 23,1 (288,14f zweimal innerhalb eines Zitates von Gen 3,2f LXX [ξύλον] und 288,24 rückverweisend auf das Gen-Zitat). Irenäus nimmt damit und mit seiner Deutung des „sechsten Tages" auf die Passage haer V 16,3-20,2 Bezug, die dem behandelten Abschnitt unmittelbar vorausgeht.

b) Irenäus' Formulierungen in haer V 23,2 weisen auffällige Parallelen zu der einzigen Stelle seines Referates über den Magier Markos auf, an der es um das Kreuz geht.[472] Die „vierte Lösung" ist nicht zuletzt deshalb die ausführlichste, weil Irenäus die Spekulationen des Markos kennt (dieser stellt als Vertreter der Valentinianer eine wesentlich größere Gefahr dar als die Ophiten). Es ist deshalb sogar recht wahrscheinlich, daß Irenäus „seine" Lösung als direkte Antwort auf Markos formuliert hat. Dies würde auch die vielen (inhaltlichen bzw. wörtlichen) Gemeinsamkeiten recht gut erklären, die in der folgenden Tabelle kenntlich gemacht sind[473]:

Markos: haer I 14,6 (224,143-150)	Irenäus: haer V 23,2 (290,39-41; 292,47-52)	Irenäus: haer V 23,2 (294,58-64)
Et propter hoc Moysen in sexta die[a] dixisse hominem factum[b], et dispositionem[c] autem in sexta die[d], quae est [in] cena pura[e] (παρασκευή)[f], novissimum hominem in regenerationem[g] primi hominis[h] apparuisse, cuius dispositionis[c] initium[i] et finem[j] sextam horam, in qua adfixus est ligno[k].	*si quis velit diligenter discere qua die ex septem diebus mortuus est Adam, inveniet ex Domini dispositione[e]. Recapitulans enim universum hominem[h] in se ab initio[i] usque ad finem[j], recapitulatus est et mortem eius. ... Hunc itaque diem recapitulans in semetipsum, Dominus venit ad passionem[k] pridie ante sabbatum, quae est sexta conditionis dies[a], in qua homo plasmatus[b] est, secundam plasmationem[g] ei, eam quae est a morte, per suam passionem[k] donans.*	*sive secundum hunc circulum dierum, quia in ipsa mortui sunt in qua et manducaverunt, hoc est Parasceve[f], quae dicitur cena pura[e], id est sexta[d] feria, quam et Dominus ostendit passus in ea[k].*

Irenäus bringt wie Markos die Zahl „sechs" mit der Erschaffung des Menschen und mit der „οἰκονομία" in Verbindung, aber sie spielt eine andere Rolle in seiner Argumentation. Der sechste Wochentag ist nach Irenäus als Bestandteil der Heilsordnung Gottes für das Rekapitulationsgeschehen zwar sehr wichtig, zumal vom Karfreitag aus Licht auf den Tag der Erschaffung Adams fällt, aber dabei bleibt es auch, was die Zahl „sechs" angeht. Bei Ire-

---

472 S.o. Abschnitt 1.2.3.2; vgl. Orbe, *Teología II*, 498f.
473 Die Entsprechungen sind in der Tabelle mit hochgestellten Kleinbuchstaben versehen. Für die Gegenüberstellung der Texte verwende ich die lat. Übersetzung, da haer V 23,2 nicht griech. überliefert ist (wahrscheinlich ist der Schluß der zitierten Markos-Passage [[k]] ein erläuternder Zusatz des Irenäus [s.o.]; gleiches dürfte für *parasceve* gelten). – Overbeck, *Menschwerdung*, erwähnt die Parallele zu Markos nicht.

näus verbirgt sich hinter der Zahl eben *nicht* das ganze Pleroma, sondern sie stellt „nur" einen typologischen Anknüpfungspunkt im Gesamtzusammenhang der οἰκονομία dar; und – was nicht weniger wichtig ist – die *Situation des Menschen* wird als solche *gerade von Gott* ernst genommen: Was sich am sechsten Tag im Paradies ereignete und fortan die Existenz und die Geschichte aller Menschen konstitutiv bestimmte – also positiv: die Erschaffung des Menschen nach der *imago* und *similitudo* Gottes, und negativ: das vom Menschen zu verantwortende Hereinbrechen des Todes als Folge der verlorengegangenen *similitudo* –, *das* wird von Christus vom Anfang bis zum Ende nachvollzogen, und zwar in umgekehrter Reihenfolge: Er nimmt zuerst den negativen Aspekt menschlichen Daseins *wirklich* auf sich, leidet wahrhaftig und stirbt. Weil er in seinem Leiden gehorsam ist, kommt es zur *secunda plasmatio* aller Menschen und zur Wiederherstellung ihrer *similitudo* mit Gott. In der οἰκονομία wendet sich Gott seinem *ganzen* Geschöpf persönlich zu; der Tod als Folge der *menschlichen* Sünde wird durch den Gehorsam des einen Gott-Menschen Jesus Christus aufgehoben.

Die bei Markos und Irenäus auf den ersten Blick parallel erscheinenden Formulierungen sind also auf der inhaltlichen Ebene unterschiedlich gefüllt. Das betrifft insbesondere den Οἰκονομία-Begriff, nicht weniger aber das direkt damit zusammenhängende Verständnis von Welt und Mensch sowie die Modelle, die ihre Entstehung erklären. Auch beim Zustandekommen der Erlösung gehen beide unterschiedliche Wege. Das Ziel ist zwar scheinbar dasselbe (*regeneratio* bzw. *secunda plasmatio*); aber die Aufgabe des Erlösers auf der einen sowie die mit der Erlösung verbundenen Vorstellungen auf der anderen Seite lassen sich jeweils nicht zur Deckung bringen. Als echte Parallele bleibt an sich nur die typologische Verbindung des sechsten Schöpfungstages mit dem Karfreitag.

3.2.3.5 Die Passion Jesu Christi und die Ankündigungen der Propheten

Die Kreuzigung Jesu ist für Irenäus kein isoliertes Geschehen. Sie steht im Zusammenhang mit den Einzelereignissen der Passionsgeschichte, die fester Bestandteil der planvoll geordneten οἰκονομία Gottes sind.[474]

Besonders wichtig ist für unseren Zusammenhang die epid, die spätestens ab epid 30 wie eine große Testimoniensammlung für die οἰκονομία Gottes wirkt. In epid 1-28 erzählt Irenäus

---

474 S. nur haer III 16,7 (316,243-246).

die biblische Geschichte bis zum Tod des Mose nach; in epid 29 geht er äußerst knapp auf David, Salomo und den Tempelbau im „diesseitigen Jerusalem" ein. Damit ist der Ort angegeben, an dem die Propheten auftraten, um das Volk Israel zurechtzuweisen und die Erscheinung Jesu anzukündigen. Epid 30-98 ist fortan ein einziger Nachweis des Kommens Christi mit all seinen Implikationen aus den Schriften des Alten Bundes. Vor allem in epid 68-85 behandelt Irenäus ausführlich die Testimonien zu Passion, Tod, Höllenfahrt, Auferstehung und Himmelfahrt Christi. Im Zusammenhang mit den Ereignissen der Passion Jesu hält er sich an keine strenge Reihenfolge, sondern ordnet einmal chronologisch, einmal assoziativ, zumal schon die biblischen Passionsberichte sowohl in ihren Einzelstücken als auch in deren Anordnung zum Teil recht stark differieren. Zudem legt Irenäus weder in der epid noch in haer Wert auf Vollständigkeit, sondern gibt stets nur eine Reihe von besonders prägnanten Beispielen (vgl. nur haer IV 33,12, wo er eine Vielzahl von Testimonien anführt und bemerkt, daß die Propheten auch „alles übrige" vorausgesagt hätten). Irenäus knüpft mit der Deutung bestimmter Schriftstellen auf Jesu Leiden an die Tradition der Evangelien an. Es ist hinlänglich bekannt, daß besonders Ps 21 und 68 LXX für die Ausgestaltung der ältesten Passionserzählung verwendet wurden.[475]

Die von den Propheten das Alten Bundes im voraus angekündigten Ereignisse der Leidensgeschichte sind nach Irenäus *allein* in Jesus zur Erfüllung gekommen. Weil die Propheten von dem einen, wahren Gott gesandt wurden, mußten sie mit ihren Ankündigungen Jesus meinen. Dies hält Irenäus gegen die Häretiker auf der einen und gegen die Juden auf der anderen Seite entschieden fest.[476] Alle Figuren des Alten Bundes halten den Vergleich mit Christus nicht stand. Weder das, was über die Herrlichkeit, noch das, was über die Leiden Jesu angekündigt wurde, ist bei einem der Väter, Könige oder Propheten selbst eingetroffen. Sowohl die allgemeinen als auch die besonderen Prophezeiungen über die Passion als auch die Eröffnung des Neuen Bundes der Freiheit passen nur auf Jesus[477]:

„Daß der Sohn Gottes geboren werden sollte und in welcher Weise und wo es für ihn bestimmt war, geboren zu werden, und daß Christus einziger ewiger König ist, das haben so die Propheten verkündigt. Ebenso haben sie auch vorhergesagt, wie er, von Menschen abstammend, diejenigen heilen sollte, die er geheilt hat, und die Toten auferwecken, die er auferweckt hat, und

475 Einen Überblick über die in der Gnosis (auch Nag Hammadi) aufgenommenen Passionstraditionen bietet Voorgang, *Passion*, 246-249.
476 Dazu siehe z.B. haer IV 33,2 (804,31-806,50). Der ganze Abschnitt haer IV 33-35, in dem die Passionstestimonien besonders häufig auftreten, ist eine Auseinandersetzung mit Markion, den Valentinianern, den Ebionäern und anderen.
477 Siehe haer IV 34,1-5 (846,1-860,125; v.a. 34,3); III 19,2 (374,29-378,53). Beidemale grenzt sich Irenäus deutlich von Andersdenkenden ab, und beidemale stellt er Hoheits- und Niedrigkeitsaussagen über Jesus unmittelbar nebeneinander, letztere illustriert er mit einzelnen Aspekten der Passionsgeschichte; s.a. haer IV 23,2 (694,42-698,67).

wie er gehaßt und verschmäht werden und leiden und getötet und gekreuzigt werden sollte, wie er (tatsächlich) gehaßt, verschmäht und getötet wurde."⁴⁷⁸ Den inneren Zusammenhang der einzelnen prophetischen Ankündigungen begründet Irenäus damit, daß die Propheten *membra Christi* sind. Jeder einzelne von ihnen stellt gemäß der jeweiligen Art seines *membrum esse* eine (einzelne) Weissagung auf Christus bzw. auf eine seiner Funktionen (*operatio*) dar. Denn jeder Prophet hatte mit seinen Aussprüchen (nur) ein bestimmtes Charakteristikum der *dispositio Domini* im Blick. Zusammengenommen bilden sie jedoch den *einen* ab und kündigen den *einen* an. Erst das Gesamtbild der Prophetie ergibt die vollständige Weissagung der οἰκονομία des Herrn. Fällt ein Stein aus dem Mosaik heraus, liegt die Interpretation des Ganzen schief. Werden einzelne Elemente der Heilsordnung außer Acht gelassen, ist das „*corpus* des Werkes des Gottessohnes" nicht mehr unversehrt.⁴⁷⁹ Aufgrund des biblischen Zeugnisses kann die Kreuzigung also nur in Verbindung mit ihren Begleitumständen richtig gedeutet werden. Jede andersgeartete Interpretation ginge am Kern der Sache vorbei.

*a) Jesu Einzug in Jerusalem auf einem Eselsfüllen*⁴⁸⁰: In epid 65⁴⁸¹ verwendet Irenäus ein Mischzitat aus Jes 62,11 („Sagt der Tochter Zion: Siehe,") und Sach 9,9 („ein König kommt zu dir, demütig, und reitet auf einem Esel, auf einem Füllen, dem Jungen einer Eselin"), wie er es in Mt 21,5 vorfindet.⁴⁸² Jesus zieht als „einziger ewiger" König (epid 66) in die Stadt der Könige Judäas ein, in der er zum Leiden kommen sollte.⁴⁸³ Diese Verbindung von Herrlichkeit und Niedrigkeit Jesu Christi findet sich auch an den anderen Stellen, wo Irenäus auf die prophetische Ankündigung des Einzugs in Jerusalem jeweils nur ganz knapp durch das „Sitzen auf dem Eselsfüllen" aus Sach 9,9 – immer im Zusammenhang mit anderen Elementen der Passion – hinweist (haer III

---

478 Epid 66 (176/78); vgl. epid 52 (158/69); haer IV 33,12 (834,257-260).
479 S. haer IV 33,10.15 (824,178-189; 842,325-846,345).
480 Vgl. Mt 21,1-9; Mk 11,1-10; Lk 19,28-38; Joh 12,12-16.
481 176/78.
482 Zu den kleineren Abweichungen gegenüber Mt und den Unterschieden zum LXX-Text, die schon Mt aufweist, siehe Smith, *Proof*, 198.
483 Vgl. epid 66 (176/78). In haer IV 11,3 (502,43-506,75) ist im engeren Kontext von der Vermehrung der Gnade durch die Ankunft des Herrn gegenüber dem Alten Testament die Rede. Diese Ankunft des Königs war schon lange freudig erwartet worden (Ps 34,9 LXX). Die leidenden Menschen erkannten ihn in dem in Jerusalem einziehenden Jesus (Mt 21,9). Auf diese triumphale Szene fällt jedoch der Schatten der „schlechten Haushalter", die nicht wollten, daß der verheißene König schon gekommen sei (Mt 21,6).

19,2[484]; IV 33,12[485]). In haer IV 33,1[486] polemisiert Irenäus gegen die Juden, die die von den Propheten angekündigte zweifache Ankunft Christi nicht verstehen wollen. Christus erscheint beim ersten Mal auf der Welt als der Leidende, bei seinem zweiten *adventus* aber als der mächtige Richter am Jüngsten Tag.

b) Der Verrat und das Schicksal des Judas[487]: In epid 81[488] übernimmt Irenäus mit Mt 27,9b-10 ein Zitat, das schon der Evangelist fälschlicherweise dem Propheten Jeremia zugesprochen hatte.[489] Irenäus schließt daran paraphrasierend den Verrat und den Tod des Judas an (in Aufnahme von Joh 12,4-8; Mt 26f), ohne weitere theologische Schlüsse zu ziehen. Das Schicksal des zwölften Apostels mußte sich wegen der prophetischen Weissagung zutragen. Mehr sagt Irenäus an dieser Stelle über Judas nicht. Er führt auch kein weiteres Zitat aus dem Alten Testament als typologische Ankündigung des Verrats durch Judas an.[490]

c) Die Szene im Garten Gethsemane[491]: An der Gethsemane-Szene sind für Irenäus zwei Aspekte von Interesse:

1) Als Jesus die Jünger nach seinem ersten Gebet schlafend vorfand, ließ er sie weiterschlafen (vgl. Mt 26,43f), wodurch er auf die „Geduld Gottes beim Schlaf der Menschen" hinwies. Nachdem er sie auch nach seinem zweiten Gebet schlafend antraf (vgl. Mt 26,46), weckte er sie auf, „zeigend, daß seine Passion die Auferweckung der schlafenden Schüler ist". Mit den „schlafenden Schülern" sind diejenigen gemeint, die schon vor dem irdischen Wirken Jesu seine „Jünger" waren, starben und seitdem im „Unteren der Erde" schliefen. Die Passion Christi, insbesondere der Abstieg ins Totenreich, dient der Er-

---

484 374,29-378,53.

485 834,247-836,279. Im vorausgehenden Abschnitt ist von der Herrlichkeit Christi die Rede.

486 802,1-804,30.

487 Vgl. Mt 26,14-16.21-25.47-56; 27,3-10; Mk 14,10f.18-21.43-52; Lk 22,3-6.21-23.47-53; Joh 6,70f; 12,4-8; 13,2.21-30; 18,2-12; Apg 1,15-20.

488 194/86.

489 Mt zitiert in eigenwilliger Kombination Stücke aus Sach 11,13 und Ex 9,12 LXX und assoziiert damit den Ackerkauf Jeremias in Anatot (Jer 32,6-9) sowie das „Haus des Töpfers" (Jer 18,2f).

490 Nach haer I 31,1 (382,1-11) hatte eine Häretikergruppe ein „Judasevangelium" vorgelegt, in dem Judas als der einzige Jünger mit der vollen Erkenntnis der Wahrheit dargestellt worden sei, was ihn dazu gebracht haben soll, das „Mysterium des Verrats" (und damit die universelle Erlösung) zu vollbringen.

491 Vgl. Mt 26,36-46; Mk 14,32-42; Lk 22,39-46. Zum folgenden s. haer IV 22,1f (684,1-690, 45); vgl. Houssiau, *La christologie,* 131-133.

rettung der vor Christus Verstorbenen, dem „Unfertigen der Schöpfung" (*in-operatum conditionis*).[492] Diese Menschen werden aber nicht schon beim Abstieg Jesu ins Totenreich auferweckt, sondern erst bei seiner „zweiten Ankunft" am Jüngsten Tag. Auf die Errettung aller *ab initio discipuli* zielt auch Irenäus' Interpretation der Fußwaschungsszene (vgl. Joh 13,1-20) am Beginn von haer IV 22,1.[493] Dadurch, daß Christus zu den Toten hinabsteigt, ist sichergestellt, daß das Erlösungswerk *allen* Menschen zugute kommt, die vor der Inkarnation des Logos an ihn glaubten.

2) Irenäus nimmt weiterhin Bezug[494] auf die nur in Lk 22,44 erwähnten Schweißtropfen Jesu, die zu Blut wurden, als er am Ölberg angestrengt betend mit dem Tode Rang.[495] In den beiden angegebenen Texten dient der Hinweis auf die Blutstropfen Jesu dazu, das wahre Menschsein Jesu zu betonen. Beidemale steht die Aussage unmittelbar neben einem Verweis auf Joh 19,34 (Blut und Wasser treten aus der durchbohrten Seite des Gekreuzigten), wohl wegen der Verbindung von Wasser (Schweiß) und Blut. Irenäus wendet sich beidemale gegen häretische Christologien. In haer III 22,1f geht es um die doketistische Ansicht, daß dem Herrn trotz seiner Geburt aus der Jungfrau Maria jede Ähnlichkeit (*similitudo*) mit den Menschen fehle. Dagegen hebt Irenäus hervor, daß Jesus mit seinem Leiden nichts Großes vollbracht hätte, wenn er nicht wirklich Mensch geworden wäre und die *substantia carnis* nicht angenommen hätte. Daß Jesus Blutstropfen geschwitzt hat, ist aber

---

492 S. Hayd, *BKV¹ II*, 154: „Daß *inoperatum conditionis* ist das noch nicht Reife, gleichsam erst noch in der Schöpfungswerkstätte Befindliche, wie David sagt, Gott habe ihn gesehen, als er noch nicht fertig war und sein Leib noch im Schoße der Erde (seiner Mutter) war: *Imperfectum meum viderunt oculi tui et substantia mea in inferioribus terrae*" (Ps 138,14f LXX).

493 Als Beleg für seine Interpretation der Gethsemane-Szene führt Irenäus ein Agraphon an, das er wiederholt als zentrale Schriftaussage über das Ziel des Kommens Christi verwendet: *Recommemoratus est Dominus Sanctus Israel mortuorum suorum qui dormierunt in terra defossionis, et descendit ad eos uti evangelizaret eis salutare suum, ad salvandum eos* (haer IV 22,1 [686,13-17]). Das Agraphon wird hier Jeremia zugeschrieben. An den anderen Stellen gibt Irenäus das Zitat jeweils unterschiedlich mit leichten, aber inhaltlich insgesamt unbedeutenden Abweichungen wieder: haer III 20,4 (394,99-396,103: Jesaja; die Stelle dient hier als Beleg, daß Jesus Christus mehr als bloßer Mensch war); IV 33,1 (804,21-23: anonym); 33,12 (834,261-263: *alii* hätten dieses Wort gesprochen); V 31,1 (390,19-22: *propheta*); epid 78 (192/85: Jeremia). An keiner der Stellen verbindet Irenäus das Agraphon mit der Gethsemane-Szene. Just., dial. 72,4 (182 Goodspeed) zählt das Agraphon zu Jeremia-Texten, die die Juden angeblich aus der LXX gestrichen haben. S. dazu *SC 100/1*, 255 (P. 687, n. 2.); Resch, *Agrapha*, 320-322.

494 Zum folgenden s. haer III 22,2 (434,28-436,42/434,1-436,20); IV 35,3 (868,58-872,80).

495 Die Verse Lk 22,43f sind früh in den ursprünglichen Lk-Text eingedrungen.

ein eindeutiges σύμβολον σαρκός. In haer IV 35,3 widerspricht Irenäus der
ptolemäischen Lehre von der Ausdehnung des oberen Christus über den Horos, die im Leiden Jesu abgebildet sein soll.

d) Die Flucht der Jünger bei der Gefangennahme Jesu[496]: Die Flucht der Jünger bei Jesu Gefangennahme ist ein weiteres Element, mit dessen Hilfe Irenäus die Kreuzigung Jesu in einen festen geschichtlichen Kontext einbettet.
Er bezieht sich dabei in epid 76[497] auf Sach 13,7, einen Vers, mit dem Jesus in
Mk 14,27 par Mt 26,31 die Jüngerflucht ankündigt. In haer IV 33,12[498] steht
hinter dem Hinweis auf den, „der von den Freunden und denen, die ihm die
Nächsten sind, verlassen werde", Ps 37,12 LXX. Das Testimonium ist um-
rahmt von weiteren Belegen zu Jesu Passion, insbesondere von solchen, die
unmittelbar den *Gekreuzigten* betreffen (Tränken mit Essig und Galle, Ausstrecken der Hände, Verspottung, Kleiderteilung).

e) Das Verhör Jesu vor Pilatus und Herodes[499]: Auch durch seine Interpretation des *Verhöres vor Pilatus und Herodes* (vgl. Lk 23,6-12) in epid 74 und 77
versucht Irenäus, die Kreuzigung in einen größeren heilsgeschichtlichen Rahmen zu stellen.[500] Nach epid 74 habe David in Ps 2,1f LXX mit den „Königen
der Erde" und den „Fürsten" auf Herodes, den König der Juden, und Pontius
Pilatus, den Prokurator des Kaisers Claudius[501] hingewiesen, die den „χριστός" einmütig dazu verurteilt hatten, gekreuzigt zu werden. Irenäus kennt
diesen Schriftbeweis aus Apg 4,24-28. Er führt die Stelle einschließlich des lukanischen Psalmzitates wörtlich in haer III 12,5[502] an: „Denn wahrhaftig haben sich in dieser Stadt gegen deinen (sc. Gottes) heiligen Sohn Jesus, den du
gesalbt hast, Herodes und Pontius Pilatus mit den Nationen und den Völkern Israels verbunden, um zu tun, was deine Hand und dein Wille im voraus bestimmt hatten, damit es geschehe."

Epid 74 und 77 wirken wie ein Kommentar zu Lk 23,6-12 und der Apg-
Stelle: Herodes hatte Angst, durch den vermeintlich irdischen König Jesus
sein eigenes Königtum zu verlieren. Pilatus wiederum nahm Christus, der gefangen zu ihm geführt wurde, als Vorwand, sich mit seinem Feind Herodes

---

496 Vgl. Mt 26,47-56; Mk 14,43-52; Lk 22,47-53; Joh 18,2-12.
497 190/84.
498 834,252f.
499 Vgl. Mt 27,11-14; Mk 15,2-5; Lk 23,2-12; Joh 18,29-38.
500 188-190/83-85.
501 Zu dieser Chronologie s.o.
502 194,138-196,149.

auszusöhnen, und übergab ihm Jesus zum Verhör.[503] Dieser nötigte zusammen mit den ihn umgebenden Juden Pilatus, gegen dessen eigentlichen Willen Jesus zu verurteilen (vgl. Lk 23,1-5.13-25). Dies sei Pilatus aber immer noch lieber gewesen, als durch die Freilassung eines „Königs" gegen den Kaiser zu arbeiten.[504] Die von Irenäus zitierten Prophetentexte zeigen, daß die Kreuzigung Christi, des „Königs" im eigentlichen Sinn, im Willen Gottes begründet ist; die Hauptakteure beim Prozeß Jesu führen lediglich das aus, was Gott vor Zeiten beschlossen hatte.

f) Von der Geißelung und Verspottung Jesu vor[505] *bis zu den Ereignissen während und nach der Kreuzigung*[506]: Mit diesen Ereignissen, die die besondere Weise des Leidens Jesu am Kreuz in geraffter Form beschreiben und bei Irenäus z.T. unmittelbar beieinander stehen, bezieht er sich deutlich auf die Passionsberichte der Evangelien und die dort verwendeten Stellen des Alten Testaments. Nicht einer der Patriarchen, Könige oder Propheten, sondern allein Jesus bot seinen Rücken und sein Gesicht den Schlägen dar, wurde angespuckt und beschimpft (Jes 50,6; 53,4; Klgl 3,30)[507]; nur seine Kleider wurden geteilt und sein Gewand verlost (Ps 21,19 LXX)[508], nur er wurde am Kreuz verspottet (Ps 21,8 LXX)[509], nur bei seiner Kreuzigung verfinsterte sich die

---

503 Als Schriftbeleg dient Hos 10,6 (die Veränderungen gegenüber LXX sind [eingeklammert]): „Und sie fesselten ihn [bei den Assyrern] und brachten ihn als Geschenk zum König [Jarim]." Vgl. Just., dial. 103,4 (Goodspeed, 219; bei Justin ist der Hinweis auf die Assyrer nicht weggefallen). S.a. Mk 15,1: δήσαντες τὸν Ἰησοῦν ἀπήνεγκαν καὶ παρέδωκαν Πιλάτῳ.

504 Die genaue Übersetzung dieser Stelle am Ende von epid 74 ist umstritten, der Sinn jedoch einigermaßen klar. Undeutlich bleibt, ob Pilatus eher sich selbst vor die Alternative „Jesus oder der Kaiser" stellte oder aber die Juden; vgl. nur Froidevaux, SC 62, 142; Smith, *Proof,* 205f; Weber, *BKV*[2] 4, 53; PO 12/5, 715. 791; Rousseau, SC 406, 188.333 (in C. 74, n. 2. die Rückübersetzung: Πιλᾶτος δὲ ὑπὸ Ἡρῴδου καὶ τῶν σὺν αὐτῷ Ἰουδαίων ἀναγκασθεὶς ἄκων παραδοῦναι αὐτὸν εἰς θάνατον, ὅς, ἐὰν μὴ τοῦτο ποιήσῃ, ἀντέπραξεν ἂν Καίσαρι, σώσας ἄνθρωπον βασιλέα ὀνομαζόμενον).

505 Vgl. Mt 27,26-31; Mk 15,16-20a; Joh 19,1-3.

506 Diese sind die Kleiderteilung und das Loswerfen, die Verspottung Jesu am Kreuz, das Tränken mit Essig und Galle, die Sonnenfinsternis von der sechsten bis zur neunten Stunde, das Zerreißen des Vorhangs im Tempel, das Erdbeben und die Totenauferstehung sowie Wasser und Blut, die aus Jesu Seitenwunde traten; vgl. Mt 27,33-53; Mk 15,22-38; Lk 23,33-46; Joh 19,17-37. Zur valentinianischen Deutung von Joh 19,34 s.o.

507 S. epid 34 (130-132/56); 68 (178-180/79f); haer IV 33,12 (834,150f); vgl. Mt 27,30 par Mk 15,19.

508 S. epid 80 (192-194/85f); haer IV 33,12 (834,255f); 35,3 (870,75); vgl. Joh 19,23f; Mt 27, 35; Mk 15,24; Lk 23,34.

509 S. haer III 19,2 (378,49); IV 33,12 (834,254f); vgl. Mt 27,39; Mk 15,29; Lk 23,37.

Sonne von der sechsten bis zur neunten Stunde (Dtn 16,5f; Am 8,9-10a; Jer 15,9)[510], nur er wurde am Kreuz mit Essig und Galle getränkt (Ps 68,22 LXX)[511], allein bei seinem Tod zerriß der Vorhang im Tempel, bebte die Erde, spalteten sich die Felsen und standen die Toten auf[512], nur bei ihm wurde die Seite durchbohrt, so daß Wasser und Blut heraustraten.[513]

3.2.3.6 Das Kreuz als „Pflug" (haer IV 34,4)?

Haer IV 34,4[514] wirft das Problem auf, inwieweit Irenäus das Kreuz typologisch mit dem Pflug aus Jes 2,4/Mi 4,3 verbindet. Um die Aussage des Textes korrekt zu erfassen, ist methodisch zwischen *möglichen Anspielungen* auf das

---

510 S. haer IV 10,1 (492,20-494,26); 33,12 (836,266-279); 34,3 (854,62f); vgl. Mt 27,45; Mk 15,33; Lk 23,44f.

511 S. epid 82 (194/86); haer III 19,2 (378,49); IV 33,12 (834,252); 35,3 (870,74f); vgl. Joh 19, 28f; Mt 27,48 par Mk 15,36; Lk 23,36. Mt und Mk erwähnen das Tränken Jesu mit Essig und Galle (Mt) bzw. Myrrhe (Mk) auch *vor* der Kreuzigung (Mt 27,34; Mk 15,23). Jesus lehnt den Trank dort ab. Lk und Joh kennen nur ein einmaliges Tränken nach der Kreuzigung. Alle Evangelisten sind sich darin einig, daß Jesus am Kreuz nur Essig zu trinken bekommt. Nur Joh verbindet die Szene ausdrücklich mit der Erfüllung der Schrift.

512 S. haer IV 34,3 (854,63-65). Diese Ereignisse entnimmt Irenäus Mt 27,51f (zum Zerreißen des Tempelvorhangs s.a. Mk 15,37; Lk 23,45b). Hinter der Auferstehung der Toten stehen dort Ez 37,12f; Jes 26,19 und Dan 12,2, ohne daß die betreffenden Stellen zitiert würden.

513 Diese Szene wird nur von Joh 19,34-37 geschildert. Joh bezieht sich dafür ausdrücklich auf Ex 12,46 („ihr sollt ihm kein Bein brechen") und Sach 12,10 (ὄψονται εἰς ὃν ἐξεκέντησαν), wobei die Textform des Sach-Zitats weder mit dem masoretischen Text noch mit der Septuaginta übereinstimmt, dafür aber mit haer IV 33,11 (826,194f: *Videbunt in quem compunxerunt*). Irenäus bezieht Sach 12,10 dort auf den zweiten Advent des Menschensohns, der aus den Wolken des Himmels kommen wird (vgl. Dan 7,13): der Wiederkommende ist der Gekreuzigte, der die Zeichen der Kreuzigung an sich trägt. An den anderen Stellen (haer III 22,2 [436,40/436,16f]; IV 33,2 [806,46-48]; 35,3 [870, 75f]) greift Irenäus nicht auf Sach zurück, sondern direkt (und z.T. wörtlich) auf Joh 19,34. – Die Nägelmale und die Seitenwunde sind *signa carnis*, die der Auferstandene nach Joh 20,20 den Jüngern zeigt (vgl. haer V 7,1 [84,1-5]) und die dazu dienen, die leibliche Auferstehungshoffnung der Glaubenden zu begründen; vgl. Ign., Smyrn. 2-3,3 (106,16-26 SQS); EpAp 11f (22f) (210-212 NTApo I⁶); Apelles bei Hipp., haer. VII 38,4 (321,17-20 PTS); Ps-Just., De resurrectione 9 [= fr. 108, 47f,9-24 Holl]). Zur Darstellung der irdischen Erscheinung Christi in den ersten Jahrhunderten vgl. auch Grillmeier, *Logos*, 36-55 (v.a. aaO, 42-47).

514 854,73-860,117. S. Daniélou, *Charrue*, passim; ders., *Les symboles*, 95-106; Doignon, *Salut*, passim; Reijners, *Terminology*, 57-60; Grego, *Ireneo*, 201f; Lohfink, *Rezeption*, passim.

Kreuz und *expliziter Typologie* zu unterscheiden. Ich sichte zuerst den Kontext, untersuche dann die Struktur des Textes. Anschließend frage ich nach terminologischen Hinweisen, die eine typologische Deutung des Pfluges auf das Kreuz entweder nahelegen, oder aber unwahrscheinlich machen.[515]

1) Zum Kontext: Irenäus fordert in haer IV 34,1 die Markioniten auf, die Botschaft der Propheten mit dem Evangelium aufmerksam zu vergleichen. Sie werden feststellen, daß die Propheten nichts anderes angekündigt haben, als das „gesamte Handeln und jede Lehre und das ganze Leiden"[516] Christi. Das Neue in der Ankunft Christi bestand darin, daß er sich selbst darbot, um die Menschen zu erneuern und lebendig zu machen durch die im Glauben ermöglichte Teilhabe an der Freiheit des Neuen Bundes.[517] Dieses Neue aber war gerade von den Propheten als kommend angesagt worden (haer IV 34,1f). Damit ist bewiesen, daß die Propheten ihre Inspiration von demselben Gott empfangen hatten, den Christus seinen Vater nannte. Besonders wichtig ist Irenäus der Hinweis, daß die im Alten Testament angekündigten *Leiden* nur auf die Passion Christi zutreffen.[518] Allein der gestorbene und auferstandene Christus hat „das neue Testament der Freiheit eröffnet" (haer IV 34,3).[519]

In haer IV 34,4 lehnt Irenäus die jüdische Position ab, der unter Serubbabel erbaute zweite Tempel in Jerusalem sei schon das *novum Testamentum* gewesen: Der Tempel, wie auch die darin aufbewahrten Gesetzestafeln, waren aus Stein.[520] Bis zur Ankunft Christi ist das durch Mose gegebene Gesetz in Gebrauch gewesen. Erst seit der Ankunft des Herrn sind das „neue Testament, das zum Frieden führt, und das lebendigmachende Gesetz in die gesamte Erde ausgegangen."[521]

Um seine Argumentation zu untermauern, führt Irenäus das Zitat Jes 2,3b-4 (vgl. Mi 4,2b-3) ein. Er weist damit nach, daß der Prophet nicht von einem „anderen Gesetz und Wort" und damit von einem „anderen" als Christus gesprochen habe, sondern daß mit der Ankunft Christi wirklich das *neue Testament, das zum Frieden führt,* sowie das *lebendigmachende Gesetz* in die *gesamte Erde ausgegangen* seien: „Denn von Zion wird ausgehen das Gesetz (*lex*) und das Wort Gottes (*verbum Domini*) von Jerusalem, und er wird [...]" viel Volks

---

515 Leider gibt es zu haer IV 34,4 kein innerirenäische Parallele. Jes 2,3b wird zwar in epid 86 (200/88) zitiert, aber die Pflugsymbolik spielt dort keine Rolle.

516 Haer IV 34,1 (846,6f).

517 Vgl. Prümm, *Neuheit,* 202-207; Houssiau, *La christologie,* 54-128; Jaschke, *Geist,* 274-277.

518 Irenäus redet hier allgemein von der Passion Christi, nicht speziell vom Kreuz.

519 854,69f.

520 Irenäus verweist durch das „Steinerne" auf haer IV 33,14 (840,310-842,324). Dort hatte er die Verheißung des neuen Bundes, der sich von dem Bund mit den „Vätern am Horeb" unterscheiden sollte, aus Jer 31,31f (= 38,31f LXX) mit Ez 36,26a kombiniert, wobei er den *Inhalt* der Bundesverheißung der Ezechiel-Stelle entnahm: Gott wird den Menschen ein neues Herz und einen neuen Geist geben. Die in Ez 36,26b erwähnte Wegnahme des „steinernen Herzens" zitiert Irenäus in haer IV 33,14 nicht, sondern assoziiert sie in haer IV 34,4 mit dem steinernen Tempel und den Gesetzestafeln, die für den alten Bund stehen (vgl. Jer 31,32). Außerdem dürfte 2Kor 3,6-8 im Hintergrund stehen; vgl. auch Hebr 8.

521 Haer IV 34,4 (856,83f).

überführen. Und sie werden ihre Schwerter in Pflüge ‚umschmieden' (wörtl.: zerschlagen) und ihre Lanzen in Sicheln [...]ᵇ und nicht mehr lernen, Krieg zu führen."[522]

2) Die Struktur des nicht-typologischen Interpretationsganges: Irenäus setzt in einem *ersten, nicht-typologischen* Interpretationsgang die prophetische Verheißung mit den *geschichtlichen* Wirkungen des Wortes Gottes in Beziehung[523]: Die Apostel gingen von Jerusalem aus[524] und verkündigten die *lex libertatis,* die das *Verbum Dei* ist, auf der ganzen Erde. Das Wort Gottes und das Gesetz der Freiheit bewirkten „so großen Frieden" bei den Völkern, die sie aufnahmen, und „viel Volks" wurde des Unverstands (*imprudentia*) überführt.[525] Die durch das Wort Gottes vollbrachte „große Veränderung" besteht vor allem darin, daß die Kriegswerkzeuge Schwerter und Lanzen in Pflüge, die der Logos selbst herstellte* (<*quae*> *fabricaverit ipse*[526]), und in Sicheln, die er zur „Ernte des Getreides" schenkte*[527], also in Werkzeuge des Friedens um

---

522 Irenäus läßt aus dem Jesaja-Text die kurzen Sätze „und er wird Gericht halten unter den Heiden"ᵃ sowie „und nicht mehr wird ein Volk gegen das andere das Schwert erheben"ᵇ aus. Der parallele Micha-Text (Mi 4,2b-3) spricht in V.3 von der Überführung „zahlreicher Heidenvölker bis in fernes Land". M.E. spielt Irenäus auf die Wendung εἰς γῆν μακράν mit *in universam terram* (haer IV 34,4 [856,84.94]) an.

523 856,88-858,101.

524 Vgl. haer IV 4,1 (416,1-418,25); III 1,1 (20,7-22,17) und epid 86 (200/88; hier wird nur Jes 2,3 zitiert und als Hinweis auf Judäa und Jerusalem als Ausgangspunkt der apostolischen Mission verstanden).

525 Diese beiden Wirkungen stehen in dem Satz, der direkt auf das Jesaja-Zitat folgt. Irenäus redet dort zwar von dem „anderen" Gesetz und Wort, das (nach Einschätzung anderer) von den Propheten angekündigt worden sein könnte, ordnet jene Wirkungen aber faktisch dem seit der Ankunft Christi ausgehenden Wort zu, weil Jesaja nichts anderes als dieses gemeint hat. – Mit *multum populum* dürfte nicht, wie Hayd, BKVᵗ II, 202 annimmt, Israel gemeint sein, sondern das „Weltvolk". M.E. läßt der Kontext keine andere Interpretationsmöglichkeit zu.

526 S. die Rückübersetzung in *SC 100/1,* 275 (P. 857, n. 1.): <ἃ> κατεσκεύασεν αὐτός.

527 Die beiden mit einem * gekennzeichneten Relativsätze sind die einzigen typologischen Interpretamente in dem ersten Deutungsgang. Sie machen kenntlich, daß hinter dem äußerlichen Geschehen ein tieferliegender theologischer Gehalt gesehen werden muß. Irenäus erklärt die beiden Einschübe erst in seiner typologisch ausgerichteten Auslegung. Daniélou, *Charrue,* 197-199 vermutet, daß Irenäus mit der Aussage, der Logos Gottes habe den Pflug und die Sichel selbst „hergestellt", auf die bei Just., dial. 88,8 greifbare Zimmermannstradition zurückgreift (203 Goodspeed: Jesus galt als Sohn des Zimmermannes Joseph und hat, als er unter den Menschen weilte, Pflüge und Sicheln hergestellt [εἰργάζετο], um dadurch die Symbole der Gerechtigkeit und tatkräftiges Leben zu lehren). Es sei deshalb wahrscheinlich, daß Irenäus nicht nur in dem ersten, nicht-typologischen Interpretationsgang von Justin inspiriert ist, sondern auch in dem zweiten, wo er den Pflug als Kreuzessymbol deute. Vgl. auch EvPhil 91f (= 73,8-19 [188 NHS]; 166f

gearbeitet wurden. Außerdem bewirkte er, daß „sie" (die das Wort aufnahmen) nicht mehr verstanden, Krieg zu führen, sondern stattdessen die andere
Wange darzubieten lernten, wenn sie geschlagen werden (vgl. Mt 5,39). Weil
das, was Jesaja als unmittelbare Folge des vom Zion ausgehenden Wortes angekündigt hatte, mit der apostolischen Verkündigung des Wortes Gottes historisch nachweisbar in Erfüllung ging, kann die prophetische Verheißung
nur über denjenigen gesprochen worden sein, „der dies bewirkt hat". Dieser
ist „unser Herr".[528]

3) Die Struktur des typologischen Interpretationsganges: Irenäus leitet mit der
zuletzt genannten Folgerung zu seinem *zweiten, typologischen* Interpretationsgang über.[529] Im Zentrum stehen nun nicht mehr allein die objektiv faßbaren
Wirkungen des verkündigten Wortes Gottes, sondern deren Urheber und
das, was dem historisch Sichtbaren zugrundeliegt:

> „Dieser aber ist unser Herr, und ,in diesem ist das Wort wahr' (Joh 4,37), denn er selbst ist
> es, der den Pflug gemacht und die Sichel herbeigebracht hat, d.h. die erste ,Aussaat' des Men-
> schen, die die Erschaffung gemäß Adam war, und die in den letzten Zeiten durch das Wort
> gesammelte ,Fruchtbringung'. Und deshalb, weil[530] er den Anfang mit dem Ende verband
> und der Herr von beiden ist, zeigte er am Ende den Pflug, Holz mit Eisen verbunden, und
> reinigte so seine Erde. Denn der feste Logos Gottes hat, mit dem Fleisch vereint[531] und auf
> diese Weise zusammengefügt[532], die (wild) bewaldete Erde gründlich gesäubert. Am Anfang

---

NTApo I[6]: „Joseph der Zimmermann pflanzte einen Garten, weil er Holz für sein
Handwerk brauchte. Er ist es, der das Kreuz hergestellt hat von den Bäumen, die er
gepflanzt hatte. Und [so] hing sein Same an dem, was er gepflanzt hatte. Sein Same war
Jesus, die Pflanzung aber war das Kreuz...").

528 Haer IV 34,4 (858,99-101).

529 Haer IV 34,4 (858,101-860,117).

530 Nur *Cod. Vossianus* (1494 n.Chr.) liest hier *qui* (Doignon, *Salut*, 536 bevorzugt diese
Variante), alle übrigen *quod*. Inhaltlich ergeben sich kaum Differenzen.

531 *SC 100/2* bietet gegen die *Cod. Claramontanus* (9.Jh.) und *Vossianus*, die *unitum* lesen,
mit den übrigen Handschriften *adunitum*. Beide Lesarten stimmen inhaltlich überein.

532 Zur genauen Übersetzung der Wendung *habitu tali confixus* s.u. Textkritische Probleme
bereitet *tali*, das nur *Cod. Vossianus* bietet (von Massuet, *PG 7,1*, 1086b übernommen).
Die übrigen Handschriften, v.a. die beiden Hauptzeugen (*Cod. Claramontanus* [9.Jh.]
und *Arundelianus* [12. Jh.]) lesen *talis*. Harvey (*II*, 272[8]) konjiziert *taleis* (Eisenstäbchen
= griech. ἥλοις) und begründet dies damit, daß Irenäus die Pflugmetapher hier fortsetzt.
Der Pflug werde durch Eisennägel zusammengehalten. „These *taleæ* being also the corre-
latives of the ἧλοι of the Passion." Doignon, *Salut*, 537 hält die Vermutung Harveys für
„ingénieuse", weil sie einen Parallelismus zwischen dem Pflug, in dem Eisen und Holz
miteinander verbunden sind, und dem Mysterium des Kreuzes, wo das *Verbum firmum*
als Eisen mit dem Holz verbunden ist, zu begründen sucht. Harveys Konjektur habe
allerdings keinen Anhalt an der biblischen Terminologie (s. Joh 20,25 Vulgata: *fixura*

aber bildete er die Sichel durch Abel ab, die Sammlung des gerechten Geschlechts der Menschen anzeigend. ‚Siehe nämlich', sagt er, ‚wie der Gerechte umkommt und niemand hinsieht, und gerechte Männer werden weggeschafft, und niemand vernimmt es im Herzen' (Jes 57,1). Diese Dinge aber wurden in Abel im voraus bedacht, in den Propheten aber vorherverkündigt, im Herrn aber vollendet, und in uns aber genauso, indem der Körper seinem Haupt nachfolgt."

Während sich Irenäus in seinem ersten Argumentationsgang in der Gedankenführung und der Zuordnung der Einzelelemente eng an den Jesaja-Text anlehnt, konzentriert er sich bei seiner typologischen Auslegung auf die Interpretation des „Pfluges" und der „Sichel". Die Tabelle gibt einen Überblick über die Zuordnung der einzelnen Elemente.

Jes 2,3b-4	1. Deutungsgang		2. Deutungsgang
lex *verbum* *Domini*	Die *lex libertatis* ist das *verbum Dei*, das von den Aposteln von Jerusalem aus in der ganzen Welt verkündigt wurde.		In Christus wird das Wort (die Verkündigung Jesajas) wahr. Seit seiner Ankunft sind das neue Testament, das zum Frieden führt, und die *vivificatrix lex* in die Welt ausgegangen.
Überführung *vielen Volks*	Viel Volks wird durch das Wort Gottes der *imprudentia* überführt.		Durch die Offenbarung des „Pfluges" hat der Herr die Erde gereinigt (dieses Motiv zweimal).
Schwerter *Lanzen*	Schwerter und Lanzen werden umgeschmiedet in		Im Neuen Friedensbund gibt es nur noch Pflug und Sichel.
Pflüge	Pflüge	Das Wort Gottes hat den Pflug (für die Aussaat) hergestellt. Der Pflug steht für die „erste Aussaat" des Menschen gemäß Adam (1a).	
	und	Der Herr, der Anfang und Ende verband, zeigte am Ende den Pflug, Holz mit Eisen verbunden: Das feste Wort ist mit dem Fleisch vereint u. „in solcher Haltung zusammengefügt" (1b).	

clavorum [v.l.]), weshalb nur die Varianten *tali* und *talis* in Betracht kommen. Für *talis* sprechen die bessere Bezeugung (s.o.), eine mögliche Anspielung auf Phil 2,7 (Christus ἐν ὁμοιώτατι ἀνθρώπων γενόμενος· καὶ σχήματι εὑρεθεὶς ὡς ἄνθρωπος [Vulgata: ... *et habitu inventus homo*]), und der Befund, daß sich *habitu* normalerweise auf ein Adjektiv zurückbezieht und daß *talis* in einer ablativischen Verbindung mit einem Substantiv nicht gebräuchlich ist (vgl. Lundström, *Neue Studien*, 155). Für *tali* spricht v.a. Ir[arm], der *hoc* (ablat.) liest (*habitu hoc* = „in dieser Gestalt"/„durch diese Form"), vgl. Doignon, aaO, 537f (Lit.; *habitu tali* kann genauso gut als Anspielung auf Phil 2,7 erklärt werden wie *habitu talis*]). Ir[arm] liest weiterhin *fixus cum ea* statt *confixus* (s.u. S. 259 Anm. 547).

Sicheln	Si-cheln.	Das Wort Gottes selbst hat die Sichel zur Ernte gegeben. Die Sichel steht für die durch das Wort Gottes in den letzten Zeiten „gesammelte Fruchtbringung" (2b). Weil der Herr Anfang und Ende verbindet, hat er anfangs die Sichel durch Abel dargestellt, um die Sammlung der Gerechten (am Ende) zu zeigen (2a).	
Kriegs-verzicht		Die Botschaft der Apostel bewirkte „so großen Frieden". Kriegsgeräte werden zu Friedenswerkzeugen gemacht. Die das Wort aufnahmen, verzichten forthin auf Krieg und bieten „auch die andere Wange dar."	Die Gerechten werden getötet (bei Abel wurde dies bedacht, von den Propheten angekündigt, von Christus vollendet, was in der Kirche weitergeführt wird).

Beide Deutungsgänge zielen auf die von Verzicht auf Widerstand geprägte, friedvolle Haltung derer, die das Wort Gottes aufnehmen und deshalb Verfolgung und Tod erleiden.[533] Mit Hilfe der *Typologie* begründet Irenäus, daß die Leidensbereitschaft der unter der *lex vivificatrix* stehenden Menschen ein konstitutives, weil seit Anbeginn vom Logos Gottes „bedachtes" Merkmal des mit seiner Ankunft als Mensch eingesetzten „Neuen Bundes zum Frieden" ist. Pflug und Sichel erhalten in diesem Zusammenhang jeweils eine „urzeitliche" (1a; 2a) und eine „endzeitliche" (1b; 2b) Bedeutung.[534]

Bezüglich des *Pfluges* ist zum einen seine Verwendung in der Landwirtschaft der Ausgangspunkt der Interpretation (1a), zum anderen wird als zusätzliches Element dessen materielle Beschaffenheit in die Auslegung einbaut (1b). Dagegen orientiert sich die Deutung der *Sichel* beidemale an ihrer Funktion als Ernteinstrument. Irenäus will das Pflug-Bild im Blick auf Christus präziser fassen. Die einfache, dem „urzeitlichen" Pflug entsprechende Aussage einer „zweiten Aussaat" der Menschheit durch Christus bliebe offen für Fehldeutungen. Um hier Klarheit zu gewinnen, baut Irenäus auch die materielle Beschaffenheit des Pfluges in seiner Interpretation ein. Bei der Sichel ist dies nicht notwendig, weil der Bildgehalt „Ernte/Sammlung" genügt, um die seit dem Anfang geschehende Ermordung der Gerechten auszudrücken.

---

533 Vgl. auch Just., 1 apol. 39 (87,1-22 PTS); dial. 88,8; 110,3 (203; 226 Goodspeed); weitere Belege bei Daniélou, *Charrue*, 193.199-201.

534 Die Deutung ist folgendermaßen angeordnet: urzeitlicher Pflug (1a) und endzeitliche Sichel (2b) werden entsprechend dem landwirtschaftlichen Bild zuerst behandelt: Nach der Aussaat kommt die Ernte. Über das Bindeglied (der Herr von Anfang und Ende) gelangt Irenäus zum endzeitlichen Pflug (1b) und zur urzeitlichen Sichel (2a).

Das Bindeglied zwischen urzeitlicher und endzeitlicher Darstellung von Pflug und Sichel ist Christus, der „Anfang und Ende verbindet", weil er der *Dominus utrorumque* ist.[535] Durch seine „reinigende" Tätigkeit richtet er überhaupt erst den Neuen Bund auf und ermöglicht dadurch den genannten Gewaltverzicht.

4) Die Deutung des Pfluges: Der *Pflug* steht für die erste Erschaffung der Menschen, wie sie in Adam *am Anfang* geschehen ist (siehe Tabelle 1a). Subjekt dieser „Aussaat" (im Säen liegt der typologische Vergleichspunkt) ist der *Dominus*.[536] Christus zeigte *am Ende* den *Pflug*, der die Erde reinigte. Durch sein Pflügen macht der Herr das Land wieder nutzbar und bereitet es auf die endzeitliche Ernte vor (siehe Tabelle 1b). Wie ist jedoch dieser *Pflug* genauerhin zu verstehen? Die Antwort liefern die beiden aufeinander als Bild und Deutung bezogenen Sätze: (*aratrum ostendit*), *lignum copulatum ferro, et sic expurgavit terram* (Bild[537]), *quoniam firmum Verbum adunitum carni et habitu tali confixus emundavit silvestrem terram* (Deutung[538]).

Die Zuordnung der einzelnen Textglieder ist eindeutig. Zunächst soll die *Wirkung* des „Pfluges" erläutert werden, die sowohl im Bild als auch in der Deutung jeweils am Ende steht (Parallelismus):

et sic   *expurgavit terram*   entspricht
et habitu tali confixus emundavit silvestrem terram.

Irenäus verstärkt in der Deutung die Aussage des Bildes. Die „wild bewachsene Erde" steht für die seit Adam durch die Sünde „verwilderte" Menschheit (diese ist *nicht* mit der *prima seminatio* identisch!), die eine völlige Reinigung (*emundare*) von der Sünde durch den „Pflug" nötig hatte.

Das eigentliche Pflug-Bild und seine Deutung sind chiastisch angeordnet:

lignum   *copulatum ferro*   entspricht
firmum Verbum adunitum carni.

Das Eisen des Pfluges ist der „feste Logos" Gottes. Den Vergleich zwischen dem Logos und dem eisernen Teil eines Werkzeugs, genauerhin dem

---

535 Diese Wendung kann durch Röm 10,12 („Es ist nämlich kein Unterschied zwischen Juden und Griechen, denn er ist derselbe Herr aller, reich für alle, die ihn anrufen") beeinflußt sein. Allerdings wirkt bei Irenäus nur der Gedanke des „Herrseins über zwei im Herrn Zusammengehörige" nach, wobei sich das Zusammengehören hier nicht auf Juden und Griechen, sondern auf Anfang und Ende bezieht.
536 Das Motiv der Aussaat in den Ackerboden nimmt die Vorstellung von der Erschaffung Adams aus Staub/Erde (vgl. Gen 2,7) auf; vgl. epid 15; 32; haer I 9,3; III 21,10-22,2 u.ö.
537 Haer IV 34,4 (858,107-109).
538 858,109f. Vgl. auch Doignon, *Salut*, 536-538.

Eisen einer Axt, stellt Irenäus auch in der Elisa-Typologie haer V 17,4 her.[539] An dieser Stelle hat der hölzerne Stiel der Axt, an dem das Eisen befestigt ist, für die Typologie *keine eigenständige* Bedeutung und kann somit auch *nicht* auf das Kreuz gedeutet werden. In haer V 17,4 bringt zwar das „Holz" (Kreuz) den „starken Logos Gottes" (das Eisen der Axt) wieder zum Vorschein, von einer Zusammensetzung des „Eisens" mit dem „Holz" ist jedoch nicht die Rede; das Kreuz übernimmt nicht die Funktion des Axt-Stiels, und die Axt selbst ist kein Kreuzessymbol.[540] Auch in haer IV 34,4 geht es nicht um die über die Zusammensetzung eines Werkzeugs *typologisch*[541] herleitbare Verbindung des Logos (Eisen) mit dem *Kreuz* (Holz). Die Bauweise des Pfluges dient vielmehr dazu, die *Inkarnationsaussage* bildlich darzustellen[542]: Wie ein Pflug aus einem hölzernen Stiel und einem Eisenteil besteht, so ist der *Dominus* (über dessen Ankunft Irenäus handelt) der mit dem menschlichen Fleisch (*lignum → caro*) vereinigte, feste Logos Gottes (*ferrum → firmum Verbum*).[543] Eine andere Interpretation läßt die formale Zuordnung der einzelnen Textglieder nicht zu. Dazu kommen terminologische Beobachtungen. Irenäus verwendet die Begriffe (*ad-/co-*)*uno* ([συν-]ἑνόω) / *unitio* (ἕνωσις) etc. vor allem dann, wenn er von der Inkarnation Christi spricht.[544]

Die bisher gewonnenen Ergebnisse liefern den Schlüssel für das Verständnis der uneindeutigen[545] Wendung *habitu tali confixus*: Wie der Pflug nur dadurch die Erde für die neue Saat reinigen kann, indem Holz und Eisen fest

---

539 So auch Daniélou, *Charrue*, 195.
540 Anders Daniélou, *Charrue*, 195-197. Er verweist auf Justins Deutung der Elisa-Geschichte (s. dazu oben S. 225 Anm. 410), die Parallelen bei Tertullian, Ambrosius und anderen hat (Belege aaO, 195f; der Akzent liegt hier nicht auf der Festigkeit, sondern auf dem Gewicht des Axt-Eisens), sowie auf den Vergleich von Pflügen mit dem Kreuzessymbol bei Just., 1 apol. 55,3 (110,9 PTS): γῆ δὲ οὐκ ἀροῦται ἄνευ αὐτοῦ (sc. das σχῆμα des Kreuzes, ohne das nichts im Kosmos gehandhabt oder Zusammenhang haben kann, s. 1 apol. 55,2 [110,5-7 PTS]). Vgl. die Kritik bei Doignon, *Salut*, 543.
541 Ich diskutiere im folgenden die Frage, ob Irenäus das *lignum* des Pfluges bewußt mit dem Kreuz in Beziehung setzt. Damit ist noch nichts über Assoziationen gesagt, die über bestimmte Stichwörter (wie *lignum*) beim Leser ausgelöst werden können (dazu s.u.).
542 Dieser Aspekt fehlt in der Elisa-Typologie. In haer V 18,1 faßt Irenäus die *tanta dispositio* inhaltlich mit den knappen Worten *ipsum Verbum Dei incarnatum suspensum est super lignum* zusammen. Es ist also nicht einfach der „Logos Gottes", der am Kreuz hängt, sondern der *fleischgewordene* Logos! Sieht Irenäus also auch in der Axt, die aus „Eisen" und „Holz" besteht, ein Symbol für die Inkarnation? Vgl. dazu unten S. 263.
543 So auch Grillmeier, *Logos*, 64f.
544 S.o. S. 258.
545 Daniélou, *Charrue*, 197: „Le texte ici est plus difficile".

verbunden sind (*copulatum*) und nicht auseinanderfallen, so kann der Logos nur in seiner unzertrennlichen Vereinigung mit dem Fleisch die Menschheit von der Sünde reinigen.[546] Das „*sic*" aus dem Bild hat dabei zentrale Funktion. Es verweist *innerhalb des Bildes* auf die *feste Zusammenfügung* der Bestandteile des Werkzeugs, die für dessen erfolgreichen Gebrauch notwendig ist. Andererseits ist „*sic*" das parallele Textglied zum *habitu tali confixus* der Deutung. Wie „*sic*" allein auf die Intaktheit des Pfluges Bezug nimmt, bekräftigt *habitu tali confixus* entsprechend die feste Verbindung von Logos und menschlichem Fleisch[547] als konstitutive Bedingung für seine erfolgreiche Wirkung.

Ist damit der Aussagegehalt von *habitu tali confixus* vollständig erfaßt? Oder nimmt Irenäus nicht doch eine (zweite) typologische Deutung des Pfluges auf den Gekreuzigten vor? Eine solche Verbindung von *Verbum incarnatum* und „Kreuz" (= Holz) durch *confixus* liegt nahe, weil *configo* in seiner Grundbedeutung „zusammenheften, -nageln, -fügen" (zwei Dinge aneinandernageln; aus mehreren Stücken [mit Nägeln] zusammenfügen; auch: durchbohren) heißt. *Habitu tali confixus* wäre dann so zu übersetzen: „auf diese Weise (oder: in dieser Haltung/Form) (zu ergänzen: mit dem Holz/Kreuz) zusammengenagelt/-geheftet/durchbohrt". Zudem könnte Irenäus mit *habitu tali* speziell auf die Körperhaltung des Gekreuzigten anspielen.

Jean Doignon[548] hält die von Klebba (*BKV*[2] 4, 118) gegebene Übersetzung („solcher Gestalt vereint") für eine recht unwahrscheinliche Tautologie, „que *configo* n'est pas synonyme de *coniungo*".[549] *Habitu tali* sei zwar auf die Inkarnation zu beziehen, damit würde aber noch nicht klar, was mit *confixus* gemeint sei. Ausgehend von Ir[arm], der statt *confixus* „*fixus cum ea*" liest – ich sehe in dieser Variante keinen Unterschied zum Lateinischen; *fixus cum ea* meint: der Logos ist mit der *caro* (= *ea*) fest verbunden –, betont Doignon, daß eine Ergänzung von *ligno/cruci* etc. überflüssig sei, denn „il existe un bois au moins symbolique, c'est celui que représente *habitu tali*, c'est-à-dire la chair. La version arménienne présente la chair comme servant de poteau pour la Crucifixion: ‚fixé a elle'. La chair est le bois auquel le Verbe incarné est fixé en croix (sens du mot latin *confixus*). Ainsi, dans une superbe perspective de synthèse, S. Irénée envisage l'Incarnation comme offrant à la Crucifixion la matière où celle-ci inscrit son œuvre de salut.[550] „Avec le symbole de la charrue, les deux mystères sont réunis. Au Calvaire, le Verbe incarné (*habitu tali*) est rivé à sa chair, car, sur la Croix, le bois (la

---

546 Vgl. auch epid 31 (128/54: „Das Wort ist nun Fleisch geworden, damit die Sünde durch denselben Leib, durch den sie sich festsetzte und herrschte, vernichtet würde und nicht mehr in uns sei") sowie haer III 20,2 (390,67-392,75).
547 Dafür spricht auch Ir[arm] (s.u. die nächste Anm.).
548 *Salut,* 538-542; vgl. Reijners, *Terminology,* 57f.
549 Doignon, *Salut,* 538.
550 Doignon, *Salut,* 540.

chair de l'Incarnation est bois) ‚tient à lui-même étant cloué‘ (con-fixus). Dans cette per-
spective mystique, l'Incarnation s'accomplit dans la Croix, car c'est comme bois cloué que le
Verbe apporte le salut".[551] Doignon verweist für den oszillierenden Gebrauch des Wortes
„Holz" zum einen auf die Elisa-Typologie in haer V 17,4, zum anderen auf ein griechisches
Irenäus-Fragment[552], in dem die Elisa-Geschichte (ähnlich wie bei Justin) sowohl mit der
Kreuzigung als auch mit der Inkarnation verbunden wird. Hier heißt es: „Und der Mensch
Gottes (ὁ ἄνθρωπος τοῦ θεοῦ: Elisa) sagte: ‚Wohin fiel es (sc. das Eisen der Axt)?' Und er
(sc. der Schüler Elisas) zeigte ihm den Ort. Und er (sc. Elisa) brach ein ξύλον ab und warf es
dorthin und das Eisen schwamm obenauf. Das war ein Zeichen der Heraufführung der Seelen durch ein Holz, an dem der gelitten hat, der Seelen heraufführen kann, indem sie seinem
Weg nach oben nachfolgen. ... Denn wie das Holz, weil es leichter ist, untertauchte, das
schwerere Eisen aber obenauf schwamm, so wurde auch, als sich der Logos Gottes durch
eine ἑνώσις, τῇ καθ' ὑπόστασιν φυσικῇ, mit dem Fleisch vereinte, das Schwere und Irdische von der göttlichen Natur in die Himmel aufgehoben, nach der Auferstehung unsterblich geworden." M.E. stammt dieses Fragment nicht von Irenäus. Es ist weniger die inhaltliche Seite, die mich zu diesem Urteil führt, als vielmehr die Terminologie. Hat Irenäus wirklich schon von einer unitio hypostatica atque physica[553] gesprochen, um das Mysterium der
Inkarnation zu beschreiben? Oder gehört diese Begrifflichkeit nicht eher in die christologischen Streitigkeiten des 4./5. Jahrhunderts?! Das Fragment kann wegen dieser Unsicherhei-
ten nicht als Beleg dafür dienen, daß Irenäus' Denken bei der Elisa-Geschichte „se porte tantôt vers l'Incarnation, tantôt vers la Croix".[554] An Doignons Auslegung ist weiterhin die
Übersetzung von confixus problematisch. Gerade die Belegstellen aus Schriften Tertullians,
die er anführt (s.u.), sprechen eher dagegen, daß der (einzige) „sens du mot latin confixus"
„fixé en croix" ist.

a) Zu confixus: Haer IV 34,4 ist die einzige Stelle, an der das Wort configo bei
Ir^lat belegt ist.[555] Eine eindeutige Rückübersetzung ins Griechische (eine Form
von κατηλῶ, προσηλόω, συμπήγνυμι?) ist deshalb kaum möglich. Für die
Verwendung von configo im Zusammenhang mit der Kreuzigung lassen sich
Belege aus der kirchlichen Literatur des 2. Jh.s anführen.[556] Festzuhalten ist

---

551 Doignon, Salut, 541f.
552 Frgm. gr. XXVI (492f Harvey II); auch Reijners, Terminology, 61f hält das Stück für
   echt.
553 S. die lat. Übersetzung bei Harvey II, 493.
554 Doignon, Salut, 541.
555 S. Reynders, Lexique II, 62.
556 Tert., Nat. I 18,10 (38,13-16 CChr): Die crux ist eine configendi corporis machina. In Res.
   26,5 (954,19-22 CChr) zitiert Tertullian Sach 12,10/Joh 19,37: Et videbunt enim eum, qui
   confixerunt. Kurz darauf (Res. 26,13 [955,51-54 CChr]) heißt es: Qui enim in eam Hieru-
   salem voces eiusmodi competent exhortationis et advocationis, quae occidit prophetas et lapi-
   davit missos ad se et ipsum postremo Dominum suum confecit? (Doignon, Salut, 540 liest
   statt confecit das nur von einer Handschrift [Cod. Selestadiensis 88, 11.Jh.] bezeugte con-
   fixit und hält diese und die zuerst genannten Stellen aus Tertullian für Zeugnisse eines
   typischen Gebrauchs von configo „de clouer à la Croix"). In derselben Schrift (Res. 47,1

dabei folgendes: An zwei der vier Tertullian-Stellen ist die Wortwahl deutlich von dem jeweils zugrundeliegenden Bibeltext bestimmt. Gerade Röm 6,6 legt die Verwendung von *configo* als Übersetzung des zugrundeliegenden συσταυρόω nahe. Das συν- bezieht sich dabei nicht darauf, daß Christus mit dem Kreuz zusammengenagelt wird, sondern auf das *Mitgekreuzigtwerden* der Glaubenden mit ihm in der Taufe. Dieser Bedeutungsgehalt von *configo* ist jedoch in haer IV 34,4 nicht im Blick. In den anderen Tertullian-Texten ist *configo* jeweils mit „durchbohren" wiederzugeben. In Res. 26,5 ist *configo* Übersetzung von ἐκκεντέω. In Nat. I 18,10 ist die Wendung *configendi corporis machina* nur folgendermaßen sinnvoll: Das Kreuz ist ein Gerät, um Körper zu durchbohren (aber nicht: um Körper zusammenzunageln oder zusammenzufügen).

Könnte *confixus* in haer IV 34,4 demnach (in Anlehnung an Sach 12,10/ Joh 19,37) „durchbohrt" heißen? Dagegen spricht die einzige Stelle, an der Irenäus Sach 12,10/Joh 19,37 zitiert (haer IV 33,11). Dort verwendet Ir[lat] für ἐκκεντέω nicht *configo*, sondern *compungo*.[557] Irenäus bezieht das „Durchbohren" wie das Johannesevangelium auch nicht auf den Vorgang der Kreuzigung selbst, sondern auf die Seitenwunde Jesu.[558] Dagegen spricht weiterhin, daß Ir[lat] immer dann, wenn sich προσηλόω bzw. (προσ-)πήγνυμι auf die Kreuzigung beziehen, mit *adfigo* übersetzt.[559] Bis auf eine Ausnahme (haer III 12,1 ist Zitat) nennt Ir[lat] da, wo *adfigo* die Annagelung des Verurteilten meint,

---

[984,61-985,9 CChr]) interpretiert er Röm 6,1ff: *Haec (enim) erit vita mundialis, quam veterem hominem dicit confixus (esse) Christo* (vgl. Röm 6,6: ὁ παλαιὸς ἡμῶν ἄνθρωπος συνεσταυρώθη), *non corporalitatem, sed moralitatem. Ceterum si non ita accipimus, non est corporalitas nostra confixa nec crucem Christi caro nostra perpessa est.* In Pud. 17,6 (20, 21-26 SC) zitiert er Röm 6,5f: *Si enim consepulti sumus simulacro mortis eius, sed et resurrectionis erimus, hoc scientes, quod vetus homo noster confixus est illi.* Vgl. auch Cypr., *Ad Quirin. II* 20 (58,15f CChr): Das Kreuzestestimonium Ps 118,120 LXX wird übersetzt mit *Configе clavis de metu tuo carnes meas.*

557 826,194f: *Videbunt in quem compunxerunt.* Vgl. haer IV 33,2 (806,47f: *et e latere eius compuncto sanguis exiit et aqua*); 35,3 (870,75f: Irenäus fragt, wo der „obere Christus" der Gnostiker *punctus est, et exivit sanguis et aqua?*) sowie S. 251 Anm. 513. Reynders, *Lexique I,* 62 führt als lat. Äquivalent für ἐκκεντέω nur *compungo* an. Ir[lat] verwendet *compungo* weiterhin als Übersetzung von καυτηριάζω (brandmarken: haer II 21,1 [212,53; vgl. auch Harvey I, 326⁴, der auf 1Tim 4,2 verweist) und κατανύσσω (zerstechen, heftig betrübt sein: haer IV 27,1 [734,38]), sowie *pungo* für κεντέω (stechen: haer III 23,5 [458, 121]), jedesmal in Zusammenhängen, die nichts mit der Kreuzigung zu tun haben. In haer IV 28,3 (760,51) meint *pungo* „durchbohren" und bezieht sich auf die Kreuzigung Jesu.

558 S.o. S. 250.

559 Belege s.o. Abschnitt 3.2.3.5.

stets zugleich das Hinrichtungsinstrument *crux* (σταυρός). Wenn es dagegen um das *Holz* (*lignum*) des Kreuzes Christi geht, ist entweder absolut vom „Holz" die Rede, oder aber davon, daß Christus bzw. der Logos Gottes am Holz *hing* (*pendeo*), was wiederum von den entsprechenden Schriftstellen her zu erklären ist.[560] Der einzige Beleg, wo eine direkte syntaktische Verbindung von προσηλόω und ξύλον[561] vorliegt, ist haer I 14,6. Auch hier übersetzt Ir[lat] προσηλόω mit *adfigo*. Das *confixus* in haer IV 34,4 macht demnach deutlich, daß Ir[lat] bei der Verbindung von „Eisen und Holz" *nicht* unmittelbar an eine Annagelung des göttlichen Logos an das Kreuz dachte. Andernfalls hätte er dies wohl mit *adfixus* zum Ausdruck gebracht. *Confixus* kann deshalb kaum anders als mit „fest zusammengefügt" übersetzt werden.[562]

b) Wenn man dennoch davon ausgeht, daß Irenäus mit *confixus* das Pflugholz typologisch auf das Kreuz deutet, muß α) entweder zu der Wendung *habitu tali confixus* „*ad lignum*" oder „*ligno*" gedanklich ergänzt werden[563]; dann hätte das *lignum* des Pfluges aus dem Bild in der Deutung eine doppelte Funktion, nämlich einmal als Bild für das Fleisch Christi, zum anderen als Bild für das Kreuz, an das das *Verbum adunitum carni* (= *lignum copulatum ferro*) angeschlagen wird; *habitu tali* bezöge sich in diesem Fall auf die Inkarnationsaussage. β) In einer zweiten Deutungsmöglichkeit wäre die spezielle Form des Kreuzes oder aber die Körperhaltung des Gekreuzigten als in *habitu tali* enthalten gedacht. Auch hier ist vorausgesetzt, daß es der mit dem Fleisch verbundene Logos Gottes ist (*Verbum adunitum carni*), der mit dem Holz des Kreuzes zusammengefügt wird. Das *lignum* des Bildes hätte auch in dieser Deutung eine Doppelfunktion. γ) In beiden Fällen könnte das *Reinigungsmotiv* relativ einfach von der Erlösungsvorstellung her erklärt werden, auf die mit dem Kreuz angespielt wäre.

Zu α) Für die erste Variante könnten haer IV 10,2 und haer V 18,1.3 als Vergleichstexte herangezogen werden:

---

560 S.o. S. 215. Irenäus verwendet *lignum*/ξύλον neutral i.S. von „Holz, Baum" (z.T. in Schriftzitaten) in haer II 2,3; III 5,2; 17,2; 23,6; IV 8,3; 18,4; 27,1; V 2,3; 10,2; 15,1; 34,3f; 35,1. An all diesen Stellen stellt er weder explizit noch implizit eine Beziehung zum Kreuz her.

561 Das „Holz" müßte in haer IV 34,4 sinngemäß ergänzt werden.

562 Wahrscheinlich stand im griechischen Text keine Form von προσηλόω, sondern von συμπήγνυμι (vgl. die Rückübersetzung *SC 100/2*, 859: συμπαγείς). – Auch epid 79 (192/85), wo Irenäus Ps 118,120 LXX zitiert, kann wegen der offensichtlichen Abweichung vom LXX-Text (dieser lautet ursprünglich: καθήλωσον ... τὰς σάρκας μου) nicht als Parallele herangezogen werden.

563 Vgl. Lundström, *Neue Studien*, 155.

Haer IV 10,2: *Et rursus significans* [sc. Mose] *quoniam qui ab initio condidit et fecit eos Verbum, et in novissimis temporibus redimens nos et vivificans, ostendetur pendens in ligno, et non credent ei* (es folgt Dtn 28,66). Haer V 18,1: *Quoniam autem ipsum Verbum Dei incarnatum suspensum est super lignum, per multa ostendimus.* Haer V 18,3: *Verbum Dei ... autem est Dominus noster, qui in novissimis temporibus homo factus est, in hoc mundo exsistens, et secundum invisibilitatem continet quae facta sunt omnia, et in universa conditione infixus, quoniam Verbum Dei gubernans et disponens omnia; et propter hoc ... caro factum est, et pependit super lignum, uti universa in semetipsum recapituletur* (es folgt Dtn 28,66).

Irenäus spricht jedesmal ausdrücklich davon, daß der Logos Gottes am Kreuz hing. Haer IV 10,2 und V 18,3 erwähnen überdies die „letzten Zeiten", haer IV 10,2 zusätzlich den „Anfang", an dem der Logos die Menschen geschaffen hat; beides spielt in haer IV 34,4 eine wichtige Rolle (s.u.). Haer V 18,1 und 18,3 bestimmen den Logos Gottes, der am Holz hing, als *Verbum Dei incarnatum* bzw. als *homo/caro factus est.*

Auch in haer V 17,4 wird der Logos mit dem *lignum* in Verbindung gebracht. Hier ist es jedoch äußerst fraglich, ob dieser „nur" durch den eisernen Kopf der Axt symbolisiert und durch die Zusammenfügung mit dem Elisa-Holz (das für das Kreuz steht) als Axtstiel „repariert" wird.[564] Aus diesem Grund kann m.E. die *Axt* kaum als Bild für den am Kreuz (Holz) hängenden, fleischgewordenen Logos Gottes (Eisen) verstanden werden. Die in dieser Interpretation enthaltene Voraussetzung, daß das Axt-Eisen (ohne Holzstiel) die Inkarnation des *Verbum Dei* bereits einschließt, wird aber gerade durch haer IV 34,4 in Frage gestellt. Denn dort steht der Pflug als *ganzer* primär für die Fleischwerdung (Holz) des Logos (Eisen)! Es ist dagegen wahrscheinlicher, daß in Analogie zu haer IV 34,4 die *Axt* als Ganze das *Verbum Dei incarnatum (lignum copulatum ferro)* meint. Dem Schüler Elisas ging das „unsichtbare" Wort Gottes (der Kopf der Axt) verloren. Am Kreuz (Holz) wird hingegen das sichtbare *incarnatum Verbum Dei* (die ganze Axt aus [einem weiteren] Holz und Eisen) offenbart (vgl. haer V 18,1). Aber diese Interpretation bleibt schon deshalb unsicher, weil in der Elisa-Typologie jeder explizite, aus dem *Bild* ableitbare Hinweis auf die *Inkarnation* fehlt. Die Doppelbedeutung des Pflug-Holzes, die für das Verständnis von *habitu tali confixus* als *typologischer* Hinweis auf die Kreuzigung des fleischgewordenen Logos vorausgesetzt werden muß, kann also nur mit Hilfe von Argumenten, die wenig Anhaltspunkte in den Texten haben, behauptet werden.

---

564 Auf die Unausgeglichenheit zwischen Bild und Deutung wurde bereits hingewiesen (s.o. S. 226). Reijners, *Terminology*, 59, übersieht diese Problematik.

Zu β) Wie steht es um die Bedeutung von *habitu tali*? Spielt Irenäus damit auf die Form des Kreuzes bzw. auf die Körperhaltung des Gekreuzigten an? Außer in haer IV 34,4 verwendet Ir^lat das Wort *habitus* insgesamt sechsmal. Obwohl der Text nur an zwei Stellen eindeutig auf das griechische Original zurückgeführt werden kann, dürfte *habitus* mit einer Ausnahme jeweils die Übersetzung von σχῆμα sein.[565]

In haer II 7,1-8,2 widerlegt Irenäus die gnostische Lehre, die irdischen Dinge seien degenerierte Abbilder der Äonen bzw. der „oberen Wirklichkeit" des Pleromas. Wenn – so seine Anfrage – zwischen den irdischen und den oberen Dingen jedoch der prinzipielle Gegensatz besteht, daß die „unteren" Dinge vergänglich, irdisch, zusammengesetzt sind, wie können sie dann überhaupt die Abbilder der himmlischen Welt sein? Wenn man darüber hinaus behauptet, daß die hiesigen Dinge nach *Zahl und Ordnung* der Emanation Abbilder seien, dann dürfen sie nicht *imagines* und *similitudines* der oberen Äonen genannt werden, weil sie *neque habitum neque figuram illorum*[566] haben. *Habitus* meint hier die äußere, sichtbare Erscheinungsform/-gestalt als Voraussetzung für das „Abbild-sein-können". Die gleiche Bedeutung liegt in haer II 23,1[567] und II 26,3[568] vor. Auch in haer II 24,4[569] (*habitus crucis*) ist in gleicher Weise zu übersetzen („äußeres Erscheinungsbild des Kreuzes"). In haer V 35,2[570] ist mit *habitus huius mundi* die vorfindliche Gesamtgestalt der Welt gemeint, die durch Christus erneuert werden wird. Irenäus betont generell, daß der sichtbare *habitus* des Abbildes den *habitus* des Urbildes aufweisen muß: *Typus enim et imago secundum materiam et secundum substantiam aliquotiens a veritate diversus est; secundum autem habitum et liniamentum debet servare similitudinem, et similiter ostendere per praesentia illa quae non sunt praesentia.*[571] Der einzige Text, in dem *habitus* anders verwendet wird, ist haer V 35,1 (das Wort dient als Übersetzung von στολή [Gewand] aus Bar 5,1[572]).

Der Befund macht wahrscheinlich, daß mit *habitus* in haer IV 34,4 ebenfalls eine äußerlich sichtbare Form oder Gestalt gemeint ist. Auf die Form des

---

565 Μορφή und μόρφωσις werden mit *figura(tio), forma, formatio* übersetzt (vgl. Reynders, *Lexique I*, 80); *figura* und *figuratio* können auch σχῆμα wiedergeben. Aus diesem Grund kann nicht ausgeschlossen werden, daß *habitus* bisweilen auch als Übersetzung von μορφή diente.
566 Haer II 7,7 (76,162).
567 230,23.
568 262,56.
569 242,135.
570 448,97f. Irenäus zitiert 1Kor 7,31: „παράγει γὰρ τὸ σχῆμα τοῦ κόσμου τούτου". Vgl. auch haer II 28,8 (290,236); IV 3,1 (414,11); V 36,1 (452,6), wo das σχῆμα aus dem Paulusvers jeweils mit *figura* übersetzt wird.
571 Haer II 23,1 (230,21-25).
572 440,34. Irenäus zitiert Bar 4,36-5,9 LXX.

Kreuzes nimmt Irenäus dort aber nicht explizit Bezug.[573] Ein in *habitus* möglicherweise implizit enthaltener Hinweis darauf ist wegen des durchweg unspezifischen Gebrauchs unwahrscheinlich. Aus dem gleichen Grund scheidet auch die spezielle Bedeutung „Körperhaltung" aus. An keiner der Parallelstellen ist ein Mensch in einer bestimmten, aus der Verwendung von *habitus* ableitbaren Körperposition im Blick. Dazu kommt, daß *habitus* durch *talis* deutlich auf den allgemeinen Ausdruck *caro* bezogen ist.

Somit scheidet die Variante (β) aus. Die Wendung *habitu tali* kann sich nur auf die Inkarnationsaussage beziehen.[574] Demzufolge hinge die Verbindung des *firmum Verbum adunitum carni* mit dem Kreuz allein an dem Wort *confixus* (Variante α). Daß diese Möglichkeit aus terminologischen Gründen jedoch unwahrscheinlich ist, wurde gezeigt.

Die Ergebnisse von (β) unterstützen die Feststellung von (α), daß die *doppelte Funktion* des Pflug-Holzes aus dem Bild gerade das Bild sprengt. Denn es geht Irenäus in seiner Auslegung zunächst allein darum, daß die Menschheit am Anfang nach dem Bild und Ähnlichkeit *Christi* erschaffen wurde. Um diese Beziehung des *Dominus* zur adamitischen Menschheit zu verdeutlichen, stehen beide „Pflüge" zueinander in *inhaltlicher* Parallelität. Ein mögliches Gegenargument wäre, daß Irenäus bei der Deutung des Pfluges auf die Inkarnation zusätzlich zu dessen landwirtschaftlicher Funktion dessen besonderen Materialzusammensetzung einführt und insofern die Besonderheit Christi hervorhebt. Dies mag zum Teil stimmen. M.E. spielt diese Besonderheit aber auch schon in der „ersten Aussaat" der Menschheit eine Rolle, die allerdings erst aus der Deutung auf Christus ersichtlich wird. Denn auch bei der Erschaffung des Menschen in Adam sind „Holz und Eisen" verbunden, weil der Logos Gottes und damit die Ähnlichkeit mit Gott noch nicht verloren sind! Der „urzeitliche" Pflug bezeichnet demnach den ursprünglichen Zustand der Menschheit *vor* dem Sündenfall. In diesen Zustand sollen die Menschen durch die reinigende Funktion des „endzeitlichen" Pfluges wieder versetzt werden. Dies kann aber nur dann geschehen, wenn der Logos Gottes bei seiner Ankunft in den letzten Zeiten selbst Mensch wird.

Das bedeutet zum einen, daß Christus als wahrer Mensch eine äußerlich sichtbare Gestalt hatte (*habitus*). Sein *habitus* ist wirklich der *habitus* eines

---

573 In haer II 24,4 weist Irenäus extra auf den *habitus crucis* hin. Doignon, *Salut*, 543 und
  Reijners, *Terminology*, 59 betonen gegen Daniélou, *Charrue*, 200 zurecht, daß Irenäus bei
  seiner Pflug-Deutung im Gegensatz zu Just., 1 apol. 55,3 (110,9 PTS) an der äußeren
  Form des Pfluges kein Interesse hat.
574 Das legt schon das parallele Satzglied *sic* aus dem Bild nahe, s.o.

Menschen. Zum anderen ist sein *habitus* insofern etwas besonderes, als in ihm durch die konstitutive Verbindung mit dem Logos Gottes der *ursprüngliche habitus des Menschen selbst* auf der Erde sichtbar wird. Im fleischgewordenen Logos erscheint der Mensch, der – wie anfangs Adam – im Vollbesitz der *similitudo* mit Gott ist. Zu dieser *similitudo* soll die Menschheit wieder zurückgeführt werden, so daß wiederum in deren *habitus* der Logos Gottes selbst aufscheint. Aus diesen Gründen ist m.E. die Übersetzung „in solcher Gestalt fest zusammengefügt" die angemessenste.[575]

Zu γ) Die letzte Möglichkeit, in der Deutung des Pfluges eine Kreuzestypologie zu sehen, liegt in dessen „reinigender" Funktion.[576] Zum Vergleich sind diejenigen Texte heranzuziehen, in denen Irenäus das „Reinigen" mit dem Werk Christi (oder des Heiligen Geistes) direkt verbindet:

Haer III 12,7[577]: Gott hat die Heiden *emundavit per sanguinem Filii sui* (im Zusammenhang mit der Erklärung von Apg 10). Haer IV 22,1[578]: Die Fußwaschung (Joh 13) macht sichtbar, daß, wie alle durch die ersten Menschen in die Schuld des Todes gekommen waren, auch in den letzten Zeiten alle, die von Anfang an an Christus geglaubt hatten, *emundati et abluti quae sunt mortis* und in das Leben Gottes kommen. Haer IV 27,1[579]: David verfaßte nach seiner Sünde gegen Uria und seiner Reue (vgl. 2Sam 11,1-12,15) einen Psalm, die Ankunft des Herrn erwartend, der *abluit et emundat eum hominem, qui peccato fuerat obstrictus*. Haer V 9,1f[580]: Durch den Glauben nimmt der Mensch den Geist Gottes auf, der *emundat hominem et sublevat in vitam Dei* (vgl. auch haer III 12,14).

Emundare bezieht sich jedesmal auf die Reinigung der Menschen von ihrem sündigen Leben. Nur an einer Stelle nennt Irenäus in diesem Zusammenhang

---

575 Ähnlich auch *SC 100/2*, 859: „... car le Verbe solide, en étant uni à la chair et en étant fixé à elle de cette manière ..." und Klebba, *BKV² 4*, 118 (440): „... da das feste Wort, mit dem Fleische verbunden und solcher Gestalt vereint ...".
576 Vgl. Daniélou, *Charrue*, 201f, der als Parallele auf Ps-Hipp., pass. 57 (179,18-20 SC: Christus „war gekrönt mit einer Dornenkrone und löschte den ganzen alten Fluch der Erde aus und rodete durch sein göttliches Haupt die Dornen, die im Übermaß vorhanden waren als Ergebnis der Sünde") und zitiert Nautins Kommentar *(SC 27*, 98f: „Die Dornen kamen als Folge der Sünde über die Erde [vgl. Gen 3,17f]. Um uns von diesem alten Fluch zu befreien, trug Christus die Dornenkrone; der Christus am Kreuz ist der Pflug, der die Dornen der Sünde aus der Erde ausreißt, die den Erdboden symbolisierten"). Auch Reijners, *Terminology*, 59 tendiert in diese Richtung.
577 204,212-212,278.
578 684,1-688,27.
579 728,1-734,41.
580 106,1-112,40. Vgl. auch epid 41 (138-140/60f): Die Apostel zeigten den Menschen den Weg des Lebens und reinigten ihre Seelen und Leiber durch die Taufe des Wassers und des Heiligen Geistes.

das Blut Christi (haer III 12,7), durch das die Reinigung vollzogen wird.[581] Nach haer IV 22,1 wird die durch die Sünde des ersten Menschenpaares bewirkte Todesschuld durch das Heilswirken Christi aufgehoben. Irenäus kann also bisweilen durch *emundare* – jeweils abhängig vom Kontext – zusammenfassend auf die durch Christus bewirkte Sündenvergebung hinweisen. Weil jedoch an keiner dieser Stellen explizit vom Kreuz (oder „Holz") die Rede ist, ist es nicht ohne weiteres möglich, aus der Verwendung von *emundare* in haer IV 34,4 direkt darauf zu schließen, daß mit *lignum* hier konkret das Kreuz gemeint ist, auch wenn für Irenäus die „Reinigung" der Menschheit von der Sünde ohne das Kreuz undenkbar und dieses (nur) insofern in *emundare* enthalten ist. Es geht in der Pflug-Typologie zwar um den Gesamtzusammenhang von Schöpfung und Erlösung der Menschheit, aber Irenäus unterläßt es hier (wie an vielen anderen Stellen auch), *expressis verbis* vom *Kreuz* zu reden.

Ein weiteres Argument gegen die Annahme, daß Irenäus den Pflug direkt mit dem Kreuz verknüpft, liefert das Motiv der „Verbindung von Anfang und Ende", das das Bindeglied sowohl für die „urzeitliche" als auch für die „endzeitliche" Form von Sichel und Pflug darstellt. In den Texten, in denen Irenäus die Verbindung von Anfang und Ende durch die Fleischwerdung Christi in den letzten Zeiten zum Zwecke der Rekapitulation des Menschen darstellt[582], redet er nur an zwei Stellen direkt vom Kreuz (haer IV 10,2; V 18,3).[583] Beidemale spielt er auf Apg 5,30 (und die entsprechenden Parallelen) an und zitiert als zentralen Beweistext Dtn 28,66 LXX.

Haer V 18,3 stellt insofern eine Besonderheit dar, als hier das in haer V 16,3-17,4 unter dem Aspekt der Rekapitulation der gefallenen Menschheit behandelte Kreuzesthema mit der Bedeutung des Kreuzes für den universalen Zusammenhang der Schöpfung explizit verbunden wird.[584] Haer IV 34,4 und

---

581 Einige Zeilen weiter zitiert Irenäus Apg 10,37-43, wo das *lignum*, an dem Christus hing, genannt wird. – Zur reinigenden Wirkung des Blutes Christi vgl. Hebr 9,22-28; 1Joh 1,7; Offb 7,14 (hier ist jeweils nicht vom Kreuz die Rede).
582 Haer I 10,3; III 22,3f; IV 10,2; 20,3f; 22,1; V 1,3; 2,1; 15,2.4; 16,1f; 17,1; 18,3; 21,2; 23,2.
583 S.o. S. 263. Auch haer V 17,1 gehört in diesen Zusammenhang, obwohl das Kreuz selbst nicht erwähnt wird. Die Bezugnahme auf das Kreuz ist jedoch wegen des Kontextes eindeutig. Ähnlich äußerst sich Irenäus auch in haer V 2,1, wo er die Wiederherstellung der anfänglichen *imago* und *similitudo* des Menschen eng mit der Erlösung durch das *Blut Christi* in Beziehung setzt. Im Vordergrund steht an dieser Stelle jedoch die *Menschwerdung* des Erlösers. Deshalb spricht Irenäus auch nicht vom Kreuz, sondern vom Blut, das die Rettung der Menschheit bewirkte.
584 Das geschieht sonst nur noch in der zu haer V 16,3-20,2 parallelen Stelle epid 33f.

V 18,3 stimmen jedoch darin überein, daß Irenäus beidemale Aussagen über das Verhältnis des göttlichen Logos zu seiner Schöpfung trifft. In haer IV 34,4 betont er die feste Vereinigung des Logos mit dem menschlichen Fleisch (*confixus*), in haer V 18,3 die untrennbare Verbindung des schöpferischen Logos mit dem gesamten Kosmos (*infixus*).[585] In haer IV 10,2 fehlt diese kosmische Bedeutung des Kreuzes. Der Text steht haer IV 34,4 deshalb näher, weil (lediglich) die Erschaffung der Menschen durch den Logos am Anfang mit deren endzeitlicher Erlösung durch den am „Holz" hängenden Logos (als entsprechendes Parallelereignis in der Heilsgeschichte) zusammengebracht wird. Aber die für haer IV 10,2 wichtige Wendung *pendens in ligno* sucht man in haer IV 34,4 vergeblich. Trotz der Tatsache, daß auch dort die beiden Themenkreise „Rekapitulation der Menschen" und „Leiden" eine zentrale Funktion haben, gibt es wegen der fehlenden Anspielungen auf die typischen „Holz"-Texte, die Irenäus sonst zitiert, kaum eine Möglichkeit, aus der einmaligen Erwähnung von *lignum* auf eine direkte typologische Deutung des Pfluges als Kreuz schließen zu können.[586] Vielmehr gilt wiederum, daß Irenäus den gleichen theologischen Sachverhalt auf unterschiedliche Weise zum Ausdruck bringen kann, das eine Mal mit, das andere Mal ohne eine explizite Deutung des Kreuzes, selbst wenn der Kreuzestod Jesu die notwendige Voraussetzung für das ist, was es darzustellen gilt.[587] Haer IV 10,2 und V 18,3 können demnach nur für einen Teil der Aussagen von haer IV 34,4 als Parallelen herangezogen werden. Im Gegensatz zu haer IV 34,4 machen jene beiden Texte *unmittelbar* deutlich, daß der Kreuzestod Jesu konstitutiv für die gesamte Heilsveranstaltung der *recapitulatio* ist.

Eine weitere Beobachtung spricht dafür, daß Irenäus den Pflug nicht direkt auf das Kreuz deutet. Er vermeidet es (im Gegensatz zu Justin[588]), allgemeine Beispiele aus der Natur oder der Technik, die keinen deutlichen Anhalt in der Schrift haben, als Hinweise auf das Kreuz zu verstehen. Die „Ausstreckung der Hände" etwa steht bei Irenäus in fester Verbindung mit Jes 65

---

585 Vgl. Doignon, *Salut*, 540.

586 Um es nochmals zu unterstreichen: Es geht um die *direkte typologische Deutung des Pfluges als Kreuz*, die nicht feststellbar ist.

587 Ich verweise dazu auch auf haer V 23,2 (s.o.): Selbst da, wo Irenäus die Rekapitulation des „ganzen Menschen" *ab initio usque ad finem* in Christus behandelt, die die *recapitulatio* des *Todes* Adams (und Evas) am sechsten Tag einschließt, können die Stichworte „Holz" und „Kreuz" fehlen, obwohl Irenäus eindeutig auf das Kreuz Jesu Bezug nimmt.

588 S. 1 apol. 55; vgl. Daniélou, *Charrue*, 197f.199-201 (weitere Belege).

und Ex 17. Auch das einzige Beispiel, das er der „Natur" entnimmt – die Dimensionen des Kosmos –, hat in Eph 3,18 eine biblische Grundlage.[589]

5) Die Deutung der Sichel: Bestätigt wird das Ergebnis von *4)* durch die Sichel-Typologie (s. die Tabelle 2a; 2b). Die in Abel am Anfang abgebildete „Sichel" steht für die „Sammlung der Gerechten des Menschengeschlechtes". Diese Sammlung geschieht, indem die Rechtschaffenen durch die Hand der Ungläubigen zu Tode kommen. In den letzten Zeiten wird das, was in Abel „vorherbedacht" (er war der erste Gerechte, der unschuldig umgebracht wurde[590]) und von den Propheten angekündigt war[591], in Christus vollendet, und es setzt sich in der leidensbereiten Nachfolge der Kirche[592] fort.

Mit der direkten Zusammenstellung von der „ersten Aussaat" der Menschen in Adam und der „gesammelten Fruchtbringung" in den letzten Zeiten[593] zeigt Irenäus an, daß es die Frucht keiner anderen, sondern *dieser gerechten* Menschheit (wie sie *ursprünglich* war) ist, die am Ende gesammelt wird. Der *Dominus* holt die Ernte ein, weil er die Menschheit in sich wiederherstellt (Pflug) und selbst den Weg der Leidensbereitschaft geht (Sichel), der für das Leben der Gerechten konstitutiv ist.[594] Wie bei der „ersten Aussaat" und bei der Offenbarung des „endzeitlichen" Pfluges so ist auch bei der Sammlung der Gerechten Christus das Subjekt des Geschehens. Auf ihn allein geht die Einführung der „Sichel" zurück, und er vollendet das Angekündigte, indem er, der Gerechte schlechthin, stirbt. Er erweist sich dadurch als der *Dominus* „beider", nämlich des Anfangs wie des Endes der Menschheitsgeschichte.

---

589 Vgl. Amadou, *Mysterium*, 78-81.

590 S. epid 17 (106/44: „Und so starb Abel, von seinem Bruder getötet zum Zeichen, daß von nun an manche verfolgt und bedrängt und ermordet werden sollten, indem nämlich die Ungerechten die Gerechten morden und verfolgen") und haer III 23,4 (454,81-456, 99). In haer I 27,3 (352,44-48) wendet sich Irenäus gegen die Sicht Markions, Abel, Henoch, Noah und die übrigen Gerechten und die Patriarchen um Abraham und alle anderen, die Gott gefielen, könnten am Heil nicht teilnehmen.

591 Vgl. haer IV 33,10 (822,170-824,177).

592 Vgl. die aus Kol 1,18; Eph 1,22f; 5,23 entlehnte Metaphorik vom „Haupt" (*caput* = Christus) und dem „Leib" (*corpus* = Gemeinde) am Ende von haer IV 34,4. Zur Leidensbereitschaft der Kirche vgl. auch haer V 32,1 (396,1-398,24) sowie den Abschnitt unten.

593 S. haer IV 34,4 (858,103-105).

594 Das Leiden Christi spielt für die Einsetzung des „Neuen Bundes der Freiheit" zwar eine konstitutive Rolle (vgl. den Kontext haer IV 34), aber Irenäus spricht hier nur in allgemeiner Weise davon.

Ein wichtiger Paralleltext ist haer IV 25,2[595]. In haer IV 25,1 sagt Irenäus, daß Christus alle Menschen in dem Glauben Abrahams sammelt (*colligens*). Der Glaube in der Unbeschnittenheit ist zum „ersten und letzten" geworden, weil er „Anfang und Ende verbindet" (*finem coniugens principio*). Dieser Glaube war vor der Beschneidung in Abraham und den Gerechten, und er ging in den letzten Zeiten im Menschengeschlecht (*humano genere*) durch die Ankunft des Herrn (*per Domini adventum*) auf. Irenäus sieht dies in der Geburt der Zwillinge aus der Schwiegertochter Judas, Tamar (Gen 38,28-30), angezeigt (haer IV 25,2). Die Hebamme band dem ersten Zwilling einen roten Faden an die Hand (die er hervorstreckte), um kenntlich zu machen, daß dieser (eigentlich) der Erstgeborene sei. Weil der erste Bruder die Hand wieder zurückzog, kam der (eigentlich) zweite zuerst auf die Welt. Das „rote Zeichen" steht zum einen für den Glauben „in der Vorhaut", der sich zuerst in den Patriarchen gezeigt und sich dann wieder zurückgezogen hat. Zum anderen bedeutet das Zeichen die *passio Iusti, ab initio praefigurata in Abel et descripta a prophetis, perfecta vero in novissimis temporibus in Filio Dei*.[596]

Es ist auffällig, daß Irenäus gerade in der Sichel-Typologie, wo die Leidensthematik viel deutlicher zur Sprache kommt als beim „Pflug", die Sichel *nicht* auf das Kreuz deutet, obwohl dies vom Bild her durchaus möglich gewesen wäre: Auch die Sichel besteht aus Holz und Eisen. Stünde die Verbindung von Kreuz und Logos Gottes im Zentrum des Interesses, wäre gerade wegen der durch die Sichel zur Sprache gebrachten Leidensaussage eine entsprechende Interpretation des Sichel-Materials zu erwarten gewesen.[597]

Es geht aber sowohl beim Pflug als auch bei der Sichel nicht um *einzelne* Elemente, die in der Deutung in den Mittelpunkt gerückt werden, sondern beidemale um das im ersten Interpretationsgang historisch nachgewiesene Gesamtgeschehen, das Irenäus in der Typologie durch die parallele Zuordnung bestimmter Figuren (Adam vor dem Sündenfall und der inkarnierte Logos; Abel und der *Dominus*) zum Ausdruck bringt. Obwohl das Leiden Christi am Kreuz sowohl für die *recapitulatio* der Menschheit (einschließlich der „Reinigung") als auch für die von den Glaubenden geforderte Haltung der Leidensbereitschaft konstitutiv ist, spricht Irenäus in haer IV 34,4 nicht explizit davon. Denn das Aussageziel, von dem her und auf das hin die gesamte Typologie entwickelt wird, ist die Wiederherstellung der Menschheit und das ihr Leben im Glauben kennzeichnende Leiden der *Gerechten*.

Die mit Abel begonnene Ermordung der Gerechten und die Rekapitulation Adams verbindet Irenäus auch in haer V 14,1. Dort ist ebenfalls betont

---

595 706,20-708,35.
596 Zum „roten Zeichen" vgl. auch haer IV 20,12 (674,375-386). Dort deutet Irenäus das rote Zeichen auf das „Pascha, die Erlösung und den Auszug aus Ägypten".
597 Auch in der Tamar-Typologie ist vom Leiden, nicht aber vom Kreuz die Rede.

vom Leiden (genauer: vom Blut der Gerechten) die Rede, nicht aber vom Kreuz Christi.

Irenäus weist in haer V 9,1-14,5 nach, daß der Satz „Fleisch und Blut können das Reich Gottes nicht erben" (1Kor 15,50) nicht im Sinne der Häretiker zu verstehen ist, daß die *plasmatio Dei* nicht erlöst werden kann, sondern daß, wenn der Geist das Fleisch erlöst und die Seele dem zustimmt, das Fleisch deshalb mit dem Logos Gottes *conformis* geworden ist, die „geistlichen" Menschen vollkommen sein und zur Unverweslichkeit und schließlich zur Auferstehung von den Toten befreit werden. Der Paulusvers ist – so Irenäus – ethisch zu verstehen: „Wenn nicht der Logos Gottes in euch Wohnung genommen haben und der Geist des Vaters nicht in euch sein wird, ihr vielmehr eitel seid und, so wie es kommt, Umgang habt, als ob ihr nur Fleisch und Blut wäret, dann werdet ihr das Reich Gottes nicht besitzen können."[598] Paulus habe sich deshalb, wenn er von Jesus Christus spricht, der Worte „Fleisch" und „Blut" bedient, um den Herrn als Menschen darzustellen und um die *salus carnis nostrae* zu bekräftigen (haer V 14,1[599]). „Wenn nämlich das Fleisch nicht hätte gerettet werden sollen, wäre das *Verbum Dei* keineswegs Fleisch (*caro*) geworden, und wenn das Blut der Gerechten nicht hätte aufgesucht werden sollen (*inquiri*), hätte der Herr keineswegs Blut gehabt."

Mit dem Wort Mt 23,35f par Lk 11,50f („Es wird gefordert werden alles gerechte Blut, das auf der Erde vergossen wird, vom Blut des gerechten Abel bis zum Blut des Zacharias, des Sohnes Barachias, den ihr zwischen dem Tempel und dem Altar getötet habt; ja, ich sage euch, dies alles wird über diese Generation kommen") habe Jesus „die zukünftige *recapitulatio* der Vergießung des Blutes aller Gerechten und Propheten seit dem Anfang (*ab initio*) in sich selbst und die Aufsuchung ihres Blutes durch sich selbst angezeigt. Es würde nämlich nicht aufgesucht werden, wenn es nicht gerettet werden sollte, und der Herr hätte dies nicht in sich selbst rekapituliert, wenn er nicht selbst Fleisch (*caro*) und Blut entsprechend der anfänglichen Schöpfung (*secundum principalem plasmationem*) geworden wäre, in sich selbst am Ende (*in fine*) das rettend, was am Anfang (*in principio*) in Adam verlorengegangen war."[600]

Dieser Text wirkt wie ein Kommentar zu haer IV 34,4. Hier wie dort unterliegt die Rede vom Leiden Christi (bzw. der Gerechten) einem bestimmten Ziel. Es geht beidemale um die Wiederherstellung der anfänglichen Schöpfung (dies ist in haer IV 34,4 der „urzeitliche" Pflug) durch den fleischgewordenen Herrn (der „endzeitliche" Pflug) und um die *recapitulatio* aller ermordeten Gerechten, was Irenäus – abhängig vom Kontext – einmal durch die Blut-Motivik, das andere Mal durch das Motiv der Sammlung (die Sichel) ausdrückt. Weil dieser Gedanke im Vordergrund steht, kann er auf einen expliziten Hinweis auf das Kreuz verzichten.

---

598 Haer V 9,4 (122,94-97).
599 182,1-186,31 (die Zitate 182,7-10 und 184,19-186,31).
600 Vgl. auch haer V 28,4 (360,78-83/360,35-41).

6) Antignostische Ausrichtung der Pflug-Sichel-Typologie: Der Hauptgrund, warum Irenäus weder den Pflug noch die Sichel direkt auf das Kreuz deutet, ist folgender. In haer I 3,5[601] führt er eine Reihe von Bibelstellen an, die die Ptolemäus-Schule als Hinweis auf die doppelte Wirkweise des himmlischen Horos/Stauros verstanden hat. Einer dieser Texte ist Mt 3,12 (par Lk 3,17):

Τὸ πτύον ἐν τῇ χειρὶ αὐτοῦ διακαθᾶραι (*emundare*) τὴν ἅλωνα, καὶ συνάξει (*colliget*) τὸν σῖτον εἰς τὴν ἀποθήκην αὐτοῦ, τὸ δὲ ἄρχυρον κατακαύσει πυρὶ ἀσβέστῳ". Die Schaufel stehe für den Σταυρός, der alles Materielle wie das Feuer die Spreu vernichten werde, die Geretteten aber reinige (καθαίρειν/*emundare*) wie die Schaufel den Weizen.

Indem es Irenäus vermeidet, das Kreuz mit dem reinigenden Pflug und der sammelnden Sichel direkt zu verbinden, beugt er einer gnostischen Fehldeutung des Kreuzes, wie er sie in haer I 3,5 referiert, vor. Dort wird der Stauros völlig isoliert betrachtet, indem ihm *unter Weglassung des inkarnierten Logos als Handlungssubjekt* allein die vernichtende, reinigende (und sammelnde) Funktion zugeschrieben wird. Demgegenüber betont Irenäus in haer IV 34,4 bei der Deutung von Pflug und Sichel die Inkarnation und die zentrale Wirksamkeit des Inkarnierten. *Er* ist es, der die Reinigung vollbringt, und *sein* unschuldiges Leiden zeigt in Vollendung die Sammlung der Gerechten.[602]

Beide Wirksamkeiten dürfen nicht einem von dem inkarnierten Logos Gottes unabhängig zu sehenden himmlischen Grenzpfahl zugeschrieben werden. Vielmehr erhält das Kreuz *erst durch Jesus Christus* seine theologische Bedeutung, so daß nur dann korrekt vom Kreuz gesprochen werden kann, wenn dessen christologischen Voraussetzungen ausreichend und angemessen zur Geltung gebracht wurden.

7) Zusammenfassung: Haer IV 34,4 zeigt auf beispielhafte Weise, wie Irenäus seine Ausführungen antignostisch ausrichtet und von da aus seine Typologien entwickelt (bezogen auf haer IV 34,4: Inkarnation – Pflug; Leiden der Gerechten – Sichel). Zum anderen – und das geht vor allem aus den Parallelstellen hervor – redet er vom *Kreuz* entweder immer so, daß kaum eine

---

601 58,74-60,82/59,325-60,333.

602 Vgl. auch haer IV 40,2 (976,15-28): Irenäus deutet die Mt-Stelle nicht auf die Sammlung der Gerechten, die sich *jetzt schon* auf der Erde vollzieht, sondern auf den Tag des Gerichts (vgl. haer IV 4,3; 33,1; 33,11; V 27,1; 28,4), an dem die Glaubenden ihren Lohn erhalten werden. Diese eschatologische Perspektive wird auch an den meisten anderen Stellen sichtbar, wo er das Bild von Saat und Ernte (vgl. Joh 4,37f; Mt 13,1-9.18-23.24-30.36-43) verwendet (s. haer IV 25,3; 40,3-41,1; V 7,2). Das Leiden der Gerechten in haer IV 34,4 steht also, auch wenn hier das präsentische Moment im Vordergrund steht, immer unter dem Zeichen der Hoffnung auf das Reich Gottes.

weitere erklärende Deutung nötig ist, oder aber er interpretiert die zugrunde-gelegten Bilder und Schriftzitate dergestalt, daß eindeutig sichtbar wird, in-wiefern das Kreuz gemeint ist. So steht beispielsweise innerhalb der Elisa-Ty-pologie steht eindeutig das Holz Elisas für das Kreuz. Hier bestehen keine Unklarheiten! Daß Irenäus in haer IV 34,4 keinen *expliziten* typologischen Konnex zwischen dem Pflugholz und dem Kreuz herstellt, bedeutet zwar nicht, daß mit dem Stichwort *lignum* bei den Lesern des Textes jede *Assozia-tion* auf das Kreuz ausgeschlossen wäre.[603] Irenäus macht sich diese, in der un-mittelbaren Assoziation „Holz = Kreuz" angelegten Deutungsmöglichkeiten jedoch nicht zunutze, sondern weist dem „Holz" in haer IV 34,4 durch den übergeordneten Argumentationsgang eine andere, vielleicht muß man sogar sagen: unerwartete Funktion innerhalb der Typologie zu.

3.2.4 Die Auferstehung des menschgewordenen und gekreuzigten Logos als Vollendung seines Menschseins

Inkarnation, Kreuzestod und Auferstehung des Sohnes Gottes bilden bei Ire-näus eine festen theologischen Zusammenhang.[604] Durch seine Inkarnation zeigt der göttliche Logos, *daß* das menschliche Fleisch nicht nur erlösungs-bedürftig, sondern auch erlösungsfähig ist.[605] Denn Gott sucht den Menschen genau in der Gestalt auf, die der Erlösung bedarf. In seinem Gehorsam am Kreuz offenbart Jesus Christus die Situation des Menschen vor Gott. Er zeigt, *wie* der Mensch erlösungsbedürftig wurde (sein Ungehorsam führte zum Verlust der *similitudo*), und er stellt durch seinen Gehorsam die anfäng-liche Gottähnlichkeit des Menschen wieder her. Die Inkarnation des Logos und sein Kreuzesgehorsam gehören als Ereignisse der als ἀνακεφαλαίωσις konzipierten οἰκονομία untrennbar und notwendig zusammen. Durch die Auferstehung des Gekreuzigten von den Toten offenbart Gott, *worin* das menschliche Heil besteht: in der Erlösung des *ganzen* Menschen zur *Unver-gänglichkeit*.[606] Weil Jesus Christus die Auferstehung *ist*, erweist er den Vater (und zusammen mit diesem sich selbst) als allmächtigen „Gott der Lebendi-

---

603 Vgl. Reijners, *Terminology*, 58-60.67; Doignon, *Salut*, 538-544.
604 Vgl. auch Loewe, *Question*, 168; Wingren, *Man*, 114.120f.
605 S.a. EpAp 25 (36) (219 NTApo I⁶); Ps-Just., De resurrectione 10 (= fr. 109 [48,1-49,41 Holl]).
606 Vgl. epid 3 (88/34); haer I 10,1 (154,6-158,24/155,1108-158,1128); s.a. Noormann, *Paulus-interpret*, 457f.512-516; de Andia, *Homo*, 263-297.

gen", nicht als Gott der Toten.[607] Daß Jesus Christus *leiblich* von den Toten auferstanden[608] (und anschließend in den Himmel aufgenommen und zum universalen Weltherrscher erhöht worden[609]) ist, ist der entscheidende Grund für die (geistgewirkte) Hoffnung der Glaubenden auf ihre Auferstehung am Ende der Zeiten.[610]

3.2.4.1 Die Faktizität der leiblichen Auferstehung Jesu Christi und die Auferstehungsvorstellungen der Häretiker

Indem Irenäus die leibliche Auferstehung Jesu Christi betont, wendet er sich gegen die von den Häretikern vertretene Aufspaltung des Erlösers, die die Erlösungsbedürftigkeit und Erlösungsfähigkeit des Leiblichen verachtet und damit die Allmacht des einen Gottes über die ganze Schöpfung bestreitet. Daß es sich bei der Frage nach der leiblichen Auferstehung um ein zentrales Problem in der theologischen Auseinandersetzung handelt, liegt nach dem

---

607 S. v.a. haer IV 5,2 (428-430,21-52): Irenäus behandelt hier die Sadduzäerfrage (vgl. Mt 22,23-33 par; zitiert werden Mt 22,31f und Lk 20,38). Christus habe durch seine Antwort an die Sadduzäer *resurrectionem ostendit et Deum manifestavit* (428,24f; vgl. 430, 43f). 430,47-52: *Resurrectio autem ipse Dominus noster est, quemadmodum ipse ait: ‚Ego sum resurrectio et vita'* (Joh 11,25). *Patres autem eius filii; dictum est enim a propheta: ‚Pro patribus tuis facti sunt tibi filii tui'* (Ps 44,17 LXX). *Ipse igitur Christus cum Pater vivorum est Deus, qui et locutus est Moysi, qui et patribus manifestatus est.*

608 Irenäus spricht an vielen Stellen von der Auferstehung Christi, ohne weiter ins Detail zu gehen. S. dazu haer I 18,3 (280,82f/281,744f); II 32,3 (338,86-91); III 1,1 (20-22,10f) u.ö. Darüber hinaus berichtet Irenäus von Auferweckungen durch die Apostel und von solchen, die in der nachapostolischen Kirche geschehen sind (s. haer II 31,2 [328-330,61-67/ 328-331,1-7]; 32,4 (340,105-107/ 341,15f). – Die wichtigsten Begriffe für „Auferstehung/ auferstehen" sind ἀνάστασις, ἔγερσις, τὸ ἀναστῆναι (*resurrectio*) bzw. ἀνίστημι, [ἐξ-]ἐγείρω (*surgo, resurgo, excito, suscito, resuscito, erigo*).

609 Vgl. nur haer I 10,1 (156,10/156,1111: τὴν ἔνσαρκον εἰς τοὺς οὐρανοὺς ἀνάληψιν). Zum Motiv der Königsherrschaft Christi im 2.Jh. s. ausführlich Beskow, *Rex*, 74-186.

610 S. haer I 10,1 (157,1115: *alles* Fleisch wird auferweckt werden); I 22,1 (310,26-31: auch die Häretiker werden von Gott im Fleisch auferweckt werden); II 33,5-34,1 (352,79-356,22/ 352,2-355,16); III 16,6 (312,207-210); V 3,2-8,2 (44,30-98,51/44,1-98,3*); 9,1-14,4 (106,1-194,98/106,1-174,17*: Irenäus widerlegt hier ausführlich die häretische Interpretation von 1Kor 15,50 und bezieht diesen Vers auf die *Werke des Fleisches*, an denen der Wandel im Geist oder im Fleisch abgelesen werden könne); V 13,4f (174,82-182,129: 2Kor 4,10f; 3,3; Phil 3,10; 1Kor 15,32a.13-21 als klare Hinweise auf die Auferstehung des Leibes in Entsprechung zur Auferstehung Christi); epid 38-42 (134-142/58-62) u.ö.; vgl. dazu de Andia, *Homo*, 299-319; Overbeck, *Menschwerdung*, 90-248 (Lit.).

bisher Gesagten auf der Hand.[611] Zu den Bestreitern der leiblichen Auferstehung zählen u.a. der Magier Menander[612], Basilides[613], Kerinth[614], die Ophiten[615], Markion[616] sowie Simon Magus und Karpokrates, die nach Irenäus die Möglichkeit einer leiblichen Auferstehung ganz abgestritten haben. „Die Auferstehung von den Toten (*resurrectio a mortuis*) sei dagegen die Erkenntnis (γνῶσις) dessen, was von ihnen ‚Wahrheit' genannt wird."[617] Weil die Häretiker die Inkarnation und das wahre Leiden des Logos verachten, müssen sie die Auferstehung notgedrungen unkörperlich verstehen. Damit verfehlen sie jedoch das entscheidende Ziel des Heilswerks Christi, die *recapitulatio* des *ganzen* Menschen zur Unvergänglichkeit:

„Denn die Häretiker, indem sie das Gebilde Gottes verschmähen und das Heil ihres Fleisches nicht annehmen, aber auch die Verheißung Gottes geringschätzen und in ihrem Geist ganz über Gott hinausschreiten, sagen, daß sie sogleich nach ihrem Tod über die Himmel und den Demiurgen hinwegschreiten und zur ‚Mutter' oder zu dem von ihnen erdichteten ‚Vater' gehen. Die also die ganze Auferstehung (*resurrectio*) verwerfen ..., was wundert es, wenn sie auch die Ordnung der Auferstehung nicht kennen, indem sie nicht einsehen wollen, daß – wenn es sich so verhielte, wie sie sagen – gewiß der Herr selbst, an den sie vorgeben zu glauben, nicht am dritten Tag die Auferstehung vollbracht hätte, sondern sich nach seinem Tod am Kreuz (*super crucem exspirans*) unverzüglich in die Höhe fortgemacht hätte, den Leib auf der Erde zurücklassend? Nun aber ist er drei Tage lang dort gewesen, wo die Toten waren ... Wenn nun der Herr das Gesetz der Toten einhielt, um ‚Erstgeborener von den Toten' (vgl.

---

611 Vgl. v.a. haer V 2,2 (30,18-21): Bevor Irenäus in den darauffolgenden Abschnitten bis haer V 16,2 die Unvergänglichkeit der menschlichen Fleischessubstanz ausführlich begründet, sagt er: „Nichtig aber sind auf jede Weise diejenigen, die die ganze Heilsordnung Gottes verwerfen und das Heil des Fleisches verneinen und seine Wiedererschaffung verschmähen, indem sie behaupten, daß es der Unverweslichkeit nicht fähig sei." Nach Overbeck, *Menschwerdung*, 115-122 (gegen Orbe, *Teología I*, 129f; ders., *Teología III*, 290-315) sind die *Vani* aus haer V 2,2 die gleichen, gegen die sich Irenäus bis haer V 14,4 wendet; diese sind nicht auf die in haer V 31,1 genannten Leute, „die als rechtgläubig gelten" und als innerkirchliche Gruppe mit ihrer Auferstehungslehre in allzu große Nähe zur gnostischen Leibverachtung treten, zu beschränken. – Zum Auferstehungsglauben in der Gnosis s. Rudolph, *Gnosis*, 207-213; zur Paulusrezeption in valentinianisch-gnostischen Auferstehungsvorstellungen s. Dassmann, *Stachel*, 200-205.

612 S. haer I 23,5 (320,93-104). Vgl. auch Just., 1 apol. 26,4 (70,15-19 PTS).

613 S. haer I 24,4 (326-328,55-87).

614 S. haer I 26,1 (344,1-346,15/344,1-346,15). – Irenäus wendet sich in haer III 11,1 (140,9-12); 12,2 (183-185,58-66); 16,5 (306-308,167-171); 16,9 (322,283-288); 18,5 (354,94-98); V 31,2 (s.u.) gegen die Vorstellung, daß ein „oberer Christus" von einem „unteren Jesus" vor der Kreuzigung „fortgeflogen" (*volo; evolo; revolo; avolo*) sei.

615 S. haer I 30,13 (380-382,235-252).

616 S. haer IV 33,2 (804,31-806,50).

617 S. haer II 31,2 (328,47-330,69).

Kol 1,18) zu werden, und sich bis zum dritten Tag in den Tiefen der Erde aufhielt, danach aber im Fleisch auferstand (*surgens in carne*), so daß er auch den Jüngern die Male der Nägel zeigte, und so zum Vater aufstieg, wie sollen dann nicht jene in Bestürzung versetzt werden, die sagen, daß die ‚Tiefen‘ gewissermaßen diese unsere Welt seien, ihr innerer Mensch aber unter Zurücklassung dieses Leibes in den überhimmlischen Ort aufsteige? ... Wie also unser Meister sich nicht sofort wegfliegend davonmachte, sondern den vom Vater bestimmten Zeitpunkt seiner Auferstehung einhielt ..., nach drei Tagen auferstand und aufgenommen wurde, so müssen auch wir die von Gott festgelegte Zeit unserer Auferstehung abwarten ... und so auferstehend aufgenommen werden, wie viele nur immer der Herr dafür als würdig erachtet.“[618]

3.2.4.2 Die Widerlegung der häretischen Sichtweise: Das Kreuz und die Auferstehung

Irenäus hält gegen seine Gegner an der leiblichen Auferstehung fest. Dadurch führt er auf christologischer Ebene seine Aussagen über die Inkarnation und das im Fleischesleib vollzogene Leiden des Logos konsequent weiter. Der Inkarnierte, der Gekreuzigte und der Auferstandene sind ein und derselbe. Abhängig vom Aussagekontext betont Irenäus stärker die Inkarnation, das Todesleiden oder die Auferstehung Jesu Christi; mitunter kann einer dieser Aspekte in der Argumentation auch ausfallen.[619] In epid 38f[620] erläutert Irenäus den theologisch notwendigen Zusammenhang von Inkarnation, Tod und Auferstehung Christi.

„Und wenn einer seine Geburt von der Jungfrau nicht annehmen wollte, wie könnte er seine Auferstehung von den Toten annehmen? Denn sie wäre keineswegs wunderbar oder außerordentlich oder sonderbar; denn wenn er ohne geboren zu sein von den Toten auferstanden wäre, so wäre eigentlich von keiner Auferstehung des also Ungeborenen zu reden. Denn wer nicht geboren werden kann und unsterblich ist und nicht durch eine Geburt gegangen ist, kann auch nicht durch den Tod gehen. ... Nun, wenn er nicht geboren ist, so ist er auch nicht gestorben; und wenn nicht gestorben, so ist er auch nicht auferstanden von den Toten, und wenn nicht auferstanden von den Toten, so hat er den Tod nicht besiegt, und dessen

---

618 Haer V 31,1f (388,1-396,58/394,1-6); vgl. V 6,2 (80,57-84,82).

619 Vgl. haer III 4,2 (46,23-48,31; 12,2 (178,22-184,65/182,1-184,10; Zitat und Auswertung von Apg 2,22-38); 12,3 (184,66-190,114/190,1-9; Zitat und Auswertung von Apg 3,6-8.12-26); 12,4 (190,115-192,129/193,129-133; Apg 4,8-12); 12,5 (198,163-174; Apg 4,33; 5,30-32); 12,7 (204,212-212,212; Apg 10,37-43); III 16,5 (306,154-310,188); 16,9 (322,283-326, 328); 18,3 (346,34-352,72/348,2-350,18); 18,4 (352,73-354,94); IV 33,2 (804,31-806,50; gegen Markion); V 7,1 (84,1-5); epid 62 (174/76f) u.ö.

620 134-138/58-60. Die Übersetzung der letzten Zeile orientiert sich an *SC 406*, 138 (*et in omnibus principatum haberet* [et d'avoir la primauté en toutes choses]).

Herrschaft wäre nicht vernichtet; und wenn der Tod nicht besiegt wäre, wie könnten wir zum Leben hinaufsteigen, die wir vom Anfang her dem Tod verfallen waren? Diejenigen nun, die den Menschen die Erlösung absprechen und Gott nicht glauben, daß er sie von den Toten auferwecken wird, verschmähen auch die Geburt des Herrn, die er für uns auf sich nahm, indem das Wort Gottes Fleisch wurde, um die Auferstehung des Leibes zu erweisen und in allem den Vorrang zu haben (vgl. Kol 1,18)."

Am Anfang von epid 38 unterstreicht Irenäus, daß der schöpferische Logos „an denselben Orten und denselben Plätzen mit uns geworden ist, an denen wir das Leben verloren haben, indem er die Fesseln des Gefängnisses löste. Und sein Licht ist erschienen und hat die Finsternis des Gefängnisses zunichte gemacht und unsere Geburt geheiligt und den Tod vernichtet, da er eben die Fesseln, in denen wir gefangen saßen, zerbrach." Mit „denselben Orten und Plätzen" bezieht sich Irenäus zum einen auf den fleischlichen Leib, *in* dem Christus Sünde und Tod besiegt (epid 31f), zum anderen auf das (Kreuzes-)„Holz" als den Ort, *an* dem Christus den Ungehorsam Adams, durch den sich die Sünde im Fleisch „festsetzte", aufgehoben hat (epid 33f).

Die Auferstehung beweist, daß das *Kreuzes*leiden Jesu Christi diejenige Form des Gehorsams war, die den „gefallenen Menschen" zum Leben zurückführen konnte.[621] In der Auferstehung des Gekreuzigten bestätigt Gott, daß der Ungehorsam Adams am Baum der Erkenntnis durch den Kreuzestod Christi rekapituliert werden mußte.[622] Die Auferstehung Christi bezieht sich als bestätigendes Ereignis auf das Kreuz zurück, wie auch das Kreuz als Ort des lebendigmachenden Gehorsams notwendig zur Auferstehung hinführt.[623]

---

621 S. die Fortsetzung von epid 38 (136/59): Der Logos Gottes „hat die Auferstehung gezeigt, indem es selbst Erstgeborener der Toten wurde und in sich den gefallenen Menschen auferweckte".

622 Die Rettung Adams ist gleichbedeutend mit der Vernichtung des Todes, s. haer III 23,7 (464,165-466,169). Weil die ἀνακεφαλαίωσις Adams die Vernichtung des Todes *ist*, ist sichergestellt, daß die Erlösung auch alle zukünftigen Generationen erreichen wird.

623 S.a. haer IV 10,2 (496,42-48), wo Irenäus Schöpfung und „Lebendigmachung" der Menschen durch den Logos besonders eng mit dem Kreuz in Beziehung setzt: Mose wies im voraus darauf hin, „daß sich der Logos, der am Anfang sie (sc. die Menschen) geschaffen und gebildet und uns in den letzten Zeiten erlöst und lebendig gemacht hat, ‚am Holz hängend' (vgl. Dtn 21,23; Gal 3,13; vgl. Noormann, *Paulusinterpret,* 187f) offenbaren würde und sie (sc. die Menschen) ihm nicht glauben würden. Denn Mose sagte: ‚Und dein Leben wird dir vor deinen Augen hängen, und du wirst deinem Leben nicht glauben' (Dtn 28,66). Und außerdem: ‚Ist nicht genau dieser dein Vater (vgl. haer IV 31,2 [792,42-48]: Der „Vater" des Menschengeschlechts ist der Logos Gottes; folgt Dtn 32,6), der dich besitzt und dich machte und dich schuf?' (Dtn 32,6)." S.a. Scharl, *Recapitulatio,* 64-68.

Irenäus versteht den dem Leiden Christi folgenden *Abstieg in die Unterwelt* als Auferweckung derer, die vor seiner Ankunft auf der Erde im Glauben an ihn gestorben sind. Indem Christus seine „schlafenden Schüler" nach seinem Leiden aufsucht und ihnen das Heil verkündigt, bereitet er ihre Auferweckung am Jüngsten Tag vor.[624] Nach haer IV 22,1 *ist* das Leiden Christi die Auferweckung der „schlafenden Schüler". In haer IV 22,2 präzisiert Irenäus dies dahingehend, daß diejenigen, die „von Anfang an" Gott geliebt haben, bei der *zweiten Ankunft* Christi als erste auferweckt *werden*. In Christi Abstieg ins Totenreich wird ihre Auferweckung vollständige, aber unter eschatologischem Vorbehalt stehende Wirklichkeit.[625]

Irenäus spricht oft gleichzeitig von der Auferstehung und dem Leiden oder der Kreuzigung Christi. Betrachtet man diese Texte näher, so wird recht schnell deutlich, daß Irenäus (ausgehend von Schriftzitaten) im Zusammenhang mit den Auferstehungsaussagen die allgemeine Leidensterminologie ohne theologischen Unterschied neben den spezifischen Kreuzestermini *adfigo* (προσπήγνυμι), *crucifigo* (σταυρόω), *(sus-)pendo in ligno* (κρεμάννυμι ἐπὶ ξύλου) und *crux* (σταυρός) verwendet. Irenäus strebt also an den genannten Stellen *keine* theologische Explikation speziell des *Kreuzes*, sondern einen grundsätzlichen Nachweis der Einheit des Vaters, der Einheit Jesu Christi in seinem gesamten Heilswerk und der *Leidensfähigkeit* des inkarnierten Logos an.[626] Irenäus orientiert sich dabei mehr oder weniger stark an den biblischen Begriffen; nicht selten ordnet er die zitierten Schrifttexte seinem Aussageziel

---

624 S. haer III 20,4 (294-296,99-103); IV 22,1f (684-690,1-45); 33,1 (804,21-30); 33,12 (834-836, 261-264); V 31,1 (390,19-22); epid 78 (192/85) u.ö. Vgl. auch Orac. Sib. I 372-378 (24 GCS; Übersetzung nach Treu, *Sibyllinen*, 595: „Aber wenn er die Arme ausbreitet und alles ausmißt und den Dornenkranz trägt und sie seine Seite mit Lanzen durchbohren und deshalb drei Stunden finster gewaltige Nacht mitten am Tag sein wird, dann wird Salomons Tempel den Menschen ein großes Zeichen vollenden, wenn jener zum Hades geht, die Auferstehung den Toten zu künden"); VIII 302-317 (161f GCS). Im Gegensatz z.B. zu Athenag., leg. 30,1 (186,9-14 SC: zit. Orac. Sib. III 108-113) oder Thphl. Ant., Autol. II 36,1-6 (89f,4-38 PTS: zit. Orac. Sib. fr. 1 [227,1-229,35 GCS]) verweist Irenäus nie explizit auf die Orac. Sib. (vgl. Bartelink, *Oracula Sibyllina*, passim). – Die Vorstellung, daß Christus nach seiner Kreuzigung den Toten gepredigt hat, ist im 2. Jh. durchaus geläufig (vgl. z.B. Ev. Petr. 10,41f [58,10-12 SC]; EpAp 27 [38] [220f NTApo I⁶]).

625 Vgl. Houssiau, *La christologie*, 131-133.

626 Der Nachweis der Leidensfähigkeit des fleischgewordenen Logos ist das zentrale Thema von haer III 11-19 (in diesem Abschnitt findet sich die Mehrzahl der S. 276 Anm. 619 genannten Belege). Auch in haer IV 33,2.11-13 liegt der Aussageschwerpunkt weniger auf dem Kreuz als auf der von der Schrift bezeugten Einheit Jesu Christi.

unter.[627] Die einzige Ausnahme unter den in der vorletzten Anm. genannten Texten ist haer III 18,5, wo Irenäus die theologische Bedeutung des *Kreuzes* eingehend behandelt. Das Thema der Auferstehung verläßt er hier jedoch auffälligerweise ganz. Irenäus spitzt in diesem Paragraphen die Leidensthematik (vgl. haer III 18,4.6) auf das Kreuz als das „Leiden, das Christus leiden mußte und seine Jünger in Zukunft leiden sollten", zu, wobei er sich zugleich gegen die valentinianische Lehre vom Ὅρος/Σταυρός richtet. Die am Anfang und am Ende von haer III 18,5 genannte Vorstellung, daß „Christus" von „Jesus" vor der Passion „fortgeflogen" sei, wird hier von Irenäus allein im Blick auf das Leiden des menschgewordenen Logos abgelehnt.

In dem großen Referat über die Reden der Apostel aus der Apostelgeschichte übernimmt Irenäus die theologische Diktion des lukanischen „Kontrastschemas." Gott stellt der Tötung seines Sohnes durch die Menschen dessen Auferweckung entgegen. Der absoluten Schande der Kreuzigung Jesu (besonders hervorgehoben durch die aus Dtn 21,22 abgeleitete Wendung *suspendentes in ligno*[628]) steht die unüberbietbare Herrlichkeit seiner Auferstehung gegenüber. Das *Kreuz* steigert den Gegensatz von menschlichem und göttlichem Handeln ins Extreme. Aufs Ganze gesehen tritt dieser Aspekt innerhalb der Argumentation jedoch zurück. Irenäus greift das „Kontrastschema" außerhalb seiner Apg-*Zitate* nur noch in haer III 12,6 auf, ohne hier jedoch direkt auf die *Auferstehung* einzugehen. In haer III 12,6[629] betont er, daß gerade im Kontrast zwischen dem von den Juden gekreuzigten und dem von der Kirche als Sohn Gottes und ewigem König verkündigten Christus eine, wenn nicht die entscheidende Besonderheit des kirchlichen Glaubens liegt.[630] Irenäus unterstreicht weiterhin, daß in der Kreuzigung des Gottessohnes durch die Juden ihre besondere Schuld besteht (der Akzent liegt hier auf der *Ermordung* des *Sohnes Gottes*, weniger auf dem *Kreuz*). Wäre der eigentliche Erlöser ein „oberer, leidensunfähiger" nach der Vorstellung der Häretiker gewesen, hätten die Juden ihn gar nicht kreuzigen können. Ihre Schuld wäre dann auch nicht besonders groß.

---

627 Dies führt unter anderem dazu, daß Irenäus das Kreuz zwar im Zitat erwähnt, in seinen weiteren Ausführungen aber nicht direkt auf die theologische Bedeutung speziell des Kreuzes eingeht. Vgl. nur haer III 18,2f (346,31-348,48). Haer III 18,2 ist die einzige Stelle, an der Irenäus 1Kor 1,23 zitiert (*Nos autem adnuntiamus Christum Iesum crucifixum*). Der Paulusvers dient ihm im folgenden als Beleg dafür, daß Jesus Christus wirklich *gelitten* hat.
628 Vgl. haer III 12,5 (198,166: zit. Apg 5,30); 12,7 (208,243: zit. Apg 10,39).
629 200,175-202,202. S.a. unten ab S. 301.
630 Vgl. *regula veritatis* (200,185).

Auch die Erwähnung der Nägelmale und der Seitenwunde[631], die der Auferstandene den Jüngern zeigt, dient allein dem Nachweis, daß der inkarnierte Logos wirklich gekreuzigt wurde und leiblich auferstanden ist. Indem Christus den Tod vernichtet und den gefallenen Menschen in sich auferweckt hat, wird er zum „Erstgeborenen der Toten" und „Anführer des Lebens", der allein die Macht und das Gericht über Lebende und Tote in Händen hat.[632] Tod und Auferstehung Christi offenbaren aber auch die universale Herrschaft, die der *präexistente* Logos Gottes immer schon ausübt. Wichtig sind für diesen Zusammenhang vor allem folgende Texte[633]:

Epid 39[634]: Der Logos Gottes wurde Fleisch, „um die Auferstehung des Fleisches zu erweisen und in allem den Vorrang (*principatum*) zu haben: in den Himmeln zwar, weil er der *Erstgeborene* (πρωτότοκος) des Ratschlusses des Vaters ist (vgl. Kol 1,15), indem er als vollkommener Logos alles leitet und ihm sein Gesetz gibt (*omnia gubernans et lege statuens*)[635]; über die Erde aber, weil er der *Erstgeborene* der Jungfrau war, ein gerechter Mensch, heilig, gottesfürchtig, gut, gottgefällig, vollkommen allenthalben; der alle, die ihm nachfolgen, aus der Hölle rettet, weil er selbst der *Erstgeborene* der Toten und Anführer des göttlichen Lebens ist."

---

631 Vgl. haer V 7,1 (s.o. S. 276 Anm. 619); 31,1f (zit. oben S. 275).

632 Zu Christus als „Erstgeborener von den Toten" s. haer II 22,4 (222,115f); V 31,2 (392,33): *„primogenitus ex/a mortuis".* Anders haer III 16,3 (298,93f); 22,4 (442,81); IV 2,4 (404,57); *20,2* (630,47f); *24,1* (698,5f); epid 38f (134-138/59f): *„primogenitus mortuorum".* Grundlage für diese Formulierung sind Kol 1,18 (πρωτότοκος ἐκ τῶν νεκρῶν; s. Noormann, *Paulusinterpret,* 99f.129f.163f.204f.366f.441-443; SC *100/1,* 258-261 [P. 701, n. 1.]) und Offb 1,5 (πρωτότοκος τῶν νεκρῶν), wobei Kol auch ohne „ἐκ", Offb auch mit „ἐκ" bezeugt ist. Vgl. weiterhin haer V 13,4 (180,113f: zit. 1Kor 15,20: *„primitia dormientium"* [ἀπαρχὴ τῶν κεκοιμημένων]) und III 22,4 (442,83: *„initium viventium").* Zu der von Apg 3,15 (ὁ ἀρχηγὸς τῆς ζωῆς) herkommenden Formulierung „Anführer des Lebens (Gottes)" vgl. haer III 12,3 (186,82: zit. Apg 3,15 *„dux vitae");* II 22,4 (222,116f: *„princeps vitae");* IV 24,1 (698,6) und epid 39 (138/60: *„princeps vitae Dei");* s.a. Houssiau, *La christologie,* 195-199. – Zur Richtermacht des Gekreuzigten s.u. Abschnitt *10.5.2.*

633 Außer den zitierten Stellen vgl. v.a. haer III 16,6 (310,189-314,223); weiterhin III 12,7 (204,212-212,278); 16,3 (294,74-300,118); 18,2f (344,14-352,72/348,2-350,18); 19,3 (378,54-382,80/378,1-6); IV 24,1 (698,1-700,18); epid 61f (172-174/75-77).

634 183/59f.

635 Parallele Formulierungen in haer V 18,3 (244,70f; 246,79-83): *Dominus noster ... in universa conditione infixus, quoniam Verbum Dei gubernans et disponens omnia ... Ipse est enim qui universorum potestatem habet a Patre, quoniam Verbum Dei et homo verus invisibilibus quidem principans rationabiliter et sensuabiliter legem statuens universa quaeque in suo perseverare ordine.* Das *gubernare* des Logos wird hier mit der Kreuzesform verbunden; auch seine der Schöpfung ihr „Gesetz" gebende Tätigkeit steht im Zusammenhang mit der kosmischen Kreuzesdeutung (s.u.).

Haer IV 20,2[636]: „,Ein Gott ... ist der Vater, der über allen und in uns allen ist' (Eph 4,6). In gleicher Weise sagte auch der Herr: ,Alles ist mir von meinem Vater übergeben' (Mt 11, 27) ... In ,allem' aber ist nichts weggelassen. Und deshalb ist er ,der Richter der Lebenden und der Toten' (Apg 10,42), mder den Schlüssel Davids hat: er öffnet, und niemand schließt; er schließt, und niemand öffnet' (Offb 3,7). ,Kein' anderer nämlich ,konnte weder im Himmel noch auf der Erde noch unter der Erde das' väterliche ,Buch öffnen und es sehen' (Offb 5,3), außer ,das Lamm, das geschlachtet wurde' (Offb 5,12) und uns durch sein Blut losgekauft hat (vgl. Offb 5,9), indem er von dem Gott, der alles durch seinen Logos geschaffen und durch seine Weisheit ausgestattet hat, die Macht über alles empfing, als der Logos Fleisch wurde; damit er, wie er in den Himmeln als Logos Gottes den Vorrang (principatum) hatte, so auch auf Erden den Vorrang hätte als gerechter Mensch, ,der keine Sünde tat und in dessen Mund kein Betrug zu finden war' (1Petr 2,22), den Vorrang aber auch hätte über das, was unter der Erde ist, indem er ,Erstgeborener der Toten wurde'; und damit alles ... seinen König sehe; und damit im Fleisch unseres Herrn das väterliche Licht begegne und von seinem strahlenden Fleisch in uns käme, und so der Mensch in die Unvergänglichkeit gelange, umgeben vom väterlichen Licht."

Die Auferstehung setzt das Kreuzesgeschehen soteriologisch auf Dauer gültig in Kraft. Wie das Kreuz aus dem schöpferischen und dem irdischen Wirken des göttlichen Logos nicht wegzudenken ist, so bleibt es – wie noch genauer zu zeigen sein wird – konstitutives Kennzeichen auch für die fortdauernde Wirksamkeit des *auferstandenen und erhöhten* Christus.

3.2.5 Der Kreuzesgehorsam Jesu Christi und die Offenbarung der gerechten Allmacht Gottes

Irenäus interpretiert die Kreuzigung des inkarnierten Logos nicht nur als Heilsereignis, das dem Menschen seine verlorengegangene ὁμοίωσις mit Gott zurückgibt, sondern auch als Offenbarung der richterlichen Allmacht, die Gott durch seinen Sohn ausübt.[637] Irenäus setzt sich dadurch von der Ptolemäus-Schule ab, die ihrem ˝Ορος/Σταυρός „richterliche" Funktionen zuschreibt: das „Himmelskreuz" trennt – losgelöst von „Christus" oder dem „Soter" – zwischen pleromatischen und nichtpleromatischen Elementen.

Nach Irenäus rekapituliert das Kreuz Jesu als neuer „Baum der Erkenntnis" auch den „Baum des Ungehorsams" im Paradies. Der adamitische Ungehorsam wird durch das Kreuz ein für allemal und auf Dauer als Inbegriff geschöpflicher Sündhaftigkeit festgeschrieben. War Adams Gebotsübertretung

---

636 628,30-630,52.
637 Einen Überblick über frühchristliche Deutungen des Kreuzes Christi als Symbol der Macht bietet Daniélou, *Jewish Christianity*, 265-278.

im Paradies noch entschuldbar, weil der Logos Gottes unsichtbar geblieben war, so erhält der von den vernünftigen Geschöpfen geforderte Gehorsam mit dem Kreuzestod seine konkrete, ja kompromißlose Gestalt. Der Karfreitag läßt keine Ausrede von Seiten der Engel und der Menschen mehr zu. Weil der gekreuzigte Logos die Gehorsamsforderung des Anfangs neu aufgerichtet und darin seine richterliche Allmacht offenbart hat, stellt er selbst seine Geschöpfe vor die unausweichliche Alternative, Gehorsam und Leben oder Ungehorsam und Tod zu wählen.

Das Gericht des Gekreuzigten hat nach Irenäus eine präsentische und eine futurisch-eschatologische Seite. Jesus Christus *hat* am Kreuz den Urheber der menschlichen Sünde überwunden, und er *wird* alle richten, die ihm zu allen Zeiten den Gehorsam verweigert haben und verweigern werden, an ihrer Spitze den Antichrist, die ἀνακεφαλαίωσις aller Apostasie.

3.2.5.1 Die Niederwerfung des Teufels

Der Gehorsam Christi am Kreuz richtet sich negativ zuallererst gegen die verführerische Macht des Teufels und die Herrschaft des Todes und der Sünde.[638] „Adam aber war besiegt worden, indem von ihm alles Leben hinweggenommen worden war. Und deshalb erhielt er das Leben zurück, *nachdem* der Feind wieder besiegt wurde".[639]

Während Adam und Eva für ihre Verfehlung lediglich bestraft wurden (vgl. Gen 3,17-19) – weder sollten sie ganz untergehen[640], noch ohne Tadel Gott verachten dürfen –, traf der eigentliche Fluch Gottes den Satan, der sich in der Schlange versteckt hatte.[641] Die Menschen wurden vom Gesetz des Todes für schuldig befunden, weil sie die Sünde in sich trugen, und

---

638 Zum folgenden s. epid 16f.31 (104-106.126-128/43f.54f); haer III 18,6f (360,145-379,209); 23,3-7 (450,56-466,169); IV 24,1 (698,1-702,24); 40,3 (978,40-982,61/978,1-982,20); V 21,1-24,4 (260,1-306,84). Vgl. Noormann, *Paulusinterpret*, 458-463; Wingren, *Man*, 113-116.

639 Haer III 23,7 (464,160f).

640 Auf Adams Reue nach dem Sündenfall reagiert Gott barmherzig (haer III 23,5 [456,100-460,134], vgl. Gen 3,7-13).

641 S. haer III 23,3 (450,56-454,80); epid 16f (104-106/43f). Haer IV 40,3 (980,46-982,61/980, 7-982,20) faßt gut zusammen (s. dazu Overbeck, *Menschwerdung*, 329-333, der herausstreicht, daß Irenäus den ursprünglich kollektiv verstandenen Gedanken der Feindschaft zwischen den Menschen und dem Apostaten auf Christus anwendet; Gen 3,15 bezieht sich zunächst auf die Feindschaft, die die Menschheit als ganze betrifft; mit Hilfe von Gal 3,19; 4,4 interpretiert Irenäus Gen 3,15 als Weissagung auf Christus, der *allein* die bestehende Feindschaft zwischen Menschen und Teufel überwindet).

insofern standen auch sie unter der Verdammnis der Sünde, *sub veteri damnatione*.[642] Ist diese Todesschuld der *Menschen*, weil sie Opfer der Verführung geworden waren, prinzipiell aufhebbar, so liegt der Fluch auf dem Verführer (und denen, die ihm weiterhin dienen,) ewig. „Den nämlich haßte Gott, der den Menschen verführt hatte, dem aber, der verführt worden war, erbarmte er sich ganz allmählich".[643]

Christus konnte den „abtrünnigen Engel" nicht anders als „Lügner von Anfang an" überführen als durch die Beachtung der Gebote Gottes (haer V 21, 2-22,2)[644], welche zu übertreten der Teufel die Menschen veranlaßt hatte. Er band durch seinen Gehorsam den Satan mit denselben Fesseln, mit denen dieser die Menschen gebunden hatte, und brachte sie in den Bereich des Lebens zurück.[645] Der den Teufel überwindende Gesetzesgehorsam Jesu Christi ist zugleich ein Beweis für die Einheit Gottes, der das Gesetz des Alten Bundes gab und von Christus als Vater offenbart wurde.

Der höchste Ausdruck dieses Gehorsams ist, wie gezeigt wurde, der Tod Christi am Kreuz. Er hebt die Todesschuld auf, die durch den Ungehorsam Adams über die Menschen gekommen[646], und die *Feindschaft*, die aus der Gebotsübertretung entstanden war.[647] Die in haer V 16,3-20,2 dargestellte ἀνακεφαλαίωσις des Menschen am Kreuz schließt also die *recapitulatio* des *bellum adversus inimicum nostrum*, die Niederwerfung des Teufels, ein (haer V 21,1.2)[648], und sie ist die Kundgabe der Macht Gottes über den Verführer, der Macht Gottes, die die Glaubenden aller Zeiten zum Zugriff von Teufel, Sünde und Tod auf Dauer entreißt.[649]

Die gleiche Verbindung zwischen dem Leiden Christi und der „Bindung des Starken" (des Teufels) durch den „Stärkeren" (Christus) begegnet in haer III 18,6f. Das ganze Kapitel III 18 handelt vom wahren Leiden Christi am

---

642 Haer III 18,7 (366,181; *damnatio* steht hier wohl für κατάκρισις).

643 Haer III 23,5 (460,132-134).

644 Zu haer V 23,1f s.o. Ausführlich zu haer V 21-24 Noormann, *Paulusinterpret*, 349-359; Orbe, *Teología II*, 345-559; Overbeck, *Menschwerdung*, 318-379.

645 Vgl. haer III 8,2; 18,6; 23,1; IV 33,4; s.a. den Vergleich mit den „Schlingen" aus haer III 22,4 (s.o.).

646 Irenäus verwendet parallele Formulierungen: Was in haer V 16,3-19,1 mit „Ungehorsam Adams, der zum Tod führte" gemeint ist (hier ist der Mensch als Subjekt des Ungehorsams und Objekt des Heilshandelns Christi im Blick), drückt er in haer V 21,1 mit dem „besiegten Menschen, der in den Tod hinabstieg", aus (hier richtet sich die Aussage auf den Menschen als Opfer der Verführung sowie den Teufel, den Christus besiegt hat).

647 S. haer V 17,1 (220,1-5/22,27-31).

648 260,1-262,4 bzw. 264,28-31. *Omnia ergo recapitulans* aus haer V 21,1 bezieht sich auf V 16,3-20,2 zurück. S.a. haer IV 40,3 (S. 282 Anm. 641) sowie Wingren, *Man*, 122-126.

649 S.a. Wingren, *Man*, 39f.

Kreuz. In haer III 18,6[650] heißt es: „Er kämpfte nämlich und siegte; denn er war der Mensch, der für die Väter stritt und durch den Gehorsam den Ungehorsam aufhob; er band aber den Starken (vgl. Mt 12,29 par) und löste die Schwachen und schenkte seinem Geschöpf das Heil, indem er die Sünde vernichtete."[651]

In einigen Texten greift Irenäus, wenn er den Kreuzestod Christi als Sieg über den Teufel interpretiert, exegetische Traditionen der Kirche auf, dies aber durchaus eigenständig. Eine erste wichtige alttestamentliche Belegstelle ist Ex 17(,11f): Mose erficht durch seine besondere Armhaltung den Sieg Israels über die Amalekiter.[652] Ex 17,11f LXX lautet: „Und es geschah, wenn Mose seine Hände emporhob (ἐπῆρεν Μωυσῆς τὰς χεῖρας), siegte Israel; wenn er die Hände aber sinken ließ, siegte Amalek. Moses Hände aber wurden schwer. Da nahmen sie einen Stein und legten ihn unter ihn (Mose), und er setzte sich darauf. Und Aaron und Hor stützten seine Hände, einer rechts und einer links. Und die Hände Moses blieben gestützt bis zum Sonnenuntergang". An den drei Stellen, an denen sich Irenäus direkt auf Ex 17 bezieht, spricht er nicht vom „Emporheben" (ἐπαίρειν), sondern, stets von der *extensio manuum* des Mose. Verantwortlich für die Abänderung der Terminologie von Ex 17 ist Jes 65,2 LXX[653]. Gott spricht: „Ich streckte meine Hände

---

650 362,157-364,161; s.a. epid 31 (128/54f): „Deswegen hat unser Herr dasselbe Fleisch wie der Erstgeschaffene angenommen, damit er herantrete zum Kampf für die Väter und durch Adam über den siege, der uns durch Adam geschlagen hat."

651 Vgl. auch epid 86 (198-200/88): Die Apostel verkündigten den Sohn Gottes, „wie er, zum Leiden gekommen, gelitten hat zur Vernichtung des Todes und Lebendigmachen des Leibes, damit wir die Feindschaft gegen Gott, die frevelhaft ist, beiseite legen und zum Frieden mit ihm kommen, indem wir tun, was ihm gefällt." – Die Aufhebung der Feindschaft durch den Kreuzestod Christi bezieht sich nicht nur auf die Feindschaft zwischen Gott und Mensch, sondern auch auf die Feindschaft der Menschen untereinander. Epid 72 (186/82): „Das Wort aber: ‚In Frieden geht er in sein Grab' (Jes 57,2; Irenäus versteht Jes 57,1f als Ankündigung des Leidens Christi), verkündigt, wie er für unsere Erlösung starb; denn ‚in Frieden' bedeutet die Erlösung. Denn diejenigen, die füreinander Feinde und Gegner waren, halten, weil sie durch seinen Tod an ihn glauben, Frieden miteinander, da sie durch den gemeinsamen Glauben an ihn Freunde und Geliebte in Wahrheit geworden sind." Vgl. auch epid 61 (172/75f).

652 Vgl. dazu Dölger, *Beiträge V*, 5-10 (mit weiteren Belegen zu frühchristlichen Ex 17-Typologien wie Orac. Sib. VIII 251-255 [157f GCS]).

653 Zur (ekklesiologischen) Verwendung von Jes 65,2 bei Irenäus s.u. Von einer *Gebetshaltung* der Christen in Kreuzesform, die z.B. Tertullian erwähnt (s.a. OdSal 27,1-3 [177 FC]; 42,1f [212 FC]), sagt Irenäus selbst nichts (s. dazu mit Belegen Dölger, *Beiträge V*, 5-10), obwohl er sie wohl gekannt hat (vgl. Ep. Lugd. bei Eus., h.e. V 1,3-2,7 [402,11-430,21 GCS]: die Christin Blandina betet „in der Form des Kreuzes dahängend").

aus den ganzen Tag (ἐξεπέτασα τὰς χεῖράς μου ὅλην τὴν ἡμέραν) nach einem ungehorsamen und sich widersetzenden Volk; sie wandelten nicht auf einem wahrhaftigen Weg, sondern nach ihren Sünden."

Die Terminologie von Jes 65,2, die die Körperhaltung des Gekreuzigten besser veranschaulicht als das „Emporheben der Hände" von Ex 17,11, ist schon früh in die christliche Deutung der Amalekiterschlacht eingedrungen. Irenäus' Begrifflichkeit lehnt sich an diese Auslegungstradition an.

In Barn 12,1-7 stehen vier prophetische Ankündigungen des Kreuzes direkt beieinander.[654] Die Thematik dieses Abschnitts ist „Israel" und seine Stellung zu Jesus. Der Verfasser lenkt damit auf 11,1-3 zurück und expliziert die positiven Aussagen über das Kreuz (und die Taufe) von 11,4-11 in bezug auf ihre negativen Auswirkungen. Im Gegensatz zu anderen Stellen im Barn scheint „Israel" hier die „Rettung" noch offenzustehen[655] – dies allerdings allein unter der von Barn formulierten Bedingung: „Sie können nicht gerettet werden, wenn sie nicht auf ihn (sc. den gekreuzigten Jesus) hoffen" (Barn 12,3).[656] Barn 12,2f[657] ist ein Midrasch über Ex 17,8-13. Der Krieg soll Israel daran erinnern, daß „sie wegen ihre Sünden in den Tod dahingegeben wurden" (Barn 12,2). Mose wird vom Geist angeleitet, „einen Typos des Kreuzes und dessen, der leiden sollte" (τύπον τοῦ σταυροῦ καὶ τοῦ μέλλοντος πάσχειν), herzustellen. Denn „Israel" würde „auf ewig" bekriegt werden, wenn es nicht auf ihn hoffte. Mose legte mitten im Handgemenge eine Waffe auf die andere[658], stellte sich darauf, so daß er höher als alle anderen stand, und streckte seine Hände aus (ἐξέτεινεν τὰς χεῖρας). Dann siegte Israel. Wenn er die Hände sinken ließ, wurden sie getötet. Barn deutet das Bild nun in die bereits genannte Richtung aus: Die Hoffnung auf den Gekreuzigten bedeutet Rettung aus dem Tod, die Verweigerung des Glaubens hat „ewiges Bekriegtwerden" (für Israel) zur Folge. Barn 12,4 zitiert Jes 65,2[659]: „Und wiederum spricht er bei einem anderen Propheten: ‚Den ganzen Tag habe ich meine Hände nach einem ungehorsamen, meinem gerechten Weg widersprechenden Volk ausgestreckt (ἐξεπέτασα τὰς χεῖράς μου).'"[660] Das Zitat dient der Erläuterung des Ex 17-Midrasch. Barn 12,5-7[661] schließlich behandelt Num 21,4-9. Festzuhalten ist zum einen, daß der Verfasser des Barn seine Auslegung von Ex 17 und Jes 65,2 gegen „Israel" richtet. Zum anderen ist in der Paraphrase von Ex 17 ἐπαίρω durch eine Form von ἐκτείνω ersetzt. Weiterhin versteht Barn die Kreuzigung Christi als *Siegesgeschehen*, d.h. als Heilsereignis, das, im Glauben angenommen, zum Leben verhilft.

---

654 Vgl. zum folgenden Wengst, *Tradition*, 41-44.
655 Vgl. v.a. Barn 4,7 (Israel hat die διαθήκη „εἰς τέλος" verloren).
656 25,12f SQS: ἵνα γνῶσιν, ὅτι οὐ δύνανται σωθῆναι, ἐὰν μὴ ἐπ' αὐτῷ ἐλπίσωσιν (S, H, V). L liest *in cruce Christi* statt ἐπ' αὐτῷ.
657 25,4-13 SQS.
658 Nach Ex 17,9f bestieg Mose zusammen mit Aaron und Hur einen Hügel (κορυφή).
659 Jes 65,2 findet erstmals bei Paulus in Röm 10,21 Aufnahme. Er beweist u.a. mit diesem Zitat, daß Israel *noch* nicht (hier unterscheidet sich Paulus deutlich von Barn) zum Glauben an Christus gefunden hat, ohne allerdings (weder implizit noch explizit) mit der Jes-Stelle das Kreuz zu verbinden.
660 25,13-15 SQS.
661 25,15-26,1 SQS.

Auch Justin macht von Jes 65,2 und Ex 17 als Kreuzestestimonien Gebrauch.[662] In 1 apol.
35,3-9[663]; 38,1-8[664] und dial. 97,1-4 [665]weist Justin nach, daß der Tod Jesu am Kreuz dem
prophetischen Zeugnis entspricht. Die herangezogenen Schriftbelege stimmen an den genannten Stellen größtenteils überein, was darauf schließen läßt, daß Justin auf eine ihm vorliegende Testimoniensammlung zurückgegriffen hat.[666] Die theologische Aussage beschränkt
sich auf den historischen Beweis. In den drei genannten Passagen steht Jes 65,2 (neben anderen) jeweils als Beleg für die Todesart Jesu.[667] Die Amalekiterschlacht deutet Justin öfter
und wesentlich ausführlicher als Jes 65,2: In dial. 49,8 betont er, daß der Kampf gegen „Amalek" nicht nur bei der zweiten Parusie Christi ausgetragen werden wird. An Ex 17,16 („Mit
verborgener Hand bekämpft der Herr Amalek") kann erkannt werden, „daß der gekreuzigte
Christus (sc. bereits in der Gegenwart) die verborgene Kraft Gottes innehat, vor dem auch
die Dämonen und überhaupt alle Herrschaften und Gewalten der Erde erschrecken."[668] An
anderen Stellen legt Justin den Schwerpunkt seiner Interpretation von Ex 17 nicht allein auf
die kreuzesförmige Haltung des Mose, sondern er unterstreicht die Zusammengehörigkeit
von Moses Gebetshaltung und der Leitung der Schlacht durch Josua (= Jesus). Weder Mose
noch Josua konnten je für sich „beide Geheimnisse tragen, ... den Typos des Kreuzes und
den Typos der Namensgebung." Allein Jesus ist zu allen Zeiten zu beidem in der Lage: „Als
das Volk mit Amalek Krieg führte und der Sohn des Nave, der den Beinamen Jesus trug, die
Schlacht leitete, betete Mose zu Gott, wobei er die Hände nach beiden Seiten ausstreckte
(τὰς χεῖρας ἑκατέρως ἐκπετάσας); Hor und Aaron aber stützten seine Hände den ganzen
Tag, damit diese nicht, wenn er müde wurde, herabsänken. Denn immer, wenn er (nur) ein
wenig von dieser das Kreuz nachbildenden Form (τοῦ σχήματος τούτου τοῦ τὸν σταυρὸν
μιμουμένου) aufgegeben hatte, wurde ... das Volk besiegt; sooft er aber in dieser Haltung
verblieb, wurde Amalek besiegt; und wenn es (das Volk) stark war, war es durch das Kreuz
stark (καὶ ἰσχύων διὰ τοῦ σταυροῦ ἴσχυεν). Denn nicht deshalb, weil Mose so betete, war
das Volk überlegen, sondern weil er, als der Name Jesus an der Spitze der Schlacht stand, das
Zeichen des Kreuzes machte. Wer von euch weiß denn nicht, daß das Gebet, das unter Kla-
gen und Tränen verrichtet wird, Gott am meisten besänftigt, und (das Gebet) dessen, der in
gebeugter Haltung auf den Knien hockt? In dieser Haltung auf einem Stein sitzend hat später
weder er noch ein anderer gebetet. Auch der Stein ist, wie ich bewiesen habe, ein Symbol auf
Christus."[669] Für Justin läßt sich Ähnliches feststellen wie für Barn: Er setzt beide Schriftbe-

---

662 Vgl. Fédou, *La vision*, 46f. Ich zitiere im folgenden nur die Stellen, an denen Justin Jes
   65,2 bzw. Ex 17 direkt auf das Kreuz bezieht.
663 82f,6-22 PTS.
664 86,1-12 PTS.
665 211f Goodspeed.
666 Zu Übereinstimmungen und Differenzen zwischen den Zitaten s. Skarsaune, *Proof*, 65-
   67.79-82.129.
667 S. 1 apol. 35,3 (82,8f PTS); 38,1 (86,2f: identisch mit 35,3); dial. 97,2 (211 Goodspeed).
   Die Jes-Zitate weichen z.T. von der Septuaginta ab.
668 149 Goodspeed; vgl. Eph 1,21; Kol 2,10; Jak 2,19.
669 Dial. 90,4f (204f Goodspeed; nach dieser Stelle hat die Kreuzigung Jesu neben dem Sieg
   über die bösen Mächte [Amalek] auch die Funktion, Gott zu besänftigen – ein Aspekt,
   der bei Justin im Zusammenhang mit der Kreuzigung sonst nicht zu finden ist). S.a. dial.
   97,1; dial. 111,1f u.ö.

lege (Ex 17 ausschließlich) in der Auseinandersetzung mit den Juden ein. Er ersetzt in der Paraphrase von Ex 17 ἐπαίρω ebenfalls durch Formen von ἐκτείνω (bzw. ἔκτασις oder ἐκπετάννυμι). Auch für ihn ist die Kreuzigung Christi Machterweis.

Irenäus handelt in haer IV 24,1[670] und IV 33,1[671] (wie Barn und Justin) jeweils von prophetischen Ankündigungen Christi an die *Juden*.[672] Eine dieser Prophezeiungen (in haer IV 24,1 erwähnt Irenäus nur die Amalekiterschlacht) ist Ex 17,11: In Mose, der durch die Ausstreckung der Hände die Amalekiter vernichtete, hat der (an der Körperhaltung des Mose erkennbare) gekreuzigte Christus den Sieg über „Amalek", den Teufel und sein Heer, errungen.[673] Die Kreuzigung Jesu ist als Überwindung der bösen Mächte selbst *das* entscheidende Heilsereignis, durch das Gott den Menschen das Leben schenkt.

In haer IV 24,1 bezeichnet Irenäus Jesus Christus unmittelbar vor dem Verweis auf Ex 17,11 als „Erstgeborenen von den Toten" und als „Urheber des göttlichen Lebens". Sein Ausstrecken der Hände bewirkte, daß der Mensch durch den Glauben an ihn „von der Wunde der Schlange" lebendig gemacht wurde.[674] Der Logos, durch den der eine Gott alles geschaffen hat, hat „in den letzten Zeiten – Mensch unter den Menschen geworden – das Menschengeschlecht wiederhergestellt, den Feind des Menschen aber vernichtet und besiegt und seiner Schöpfung den Sieg gegen seinen Widersacher geschenkt."

---

670 698,4-700,7: *et qui Moysen et prophetas audiebant, et facile recipiebant „primogenitum mortuorum"* (s. Kol 1,18; Offb 1,5) *et „principem vitae"* (s. Apg 3,15) *Dei, eum qui per extensionem manuum dissolvebat Amalech et vivificabat hominem de serpentis plaga* (vgl. Num 21,6-9) *per fidem quae erat in eum.*

671 804,20f: *et per extensionem manuum dissolvens quidem Amalech.*

672 In haer IV 24,1 stellt Irenäus die Mission des Paulus unter den Heiden der Mission der Juden durch die anderen Apostel gegenüber. Die Juden konnten Christus leichter aufnehmen als die Heiden, weil sie in den heiligen Schriften die prophetischen Ankündigungen Christi besaßen. In haer IV 33,1 ist Ex 17,11f einer von mehreren Belegen des Alten Testaments, die die erste Ankunft Christi auf der Erde ankündigten. Die Juden, die das in Christus erschienene „Wort der Freiheit" nicht aufnehmen wollen, werden des Irrtums überführt. Irenäus stellt die Juden, die Christus ablehnen, hier in eine Reihe mit den christlichen Häretikern.

673 Die Vernichtung Amaleks ohne Hinweis auf das Kreuz in haer III 16,4 (304,140-147).

674 Die „Wunde der Schlange" spielt auf Num 21,(6-)9 und Gen 3 an (s.u.). In haer IV 24,1 liegt das Gewicht der Aussage auf der Heilung *von* der Verwundung der „Schlange" (dem Teufel). Eine direkte Verbindung zwischen der „erhöhten Schlange" und dem gekreuzigtem Christus ist nicht erkennbar. Allerdings wird die unmittelbar voranstehende Mose-Typologie im Hören von Kreuzestypologien geübte Ohren an Joh 3 und Num 21 erinnert haben. – Das folgende Zitat haer IV 24,1 (700,14-18).

Eine parallele Aussage liegt in epid 46 vor[675]: „Auch hat er die widerspenstigen Ungläubigen in der Wüste aussterben lassen, die an ihn Glaubenden aber und die an Bosheit Kinder sind (vgl. 1Kor 14,20; Num 14,31), in das Erbe der Väter eingeführt, das nicht Mose, sondern Jesus zur Erbschaft verteilt, der uns auch von Amalek durch das Ausstrecken seiner Hände (*per extensionem manuum suarum*) befreit und in das Reich des Vaters hinaufführt und hinaufbringt."[676]

Obwohl Irenäus selbst nie explizit davon spricht, interpretiert er das Kreuz hier und an anderen Stellen faktisch als „Baum des Lebens". Adam und Eva wurden aus dem Paradies verstoßen, damit sie nicht vom Baum des Lebens äßen und die Sünde ewig fortbestünde. Der Tod diente dazu, die Sünde in ihrer Wirksamkeit einzudämmen, *uti cessans aliquando homo vivere peccato et moriens ei incipieret vivere Deo* (vgl. Röm 6,2.10).[677] Christus hebt am Kreuz die Folgen des adamitischen Ungehorsams auf, er überwindet am Kreuz den Teufel, vernichtet den Tod und gibt dem Menschen das Leben zurück, welches, wenn er den Gehorsam des Gekreuzigten „bis zum Tod" nachvollzieht, dauerhaft und dem Tod nicht mehr unterworfen ist. Indem dem Menschen durch das Kreuz der Zugang zum Leben auf Dauer eröffnet ist, ist das Kreuz der wahre Baum des Lebens (vgl. haer IV 10,2; V 18,3; 20,2).[678]

---

675 150/65. – Auch epid 46 läßt erkennen, daß die Ex-Typologie ursprünglich in der Auseinandersetzung mit den Juden eingesetzt wurde.

676 Hinter dem „Hinaufführen" und „Hinaufbringen" steht die Vorstellung vom Kreuz als Himmelsleiter in epid 45 (s.u.).

677 Haer III 23,6 (460,135-462,144).

678 Daniélou, *Leben*, 25 bemerkt, daß Irenäus in haer V 19,1 unmittelbar nach haer V 18,3 den Lebensbaum erwähnt, übersieht dabei jedoch, daß es in haer V 19,1 um den Baum der *Erkenntnis* geht! Vgl. ferner auch Dölger, *Beiträge IX*, 16-21 mit weiteren Belegen (z.B. Ign., Trall. 11,2 [95,21-25 SQS]; Just., dial. 86,1 [199 Goodspeed]). Orig., Cels. VI 34 (103,20-22 GCS): Celsus schreibt: „Überall aber (findet man) dort das Holz des Lebens und die Auferstehung des Fleisches vom Holz (τὸ τῆς τωῆς ξύλον καὶ ἀνάστασιν σαρκὸς ἀπὸ ξύλου), weil, wie ich glaube, ihr Lehrer an ein Kreuz genagelt wurde (σταυρῷ ἐνηλώθη) und von Beruf Zimmermann war." Dölger, aaO, 16, vermutet, daß Celsus im Zusammenhang mit seiner Beschreibung des „Diagramms" der „Ophianer" mit der „Auferstehung des Fleisches vom Holz" einen gnostischen Einweihungsritus im Blick gehabt habe (vgl. Cels. VI 27 [96,31-97,6 GCS]), den Origenes aber selbst nicht mehr identifizieren konnte. Die Celsus-Stelle ist einer der ältesten Belege für die Gleichsetzung des Kreuzes Christi mit dem „Holz des Lebens". Wichtig sind in diesem Zusammenhang auch Clem., paed. III 3,25,3 (251,13 GCS: „das Holz des Lebens mit sich führen"); str. II 104,3 (170,14f GCS: „das Kreuz des Heils umhertragen");VI 11,87,2 (475,12 GCS: „das Symbol des Zeichens des Herrn"); VII 12,79,7 (57,2f GCS: „das

Ein wahrscheinlich aus dem späten 2.Jh. stammendes Beispiel für eine ausdrückliche Deutung des Kreuzes als Baum des Lebens ist der „Lobgesang auf das Kreuz" aus Ps-Hipp., pass. 49-51.[679] Der Verfasser der Predigt interpretiert die Eucharistie als Frucht des Kreuzesbaumes, die er der todbringenden Frucht des Paradiesesbaumes (also des Baumes der Erkenntnis) gegenüberstellt.[680] Christus wollte „uns von dem Leiden durch die Speise (sc. vom Baum im Paradies) befreien. Und deshalb pflanzte er ein Holz anstelle des Holzes (ξύλον ξύλῳ ἀντιρρίζωσαν) und nagelte seine eigene, unbefleckte Hand in frommer Weise anstelle der einst gottlos ausgestreckten, bösen Hand an und zeigte, daß an ihm wahrhaft das ganze Leben hing (vgl. Dtn 28,66). Du, oh Israel, konntest nicht essen, wir aber aßen mit unzerstörbarer pneumatischer Gnosis und sterben nicht, indem wir essen. Dies (Holz) ist mir eine Pflanze zum ewigen Heil, dadurch werde ich genährt, dadurch bin ich Tischgenosse. Unter seinen Wurzeln schlage ich Wurzeln, mit seinen Ästen strecke ich mich aus, durch seinen Tau werde ich erheitert, durch seinen Geist werde ich, zu meiner Freude, bebaut. ... An seinen Früchten habe ich vollkommene Freude, die von Anfang an für mich aufbewahrten Früchte ernte ich ungehindert. Dieses (Holz) ist mir Nahrung, wenn ich hungere, Trank, wenn ich dürste, Decke, wenn ich nackt bin".[681]

Auch in haer IV 2,7 thematisiert Irenäus die Niederwerfung des Teufels.[682] Er verknüpft dort die Heilung der Menschen von der „Wunde der Schlange" mit der Kreuzigung Christi. In haer IV 2 weist er den einen Gott als Schöpfer der Welt, die Worte Moses und der Propheten als Worte Christi sowie Jesus Christus selbst als wahren, leidensfähigen Menschen nach, der gekommen ist, das Gesetz zu erfüllen. Alle Menschen, die Gott fürchteten und auf sein

---

Zeichen tragen"; str. V 11,72,2f [374,26-375,4 GCS]). Clemens konnte also die Nachfolge Christi (das Kreuztragen) mit „das Zeichen (des Herrn) tragen" umschreiben. Das „Holz des Lebens" ist, so Dölger, aaO, 18, völlig gleichwertig mit „Kreuz" und „Zeichen". „Die Selbstverständlichkeit, mit der Klemens diese Ausdrucksweise gebraucht, läßt auf eine ältere Übung schließen. Sie bestätigt damit unsere Voraussetzung, daß Kelsos die Formel ‚Holz des Lebens' für das Kreuz vorgefunden hat und zwar vor allem in der Sprache des hellenistischen Ägypten. Denn vor allem die Gnosis des hellenistischen Ägypten gab ihm den Stoff zu seinen Ausführungen" (ebd.). Origenes versucht in Cels. VI 36 (105,27-106,5) das „Holz des Lebens" durch eine Erklärung von Gen 2,9; 3,22.24 mit Hilfe neutestamentlicher Texte verständlich zu machen (Röm 5,12-21; 1Kor 15,21). „Der Gegensatz von dem Tod wirkenden Paradiesesbaum und dem Leben wirkenden Holz des Kreuzes könnte den Begriff ‚Holz des Lebens' für das Kreuz geschaffen haben" (Dölger, aaO, 19; vgl. Daniélou, aaO, 22f.25-27).

679 175,11-179,9 SC. Zum folgenden s. ausführlich Nautin, SC 27, 93-108; Reijners, Terminology, 198-214 (Lit.; v.a. aaO, 200-202); Hauke, Heilsverlust, 167-194 (Lit.; 167-171 zur Datierung). Daß die Homilie ursprünglich von Hippolyt verfaßt wurde, wie ein Teil der Handschriftenüberlieferung es angibt, wird heute kaum noch angenommen.

680 Vgl. pass. 49,1f (175,11-22 SC, v.a. 175,14f.20-22).

681 Pass. 49,2-51,5 (175,20-177,16 SC).

682 410,97-412,113. Vgl. Bacq, Alliance, 55.

Gesetz bedacht waren, eilten zu Christus und wurden gerettet. Wenn einige nicht zum Glauben fanden, so ist dies nach Irenäus nicht dem Gesetz zuzuschreiben. Dieses ermahnte vielmehr dazu, an den Sohn Gottes zu glauben, „indem es sagte, daß die Menschen nicht anders von der alten Wunde der Schlange gerettet würden, als daß sie an den glaubten, der, nach der Ähnlichkeit des sündigen Fleisches am Marterholz von der Erde erhöht, (auch) alles an sich zieht und die Toten lebendig macht."[683]

Der Text zeigt deutliche Anklänge an Joh 3,14f[684], enthält aber auch andere Motive, die eine einlinige Rückführung von haer IV 2,7 auf Joh 3,14f unwahrscheinlich machen. Zunächst fällt auf, daß Irenäus auf die in Joh 3,14f vorgenommene *explizite* Verbindung der von Mose in der Wüste *erhöhten* Schlange (s. Num 21,6-9) mit dem am Kreuz erhöhten Christus nicht eingeht. Anders gesagt: Von dem für Joh 3,14f (und für die christlichen Autoren vor Irenäus, die Num 21 auf das Kreuz deuten) entscheidenden typologischen Vergleichspunkt ist bei Irenäus zunächst nicht die Rede. Daß Irenäus dennoch an Num 21 denkt, geht aus dem Kontext hervor: Das *Gesetz* ermahnte die Menschen, an den am Holz Erhöhten zu glauben. Die johanneische Typologie (oder eine Variation davon) ist Irenäus (und seinen Adressaten) also offensichtlich so geläufig gewesen, daß er diese ohne weiteres als Mahnung des *Gesetzes* einführen kann. Die an Joh 3,14f angelehnte, auf Num 21 bezogene, durch und durch christologisch dominierte „Typologie" *ersetzt* gewissermaßen Num 21,6-9 im „Gesetz", tritt gleichsam an die Stelle der Perikope von der ehernen Schlange. Welche Motivik wird nun in haer IV 2,7 greifbar?

a) Direkt aus Joh 3,14f und einer weiteren Joh-Stelle (12,32) stammen folgende Motive: Christus wird (am Kreuz) erhöht[685]; er zieht alles an sich (und macht die Toten lebendig): *exaltatus a terra* (Joh 3,14: Καὶ καθὼς Μωϋσῆς ὕψωσεν τὸν ὄφιν ἐν τῇ ἐρήμῳ, οὕτως ὑψωθῆναι δεῖ τὸν υἱὸν τοῦ ἀνθρώπου; Joh 12,32: κἀγὼ ἐὰν ὑψωθῶ ἐκ τῆς γῆς); *et omnia trahit a se (et vivificat mortuos)* (Joh 3,15: ἵνα πᾶς ὁ πιστεύων ἐν αὐτῷ ἔχῃ ζωὴν αἰώνιον; Joh 12,32: πάντας ἑλκύσω πρὸς ἐμαυτόν).[686] *Et vivificat mortuos*

---

683 412,109-113: *dicens non aliter salvari homines ab antiqua serpentis plaga, nisi credant in eum qui, secundum similitudinem carnis peccati in ligno martyrii exaltatus a terra, et omnia trahit ad se et vivificat mortuos.*

684 Vgl. dazu jetzt Frey, *Deutung,* passim (zu Joh 3,14f aaO, 177-205).

685 Die johanneische Typologie orientiert sich zunächst äußerlich an der aufrechten, über die Hinrichtungszeugen „erhöhten" Position des gekreuzigten Christus. Der in Num 21,8f LXX begegnende Begriff σημεῖον (Übersetzung von סנ = Feldzeichen, Signalstange, Panier; vgl. Draper, *Development,* 1-13 [v.a. aaO, 10f]) spielt weder bei Joh noch bei Irenäus eine explizite Rolle. Joh dürfte jedoch in „subtiler Anspielung" (Frey, *Deutung,* 191) das „Zeichen" aus Num 21,8f mit dem Kreuz Jesu parallelisieren, obwohl er den Begriff σημεῖον nicht gebraucht.

686 Vgl. auch Kuhn, *ZThK* 72, 24-26.

nimmt außerdem auf Num 21,6.8f Bezug (ἀπέθανεν; ζήσεται; ἔζη). Irenäus macht sich den johanneischen Gedanken zueigen, daß die Kreuzigung Jesu
Erhöhungsgeschehen ist. Christus erhält mit der Kreuzigung die Macht, „alles
an sich zu ziehen und die Toten lebendig zu machen".

b) Die Wendung *secundum similitudinem carnis peccati* stammt aus Röm
8,3: ... ὁ θεὸς τὸν ἑαυτοῦ υἱὸν πέμψας ἐν ὁμοιώματι σαρκὸς ἁμαρτίας
καὶ περὶ ἁμαρτίας κατέκρινεν τὴν ἁμαρτίαν ἐν τῇ σακρί[687]. Außer
dieser wörtlichen Übernahme ist auch das Motiv von der „Verurteilung der
Sünde im Fleisch" in der „Heilung von der alten Wunde der Schlange" mit
enthalten. Eine direkte Herleitung dieser Aussage aus Röm 8,3 scheidet m.E.
jedoch aus; dazu fehlen weitere terminologische Hinweise.

c) Obwohl Irenäus die Bisse der Wüstenschlangen von Num 21,6.8f nicht
erwähnt, ist doch deutlich, daß er diese implizit mit der Verführung der ersten Menschen durch die Paradiesesschlange, mit der *antiqua serpentis plaga*,
identifiziert. Die „Verwundung" der Menschen im Paradies betrifft *alle* Menschen.

d) Das einzige Element, das keine begriffliche Parallele in den genannten
Schrifttexten hat, ist das *lignum martyrii*, an dem Christus „erhöht" wurde.
Innerhalb der Typologie übernimmt es die Funktion des σημεῖον, an dem
Mose die eherne Schlange befestigt hatte. Daß mit dem *lignum martyrii* das
Kreuz gemeint ist, ist eindeutig (vgl. auch Joh 12,33). Welche Bedeutung hat
das Wort *martyrium* in dieser Verbindung genauerhin? Reijners[688] kommt
durch einen Vergleich mit weiteren Irenäus-Texten zu dem Schluß, daß *martyrium* in haer IV 2,7 im Sinne von *passio* zu verstehen sei. Es bleibe auffällig,
„that in the expression *in ligno martyrii* the word *martyrium* ist employed in
relation to Christ himself and not, as is customary, in relation to the ‚martyrs'"[689]. Die Möglichkeit könne nicht ausgeschlossen werden, daß die Bedeu-
tungsnuance „Todesleiden als Zeugnis" auch im *lignum martyrii* von haer IV
2,7 mit enthalten sei.

---

687 Vgl. Noormann, *Paulusinterpret*, 172f.
688 *Terminology*, 55f: haer III 12,10 (224,359-362: *Stephanus ... qui et primus ex omnibus hominibus sectatus est vestigia martyrii Domini, propter Christi confessionem primus interfectus;*
vgl. auch 1Petr 2,21.24!); 12,13 (236,449-452: *Et haec dixit et lapidatus est, et sic perfectam
doctrinam adimplevit, per omnia martyrii magistrum imitans et postulans pro eis qui se
interficiebant*); 18,5 (358,122-126: *ad tantam temeritatem progressi sunt quidam ut etiam
martyras spernant et vituperent eos qui propter Domini confessionem occiduntur et sustinent
omnia a Domino praedicta et secundum hoc conantur vestigia adsequi passionis Domini*).
689 Reijners, *Terminology*, 56.

Insbesondere aus haer III 18,4f geht hervor, daß Irenäus das Kreuz Jesu *auch* als Ankündigung einer besonderen *Form* des Martyriums verstanden hat: Haer III 18,4[690]: „Dies (sc. Mk 8,34f par) sagte nämlich Christus offenbar, indem er selbst der Erlöser derer ist, die wegen seines Bekenntnisses (*confessio*) dem Tod übergeben werden und ihre Seelen verlieren würden". Haer III 18,5[691]: Jesus habe dies nicht von der Erkenntnis eines „oberen Kreuzes" gesagt, „sondern von dem Leiden, das er leiden mußte und auch seine Jünger erleiden sollten"; es folgen Mt 16,25; 23,34 (hier wird *expressis verbis* von gekreuzigten Jüngern gesprochen).

Zu vergleichen ist außerdem Ep. Lugd., hier v.a. das Martyrium der Blandina.[692] Die Märtyrer, die trotz vielerlei Folterungen noch nicht zu Tode gekommen waren, nannten „weder sich selbst Märtyrer ... noch erlaubten [sie] uns, sie mit diesem Namen anzureden ... Gerne nämlich überließen sie den Titel eines Märtyrers Christus, dem treuen und wahren Märtyrer (vgl. Offb 3,14), dem Erstgeborenen aus den Toten und Urheber des göttlichen Lebens, und verwiesen auf die bereits heimgegangenen Märtyrer und sagten: ‚Jene sind schon Märtyrer, die Christus in ihrem Bekenntnis für würdig hielt, aufgenommen zu werden, und deren Martyrium er durch ihren Heimgang besiegelte; wir aber sind schlichte und unbedeutende Bekenner'"[693]. Die an einem ξύλον befestigte Blandina nun, auf die wilde Tiere losgelassen werden, macht den anderen Märtyrer(inne)n dadurch Mut, daß ihnen die Gebetshaltung Blandinas als Kreuzesform erscheint und in ihr „den sehen, der für sie gekreuzigt worden war". Obwohl Blandina nicht umkommt, ist das „Holz", an dem sie hängt, in gewisser Weise ebenfalls ein *lignum martyrii,* weil sie am ξύλον betend auf den Gekreuzigten verweist.

Im Kontext von haer IV 2,7 spielt der Aspekt des „Zeugentodes" jedoch eine untergeordnete Rolle.[694] Der Hauptakzent liegt auf der Aussage, daß

---

690 354,91-94.
691 354,98-356,102.
692 Bei Eus., h.e. V 1,41f (418,7-21 GCS). Die aus Kleinasien übernommene Zeugnisterminologie erscheint in diesem Brief „in einer neuen Differenziertheit" (Baumeister, *Genese,* XXI; s.a. aaO, XXI-XXIII. 91)
693 Bei Eus., h.e. V 2,2f (428,12-21).
694 Bacq, *Alliance,* 55 hebt die Bedeutung der Märtyrer in haer IV 2,7 stärker hervor: „par sa mort en croix, le Seigneur a en effet ouvert la voie aux martyrs, mais ceux-ci, à leur tour, par les souffrances et la mort qu'ils endurent en son nom, témoignent de la réalité de sa chair, de sa mort et du salut qu'il nous donne. Car, de l'ancienne alliance qui préfigurait sa mort et sa résurrection jusqu'à la vie actuelle de l'Église qui rend témoignage à la réalité de son œuvre, c'est une seule et même histoire du salut qui se déroule parmi nous, conduite par un seul et même Dieu, Créateur et Auteur de la Loi."

Jesus bereits am Marterholz erhöht wird, dadurch die „Schlange" überwindet und die toten Menschen zum Leben bringt.[695]

Traditionsgeschichtliche Vorstufen finden sich ein weiteres Mal im Barnabasbrief und bei Justin. In *Barn* 12,5-7[696] begegnet als Abschluß einer Reihe von Testimonien für die Kreuzigung Christi ein Midrasch über Num 21,4-9.[697] "Wiederum stellt Mose einen Typos Jesu her, daß er (sc. Christus) leiden muß und er selbst lebendig machen wird, von dem sie meinen werden, sie hätten ihn umgebracht an dem Zeichen (ἐν σημείῳ; vgl. Num 21,8.9), obwohl Israel zugrundeging. Der Herr veranlaßte nämlich alle Schlangen, sie zu beißen, und sie starben (sc. weil die Übertretung Evas im Paradies durch die Schlange geschehen war; s. Gen 3,1-6; vgl. 2Kor 11,3; 1Tim 2,14), um sie zu überführen, daß sie wegen ihrer Übertretung in die Drangsal des Todes ausgeliefert werden würden. Schließlich, obwohl Mose selbst befohlen hatte: ,Weder ein Gußbild noch ein Schnitzbild soll euch zum Gott dienen' (vgl. Dtn 27,15), fertigt er selbst eines an, damit er einen Typos Jesu zeige. Mose macht also eine eherne Schlange und stellt sie herrlich auf und ruft das Volk mit Heroldsruf herbei. Als sie zusammengekommen waren, baten sie Mose, daß er für sie eine Bitte für ihre Heilung darbrächte. Mose aber sprach zu ihnen: ,Wenn einer von euch gebissen worden ist, komme er zu der Schlange, die auf dem Holz liegt, und hoffe im Glauben, daß sie, obwohl sie tot ist, lebendigmachen kann, und sogleich wird er gerettet werden.' Und so verfuhren sie. Da hast du wieder auch darin die Herrlichkeit Jesu, denn in ihm ist alles und auf ihn hin (vgl. Röm 11,36; 1Kor 8,6; Kol 1,16)." Barn identifiziert das in Num 21,8.9 genannte σημεῖον mit dem Kreuzesholz Jesu (das Stichwort ξύλον fehlt in Num 21,4-9 LXX), legt aber auf den Begriff σημεῖον kein weiteres Gewicht. Die Wendung τίθησιν ἐνδόξως und der abschließende Kommentar („Da hast du wieder auch darin die Herrlichkeit Jesu") zeigen, daß Barn bzw. sein Traditionskreis das Kreuz als Verherrlichungsgeschehen interpretiert hat. Jesus selbst wird durch die eherne Schlange symbolisiert, „die auf dem Holz liegt". Nach Barn 12,5 besteht das fundamentale Mißverständnis der „Israeliten" darin, daß sie in dem am Kreuz getöteten Jesus denjenigen nicht erkennen, der selbst von den todbringenden Sünden – die Schlangen, von denen „Israel" gebissen wird, führen das Werk der Schlange weiter, die Eva verführte – lebendig machen kann.

Für *Justin* ist neben der Amalekiterschlacht (Ex 17,8-16) die Aufrichtung der ehernen Schlange auf einem „Zeichen" (Num 21,4-9) die wichtigste atl. Erzählung, die auf die Kreuzigung Christi hinweist: „Auch die Aufstellung des Typos und des Zeichens gegen die Schlangen, die Israel bissen, erfolgte offensichtlich für das Heil derer, die glauben, daß der Schlange damals vorhergesagt wurde, daß sie durch den, der gekreuzigt werden wollte, der Tod ereilen würde, das Heil aber denen, die von der Schlange gebissen wurden und sich zu dem hinflüchten, der seinen Sohn, der gekreuzigt wurde, in die Welt gesandt hat. Denn der prophetische Geist lehrte uns durch Mose nicht, an eine Schlange zu glauben, weil es ja klar ist,

---

695 Der Satz „*in ligno martyrii exaltatus a terra, et omnia trahit ad se et vivificat mortuos*" kann auch im Sinn der kosmischen Kreuzesdeutung (s.u. Abschnitt 10.6.1.2) gelesen werden. Der Gekreuzigte verweist nach oben *(exaltatus a terra)*, nach unten *(vivificat mortuos)* und auf die horizontale Ebene *(omnia trahit ad se)*.

696 25,15-26,1 SQS.

697 Zu Barn 12,1-4 s.o. ab S. 285. Vgl. Sieper, *Mysterium*, 4-6; Reijners, *Terminology*, 29-31.

daß die Schlange am Anfang von Gott verflucht wurde (vgl. Gen 3,14); und bei Jesaja zeigt er an, daß sie als Feind durch ‚das große Schwert' (vgl. Jes 27,1), das ist Christus, vernichtet werden würde."[698] In dial. 94,1-3[699] und 112,1f[700] präzisiert Justin die Typologie, indem er zwischen der ehernen Schlange und dem „Zeichen" (σημεῖον), auf dem Mose sie aufrichtete, unterscheidet. „Denn dadurch ... tat er ein Geheimnis kund, durch welches er auf der einen Seite verkündigte, daß er die Kraft der Schlange, die auch bewirkte, daß durch Adam die Übertretung (des Gebotes) geschah, vernichte, auf der anderen Seite die Erlösung von den Bissen der Schlange – das sind die schlechten Taten, Götzendienst und andere Ungerechtig- keiten – für die, die an den glauben, der durch eben dieses Zeichen, das Kreuz, sterben wollte." Nicht die Schlange, die Gott am Anfang verfluchte, war es, die das Volk in der Wüste rettete, sondern der gekreuzigte Jesus, auf dessen „Bild" (ἐπὶ τὴν εἰκόνα) das ση- μεῖον aus Num 21,8f zu beziehen ist.[701]

In 1 apol. 60,1-7 verknüpft Justin Num 21 mit den Aussagen Platons über den „Chi-för- migen" Sohn Gottes. Er verdeutlicht an dieser Stelle zugleich, daß das heilbringende Zeichen nicht die Schlange, sondern das Kreuz ist, indem er Mose nicht eine eherne Schlange, son- dern einen τύπος σταυροῦ herstellen läßt: „Auch das, was Platon im Timaios naturphilo- sophisch über den Sohn Gottes ausführt, wo er sagt: ‚Er zeichnete ihn wie ein Chi in das All' (᾿Εχίασεν αὐτὸν ἐν τῷ παντί), sprach er, indem er es auf ähnliche Weise bei Mose ent- nahm. Denn in den Schriften des Mose steht geschrieben, daß in jenen Zeiten, als die Israeli- ten aus Ägypten auszogen und in der Wüste waren, ihnen giftige Tiere entgegentraten, Nat- tern, Vipern und Schlangen aller Art, was dem Volk den Tod brachte.[702] Und auf von Gott herkommende Eingebung und Antrieb hin nahm Mose Erz, stellte einen Typos des Kreuzes her, richtete diesen bei dem heiligen Zelt auf und sagte zum Volk: ‚Wenn ihr auf dieses Bild (τύπος) blickt und an es glaubt, werdet ihr gerettet werden.' Und als dies geschah, so schrieb er, seien die Schlangen umgekommen, das Volk aber sei dem Tod entronnen, so hat er über- liefert. Das las Platon und, weil er es nicht genau verstand und nicht erkannte, daß es ein Ty- pos des Kreuzes sei, sondern es für eine Chi-Gestalt (χίασμα) hielt, sagte er, die Kraft, die dem ersten Gott am nächsten steht, ‚sei wie ein Chi in das All eingezeichnet' (κεχιάσθαι ἐν τῷ παντί)."[703] Platons Deutung des „Sohnes Gottes" als Chi basiere nach Justin also auf einem Mißverständnis von Num 21. Trotzdem enthalte diese naturphilosophische Aussage über den Sohn Gottes einen wichtigen Wahrheitskern, weil Platon richtig erkannt habe, daß der gekreuzigte Sohn Gottes die Kraft sei, „die dem ersten Gott am nächsten" stehe und des- halb die Macht habe, die Menschen aus der Gewalt des Bösen zu befreien.

Obwohl Irenäus seine Deutung der ehernen Schlange stark an Joh 3,14f ausrichtet und ein Einfluß dieser Stelle zumindest auf Barn kaum nachgewiesen werden kann, bestehen zwischen Irenäus, *Barn* und Justin Gemeinsamkeiten. Zum einen identifizieren alle drei – Irenäus implizit, *Barn* und Justin explizit – die Schlangenbisse aus Num 21 mit dem Sünden- fall im Paradies. Zum anderen deuten sie die Kreuzigung jeweils im Sinne einer *theologia*

---

698 Dial. 91,4 (206 Goodspeed); vgl. 131,4 (253).
699 208f (Goodspeed; das Zitat dial. 94,2 [209]).
700 228 Goodspeed.
701 S. dial. 112,2 (228 Goodspeed).
702 Zur Identifizierung der Schlange mit dem Satan vgl. 1 apol. 27,4; 28,1.
703 116,1-14 PTS; s.a. die triadisch ausgerichtete Fortsetzung 1 apol. 60,6f (117,15-19 PTS). Vgl. weiterhin unten Abschnitt 3.2.6 (dort auch die genauen Angaben zu Platon).

gloriae (im *Barn* als Verherrlichungsakt, bei Justin als Machterweis Christi, bei Irenäus als Erhöhungsgeschehen).

Nach Irenäus steht die Niederwerfung des Teufels – wie die Auferstehung aller Menschen auch – unter eschatologischem Vorbehalt.[704] Der Teufel meinte, er könne Gott im Paradies verborgen bleiben, indem er als Schlange den Ungehorsam der Menschen bewirkte; „deshalb gab Gott ihm dieselbe Form und Bezeichnung" (wie die Schlange). „Jetzt aber, weil letzte Zeiten sind, verbreitet sich das Böse in die Menschen und macht sie nicht nur zu Apostaten, sondern stellt sie auch als Lästerer gegen den Schöpfer auf".[705] Erst von dem Moment an, als der Teufel seine Verurteilung durch die Worte Christi und der Apostel offen vernahm, trat er in aller Öffentlichkeit in Form der Häretiker lästernd hervor.[706] Der Sieg, den Christus am Kreuz über den Teufel errungen hat, ist als Erfüllung der alttestamentlichen Verheißungen endgültig, wird aber erst mit seiner zweiten Ankunft, wenn der Antichrist in sich alle Bosheit und alle Apostasie rekapituliert hat, vollständig durchgesetzt werden.[707]

3.2.5.2 Die Einsetzung des Gekreuzigten zum Weltenrichter

Irenäus verbindet mit der endzeitlichen Überwindung alles Bösen den Gedanken, daß Jesus Christus wegen seines Kreuzesgehorsams vom Vater zum universalen Weltenrichter eingesetzt wurde.[708] Der gekreuzigte Christus hat

---

704 Vgl. Wingren, *Man*, 40f.

705 Haer IV pr. 4 (388,49-55).

706 Haer V 26,2 (332,65-336,90/334,1-336,14).

707 Vgl. nur haer IV 33,1 (804,24-30) u.ö. (s.a. die Stellen in der nächsten Anm.). S.a. Overbeck, *Menschwerdung*, 327f: Die irenäische Bezugnahme auf Gen 3,15 in haer III 23,7; IV 40,3; V 21,1 ist „immer unmittelbar verbunden mit der eschatologischen Perspektive, die insbesondere das endzeitliche Gericht und die Vernichtung der apostatischen Macht beinhaltet" (aaO, 327). Mit dem „Feind", der nach haer V 21,1 von Christus besiegt wird, ist nicht nur der Teufel, der die Menschen im Paradies verführte und immer noch zur Apostasie verführt, gemeint, sondern auch (unter eschatologischer Perspektive) der Antichrist als Inbegriff alles Bösen.

708 Zum Gericht, das Christus halten wird, vgl. folgende Stellen: Christus empfängt vom Vater die Richtermacht: epid 44; haer III 5,3; 12,9.13; IV 20,2 (hier im Zusammenhang mit der Inkarnation) u.ö. Christus hält als Herrscher aller Gericht: epid 41; 48; 56; haer I 10,1; II 22,2; III 4,2; 28,1-3; V 26,2 u.ö. Die freie Entscheidung des Menschen für oder gegen Gott entscheidet über Heil oder Strafe: haer IV 4,3; 33,11.13.15; 36,3-6 u.ö. Die Strafe, die im letzten Gericht am *dies Domini* (haer IV 33,11 [826,202]) ausgesprochen

„vom Vater die Macht über alles, weil er Logos Gottes und wahrer Mensch ist, ... indem er über die sichtbaren und die menschlichen Dinge in offenbarer Weise herrscht und über alle ein würdiges und gerechtes Gericht herbeiführt."[709] „Der unter Pontius Pilatus gelitten hat, dieser ist der Herr von allem und König und Gott und Richter, der von dem, der der Gott aller ist, die Macht empfangen hat, weil er ‚gehorsam war bis zum Tod, zum Tode aber des Kreuzes' (Phil 2,8)."[710] Indem Irenäus die Einsetzung Christi zum Weltenrichter und -herrscher mit dem Kreuzesgehorsam begründet (ὅτι/*quoniam*), folgt er der paulinischen Diktion von Phil 2,8-11[711].

Die Universalität des Gerichts[712] entspricht der universalen Macht zur Sündenvergebung, die der Vater dem Logos verliehen hat: Niemand wird sich dem Gericht entziehen können, der Richterspruch Christi wird über alle ergehen:

„Durch die Worte aber: ‚Vom höchsten Himmel ist sein Ausgang, und sein Hingang bis zum höchsten Himmel, und es ist niemand, der sich vor seiner Glut birgt' (Ps 18,7 LXX), verkün-

---

wird, wird – in Entsprechung zur Gabe des ewigen Lebens – eine ewige sein (vgl. haer V 28,1 u.ö.). Vgl. Houssiau, *La christologie*, 135-141.

709 Haer V 18,3 (246,79-85: *qui universorum potestatem habet a Patre, quoniam Verbum Dei et homo verus, ... super visibilia ... et humana regnans manifeste et omnibus dignum superducens iustum iudicium*"); vgl. III 12,9 (220,323-327 [zit. Apg 17,30f]).

710 Haer III 12,9 (216,301-218,304/216,9-11): „ὅτι ὁ παθὼν ἐπὶ Ποντίου Πιλάτου, οὗτος Κύριος τῶν πάντων καὶ Βασιλεὺς καὶ Θεὸς καὶ Κριτής ἐστιν(*qui passus est sub Pontio Pilato, hic Dominus est omnium et Rex et Deus et Iudex), ab eo qui est omnium Deus accipiens potestatem, quoniam ‚subiectus factus est usque ad mortem, mortem autem crucis'.*" S.a. epid 56 (162-164/71f; s.u. S. 299); 69 (180-182/80f); 97 (214-216/94f); haer III 12,7 (210,258-263); 12,13 (236,462-238,469: *Manifestum est ergo quoniam non derelinquebant veritatem, sed cum omni fiducia Iudaeis et Graecis praedicabant, Iudaeis quidem Iesum eum ab ipsis crucifixus est esse Filium Dei, Iudicem vivorum et mortuorum, a Patre accepisse aeternum regnum in Israel ..., Graecis vero unum Deum qui omnia fecit et huius Filium Iesum Christum adnuntiantes*); 16,8 (320,277-282/320,2-7); IV 28,3 (760,42-764,82); 33,13 (838, 280-840,309). Zur göttlichen Gerechtigkeit des Richtens Christi vgl. epid 60 (170/75). S.a. Beskow, *Rex*, 99.

711 Paulus schließt die Erhöhung Christi in Phil 2,9-11 an die im Kreuzesgehorsam (2,8) gipfelnden Niedrigkeitsaussagen mit διό an.

712 Besonders deutlich in haer IV 20,2 (628,32-630,52): Christus ist „alles" vom Vater übergeben worden, weshalb er *Iudex viventium et mortuorum* (Apg 10,42) ist. Mit Hilfe von Offb 3,7; 5,3.12.9 erweitert Irenäus die Perspektive auf die Bereiche Himmel, Erde und Unterwelt (das erlösende Sterben des „Lammes" wird zugleich als grundsätzlicher Bedingung dafür eingeführt, daß Christus universale Macht besitzt). Jesus Christus hat als Logos in den Himmeln, durch die Inkarnation als *homo iustus* auf der Erde und als „Erstgeborener der Toten" (Kol 1,18) in der Unterwelt den Vorrang.

digtem sie, daß er (sc. Christus) dorthin aufgenommen wurde, von wo er herabgestiegen war, und daß niemand seinem gerechten Gericht entgehen kann. ... Und wiederum durch den Ausspruch: Wer ist es, der gerichtet wird? Er stelle sich gegenüber! Und wer ist es, der gerechtfertigt wird? Er nahe sich dem Knecht Gottes!' (Jes 50,8.10 LXX), und: ‚Wehe euch, ihr alle werdet veralten wie ein Gewand, und die Motte wird euch verzehren' (Jes 50,9 LXX) und: ‚Gedemütigt werden wird alles Fleisch, und der Herr allein wird in den Höhen erhöht werden' (Jes 2,17 LXX), wird angezeigt, daß Gott nach seiner Passion und seiner Aufnahme (in den Himmel) alle, die gegen ihn gewesen sind, seinen Füßen unterwerfen wird, und es wird niemand sein, der sich vor ihm rechtfertigen oder sich mit ihm vergleichen (können) wird.“[713]

Mit der Einsetzung Christi zum Weltenrichter bestätigt Gott, daß Jesus Christus durch seinen Kreuzesgehorsam die Gebotsübertretung Adams als Sünde überführt und die Möglichkeit der Sündenvergebung für alle Menschen eröffnet hat. Je nachdem, ob die Menschen den Gehorsam Christi nachvollziehen oder im alten Ungehorsam Adams bleiben, wird das Urteil dessen ausfallen, der der Urheber des Gehorsams ist.[714]

Irenäus unterstreicht immer wieder, daß die Menschen den Gekreuzigten ablehnen, obwohl er, oder besser: weil er von Gott zum Weltenrichter eingesetzt wurde.[715] In epid 79 verwendet Irenäus außer Jes 65,2[716] Verse aus Ps 21 und 118 LXX sowie Dtn 28,66 als Testimonien, die „noch deutlicher“ als die Jes-Stelle vom Kreuz sprechen:[717]

„Jagdhunde haben mich umgeben und eine Rotte von Übeltätern hat einen Kreis um mich gezogen. Sie haben meine Hände und Füße durchbohrt' (Ps 21,17). Und noch deutlicher sagt David: ‚Mein Herz ist geworden wie zerfließendes Wachs in meinem Inneren; meine Gebeine haben sie auseinandergetrieben' (Ps 21,15). Und er sagt weiterhin: ‚Errette meine Seele vom Schwert und meinen Leib von den Nägeln, denn eine Rotte von Übeltätern hat sich gegen mich erhoben.' In diesen Worten zeigt er in lichtvoller Weise seine Kreuzigung an. Aber auch Mose sagt dasselbe zum Volk mit folgenden Worten: ‚Und dein Leben soll dir vor Augen hängen, und du wirst dich fürchten bei Tag und bei Nacht und nicht an dein Leben glauben' (Dtn 28,66 LXX).“

Der dritte Schriftbeleg dieser Passage stellt in formaler Hinsicht vor Probleme. Der erste Teil („Errette meine Seele vom Schwert“) ist Ps 21,21a LXX. Der letzte Teil „denn eine Rot-

---

713 Haer IV 33,13 (838,286-290; 840,300-309).
714 Vgl. haer V 27,1 (338,5-340,21); IV 28,1-3 (754,1-764,82).
715 Zur Begründung für dieses Verhalten der Menschen s.o. S. 295: Indem Christus die Strafe über den Teufel offen ausspricht, tritt dieser offen auf und versucht, möglichst viele Menschen auf seine Seite zu bekommen. S.a. Jaschke, *Johannesevangelium*, 356.
716 S.o. ab S. 284.
717 Übersetzung nach *SC 62*, 146f; vgl. *SC 406*, 192f.335; *FC 8/1*, 85; Weber, *BKV² 4*, 636f; Reijners, *Terminology*, 62-64; Daniélou, *Leben*, 25-27 (weitere Belege aus anderen frühkirchlichen Autoren, die die gleichen Passions-Testimonien verwenden).

te von Übeltätern hat sich gegen mich erhoben" ist eine Kombination aus Ps 21,17b (denn ... Übeltätern) und 26,12b/85,14a LXX (hat sich ... erhoben). Die Wendung „und meinen Leib von den Nägeln" stammt aus Ps 118,120a LXX. Allerdings lautet der Text dort „nagle an mein Fleisch aus deiner Furcht". Diese Form („aus deiner Furcht" ist weggelassen) ist auch in Barn 5,13[718] belegt, wo die Zitate aus den Psalmen ebenfalls als Kreuzestestimonien zusammengestellt sind: „Φεῖσαί μου τῆς ψυχῆς ἀπὸ ῥομφαίας" (vgl. Ps 21,21a: ῥῦσαι ἀπὸ ῥομφαίας τὴν ψυχήν μου), καί· „Καθήλωσόν μου τὰς σάρκας (vgl. Ps 118,120a: καθήλωσον ἐκ τοῦ φόβου σου τὰς σάρκας μου), ὅτι πονηρευομένων συναγωγαὶ ἐπανέστησάν μοι" (vgl. Ps 26,12b/85,14a + 21,17b: ὅτι συναγωγὴ πονηρευομένων ἐπανέστησαν μοι).

Froidevaux[719] übersetzt den epid-Text entsprechend: „Épargne à mon âme l'épée et cloue mes chairs".[720] Die anderen Textausgaben der epid ziehen die Übersetzung „Errette ... mein Fleisch von den Nägeln" vor[721], was dem armenischen Text entspricht. Irenäus wird die Zitatkombination vorgefunden haben, einschließlich der von Barn und vom LXX-Text abweichenden Wendung „und mein Fleisch von den Nägeln", die relativ einfach als erleichternde Korrektur der Barn-Version verstanden werden kann.[722] Entscheidend ist für Irenäus letztlich der Hinweis auf die Nägel als Bestandteile des Hinrichtungsinstrumentes „Kreuz".[723]

Die theologische Bedeutung der Testimonien liegt für Irenäus darin, daß der am Kreuz hängende Christus auf Widerspruch stößt. Der Unglaube der Menschen, der ihn ans Kreuz brachte, setzt sich angesichts seines Gekreuzigtseins fort. Gerade dieser Aspekt ist Irenäus wichtig. Wo er Dtn 28,66 aufnimmt,

---

718 16,1f SQS.

719 SC 62, 146.

720 Zustimmend Rousseau, SC 406, 193.335: *et confige meas carnes*/καὶ καθήλωσόν μου τὰς σάρκας/et perce de clous mes chairs.

721 S. nur FC 8/1, 85; Smith, *Proof*, 97; PO 12/5, 717f.792. Vgl. *TU 31,1*, 43: „Errette mich vom Schwert ..." („Es folgen einige Worte ..., augenscheinlich verderbt. Es könnte heißen entweder: ‚Und meinen Leib von Nageln', oder etwas verändert: ‚Nagle an meinen Leib').

722 Vgl. Reijners, *Terminology*, 63.

723 In Barn 5,13f (15,26-16,5 SQS) dient die Zitatkombination (im Anschluß an diese wird noch Jes 50,6f zitiert) als Beleg dafür, daß Jesus am Kreuz leiden *mußte*. Die atl. Belege runden die in Barn 5 gegebene Darstellung der Heilsbedeutung von Inkarnation und Leiden Jesu am „Holz" ab. Dem Kreuz selbst wird in Barn 5,13f (noch) keine weitere theologische Funktion, die über die Leidensaussagen von Barn 5 hinausginge, beigelegt. Barn untermauert mit den Schriftzitaten vielmehr die soteriologische Notwendigkeit der Passion Jesu insgesamt. Daß Jesus gekreuzigt wurde, wie es von den Propheten angekündigt worden war, beweist, daß er *durch sein Leiden* die διαθήκη *wirklich* (und allein, s. Barn 7,2) der Kirche zugeeignet hat. Vgl. auch Just., 1 apol. 35,5.7f; 38,4 (83,11-13.18-21; 86,8-10 PTS); dial. 97,3; 103,7; 104,1 (212; 220 Goodspeed: dial. 98-106 interpretiert Justin ausführlich Ps 21 LXX [zitiert in dial. 98,2-5]). S.a. Reijners, *Terminology*, 24f.

legt er besonderes Gewicht darauf, daß im Gekreuzigten das *Leben* erschienen ist, viele aber die Annahme des Lebens verweigerten.[724]

Auch in seiner Interpretation von Jes 9,4b-6[725] in epid 56 verbindet Irenäus das Kreuz mit der Entscheidung über Leben und Tod. Für die Menschen, die *vor* dem irdischen Auftreten Christi starben, gibt es Hoffnung auf Heil, nämlich für die, die Gott fürchteten und in Gerechtigkeit verstarben: die Patriarchen, die Propheten und die Frommen. Für alle Menschen, die *nach* Jesu Auftreten auf der Erde nicht an ihn glaubten, kommt es unweigerlich zur Bestrafung „beim Gericht des Auferstandenen". Irenäus deutet das Kreuz in diesem Zusammenhang als Zeichen der richterlichen Macht Christi:

„„Die Herrschaft kommt auf seine Schulter', bedeutet, allegorisch genommen, das Kreuz, an das er, festgenagelt, seinen Rücken hielt. Denn dasselbe Kreuz, das für ihn eine Schmach war und ist sowie seinetwegen für uns, bedeutet seine Herrschaft, das heißt ein Zeichen seines Reiches. Und er wird Ausrichter des großen Ratschlusses genannt, das heißt des Vaters, den er uns offenbart hat"[726].

---

724 Haer IV 10,2 (496,42-48): Mose „zeigte, daß der Logos, der am Anfang sie (sc. die Menschen) schuf und machte, auch in den letzten Zeiten *am Holz hängend* (*pendens in ligno*: Dtn 21,23) offenbart wird, um uns zu erlösen und lebendig zu machen, und sie ihm nicht glauben. Er sagte nämlich: ,Und dein Leben wird vor deinen Augen hängen, und du wirst deinem Leben nicht glauben' (Dtn 28,66), und weiterhin: ,Ist nicht eben dieser dein Vater, der dich besitzt, der dich geschaffen und gemacht hat' (Dtn 32,6b)?"; V 18,3 (244,71-246,79). – Beidemale dient das Dtn-Zitat als verdeutlichende Interpretation der Worte *pendens in ligno* aus Dtn 21,23 (bzw. Gal 3,13; Apg 5,30; 10,39; s.a. Daniélou, *Leben*, 24-27). Die Verwendung von Dtn 28,66 wird erstmals bei Melito greifbar (s. pass. 61,427-429 [33 Hall]), ohne daß allerdings eine Abhängigkeit des Irenäus von Melito festgestellt werden könnte (vgl. Daniélou, aaO, 28f).
725 „Und sie werden wünschen, daß sie mit Feuer verbrannt wären; denn ein Kind ist uns geboren, und ein Sohn ist uns gegeben, die Herrschaft kommt auf seiner Schulter, und er wird genannt: Ausrichter des großen Ratschlusses. Denn ich werde Frieden über die Fürsten bringen, wiederum Frieden und Heil über ihn. Groß ist seine Herrschaft, und seinem Frieden ist keine Grenze gesetzt, den Thron Davids und seine Herrschaft zu erlangen. Er festigt und stützt sie durch gerechtes Gericht von nun an auf ewig" (epid 56 [162-164/71f]). Zur Form des Jesaja-Zitates s. Froidevaux, *SC 62*, 119f und Rousseau, *SC 406*, 313 (C. 56, n. 1./2.).
726 Epid 56 (162-164/72). Vgl. auch Just., 1 apol. 35,2 (82,3-6 PTS): zit. Jes 9,5 LXX): Dieses Jesajawort war „eine Andeutung der Macht des Kreuzes ..., an das er, indem er gekreuzigt wurde, seine Schultern hielt"; vgl. dazu auch 1 apol. 55,2 [110,4f PTS]: Das Kreuz ist τὸ μέγιστον σύμβολον τῆς ἰσχύος καὶ ἀρχῆς αὐτοῦ).

Anders als bei allen anderen Menschen, die gekreuzigt wurden, ist das Kreuz Jesu nicht nur Schmach, sondern zugleich Symbol seiner Herrschaft[727]:

1) Das Kreuz war und ist eine Schmach sowohl für Christus sowie seinetwegen für uns. Damit ist ein Vierfaches gesagt:

a) Das Kreuz *war* eine Schmach für Christus zu dem Zeitpunkt, als er gekreuzigt wurde. Er erduldete die äußerste Erniedrigung, die Menschen durch diese Form der Hinrichtung angetan werden kann. Das Kreuz scheint Jesus selbst widerlegt zu haben (vgl. Mk 15,30 par).

b) Dieser „Makel" bleibt an ihm haften. Jesus *ist und bleibt* der Gekreuzigte, den die Menschen aus diesem Grund verschmähen.

c) Die Schmach, die Christus am Kreuz erlitt, bezieht sich zurück auf die Menschen. Weil Jesus Christus der aus der Jungfrau geborene Logos Gottes ist, der als „wunderbarer Ratgeber des Vaters" zur Heilung, zur Erlösung und zur Unterweisung der Menschen auf die Erde kam (vgl. epid 53-55), haben die Menschen, die das Urteil über ihn sprachen, selbst in der Weise Anteil an der Schmach des gekreuzigten Gottessohnes, als ihnen in ihm ihre eigene Verlorenheit und Unfähigkeit zur Aufnahme des göttlichen Logos, ihre eigene Sündhaftigkeit also, vor Augen geführt wird. In diesem Sinne *war* das Kreuz auch für „uns" eine Schmach um seinetwillen.

d) Das Kreuz *ist und bleibt* für die Christen eine Schmach, weil sie zum einen immer mit dem Gekreuzigten in dem unter (c) beschriebenen Sinn konfrontiert sind, und weil sie weiterhin den *gekreuzigten* Sohn Gottes verkündigen und um seinetwillen von den Menschen, die nicht an ihn glauben, geschmäht werden. Die Christen erdulden in der Nachfolge Christi die gleiche Schmach, die Christus erduldet hat.

2) Dasselbe Kreuz bedeutet seine Herrschaft, ein Zeichen seines Reiches. Was mit der „Herrschaft" Christi gemeint ist, erläutert Irenäus in epid 48-60.[728] Er ist deshalb ewiger König über alles, weil er nach Ps 109 LXX, Ps 2,7f LXX, Jes 45,1[729] und Jes 49,5f der von Anfang her Seiende ist, mit dem der Vater in den Schriften sprach, und weil er über die Heiden, alle Menschen und Könige die Gewalt inne hat. Er wird gerechtes Gericht halten und dadurch seine

727 Vgl. Grego, *Ireneo*, 203. S.a. EvPhil 95 (= 74,12-21 [190 NHS]; 167 NTApo I⁶) und dazu Dinkler, *Kreuzzeichen*, 38-41. – Zur Entstehung und Wertung der Kreuzigungsstrafe in der heidnischen Antike, im Judentum und im Neuen Testament Schneider, *Art.* σταυρός κτλ., 572-584; Kuhn, *TRE 19*, 713-721; ders., *Kreuzestrafe*, passim; Hengel, *Mors*, passim; ders., *Crucifixion*, passim.

728 152-170/66-75.

729 Irenäus liest im LXX-Text nicht τῷ χριστῷ μου Κύρῳ, sondern „τῷ χριστῷ μου κύριῳ" (vgl. schon Barn 12,11 [26,13-16 SQS]).

Göttlichkeit erweisen. Mit dieser Herrschaft ist das Kreuz konstitutiv verbunden[730]; denn Christus hat – entsprechend der Ankündigung bei Jesaja –
die Herrschaft übernommen, als er am Kreuz hing.[731]

Der Zusammenhang von Kreuz und Gericht zeigt besonders deutlich, wie
Irenäus Aussagen über die Niedrigkeit und über die Hoheit Christi kombiniert. Erst wenn *beide* Aspekte *unverkürzt und in Einheit* zur geltend gemacht
werden, ist die volle Erkenntnis des gekreuzigten Erlösers erreicht.

3.2.5.3 Die Kreuzigung und das Gericht über die Juden

Irenäus betont an einigen Stellen, daß die Juden, die Jesus kreuzigten, sich
selbst das Gericht zugezogen haben.[732] Er setzt sich dabei unter anderem mit
Vorwürfen der Häretiker auseinander, die Gott als Verursacher des menschlichen Unglaubens anklagen und damit zugleich sagen, daß Gottes Gericht
über die Ungläubigen ungerecht sei. Gott verurteile sich selbst in denen, die
nicht an in glauben:

„Denn dieselben von uns zuvor genannten Häretiker sind sich selbst entfallen, weil sie den
Herrn anklagen, an den sie zu glauben vorgeben. Was sie nämlich an ihm, der damals die
Ungläubigen zeitlich gerichtet, die Ägypter geschlagen, die Gehorsamen aber gerettet hat,
brandmarken, fällt um nichts weniger auf den Herrn zurück, der auf ewig verurteilt, die er
verurteilt, und auf ewig freiläßt, die er freiläßt; und er wird nach ihren Worten als derjenige
erfunden werden, der die Ursache der größten Sünde (*maximum peccatum*[733]) in denen bewirkt hat, die Hand an ihn gelegt und ihn durchbohrt haben. Denn wenn *er* nicht so gekommen wäre, so wären jene nicht zu Mördern ihres Herrn geworden; und wenn *er* nicht

---

730 Interessanterweise sind für Irenäus weder der Stab aus der Wurzel Isai noch der Stab des
Mose (epid 59 [168-170/74f]), ein typologischer Hinweis auf das Kreuz, obwohl der Stab
bei den Menschen „auch sonst" ein „Zeichen der Herrschaft" ist. Vielmehr wird die
Jungfrau Maria mit dem Stab identifiziert (vgl. auch haer III 21,8: der auf die Erde ge-
worfene und zur Schlange gewordene Mosestab steht für die Inkarnation Christi). Zu
Justins „Stab-Typologien" s.u. ab S. 351.
731 Möglicherweise steht auch hinter haer V 15,2 (202,48-206,82; das Zitat 206,79-82) die
Vorstellung vom „Kreuz, das auf die Schultern kommt", wenn auch nur sehr entfernt.
Der Logos Gottes, der die Menschen am Anfang aus Schlamm schuf und auch weiterhin
im Mutterleib erschafft, ist die „Hand Gottes". Diese Hand Gottes ist dieselbe, die „in
den letzten Zeiten uns Verlorene aufgesucht hat, indem sie ihr verlorenes Schaf [wieder-]
gewann, es auf die Schultern nahm (*super humeros assumens*) und mit Jubel in die Schar
des Lebens zurückführte." Zu exc. Thdot. 42,1-3 (120,1-7 GCS) s.o.
732 S. haer III 12 und v.a. IV 36,1f (876,1-888,90: Deutung von Mt 21,33-43). Zur antijüdischen Schriftauslegung in der Alten Kirche s. von Campenhausen, *Heilsgeschichte*, 32-39.
733 Vgl. haer III 12,6f (200,175-212,278/206,1-208,5).

Propheten zu ihnen gesandt hätte, hätten sie diese nicht getötet, und ebenso auch die Apostel. Denen also, die uns (negativ) anrechnen und sagen: ‚Wenn die Ägypter nicht geschlagen und auf der Verfolgung Israels nicht im Meer ertränkt worden wären, hätte Gott sein Volk nicht retten können‘, steht jenes entgegen: Wenn die Juden nicht Mörder des Herrn geworden wären, was ihnen das ewige Leben raubte, und dadurch, daß sie die Apostel töteten und die Kirche verfolgten, nicht in den Abgrund des Zorns gefallen wären, könnten wir nicht gerettet werden. Denn wie jene durch der Ägypter, so haben auch wir durch der Juden Blindheit das Heil empfangen, da ja der Tod ihres Herrn zwar denen, die ihn ans Kreuz genagelt haben (*qui cruci eum fixerunt*) und seine Ankunft nicht glaubten, Verdammnis ist, die Rettung derer aber, die an ihn glauben" (folgt 2Kor 2,15f und eine Zusammenfassung).[734]

Irenäus verleiht der Kreuzigung Jesu durch die Juden an dieser Stelle eine (in seinem Sinne) „heilsgeschichtliche" Bedeutung.[735] Die Juden, die den menschgewordenen Logos ans Kreuz schlagen, begehen die „größte Sünde". Sie sind die ersten, die die in Christus offenbarte Freiheit des Neuen Bundes ablehnen *und zugleich* an der Aufrichtung dieser Freiheit beteiligt sind. Die Juden wurden sich selbst zur Ursache ihrer Verurteilung, weil sie Christus freiwillig kreuzigten, und darin wurden sie gleichzeitig zur Ursache des Heils für die, die den Gekreuzigten Gehorsam erweisen.[736]

Epid 69[737] verdeutlicht diesen Zusammenhang: Jes 53,8 LXX („In seiner Demut ist sein Urteil weggenommen") weist auf Christi „demütige Erscheinung hin. Seiner Unscheinbarkeit entsprechend geschah die Wegnahme des Urteils. Die Wegnahme seines Urteils bedeutet für die einen Erlösung und für die anderen tödliche Qual. Die Wegnahme ist für die einen von Vorteil, für die anderen nicht. So ist das Urteil für diejenigen, die ihm unterworfen sind, tödliche Pein; diejenigen aber, von denen es weggenommen ist, sind nun dadurch erlöst

---

734 Haer IV 28,3 (760,42-762,68); vgl. IV 20,12 (672,361-374/672,1-6). Irenäus charakterisiert die Häretiker, gegen die er sich wendet, nur recht allgemein (s. IV 27,4 [748,150-156]). Vgl. haer III 25,2-6 (480,14-488,80), wo er zunächst allgemein redet (III 25,2), dann auf Markion zu sprechen kommt (III 25,3), um sich in III 25,5f deutlich gegen die Valentinianer zu wenden.

735 S.a. Brox, *Juden*, 89-106.

736 Vgl. Brox, *Juden*, 97 (zu epid 69: „Die wechselnde Darstellungsweise, nach welcher die Schuld der Juden bei der Kreuzigung dann jedenfalls einmal ein eingeplantes, nicht wegzudenkendes Element im göttlichen Heilshandeln und ein andermal ein zu verantwortendes Versagen der Juden ist, hält beides fest: Gottes Souveränität und Unabhängigkeit vom Menschen und zugleich die Schuld der Juden, und in beiden wird Gottes Entlastung vom Vorwurf der Gnostiker erreicht. – Auf dem Rücken der Juden ist der Heilsprozeß ausgetragen worden, aber so, daß sie sich ihr Schicksal selbst verdient haben"); Schreckenberg, *Adversus-Judaeos-Texte*, 205-208 (205: Irenäus „vertritt einen kompromißlosen theologischen Standpunkt, ohne allerdings den Juden gegenüber irgendwie aggressiv zu sein); Noormann, *Paulusinterpret*, 420-426.

737 180-182/80f.

worden. So haben diejenigen das Urteil über sich gebracht, die ihn gekreuzigt haben; und sie taten ihm das an, weil sie nicht an ihn glaubten. Und infolge des Urteils, das sie auf sich geladen haben, sind sie in Qualen umgekommen. Von den Gläubigen wurde das Urteil weggenommen, und sie sind nicht mehr unter ihm. Und das Urteil ist die Vernichtung der Ungläubigen am Ende dieser Welt durch Feuer."

Dieser Text zeigt zum einen, daß Irenäus in den Juden, die Jesus kreuzigten, *alle* Menschen repräsentiert sieht, die den Gekreuzigten ablehnen. Zum anderen geht Irenäus davon aus, daß die Juden, die den inkarnierten Logos ans Kreuz brachten, ihre Strafe bereits erhalten *haben* (womit wohl die Katastrophen der beiden Jüdischen Kriege gemeint sind). Die sehr pauschale Aussage, „die Juden" seien „die Mörder des Herrn", ist also *historisch* zu verstehen.[738] Irenäus vertritt keinesfalls die Ansicht, daß Gott wegen des *maximum peccatum* einiger Juden allen Juden das Heil ein für allemal verwehren würde. Vielmehr dient die Sünde der Juden, die die Kreuzigung Jesu betrieben, der Kirche aus Heiden *und* Juden zum Heil.[739]

Allerdings – und darin steht Irenäus ganz in der Tradition der Alten Kirche[740] – führt in seinem Verständnis auch Israels Weg zum Heil nur über den gekreuzigten Christus[741], der seiner Kirche die Erbschaft, die Abraham verheißen war, zugeteilt hat.[742] Die an vielen Stellen feststellbare Hochschätzung der Juden „geht ... mit der Auflösung ihrer heilsgeschichtlichen Eigenständigkeit Hand in Hand."[743]

---

738 Vgl. auch epid 74 (188/83f).

739 S. epid 50f (156-158/68f); haer III 5,3 (60,65-62,84); IV 25,1 (704,1-706,19); 31,1f (788,15-794,63/788,1-790,6: Deutung von Gen 19,30-38 [Lots Töchter]); V 17,4 (s.u.).

740 Ich erinnere allgemein an Barn, Justin, Melito, Tertullian u.a.

741 S. nur haer IV 7,4 (462,55-464,73!); 33,1 (802,9-804,30); epid 94-96 (208-214/92-94).

742 S. nur haer IV 20,12 (668,342-674,386/672,1-6); 21,1-3 (674,1-684,77); 25,1-3 (704,1-710, 56); 26,1 (712,1-716,42/712,1-714,15); epid 57-59 (164-170/72-75). – In der Heilsgeschichte hat Israel seine besondere Funktion in den „mittleren Zeiten", die von der Zeit bis zur Beschneidung Abrahams (Vorabbildung des Neuen Bundes: Rechtfertigung allein aus Glauben) und von der Zeit des Neuen Bundes (die „letzten Zeiten") umschlossen sind (s. v.a. haer IV 25,1 und epid 8 [94-96/37f]). Zu den vier Bundesschlüssen (haer III 11,8) s.u.

743 Brox, *Juden*, 96.

3.2.6 Die Offenbarung der universal-räumlichen Allmacht
Gottes des Schöpfers durch den Gekreuzigten

Kann Irenäus mit seiner Interpretation von Inkarnation, Kreuzigung und
Auferstehung Jesu Christi zeigen, daß Gottes Allmacht sowohl den *ganzen*
Menschen als Geschöpf[744] als auch die gesamte Menschheits*geschichte* (und somit alle Menschen[745]) umfaßt, so sieht er sich nicht zuletzt durch die valentinianische Lehre des Ὅρος/Σταυρός, der einen festen Bestandteil des *gött-*
lichen Pleromas bildet, dazu genötigt, die Kreuzigung als ein Ereignis zu verstehen, dessen Bedeutung und Auswirkung nicht allein auf den „irdischen Jesus" (und damit allein auf die Menschen) beschränkt bleibt. Denn mit der
Kreuzigung des göttlichen Erlösers stellt sich nicht nur die Frage nach der Beziehung des *Menschen* zu Gott, sondern – dieser Frage vorausgehend – auch
die Frage, wie es um das Verhältnis Gottes zu seiner *Schöpfung prinzipiell* be-
stellt ist. Indem Irenäus dem Kreuz (als Antwort auf die gnostischen Ὅρος/
Σταυρός-Spekulationen[746]) nicht nur für die Erlösung der Menschheit, sondern auch und gerade für die Schöpfung insgesamt und damit für den Gottesbegriff selbst eine besondere Funktion beimißt, tritt er den Beweis an, daß
das Erlösungsgeschehen nur als Offenbarung des einen Gottes verstanden
werden kann, dessen schöpferische Allmacht die ganze Welt nicht nur in sub-
stantieller und zeitlicher Hinsicht, sondern auch in ihrer räumlichen Ausdehnung vollständig umfaßt.

Die Identität des Schöpfers mit dem Erlöser bleibt eine bloße Behauptung,
wenn der Schöpfer für die Menschen nicht als Erlöser und der Erlöser nicht
als Schöpfer *erkennbar* wird. Die schöpfungstheologische Verankerung des
Kreuzes, wie Irenäus sie vornimmt, zielt nicht zuletzt auf diese Erkennbarkeit ab. Das irdische Kreuz Jesu Christi verweist sichtbar auf den schöpferischen Logos und die von ihm geschaffene Welt, und die vom Logos
eingerichtete, sichtbare Schöpfung stellt sicher, daß der am Kreuz hängende,

---

744 Gott offenbart in der ἀνακεφαλαίωσις des Menschen als Geschöpf nach der *imago* und
  similitudo in Jesus Christus seine *gütige und gerechte Allmacht über die Kreatur.*

745 Gott offenbart in der ἀνακεφαλαίωσις der Menschheitsgeschichte in Jesus Christus
  seine *vorauswissende und planvoll lenkende Allmacht über die Zeit.*

746 Dölgers Urteil (*Beiträge IX*, 23: So häufig der Stauros-Äon in der Literatur der Ketzer-
  bestreiter erscheint, so unwichtig war er für die Dogmatik") kann ich nicht teilen. Irenäus'
  kosmische Kreuzesdeutung enthält eine deutlich antivalentinianische Spitze, und sie
  besitzt konstitutive Funktion für sein theologisches Denken insgesamt.

inkarnierte Logos wirklich der Erlöser der Welt und der Menschen ist.[747] Das *Kreuz* wird bei Irenäus zur theologisch notwendigen Bedingung für die Erkennbarkeit der Identität des Schöpfers mit dem Erlöser. Irenäus stellt im Gegenüber zu den häretischen Entwürfen zwei weitere theologische Forderungen auf, die sich auf das Verhältnis Gottes zu seiner Schöpfung in allgemeiner Weise beziehen und erfüllt sein müssen, damit die Erlösung in der Welt stattfinden und somit die Menschheit überhaupt erst betreffen kann. Die Schöpfung selbst muß so eingerichtet sein, daß sie den Erlöser aufnehmen kann. Auf der anderen Seite darf der Erlöser die Erlösung nicht in einem ihm fremden Bereich durchführen. Gott würde wie ein Dieb die zu erlösenden Geschöpfe aus dem Eigentum eines anderen stehlen – eine Möglichkeit, die für einen wirklich „guten" Gott undenkbar ist.

3.2.6.1 Die Kreuzigung des schöpferischen Logos im Kosmos als Beleg für die Identität des Schöpfers mit dem Erlöser

Der göttliche Logos hat an der unfaßbaren Größe des Vaters, die Irenäus mit den (unendlich zu denkenden) räumlichen Dimensionen umschreibt, vollständig teil.[748] Diese immanent-trinitarische Teilhabe des Logos an der Größe des Vaters wirkt sich *ökonomisch* in der Schöpfung aus. Die Art, wie der Logos den Kosmos als *Raum* einrichtet, ist der Beweis dafür, daß der Schöpfer selbst das allumfassende Pleroma ist. In den räumlichen Dimensionen der Welt stellt der schöpferische Logos das „Daß" der unermeßlichen Größe Gottes dar. Dieses „Daß" offenbart der am Kreuz hängende Logos. Die entscheidenden Stellen sind haer V 18,3 und epid 34. Ich zitiere zunächst beide Texte und verhandle anschließend textkritische Fragen. Danach erfolgt die theologische Interpretation.[749]

---

747 Allgemein zur Identität des schöpferischen und erlösenden Logos s. haer III 11,1 (140,21-23) u.ö. Vgl. dazu insgesamt Houssiau, *La christologie,* 104-128.

748 S.o. Abschnitt 3.1.2.

749 Anmerkungen zu den beiden zitierten Texten (s. die hochgestellten Buchstaben): [a]Der Kontext (und die entsprechende Parallelaussage in epid 34) veranlassen zu der Konjektur. Sowohl die Ir^lat (*invisibiliter*) als auch Ir^arm (in Galata 54 Frgm. 51 fehlt die Passage) lassen vermuten, daß schon der griechische Archetyp ἀοράτως gelesen hat (s. *SC 152,* 302 [P. 245, n. 3.]). [b]Das Fragment aus Galata 54 läßt an dieser Stelle „in uns" weg (s. *SC 406,* 130 App.). [c]Gegenüber dem Zitat aus *FC 8/1* (und der ersten deutschen Übersetzung der epid von Ter-Měkěrttschian/Ter-Minassiantz in *TU 31,1,* 20) ist hier der Plural zu lesen, vgl. Froidevaux, *SC 62,* 87; Smith, *Proof,* 70.172); *SC 152,* 301; Rousseau, *Le*

haer V 18,3 (244,66-246,78)

Mundi enim Factor vere Verbum Dei est: hic autem est Dominus noster, qui in novissimis temporibus homo factus est, in hoc mundo exsistens, et secundum invisibilitatem continet quae facta sunt omnia (vgl. Weish 1,7), *et in universa conditione infixus, quoniam Verbum Dei gubernans et disponens omnia; et propter hoc „in sua" visibiliter*[a)] *„venit"* (Joh 1,11), *et „caro factum est"* (Joh 1,14), *et pependit super lignum* (vgl. Apg 5,30 u.a.), *uti universa in semetipsum recapituletur* (vgl. Eph 1,10). *„Et sui proprii illum non receperunt"* (Joh 1,11) *homines, quemadmodum Moyses hoc ipsum manifestans ait populo: „Et erit vita tua pendens ante oculos tuos, et non credes vitae tuae"* (Dtn 28,66). *Qui igitur non receperunt illum non acceperunt vitam"* (es folgen Aussagen über die universale Macht des Logos über Unsichtbares und Sichtbares sowie über das Gericht, ohne daß das Kreuz oder die kosmischen Dimensionen erwähnt würden).

epid 34 (130-132/56f)

„Denn er ist selbst der Logos des allmächtigen Gottes, welcher nach dem unsichtbaren Bild über die ganze Welt verbreitet ist[b)] und ihre Länge und die Breite und die Höhe und die Tiefe (vgl. Eph 3,18) umschließt, denn durch den Logos Gottes wird das Universum regiert und in ihnen (sc. den Dimensionen)[c)] ist der Sohn Gottes gekreuzigt, kreuzförmig im All eingezeichnet[d)]. Denn er mußte, sichtbar gekommen, die Kreuzesgemeinschaft von allem mit ihm in Erscheinung bringen, damit er seine Wirkung im Sichtbaren[e)] durch sichtbare Form zeige. Denn er ist es, der die Höhe, d.h. die himmlischen Dinge, erleuchtet und die Tiefe, die weit unter der Erde liegt, fortsetzt und die Länge von Ost und West hinstreckt und die Nordseite und die Mittagsbreite durchschifft und die Zerstreuten von allen Seiten zur Erkenntnis des Vaters zusammenruft."

a) Textkritische Probleme in haer V 18,3 und epid 34: Haer V 18,3 bereitet insofern Schwierigkeiten, als Ir[lat] und Ir[arm] – griechische Textzeugen fehlen – an einem wichtigen Punkt nicht ohne weiteres als Übersetzungen ein und desselben griechischen Begriffs aufgefaßt werden können[750]: Dem *in universa conditione infixus* (Ir[lat]) entspricht bei Ir[arm] *in-universa conditione intus in-forma-crucis-inexistens*[751] bzw. *in-universa conditione intus crucifixus*[752]. Die beiden

---

verbe, 73; Lüdtke, *ZKG 35*, 256; Ter Mĕkĕrttschian/Wilson, *PO 12/5*, 685f; zuletzt auch Rousseau, *SC 406*, 132 (*in haec*).272 (εἰς ταῦτα). [d)]Ich halte mich bei der Übersetzung dieses Nebensatzes an Ter-Mĕkĕrttschian/Ter-Minassiantz, *TU 31/1*, 20; Smith, *Proof*, 70; *SC 152*, 299 (*in-formam-crucis delineatus in universo*); *SC 406*, 132 (*in-modum-crucis-delineatus*); Lüdtke, *ZKG 35*, 256. Aktiv übersetzen Froidevaux, *SC 62*, 87; Ter-Mĕkĕrttschian/Wilson, *PO 12/5*, 686; Barthoulot, *PO 12/5*, 773; Brox, *FC 8/1*, 56. [e)]Rousseau ändert in *SC 406* den (eindeutig überlieferten) armenischen Text in „im Unsichtbaren" ab (zur Problematik dieser Änderung s.u.). Für die Schützenhilfe im Armenischen danke ich meinem langjährigen Mainzer Kollegen Dr. Rüdiger Warns.

750 Vgl. außer der im folgenden genannten Lit. auch Orbe, *Teología II*, 239-241.

751 So übersetzt Rousseau das entsprechende, selten bezeugte (vgl. Renoux, *Crucifié*, 120-122) Wort xač̣ ac̣ eal (Partizip Aorist von xač̣ anam = die Form eines Kreuzes annehmen, in Kreuzesform angeordnet sein), vgl. *SC 153*, 244 App.; *SC 152*, 296f (P. 245, n. 2).

752 So ist nach Renoux (*PO 39/1*, 121) xač̣ ec̣ eal (Partizip Aorist von xač̣ em = kreuzigen = σταυρόω = *crucigo*) zu übersetzen, das an entsprechender Stelle in dem Fragm. 51

armenischen Versionen geben also ein griechisches Wort wieder, das die Wurzel σταυρ-enthielt.[753] Die armenischen Varianten zu *in universa conditione infixus* werden durch die parallele Aussage der nur armenisch erhaltenen epid unterstützt: „denn durch den Logos Gottes wird das Universum regiert, und in ihnen [sc. den Dimensionen] ist der Sohn Gottes gekreuzigt".[754] Hinter dem „gekreuzigt" von epid 34 steht mit größter Sicherheit eine Form von σταυρόω, nach Lüdtke[755] das Partizip Aorist σταυρωθείς, nach Rousseau[756] ἐσταυρώθη (die armenischen Übersetzungen von haer setzen wohl ein Partizip voraus). Weiterhin findet in epid 34 (wie im entsprechenden haer-Fragment der Galata 54) das Wort *xač em* (= kreuzigen) Verwendung.[757]

Während Ir[arm] in haer V 18,3 bei der Rekonstruktion der griechischen Grundlage also auf eine Form schließen läßt, die die Wurzel σταυρ- enthält, bereitet das *infixus* von Ir[lat] diesbezüglich Probleme. Was die armenische und die lateinische Tradition verbindet, ist die Vorsilbe *in*-. Sowohl *i ners* in dem von Ter-Měkěrttschian edierten Text als auch *i nerk's* im 51. Fragm. der Galata 54 – beides bedeutet *in* oder *intus* – stehen direkt vor den Verbformen *xač ac' eal* bzw. *xač ec' eal*.[758] Im Griechischen besteht die Möglichkeit, die Präposition mit dem darauffolgenden Verb zusammenzuziehen.[759] Wir kämen dann zu einer Form von ἐνσταυρόω (ἐνσταυρωθείς oder ἐνεσταυρωμένος). Kann auch *infixus* als Übersetzung einer Form von ἐνσταυρόω verstanden werden?

von haer V 18,3-19,1 des seit 1961 bekannten armenischen *Florilegium Patristicum* Galata 54 steht (genauere Angaben zu Form und Alter der Handschrift aaO, 13-24).

753 Vgl. Renoux, *Crucifié*, 122.

754 *SC 406*, 132: *nam Verbo Dei universa dispensata-administrantur* (διοικέω) –, *et crucifixus est in haec Filius Dei*. Die beiden Begriffe, die die kreuzesförmige Gestalt des Logos in der Fortsetzung von epid 34 umschreiben, gehen auf griechische Termini zurück, die ebenfalls die Wurzel σταυρ- enthalten. Das eben zitierte *crucifixus est* steht von der Verbform her dem *infixus* aus haer V 18,3 am nächsten. Dem in epid 34 unmittelbar folgenden *inmodum-crucis-delineatus* (*xačabar gceal*) lagen wahrscheinlich zwei griechische Wörter zugrunde, vgl. die Rückübersetzung Lüdtkes, *ZKG 35*, 256: σταυροειδῶς γραφεὶς ἐν τῷ παντί. Anders Rousseau in *SC 152*, 301, der das *infixus* von der Fortsetzung der epid-Stelle her verstanden wissen will und deshalb die griechische Grundlage sowohl in haer als auch in der epid mit κεχιασμένος rekonstruiert. Rousseau hat diesen Rekonstruktionsversuch in *SC 406*, 377-384, für haer zurückgenommen und stattdessen, mit Verweis auf Cyr., thes. 33 (565c PG), *in universa conditione infixus* mit πάσῃ τῇ κτίσει ἐμπεπηγώς übersetzt (genaueres s.u.).

755 *ZKG 35*, 256.

756 *SC 406*, 272 (C. 34, n. 2.).

757 S. Renoux, *Crucifié*, 121f.

758 Vgl. Renoux, *PO 39/1*, 121.

759 Vgl. Rousseau, *SC 152*, 301, der das Wort ἐγχιάζω mangels Bezeugung und wegen der größeren Nähe zu Platon (genauer: dem Platon-„Zitat" Justins zugunsten einer Form von χιάζω ablehnt. S. jetzt auch ders., *SC 406*, 378f: Das von den armenischen Versionen eindeutig bezeugte Präfix ἐν- (bzw. ἐγ- oder ἐμ-) und der Kontext von haer V 18,3, der sich von epid 34 unterscheidet, schlössen eine Form von χιάζω aus; „l'arménien ne peut être que la traduction d'un verbe grec ayant le préfixe ἐν-, et le latin confirme la présence de ce préfixe" (aaO, 379).

Charles Renoux vermutet, daß Ir^{lat} sich gescheut habe, *crucifixus* direkt auf den Logos Gottes anzuwenden; *infixus* stelle eine Abmilderung dar.[760] Mit dieser Erklärung kann Renoux aber nur schwer einsichtig machen, warum Ir^{lat} dann nicht auch der nur wenige Zeilen später folgenden Wendung *pependit super lignum*, die eindeutig auf den Logos bezogen ist, ihre Härte genommen hat.[761]

Adelin Rousseau hat in der neuesten Textausgabe der epid[762] einen Rekonstruktionsversuch unternommen, der seinen früheren Vorschlag, *infixus* sei in Anlehnung an epid 34 Übersetzung von κεχιασμένος[763], ablösen soll. Nachdem Rousseau einleuchtende Argumente gegen seine frühere Lösung beigebracht hat (387f), versucht er (379-381) mit Hilfe inhaltlicher Erwägungen auszuschließen, *infixus* könne Wiedergabe von ἐσταυρωμένος sein. Dieser Begriff sei als Ausdruck für die schöpferische Lenkung und Leitung des Universums durch den Logos derart überraschend und merkwürdig, daß er „un minimum d'explication et de justification" (380) verlange – diese Erklärung bleibe jedoch in haer V 18 aus. Auch die Suche nach möglichen traditionsgeschichtlichen Parallelen bei anderen christlichen Autoren der ersten Jahrhunderte laufe ins Leere. Es gebe keinen Text, wo das Verb σταυρόω/-ομαι auf den Sohn Gottes angewandt würde, um damit etwas anderes auszudrücken als die sichtbare Kreuzigung des inkarnierten Logos auf Golgatha, mit Ausnahme von epid 34. Die dortige Aussage, daß der göttliche Logos in den Dimensionen des Kosmos gekreuzigt ist, sei jedoch widersinnig. Selbst die Gnostiker hätten im Zusammenhang mit der „Ausstreckung des oberen Christus über den Stauros" das Wort „kreuzigen" vermieden.

Rousseau schlägt schließlich (381-384) eine Form von ἐμπήγνυμι (ἐμπεπηγώς) vor.[764] Er verweist auf diverse alttestamentliche Stellen, wo ἐμπήγνυμι mit Formen von *infigo* (Ri 3,21; 2Sam 18,14; Ps 9,16 LXX etc.), *figo* (1Sam 26,7), *defigo* (Klgl 2,9) und *configo* (Ps 31,4 LXX) übersetzt ist, auf armenische Übersetzungen (z.B. Apg 2,23 προσπήξαντες ἀνείλατε" → *clavis-figentes in ligno interfecistis*) sowie auf Just., 2 apol. 3,1[765]. Diese Beispiele zeigten, daß πήγνυμι und seine Komposita „pouvaient facilement évoquer l'idée de la croix" (382). Die für haer V 18,3 anzunehmende Wendung πάσῃ τῇ κτίσει ἐμπεπηγώς („der Logos erweist sich als in der ganzen Schöpfung eingeprägt/eingepflanzt") sei aus dem Kontext (haer V 18,1f) verständlich. Sie umschreibe bildlich, was Irenäus zuvor in haer V 18,2[766] mit den Worten *per omnia autem Verbum ... et unum Verbum Dei quod per omnes*[767] zum Ausdruck gebracht hatte: Die Existenz, Zusammenhalt, Bewegung und Leitung verleihende Durchdringung aller Dinge durch den Logos. Rousseau verweist schließlich auf Cyr., thes. 33 (565c PG) als Parallele, wo über das Verhältnis von Heiligem Geist und Vater gesagt ist: Τὸ μὲν γάρ ἐστι φυσικῶς ἐνυπάρχον αὐτῷ καὶ οὐσιωδῶς ἐμπεπηγός (*hic* [= *Spiritus*] *enim est naturaliter existens in eo* [= *Patre*] *et essentialiter infixus* [*in eo*]": Der Geist ist wie ein

---

760 *Crucifié*, 122.
761 Vgl. auch haer IV 10,2 (496,42-48).
762 *SC 406*, 377-384: „Appendice IV. Le Verbe ‚enfoncé dans la création tout entière' (A.H., V, 18, 3)"; hierauf beziehen sich die folgenden Seitenangaben im Haupttext.
763 S. *SC 152*, 301f sowie Rousseau, *Le Verbe*, 67-82.
764 Vgl. auch Tremblay, *La manifestation*, 108.
765 140,2 PTS: ξύλῳ ἐμπαγῆναι.
766 Rousseau *(SC 406*, 382) verweist irrtümlich auf haer V 18,1.
767 *SC 153* (240,37f; 242,58f); *SC 406*, 382.

Pflock oder wie ein Pfahl, der in Gott eingeschlagen wurde und dessen Spitze bis zu den Grenzen der Tiefe der Gottheit hindurchdrang.

Das Problem an Rousseaus Rekonstruktionsversuch liegt darin, daß er die *eindeutige* Bezeugung einer Verbform mit der Wurzel σταυρ- durch die armenischen Fragmente von haer V 18,3 nicht genügend berücksichtigt. Die Lösung sieht m.E. einfacher aus. Stellen bei Tertullian zeigen, daß bei der Wiedergabe von συνεσταυρώθη aus Röm 6,6 durch *confixus* die Wurzel σταυρ- in *fixus* enthalten ist.[768] Gleiches kann auch für *infixus* als Übersetzung einer Form von ἐνσταυρόω zutreffen. Der Vorteil dieser Herleitung besteht darin, daß Ir^lat und Ir^arm auf dasselbe griechische Wort zurückgeführt und beide problemlos als dessen *wörtliche* Übersetzung verstanden werden können. Der Logos Gottes ist in die gesamte Schöpfung „hineingekreuzigt".

Ἐνσταυρόω ist in der patristischen Literatur bei Alex. Lyc., Man. IV und XXIV belegt.[769] Nach Alexanders Referat ist Christus in der manichäischen Lehre der „Nous"[770], der im Vergleich zu allen anderen Menschen den größten Anteil der mit der (schlechten) Materie vermischten, göttlichen Seelenkraft zu Gott hin „befreit" hat. Schließlich hat er, indem er ans Kreuz geschlagen wurde (ἀνασταυρωθέντα), „Gnosis" gewährt. Die göttliche Kraft wurde „eingepaßt", der Materie hineingekreuzigt (τὴν δύναμιν τὴν θείαν ἐνηρμόσθαι, ἐνεσταυρῶσθαι τῇ ὕλῃ).[771] Die prägnante Verwendung von ἐνσταυρόω bei Alexander macht es wahrscheinlich, daß er dieses Wort den ihm vorliegenden manichäischen Quellen – egal ob es sich dabei um mündliche oder schriftliche Überlieferungen handelte – entnommen hat. Inwieweit die Manichäer selbst mit ἐνσταυρόω auf einen traditionell geprägten Begriff zurückgreifen konnten, läßt sich mangels Belegen nicht ermitteln. Unabhängig davon geht aus Alexanders Referat hervor, daß mit Hilfe von „ἐνσταυρόω" in knappster Form Grundsätzliches über die Bedeutung der irdischen Kreuzigung Christi für die Beziehung von

---

768 S.o. S. 260f.

769 7,19; 35,22 Brinkmann. Lampe, *Lexicon*, 481, führt keine weiteren Stellen auf. Eine Computer-Recherche mit Thesaurus Linguae Graecae „D" nach zusätzlichen Belegen aus der jüdischen, christlichen und profanen Literatur war erfolglos.

770 Dies beschreibt Alexander in Man. XXIV näher (35,8-36,4 Brinkmann): „Wenn der Christus also wirklich nach ihrer (sc. der Manichäer) Ansicht νοῦς ist, so wird er es zugleich sein und nicht sein. Bevor nämlich der νοῦς hinzutritt, ist er es noch nicht; wenn er νοῦς ist, ist er ihrer Meinung nach Christus. Er ist also zum selben Zeitpunkt Christus, und er ist es nicht. Wenn aber nach ihrer schönsten Häresie der νοῦς das ganze Seiende ist, behaupten sie auch – da sie nun einmal die Materie als ungezeugt und, sozusagen, gleichzeitig mit Gott zugrundelegen –, daß der Christus auf diese Art νοῦς und Materie ist; wenn der Christus, der νοῦς ist, welcher das Ganze ist, ihrer Meinung nach das Ganze ist, dann ist auch die Materie all derer, die sind, ein und dieselbe, indem sie ungezeugt ist. Als Beweis sagen sie, daß auf diese Art auch die göttliche Kraft der Materie eingekreuzigt wurde, und daß er (sc. Christus) dieses Leiden ausgehalten hat (Εἰς ἐπίδειγμα δὲ τοῦτον τὸν τρόπον καὶ τὴν θείαν δύναμιν ἐνεσταυρῶσθαι τῇ ὕλῃ, καὶ αὐτὸν ὑπομεμενηκέναι τὸ πάθημα τοῦτο λέγουσιν). Als ob jener unfähig ist, das zu tun, was der Manichäer selbst zustandebringt, indem er in einem Buch über dies darlegt, daß die göttliche Kraft in die Materie eingesperrt ist und (sie) wieder verläßt auf eine Weise, die von ihnen selbst erdichtet wurde."

771 Man. IV (7,18f Brinkmann).

Göttlichem und Weltlichem zum Ausdruck gebracht werden konnte: Die Kreuzigung wirkt sich direkt auf die Materie aus, indem die göttliche Kraft in die ὕλη „hineingekreuzigt" wird.[772]

Mit diesem Gedanken ist die Aussage des Irenäus in gewisser Weise vergleichbar: Das irdische Kreuz Jesu und die schöpferische Wirksamkeit des Logos in der Welt sind durch die Form des Kreuzes miteinander verbunden. Es sprechen neben den sprachlichen also auch inhaltlich-theologische Gründe dafür, daß im griechischen Text von haer V 18,3 ursprünglich eine Form von ἐνσταυρόω stand. Letzte Sicherheit läßt sich dabei freilich nicht gewinnen.[773]

Daß infigo" in seiner Grundbedeutung „hineinbohren, einprägen, befestigen" heißt, spricht nicht gegen die vorgeschlagene Herleitung von ἐνσταυρόω. Vielmehr gelingt Ir[lat] über diesen Begriff eine Anknüpfung an Vorstellungen der zeitgenössischen Philosophie, wie sie etwa in Cic., N. D. I 27f greifbar werden.[774]

Ein weiteres textkritisches Problem betrifft die Herleitung der griechischen Begriffe, die in epid 34 mit *xac̆abar gceal* und *zxac̆akzut'iwnn* wiedergegeben sind. Rousseau[775] übersetzt *xac̆abar gceal* mit κεχιασμένος (*in-modum-crucis-delineatus*) und *zxac̆akzut'iwnn* mit χίασμα (*in-modum-crucis-delineatio*). Lüdtke[776] gibt die armenischen Wendungen mit σταυροειδῶς γραφείς bzw. mit σταυροκοινωνία[777] wieder.

Fest steht, daß beide Begriffe die Wurzel *xac̆* = σταυρ- enthalten. Der Vorschlag Lüdtkes scheint dem Original zumindest etwas näher zu stehen als Rousseaus Lösung, der sich bei seiner Herleitung von χιάζω[778] auf Just., 1 apol. 60,1.5.7[779] beruft, und bei der Rekonstruktion von χίασμα das von ihm wenige Zeilen zuvor angenommene χιάζω voraussetzt. Das Problem dieser Herleitung besteht darin, daß Justin ausdrücklich sagt, Platon habe mit seiner Vorstellung, daß der Sohn Gottes chi-förmig im All eingezeichnet sei, die Wahrheit nur zum Teil getroffen. Eigentlich habe Mose in Num 21 einen τύπος σταυροῦ aus Erz geformt, was Platon jedoch μὴ ἀκριβῶς verstanden und deshalb für ein χίασμα gehalten habe. Bei Justin liegt also eine direkte Kritik an der platonischen *Terminologie* vor. Sollte Irenäus – einmal

---

772 Der Satz καὶ τὴν θείαν δύναμιν ἐνεσταυρῶσθαι τῇ ὕλῃ kann nur „kosmisch", d.h. die ganze Materie betreffend verstanden werden.

773 An den anderen Irenäus-Stellen, wo Ir[lat] Formen von *infigo* verwendet, ist das Kreuz nicht im Blick (haer IV 13,1.3 [526,25f; 532,67-71]; 15,1 [548,3-5]; V 8,3 [102,66-69]); zu haer II 6,1 s.u.

774 36,9-18 Gerlach/Bayer: Pythagoras habe eine durch die ganze Natur der Dinge dringende und strömende Weltseele angenommen, von der die menschlichen Seelen „abgepflückt" worden seien. Der in Ciceros Schrift die Theologie Epikurs vertretende Velleius richtet an die Auffassung des Pythagoras u.a. folgende Frage: *Quomodo porro deus iste* [sc. die Gottheit], *si nihil esset nisi animus, aut infixus aut infusus esset in mundo?* (36,16-18).

775 *SC 406*, 132.272.

776 *ZKG 35*, 256.

777 *ZKG 35*, 256; vgl. weiterhin die Übersetzung von Smith, *Proof*, 172: „,to bring to light the universalitiy of His cross'": more literally ,to bring to light His cross-sharing with the universe'".

778 *SC 406*, 274-276.

779 116f,1-19 PTS; s.o. ab S. 294 sowie unten ab S. 317.

vorausgesetzt, er hat Justins Apologie gekannt[780] – diese Kritik überlesen haben? Außerdem ändert Rousseau bei seiner Herleitung von χίασμα den armenischen Text.[781] Die Abstraktbildung *zxačakzutʿiwnn* „ne peut signifier autre chose que ‚con-crucifixion‘, le ‚fait d'être crucifié avec (quelqu'un)‘".[782] Ein mögliches, aber nach Rousseau nicht existierendes griechisches Äquivalent wäre συσταύρωσις (τὴν τῷ παντὶ συσταύρωσιν αὐτοῦ).[783] Weil jedoch eine „participation du Fils de Dieu à une crucifixion de l'univers‘" einen „non-sens évident" darstelle, „korrigiert" Rousseau den armenischen Text: *zxačakzutʿiwnn* → *zxačagcutʿiwnn* (τὸ ἐν τῷ παντὶ χίασμα αὐτοῦ). Der armenische Übersetzer habe mit *zxačagcutʿiwnn* – auch wenn dies „un barbarisme" sei – den Parallelismus κεχιασμένος (*xačabar gceal*) – χίασμα nachgeahmt.

Außer der Überlegung, daß die gegen die platonische Terminologie gerichtete Diktion Justins eher gegen als für χιάζω/χίασμα spricht, gibt es weitere Argumente, die Rousseaus Rekonstruktionsversuch unwahrscheinlich machen. Irenäus' kosmische Kreuzesdeutung operiert mit einem Kreuz, das die drei Dimensionen Länge, Breite, Höhe/Tiefe umfaßt, und geht somit über die in der Ebene bleibende Chi-Vorstellung hinaus. Χιάζω/χίασμα sind Begriffe, die nicht ausreichen, um auszudrücken, was Irenäus im Sinn hat (s.u.). Weiterhin ist zu bedenken, daß χιάζω und χίασμα in der nachirenäischen kirchlichen Tradition im Zusammenhang mit der kosmischen Deutung des Kreuzes keine Rolle spielen.[784] Auf einen eigenen Rekonstruktionsversuch verzichte ich wegen der genannten Schwierigkeiten bewußt. Angemerkt sei jedoch folgendes:

Die Wahrscheinlichkeit ist groß, daß sowohl hinter *xačabar gceal* als auch hinter *zxačakzutʿiwnn* griechische Begriffe standen, in denen die Wurzel σταυρ- (*xač*) vorkam. *Xačabar* heißt wörtlich übersetzt „kreuzlich", was eher gegen die von Lüdtke vorgeschlagene Lesart σταυροειδῶς[785] spricht. Die Partizipialbildung *gceal* (zeichnen, ausstreichen, markieren) könnte auf das griechische τυπόω hinweisen. Σταυρότυπος und σταυροτύπως sind belegt.[786] *Xačabar gceal* könnte Übersetzung von σταυρῷ τυπωθείς oder auch, was in Folge einer *scriptio continua* denkbar wäre, von σταυροτυπωθείς sein.

---

780 Skeptisch diesbezüglich Brox, *Verhältnis*, 121-128; *Sprichwort*, 120f; FC 8/3, 28.148f. Rousseau ist hier optimistischer *(SC 406, 275)*. Das armenische *xačabar gceal* („tracer deux traits en forme de croix") sei „exactement la signification du verbe χιάζω". Letzteres mag stimmen, aber es gibt noch andere Möglichkeiten, die griechische Grundlage von *xačabar gceal* zu rekonstruieren.

781 *SC 406*, 275f.

782 Textkritisch gibt es hier keine Probleme; vgl. Renoux, *PO 39/1*, 131. Sowohl Mkr als auch Galata 54 lesen *zxačakzutʿiwnn iwr* (nach Renoux *concrucifixionem suam*).

783 Der Begriff συσταύρωσις ist jedoch bei Cyr., Jo. 19,16-18 (653c PG) belegt und bezieht sich auf die beiden Räuber, die zusammen mit Jesus gekreuzigt wurden. Ganz unwahrscheinlich ist συσταύρωσις also nicht. Freilich wäre der Sinn bei Irenäus ein anderer als bei Cyrill.

784 Vgl. Lampe, *Lexicon*, 1525, wo unter χιάζω im Blick auf das Kreuz nur die Justin-Stellen sowie Eus., v.C. I 31,1 (30,21-31,4 GCS: χιαζομένου τοῦ ῥῶ κατὰ τὸ μεσαίτατον [31,4]), unter χίασμα nur die Justin-Stelle verzeichnet sind.

785 Dieser Begriff ist nicht selten, s. Lampe, *Lexicon*, 1252.

786 S. Lampe, *Lexicon*, 1255.

Der mit *zxaçakzut'iwnn*[787] ausgedrückte Gedanke, daß der Sohn Gottes „mit dem All gekreuzigt" ist, paßt sehr gut zu der Aussage, daß er „in den Dimensionen [des Kosmos] gekreuzigt ist (*et crucifixus est in haec Filius Dei*). Von einem „offensichtlichen Unsinn" kann an dieser Stelle also keine Rede sein. Eine bloße „kreuzförmige Einzeichnung" des Logos im All schwächt dagegen die theologische Intention des Irenäus ab. Ihm geht es um die Teilhabe der gesamten Schöpfung an der Wirksamkeit des göttlichen Logos, die sich in der Form des Kreuzes manifestiert. Nur dadurch, daß der Logos und der Kosmos „zusammengekreuzigt" sind, der Logos das All kreuzförmig leitet und ordnet, wird der Zusammenhalt der Welt gewährleistet: Der Logos selbst ist die „Kreuzigung des Kosmos". Eine Änderung des armenischen Textes aus theologischen Gründen scheidet demnach aus.

b) Die theologische Aussage von haer V 18,3 und epid 34: Haer V 18,3 und epid 34 weisen eine Reihe von inhaltlichen Gemeinsamkeiten, aber auch einige Unterschiede auf. Letztere sind in erster Linie auf die unterschiedlichen Kommunikationssituationen zurückzuführen. Ein kurzer Überblick über die jeweiligen Kontexte und die Argumentationsverläufe mag dies verdeutlichen.

Epid 34 zeichnet sich im Gegenüber zu haer V 18,3 durch einen planvollen Aufbau, größere Ausführlichkeit und ein höheres Abstraktionsniveau aus. Haer V 18,3 ist in der Aussage knapper und bleibt insgesamt sehr viel stärker im konkret-anschaulichen Bereich als epid 34.
In haer V 16,3-17,4[788] konzentriert sich Irenäus ganz auf die soteriologische Bedeutung des Kreuzes. Er entfaltet dabei das Thema der Schöpfung zunächst nur im Bezug auf das Verhältnis Gott – *Mensch*. In haer V 17,4 führt Irenäus im Anschluß an eine typologische Deutung von 2(4)Kön 6,1-7 LXX die kosmischen Dimensionen ein. Die Menschen hatten durch ein Holz (den Baum der Erkenntnis im Paradies) den Logos Gottes „verloren". Deshalb „wurde er (sc. der Logos) durch ein Holz (sc. das Kreuz) für alle wieder sichtbar gemacht, indem er an sich selbst die Höhe und die Länge und die Breite zeigte".[789] Die Offenbarung der kosmischen Raumdimensionen am Kreuz wertet Irenäus sogleich *ekklesiologisch* aus, indem er diese mit einer Kreuzesinterpretation eines τῶν προβεβηκότων kombiniert. Irenäus bezieht dabei die abstrakten Dimensionen Länge und Breite auf die *Hände* des Gekreuzigten,

787 Ich halte συσταύρωσις (*concrucifixio*) für die wahrscheinlichste griechische Grundlage. Steht hier vielleicht Röm 6,6 im Hintergrund?
788 Haer V 16,3-20,2 ist als Argumentationseinheit aufzufassen (s.o.).
789 234,94-96/234,11-13. – Der Einfluß von Eph 3,18 ist unverkennbar (nicht korrekt Zöckler, *Kreuz*, 443: „Was zunächst Eph. 3,18 betrifft, so scheint Gregor v. Nyssa der erste unter den griechischen Kirchenvätern gewesen zu sein, der die in dieser Stelle angedeutete Vierheit der räumlichen Dimensionen ausdrücklich auf das Kreuz deutete"). Allerdings fehlt im Eph die Verbindung der Dimensionen mit dem *Kreuz* völlig; Irenäus „rezipiert aus der Eph-Stelle nur die Formulierung" (Noormann, *Paulusinterpret*, 340; Orbe, *Los primeros herejes*, 218-223, verweist auf den stoischen Hintergrund der irenäischen Deutung von Eph 3,18). – Irenäus wird in unserem speziellen Zusammenhang ursprünglich nicht von „Höhe, Länge, Breite und Tiefe" (so Ir^gr 234,13) gesprochen, sondern im Hinblick auf die folgende Deutung die „Tiefe" weggelassen haben (so Ir^lat; zur Begründung s. *SC 152*, 284f [P. 235, n. 1.]); s.a. unten.

mit denen dieser die „beiden Völker" versammelt, die „bis zu den Enden der Erde verstreut sind".[790] Die Dimension der Höhe verbindet Irenäus mit dem *Haupt* des gekreuzigten Christus, das auf den Vater verweist, der *über* allem ist und zu dem die Glaubenden hingeführt werden (vgl. Eph 4,6).[791] Die ekklesiologische Deutung des Kreuzesgeschehens steht auch in den abschließenden Abschnitten haer V 20,1f im Vordergrund. Irenäus geht dort nur indirekt auf die kosmischen Dimensionen ein.

Irenäus führt die Interpretation der Kreuzigung des Logos als Offenbarung der Kosmosdimensionen *nicht* explizit auf eine ältere Presbytertradition zurück. Die stark verkürzte Redeweise („der Logos zeigte durch sich die Höhe und die Länge und die Breite") läßt jedoch vermuten, daß die Leser mit der „dimensionalen" Deutung des Kreuzes vertraut waren. Auch die (im Vergleich zu epid 34) äußerst knappe Wendung *et in universa conditione infixus* aus haer V 18,3 setzt solche Vertrautheit zumindest in Ansätzen voraus. Irenäus kann sich dabei zum einen auf seine eigenen Ausführungen über die unermeßliche Größe Gottes stützen.[792] Zum anderen lenkt er in haer V 18,1-3 zur Schöpfungsthematik über, womit er nachträglich die in haer V 17,4 angedeutete, durch das Kreuz geschehene Offenbarung der kosmischen Dimensionen erklärt (s.u.).

Daß die Interpretation der in Eph 3,18 genannten Kosmosdimensionen auf das Kreuz keineswegs unbekannt war, zeigt Hippolyts Referat über das ptolemäische System (B) in haer. VI 34,4-8[793]: Der Demiurg brachte Seelen (die „inneren Menschen") hervor und ließ sie in den aus „materiellem und diabolischem Wesen" hergestellten, vergänglichen Leibern wohnen (vgl. Gen 2,7). Der Leib kann nicht nur Wohnung der Seele, sondern auch der Seele und der Dämonen oder aber, wenn keine Dämonen in der Seele wohnen, Seele und der Logoi sein, die, 70 an der Zahl, von der „Gemeinsamen Frucht des Pleromas"[794] und der Sophia als himmlische Engel hervorgebracht wurden und „von oben herabgesät werden". Dieser Gedanke sei in Eph 3,14.16-18 niedergelegt: „Das ist, sagt er, was in der Schrift geschrieben ist: ,Deshalb beuge ich meine Knie vor dem Gott und Vater und Herrn unseres Herrn Jesus Christus' (Eph 3,14), ,daß' Gott ,euch gebe' (Eph 3,16a), ,daß Christus wohne' (Eph 3,17a) ,in dem inneren Menschen' (Eph 3,16b) – d.h. (in) dem psychischen, nicht (in) dem leiblichen –, ,damit ihr verstehen könnt', ,was die Tiefe' (τί τὸ βάθος) – das ist der Vater des Alls –, ,und was die Breite' (καὶ τί τὸ πλάτος) – das ist der Σταυρός, der ˝Ορος τοῦ πληρώματος –, ,und/oder was die Länge ist' (καὶ/ἢ τί τὸ μῆκος; Eph 3,18*)[795] – das ist das Pleroma der Äonen." Der rein seelische Mensch (also der Mensch ohne Logoi) kann nach 1Kor 2,14 nicht annehmen, „was des Geistes Gottes ist, denn es ist ihm Torheit". Wenn die Logoi zusammen mit der Seele den inneren Menschen bilden, kommen die Menschen zur Erkenntnis der göttlichen Wirklichkeit, die aus dem Vater des Alls, dem die 30 Äonen (ohne den Allvater) umfassenden Horos und dem Äonenpleroma selbst besteht.

---

790 Die „Hände" des Gekreuzigten stehen somit für die aus Länge und Breite gebildete *Fläche* der Erde, obwohl sie rein äußerlich betrachtet nur eine *Linie* bilden.

791 234,96-101/234,13-18.

792 S.o. Abschnitt 3.1.2.

793 247f,19-45 PTS. Vgl. dazu Langerbeck, *Anthropologie*, 65-67. Irenäus' wird mit seiner Deutung von Eph 3,18 auf die gnostische Adaption der Schriftstelle reagieren.

794 Entspricht in System A dem von allen Äonen emanierten „Jesus".

795 Foerster, *Gnosis*, 251 übersetzt (wohl irrtümlich) τὸ μῆκος mit „die Höhe".

Der Unterschied zu Irenäus' Interpretation von Eph 3,18 besteht darin, daß die einzelnen Dimensionen verschiedenen Elementen der göttlichen Wirklichkeit zugeordnet werden. Der ῾Ορος/Σταυρός ist z.B. nur die „Breite", insofern also (wie der Allvater und das Pleroma auch) in gewisser Weise räumlich beschränkt. Erst die gemeinsame Betrachtung der himmlischen Wirklichkeiten sind das „All". Irenäus denkt hier einheitlich, indem er das Kreuz universalisiert und durch seine Interpretation der kosmischen Dimensionen gerade jegliche *Begrenzung* Gottes vermeidet. Eine weitere wichtige Differenz liegt darin, daß die Valentinianer den Allvater mit der „Tiefe" kombinieren, während Irenäus in haer V 17,4 die „Höhe" mit dem Vater in Zusammenhang bringt. Es ist m.E. wahrscheinlich, daß er sich durch die Betonung der „Höhe" *bewußt* vom valentinianischen „Bythos" absetzen will und deshalb die „Tiefe" wegläßt. In epid 34 redet Irenäus dagegen völlig ungezwungen auch von dieser Dimension.

Verglichen mit haer V 17,4-18,3 richtet Irenäus seine Interpretation in epid 34 stärker an der abstrakten *Form* des Kreuzes aus.[796] In epid 30-34 hatte er zuvor wie in haer V 16,3-17,4 die soteriologische Bedeutung des Kreuzes für die Menschen herausgearbeitet. Diese an der typologischen Verbindung „Baum der Erkenntnis – Baum des Kreuzes", also an Konkreta orientierte Deutung wird in der Fortsetzung ganz verlassen. Alle Kreuzesaussagen, die nun folgen, hängen direkt oder indirekt mit den kosmischen Dimensionen zusammen. Allerdings gelingt es Irenäus, die zunächst nur abstrakt eingeführten Dimensionen am Schluß wieder zu konkretisieren: Er wertet die kosmische Kreuzesdeutung in epid 34 (wie in haer V 16,3-20,2) ekklesiologisch aus.[797]

Haer V 18,3 und epid 34 weisen also, was den Argumentationsverlauf und die Schwerpunktsetzung angeht, gewisse Unterschiede auf, stimmen aber sowohl in ihrem unmittelbaren Kontext (das Kreuz als soteriologisches Ereignis) als auch in ihrem Argumentationsziel (die schöpferische Wirksamkeit des Logos und die Kirche) überein. Die Differenzen im Argumentationsverlauf sind m.E. auf die zugrundeliegenden Kommunikationssituationen zurückzuführen[798], was nicht zuletzt daraus hervorgeht, daß in epid 34 jeglicher Hinweis auf häretische Fehldeutungen fehlt. Der planvolle Aufbau der Passage läßt auf eine ruhige Situation „am Schreibtisch" schließen, die die Möglichkeit zu einer wohlüberlegten, ja beinahe sachlichen Art der Formulierung bietet. In haer ist der Gedankengang hektischer, engagierter und leidenschaftlicher. Irenäus unterbricht ihn immer wieder durch apologetische Einschübe, die ihm zugleich wichtige Begründungsmomente für seine Kreuzesinterpretation liefern.[799] Außerdem ist er der Ansicht, daß es keiner langen Worte mehr bedarf, um deutlich zu machen, um was es ihm geht (*Quoniam autem*

---

796 „σχῆμα" (vgl. Lüdkte, *ZKG 35*, 256; *SC 406*, 132).
797 Zur ekklesiologischen Auswertung s.u.
798 S. dazu die Einleitung.
799 Die Frage nach der Schöpfung als Gottes Eigentumsbereich wird in epid 34 z.B. überhaupt nicht thematisiert.

ipsum Verbum Dei incarnatum suspensum est super lignum, per multa ostendimus[800]). Was er bisher gesagt hatte, genügt, um zu verstehen, was es mit der „kosmischen Kreuzigung" des Logos und damit mit dem Zusammenhang von Schöpfung und Erlösung auf sich hat. Nach diesen einführenden Bemerkungen nun zur inhaltlichen Seite von haer V 18,3 und epid 34.[801]

Irenäus führt in epid 34 das kosmische Wirken des Logos als *Begründung* für die Kreuzigung Jesu auf der Erde ein.[802] Er hält damit von Anfang an fest, daß der Kreuzestod Christi *nur deshalb* Erlösungsgeschehen ist und sein *kann*, weil Jesus Christus der menschgewordene, *schöpferische* Logos Gottes selbst ist.[803] Der gleiche Begründungszusammenhang liegt in haer V 18,3 vor. Irenäus formuliert zunächst die These, indem er die theologisch zu vermittelnden Subjekte – den als Schöpfer unsichtbar und den als Erlöser sichtbar wirkenden Logos – einführt: „Denn der Schöpfer der Welt ist in Wahrheit der Logos Gottes. Dieser aber ist unser Herr, der in den letzten Zeiten Mensch wurde, als er in dieser Welt lebte, und auf unsichtbare Weise alles Geschaffene zusammenhält[804], und er ist in die gesamte Schöpfung hineingekreuzigt, weil er als Logos Gottes alles leitet und ordnet."[805] Indem Irenäus also die zusammenhaltende, leitende und ordnende Wirksamkeit des zuvor unsichtbaren Logos als das „In-die-Schöpfung-Hineingekreuzigtsein" bestimmt[806], stellt er *das* entscheidende Kriterium auf, das es ermöglicht, Gott zugleich als Schöpfer und als Erlöser zu denken: „Und *deshalb* (*et propter hoc*)

---

800 Haer V 18,1 (236,9-11).

801 Vgl. dazu Faus, *Carne*, 224-231; Orbe, *Los primeros herejes*, 213-241; ders., *Teología II*, 236-255 und die im folgenden genannten Titel.

802 *Quoniam autem* (130/56); vgl. das ὅτι in der Rückübersetzung bei Lüdtke, *ZKG 35*, 256 und die Übersetzungen der Passage bei Smith, *Proof*, 69f; Ter-Měkěrttschian/Wilson, *PO 12/5*, 685f u.a. – Die Kreuzigung als den Menschen zugute kommendes Heilsgeschehen war Thema in epid 30-34.

803 Vgl. Orbe, *Los primeros herejes*, 214.

804 Zu *continet omnia* vgl. Weish 1,7. S. dazu Tiessen, *Irenaeus*, 139f; Orbe, *Los primeros*, 213f.

805 Vgl. epid 39 (138/59f: Der Logos Gottes hat in allem den Vorrang [*principatum*]: *in caelis* [*quidem*], *quoniam primogenitus-primitivus consilii Patris, Verbum perfectum omnia gubernans et lege statuens*) mit haer V 18,3 (244,70f; 246,79-83: *Dominus noster ... in universa conditione infixus, quoniam Verbum Dei gubernans et disponens omnia ... Ipse est enim qui universorum potestatem habet a Patre, quoniam Verbum Dei et homo verus invisibilibus quidem principans rationabiliter et sensuabiliter legem statuens universa quaeque in suo perseverare ordine*).

806 Die leitende und ordnende Tätigkeit des Logos ist der Grund für seine „kosmische Kreuzigung" (*quoniam ... gubernans et disponens omnia*: 244,70f); vgl. Tiessen, *Irenaeus*, 139.

kam er sichtbar in das Seine (vgl. Joh 1,11), wurde Fleisch (vgl. Joh 1,14) und hing am Holz, um *alles* in sich zu rekapitulieren."[807] *Weil* der Logos das ganze Universum im Unsichtbaren „kreuzförmig" leitet, wurde er sichtbar gekreuzigt; und *deshalb* betrifft die Kreuzigung als Erlösungsgeschehen nicht nur den Menschen, sondern die gesamte Schöpfung.[808]

Den Zusammenhang zwischen dem schöpferischen und dem erlösenden Handeln des Logos ist also definiert als Zusammenhang zwischen dem irdischen Kreuz Jesu und der kreuzförmigen Regentschaft des Logos. Dies verdeutlicht epid 34. Der Text ist chiastisch aufgebaut:

(I)   „Denn er (sc. der Gekreuzigte) ist selbst der Logos des allmächtigen Gottes, welcher nach dem *unsichtbaren* Bild über die ganze Welt verbreitet ist

(II) und ihre Länge und die Breite und die Höhe und die Tiefe umschließt – denn durch den Logos Gottes wird das Universum regiert – und in ihnen [sc. den Dimensionen] ist der Sohn Gottes gekreuzigt, kreuzförmig im All eingezeichnet.

(II') Denn er mußte[809], *sichtbar* gekommen, die Kreuzesgemeinschaft von allem mit ihm in Erscheinung bringen, damit er seine Wirkung im Sichtbaren durch sichtbare Form zeige. Denn er ist es, der die Höhe, d.h. die himmlischen Dinge, erleuchtet und die Tiefe, die weit unter der Erde liegt, fortsetzt und die Länge von Ost und West hinstreckt und die Nordseite und die Mittagsbreite durchschifft

(I') und die Zerstreuten von allen Seiten zur Erkenntnis des Vaters zusammenruft."

In (I) und (II) behandelt Irenäus zunächst die *unsichtbar*-ökonomische Wirksamkeit des göttlichen Logos. Er begründet (γάρ/*nam*[810]) dessen kreuzförmige Einzeichnung ins All wie in haer V 18,3[811] damit, daß der Logos das ganze Universum regiert. Diese Regentschaft des Logos ist nur dann eine universale, wenn sie *räumlich unbegrenzt*, d.h. „pleromatisch" ist. Um dies auszudrükken, spricht Irenäus von der „Kreuzigung des Logos in den Dimensionen". Der Logos umschließt unsichtbar den Kosmos in seiner gesamten Länge, Breite, Höhe und Tiefe, und er wird selbst von nichts und niemandem um-

---

807 Die prägnanteste Formulierung für den Zusammenhang von schöpferischem und erlösendem Logos Gottes gibt Irenäus in haer V 18,1 (236,9f): *Quoniam autem ipsum Verbum Dei incarnatum suspensum est super lignum.*

808 Genau dies ist auch in haer V 17,4 gemeint, wenn der am Holz hängende Logos „die Höhe und die Länge und die Breite *in sich* zeigte" (234,95f/234,12f); vgl. haer V 32,1 (396,1-398,24). S. dazu auch Spanneut, *La rédemption*, passim (v.a. 55-60).

809 Δεî (s. Lüdtke, *ZKG 35*, 256).

810 S. *SC 406*, 132 und Lüdkte, *ZKG 35*, 256.

811 S.o. S. 315 Anm. 806.

schlossen.[812] Die schöpferische Tätigkeit des Logos wirkt sich somit *in* den Dimensionen des Weltalls *kreuzförmig* aus. *Diese* Form ist es, die dem Kosmos Bestand verleiht und ihn erhält, weil sie die *Form des Pleromas*, letztlich also nichts anderes als Ausdruck der universalen Allmacht Gottes ist. In ihrer Größe ist die pleromatische Kreuzigung des Logos für die Menschen jedoch *unsichtbar*, weil die Erkenntnis der Größe Gottes – *dies* ist im Sinne des Irenäus wirkliche Gotteserkenntnis, die erst im Eschaton erreicht wird – durch ein *Geschöpf* selbst wieder eine Begrenzung dieser Größe darstellte. Der Mensch wäre dem Schöpfer überlegen.

Irenäus will, soviel ist bisher deutlich geworden, die kosmische Kreuzesform des Logos nicht nur „horizontal" (Länge, Breite), sondern auch „vertikal" verstanden wissen. Die horizontalen Dimensionen Länge und Breite bilden zusammen ein „erstes", die Vertikale (Höhe, Tiefe) einerseits mit der „Länge" ein „zweites" und andererseits mit der „Breite" ein drittes Kreuz. Weil dieser Zusammenhang der Dimensionen unauflöslich ist, hat die horizontal-irdische Sphäre ihren Bestand nur durch die Hinordnung auf die vertikale, in die himmlisch-göttliche Sphäre hineinführende Dimension.[813]

Nicht nur Irenäus' kosmische Kreuzesdeutung, sondern auch die anderen, zum Teil im gnostischen Milieu anzutreffenden Vorstellungen eines Himmelskreuzes sind, worauf bereits hingewiesen wurde, von der durch Platon entwickelten Lehre einer chi-förmigen (X) Weltseele beeinflußt ist.[814] Im Timaios 36bc heißt es[815]:

---

812 Irenäus spielt damit auf die oben dargestellte, unermeßliche Größe Gottes an. Die Prädizierung des Logos als „Logos des allmächtigen Gottes" (epid 34 und haer V 18,3) unterstreicht dies. An dieser Stelle liegt eine deutliche Spitze gegen die valentinianischen Vorstellungen vor, daß der *Monogenes* als einziger Äon die Größe des Urvaters begreift und sich an der Schau dieser Größe ergötzt (s. haer I 1,1; 2,1) und daß der ῞Ορος die *Sophia* umfaßt (περιέχω, s. haer I 17,1 [266,18-268,24/267f,625-631]); vgl. auch Hipp., haer. VI 31,5 (241,21-25 PTS; System B).

813 Die „vertikale" Dimension bezieht sich nicht nur auf den himmlischen Bereich, sondern auch auf die Welt der Toten (s. nur haer IV 20,2 [630,41-52]). – Vgl. auch haer III 11,8 (160,175-162,186/160,1-162,12). Die Begründung für die vierfache Gestalt des *einen* Evangeliums ist offensichtlich an dem epid 34/haer V 18,3 zugrundeliegenden, denkbar einfachen kosmischen Modell orientiert (s.u.).

814 So zuerst Bousset, *Weltseele*, 273-285; s. weiterhin Dölger, *Beiträge IX*, 7-29 (v.a. 23-29); Rahner, *Mythen*, 58-60 (aaO, 60-66 weitere Belege für kosmische Kreuzesdeutungen); Daniélou, *Le symbolisme*, 23-36; Stommel, Σημεῖον, 35; Fédou, *La vision*, 72-84; Orbe, *Los primeros herejes*, 233f; ders., *Teología II*, 241 und die im folgenden genannte Lit..

815 50,1-8 Widdra.

„Indem er (sc. Gott) nun dieses gesamte Gefüge (sc. der Weltseele) der Länge nach spaltete, legte er beide (Längshälften) in ihrer Mitte in der Gestalt eines Chi aufeinander und bog sie jeweils kreisförmig in eins zusammen, indem er sie an der dem Kreuzungspunkt gegenüberliegenden Stelle mit sich selbst und mit dem anderen zusammenknüpfte, umschloß sie rings durch die gleichförmige und an ein und derselben Stelle kreisende Bewegung und machte den einen der Kreise zum äußeren, den anderen zum inneren."

Platon bezieht sich hier auf die astronomischen Beobachtungen der Antike. Die Bewegung der Fixsterne in der Linie des Himmelsäquators und die der Planeten in der Ekliptik bilden die beiden wichtigen Kreisbahnen der Himmelsbewegung, die einander (zweimal) in den Äquinoktialpunkten schneiden und dadurch ein großes Chi (X) am Himmel bilden. Platon baut diese Erkenntnisse der Astronomie in seinen kosmogonischen Vortrag ein und überträgt sie auf die zusammenhaltende Funktion der Weltseele.

Wie stark der *direkte* Einfluß Platons auf das sich im 2. Jh. entwickelnde kosmische Kreuzesverständnis tatsächlich war, läßt sich kaum mit Sicherheit sagen.[816] Justin ist der einzige, der sich explizit auf Platon bezieht, diesen aber auch, wie bereits gesehen, kritisch bewertet. Demgegenüber weisen Stellen wie Did. 16,6 – sollte hier mit dem σημεῖον ἐκπετάσεως ἐν οὐρανῷ, das der Wiederkunft des Menschensohnes vom Himmel vorausgeht, an das Kreuz gedacht sein[817] – oder Ign., Eph. 9,1[818] kaum platonischen Einfluß auf.

---

816 Optimistisch z.B. Bousset, *Weltseele*, 273-275. Der Angelpunkt für den Parallelismus zwischen Sohn Gottes, weltschöpferischem Logos und Platons Weltseele sei die Identität des platonischen Chi mit dem Kreuz Christi.

817 Diese Interpretation findet (v.a. seit Stommel, Σημεῖον, passim) in der neueren Literatur relativ breite Zustimmung, vgl. Niederwimmer, *Didache*, 265-267; Rengstorf, σημεῖον, 261; Köster, *Überlieferung*, 190; Aono, *Gerichtsgedanke*, 173; Kloppenborg, *ZNW 70*, 64; Butler, *Relations*, 278-280; Rordorf/Tuilier, *SC 248*, 198f; Higgins, *NTS 9*, 382; Reijners, *Terminology*, 123-133; Wengst, *SUC 2*, 99f; Schöllgen, *FC 1*, 79; Draper, *Jesus Tradition*, 282; ders., *Development*, 13-16; vgl. aber schon Bousset, *Antichrist*, 154-156; ders., *Kyrios*, 238; ders., *Weltseele*, 284. Im Anschluß an Glasson, *Ensign*, 299f deutet Stuiber, *JAC 24*, 42-44 das σημεῖον ἐκπετάσεως ἐν οὐρανῷ als „Standarte". Mit „Öffnung" übersetzen ἐκπέτασις Knopf, *HNT*, 39 (Knopf zieht [wie Hennecke, *Apostellehre*, 565] allerdings auch die Möglichkeit eines „dunklen Hinweises" auf das Kreuz in Betracht); von Harnack, *Lehre*, 64; Drews, *Apostellehre*, 283; Vielhauer/Strecker, *Apokalyptik*, 535; Audet, *Didachè*, 473; Giet, *Didachè*, 254; Kleist, *ACW 6*, 25 („an opening in the heavens"); Kraft, *Clavis*, 143; Lampe, *Lexikon*, 436 übersetzt mit „rift" (Spalt, Riß). – Vgl. auch EpAp 16 (27) (213f NTApo I⁶ [äth.]: „Und wir [sc. die Jünger] sprachen zu ihm [sc. dem auferstandenen Christus]: ‚O Herr, groß ist dies, was du uns sagst und uns offenbarst. In was für einer Kraft und Gestalt steht es dir bevor zu kommen?' Und er sprach zu uns: Wahrlich ich sage euch, ich werde kommen wie die Sonne, die erglänzt, so werde ich, indem ich siebenmal mehr als sie in Herrlichkeit leuchte, während ich auf dem Flügel der Wolke getragen werde in Glanz und indem mein Kreuz vor mir einhergeht [kopt.: „während das Zeichen des Kreuzes vor mir ist"], auf die Erde kommen, daß ich richte die Lebendigen und die Toten'") sowie Orac. Sib. II 149ff (34-45 GCS).

818 Ignatius vergleicht die Kirche mit dem Tempel-Bau Gottes, den Christus zusammen mit dem Heiligen Geist errichtet. Das Kreuz dient beim Bau der Kirche als „Kran": „Denn ihr seid Steine für den Tempel des Vaters, bereitet für den Bau Gottes des Vaters, hin-

Für die bereits besprochene gnostische ῎Ορος/Σταυρός-Vorstellung wird eher ein allgemein (ohne Zweifel wirkungsvoller) platonischer Hintergrund als eine bewußte und explizite Adaption dieser oder jener Platon-Stelle vorausgesetzt werden müssen.[819] Verwandte Belege z.b. aus den apokryphen Evangelien[820], den Apostelakten[821] oder der (wohl aus dem 2.

---

aufgebracht in die Höhe durch die Hebemaschine Jesu Christi, das ist das Kreuz, wobei der Heilige Geist euch als Seil dient; euer Glaube ist euer Geleiter nach oben, die Liebe der Weg, der zu Gott hinaufführt" (85,10-14 SQS). Ignatius greift mit der Bestimmung der Gemeinde als Tempel und Hausbau Gottes auf Motive aus Eph 2,19-22 (Bau; Tempel), 1Petr 2,4f (Steine, Bau/Haus; die Funktion des Tempels ist in der „heiligen Priesterschaft" und den „geistlichen Opfern" enthalten) und 1Kor 3,9-11.16f (Bau, Tempel) zurück, baut das aber Bild eigenständig aus, indem er das Kreuz Jesu und den Heiligen Geist als Bestandteile einer Baumaschine (μηχανή wörtlich „Maschine", speziell auch „Hebemaschine" oder „Theatermaschine"; Lampe, *Lexicon*, 870: „crane"; vgl. A. Andr. 14 [s.u.]) in den Bildkomplex einfügt und dieser die für den Bau konstitutive Funktion des „Hinaufbringens" zuweist, was er abschließend durch die Begriffe „Glaube" und „Liebe" konkretisiert. Außer den Bau-Motiven könnte die johanneische Vorstellung der Erhöhung Christi am Kreuz (s. Joh 3,14f; 12,32) ekklesiologisch angewendet sein.

819 Vgl. Stommel, Σημεῖον, 40; Daniélou, *Jewish Christianity*, 286f;; im Hinblick auf A. Andr. kritisch Prieur, *CChr.SA 5*, 258-260.

820 Vgl. EvPetr X 38-42 (58,1-12 SC; 187 NTApo I⁶): Zwei gleißend helle Jünglinge treten zum Grab Christi, der Stein rollt von selbst zur Seite, die beiden Männer gehen hinein. „Als nun jene Soldaten dies sahen, weckten sie den Hauptmann und die Ältesten – auch diese waren nämlich bei der Wache zugegen. Und während sie erzählten, was sie gesehen hatten, sehen sie wiederum drei Männer aus dem Grabe herauskommen und die zwei den einen stützen und ein Kreuz ihnen folgen und das Haupt der zwei bis zum Himmel reichen, dasjenige des von ihnen an der Hand Geführten aber die Himmel überragen. Und sie hörten eine Stimme aus den Himmeln rufen: ‚Hast du den Entschlafenen gepredigt?', und es wurde vom Kreuze her die Antwort laut: ‚Ja.'" Vgl. Reijners, *Terminology*, 76; Mara, *SC 201*, 180-190.

821 Außer dem oben zitierten Stück A. Jo. 97-102 ist v.a. der bekannte Text aus den (wahrscheinlich zwischen 150-200 n.Chr, entstandenen) A. Andr. 14 zu nennen. Zu den unterschiedlichen Rezensionen der „Rede auf das Kreuz" s. grundsätzlich Prieur, *CChr.SA 5*, 236-265; Prieur/Schneemelcher, *Andreasakten*, 101f. Wichtig sind v.a. das *Mart. prius* (8. Jh.; *AAAp 2,1*, 54,17-55,19; *CChr.SA 6*, 430.675-703 [Text aaO, 684-703; Rede auf das Kreuz aaO, 698f,1-27; s. das folgende Zitat]), die Laudatio des Niketas von Paphlagonien (9.-10. Jh.; vgl. *CChr.SA 6*, 428-430) sowie die armenische Passio (6.-7. Jh.; *CChr.SA 3*, 242.244), der wahrscheinlich beste Textzeuge für die Rede insgesamt, in der aber, wie auch in der übrigen griechischen Überlieferung (A. Andr. gr. 54 [515,5-517,8 CChr.SA]), die kosmischen Spekulationen, die das Mart. prius und die Laudatio auszeichnen, fehlen. Eine ausführliche Synopse dieser und der anderen Versionen bietet Prieur, *CChr.SA 6*, 737-745. In Mart pr. 14 (698f,1-27)/Laud. 46 heißt es (gravierende Unterschiede innerhalb der kosmischen Deutung in Klammern): „Als er (sc. Andreas) aber zu dem Ort kam, schaute er auf das eingerammte Holz. Und er verließ alle, ging auf das Kreuz zu und sprach zu ihm mit lauter Stimme: ‚Sei mir gegrüßt, oh σταυρός, denn du kannst dich wirklich freuen. Ich weiß gut, daß du künftig ausruhst, weil du seit langem müde

Jh. stammenden) Homilie Ps-Hipp., pass.[822] zeigen, daß die Vorstellung des „kosmischen Kreuzes" in der „christlichen Kreuzesmystik der Zeit durchaus weiter verbreitet" und im

---

geworden bist, eingerammt (πεπηγμένον) und auf mich wartend. Ich kam zu dir, den ich als mein eigen weiß. Ich kam zu dir, der du nach mir verlangt hast. Ich kenne dein Geheimnis, wegen dem du eingerammt bist; denn du wurdest eingerammt (πέπηξαι; Laud.: gepflanzt [πεφύτευσαι]) im Kosmos, damit das Unbeständige gefestigt würde (ἵνα τὰ ἄστατα στηρίξῃς); und das eine deiner (Teile) (Laud.: deine Spitze [κορυφή]) erstreckt sich hinauf in den Himmel, damit du den himmlischen Logos (Laud. erg.: „das Haupt von allem" [τὴν κεφαλὴν πάντων]) anzeigst; das andere deiner (Teile) (Laud.: deine mittleren Teile, als wie Hände [τὰ δὲ τῆς μεσότητός σου μέρη ὡς οἱάπερ χεῖρες]), ist (Laud.: sind) zur Rechten und zur Linken ausgestreckt, damit du die neidische und feindliche Macht (Laud. erg.: des Bösen) in die Flucht schlägst und den Kosmos (Laud.: das Zerstreute) in eins versammelst (ἵνα ... καὶ τὸν κόσμον συναγάγῃ εἰς ἕν); das andere deiner (Teile) (Laud.: das Teil an den Füßen [τὸ δὲ πρὸς πόδας μέρος]) ist eingerammt in die Erde (Laud. erg.: gegründet im Abgrund [ἱδρασμένον ἐν βάθει]), damit du das Irdische und das Unterirdische mit dem Himmlischen verbindest. Oh Kreuz, heilbringende Maschine (μηχάνημα) des Höchsten! Oh Kreuz, Trophäe des Sieges Christi gegen die Feinde (τρόπαιον νίκης Χριστοῦ κατ' ἐχθρῶν; vgl. Just., 1 apol. 55,6 [111,18-21 PTS])! Oh Kreuz, auf der Erde (zwar) gepflanzt, aber im Besitz der Frucht in den Himmeln! Oh Name des Kreuzes, volle Fülle der Dinge! Recht so, oh Kreuz, das du den Umlauf des Kosmos gehemmt hast! Recht so, Gestalt der Einsicht, die du formloses geformt hast! Recht so, unsichtbare Züchtigung, die du sichtbar gezüchtigt hast die Grundlage der polytheistischen Erkenntnis und ihren Erfinder aus der Menschheit vertrieben hast! Recht so, oh Kreuz, das du den Herrscher angezogen und den Räuber als Frucht gebracht und den Apostel zur Umkehr gerufen und uns nicht für unwürdig erachtet hast, aufgenommen zu werden!" Vgl. dazu Bousset, *Weltseele*, 280f; Orbe, *Los primeros herejes*, 223-226; Böhlig, *Lichtkreuz*, 481; Prieur, *CChr.SA 5*, 236-265 (v.a. 246-255): Überblick über verwandte Aussagen von den Ptolemäern bis Gregor von Nyssa: Das Kreuz der *A. Andr.* hat wie bei Irenäus und dem valentinianischen Horos/Stauros die Funktion des „Bestärkens/Festigens", erhält aber keine Trennungsfunktion wie bei den Ptolemäern.

822 51,9f (177,22-179,9 SC): „Dieser himmelhohe Baum reicht hinauf von der Erde zum Himmel, ein unsterblicher Baum, der sich selbst zwischen Himmel und Erde gesetzt, Sitz von allem, Stütze des Alls, Halt der ganzen bewohnten Welt, kosmische Verbindung (ἔδρασμα τῶν ὅλων, στήριγμα τοῦ παντός, ἔρεισμα τῆς ὅλης οἰκουμένης, σύμπλεγμα κοσμικόν), (ein Baum), der die ganze vielgestaltige menschliche Natur zusammenhält, durch unsichtbare Nägel des Geistes zusammengenagelt, damit es, vereinigt mit dem Göttlichen, nicht verlorengeht. Mit seinen obersten Spitzen berührt er den Himmel, mit seinen Füßen festigt er die Erde, mit seinen unmeßbaren Händen umfaßt er (χερσὶν ἀμετρήτοις περιλαβών) von allen Seiten das zahlreiche und dazwischen (sc. zwischen Himmel und Erde) befindliche Pneuma der Luft und war vollständig in allem und überall." Zur Verwandtschaft v.a. der Begriffe ἔδρασμα und στήριγμα mit den von Irenäus referierten Ὅρος/Σταυρός-Vorstellungen der Gnostiker (vgl. haer I 3,5 [56,65-58,73/57f,315-323]!) und ähnlichen Aussagen in A. Andr. 14 vgl. Reijners, *Terminology*, 208-212; Orbe, *Los primeros herejes*, 223-228.

2.Jh. das Bedürfnis vorhanden war, die Kreuzigung Christi nicht nur soteriologisch, sondern auch kosmologisch zu begreifen.[823] Das Kreuz ist nicht mehr nur das widersinnige Skandalon, sondern wie bei Platon auch das Prinzip, das die Welt ordnet und ihr Bestand verleiht, das Böse überwindet und Erlösung schafft. Gedankliche und terminologische Überschneidungen (v.a. die Rede vom „Befestigen", „Trennen"), Anklänge an platonische Vorstellungen sowie vermeintliche gegenseitige Abhängigkeiten lassen sich als Partizipation an einem gemeinsamen philosophisch-theologischen Kommunikationskontext erklären.

Daß Irenäus seine Platon-Kenntnis und damit die kosmische Kreuzesvorstellung von Justin übernommen habe, hat Overbeck m.E. zurecht angezweifelt.[824] In haer V 18,1-3 „findet sich der offenbar traditionelle Gedanke, daß Christus am Kreuz vom Vater ‚getragen' wird, ebenso wie die christliche Welten-Chi-Deutung so harmonisch eingewoben und eigentlich entfaltet, daß von einer bloßen Übernahme oder schlichten Abhängigkeit keine Rede sein kann. Irenäus weiß sich die ihm bekannten Stoffe für seine Argumentation nutzbar zu machen und wohldurchdacht in seinen Gedankengang einzubinden."[825]

In den oben mit (II') und (I') gekennzeichneten Abschnitten von epid 34 geht Irenäus zur *sichtbaren* Seite der „kosmischen Kreuzigung" des Logos über. Indem der Logos sichtbar kommt, bringt er das „Mitgekreuzigtsein von allem mit ihm in Erscheinung."[826] Das bedeutet nichts anderes, als daß der am Kreuz hängende, fleischgewordene Logos (s. haer V 18,1.3) dadurch, daß er *am Kreuz* hängt, der ganzen Schöpfung (und insbesondere den Menschen) seine oben beschriebene, unsichtbare Wirksamkeit offenbart und dadurch

823 Overbeck, *Menschwerdung*, 300 (hier auch das letzte Zitat).
824 *Menschwerdung*, 299-301 (das folgende Zit. im Haupttext aaO, 317). Für Irenäus „spielt die Frage der Urheberschaft der Vorstellung keine Rolle, er hat sie sich schon völlig zueigen gemacht und unternimmt es, sie in den Zusammenhang seines theologischen Gedankengangs einzuflechten. Selbst wenn Irenäus hier seine Kenntnis der Platon-Stelle ausschließlich über Justin bezogen haben sollte, so steht doch seine theologische Interpretation in einem ganz anderen Zusammenhang als dem justinschen" (aaO, 301); s.a. Stommel, Σημεῖον, 40f; Orbe, *Los primeros herejes*, 234.240.
825 S.a. Dölger, *Beiträge IX*, 23-29, der auf die antiken Vermessungstechniken und ihre kosmologisch-theologische Begründung hinweist, die durchaus auf die „christliche Kreuzesmystik" (aaO, 25) eingewirkt haben können.
826 Es ist auffällig, daß Irenäus im Gegensatz zu Just., 1 apol. 55,1-8 (110f,1-26 PTS; vgl. Fédou, *La vision*, 70-72) und anderen christlichen Autoren seiner und späterer Zeit die Bereiche der Natur oder der Technik *nicht* nach Kreuzessymbolen durchsucht (s. dazu Dölger, *Beiträge IX*, 7-11; Rahner, *Antenna*, passim; zum Pflug bei Irenäus s.o.). Vielleicht schwingt in dem „Mitgekreuzigtsein von allem mit ihm" der Gedanke Justins mit, daß „alles, was im Kosmos ist ..., ohne diese Form (σχῆμα, sc. des Kreuzes) (nicht) gehandhabt werden oder Zusammenhang haben kann" (1 apol. 55,2 [110,5-7 PTS]).

„alles in sich rekapituliert" (haer V 18,3). Diese *Form* der Offenbarung ist
von Gott her gesehen ein „Muß" (δεî). Der göttliche Logos *mußte* ans *Kreuz*
gehen, um sich der Schöpfung *eindeutig* und *ein für allemal* als ihr einziger,
allumfassender Regent und als ihr Erlöser, der am Kreuz der ganzen Welt
Heil verschafft[827], zu zeigen. Was unsichtbar der Welt immer schon ihren Bestand verleiht und wovon Gott allen Menschen ein „tiefes geistiges Verständnis und ein Gespür" dadurch gibt, daß ihren Geistern der Logos *infixus*
ist[828] – nämlich für seine „gewaltige und allmächtige Größe", die alle Welt
umfaßt –, das wird nun am Kreuz sichtbar offenbart: Es gibt *keinen* Bereich
der Wirklichkeit, der von der unbegrenzten Wirksamkeit des Logos ausgenommen ist. Die gesamte sichtbare und unsichtbare Schöpfung lebt vom
Kreuz.[829]

Die kreuzförmige Wirksamkeit des die Welt zusammenhaltenden Logos
ist für Irenäus also die notwendige Voraussetzung dafür, daß das Erlöserhandeln des gekreuzigten Logos die *ganze* Welt überhaupt betreffen *kann*. Damit
ist deutlich, daß Irenäus' Rede vom „Gekreuzigtwerden" des Logos in den
Dimensionen bzw. in der Schöpfung theologisch sinnvoll ist: Wie der Logos
als Menschgewordener am Kreuz festgenagelt war, so steht er mit der Welt in
einer festen, unauflöslichen Verbindung, die allein den Zusammenhalt des
ganzen Kosmos gewährleistet. Wie die Inkarnation des Logos dessen liebevol-

---

827 S. haer V 18,3 (244,72-74: *et pependit super lignum, uti universa in semetipsum recapituletur*). Vgl. auch Scharl, *Recapitulatio*, 68-85.

828 S. haer II 6,1 (60,13-17): Gott gibt unsichtbar bei allen Menschen dadurch ein „tiefes geistiges Verständnis und ein Gespür für seine gewaltige und allmächtige Größe" („Größe"
als Übersetzung von *eminentia*; s. Brox, *FC 8/2*, 51), daß ihren Geistern der sie bewegen-
de Logos *infixus* ist, der ihnen den einen Gott als Herrn von allem offenbart (zur Wiedergabe von *ratio* durch λόγος s. *SC 293*, 220 [P. 61, n. 2.]; Ochagavía, *Visibile*, 79).
Rousseau übersetzt *infixus* in *SC 293*, 220 im Anschluß an Houssiau mit ἔμφυτος (s.
Just., 2 apol. 13,5 [153,16f PTS]; vgl. auch Noormann, *Paulusinterpret*, 89f). Ausführlich
zu haer II 6,1 Tiessen, *Irenaeus*, 92-118 (Lit.). Obwohl Irenäus an dieser Stelle also nicht
direkt an das Kreuz zu denken scheint, ist doch auffällig, daß Gott durch den den Geistern aller „eingeprägten" Logos *unsichtbar* ein Verständnis für seine *Größe* gibt, die der
inkarnierte Logos, der in die ganze Schöpfung hineingekreuzigt (*infixus*) ist, am Kreuz
hängend *sichtbar* offenbart. Sollte Ir[lat] haer II 6,1 und V 18,3 durch das *infixus* bewußt
aufeinander beziehen? Oder stand in haer II 6,1 etwa auch eine Form von ἐνσταυρόω,
im Sinne der in epid 34 angesprochenen „Kreuzesgemeinschaft" des Logos mit allem?
Sachlich wäre dies denkbar, denn der *eine* Logos offenbart *unsichtbar und sichtbar* das
gleiche: Gottes unfaßbare Größe!

829 Vgl. Scharl, *Recapitulatio*, 73.81f; Orbe, *Irenaeus*, 415 [linke Spalte]; ders., *Los primeros
herejes*, 216-218); Tremblay, *La manifestation*, 106-110.119; Tiessen, *Irenaeus*, 139-142.
Stockmeier, *Glaube*, 55.

le Verbindung mit allen Menschen offenbart, so offenbart die Kreuzigung Jesu Christi die liebevolle Verbindung des Logos mit *seiner* ganzen Welt.

Daß der Logos des Vaters der unermeßlich große Erhalter der Welt ist, erkennt diese also (erst) vollständig durch die Kreuzigung des fleischgewordenen Logos Jesus Christus. Der Logos ist seit seiner sichtbaren Offenbarung am Kreuz dauerhaft in der Welt *sichtbar*. Irenäus signalisiert dies zum einen dadurch, daß er die Raumdimensionen des Kosmos nun nicht mehr nur abstrakt als „Höhe, Tiefe, Länge und Breite", sondern *konkret* als Ost-West- (Länge) und Nord-Süd-Richtung (Breite) bezeichnet bzw. davon spricht, daß der Logos die Höhe (Himmel) erleuchtet und die Tiefe (Unterwelt) „fortsetzt."[830] Wer seine Augen nicht verschließt, sondern seinen Blick in den planvoll strukturierten und gelenkten Kosmos und auf die Heilstaten Christi richtet, sieht den „erhöhten gekreuzigten" Logos. Zum anderen zeigt sich die universal-kreuzförmige Wirksamkeit des Logos durch die Sammlung der Kirche von allen Seiten der Erde zu dem einen Vater (epid 34; haer V 17,4).[831]

Selbstverständlich steht dieses „Sehen" des erhöhten gekreuzigten Logos immer noch unter den gegenwärtigen, irdischen Erkenntnisbedingungen. Irenäus würde unter keinen Umständen behaupten, daß der Gekreuzigte die unermeßliche Größe des Vaters vollständig sichtbar gemacht hat. Vielmehr hat der Logos am Kreuz eindeutig gezeigt, *daß* Gott das allumfassende Pleroma ist *und* daß den Menschen dadurch die eschatologische Gottesschau, die das Heil des Menschen ist, von Gott her definitiv zugesagt ist. Die am Kreuz geschehene Offenbarung des „Daß" der Größe Gottes und die Betrachtung der allumfassenden Wirksamkeit des Logos in den kreuzförmig angeordneten

---

830 Irenäus spielt mit der „Erleuchtung der Höhe" wohl nicht nur auf das Schöpferwirken des Logos (vgl. haer IV 19,2: Die Hand Gottes erleuchtet die Himmel und das, was unter dem Himmel ist), sondern auch auf die herrliche Aufnahme des auferstandenen Christus in den Himmel und mit der „Fortsetzung der Tiefe" auf den Abstieg des Gekreuzigten in die Unterwelt an, der bei Irenäus den absoluten Tiefpunkt des Christusgeschehens bildet (s.o. S. 278). Diese beiden Ereignisse zeigen (zumindest für die Himmelfahrt) *sichtbar,* daß der gekreuzigte Logos auch die vertikale Dimension des Kosmos vollständig umfaßt. Vgl. dazu Orbe, *Los primeros herejes,* 223-226; Tiessen, *Irenaeus,* 141f.

831 Vgl. auch haer III 11,8 (161,171-173: „Denn weil es vier Regionen der Welt gibt, in der wir auch vier Hauptwindrichtungen haben, die Kirche aber über die ganze Erde verstreut ist"). Dieser ekklesiologische Gedanke setzt m.E. eindeutig das skizzierte, kosmische Kreuzesverständnis voraus. Anschließend an die Darstellung des trinitarischen Schöpferwirkens (s.o.) kann m.E. im Blick auf die vier Regionen der Welt und die vier Windrichtungen gesagt werden, daß nach Irenäus der *Logos* die *Form* der horizontalen Dimensionen schafft, welche der *Geist* konkret als Erdteile und Windrichtungen ausgestaltet.

Kosmosdimensionen ist das „Angeld", das Heilsgewißheit verleiht und auf die *visio Dei* im Reich des Vaters vorbereitet.[832]

Irenäus' Argumentation hat eine deutlich antihäretische, genauer: antivalentinianische Spitze.[833] Er richtet sich zum einen gegen die für den himmlischen Ὄρος/Σταυρός *konstitutive* Funktion, die Erkenntnis des unsagbaren Urvaters dadurch zu *verhindern*, daß er das All, d.h. alle Äonen „außerhalb der unsagbaren Größe" hält bzw. die Sophia zu der Einsicht bringt, daß der Urvater unfaßbar ist, und ihre übergroße Wißbegier von ihr abtrennt.[834] Der Ὄρος/Σταυρός verhindert außerdem, daß psychische und pneumatische Elemente in das Pleroma eindringen. Die Offenbarung des kosmisch gekreuzigten Logos durch den gekreuzigten Christus bewirkt nach Irenäus genau das Gegenteil: Der allumfassende Logos zeigt als Gekreuzigter seiner Welt, daß sie Gott in seiner Größe *wirklich sehen* wird, und er integriert die gesamte Schöpfung in das Erlösungsgeschehen. Die Größe Gottes ist somit für die sichtbare und unsichtbare Welt *keine* Gefahr (bei den Valentinianern droht die *Sophia* von der „Süßigkeit" des unerforschlichen Abgrunds verschlungen zu werden), sondern sie bedeutet, in der *visio Dei,* einzig und allein *Heil.*[835]

Zum zweiten richtet sich Irenäus – dies wurde bereits gesagt – gegen den valentinianischen Urvater als „Abgrund" (Βυθός)[836], was nichts anderes meint, als daß der Urvater unergründlich ist. Indem der Logos nach Irenäus selbst in unbegrenzter Weise die „Tiefe" (βάθος) umschließt, ist die Annahme irgendeines anderen, von ihm zu unterscheidenden „Abgrunds" hinfällig. Während der valentinianische Urvater abgrundtief unerkennbar ist, bringt der gekreuzigte Logos abgrundtiefe Erkenntnis, „Gnosis", die keinen Winkel des Kosmos ausspart.

---

832 Vgl. Orac. Sib. I 372-378 (24 GCS; Übersetzung nach Treu, *Sibyllinen,* 595: „Aber wenn er die Arme ausbreitet und alles ausmißt [ἀλλ' ὅταν ἐκπετάσῃ χεῖρας καὶ πάντα μετρήσῃ] und den Dornenkranz trägt und sie seine Seite mit Lanzen durchbohren und deshalb drei Stunden finster gewaltige Nacht mitten am Tag sein wird, dann wird Salomons Tempel den Menschen ein großes Zeichen vollenden, wenn jener zum Hades geht, die Auferstehung den Toten zu künden"); VIII 302 (161 GCS: ἐκπετάσει χεῖρας καὶ κόσμον ἅπαντα μετρήσει).

833 S.a. Faus, *Carne,* 227-229 (etwas verkürzend die Aussage aaO, 229: „La crucifixión cósmica que afirma Ireneo no es más que la versión ortodoxa de esa crucifixión gnóstica"; s. dazu Tiessen, *Irenaeus,* 138f); Orbe, *Los primeros herejes,* 241.

834 S. haer I 2,2 (38,31-40,39/39f,166-174).

835 Vgl. Torisu, *Gott,* 214-217; Tremblay, *La manifestation,* 60-63.

836 S. nur haer I 1,1 (28,3f/28,76); vgl. oben S. 314.

Irenäus demontiert weiterhin den widersprüchliche Gedanken eines durch den ῞Ορος/Σταυρός begrenzten Pleromas. Der göttliche Logos umschließt selbst kreuzförmig und unbegrenzt *alles* und ist dadurch wahrhaftig das Pleroma, die grenzenlose „Entgrenztheit" des Macht- und Wirkbereiches Gottes. Schließlich richtet sich Irenäus gegen das valentinianische Diktum, der obere Christus habe die Funktion, die Äonen darüber zu belehren, daß ihre Paargenossenschaft (Syzygie) mit dem jeweils andersgeschlechtlichen Äon selbst das Begreifen des Urvaters sei. Gnosis und damit der Bestand des Pleromas bestehe eben darin, daß der Urvater immer unbegreiflich und unsichtbar bleibe.[837] In diesem Sinne sei der obere Christus die „Ursache für die Entstehung und Gestaltung" der Äonen in dem, was am Urvater „das Faßbare" (τό καταληπτόν) ist. Irenäus stellt dem entgegen, daß der Sohn Gottes das „Sichtbare des Vater ist".[838] Denn der gekreuzigte Christus offenbart als *Logos* Gottes, der an der Größe des Vaters teilhat (wenn auch unter den Bedingungen irdischer Erkenntnismöglichkeiten) das nach valentinianischer Sicht *Unfaßbare* des Vaters: seine allumfassende Größe, die den Menschen in der eschatologischen Vollendung vollständig zugänglich sein wird.[839]

3.2.6.2 Das Kreuz des inkarnierten Logos und die Schöpfung als Eigentum Gottes

Bevor Irenäus in haer V 18,3 auf die Kreuzigung des Logos in der gesamten Schöpfung zu sprechen kommt, hält er in haer V 18,1f[840] fest, daß Christus die οἰκονομία der Erlösung durch seine Kreuzigung „nicht mit Hilfe fremder, sondern durch seine eigenen Geschöpfe bewirkte[841], auch nicht durch solche, die aus Unwissenheit oder Fehltritt geschaffen wurden[842], sondern

---

837 S. haer I 2,5f (44,71-48,105/44,206-48,244).
838 S. haer IV 6,6 (450,99f): *invisibile etenim Filii Pater, visibile autem Patris Filius.*
839 S. haer II 20,3 (s.o. S. 277).
840 234,1-244,65; das folgende Zitat 234,1-236,5: *Et talem vel tantam dispositionem non per alienas sed per suas efficiebat conditiones, neque per ea quae ex ignorantia et labe facta sunt sed per ea quae ex sapientia et virtute Patris eius substantiam habuerunt.*
841 Dies geht gegen Markion (vgl. Overbeck, *Menschwerdung*, 288); vgl. Irenäus' Darstellung der Lehre Markions in haer III 11,2 (144,42-45: *Secundum autem Marcionem et eos qui similes sunt ei, neque mundus per eum factus est, neque in sua venit, sed in aliena*); 12,12 (232,428-234,432); 25,3 (482,26-484,45); IV 33,2 (804,31-806,50!); 34,1-3 (846,1-854,72); V 2,1 (28,1-30,17!).
842 Dies geht gegen die Valentinianer; vgl. Overbeck, *Menschwerdung*, 288.

durch solche, die ihre Substanz aus der Weisheit und Kraft des Vaters erhalten haben". Irenäus richtet seine Argumentation im Folgenden gegen die „bei aller Unterschiedlichkeit der jeweiligen Lehren durchgängige Negativqualifizierung der Welt" durch die Häretiker[843], die ein positives Verständnis der Kreuzigung Christi als Erlösungsgeschehen unmöglich macht. Denn der am Kreuz hängende, fleischgewordene Logos Gottes, den auch die Häretiker „bekennen"[844], fordert die positive Bewertung der Schöpfung als theologisch *notwendige* Voraussetzung.

Gegen *Markion* betont Irenäus, daß, wäre die Schöpfung nicht das gute Werk Gottes, Gott ungerecht wäre, weil er „Fremdes" begehrte, d.h. Geschöpfe eines anderen Schöpfers erlösen würde, und daß Gott als „bedürftig" erschiene, weil er etwas anderes nötig hätte als sein Eigentum (die Schöpfung), um den Menschen, die sein Eigentum sind, Heil zu bereiten.[845] Christus benutzt zur Erlösung der Menschheit nichts anderes als sein Eigentum – das *Holz* des Kreuzes als Bestandteil der Schöpfung. Diese kann ihm also keinesfalls, wie Markion es will, „fremd" sein; und Christus bedarf keiner fremden Hilfe, um die Erlösung durchzuführen.[846]

Gegen die *Valentinianer* und die Vertreter ähnlicher Lehren bestimmt Irenäus das Verhältnis von Gott, Logos und Schöpfung als „tragen" und „getragen werden" (*portare/baiulare* = βαστάζω):

„Wie also konnte ein Auswurf von Unwissenheit und Fehltritt den tragen, der die Erkenntnis von allem umfaßt und wahrhaftig und vollkommen ist? Oder wie hat eine Schöpfung, die vor dem Vater verborgen und weit getrennt ist, seinen Logos getragen? ... Wie aber faßte eine außerhalb des Pleromas befindliche Schöpfung den, der das gesamte Pleroma umfaßt? Weil also dies alles unmöglich ist und jedes Beweises entbehrt, ist allein wahr die Verkündigung der Kirche, daß seine eigene Schöpfung, die aus der Kraft und Kunst und Weisheit Gottes besteht, ihn getragen hat: Unsichtbar wird sie zwar vom Vater getragen, sichtbar aber dagegen trägt sie seinen Logos."[847]

Der Vater trägt seinen Logos und die Schöpfung. Der Logos, der vom Vater und von der Schöpfung getragen wird, trägt selbst die Schöpfung[848] und den

---

843 Overbeck, *Menschwerdung*, 290; vgl. aaO, 288-290. Hier auch zahlreiche Belege aus den Nag-Hammadi-Schriften; s. weiterhin haer V 18,2 (242,58-244,65).

844 S. haer V 18,1 (236,9-12).

845 S. haer V 18,1 (236,5-7). Irenäus bezieht sich in haer V 18,2 deutlich auf den Prolog des Johannesevangeliums (vgl. Jaschke, *Johannesevangelium*, 354-356).

846 S. haer V 18,1 (236,7: *sua utens conditione ad hominis salutem*).

847 Haer V 18,1 (236,12-238,28). S.a. haer V 18,2 (238,29-31).

848 S. haer V 19,1 (248,1-3).

Vater (vgl. Joh 14,11)[849], was wiederum bedeutet, daß diese den Logos *und* den Vater trägt. Das entscheidende Ereignis, in dem die Welt *sichtbar* den Logos Gottes (und mit ihm den Vater) getragen hat, ist die *Kreuzigung* Jesu Christi. Die Schöpfung „hätte jenen nicht getragen, wenn sie ein Auswurf von Unwissenheit und Fehltritt wäre. Daß aber der fleischgewordene Logos Gottes selbst am Holz hing, haben wir durch vieles bewiesen".[850] „Das Kreuz ist sichtbarer Ausdruck der intimen Beziehung von Gott und Welt. Nur darum kann das Holz den Logos tragen, weil es selbst und die ganze Schöpfung mit ihm vom Vater getragen wird".[851]

Irenäus expliziert diese „Weltverwobenheit"[852] Gottes mit seiner Schöpfung in haer V 18,2 trinitarisch unter Aufnahme von Eph 4,6 (diesen Text hatte er bereits in haer V 17,4 zitiert) und größerer Passagen des Johannes-Prologs (Joh 1,1-3.10-12.14).[853]

Weil das Kreuz, das den Logos Gottes sichtbar trägt, die ganze Schöpfung repräsentiert, zeigt dies, daß der Logos immer schon ordnend, „lenkend" und „zusammenhaltend" in sie „hineingekreuzigt" ist. Das Erlösungsgeschehen am Kreuz kann folglich *nur* deshalb in der Schöpfung stattfinden, weil diese selbst vom Logos Gottes „kreuzförmig getragen" wird – unsichtbar vor, sichtbar (in den Dimensionen des Alls und in der Kirche) mit und nach der Kreuzigung des menschgewordenen Logos.

3.2.6.3 Zusammenfassung

Irenäus widerlegt mit seiner kosmologisch-soteriologischen Interpretation des Kreuzes nicht allein die häretischen Kreuzesdeutungen als solche, sondern in erster Linie deren theologische Grundlagen. Seine Argumentation setzt bei der sichtbaren Kreuzigung des inkarnierten Logos als *Offenbarungsgeschehen* an, um von da aus zur unsichtbar-göttlichen Wirklichkeit vorzudringen.[854]

---

849 Vgl. Mel., pass. 105,802 (60 Hall): φορεῖ τὸν πατέρα καὶ ὑπὸ τοῦ πατρὸς φορεῖται.

850 Haer V 18,1 (236,7-11). Das gleiche meint Irenäus mit dem oben zitierten Abschluß von haer V 18,1: „Unsichtbar wird sie zwar vom Vater getragen, sichtbar aber dagegen trägt sie seinen Logos."

851 Overbeck, *Menschwerdung*, 293.

852 Overbeck, *Menschwerdung*, 294.

853 Genaueres v.a. zur Interpretation von Eph 4,6 – Irenäus wertet diesen Text sowohl in haer V 17,4 als auch in haer V 18,2 in erster Linie *ekklesiologisch* aus – unten ab S. 334.

854 Vgl. nochmals den Satz, mit dem Irenäus die als Argumentationseinheit aufzufassende Passage haer V 16,3-20,2 einleitet (218,35-37/218,10-12): „Und nicht allein durch das

Die Schöpfung erfüllt die von Gott geschaffenen Voraussetzungen, die nötig sind, damit das Erlösungsgeschehen im Bereich des Geschöpflichen stattfinden kann: Gott bedient sich mit dem materiell-geschaffenen Kreuz aus Holz *seiner* Schöpfung, um die Erlösung durchzuführen, und der am Kreuz hängende Logos zeigt, daß die Schöpfung in der Lage ist, Gott aufzunehmen, zu tragen. Dies ist nur deshalb möglich, weil die Welt selbst immer schon von Gott und seinem Logos geliebt und getragen wird.[855]

Die Kreuzigung Jesu Christi offenbart aber nicht nur, *daß* Gott die Welt trägt und zusammenhält, sondern auch *wie* er dies tut. Die in der Form des Kreuzes angeordneten Dimensionen des Universums geben *eindeutigen* Aufschluß darüber, *daß* der sichtbar am Kreuz hängende Christus mit dem im Unsichtbaren kreuzförmig wirkenden Logos identisch ist. Die Raumdimensionen des Kosmos verweisen zugleich auf die eigentliche, als theologische Letztbegründung anzusehende Ursache für den unauflösbaren Zusammenhang von Schöpfung und Erlösung: Gott ist das *unbegrenzte Pleroma,* die als Länge, Breite, Höhe und Tiefe *unendliche Entgrenztheit,* die *absolute Allmacht.* Irenäus betont Gottes in den Dimensionen des Alls erscheinende Allmacht nicht zuletzt aus Gründen der Heilsgewißheit. Nur weil Gott unendlich groß, sein Wirkbereich deshalb allumfassend ist, kann die Welt wirklich gewiß sein, daß das Erlösungswerk des Kreuzes von keiner anderen Macht, die als Gott begrenzende immer größer als Gott gedacht werden müßte[856], in Frage gestellt oder eingeschränkt wird.

Indem der gekreuzigte Logos sich selbst und den Vater als allmächtigen Schöpfer der Welt offenbart, ist zugleich gesichert, daß die Kreuzigung als Heilsgeschehen keinen Bereich der geschöpflichen Wirklichkeit ausspart. Wie das Schöpferhandeln Gottes allumfassend ist, so ist auch Gottes Erlösungswerk in seiner Reichweite schlechthin unbegrenzt. Das bedeutet aber auch, daß es keinen Teil der geschaffenen Welt gibt, der aufgrund seiner *substantiellen* Beschaffenheit immer schon als erlösungsunfähig zu gelten hätte. Daß sich Gott am Kreuz von seiner Schöpfung tragen läßt, ist nichts anderes als der Ausdruck seiner universalen Liebe zu seiner Welt.

---

bisher Gesagte offenbarte der Herr sich selbst und den Vater, sondern auch durch seine Passion".

855 Im Gegensatz dazu nötigen die untragbaren theologischen Prämissen der Häretiker zu der Konsequenz, daß der Erlöser für die Schöpfung „untragbar" ist.

856 S.o. und haer IV 2,5 (404,60-406,73: *Qui enim super se habet aliquem superiorem et sub alterius potestate est, hic neque Deus neque magnus Rex dici potest*).

3.2.7 Die ἀνακεφαλαίωσις am Kreuz als Offenbarung der trinitarischen Einheit Gottes

Gottes Wirken kann nur deshalb als Ausdruck seines einheitlichen Willens begriffen werden, weil sein *Wesen* eines ist. Gottes einheitliches Wesen verleiht seinen unterschiedlichen Taten ihren theologischen Zusammenhang. Weil Irenäus davon ausgeht, daß Gott in seiner auf universale ἀνακεφαλαίωσις ausgerichteten οἰκονομία stets als Vater, Sohn und Heiliger Geist wirkt[857], interpretiert er das Kreuz als Offenbarung des einen trinitarischen Gottes, der den unterschiedlichen Einzelereignissen der οἰκονομία ihre Einheit gibt.

3.2.7.1 Die Offenbarung der göttlichen Trinität durch das Kreuz

Nach Irenäus besteht zwischen der Predigt der Propheten und der Predigt der Kirche – obwohl beide *inhaltlich* übereinstimmen – eine gewisse Differenz: Weil die einzelnen, der Offenbarung Gottes im inkarnierten und gekreuzigten Logos *vorausliegenden* Kundgaben Gottes in der Zeit des Alten Bundes erst im rekapitulierenden Christusgeschehen zusammenkommen, können sie nur von Christus her als einheitliche Offenbarung des einen, trinitarischen Gottes ineinsgeschaut und ausgesagt werden. Die Kirche, die auf Christus *zurückblickt*, tut dies in ihrer Verkündigung[858]:

„Denn die Propheten haben unter anderem auch dies vorhergesagt, daß diejenigen, auf denen der Geist Gottes ruht und die dem Logos des Vaters gehorchen und nach Vermögen ihm dienen, Verfolgung leiden und gesteinigt und getötet werden sollten. In sich selbst bildeten nämlich die Propheten dies alles vor wegen ihrer Gottesliebe und wegen seines Logos. Denn da auch sie Glieder Christi waren, zeigte ein jeder von ihnen, je nach dem er ein Glied (Christi) war, entsprechend auch eine Prophetie, indem alle und viele den einen vorbildeten und die Ereignisse des einen ankündigten. Wie sich nämlich durch unsere Glieder das Wirken des ganzen Leibes zeigt, die Gestalt aber des ganzen Menschen nicht durch ein einzelnes Glied gezeigt wird, sondern durch alle, so stellten alle Propheten zwar den einen im voraus dar, ein jeder aber von ihnen erfüllte, je nach dem, welches Glied er war, die (jeweilige) *dispositio* und verkündigte im voraus die Tat Christi entsprechend seinem Gliedsein (folgt in haer IV 33,11-14 eine ausführliche Auflistung alttestamentlicher Christustestimonien). ... Und alles übrige, was immer die Propheten, wie wir gezeigt haben, durch die so lange Reihe der Schriften sagten, wird der wahrhaft Geistige erklären, indem er von einem jeden Aus-

857 Zu den modalistischen Tendenzen bei Irenäus s.o. Abschnitt 3.1.1.
858 Haer IV 33,10.15 (822,170-824,189; 842,325-844,337); vgl. haer IV 20,6 (oben S. 331 mit Anm. 867).

spruch nachweist, auf welchen besonderen Zug der Heilsordnung des Herrn hin er gesprochen wurde und dadurch den vollständigen Leib des Werkes des Sohnes Gottes zeigt, und
dabei immer denselben Gott weiß, und immer denselben Logos Gottes erkennt, wenn er uns
nun offenbart wurde, und immer denselben Geist Gottes erkennt, auch wenn er in den letzten Zeiten neu in uns ausgegossen wurde, und von der Schöpfung der Welt an bis zum Ende
ein einziges Menschengeschlecht, aus welchem die, die an Gott glauben und seinem Logos
folgen das von ihm (herkommende) Heil erlangen".

Indem Christus die ἀνακεφαλαίωσις vollzieht, faßt er die vielen „alten"
Offenbarungen Gottes in sich selbst in der Weise zusammen, daß sie (und
mit ihnen auch die *Geschichte* Gottes mit der Welt und den Menschen) in
ihm ihre Einheit finden und sich Gott *darin* als der eine, trinitarische Gott
zu erkennen gibt. Diese ἀνακεφαλαίωσις der prophetischen Verkündigun-
gen zur (zeitlich wie inhaltlich) einheitsstiftenden Offenbarung Gottes geschieht am Kreuz.

Die besonders konkrete, am äußeren Erscheinungsbild des Gekreuzigten
orientierte Kreuzesinterpretation von haer V 17,4 sowie einige weitere Aussagen in haer V 16,3-20,2, in denen Irenäus die Begriffe κεφαλή, ἀνακεφαλαίωσις und ἀνακεφαλαιόω verwendet, führen zu der Annahme, daß für
Irenäus bzw. schon für die Träger der von ihm verarbeiteten Traditionen der
Gedanke der ἀνακεφαλαίωσις mit dem Kreuz fest verbunden war.[859] In
haer V 17,4-20,2 bezeichnet Irenäus Gott, Christus und den Geist auffallend
oft als „Häupter" (*caput*, κεφαλή).[860] In haer V 20,2 nennt er weiterhin die
„Häupter" im Zusammenhang mit der von Christus (am Kreuz) vollbrachten
ἀνακεφαλαίωσις des Alls und der Menschheit.[861] Im direkten Anschluß
(haer V 21,1) spielt außerdem das Haupt des Teufels bei der *recapitulatio* der
„alten Feindschaft" eine wichtige Rolle. Die „Häupter" stehen zueinander in
folgendem Verhältnis:

In der Kreuzigung Christi wird die Hinordnung der Glaubenden auf das
Haupt der ganzen Welt sichtbare Realität. Denn das Haupt des Gekreuzigten

---

859 Vgl. auch Schnackenburg, *EKK 10*, 327.
860 S. Tabelle 1 im Anhang (unter *B*). – Schnackenburg, *EKK 10*, 58f unterstreicht, daß der
   Autor des Eph in 1,10 den Ausdruck ἀνακεφαλαιοῦσθαι „auch deshalb gewählt haben" wird, „weil er an κεφαλή anklingt. Christus ist nicht nur die integrierende Kraft
   für das All, sondern auch das herrscherliche Haupt über das All (vgl. Eph 1,22f). Deswegen muß man im Kontext des Eph bei diesem ,das All zusammenfassen' wohl auch ,in
   Christus als dem Haupt' mithören." Vgl. auch Schlier, *ThWNT 3*, 682; McHugh, *Reconsideration*, 302f; Orbe, *Los primeros herejes*, 228-230.
861 Vgl. auch haer III 16,6 (s. Tabelle 1 unter *Kombinationen aus A und B*).

verweist auf Gott, den Vater (haer V 17,4[862]), der selbst das Haupt Christi ist (haer V 18,2[863]). Indem Christus am Kreuz die Glaubenden auf den Vater hin versammelt und alles, was im Himmel und auf der Erde ist, in sich rekapituliert (haer V 18,3; 20,2), hat er sowohl im Unsichtbaren wie im Sichtbaren den Vorrang und „stellt sich selbst als Haupt der Kirche auf" (haer V 18,2).[864]

Christus setzt am Kreuz mit der ἀνακεφαλαίωσις der *dispositio secundum hominem* zugleich den *Geist*, dessen Haupt er selbst ist, als Haupt der Menschen ein (haer V 20,2). Der Geist führt die Menschen zur Erkenntnis der Wahrheit und zum Vater, dem Haupt über allem, auf den das Haupt des Gekreuzigten verweist.[865] Die Rückführung der Menschheit und der Welt zu ihren drei wahren Häuptern wird also *am Kreuz* sichtbar offenbart. Wer im Haupt des Gekreuzigten den einen Vater als das Haupt Christi und der Welt erkennt, der steht in der Gemeinde, die unter ihrem Haupt Christus versammelt wird, und unter der Leitung des Geistes, der als Haupt der Menschen zur Gotteserkenntnis führt.[866] Die Glaubenden werden durch den Gekreuzigten *„wieder-behauptet"*[867], auf ihre eigentlichen *capita* hin rekapituliert.[868]

---

862 Der Logos wurde durch das Kreuzesholz für alle Menschen sichtbar, „indem er an sich selbst die Höhe und die Länge und die Breite zeigte, und indem er, wie einer von den Ältesten sagte, durch die Ausstreckung der Hände die zwei Völker zu dem einen Gott hin versammelte. Zwei Hände zwar, weil auch zwei bis zu den Enden der Erde verstreute Völker, ein Haupt in der Mitte aber, weil auch ‚ein Gott über allem und durch alles und in uns allen' (Eph 4,6)" (234,94-101/234,12-18).

863 Vgl. auch haer IV 20,11. – Noormann, *Paulusinterpret,* 342 übergeht m.E. den Kontext von haer V 17,4-20,2, wenn er sagt, daß es für das Zitat von 1Kor 11,3b in haer V 18,2 keine Erläuterung gebe („mehr als eine hierarchische Ordnung wird damit kaum zum Ausdruck gebracht").

864 Zu haer V 18,2 s.o. S. 334; vgl. haer III 16,6. Daß Christus sich zum Haupt der Kirche aufstellt, ist eine direkte Folge der Rekapitulation „von allem", die am Kreuz geschieht: haer V 18,3: Der Logos *pependit super lignum, uti universa in semetipsum recapituletur;* III 16,6: *universa in semetipsum recapitulans, uti, sicut in supercaelestibus ... princeps est Verbum Dei, sic et in visibilibus ... principatum habeat ..., in semetipsum primatum adsumens et apponens semetipsum caput Ecclesiae ...";* (vgl. auch haer III 19,3; IV 32,1; 34,4; V 14,4; epid 39). S. dazu Wingren, *Man,* 172-175.

865 Vgl. haer IV 33,7 (s.o. S. 334 Anm. 878) und III 24,1. S.a. Loewe, *Question,* 169-171 sowie Torisu, *Gott,* 150, der allerdings nicht auf das Kreuz eingeht.

866 Zur ekklesiologischen Bedeutung des Geistes bei Irenäus s. Jaschke, *Geist,* 265-327; Flesseman-van Leer, *Tradition,* 118-122 sowie unten (dort weitere Lit.).

867 S.a. Scharl, *Recapitulatio,* 6-39. Scharl unterscheidet innerhalb des irenäischen Rekapitulationsbegriffs zwischen *intentionaler* und *realer* Rekapitulation. Intentionale Rek. meint: die Verwirklichung des vom Vater immer schon geplanten Schöpfungszieles, die Erfüllung der Heilsordnung, die der Logos seit der Grundlegung der Welt planvoll und zielstrebig auf sich hin geordnet hatte. Reale Rek. meint: „Der Gottmensch wird Haupt

Die ἀνακεφαλαίωσις am Kreuz wirkt sich negativ als Niederwerfung des Teufels, dem „Urheber des Abfalls", aus.[869] Weil Christus das „Haupt" der „Schlange" zertritt und damit die Feindschaft zwischen dem Menschen und dem Satan rekapituliert, ist der Apostat als Haupt der adamitischen Menschheit und als Ursache des Todes vernichtet.

Indem Irenäus die Kreuzigung als Offenbarung der göttlichen Trinität und der unermeßlichen Größe des Vaters interpretiert, stellt er das Kreuz in die Mitte des Erlösungsgeschehens, dessen Ziel darin besteht, die Menschen auf die *visio Dei* vorzubereiten. Die mit der *Inkarnation* des Logos anhebende

---

seiner Schöpfung, die in Ihm erneuert und vollendet wird" (aaO, 21). Der Kerngedanke des irenäischen ᾿Ανακεφαλαίωσις-Begriffs liege in der „Be-hauptung" (sic!) (damit ist gemeint, daß die Menschen und die ganze Schöpfung nicht nur wiederhergestellt werden, sondern zu ihrem Haupt und schöpferischen Grund zurückgeführt, man kann faßt sagen: in ihn hinein einverleibt werden), die die anderen Bedeutungsnuancen „erneuern" und „vollenden" so sehr durchdringe, „daß das Wort ganz losgelöst von dieser Grundbedeutung kaum ausschließlich im Sinne von ‚Wiedererneuerung' oder ‚Vollendung' zu finden ist. Christus bewirkt nicht nur Vollendung, sondern er ist selbst die Vollendung. „Die reale Rekapitulation ist Verwirklichung, zugleich Offenbarung ... der intentionalen Rekapitulation. Rekapitulation als Wiederherstellung und Vollendung gründen in der Rekapitulation als Be-hauptung" (aaO, 31) in Christus. Scharl weist damit völlig zurecht auf die Bedeutungsbreite des irenäischen Rekapitulationsbegriffs hin. Allerdings halte ich es für eine gewisse Engführung, wenn er den Kerngedanken der „Be-hauptung" (Zusammenfassung) primär mit dem *gottmenschlichen Sein* Jesu Christi verbindet (aaO, 31-34), dem „alles entscheidenden Todesgehorsam am Holz" (aaO, 38), der in dem „Be-hauptungs"-Gedanken verwurzelt ist, vor allem die Funktion der Wiedererneuerung und Vollendung zuweist (aaO, 34-38; 35: „Am Kreuze wurde die durch das gottmenschliche Sein behauptete Menschheit erneuert und vollendet"; vgl. aaO, 36), obwohl es „nicht unmöglich [ist], den *Zusammenhang* dieser verschiedenen Arten von ‚recapitulatio' zu erkennen, wenn Irenäus auch keine systematische Darstellung bietet" (aaO, 36f). Gerade die Tatsache, daß Irenäus in haer V 17,4-20,2 die Rede von den „Häuptern" (Scharl konzentriert seinen Häupterbegriff ganz auf Christus) mit der *Kreuzigung* Christi verbindet, spricht dafür, daß er auch dem Kreuz eine „Be-hauptungsfunktion" zuweist. Auch wenn ich mich der von Scharl vorgenommenen, differenzierten Bestimmung des Rekapitulationsbegriffs und einer Reihe von Einzelbeobachtungen grundsätzlich anschließen kann, halte ich die *Verteilung* der Bedeutungsnuancen von ἀνακεφαλαίωσις, die den Aufriß und die Darstellung von Scharls Buch bestimmt (und an einigen Stellen recht gekünstelt wirkt und sich u.a. dahingehend auswirkt, daß z.B. im 3. Kapitel, aaO, 40-68 der Erlösertod Christi auf einer knappen Seite abgehandelt wird), auf Inkarnation, Kreuzigung und eschatologische Vollendung insgesamt für problematisch (s.a. aaO, 81f).

868 Der Aufstieg der Menschen über den Geist und den Sohn zum Vater setzt sich auch im Eschaton fort, bis Christus dem Vater sein Werk übergibt, s. haer V 36,2 (458,37-460,41).
869 S. haer IV 40,3-41,3; V 21,1-24,4; epid 16 (104: *princeps-et-dux peccati* [ἀρχηγός]; Brox, *FC 8/1*, 43 und Smith, *Proof*, 57 übersetzen „Haupt und Führer der Sünde").

Selbstkundgabe Gottes kulminiert im Kreuz Jesu Christi, und sie wäre nach
Irenäus *ohne* die Kreuzigung *unvollständig*. Denn Gott offenbart sich im gekreuzigten Christus – den menschlichen Erkenntnismöglichkeiten angepaßt
– *seinem Wesen nach* (d.h. in seiner trinitarischen Allmacht über den Raum,
die Zeit, die Kreatur und als Richter) und nimmt somit im Gekreuzigten die
eschatologische Gottesschau vorweg, die das Heil der Menschen ist (*Et erit
vita tua pendens ante oculos tuos, et non credes vitae tuae*)[870] und ihnen durch
den Geist im Glauben zugeeignet wird (*per illum* [sc. den Geist] *enim vide-
mus et audimus et loquimur*)[871].

3.2.7.2 Die Funktion des Kreuzes für die Heilszueignung

Die irenäische Soteriologie wurzelt in der *Taufpraxis* bzw. in der *Tauftheolo-
gie*.[872] Irenäus erwähnt einige Male, daß die Glaubenden den „Kanon der
Wahrheit" bei der *Taufe* empfangen, indem sie auf Gott den Vater, den Sohn
und den Heiligen Geist getauft werden.[873] Besonders deutlich wird dies am

---

870 Haer V 18,3 (244,76f: zit. Dtn 28,66 LXX); vgl. IV 10,2 (496,42-48); 20,5 (640,125-642,
   130: *Quemadmodum enim magnitudo eius investigabilis, sic et benignitas eius inenarrabilis,
   per quam visus vitam his qui vident eum: quoniam vivere sine vita impossibile est, sub-
   sistentia autem vitae de Dei participatione evenit, participatio autem Dei est videre Deum et
   frui benignitate eius*); 20,6; 20,7 (648,180f: *gloria enim Dei vivens homo, vita autem hominis visio Dei*); 38,3 (956,78-84/956,9-15); V 7,2 (92,57-59). Vgl. Tremblay, *La manifestation*, 137-143; Orbe, *Teología II*, 244f. – Zu haer IV 20,7 und zur *visio Dei* insgesamt s.
   Donovan, *Alive*, passim; dies., *Unity*, 235-243 (die wichtige, für Irenäus' Offenbarungs-
   verständnis entscheidende Tatsache, daß nicht nur die Inkarnation, sondern gerade auch
   die Kreuzigung auf die seligmachende *visio Dei* vorbereitet, berücksichtigt Mrs. Donovan nicht).
871 Haer V 20,2 (260,59f); vgl. epid 93 (208/92); haer IV 6,7 (452,121-454,140). Es ist m.E.
   kein Zufall, daß Irenäus gerade in haer V 18,2 (242,52-61) Joh 1,14 *vollständig* zitiert.
   Während er den ersten Teil des Verses im Zusammenhang mit Inkarnationsaussagen
   mehr als vierzigmal explizit oder implizit aufnimmt (vgl. *Biblia Patristica I*, 384f), zitiert
   er den zweiten Teil (*Et vidimus gloriam eius, gloriam quasi unigeniti a Patre, plenum gratia et veritate*) nur an der genannten Stelle. Den ersten Teil des Verses bezieht Irenäus
   ausdrücklich auf die *secundum hominem dispensatio*, den zweiten Teil auf die schöpferische Wirksamkeit des Logos: *manifeste ostendens ..., quoniam „unus Pater super omnes"
   et unum Verbum Dei „quod per omnes"* (vgl. Eph 4,6), *per quem omnia facta sunt, et quoniam hic mundus proprius ipsius et per ipsum factus est voluntate Patris.*
872 Vgl. Studer, *Gott*, 84-86; Ochagavía, *Visibile*, 134-137; Jaschke, *Geist*, passim; Fantino, *La
   théologie*, 11f.
873 S. v.a. haer I 9,4 (150,109-113/150f,1082-1086); epid 3; 6f (86-92/34f.36f). Zur Frage nach
   der Verbindung von Taufe, katechetischer Unterweisung und Glaubensbekenntnissen s.

Beginn der epid, wo Irenäus das trinitarische Wirken Gottes programmatisch entfaltet:

Der Glaube „unterweist ... uns, daran zu denken, daß wir die Taufe empfangen haben zur Vergebung der Sünden im Namen Gottes des Vaters und im Namen Jesu Christi ... und im Heiligen Geist Gottes (vgl. Mt 28,19); und daß diese Taufe das Siegel[874] des ewigen Lebens ist und die Wiedergeburt in Gott"[875] (Irenäus expliziert im folgenden den Inhalt der trinitarischen Taufformel und fügt in epid 6 ein ausführliches, dreigliedriges „Glaubensbekenntnis"[876] an, um anschließend auf das soteriologische Wirken von Vater, Sohn und Geist einzugehen). „Und deswegen geht die Taufe unserer Wiedergeburt durch diese drei Punkte vor sich, indem Gott Vater uns zur Wiedergeburt begnadet mittels des Sohnes durch den Heiligen Geist. Denn die den Geist Gottes in sich tragen, werden zum Logos geführt, das heißt zum Sohn; der Sohn aber führt sie dem Vater zu, und der Vater läßt sie die Unverweslichkeit empfangen. Also nicht ohne den Geist ist der Logos Gottes zu sehen, und nicht ohne den Sohn kann man dem Vater nahetreten; denn die Erkenntnis des Vaters ist der Sohn, und die Erkenntnis des Sohnes Gottes ist durch den Heiligen Geist, den Geist aber erteilt der Sohn seinem Amt gemäß nach dem Wohlgefallen des Vaters an diejenigen, die (der Vater) will, und wie der Vater will."

Einer der wichtigsten neutestamentlichen Texte, mit denen Irenäus die trinitarische Form der Heilszueignung begründet, ist Eph 4,6.[877] In haer V 18,2[878] zieht er aus den kosmologischen Kreuzesaussagen von haer V 18,1[879] offenbarungstheologische und soteriologische Konsequenzen:

---

v.a. Kinzig u.a., *Tauffragen*, passim; Ritter, *TRE 13*, 405-408; Kretschmar, „*Selbstdefinition,*" 118; Studer, *Gott*, 84f; weiterhin Jaschke, *Geist*, passim; Kelly, *Glaubensbekenntnisse*, 55-57.80-85.

874 Vgl. epid 100 (220/97) u. unten S. 337 Anm. 890 (dort Lit. zur Taufe als „Siegel").

875 Epid 3 (88/34); vgl. haer III 17,1 (328,1-330,22); s.a. Torrance, *Proclamation*, 60f; Jaschke, *Geist*, 164-168.

876 Epid 6 (90-92/36) ist wohl kein Zitat eines Glaubensbekenntnisses, wie es von den Täuflingen gesprochen wurde. Es enthält (v.a. im „zweiten Artikel") eine Reihe von typisch irenäischen Wendungen.

877 Eph 4,5 handelt zuvor von der „einen Taufe". Zur Aufnahme von Eph 4,6 durch Irenäus s. Noormann, *Paulusinterpret*, 88f.341-343.385.428.523 (in haer V 18,2 wird der „formelhafte Text [sc. Eph 4,6] ... unter Verwendung paulinischer Versatzstücke auf ganz eigene Weise entfaltet" [aaO, 343]); Fantino, *La théologie*, 297-299.

878 238,29-240,42. Vgl. haer IV 33,7f (818,129-137/819,1-8).

879 Die Schöpfung konnte den inkarnierten Logos (und mit ihm den Vater) nur deshalb am Holz des Kreuzes „tragen" und „fassen", weil sie selbst vom Logos und vom Vater getragen und umfaßt wird.

„Der Vater nämlich trägt zugleich die Schöpfung und seinen Logos, und der vom Vater getragene Logos gewährt den Geist allen, wie der Vater es will: den einen zwar entsprechend
der Schöpfung, das ist (der Geist) der Schöpfung, das ist der „geschaffene" (Geist); den anderen aber nach der Adoption, das ist (der Geist) aus Gott, das ist die Erzeugung (aus ihm).
Und so zeigt sich ‚ein Gott Vater, der *über allem* und *durch alles* und *in allen* ist' (Eph 4,6).
Über allem nämlich der Vater, der selbst das Haupt Christi ist (vgl. 1Kor 11,3), *durch alles*
aber der Logos, der selbst das Haupt der Kirche ist (vgl. Eph 4,15; 5,23), *in uns allen* aber der
Geist, der selbst das lebendige Wasser ist, das der Herr allen gewährt, die recht an ihn glauben (vgl. Joh 7,38f) und ihn lieben und wissen, daß ‚ein Vater ist, der *über allem* und *durch
alles* und *in uns*[880] *allen* ist' (Eph 4,6)."

Indem Irenäus den Heiligen Geist als *aqua viva* prädiziert, bestimmt er die
Taufe als das entscheidende Ereignis, durch das die Glaubenden in die von
Christus eröffnete Heilswirklichkeit hineingenommen werden.[881] Derselbe
Geist, der auf Christus herabstieg, um sich daran zu „gewöhnen", in den
Menschen zu wohnen, bewirkt, daß die Glaubenden „mit dem Logos Gottes
gleichförmig" und, dem alten Ungehorsam entnommen, Gott gehorsam wer-

---

880 Das ἡμῖν fehlt in den meisten griechischen Handschriften des Eph. Vgl. dazu Fantino,
    La théologie, 297: „Il ne semble donc pas avoir été ajouté par Irénée lui-même, mais il est
    significatif de ses options théologiques."
881 Vgl. auch haer III 17,2 (332,31-42): „Deshalb hat der Herr auch versprochen, daß er den
    Parakleten senden werde, der uns Gott genau anpassen würde. Wie nämlich aus trocke-
    nem Weizen kein Teig ohne Feuchtigkeit noch ein Brot, so konnten wir viele nicht eins
    werden in Christus Jesus *sine aqua quae de caelo est*. ... Denn unsere Leiber haben durch
    jenes Bad die Vereinigung zur Unvergänglichkeit empfangen, unsere Seelen aber durch
    den Geist. Deshalb ist auch beides notwendig, weil beides zur *vita Dei* verhilft" (folgt
    eine kurze Paraphrase von Joh 4); V 11,2 (136,38-138,49); vgl. dazu Jaschke, *Geist*, 160-
    170; de Andia, *Homo*, 211-223. – Die Häretiker, die außerhalb der Kirche stehen und am
    Geist Gottes und seiner Gnade keinen Anteil haben, „werden weder durch die Mutter-
    brüste zum Leben genährt noch erhalten sie die aus dem Leib Christi hervorgehende,
    allerreinste Quelle (vgl. Offb 22,1; Joh 7,37f), sondern graben sich rissige Zisternen in
    Erdlöchern (vgl. Jer 2,13) und trinken von Schlamm modriges Wasser, indem sie den
    Glauben der Kirche fliehen, um nicht überführt, und den Geist verwerfen, um nicht
    belehrt zu werden" (haer III 24,1 [474,27-35]). Vgl. auch Jaschke, aaO, 158-160.

den.[882] Geist und Logos wirken bei der Heilszueignung eng zusammen. In haer III 17,3 heißt es[883]:

Christus hat dem Menschen den Heiligen Geist gegeben, *cui* [sc. dem Menschen] *ipse* [sc. Christus] *miseratus est et ligavit vulnera eius, dans duo denaria regalia* (vgl. Lk 10,30-35) *ut, per Spiritum imaginem et inscriptionem* (vgl. Mt 22,20) *Patris et Filii accipientes, fructificemus creditum nobis denarium, multiplicatum Domino adnumerantes.*[884] Die *imago et inscriptio* sind nach haer IV 36,7[885] die γνῶσις τοῦ Υἱοῦ τοῦ Θεοῦ, ἥτις ἐστὶν ἀφθαρσία.[886] Die Unvergänglichkeit erweist sich darin, daß die Schwachheit des Fleisches durch die Stärke des im Glauben bewahrten Geistes verschlungen wird.[887] Das Fleisch wird vom Geist in Besitz genommen, *oblita quidem sui, qualitatem autem Spiritus assumens, conformis facta Verbo Dei.*[888] *Et propterea ait: „Sicut portavimus imaginem eius qui de terra est, portemus et imaginem eius qui de caelo est"* (1Kor 15,49). *Quid ergo est terrenum? Plasma. Quid autem caeleste? Spiritus. Sicut igitur, ait, sine Spiritu caelesti conversati sumus aliquando in vetustate carnis, non obaudientes Deo, sic nunc accipientes Spiritum „in novitate vitae ambulemus"* (Röm 6,4), *obaudientes Deo.*[889] Das „Bild und die Aufschrift" (des Vaters und) des Sohnes sind gleichbedeutend mit dem

---

882 Der Geist eignet den von Christus am Kreuz erbrachten Gehorsam zu (vgl. haer V 16, 3!). S. haer III 17,1f (328,1-334,50); V 6,1 (72,1-5) und – bezogen auf die eschatologische Vollendung des Menschen – V 13,3 (172,63-71/172,3-9); 36,3 (464,65-466,74). In haer IV 37,7 (942,171-177) ist vom *coaptari* der Kirche an die *figura* der *imago* des Sohnes Gottes die Rede. Zu vergleichen sind auch haer III 19,1 (370,1-374,28/372,1-374,10) und IV 20,4 (634,77-636,92/634,1-62) wo Irenäus im soteriologischen Kontext vom *commixtus esse* der Menschen mit dem Logos Gottes (im zweiten Text darüber hinaus vom „Umfassen des Geistes Gottes durch den Menschen") spricht. Zum biblischen, namentlich zum paulinischen Hintergrund dieser und ähnlicher „soteriologischer Tauschformeln" s. Noormann, *Paulusinterpret*, 487-492 (Lit.); Jaschke, *Geist*, 268f.315f; auch Fantino, *L'homme*, 170-173; ders., *La théologie*, 247f; Wingren, *Man*, 201-213.
883 336,64-73.
884 Das Bild von der *imago et inscriptio* geht auf Mt 22,15-22 par (die Frage nach der Kaisersteuer) zurück. „Bild und Aufschrift" beziehen sich dort auf die geprägten Münzen, die den Kaiser zeigen, folglich dem Kaiser „gehören". Indem die Glaubenden die *imago et inscriptio* des Vaters und des Sohnes erhalten, werden sie zu „Münzen Gottes" geprägt. Durch diese *sichtbare* Prägung zeigen sie fortan, wessen Eigentum sie sind. Der *ros Dei* (Gottestau, 336,65) weist auf die Taufe, in der die Glaubenden zum Eigentum Gottes werden. Vgl. auch haer III 17,2 (332,39-42).
885 912,279-287/912,9-16: Der Denar, den die Arbeiter im Weinberg als Lohn bekommen (vgl. Mt 20,9) trägt nach Irenäus εἰκόνα καὶ ἐπιγραφὴν τοῦ Βασιλέως.
886 Die εἰκών ist hier also nicht die *imago Dei*, nach der der Mensch geschaffen wurde, sondern es entspricht von seinem Inhalt her der *similitudo*! S.a.u. S. 337 Anm. 891.
887 Vgl. nur haer V 9,2 (108,19-112,40).
888 Zu *conformis*/σύμμορφος vgl. Röm 8,29 und Phil 3,21 (hier ist Christus zugleich Subjekt und Bild der Vergleichförmigung) sowie haer V 6,1; 13,3 (s.o. S. 336 Anm. 882).
889 Haer V 9,3 (114,47-55); vgl. V pr. (14,35-39/14,1-5); 11,2 (136,38-140,59).

„himmlischen Bild des Geistes".[890] Denn die zentrale Tätigkeit des Geistes besteht darin, den Menschen dem Logos Gottes „konform" zu machen.[891]

Diese enge Verbindung von Christus und Geist in der irenäischen Soteriologie kann schließlich ein Vergleich von haer III 24,1 und epid 45 verdeutlichen, der zugleich zeigt, worin nach Irenäus die Funktion des Kreuzes im Zusammenhang mit der Heilszueignung an die Glaubenden besteht. In haer III 24,1[892] betont er, daß Gottes Heilshandeln, wie es von der Kirche geglaubt und verkündigt wird, zu allen Zeiten einhellig von den Propheten, Aposteln und allen „Schülern" (der Apostel) bezeugt wurde. Der Glaube „ist das der Kirche anvertraute Geschenk Gottes wie die ‚Anhauchung' für das Geschöpf (vgl. Gen 2,7), daß alle daran teilnehmenden Glieder belebt werden. Und darin ist niedergelegt die Gemeinschaft Christi, das ist der Heilige Geist, das unverwesliche Angeld[893] und die Bestärkung unseres Glaubens und die *Leiter des*

890 Möglicherweise steht hinter „Bild und Aufschrift" ein sehr viel konkreteres Geschehen, als es Irenäus zu erkennen gibt, und zwar die „Versiegelung" mit dem Kreuzzeichen, das den Täuflingen auf die Stirn gezeichnet wurde. Das X des Christus*namens* – der Name Christi ist der Name des Vaters (s. haer IV 17,6 [594,156-172]) – und das X als Zeichen des Kreuzes fallen zusammen (vgl. Dölger, *Sphragis*, 70-193; ders., *Beiträge IV*, 9-13; ders., *Beiträge V*, 12-22; Daniélou, *Les symboles*, 143-152; Dinkler, *Geschichte*, 1-25; ders., *Kreuzzeichen*, 26-54 (v.a. 40-46); ders., *Kreuztragen*, 77-98; ders., *Taufterminologie*, 99-117. – Obwohl Irenäus Röm 6,6 nie zitiert (vgl. Schlarb, *Wir sind mit Christus begraben*, 19), dürfte dieser Text den Gedanken von der Hereinnahme der Glaubenden in das Kreuzesgeschehen, die in der Taufe geschieht, nachhaltig beeinflußt haben (gegen Hauke, *Heilsverlust*, 268). Vgl. auch haer III 16,9 (322,294-297), wo Irenäus explizit auf Röm 6,3f eingeht.
891 Irenäus deutet 1Kor 15,49 weiterhin in haer V 11,2 (138,52-140,59). Diese Stelle bestätigt, (a) daß die *imago caelestis* der *similitudo Dei* entspricht (vgl. o. S. 336 Anm. 886), und (b) daß der Gedanke des „Bild-Tragens", wie sie in der soteriologischen Umformung der Kaisersteuer-Perikope greifbar wird, ihren Sitz im Leben in der Taufe hat (s.a. epid 42 [140-142/61]). – Den Gedanken des „Konform-Machens" des Menschen mit dem Logos wendet Irenäus in haer IV 37,7 (942,172-177) kollektiv auf die *Kirche* an.
892 470,1-472,22; das Zitat 472,17-22.
893 „*arrha incorruptelae*" (472,20f; vgl. Eph 1,14; 2Kor 1,22). Rahner, *Symbole*, 536 will hier *arrha* in *arca* ändern (so auch Klebba, *BKV 3*, 316). Die Kirche wird dadurch zur hölzernen (Kreuz!) Arche des Noah (vgl. Rahner, aaO, 525f). „Das lebendige Wasser der Gnade entströmt also der Seite des am Kreuz Gestorbenen, und dies läßt den Frommen der Urzeit unwillkürlich an die Türe in der Arche denken" (aaO, 536). „Die Arche ist, gleichwie der Baum des Paradieses, das Sinnbild für den Fall und die Erlösung des Adamsgeschlechtes durch die Kraft des Holzes. ... Noe ist also Vorbild auf Christus hin, der die Arche der Kirche erbaut als Schiff des Heils vor dem endgültigen Kataklysmos des letzten Gerichtes" (aaO, 526). Rahners Interpretation ist m.E. aus textkritischen Gründen abzulehnen (vgl. auch Brox, *FC 8/3*, 296f). Die genannte Textänderung ist willkürlich

Aufstiegs zu Gott (scala ascensionis ad Deum)." In epid 45f[894] deutet Irenäus die von der Erde bis zum Himmel reichende Leiter, die Jakob bei seinem Traum in Bethel sieht (vgl. Gen 28,12f), auf das Kreuz: „Und als Jakob nach Mesopotamien ging, sah er ihn (sc. den Sohn Gottes) im Traum oben auf der Leiter (*scala*) stehen, das heißt auf dem Holz (sc. dem Kreuz), die von der Erde bis zum Himmel reichte; denn auf ihr steigen die an ihn Glaubenden in den Himmel hinauf. Denn seine Leiden sind unser Aufstieg (*adsumptio*/ἀνάληψις) nach oben."[895]

Irenäus schreibt in diesen beiden Texten dem Geist und dem Kreuzesleiden Christi die gleiche Funktion der „Leiter zum Himmel" zu und gibt dadurch zu verstehen, daß sich das Kreuzesgeschehen direkt in der Zueignung des Heils durch den Geist fortsetzt. Dieser führt die Glaubenden genau in der Form in die Christusgemeinschaft, in der Christus ihnen das Heil verschafft hat. Anders gesagt: Der Heilige Geist wird den Menschen dadurch zur *scala ascensionis ad Deum*, daß er sie in das Kreuzesleiden Christi hineinnimmt, was ihnen das Kreuz zur „Himmelsleiter" werden läßt und auf diese Weise Christus „konform macht".[896]

3.2.8 Zusammenfassung

Das Christusereignis ist nach Irenäus als Erlösungshandeln Gottes zugleich der fundamentale Offenbarungsakt, durch den sich der eine Gott seiner Schöpfung als Schöpfer und Erlöser eindeutig zu erkennen gibt. In Jesus Christus ereignet sich proleptisch und den Bedingungen der menschlichen Erkenntnisfähigkeit angepaßt die eschatologische Gottesschau, die das Heil

---

und hat keinen Anhalt in den Handschriften. Einen expliziten Beleg für eine typologische Verbindung zwischen Kreuzesholz und Arche sucht man bei Irenäus vergeblich. Zu den beiden anderen Stellen, die Rahner für seine Verbindung von Kreuz und Arche anführt, s.u.

894 148-150/64f.

895 Im Hintergrund der Deutung der Himmelsleiter auf das Kreuz steht das kosmische Kreuzesverständnis. Irenäus wertet die kosmologischen und offenbarungstheologischen Aussagen (s. epid 34) in epid 45 soteriologisch aus. Das Kreuz, das als Leiter bis zum Himmel reicht, bildet die „Vertikale" des dreidimensional gedachten, kosmischen Kreuzes. – Ps-Hipp., pass. 51,8 (177,21 SC) deutet die Himmelsleiter Jakobs ebenfalls auf das Kreuz und schließt ebenfalls eine kosmische Kreuzesdeutung an (zum letzteren s.o. S. 320 Anm. 822): „Dies (Holz) ist Jakobs Leiter und der Weg der Engel, an seiner Spitze steht wahrhaftig der Herr."

896 Vgl. auch Jaschke, *Geist*, 322-327.

des Menschen ist: Gott offenbart sich in der Inkarnation und in der Kreuzigung seines menschgewordenen Logos als Vater, Sohn und Heiliger Geist. Er offenbart sich in der Kreuzigung seines Sohnes als universaler Herrscher, der die gesamte sichtbare und unsichtbare Kreatur *räumlich* umschließt und im Inneren zusammenhält. Er verleiht seinem Handeln in der Geschichte durch die „ἀνακεφαλαίωσις von allem" am Kreuz ihren inneren Zusammenhang und erweist sich somit als allwissender und den Verlauf der *Zeiten* planvoll ordnender Lenker. Er offenbart den Menschen und der Welt, daß sie in der Lage sind, Gott aufzunehmen und zu „tragen", also Gott gehorsam zu sein und damit den Kreuzesgehorsam Christi nachzuvollziehen: Denn der Logos Gottes wurde Mensch, wurde von der Jungfrau Maria geboren (die sie von ihm getragen wird, trug ihn) und starb den Tod am Kreuz (die ganze Schöpfung trug den Logos, der sie in seiner Einheit mit dem Vater immer schon getragen hat und trägt). Damit ist zugleich die grundsätzliche und umfassende Erlösungsfähigkeit aller Kreatur erwiesen, die an den Gehorsam gegen Gott, den der Gekreuzigte in radikalisierter Form aufgerichtet hat, gebunden ist und das Vergebungs- und Versöhnungshandeln des Gekreuzigten voraussetzt. Dieser Gehorsam ist als Ausdruck der *Liebe* und *Güte* Gottes zugleich das inhaltliche Kriterium, nach dem der am Kreuz zum Weltenrichter eingesetzte Jesus Christus *gerechtes* Gericht halten wird.

Das Erlösungsgeschehen ist somit nach Irenäus die Offenbarung der räumlich-zeitlich universalen, liebenden, gerechten und in allen Stücken freien Allmacht des einen Gottes, welche Grund und Ursache der Schöpfung ist.

3.3 Die Fortsetzung des Heilsgeschehens im Wesen und Leben der Kirche

Daß die *Kirche* in der Theologie des Irenäus eine besondere Rolle spielt, muß nicht eigens betont werden.[897] Mit dem Auftreten der Häretiker in den Gemeinden und der damit einhergehenden Inflation theologischer Wahrheiten stellt sich die Frage, wo die *eine* Wahrheit, die von Gott stammt und zu Gott führt, zu finden ist.[898] Irenäus gibt auf diese Frage folgende Antwort: Die eine Kirche[899] spiegelt als Gemeinschaft der Kinder Gottes in ihrem *Wesen* und in ihrem *Leben* das Erlösungsgeschehen wider. Weil sich der eine

---

897 Vgl. nur Kereszty, *Unity*, passim; May, *Einheit*, passim; Schmidt, *Kirche*, passim.
898 S. nur haer V 20,2 (256,27-258,37) u.o. Abschnitt 2.4; vgl. Jaschke, *Geist*, 278-282.
899 S.a. Kereszty, *Unity*, 203; Schmidt, *Kirche*, 37-40.94-97; de Andia, *Irénée*, 44-48.

Gott in Jesus Christus als allmächtiger Schöpfer offenbart und seine Geschichte mit der Welt in der ἀνακεφαλαίωσις zu ihrer heilvollen Einheit geführt hat, setzt sich *diese* Offenbarung in der Kirche so fort, daß sie durch die konkrete Gestalt, die öffentliche Verkündigung und den Lebenswandel der Kirche bis zur zweiten Ankunft Christi unverfälscht weitergegeben wird.[900] Anders gesagt: Weil die durch den Geist vermittelte Erfahrung des *erhöhten* Christus in der Kirche mit der Offenbarung des *präexistenten* Logos durch den *irdischen* Jesus Christus übereinstimmt, lebt die Kirche im Besitz der göttlichen Wahrheit, führt *Gott* die Menschen durch seine Kirche zum Heil; denn *er* verleiht in ihr seiner Selbstkundgabe in Jesus Christus Kontinuität.[901]

Irenäus formuliert seine Lehre von der Kirche in der Auseinandersetzung mit den Häretikern also als Antwort auf die Frage nach der Heilsgewißheit. Das Diktum Cyprians *quia salus extra ecclesiam non est*[902] ist in Sätzen des Irenäus wie *Ubi enim Ecclesia, ibi et Spiritus Dei; et ubi Spiritus Dei, illic Ecclesia et omnis gratia*[903], *Ubi igitur charismata Dei posita sunt, ibi discere oportet veritatem*[904] oder *Iudicabit* (sc. der „wahrhaft Geistige") *autem et omnes eos qui sunt extra veritatem, hoc est qui sunt extra Ecclesiam*[905] faktisch enthalten.[906]

---

900 Vgl. haer IV 34,2 (850,32-34: *Omnia enim ipse* [sc. Christus] *adimplevit veniens et adhuc implet in Ecclesia usque ad consummationem a lege praedictum novum Testamentum*). S. dazu Wingren, *Man*, 171.

901 Vgl. Wingren, *Man*, 147; Ochagavía, *Visibile*, 114.123-140; Blum, *Tradition*, 219-224 (hebt für Irenäus' Ekklesiologie zurecht „die imponierende Synthese zwischen Geist und Tradition im Sinne einer inneren Einheit des charismatischen und des institutionellen Elementes" [aaO, 224] hervor; vgl. auch Jaschke, *Geist*, 158-160; anders von Harnack, *Lehrbuch*, 410f). – Sechsmal bezeichnet Irenäus die Kirche als ἡ Ἐκκλησία τοῦ Θεοῦ (*Ecclesia Dei*). Mit einer Ausnahme geht es jedesmal um die Konversion von Anhängern und Anhängerinnen der Häretiker zur wahren Kirche (s. haer I 6,3 [96,54-58/96f,641-645: 96,56-58/97,644f]; 13,5 [200,88-101/200f,81-94: 200,91/200,84]; III 3,4 [40,75-83/40, 10-19: 40,80f/40,16f]; 25,7 [488,81-490,87: 488,85]; V pr. [12,16-29: 25]). Haer IV 26,2 (718,53-720,62: 720,58) handelt von der antikirchlichen Agitation der Häretiker und ist damit thematisch mit den anderen fünf Stellen verbunden.

902 Ep. 73,21 (795,3f CSEL).

903 Haer III 24,1 (474,27f). Zur ekklesiologischen Bedeutung des Geistes s.a. Schmidt, *Kirche*, 114-129; Bentivegna, *Dossier*, 43-47; Brox, *Offenbarung*, 161-167; Jaschke, *Geist*, 265-327; de Andia, *Homo*, 225-236; Tiessen, *Irenaeus*, 182-185.

904 Haer IV 26,5 (728,118f).

905 Haer IV 33,7 (816,127f).

906 Vgl. Schmidt, *Kirche*, 38; Flesseman-van Leer, *Tradition*, 112; Tiessen, *Irenaeus*, 206-210. Zum gnostischen Kirchenbewußtsein in Abgrenzung zur katholischen Kirche s. Koschorke, *Polemik*, passim (v.a. 211-232).

Irenäus verfolgt in seiner Ekklesiologie das gleiche Ziel wie in seiner Schöpfungslehre und seiner Christologie: Zur Erkenntnis der einen Wahrheit Gottes gelangen die Glaubenden nicht dadurch, daß sie „die Schätze der christlichen Offenbarung in einer ‚erhabenen‘, nicht-weltlichen Weise"[907] deuten, weil die sichtbare Wirklichkeit eine schlechte Abschattung der „höheren" pneumatischen Wirklichkeit ist. Im Gegenteil: Gott offenbart sich gerade *in* der sichtbaren Schöpfung, weil die Menschen nur auf diesem Wege zur Erkenntnis der heilbringenden Wahrheit kommen *können*. Aus diesem Grund setzt sich die Offenbarung Gottes in der sichtbaren Kirche des Heiligen Geistes – nicht in einer pneumatischeren *ecclesiola in ecclesia*[908] – für alle Welt sichtbar und für alle Menschen hörbar fort.

Um sein Beweisziel zu erreichen, entwirft Irenäus seine Ekklesiologie darüber hinaus als „Ekklesiologie des Kreuzes", d.h. er führt genau an den Stellen, wo es um die beschriebene „christologische Kontinuität" in der Ekklesiologie geht, das Kreuz als entscheidendes theologisches Kriterium ein, das die geforderte Kontinuität konstituiert. Die Kirche wird dadurch zum lebendigen Spiegel der Allmacht Gottes, wie sie der gekreuzigte Christus offenbart hat.

3.3.1 Die weltweite Sammlung der Kirche als Ausdruck der am Kreuz geoffenbarten, universal-räumlichen Allmacht Gottes

Die universal-räumliche Allmacht Gottes, die Jesus Christus am Kreuz offenbart hat[909], wirkt sich direkt auf die Gestalt der Kirche aus. Weil der göttliche Logos der Kirche an seinem „kreuzförmigen Wesen" Anteil gibt, setzt sich das Kreuzesgeschehen auch nach seiner Auferstehung und Himmelfahrt weltweit fort. Zu vergleichen sind hier ein weiteres Mal haer V 17,4 und epid 34. In beiden Texten wertet Irenäus die Offenbarung der kosmischen Raumdimensionen durch den Gekreuzigten ekklesiologisch aus. Die ekklesiologische Auswertung bildet jeweils das Argumentationsziel.

In haer V 17,4 kombiniert Irenäus die aus Eph 3,18 abgeleiteten Aussagen über Höhe, Länge und Breite mit einer Kreuzesinterpretation eines τῶν προβεβηκότων, die auf Eph 2,14-16 basiert, und bezieht dabei die abstrakten Dimensionen Länge und Breite auf die *ausgestreck-*

---

907 Koschorke, *Polemik,* 186; vgl. aaO, 211f.
908 Vgl. Koschorke, *Polemik,* 220-228; Jaschke, *Geist,* 267f.
909 S.o. Abschnitt 3.2.6.

ten Hände[910] des Gekreuzigten, mit denen dieser die „beiden Völker" versammelt, *die bis an die Enden der Erde verstreut sind"* (vgl. Jes 11,12; Joh 11,52)[911]; die Dimension der Höhe[912] verbindet Irenäus mit dem *Haupt* Christi, das auf den Vater, der über allem ist, verweist und zu dem der Gekreuzigte die Glaubenden hinführt (vgl. Eph 4,6). In epid 34 – hier fehlen die „beiden Völker" – beschließt Irenäus seine Beschreibung der universal-räumlichen, kreuzförmig ordnenden Wirksamkeit des Logos mit den Worten: „Denn er ist es, der die Höhe, d.h. die himmlischen Dinge, erleuchtet und die Tiefe, die weit unter der Erde liegt, fortsetzt und die Länge von Ost und West hinstreckt und die Nordseite und die Mittagsbreite durchschifft und die Zerstreuten von allen Seiten zur Erkenntnis des Vaters zusammenruft."

Trotz der unterschiedlich gelagerten Schwerpunkte stimmen haer V 17,4 und epid 34 in ihrer theologischen Grundaussage überein: Am Kreuz eröffnet der Logos die weltweite Sammlung der Glaubenden[913] (die Kirche ist in ihrem Wesen von der *horizontal-universalen* Wirksamkeit des Logos bestimmt), die zu dem einen Gott in der Höhe hinführt (die Kirche ist ihrem Wesen nach

---

910 Zu diesem und zum nächsten Motiv der „beiden Völker" s. den nächsten Abschnitt.

911 234,99/234,15 (καὶ δύο λαοὶ διεσπαρμένοι εἰς τὰ πέρατα τῆς γῆς/*et duo populi dispersi in fines terrae*). Vgl. die Texte u. S. 342 Anm. 913. In Did. 9,4 (122,4f FC) und 10,5 (124,12-15 FC) ist im Zusammenhang mit der Eucharistie von der Einsammlung der Kirche von den „Enden der Erde" und von den „vier Winden" die Rede; dazu s. Niederwimmer, *Didache*, 187-192.198-201.

912 Die wichtigste neutestamentliche Stelle für die Deutung des Hauptes Christi auf Gott ist 1Kor 11,3: κεφαλὴ δὲ τοῦ Χριστοῦ ὁ θεός (s. haer V 18,2 [240,36f]: *Super omnia quidem Pater, et ipse est caput Christi*). Die von Irenäus bzw. den Trägern seiner Tradition vorgenommene *ekklesiologische* Anwendung dieses Motivs stellt eine Weiterführung von Eph 1,22f; 4,15f; 5,23 (vgl. Kol 1,18; 2,10.19) dar. Weil das Haupt Christi der Vater ist, führt Christus als Haupt der Kirche diese zu Gott. – Das Motiv der „Höhe" spielt in abgewandelter Form auch in haer IV 2,7, wo Irenäus die eherne Schlange aus Num 21 auf den am Kreuz erhöhten Christus deutet, eine wichtige Rolle (s.o.).

913 Vgl. dazu allgemein auch haer I 10,1 (154,1f/155,1101f: „Denn die Kirche, obwohl sie bis an die Grenzen der bewohnten Erde verstreut ist ['Η μὲν γὰρ ἐκκλησία, καίπερ καθ᾽ ὅλης τῆς οἰκουμένης ἕως περάτων διεσπαρμένη]", hat ein und denselben Glauben); 10,2 (158,24-31/158f,1128-1134); 10,3 (166,90-92/166,1191-1193); II 9,1 (84, 17f); III 3,1 (30,1-3); 12,7 (212,276-278); IV 36,1f (876,1-888,90: Der Weinberg (s. Mt 21, 33-43) ist die Menschheit [Adam, Patriarchen], die Werkleute stehen Israel [mit Moses Gesetzgebung], der Zaun für Jerusalem als Aufnahmestätte des prophetischen Geistes, der Sohn für Christus, der getötet wird. Gott übergibt den Weinberg, der nun nicht mehr umzäunt, sondern *expansa in universum mundum* ist, der Kirche, dem „Turm seiner Erwählung": *Quapropter tradidit eam Dominus Deus, non iam circumvallatam sed expansam in universum mundum, aliis colonis reddentibus fructus temporibus suis, turre electionis exaltata ubique et speciosa, ubique enim praeclara est Ecclesia; et ubique circumfossum torcular, ubique enim sunt qui susipiunt Spiritum* [884,71-886,76]); V pr. (10,7-12); epid 21 (110-112/46). Zur Ausbreitung der Kirche im 2.Jh. s. allg. von Harnack, *Mission*, 529-958 (v.a. 626-628); Tröger, *Christentum*, 36-53; Tiessen, *Irenaeus*, 67-73 (77-80 zu Irenäus).

auf Gott, der durch die *Vertikale* des kreuzförmigen Wirkens des Logos angezeigt ist, ausgerichtet).[914] Da die Kirche durch die Kreuzigung Jesu Christi an der universalen Größe Gottes Anteil erhält[915], wird sie selbst zum bleibenden Ausdruck der unbegrenzten Schöpfermacht Gottes. Zugleich stellt sie als „kreuzförmige Sammlung" des *erhöhten* Christus unter Beweis, daß der *auf Erden* gekreuzigte Jesus der inkarnierte Logos Gottes ist, der als *Präexistenter* den Kosmos kreuzförmig leitet und ordnet. Mit der universalen Ausbreitung der Kirche ist sichergestellt, daß Gottes Erlöserhandeln – wie sein Wirken als Schöpfer auch – alle Menschen (die „ganze Ökumene") erreichen wird.

Irenäus verwendet auch an anderen Stellen die vier Himmelsrichtungen, um die weltweite Ausbreitung der Kirche zu umschreiben. Er erwähnt in diesen Texten das Kreuz nicht. Dennoch dürfte der Gedanke des kreuzförmig den Kosmos ordnenden Logos implizit vorhanden sein, wie haer III 11,8f belegt.[916] Irenäus beweist dort, warum es genau vier Evangelien („vier Säulen, die von allen Seiten Unvergänglichkeit zuhauchen und die Menschen immer wieder beleben"[917]) gibt und warum diese als theologische Einheit aufzufassen sind.[918] Die einleitende Begründung für die Vierzahl lautet[919]: „Weil sich die Welt, in der wir leben, in vier Re-

---

914 Die Vertikale umfaßt auch die Unterwelt. Zur Kirche gehören alle Gerechten *in profundis*, die Christus nach seiner Kreuzigung aufsucht, um ihnen das Heil seiner Ankunft auf Erden zu verkündigen (s.o.). Vgl. Clem., exc. Thdot. 42,1-3 (120,1-7 GCS) und spätere Texte wie z.B. Lact., Inst. IV 26,36 (220,143-148 SC); s.a. Bousset, *Weltseele*, 283, der epid 34 als Beleg für eine typisch christliche, an die platonische Weltseele angelehnte eschatologisch-soteriologische Spekulation interpretiert („Christus [führt] auf seinem großen Himmelskreuz die erretteten Seelen in die Höhe") und den ekklesiologischen Akzent, der durch die Fortsetzung epid 35f deutlich unterstrichen wird, zu wenig hervorhebt.

915 Die Kreuzigung ist also, obwohl die Apostel erst zu Pfingsten nach der Ausgießung des Geistes mit ihrer weltweiten Mission beginnen, das *eigentlich kirchengründende Ereignis* (s.a. oben das über die am Kreuz geoffenbarten „Häupter" Gesagte und haer III 14,2 [264,59-62; zit. Apg 20,28: *Adtendite igitur et vobis et omni gregi in quo vos Spiritus sanctus praeposuit episcopos regere Ecclesiam Domini quam sibi constituit per sanguinem suum*]). – Zur weltweiten Mission nach Pfingsten s. epid 41 (138-140/60f); 86 (200/88); haer III 1,1 (20,7-22,17); 17,3 (334,57-336,64); IV 4,1 (416,1-418,25/418,1-8); IV 34,4 (854,73-860,117). S. dazu Jaschke, *Geist*, 265-267.

916 Zur Entstehung des Vier-Evangelien-Kanons, die wahrscheinlich in Kleinasien zu verorten ist, s. allg. von Campenhausen, *Entstehung*, 201-207 und (zu haer III 11,8) 228-234; Ochagavía, *Visibile*, 177-180; Farkasfalvy, *Theology*, 329f; Benoît, *Introduction*, 111-120.

917 Haer III 11,8 (160,180-162,182/162,6-8).

918 Irenäus spricht auch sonst öfter von dem *einen* Evangelium, s. nur haer III 1,1 (20,1-22,17) u.ö. Vgl. Benoît, *Introduction*, 106-111.

919 Haer III 11,8 (160,1-162,6): Ἐπεὶ γὰρ τέσσαρα κλίματα τοῦ κόσμου ἐν ᾧ ἐσμὲν καὶ τέσσαρα καθολικὰ πνεύματα, κατέσπαρται δὲ ἡ ἐκκλησία ἐπὶ πάσης τῆς γῆς, στῦλος δὲ καὶ στήριγμα τῆς ἐκκλησίας τὸ εὐαγγέλιον καὶ Πνεῦμα ζωῆς.

gionen teilt und weil es vier Hauptwindrichtungen gibt, die Kirche aber über die ganze Erde verbreitet ist[920], Säule und Stütze (vgl. 1Tim 3,15) der Kirche aber das Evangelium und der Geist des Lebens sind[921] ...". Irenäus folgert: „Aus diesen Gründen ist es offenbar, daß der Künstler von allem, der Logos, der über den Cherubim thront (vgl. Ps 79,2 LXX) und alles zusammenhält (s. Weish 1,7), uns, als er den Menschen erschien, ein viergestaltiges Evangelium gab, zusammengehalten aber vom einen Geist."[922]

Die mehrschichtige Begründung, die Irenäus der Viergestalt des Evangeliums gibt, ist von seiner kosmischen Kreuzesdeutung aus zu interpretieren. Die vier Erdteile, denen die vier Hauptwindrichtungen entsprechen, verankert Irenäus im unsichtbaren kreuzförmigen Wirken des Logos (so v.a. epid 34). Der Logos gibt dem Kosmos seine Gliederung *und* seine Einheit, seinen „Zusammenhalt".[923] Gleiches gilt für die Ausbreitung der Kirche über die Welt. Auch sie ist – wie gezeigt – ihrem Wesen und ihrer Existenz nach im kosmischen Wirken des gekreuzigten Logos begründet; auch sie ist in ihrer Zerstreuung über die vier Regionen der Erde *eine*. Der Geist setzt das Wirken des Logos fort: Christus gibt als inkarnierter Logos entsprechend seiner Wirkgestalt vier Evangelien, die vom Geist „zusammengehalten" werden.[924] Wie der Logos dem All seine Einheit gibt, indem er es „zusammenhält", so wirkt der Geist die Einheit der vier Evangelien, so daß er mit dem Evangelium die *eine* „Säule und Stütze" der Kirche ist, die sich in den *vier* Evangelien

---

920 Vgl. die „Horizontale" des kosmischen Kreuzes.
921 Vgl. die „Vertikale" des kosmischen Kreuzes. S.a. haer III 1,1 (20,1-6): „Denn wir haben nicht durch andere die Anordnung unseres Heils kennengelernt als durch die, durch die das Evangelium auf uns gekommen ist: Was sie damals predigten, haben sie uns später durch Gottes Willen in Schriften übergeben als zukünftige Grundlage und Säule unseres Glaubens" *(fundamentum et columna fidei nostrae)*. Nach Rordorf, *Petrus*, 613-615 meint Irenäus hier mit dem „Fundament" die *mündliche* Verkündigung der Apostel, mit der „Säule" die *schriftliche* Form des einen Evangeliums in seiner vierfachen Gestalt, deren Zustandekommen er in haer III 1,1 schildert und in III 11,8 theologisch begründet. Auch in haer III 3,3 habe Irenäus mit dem Stichwort οἰκοδομεῖν, das auf θεμελιοῦν folgt, schriftliche Evangelien (Mk und Lk als Werke der Schüler des Petrus und Paulus) im Blick. Vgl. auch haer IV 21,3 (682,54-56: „In der Fremde wurden die zwölf Stämme, das Geschlecht Israel geboren, weil auch Christus in der Fremde das *duodecastylum firmamentum Ecclesiae* erzeugen sollte").
922 Haer III 11,8 (162,182-186/162,8-12).
923 In haer V 18,3 nimmt Irenäus vor dem Schlüsselsatz *et universa conditione infixus* ebenfalls Weish 1,7 *(continet omnia)* auf.
924 S.a. haer III 11,9 (174,275-278: *Etenim cum omnia composita et apta Deus fecerit, oportebat et speciem evangelii bene compositam et bene compaginatam esse)*; vgl. Jaschke, *Geist*, 284f.

als *vierfache* Säule entfaltet.[925] Das eine Evangelium ist in seiner vierfachen Gestalt das *Evangelium der Wahrheit für die Welt,* weil sich in seiner besonderen Gestalt und in seiner Einheit das kosmische Wirken des Logos sichtbar durchsetzt.[926] Die vier Weltregionen und Hauptwinde sind für Irenäus nur deshalb „ein Zeugnis für die Vollzahl der überhaupt möglichen und darum die ganze Lehre Christi enthaltenden Evangelien"[927], weil der kreuzförmig wirkende und das All gestaltende Logos an der als „Länge, Breite, Höhe und Tiefe" beschreibbaren, pleromatischen Größe des Vaters vollständig teilhat.

---

925 Die „Vertikale" des „kosmischen Kreuzes" ist in dem in der Höhe über den Cherubim thronenden Logos und in den „Säulen/Stützen" angedeutet, die ebenfalls „nach oben" weisen. – Die vier Evangelien, so Irenäus ausführlich im Mittelteil von haer III 11,8, entsprechen in ihren jeweiligen Besonderheiten der viergestaltigen πραγματεία (*dispositio*) des Sohnes Gottes, von der wiederum die vier Cherubim (vgl. Ez 1,6.10; Offb 4,7), auf denen der Logos thront, Abbilder sind. Der *Löwe* zeigt das „Wirkmächtige, Leitende und Königliche" des Logos an (*Johannes:* erzählt die vorzügliche, wirkmächtige und herrliche Geburt vom Vater), der *junge Stier* verweist auf seine Bestimmung als Opfer und Priester (*Lukas:* hat typisch priesterliche Züge), das *Gesicht eines Menschen* bildet seine Ankunft als Mensch ab (*Matthäus:* beginnt mit dem Stammbaum Jesu, der durchweg als demütiger und sanfter Mensch geschildert wird) und der *fliegende Adler* symbolisiert die Gabe des Geistes, die auf die Kirche zufliegt (*Markus:* beginnt mit einem geistgewirkten Prophetenzitat, ist kurz und eilig geschrieben nach Art eines Propheten). Wenn die die kosmische Kreuzesdeutung zugrundelegende Interpretation richtig ist, so findet auch die vierfache Gestalt der Heilsordnung Jesu Christi ihre theologische Letztbegründung im „kreuzförmigen Wesen" des Logos! – Vgl. auch Lanne, *Cherubim,* 530-535; Skeat, *Canon,* 195-199. Nach Skeat, aaO, 198 habe Irenäus in haer III 11,8 „without a shadow of doubt", ohne die Offb vergleichend heranzuziehen, auf eine Quelle zurückgegriffen, die von Ez ausging, Offb 4,7 zitierte und wahrscheinlich einen Vier-Evangelien-Codex einschloß.

926 S.a. den Abschluß von haer III 11,9 (174,272-278): „Daß aber allein jene (sc. die vier Evangelien) wahr und zuverlässig sind und daß es weder mehr als die zuvor genannten noch weniger Evangelien geben kann, haben wir durch so viele und so starke (Argumente) gezeigt. Weil nämlich Gott alles wohleingerichtet und passend geschaffen hat, mußte auch die Gestalt (*species*) des Evangeliums in guter Weise eingerichtet und gut zusammengefügt sein." Irenäus streicht hier m.E. ganz bewußt am Ende seiner Ausführungen über die Vierzahl des Evangeliums das Schöpfungshandeln Gottes als *die* entscheidende Ursache für die *species Evangelii* heraus. – Vgl. Bousset, *Kyrios,* 340: „Dieses vierfache, das heilige Jesusbild enthaltende Evangelium ist ihm [sc. Irenäus] beinahe eine kosmologische Notwendigkeit, so notwendig wie die vier Winde und die vier Weltgegenden". Wenn meine Beobachtungen stimmen, dann ist das vierfache Evangelium für Irenäus nicht nur beinahe, sondern – wegen der kreuzförmigen Gestalt des Logos – wirklich eine „kosmologische Notwendigkeit". Anders Benoît, *Überlieferung,* 168; ders., *Introduction,* 114-120); Ohlig, *Begründung,* 282; Farkasfalvy, *Theology,* 330.

927 Bonwetsch, *Theologie,* 38 (ohne kreuzestheologische Begründung).

Irenäus gelingt es damit, „die vier überkommenen Evangelien so zusammenzuschließen, daß sie als gottgewolltes geschichtliches Dokument des einen Evangeliums unwidersprechlich, endgültig und exklusiv gehört werden müssen. Sie sind durch Irenäus zu einem im strengen Sinne kanonischen Buche geworden."[928]

In haer I 10,2[929] unterstreicht Irenäus, daß die Verkündigung der Kirche, obwohl sie über die ganze Welt verbreitet ist[930], absolut einheitlich ist. Die Kirche lehrt und spricht, als wohnte sie in einem Haus, als hätte sie nur eine Seele, ein Herz und einen Mund. Die Sprachen der Welt sind zwar verschieden, der Inhalt der Überlieferung ist ein und derselbe. „Und die Kirchen in Germanien[931] glauben nicht anders noch überliefern sie anders, noch die in Iberien (Spanien) noch die bei den Kelten noch die im Orient noch die in Ägypten noch die in Libyen und in der Mitte der Welt. Wie die Sonne, Gottes Geschöpf, in der ganzen Welt ein und dieselbe ist, so scheint das Licht (vgl. Joh 1,5), die Botschaft der Wahrheit, überall und erleuchtet alle Menschen (vgl. Joh 1,9), die zur Erkenntnis des Wahrheit kommen wollen (vgl. 1Tim 2,4)."

Robert M. Grant[932] vermutet, daß Irenäus in diesem Text (und in haer III 11,8) eine Landkarte vor Augen hatte, und rekonstruiert sie folgendermaßen:

	εν Γερμανιαις		Skythien
	εν Κελτοις		
Europa	εν Ιβηριαις		
		κατα	μεσα
		του	κοσμου
Afrika	εν Λιβυη		
	εν Αιγυπτω		Äthiopien

Grant folgert, daß diese Karte „may suggest another obvious reason for the *potior principalitas* of the Roman church". Die „Mitte der Welt" wäre demnach Rom.[933]

---

928 von Campenhausen, *Entstehung*, 234 (ohne kreuzestheologische Begründung).

929 158,24-160,42/158,1128-160,1144; das Zitat 158,33-160,42/159f,1136-1144.

930 S.o. S. 342 Anm. 913.

931 Der Plural im griechischen Text zeigt, daß Irenäus die beiden germanischen Provinzen *Germania superior* und *Germania inferior* meint (weitere Details bei Maiburg, *Ausbreitung*, 48f).

932 *Patristica*, 226 (das Zitat unten ebd.).

933 Umfangreiches Belegmaterial aus profanen, jüdischen und christlichen Quellen für die geographische Auflistung von Ländern in der Antike hat Ursula Maiburg, *Ausbreitung*, passim zusammengetragen. In den profanen Quellen legen v.a. die lateinischen Autoren auf die literarische Seite der geographischen Aufzählung Wert. Rom steht „einerseits als Höhepunkt am Ende der Aufzählung der vorhergegangenen Reiche und Weltherrschaften, andererseits wird die geographische Ausdehnung des römischen Reiches umschrieben, um Größe und Macht auszudrücken (aaO, 41). Die geographischen Listen des AT wollen informieren oder erzählen. Beide Intentionen müssen vor dem Hintergrund der Heilsgeschichte und des Lobpreises Jahwes verstanden werden (s. Gen 15,18-21; Dtn 7,1;

Ob *diese* Rekonstruktion Grants zutreffend ist, läßt sich kaum beurteilen. Irenäus, wird, wenn auch keine Landkarte, so doch einen festen Weltplan vor Augen gehabt haben, was haer III 11,8 belegt.[934] Das Hauptproblem bei Grants „Karte" besteht zum einen darin, daß es bei Irenäus keinen Beleg für Skythien (*Scythia*) gibt; zum anderen verortet Irenäus Ägypten und Äthiopien wohl in der gleichen „Weltgegend". Dies geht weniger aus den beiden Stellen hervor, wo er die Bekehrung des äthiopischen Eunuchen (vgl. Apg 8,26-39) schildert[935], sondern in erster Linie aus haer IV 20,12[936], wo Irenäus die Heirat des Mose mit der Äthiopierin Zippora, der Tochter Reguëls (vgl. Ex 2,21), als prophetische Zeichenhandlung auf die Heidenkirche deutet. Mose „machte die Äthiopierin zur Israelitin", um zu zeigen, daß der „wilde Ölbaum in den Olivenbaum eingepfropft und an dessen Fettigkeit teilhaben würde. Denn weil der nach dem Fleisch geborene Christus zwar vom Volk (sc. Israel), um getötet zu werden, aufgesucht, in Ägypten aber befreit werden sollte, d.h. unter den Heiden, um die dortigen Kinder zu heiligen, woher er sich auch die Kirche aufgerichtet hat – denn Ägypten war vom Anfang an heidnisch, wie auch Äthiopien –, deshalb wurde durch die Heirat des Mose die Heirat des Logos[937] angezeigt, und durch die äthiopische Braut die Kirche aus den Heiden dargestellt".

Wie kann Irenäus' „geographischer Weltplan" im einzelnen ausgesehen haben? Wo lag für ihn die „Mitte der Welt"? Ein wenig Licht ins Dunkel bringt ein Vergleich mit Theophilus von Antiochien, der in Autol. II 32,1-3[938] von der Besiedlung der Welt durch die Mensch-

---

Jos 9,1f; 10,28-42; 2Sam 24,5-9; u.ö.). Das AT kennt weiterhin die Umschreibung oder Begrenzung eines Gebietes durch Angabe einiger Punkte, die meist (z.B. Jos 10,41) „stellvertretend für die vier Himmelsrichtungen genannt werden" (aaO, 42). Die Wendung „bis an die Grenzen der Erde" (s. z.B. Jes 49,6; Sir 44,21; Sach 9,10; Mal 1,11) steht im Zusammenhang mit der eschatologischen Erwartung der weltweiten Jahweherrschaft (vgl. aaO, 42f). Im NT begegnen geographische Aufzählungen in dreierlei Weise: a) „Juden und Griechen" bei Paulus (Röm 10,12; 1Kor 12,13; Gal 3,28 u.ö.) als Antithese zweier entgegengesetzter Elemente. b) Informativ-berichtende Angaben (z.B. Apg 1,8; 8,1; 15,23; 2Tim 4,10-12 u.ö.). c) Listen, in denen die „Enden der Erde" oder „überall" etc. steht. Sie sind mit den prophetischen Texten und den lateinischen Schriftstellern verwandt. Die aufgezählten Einzelglieder werden dadurch als zufällig gekennzeichnet, „die rhetorische Funktion der gesamten Aufzählung hervorgehoben" (aaO, 44), z.B. Apg 1,8 (die „Enden der Erde" weisen wohl über Rom hinaus): „Die Mission beginnt in Jerusalem und ist universal auf die ganze Welt ausgerichtet; dies deutlich zu machen, ist die Intention dieser Stelle" (ebd.). Auch Maiburg vermutet, daß Irenäus mit der „Mitte der Welt" Italien (und Griechenland) meint (aaO, 46 mit Verweis auf Hauck, *Kirchengeschichte*, 6, der allerdings wie Maiburg keine Begründung liefert).

934 Zur „Orientierung" des antiken Menschen innerhalb (s)eines (geozentrischen) Weltbildes und zu den unterschiedlichen Vorstellungen von der „Mitte der Welt" in der Antike vgl. allgemein Lohmann, *Mitte*, 121-130.

935 Haer III 12,8 (212,279-216,293/214,1-216,10: Nach seiner Taufe wird der Eunuch εἰς τὰ κλίματα τῆς Αἰθιοπίας [*in regiones Aethiopiae*] zur Mission geschickt); IV 23,2 (694, 42-698,60: Der Eunuch ist nach seiner Taufe *praeco futurus in Aethiopia Christi adventus*.

936 672,361-374/672,1-6.

937 Ir^gr: „Christus".

938 84,1-18 PTS. Vgl. Maiburg, *Ausbreitung*, 46.

heit handelt. Theophilus schreibt, daß es nach der Sintflut zunächst nur Menschen in Arabien und Chaldäa gegeben habe. Nach der Sprachentrennung (vgl. Gen 11) hätten sich die Menschen über die ganze Erde (ἐπὶ πάσης τῆς γῆς) verbreitet und sich teils nach Osten (πρὸς ἀνατολάς), teils „nach den Teilen des großen Kontinents und nach Norden" (ἐπὶ τὰ μέρη τὰ τῆς μεγάλης ἠπείρου καὶ τὰ πρὸς βόρειον) bis Britannien in die nördlichen Gegenden (ἐν τοῖς ἀρκτικοῖς κλίμασιν) gewandt, teils in das Land Kanaan, das auch Judäa und Phönikien heißt, teils nach Äthiopien, Ägypten, Libyen und in das „völlig verbrannte" Land und bis in die Gegenden, die sich bis zum Sonnenuntergang erstrecken. Die übrigen Menschen hätten die Gegenden von der Meeresküste und von Pamphylien an und die Asia, Griechenland, Makedonien besiedelt, und weiterhin Italien sowie die sogenannten Gallien, Spanien und Germanien. „Während also die menschliche Besiedelung auf der Erde anfangs nur nach drei Seiten hin geschah, nach Osten, Süden und Westen (ἔν τε ἀνατολῇ καὶ μεσημβρίᾳ καὶ δύσει), wurden später auch die übrigen Teile der Erde bevölkert, weil die Zahl der Menschen riesig anwuchs."[939] In Theophilus' Modell der Weltbesiedlung fällt auf, daß er den Mittelpunkt der Welt offenbar in der Gegend von Arabien und Chaldäa sieht. Italien (mit Rom) liegt diesbezüglich dezentral. Äthiopien, Ägypten und Libyen (auch das „völlig verbrannte" Land[940]?) bilden den Süden.[941]

Dieser „Landkarte" ähnelt die des Irenäus insofern, als auch er den Orient unbestimmt läßt und mit Ägypten und Libyen wahrscheinlich den Süden meint. Die „Mitte der Welt" läßt darauf schließen, daß Irenäus mit Germanien, Spanien und den Kelten die anderen Himmelsrichtungen Norden (Germanien[?]) und Westen (Gallien[?] und Spanien; vgl. Röm 15,24.28; 1 Clem. 5,6) im Blick hat. Die „Mitte der Welt" könnte auch Palästina (mit Jerusalem) sein[942], wo Christus gekreuzigt wurde und von wo aus die Apostel zur weltweiten Mission aufgebrochen waren.[943] Die Vermutung, daß für Irenäus Palästina (Jerusalem) die Mitte der Welt bildet, wird durch einige weitere Beobachtungen unterstützt. Zum einen spielt Jerusalem in Irenäus' Heilsgeschichte, vor allem aber in seiner Eschatologie eine

---

939 Vgl. auch Orac. Sib. III 167-172.207-210 (57-59 GCS); Theophilus zitiert in Autol. II 31,6 (82,25-33 PTS) aus Orac. Sib. III 97-103.105; VIII 5.

940 Nach di Pauli, *BKV 8*, 64 ist damit Innerafrika gemeint.

941 Vgl. Grant, *Patristica*, 227.

942 Vgl. Brox, *FC 8/1*, 200 (ohne Begründung); anders ders., *Rom*, 61: „Neben αἱ ἀνατολαί kann sich der Ausdruck nicht auf Jerusalem und Palästina beziehen; vielmehr sei μέσα τοῦ κόσμου „Sammelbezeichnung der nicht namentlich aufgezählten Gebiete, die in der Mitte der bekannten Welt und zwischen den genannten Kirchen liegen" (ebd.). Anders Grabe (zit. nach Harvey *I*, 93): *Ecclesiam Hierosolymitanam, eique vicinas, Irenaeum hic intellexisse ... unicuique notum est.* Dazu Harvey, ebd.: Es könnte sein, daß Jerusalem zu den Kirchen des Orients gezählt wurde, „die Mitte der Welt" demnach die Kirchen Italiens als Zentrum (im Verhältnis zu den genannten östlichen und westlichen Kirchen) meinte. Eine weitere Lösung wäre, daß mit der „Mitte der Welt" Mitteleuropa gemeint ist.

943 S. haer III 12,5 (196,149-151/196,1-4): Petrus predigt in Jerusalem (Apg 4,24-28): „Das sind die Stimmen der Kirche, von der jede Kirche ihren Ursprung (ἀρχή) hat; das sind die Stimmen der Mutterstadt (τῆς μητροπόλεως/*civitatis magnae*; vgl. *SC 210*, 292 [P. 197, n. 1.]) der Bürger des Neuen Bundes"; IV 34,4 u.ö.

besondere Rolle. Jerusalem ist die von Gott erwählte Stadt[944], die „Stadt des großen Königs", die zwar verlassen wurde[945], in der aber die entscheidenden Geschehnisse der Endzeit stattfinden sollen und schließlich, im „neuen, himmlischen Jerusalem", Gott zusammen mit den Heiligen wohnen wird.[946] Zum anderen war Jerusalem/Palästina Schauplatz der zentralen Heilsereignisse[947] und Ausgangspunkt der weltweiten Mission der Kirche.[948] Die Vorstellung, daß Palästina bzw. Jerusalem die „Mitte der Welt" bilden, paßt m.E. besser zu diesen Aussagen als Rom.

Sollte Irenäus wirklich in Jerusalem, dem Ort der Kreuzigung Christi, den Weltmittelpunkt sehen, spiegelten sich hier, vor allem wenn haer III 11,8 mit berücksichtigt wird, un-

---

944 Vgl. haer III 10,1 (112,10-13); IV 36,2 (882,49f).
945 S. haer IV 4,1-3 (416,1-424,66/418,1-8; 420,1f): Jesus bezeichnet in Mt 5,34 Jerusalem als „die Stadt des großen Königs" (s. haer IV 2,5 [406,64f]). Indem die Häretiker behaupten, daß Jerusalem nicht verlassen worden wäre, wenn es wirklich diese Stadt wäre, verkennen sie die besondere heilsgeschichtliche Funktion Jerusalems. Jerusalem ist wie ein Strohhalm, der das Korn trägt. Als die Frucht der Freiheit erschienen, gewachsen, geerntet und eingebracht und die Fruchtbringenden „in alle Welt ausgesät" (haer IV 4,1 [418,16]; Christus und die Apostel) waren, war das Joch der Knechtschaft, das Jerusalem in sich getragen hatte und den Menschen zur Freiheit hin zähmen sollte, unnötig und nicht mehr dienlich zur Fruchtbringung. „Was nämlich einen zeitlichen Anfang hat, muß auch ein zeitliches Ende haben" (418,23-25). Das Gesetz begann mit Mose und endete mit Johannes (s. Lk 16,16). Auch Jerusalem begann mit David und vollendete die Zeit seiner Gesetzgebung und mußte ein Ende haben, als das Neue Testament offenbart wurde. Wie Jerusalem wird auch die Gestalt der Welt vergehen am Tag des Gerichts. Vgl. dazu Bacq, *Alliance,* 56-60.
946 Jerusalem als Schauplatz der Herrschaft des Antichrists: haer V 25,2 (312,26-36); 25,4 (320,83-86); 30,4 (386,106-115). Jerusalem als Erbteil der Gerechten: haer IV 26,1 (716, 27f). Das wiederaufgebaute Jerusalem und das himmlische Jerusalem, das nach dem Millennium auf die Erde kommen wird: haer V 34,4-35,2 (432,89-450,107), v.a. haer V 35,1 [438,21-442,53], wo Irenäus Bar 4,36-5,9 zitiert: „Schau um dich in den Osten, Jerusalem, und sieh die Freude, die vom Herrn selbst dir zukommt. ... Denn Gott wird dem Universum unter dem Himmel deinen Glanz zeigen. ... Steh auf, Jerusalem, und stelle dich auf die Höhe und blicke nach Osten und siehe, versammelt deine Söhne vom Aufgang der Sonne bis zum Okzident durch das Wort des Heiligen, sich freuend der Erinnerung Gottes". Dazu haer V 35,2: Die Worte Baruchs seien nicht vom Überhimmlischen gesagt. Das alte Jerusalem werde im Millennium zunächst wieder aufgebaut werden nach der Zeichnung des oberen Jerusalem; dort werden die Gerechten „die Unverweslichkeit üben und bereitet werden zum Heil"; das obere Jerusalem wird nach den Zeiten des Reiches kommen, wenn die alte Erde und Himmel vergangen und der neue Himmel und die neue Erde sein werden (vgl. Offb 21,1-4; Jes 65,17f). – Vgl. ausführlich Orbe, *Teología III,* 445-611; Overbeck, *Menschwerdung,* 537-582; de Andia, *Homo,* 314-319.
947 Vgl. haer III 18,4 (352,80-82); III 20,4 (396,106-398,120): „Ankunft" *[adventus]* meint hier eindeutig, wie auch haer IV 33,11f [830,232-836,279] bestätigt, Jesu Geburtsort, im Süden „des Erbteils von Judäa"; anders Brox, *FC 8/3,* 253: „Wiederkunft").
948 Vgl. nur haer IV 34,4 (s.o. Abschnitt 3.2.3.6).

terschiedliche antike Vorstellungen.[949] Im assyrisch-babylonischen, aber auch im germanischen Bereich und in Ägypten kannte man eine zentrale Weltachse, die das Himmelsgewölbe vor dem Einsturz bewahren sollte. In Indien und bei den Germanen lebte das Bild vom stützenden Weltbaum, der Himmel, Erde und Unterwelt verbindet (vgl. das Kreuz als Offenbarung der befestigenden und alles umfassenden Macht des Logos). Die Vorstellung eines steinernen Weltberges[950] als Symbol der kosmischen Mitte findet sich v.a. im semitischen Raum (dies wäre im Blick auf Irenäus Golgatha[951]).

949 Zum folgenden vgl. Lohmann, *Mitte*, 122-124 (dort Belege).

950 Oder auch eines künstlichen Weltturmes (vgl. Gen 11).

951 Zur Vorstellung vom „Nabel der Welt" (ὀμφαλὸς τῆς γῆς), die sich praktisch in der gesamten antiken Welt findet und nicht zuletzt in Palästina mit Jerusalem/Zion (und dann im christlichen Sinne: Golgatha) in Verbindung steht, vgl. Lohmann, *Mitte*, 124-130 (v.a. 126f); Jeremias, *Golgotha*, 40-45 sowie Rahner, *Mythen*, 53-73 (hier weitere Belege für Golgatha als Mittelpunkt der Erde aus späterer kirchlicher Literatur; diese Verbindung wird erstmals sicher am Beginn des 4.Jh.s bei Victorinus von Pettau greifbar). – Vgl. auch Mel., pass. 94,704f (52 Hall; alle folgenden Belege nach dieser Edition): „Alle Stämme der Völker" (94,693 [vgl. Ps 95,7 LXX]; vgl. auch 92,673-676 [50]), die gleichsam als Zuhörer am Prozeß gegen Israel teilnehmen und so zu Zeugen der Hinrichtung Jesu werden, sollen ihr Augenmerk auf den „ungerechten Mord des Gerechten" (94,706 [50]) richten, der „mitten auf der Straße und inmitten der Stadt mitten am Tag vor aller Augen" geschah, so daß er der Welt nicht verborgen bleiben konnte. Melito betont mehrmals, daß Jesus „mitten in Jerusalem" gekreuzigt wurde, vgl. 72,506; 93,692; 94,694 (52). Melito kannte Palästina (und wohl auch Jerusalem aus eigener Anschauung [vgl. Frgm. 3 [bei Eus., h.e. IV 26,13f = Hall, *Pascha*, 64.66]; der traditionelle Ort der Kreuzigung Jesu wurde wahrscheinlich zwischen 41 und 44 n.Chr. in die Stadtmauer des Herodes Agrippa einbezogen, vgl. Hall, aaO, 5355; Jeremias, *Golgotha*, 8-10). Steht hier die Vorstellung im Hintergrund, daß Jerusalem der Mittelpunkt der Welt ist und *deshalb* alle Völker den Gekreuzigten sehen können, dessen Heil alle Grenzen des bewohnten Erdkreises erreicht (vgl. 45,294-298 [22]; vgl. Jeremias, aaO, 40)? Die Aufhängung Jesu am Kreuz im Zentrum der Welt stünde dann zur „Aufhängung der Erde", die ebenfalls „zentriert" gedacht werden müßte, in antithetischer Entsprechung (die Wendung pass. 95,707 [52; καὶ οὕτως ὕψωται ἐπὶ ξύλου ὑψηλοῦ: „und so wurde er erhöht an einem hohen Holz", vgl. Joh 3,14; 8,28; 12,32.34] könnte ebenfalls auf die Parallelität von Kreuzigung und Aufhängen der Erde hinweisen, wenn auch nur indirekt, da Melito in pass. 95 die Unerhörtheit der Hinrichtung Jesu unterstreicht). Schöpfung (Christus ist aktiv) und Kreuz (Christus ist passiv) kämen somit in einen heilsgeschichtlichen Zusammenhang, der die primäre Begründung für das „δεῖ" des Leidens Jesu darstellte. Möglicherweise verbirgt sich auch hinter den beiden Zeilen pass. 96,712f (54) eine ähnliche Vorstellung, die das Schöpfungshandeln und die Kreuzigung Christi als strukturelle Übereinstimmung von Kosmologie und Soteriologie auffaßt. Die „Befestigung" des Himmels und des Alls geschieht durch Christus, der selbst „am Holz befestigt wird". Im gnostischen System des Ptolemäus übernimmt der Ὅρος/Σταυρός die Funktion, das All zu befestigen. Der Unterschied zwischen der ptolemäischen Horos-Vorstellung und Melitos Aussagen zur Festigung des Kosmos besteht darin, daß diese das στηρίζειν ausdrücklich dem Stauros (dem himmlischen Urbild des irdischen Kreuzes Jesu) zuweisen, während

Wenn Irenäus in haer I 10,2 wirklich an die vier Regionen der Erde und damit an das kreuzförmige Schöpferwirken des Logos denken sollte, könnte die Vermutung, daß mit der „Mitte der Welt" Palästina (mit Jerusalem) gemeint ist, in der Tat die richtige sein: Der inkarnierte Logos wurde in der Mitte seiner von ihm selbst kreuzförmig geordneten Welt gekreuzigt.

Die vier Himmelsrichtungen spielen auch in Irenäus' Deutung der Landverheißung an Abraham eine wichtige Rolle. In epid 35[952] zieht er aus der weltweiten Sammlung der Kirche durch den kreuzförmig wirkenden Logos die Folgerung („also"), daß Christus mit der Sammlung der Glaubenden die *Verheißung an Abraham* erfüllt hat. Während Irenäus in epid 35 sein Augenmerk vor allem auf die Rechtfertigung durch den Glauben richtet[953], behandelt er in haer V 32,2[954] auch die *Landverheißung* an Abraham, die sich erst in der weltweiten Kirche erfüllt:

„So hat also auch die Verheißung Gottes, die er Abraham gab, festen Bestand. Denn er sprach (Gen 13,14f): ‚Blicke hinauf mit den Augen und schau von dem Platz, an dem du jetzt bist[955], *nach Norden und Süden und Osten und nach dem Meer* (sc. Westen) denn alles Land, das du siehst, werde ich dir geben und deinem Samen auf ewig.' Und abermals sagte er (Gen 13, 17): ‚Stehe auf, das Land zu betreten in seiner *Länge und Breite* (terram in longitudinem eius et in latitudinem), denn dir werde ich es geben.'"[956] Weil Abraham von der ihm als Erbe versprochenen Erde zu seinen Lebzeiten „keinen Fuß breit" empfing, muß er sie mit seinem

---

bei Melito *Christus* selbst Tätigkeit des Festigens übernimmt. Die Vorstellung einer Festigung des Alls durch ein *himmlisches* Kreuz (oder durch das kreuzförmige Wesen des Logos) läßt sich für Melito, obwohl er an anderer Stelle zum Teil wörtliche Parallelen mit valentinianischen Gedanken aufweist, nicht nachweisen (s. pass. 66,451-456 [34] und Halton, *Echoes,* passim; für Melito ist eine Urbild-Abbild-Konstruktion im Sinne der ptolemäischen Gnosis undenkbar, geschieht im Paschamysterium Christi doch die Offenbarung der Wahrheit [des Urbildes] und die Erfüllung der *Abbilder*).

952 132-134/57; vgl. auch haer III 9,1 (98,12-100,17: allgemein: der Same Abrahams wird wie die Sterne des Himmels sein); s. dazu Roldanus, *L'héritage,* 212f.220-224; Tremblay, *La signification,* 452-455.

953 Dazu s.u. S. 357 Anm. 978.

954 398,25-404,70. Vgl. Orbe, *Teología III,* 366-382; Overbeck, *Menschwerdung,* 499-515 (weder Orbe noch Overbeck gehen auf die vier Himmelsrichtungen oder die Dimensionen „Länge und Breite" genauer ein); de Andia, *Homo,* 306-312.

955 Abraham (damals noch: Abram) befindet sich nach Gen 13,12 „im Lande Kanaan", also in Palästina (also für Irenäus in der „Mitte der Welt"?).

956 Vgl. auch haer IV 8,1 (464,1-166,8; gegen Markion): Christus selbst erweckte Abraham „aus Steinen Söhne ... und machte seinen Samen (sc. die Kirche) wie die Sterne des Himmels, weil er sprach (Mt 8,11; Lk 13,29): ‚Sie werden kommen *vom Ost und West, von Nord und Süd,* und sie werden mit Abraham, Isaak und Jakob im Reich der Himmel zu Tisch sitzen'".

Samen empfangen (vgl. Gen 15,18), „das sind die, die Gott fürchten und an ihn glauben, in der Auferstehung der Gerechten. Sein Same aber ist die Kirche, die durch den Herrn die Annahme an Kindesstatt bei ihm (sc. Gott) empfängt." Zu diesem Samen werden gemäß der Verheißung alle Völker gerechnet (vgl. Gal 3,6-9). „Gott aber hat die Erbschaft der Erde Abraham und seinem Samen versprochen, aber weder Abraham noch sein Same ... erhalten jetzt auf ihr ein Erbe: sie werden es aber empfangen in der Auferstehung der Gerechten. Denn wahrhaftig und treu ist Gott; und deswegen nannte der Herr ‚die Sanftmütigen selig, weil sie die Erde erben werden' (Mt 5,5)."[957]

In diesem Zusammenhang sind noch zwei weitere Stellen zu nennen, deren Interpretation aber insgesamt unsicher bleiben muß.

In haer IV 10,1 thematisiert Irenäus die Präsenz des Sohnes Gottes in der ganzen Schrift[958]: Der Sohn Gottes ist überall in den Schriften „eingesät", „bald mit Abraham redend, bald mit Noah, *dans ei mensuras*".[959] Auf die „Maße" kommt Irenäus auch in haer IV 16,2 zu sprechen (hier geht es um Gerechte des Alten Bundes, die ohne Beschneidung oder Sabbatbeachtung gerechtfertigt wurden): „Genauso empfing Noah, weil er Gott gefiel, obwohl er unbeschnitten war, die *mensuras mundi secundae generationis*".[960] Zuvor nennt Irenäus Abraham, ohne allerdings die „Maße" mit ihm zu verbinden. Was ist hier mit den „Maßen der Welt des zweiten Geschlechts" (und dann auch mit den „Maßen" aus haer IV 10,1) gemeint?

Irenäus spielt in haer IV 16,2 wahrscheinlich auf Gen 6,15f an. Gott diktiert Noah den Bauplan der Arche: „Und so sollst du die Arche machen: Dreihundert Ellen die Länge (τὸ μῆκος) der Arche und fünfzig Ellen die Breite (τὸ πλάτος) und dreißig Ellen ihre Höhe (τὸ ὕψος) (folgen Angaben zur Positionierung des Fensters und der Tür). Mit Erdgeschoß, zweitem Geschoß und drittem Geschoß sollst du sie ausstatten." Wenn Irenäus wirklich Gen 6,15f vor Augen hatte, wiesen die „Maße" der Arche[961] – nicht die konkreten

---

957 Vgl. haer V 34,1 (420,1-424,27: ähnliche Argumentation mit Zitaten von Ez 28,25f; Jer 16,14f; 23,7f); s.a. haer V 35,1 (442,41-44 s.o. S. 349 Anm. 946).
958 Vgl. Houssiau, *La christologie*, 83-86.
959 Haer IV 10,1 (492,9-12). Das *ei* ist textkritisch nicht gesichert. Der älteste Cod. Claromontanus (9.Jh.) und Cod. Vossianus lesen *eis,* d.h.: der Sohn Gottes gab Abraham *und* Noah „Maße".
960 Haer IV 16,2 (562,34-36).
961 Vgl. die Übersetzung in *SC 100/2*, 493: „... il donne à Noé les dimensions de l'arche" (die Übersetzer haben hier „die Arche" sinngemäß ergänzt). Obwohl Irenäus hier Noahs Arche faktisch mit der Kirche identifiziert, bleibt insgesamt unklar, wie er sich den Zusammenhang des Kreuz*holzes* mit der hölzernen Arche denkt. In späterer Zeit wird diese Verbindung explizit hergestellt (vgl. die Belege bei Rahner, *Symbole,* 516-538). Rahner, aaO, 520 sieht diese Deutung der Arche bereits bei Irenäus angelegt: „Das verächtliche Holz der Arche rettet die ganze Menschheit, und aus dem armseligen Kreuz der Erlösung wird das kosmische Zeichen, das Himmel und Erde ewig zusammenhält. Die

Zahlenangaben, sondern die abstrakten Dimensionen „Länge, Breite, Höhe" – ähnlich wie die Maße des gelobten Landes in der oben genannten Verheißung an Abraham auf die weltweite Ausbreitung der Kirche.[962] Dazu kommt, daß die drei Geschosse möglicherweise auf den dreistökkigen Aufbau der himmlischen Welt, wie ihn Irenäus in haer V 36,1 schildert, bezogen werden können. Die Übergabe der „Maße" an Noah enthielte somit wie die Landverheißung an Abraham eine eschatologische Komponente.

Irenäus stellt somit nicht nur die gegenwärtige, sondern auch die zukünftig-eschatologische Existenz der Kirche durch die Erbschaft der Erde in ihrer ganzen Länge, Breite und Höhe in einen kreuzestheologischen Rahmen. Die Kirche in der Welt ist der für alle Welt sichtbare Ausdruck sowohl der am (irdischen) Kreuz bewirkten Erlösung als auch der kreuzförmig den Kosmos ordnenden und zusammenhaltenden Macht des Logos – beide Aspekte finden ihr Einheit im erhöhten Christus, der das Haupt und Zentrum der Gemeinde bildet[963] –, und diese Macht wird im Eschaton vollenden, was sie jetzt schon in der weltweiten Ausbreitung der Kirche bewirkt und offenbart: daß der eine Gott der grenzenlose Schöpfer der gesamten Wirklichkeit ist.

3.3.2 Die Kirche aus den „zwei Völkern" als Ausdruck der zeitlich-universalen Allmacht Gottes

In der universalen Ausbreitung der Kirche über die Welt setzt sich die Offenbarung der räumlich universalen Allmacht Gottes durch den Gekreuzigten fort. Gleiches gilt für Gottes Allmacht über die *Zeit*, die sich in seiner planvoll verlaufenden Geschichte mit den Menschen (in seiner οἰκονομία) mani-

---

symbolische Lehre der Kirchenväter vom Kreuz, das gleich wie die in alle Richtungen des Kosmos fahrende Arche die vier Himmelsrichtungen durchdringt und das Achsenkreuz des Kosmos bildet, kann hier nicht mehr genau behandelt werden. Es wäre die Theologie, die schon Irenäus meint, wenn er schreibt, Gott habe dem Noe die Maße der Arche mitgeteilt und darin geheimnisvoll die Ausmaße der Welt für das zweite Geschlecht angedeutet." Rahners Interpretation geht wohl in die richtige Richtung; dennoch muß festgehalten werden, daß Irenäus das *Holz* der Arche nicht mit dem *Holz* des Kreuzes verbindet, sondern nur auf die „Maße" (die Dimensionen der Welt und des Logos) eingeht.

962 Da in der Verheißung an Abraham „Maße" vorkommen (die vier Himmelsrichtungen bzw. Länge und Breite), könnte in haer IV 10,1 ursprünglich *eis* (αὐτοῖς) statt *ei* (αὐτῷ) gestanden haben.

963 Zu Christus als Haupt der Kirche s.o. und haer IV 32,1 (798,17-27); 34,4 (860,114-117); V 14,4 (238,29-240,42); vgl. auch haer III 6,1 (66,24-68,28).

festiert. Die Konstituierung der einen Kirche aus Juden und Heiden ist die direkte heilsgeschichtliche Folge der am Kreuz vollzogenen „ἀνακεφαλαίωσις von allem".[964] Ein weiteres Mal ist die Kreuzesdeutung des „Ältesten", die Irenäus in haer V 17,4 zitiert, zu nennen: „Durch die Ausstreckung seiner Hände sammelt er (sc. der gekreuzigte Logos) die beiden Völker zu dem einen Gott, zwei Hände, weil auch zwei über die Enden der Erde verstreute Völker."[965] In diesem kurzen Satz verschmelzen mehrere Motive:

Die „Ausstreckung der Hände" wurde bereits im Zusammenhang mit der Richtermacht des Gekreuzigten (diese sieht Irenäus insbesondere in Ex 17,11f vorabgebildet) thematisiert.[966] Für die „Sammlung der beiden Völker" durch den Gekreuzigten ist neben Ex 17 auch Jes 65,2a LXX[967] als alttestamentliches Testimonium von Bedeutung. In haer IV 33,12[968] nimmt Irenäus auf Jes 65,2a Bezug. Die verkürzt wiedergegebene Jes-Stelle steht in einer Reihe mit weiteren Passionstestimonien. Sie wird weder theologisch noch anderweitig interpretiert. Der Hinweis auf das Ausstrecken der Hände genügt, um den Gekreuzigten assoziieren zu können. Auch in epid 79[969] deutet Irenäus Jes 65,2a als „ein Zeichen des Kreuzes". An das Jes-Zitat schließen sich Verse aus Ps 21 LXX und Dtn 28,66 an. Wie in haer IV 33,12 geht es Irenäus auch in epid 79 primär darum, daß die Propheten den *Kreuzes*tod Jesu vorhergesagt haben. Der Unterschied zwischen beiden Texten besteht darin, daß Irenäus Jes 65,2a in epid 79 ganz zitiert: Jesus streckte seine Hände am Kreuz in Richtung des „unverständigen und widerspenstigen Volkes" aus. Die weitere Interpretation bleibt zunächst offen: Wer ist mit diesem Volk gemeint? Israel? Die Heiden? Alle Gottlosen? Trotz der Unklarheiten ist erkennbar, worum es Irenäus geht: Christus breitet am Kreuz seine Hände aus, um das „Volk" – obwohl es ihn ablehnt – zu sich einzuladen und zu versammeln. In haer IV 33,1 heißt es im Zusammenhang mit anderen Testimonien, die auf die „erste Ankunft" Christi zum Leiden hinweisen, direkt nach der Exodus-Typologie: Christus „sammelte die zerstreuten Kinder von den Enden der Erde in den Schafstall des Vaters" (*et per extensionem manuum dis-*

---

964 Grundsätzliches zum Verhältnis von Juden und Heiden und zur antijüdischen Apologetik bei Irenäus bei Brox, *Juden*, 89-106; Schreckenberg, *Adversus-Judaeos-Texte*, 205-208; vgl. auch Jaschke, *Geist*, 272-277. S.o. Abschnitt 3.2.5.3.

965 234,97-99/234,14-16: διὰ τῆς ἐκτάσεως τῶν χειρῶν τοὺς δύο λαοὺς εἰς ἕνα Θεὸν συνάγων· δύο μὲν γὰρ αἱ χεῖρες, ὅτι καὶ δύο λαοὶ διεσπαρμένοι εἰς τὰ πέρατα τῆς γῆς (*per extensionem manuum duos populus ad unum Deum congregans: duae quidem manus, quia et duo populi dispersi in fines terrae*). Vgl. haer III 5,3 (62,80-84).

966 S.o. Abschnitt 3.2.5.1 sowie Dölger, *Beiträge V*, 5-10 (mit Belegen); Gross, *Menschenhand*, 451-453; Orbe, *Los primeros herejes*, 226-228.

967 Gott spricht: „Ich streckte meine Hände aus den ganzen Tag (ἐξεπέτασα τὰς χεῖράς μου ὅλην τὴν ἡμέραν) nach einem ungehorsamen und sich widersetzenden Volk (πρὸς λαὸν ἀπειθοῦντα καὶ ἀντιλέγοντα); sie wandelten nicht auf einem wahrhaftigen Weg, sondern nach ihren Sünden".

968 834,253f: *et extendentem manus per totam diem*.

969 192f/85.

solvens quidem Amalech, congregans autem dispersos filios a terminis terrae in ovile Patris).[970] Die soteriologische Diktion von haer IV 33,1 ist von Jes 11,12 LXX, vor allem aber von Joh 11,51f („Denn Jesus sollte für das Volk [ὑπὲρ τοῦ ἔθνους] sterben, und nicht für das Volk allein, sondern um auch die zerstreuten Kinder Gottes zusammenzubringen zu einem") her entworfen. Die Ausstreckung der Hände Jesu am Kreuz *ist* die Sammlung des endzeitlichen Gottesvolkes.

Der Gedankengang von haer IV 33,1 ist implizit in haer V 17,4 enthalten. Schon die Terminologie zeigt, daß auch hier die Exodus-Typologie und die von Jes 11,12/Joh 11,51f abgeleitete Aussage im Hintergrund stehen. Das Stichwort „Volk" weist zudem auf Jes 65,2: Der Gekreuzigte vereinigt Juden und Heiden zu dem einen Volk Gottes.[971] Ausschlaggebend für diese Verbindung der „Sammlung der *beiden* Völker" mit dem Kreuz in der von Irenäus zitierten Ältestentradition[972] ist außerdem Eph 2,14-16, eine Stelle, die in haer V 17,4 deutlich nachwirkt.[973] Dort heißt es:

Denn Christus „ist unser Friede, der die beiden [zu] einem machte und die Trennwand des Zaunes beseitigte, indem er das Gesetz der Gebote und Satzungen abtat, *damit er in sich die zwei zu einem neuen Menschen erschaffe, Frieden mache und die beiden mit Gott versöhne in einem Leib durch das Kreuz* (διὰ τοῦ σταυροῦ), indem er die Feindschaft in sich selbst tötete."

---

970 804,19-21; *per extensionem manuum* bezieht sich sowohl auf die Vernichtung „Amaleks" als auch auf die Sammlung der „zerstreuten Kinder".

971 „Juden" und „Heiden" bezeichnen hier *heilsgeschichtliche* Größen. – Es ist durchaus möglich, daß auch die Valentinianer Jes 65,2 und Ex 17,11f als Schriftbelege für die Ausdehnung des „oberen Christos" über den himmlischen Horos verwendet haben. Zumindest weist der Gebrauch von ἐπεκτεί νω/ἐπέκτασις (bzw. *extendere/extensio*) in diese Richtung. (s. haer I 4,1; 7,2; III 18,3; IV 35,3). Dagegen spricht, daß Irenäus beide Stellen unter den Testimonien seiner Gegner nicht aufführt und auch nicht gegen eine mögliche Fehldeutung polemisiert.

972 Die „*beiden* Völker" sind ein wichtiges Element der „Ältestentradition". Dies zeigt auch haer IV 31,1f (786,1-794,63/789,1-790,6). Irenäus referiert in haer IV 27-32 Exegesen eines Presbyters, um zu zeigen, daß die Kritik der Häretiker an bestimmten Ereignissen, die das Alte Testament berichtet, unbegründet ist. Was die heiligen Schriften selbst nicht tadeln, müsse als *typus* verstanden werden (vgl. dazu Orbe, *Los hechos*, 37-55): Lots Töchter (vgl. Gen 19,30-39) sind die beiden Synagogen; sie sind von einem Vater, dem Logos (s. Dtn 32,6), ohne Fleischeslust mit Kindern beschenkt worden. „Überhaupt aber wurde durch Lot angedeutet, daß der Same des Vaters aller, das ist der Geist Gottes, durch den alles gemacht ist, mit dem Fleisch vermischt und vereint wurde, d.h. mit seinem Gebilde, durch welche Vermischung und Vereinigung die beiden Synagogen, das sind die beiden Gemeinschaften, aus ihrem Vater dem lebendigen Gott lebendige Söhne als Früchte hervorbringen sollten." – Vgl. auch Schmidt, *Kirche*, 97-105.

973 Vgl. auch OdSal 22,1f; 23,10-19a (160f.166f FC).

Jean Daniélou[974] betont, daß Irenäus' Deutung von Eph 2,14-16 die Konzeption eines *doppelten* φραγμός voraussetze, „which calls for the image of the Cross as its counterpart" (279). Die erste Mauer trenne die beiden Völker: „but there is also the φραγμός separating the world below from the world above" (280). „In this view Christ restores unity in a two-fold sense. He destroys both the vertical wall which separates the two peoples, and the horizontal one which separates man from God; and he does this by the Cross, which now seems to represent the double operation of Christ extending both vertically and horizontally to form a cross" (ebd.). Daniélou folgert nun, daß es zwei Kreuze gibt: Das Kreuz der Trennung, das vor der Ankunft Christi als Mensch bestand, und das Kreuz der Vereinigung auf Golgatha. „This distinction will be found useful when considering the various modifications of the theme that are to be found among the Gnostics" (ebd.). Auch in epid 34 erkennt Daniélou (er hebt den Einfluß von Eph 3,18; 2,15f und Kol 1,20 auf diesen Text hervor) die beiden „trennenden Mauern".[975] Ich halte diese Unterscheidung in „zwei Kreuze" *für Irenäus* für unzutreffend. Denn das „himmlische Kreuz" dient ihm stets dazu, gerade die von Gott her *immer schon bestehende Verbindung* zwischen Gott und seiner Schöpfung auszudrücken, nicht hingegen die (gnostische) Trennung!

---

974 *Jewish Christianity,* 279-281; die Seitenangaben im Haupttext beziehen sich auf diesen Titel.

975 S.a. Schnackenburg, *EKK 10,* 105-107.111-114, der einen Überblick über die Forschungs-thesen zu der eigentümlichen Wendung τὸ μεσότοιχον τοῦ φραγμοῦ gibt. Das kosmische Bild von der Mauer, die die himmlische und die irdische Sphäre voneinander trennt und vom himmlischen Erlöser durchbrochen wird, begegnet in gnostischen (vgl. Basilides bei Hipp., haer. VII 23,1-5 [292f,1-23 PTS]; EvPhil 78 [70,4-17 {182 NHS}; 165 NTApo I⁶]) und jüdisch-apokalyptischen Texten (s. aaO, 113 [Lit.]). Dieses Bild „paßt nicht zu dem in Eph vorausgesetzten Weltbild, das keine Trennung von Himmel und Erde kennt, sondern nur eine Herrschaft der in den unteren Himmeln angesiedelten ‚Mächte und Gewalten‘ über die Menschen (2,2; 6,12), von der sie durch den siegreich ‚über alle Himmel‘ aufsteigenden Christus befreit werden (vgl. 4,10)" (Schnackenburg, aaO, 113). Zum Eph passe am besten die Deutung auf die Tora, die mit ihren Vorschriften als Zaun Israel schützen und von den Völkern trennen soll (s. aaO, 114 und Eph 2,15). Lindemann, *Epheserbrief,* 49 votiert hingegen dafür, daß „der Verfasser des Ephe-serbriefes hier auf einen (nichtchristlichen) gnostischen Text zurückgegriffen hat", obwohl „keine dieser gnostischen Quellen eine genaue ‚Parallele‘ oder gar die Vorlage des in Eph. 2,14-16 verarbeiteten Textes" enthält. Er begründet dies aaO, 48f damit, daß in den jüdischen Texten der „Zaun" des Gesetzes stets positiv, in den gnostischen Bele-gen die Trennwand zwischen Himmel und Erde stets negativ beurteilt wird. Der Ver-fasser des Eph „teilte offenbar die gnostische Idee, daß dieses All in zwei Bereiche ge-spalten sei ... Er war aber als Christ davon überzeugt, daß diese Spaltung ‚in Christus‘ aufgehoben und daß in der Kirche als dem ‚Leib Christi‘ das Oben und das Unten zu einer kosmischen Einheit verbunden sei ... Der Verfasser deutete den *‚Einen neuen Men-schen‘,* von dem seine Vorlage sprach, auf den kosmischen *Christusleib* der Kirche; er besaß auf diese Weise den Schlüssel für die Verwendung des mythisch-gnostischen Tex-tes für sein eigenes Verständnis von der Kirche, die inmitten der geteilten Welt ‚in Chri-stus‘ eine neue alles umfassende Einheit bildet" (aaO, 49). Vorsichtiger als Lindemann urteilt Pokorný, *Epheser,* 117-122.

Die Kirche, die durch den Gekreuzigten auf den einen Gott hin versammelt wird, umfaßt als Vereinigung von Juden und Heiden also die „beiden Völker", an denen Gott zu allen Zeiten zum Heil der Menschheit wirkt. Die Kreuzigung Jesu Christi erweist sich somit auch hier als das eigentlich kirchengründende Ereignis, das dann durch den über alle Menschen ausgegossenen Pfingstgeist in der Zeit nach der Himmelfahrt des Auferstandenen fort- bzw. in Gang gesetzt wird.[976] Die Heiden treten (zusammen mit den Juden, die Christus annehmen) in das Erbe Israels ein: Gott erfüllt an der Kirche, dem „jüngeren Volk", seine Verheißungen, die er dem „älteren Volk" (insbesondere im Glauben Abrahams[977]) gegeben hatte.[978] Somit wird die Kirche selbst zum sichtbaren Ausdruck der am Kreuz vollzogenen „ἀνακεφαλαίωσις von allem", der *einheitlichen* οἰκονομία Gottes, seiner unbeschränkten Allmacht über die Zeit. „Das neue Gottesvolk übergreift die früheren Gren-

---

976 S. haer III 17,2 (330,24-332,31): „Lukas sagt, daß er [sc. der Geist] nach dem Aufstieg des Herrn über die Jünger zu Pfingsten herabkam, weil er die Macht über alle Völker zum Eintritt ins Leben und zur Eröffnung des Neuen Testamentes innehat; weshalb sie auch, in allen Sprachen zusammenwirkend, Gott lobten, indem *der Geist die getrennten Stämme zur Einheit zurückrief und die Erstlinge aller Völker dem Vater darbot.*" Vgl. oben S. 343 Anm. 915.

977 Zur Vorabbildung des Glaubens der Kirche im Glauben Abrahams s. haer IV 21,1 (674, 1-676,18 mit Zitat Gal 3,5-9; vgl. dazu Noormann, *Paulusinterpret,* 211f).

978 Zur Einheit der Kirche aus Juden und Heiden s. v.a. haer IV 25,1 (704,1-706,19; vgl. dazu Noormann, *Paulusinterpret,* 215-218). Weiterhin epid 51 (156-158/68f). Zur Ablösung des „älteren Volkes" durch das „jüngere" s. haer IV 20,12 (668,342-674,386/672,1-6); 21,2 (678,19-34: Rebekka empfing von Isaak Zwillinge [zit. Röm 9,10-13; vgl. Gen 25,22f], was anzeigt, daß die *zwei* Völker geboren werden sollten, ein älteres unter der Knechtschaft, ein jüngeres hingegen frei, beide aber von ein und demselben Vater Isaak; dazu s.a. Noormann, aaO, 212-214, der betont, daß Irenäus' Deutung von Röm 9,13 dem paulinischen Verständnis direkt widerspricht); 21,3 (680,35-684,77: Jakob faßte bei seiner Geburt die Ferse Esaus und erhielt die Erstgeburtsrechte, wie auch das jüngere Volk den erstgeborenen Christus annahm, das ältere ihn aber verwarf. In Christus ist der ganze Segen [Jakobs], den das jüngere Volk an sich riß. Die Kirche erduldet deshalb Verfolgung von den Juden); 25,2 (706,20-708,35: Thamar [vgl. Gen 38,27-30] hatte Zwillinge empfangen. Der erste streckte die Hand vor, woraufhin die Hebamme ein rotes Zeichen an seine Hand band, weil sie ihn für den Erstgeborenen hielt; er zog die Hand zurück. Geboren wurde zuerst der „zweite" Sohn ohne rotes Zeichen, dann der „erste", d.h. das Volk mit dem roten Zeichen [der „Glaube in der Vorhaut"] kam in den Patriarchen zuerst zum Vorschein. Dann kam der andere Sohn [sc. Israel]. Dann wieder der, der früher war und an zweiter Stelle geboren wurde, „der erkannt wird durch das rote Zeichen, das an ihm war, das ist das Leiden des Gerechten, das am Anfang vorgebildet wurde in Abel, beschrieben von den Propheten, vollendet aber in den letzten Zeiten im Sohn Gottes"); 25,3 (708,36-710,56) u.ö.

zen. Es bildet die im Geist geeinte Gemeinschaft, die im Kindschaftsverhältnis zu Gott in Eintracht und Frieden miteinander verbunden ist."[979]

In der Kirche kommen durch den Gekreuzigten nicht nur die beiden „geschichtlichen Völker" der Menschheit zu ihrer Einheit, sondern mit ihnen zugleich auch die geschichtlichen Heilssetzungen Gottes. Deutlich wird dies an Irenäus' Ausführungen über die Bundesschlüsse am Ende von haer III 11,8.[980] Nachdem Irenäus im Hauptteil des Textes die Vierzahl der Evangelien, die vom Geist zusammengehalten werden, mit der planvollen Einrichtung der Erde durch den einen Logos, der die Welt mit ihren vier Regionen zusammenhält, begründet hat, kommt er abschließend auf die Bundesschlüsse Gottes mit den Menschen zu sprechen:

„Viergestaltig nämlich sind die Lebewesen, viergestaltig auch das Evangelium und viergestaltig die Heilsordnung des Herrn. Und deshalb wurden der Menschheit auch vier (allgemeine) Bünde gegeben: Einer mit Noah nach der Sintflut (unter dem Regenbogen); ein zweiter aber mit Abraham unter dem Zeichen der Beschneidung; als dritter aber die Gesetzgebung unter Mose; ein vierter aber, der den Menschen erneuert und alles in sich zusammenfaßt, was durch das Evangelium geschieht, das die Menschen erhebt und beflügelt zum himmlischen Reich."[981]

---

979 Jaschke, *Geist*, 277.
980 160,175-170,236/160,1-170,54; d. Zit. unten 168,228-170,236/168,47-170,54.
981 Die Übersetzung folgt mit Ausnahme der Aussage über das Evangelium Ir[gr]. Zur Textgeschichte des griechischen Frgm. 11 zu haer III s. *SC 210*, 95-124. Bezüglich der ersten beiden Bünde differieren Ir[gr] und Ir[lat] (Ir[lat]: der erste Bund wurde vor der Sintflut unter *Adam*, der zweite mit *Noah* nach der Sintflut gestiftet) sehr stark (s. *SC 210*, 122f [1. und 3. Spalte der Tabelle]). Zur Begründung der Ursprünglichkeit von Ir[lat] an dieser Stelle s. *SC 210*, 286 (P. 171, n. 1.). In *SC 406*, 385-388 gibt Rousseau neuerdings der Bundesschlußzählung von Ir[gr] den Vorzug (aaO, 388 eine neue Textrekonstruktion; was ich in meiner Übersetzung im Haupttext eingeklammert habe, läßt Rousseau hier weg). – Irenäus spricht nur in haer III 11,8 von den „vier Bünden" (vgl. haer I 10,3 [162,64-66/163, 1166-1168]; zum Bund mit der Menschheit nach der Sintflut s. epid 22 [112-114/46f]). In haer III 12,10f (226,373-381), also nicht viel später, erwähnt Irenäus im Anschluß an Apg 7,8 ausdrücklich das Gott dem Abraham *apto tempore* gegebene *testamentum circumcisionis* (was für die Ursprünglichkeit von Ir[gr] in haer III 11,8 sprechen könnte, für die theologische Funktion des Evangelium letztlich jedoch nicht ausschlaggebend ist), das er in haer IV 16,1f (558,1-564,48) ausführlicher beschreibt (die Beschneidung ist kein Bund, der den Menschen rechtfertigt; die gerechten Patriarchen wurden ohne Beschneidung gerechtfertigt). Die heilsgeschichtlich wichtigsten Bundessetzungen Gottes, die Irenäus im Blick hat, wenn er vom „Alten" und vom „Neuen" Bund redet, sind die Gesetzgebung des Mose und das Neue Testament in Jesus Christus, das den „Alten Bund" ablöst (s. z.B. haer IV 34,4 u. unten den nächsten Abschnitt).

Die drei ersten Bünde, die Gott zum Teil mit der ganzen Menschheit, zum Teil mit Israel schloß, werden durch das Evangelium – durch die *eine* Heilsbotschaft von Jesus Christus (die Säule der Kirche) – „rekapituliert", d.h. sie finden im Evangelium als deren Erfüllung und integrierende Aufhebung ihre *geschichtliche* Einheit. Das in vierfacher Gestalt überlieferte Evangelium wiederum gelangt zu seiner inneren Einheit durch den „einen Geist", der dadurch, daß er das Evangelium „zusammenhält" (συνεχόμενον), das Wirken des Logos, der den Kosmos (kreuzförmig) umschließt (συνέχων τὰ πάντα), fortsetzt.

Exkurs: Die Eucharistie als weltweite Opferfeier der einen Kirche im Neuen Bund[982]

Die Kirche artikuliert ihre Existenz als neues Bundesvolk aus Juden und Heiden in der (weltweiten und einheitlichen) Feier der Eucharistie, die die Opfer des Alten Bundes ablöst.[983] Irenäus versteht die Eucharistie als an den Schöpfer gerichteten, dankenden Ausdruck des durch Christus eröffneten, freien Gehorsams im Neuen Bund, durch den die Glaubenden an Christi Leib und Blut Anteil zur Unvergänglichkeit erhalten. Auch wenn er die Eucharistie als „Opfer" (ohne erkennbaren Bedeutungsunterschied *sacrificium, oblatio, offerre*) bezeichnet[984], ist damit keinesfalls gemeint, daß die Kirche allein schon

---

982 Zur Eucharistie bei Irenäus (und speziell zu haer V 2,2f) s. Seeberg, *Lehrbuch*, 457-461; Joppich, *Salus*, 69-78; Bonwetsch, *Theologie*, 129f; Wingren, *Man*, 13f.165f; Quasten, *Patrology*, 304-306 (Lit.); Moll, *Eucharistie*, 154-178.195f (passim: zum Verständnis der Eucharistie als Opfer im 1./2. Jh.); Weigandt, *Doketismus*, 127-141; Schmidt, *Kirche*, 138-145; Ochagavía, *Visibile*, 137-140; Jaschke, *Geist*, 268-271; Donovan, *Unity*, 228-231; Bacq, *Alliance*, 131-146; Tremblay, *La manifestation*, 120-126 (Lit.); de Andia, *Homo*, 237-255 (Lit.); Overbeck, *Menschwerdung*, 126-134 (Lit.); Orbe, *Teología I*, 129-165; Fantino, *La théologie*, 12f.

983 S. zum folgenden haer IV 17,1-19,3 (574,1-622,70; die griechischen Fragmente vermerke ich an den betreffenden Stellen). Haer IV 18,2 (598,17-31): Nicht das *genus oblationum* ist mit dem Neuen Bund verworfen worden, sondern die *species* wurde verändert: *Unus enim et idem Dominus, proprius autem character servilis oblationis et proprius liberorum, uti et per oblationes ostendatur indicium libertatis;* vgl. Schreckenberg, *Adversus-Judaeos-Texte*, 206f. Moll, *Eucharistie*, 164 vermutet, daß haer IV 17,1-4 auf eine dem Irenäus vorliegende Testimoniensammlung zurückgeht.

984 Zur Opferterminologie s. Moll, *Eucharistie*, passim (v.a. 41-49 zu den Wortfeldern θυσία und προσφορά in Profangräzität und LXX, 157-160 zu Irenäus). – Justin betont gegenüber den Juden, daß die Eucharistiefeier mit Brot und Kelch das Gott „wohlgefällige und reine" Opfer ist, das von den Christen, die „an den gekreuzigten Hohepriester

durch den bloßen Vollzug des Opfers Gott versöhnen oder beeinflussen könnte, *quoniam non indiget Deus oblatione hominum*[985]: Christus „gab seinen Jüngern den Auftrag, Gott von seinen Geschöpfen die Erstlinge (sc. Brot und Wein) zu opfern, nicht als ob er ihrer bedürfte, sondern damit sie selbst nicht unfruchtbar und undankbar wären".[986]

Eine entscheidende Voraussetzung für die Feier der Eucharistie ist – das gibt das kurze Zitat zu erkennen – die rechte innere Haltung gegen Gott und den Nächsten. Erst dann kann sie „an jedem Ort" der Verherrlichung des Namens des Vaters durch die Verherrlichung des Namens Christi unter den Heiden dienen.[987] Die „Gabe" der Kirche soll deshalb als Ausdruck ihres *honos* und ihrer *affectio* in aller *simplicitas* und *innocentia* dargebracht wer-

---

Christus glauben" (dial. 116,1 [233 Goodspeed]), als dem „wahrhaft hohepriesterlichen Volk Gottes" „an jedem Ort unter allen Völkern" dargebracht wird (dial. 116,5; 117,1; Schriftbeleg: Mal 1,10-12). Justin bestimmt den Opferbegriff (θυσία bzw. προσφορά) genauer als „Gebete und Danksagungen" (dial. 117,2: εὐχαὶ καὶ εὐχαριστίαι). Andere Opfer kennen die Christen nicht (117,3), und andere Opfer, etwa „Opfer von Blut oder Spenden auf dem Altar", wird es auch bei der zweiten Wiederkunft Christi nicht geben (118,2). Demnach sind im Zusammenhang mit der Eucharistiefeier die Opfer die Gebete und Danksagungen, durch die Gott gelobt wird (vgl. 1 apol. 65,3.5; 66,2f; 67,5; dial. 41, 1.3; 117,1.3), nicht jedoch das Brot und der Kelch bzw. der mit Wasser vermischte Wein. Damit ist eindeutig gesagt, daß Justin keine opfernde Darbringung der eucharistischen Gaben im katholischen Sinne kennt (vgl. Altaner/Stuiber, 70: „Die Frage, ob Justin den Opfercharakter der Eucharistie erkannt hat, ist umstritten"; m.E. zutreffend die Analysen und das Urteil von Moll, aaO, 123-142). Gott braucht keine „materiellen Opfergaben von seiten der Menschen, weil wir ihn alles darbieten sehen" (1 apol. 10,1 [45,1f PTS]). Die Opfer des Alten Bundes waren wegen der „Hartherzigkeit" Israels gegeben worden (vgl. dial. 13,1 u.ö.). Justin beweist seine Behauptung, daß die Gebete der christlichen Eucharistiefeier die vom Propheten Maleachi angekündigten „Opfer" sind, damit, daß es „überhaupt kein Menschenvolk [gibt] – seien es Barabaren, Griechen oder Völker mit sonst irgendeinem Namen, sollen es Wagenbewohner, Leute ohne Haus oder zeltbewohnende Hirten sein –, in denen nicht im Namen des gekreuzigten Jesus Gebete und Danksagungen dem Vater und Schöpfer des Alls dargebracht werden" (dial. 117,5 [235]; vgl. auch 1 apol. 65,3 [126,8-13]).

985 Haer IV 17,1 (574,4); vgl. IV 18,3 (604,76-606,80); 18,6 (612,123-614,140). – Israel habe seine Opfertätigkeit genau in dieser Hinsicht mißverstanden, als es meinte, durch Opfer von Gott gerechtfertigt werden zu können, ohne selbst „Glaube, Gehorsam und Gerechtigkeit" (haer IV 17,4 [590,127]) – die wahren Opfer, die Gott versöhnen – üben zu müssen (s. haer IV 17,1-4 mit einer Reihe von Schriftzitaten u.a. 1Sam 15,22; Ps 33,13-15; 49,9-15; Jes 1,10.16-18; 58,6-9 etc.).

986 Haer IV 17,5 (590,136-138); vgl. Moll, *Eucharistie*, 168-170.

987 S. haer IV 17,5 (592,154-594,156).

den[988], „damit der Mensch in den Dingen, in denen er sich dankbar erweist, (von) ihm (sc. Gott) für dankbar gehalten, die Ehre von Gott empfängt."[989] Was für Irenäus an der Feier der Eucharistie ausschlaggebend ist, ist jedoch weniger der Opfergedanke, der ganz auf die Würdigkeit der „Opfernden" und nicht auf den richtigen Vollzug einer Opferhandlung ausgerichtet ist, sondern die Anteilgabe an Leib und Blut Christi zur Unvergänglichkeit als Teilhabe an Gottes Schöpfermacht. Damit ist gleichzeitig gesagt, worin die rechte innere Haltung eigentlich besteht, in der die Eucharistie gefeiert wird: im Glauben an den einen Gott und Schöpfer, der die Menschen mit seinen Schöpfungsgaben ernährt[990] – in dem Glauben also, der den Häretikern fehlt:

„Aber auch alle ‚Synagogen der Häretiker' (opfern) nicht: Denn die einen, die einen anderen außer dem Schöpfer ‚Vater' nennen, zeigen diesen dadurch, daß sie ihm Dinge von unserer Schöpfung darbringen, als gierig auf (die Dinge) eines Fremden und lüstern nach Fremdem.[991] Die aber sagen, daß unsere Welt aus Abfall, Unwissenheit und Leiden entstanden ist, sündigen gegen ihren ‚Vater', da sie ihm Früchte der Unwissenheit, des Leidens und des Abfalls opfern und ihn eher beleidigen als Dank sagen.[992] Wie aber wird ihnen gewiß sein, daß das Brot, über das Dank gesagt wurde, der Leib ihres Herrn ist, und der Kelch sein Blut, wenn sie ihn nicht den Sohn des Weltschöpfers nennen, d.h. seinen Logos, durch den der Baum ‚Frucht bringt', die Quellen überfließen und ‚die Erde zuerst den Halm, dann die Ähre hierauf den vollen Weizen in der Ähre gibt' (Mk 4,27f)? Wie aber können sie fernerhin sagen, daß das Fleisch, das vom Leib des Herrn und von seinem Blut genährt wird, der Vernichtung anheimfällt und nicht am Leben teilhat?"[993]

---

988 S. haer IV 18,1 (596,5-14 mit Mt 5,23f als Begründung); s.a. haer IV 18,3 (598,32-606,81), wo Irenäus biblische Beispiele für Opfer *cum simplicitate et iustitia* (Abel) und für Opfer *cum zelo et malitia* (Kain: Gen 4,7; Pharisäer und Schriftgelehrte: Mt 23,26-28; Jer 22,17; Jes 30,1) anführt; IV 18,4 (606,82-608,103: „Denn es gebührt uns, Gott ein Opfer darzubringen und uns in allem gegen Gott, den Schöpfer, dankbar zu erweisen, indem wir in reiner Gesinnung und ungeheucheltem Glauben, in fester Hoffnung, in glühender Liebe die Erstlinge seiner Schöpfung darbringen. Und dieses Opfer opfert allein die Kirche ihrem Schöpfer rein, indem sie ihm mit Danksagung von seiner Schöpfung opfert." Weder die Juden, die nicht an Christus glauben, noch die *haereticorum synagogae* opfern Gott in rechter Weise).
989 Haer IV 18,1 (596,14-16; vgl. auch 596,4f: Die Eucharistie ist bei Gott deshalb als reines Opfer angesehen, „weil der, der opfert, selbst verherrlicht wird in dem, was er opfert, wenn seine Gabe angenommen wird"). Zur Textproblematik (*ei* oder *eis*) s. Hayd, *BKV¹ II*, 129. – Zum Dankmotiv auch Just., 1 apol. 66,2 (s.u. S. 362 Anm. 994).
990 S. haer V 2,2 (32,30-36/32,1-6); vgl. Moll, *Eucharistie*, 167.170-173; Schmidt, *Kirche*, 143-145.
991 Gegen Markion.
992 Gegen die Valentinianer.
993 Haer IV 18,4f (606,95-610,112/611,1-3). Zu gnostischen Feiern sakramentaler Art vgl. Moll, *Eucharistie*, 161 (Belege) sowie die Zauberpraktiken des Markos (haer I 13,2 [191,1-

Weil ihre Leiber wie das Brot, „wenn es die Anrufung Gottes aufnimmt, nicht mehr Brot, sondern Eucharistie ist, die aus zwei Sachen („Wirklichkeiten") besteht (ἐκ δύο πραγμάτων συνεστηκυῖα), einer irdischen (sc. Brot und Wein) und einer himmlischen" (sc. Leib und Blut Christi[994]), sind die Glaubenden durch die Teilhabe an der Eucharistie „nicht mehr vergänglich, weil sie die Hoffnung der Auferstehung haben."[995] Indem die Glaubenden im eucharistischen Kelch Gemeinschaft mit dem Blut und im eucharistischen Brot Gemeinschaft mit dem Leib Christi haben, haben sie als „Glieder Christi" in umfassender Weise Anteil an seinem Heilswerk: „Und weil wir seine Glieder sind (vgl. 1Kor 6,15; Eph 5,30) und durch die Schöpfung genährt werden, er uns aber die Schöpfung darbietet, indem er seine Sonne aufgehen und es regnen läßt, wie er will, hat er den Kelch aus der Schöpfung als sein Blut bekannt, mit dem er unser Blut wachsen macht, und das Brot aus der Schöpfung hat er als seinen Leib bekräftigt, von dem er unsere Leiber nährt"[996], so daß diese nach der Auferstehung unvergänglich sein werden.[997] „In gewisser Weise ist das Abendmahl ... die Fortsetzung der Inkarnation:

193,23]) und die in haer I 21,1-5 (294,1-308,120/295,1-307,22) dargestellten liturgischen Erlösungsriten und -formeln der Valentinianer; vgl. Rudolph, *Gnosis,* 245-251.

994 S. haer V 2,3 (34,37-39/34,7-9; 36,51-56/36,22-29). Vgl. auch Justin: Was in der Eucharistie empfangen wird, ist nicht „Brot oder Wein in allgemeiner Weise" (1 apol. 66,2 [127, 4f PTS]). Brot und Wein werden vielmehr Leib und Blut Christi: „auf welche Weise unser Erlöser Jesus Christus durch den Logos Gottes Fleisch wurde und Fleisch und Blut für unser Heil annahm, so sind wir gelehrt worden, daß auch die Nahrung, für die durch ein Gebetswort, das von ihm herkommt, Dank gesagt wird und durch die unser Blut und Fleisch durch Umwandlung genährt werden, Fleisch und Blut jenes fleischgewordenen Jesus sei" (66,2 [127,5-10 PTS]).

995 Haer IV 18,5 (610,117-612,122/610,8-612,14); vgl. V 2,3 (36,51-38,62/36,20-38,35). Zu den „zwei Dingen", aus denen das eucharistische Brot besteht vgl. auch Just., 1 apol. 65-67 (125-130 PTS); dial. 41,1-3 (138 Goodspeed); 70,1-4 (180f); 116f (233-235). Teilnahmebedingungen für die Eucharistie sind der Glaube an die Wahrheit der christlichen Lehren, die Taufe und ein Leben nach den Weisungen Christi (1 apol. 66,1 [127,1-4 PTS]).

996 Haer V 2,2 (32,30-36/32,1-6); s. die ganze Passage V 2,2f (30,18-40,76/32,1-40,48); vgl. Jaschke, *Geist,* 269f.

997 In haer V 33,1 (404,1-408,21) interpretiert Irenäus die Einsetzung der Eucharistie durch Christus (s. Mt 26,27-29) als an Abraham und die Seinen (d.h. an alle, die zusammen mit Abraham glauben wie Abraham) gerichtete *apertio hereditatis,* als Erbschaftseröffnung des „Neuen Testaments". Das Erbe, das Christus verheißt, wenn er sagt, daß er mit den Jüngern „vom Gewächs des Weinstocks" neu trinken werde im Reich seines Vaters, ist ein zweifaches. Er wird den Glaubenden die Erde, die er selbst (gemäß Ps 103,30 LXX) erneuern wird, schenken, und er wird die Glieder seiner Gemeinde im Fleisch auferwecken, um mit ihnen auf der (in ihrem Urzustand wiederhergestellten) Erde feiern zu können. – S. Overbeck, *Menschwerdung,* 510-515; Joppich, *Salus,* 76f.

Christus teilt sich in den von der Schöpfung genommenen, jedoch in sein Fleisch und Blut gewandelten Elementen mit."[998]

Allein die Eucharistie der Kirche basiert folglich auf einer stimmigen Lehre. Sie bringt Gott Gottes Gaben dar, und sie verkündigt die mit der Ankunft Jesu auf Erden geoffenbarte Gemeinschaft und Einheit von menschlichem Fleisch und göttlichem Geist, den „neuen Bund" Gottes mit den Menschen zur Unvergänglichkeit.[999]

3.3.3 Die Verkündigung der ewigen Wahrheit durch die Kirche als Ausdruck der zeitlich-universalen und der richterlichen Allmacht Gottes

Der universalen Ausbreitung der einen Kirche, die der Gekreuzigte aus Heiden und Juden in der gesamten kreuzförmig geordneten Welt versammelt, korrespondiert ihre weltweite Verkündigung der einen, von Gott stammenden und zu Gott führenden Wahrheit. Daß die Kirche überall das Evangelium predigt[1000], ergibt sich unmittelbar aus der kirchengründenden Offenbarung der universal-räumlichen Allmacht Gottes durch die Kreuzigung des Logos und bedarf nach dem bisher Gesagten keiner weiteren Erläuterung. An dieser Stelle sei lediglich angemerkt, daß die kosmische Macht des Logos ein wesentliches Begründungsmoment nicht nur für die Universalität, sondern auch für die Einheitlichkeit der kirchlichen Botschaft bildet. So wie der Logos der Welt festen Bestand und Einheit verleiht, so ist die vielstimmige Ver-

---

998 Overbeck, *Menschwerdung*, 131f; vgl. Moll, *Eucharistie*, 167.

999 S. haer IV 18,5 (610,112-117/610,3-8): Die Häretiker sollten entweder ihre Lehre ändern, oder die Eucharistiefeier unterlassen. Irenäus sagt in haer nur wenig über die Abendmahls*theologie* seiner Gegner (in haer IV 18,5 sagt er nur, wie sie auf der Grundlage ihrer Schöpfungslehre die Eucharistie verstehen müßten). – Spezifische Kreuzesterminologie findet sich bei Irenäus im Zusammenhang mit der Eucharistie nicht (vgl. Hipp., trad. ap. 4 [224,7-12 FC] im Eucharistiegebet: „Der deinen Willen erfüllen und dir ein heiliges Volk erwerben wollte, hat in seinem Leiden die Hände ausgebreitet, um die von Leiden zu befreien, die an dich geglaubt haben").

1000 Vgl. z.B. haer I 10,1 (154,1f/155,1101f); 10,2 (158,24-31/158f,1128-1134); 10,3 (166,90-92/166,1191-1193; dazu s. Bengsch, *Heilsgeschichte*, 51-56; Overbeck, *Menschwerdung*, 22-28, der den einzelnen „Fragen", die Irenäus hier stellt, Abschnitte aus haer zuordnet; zu den impliziten Pauluszitaten in haer I 10,3 s. Noormann, *Paulusinterpret*, 79-83); II 9,1 (84,17f); 30,9 (320,243-247); III pr. (18,22-25); 3,1 (30,1-3); IV 33,8 (818,137-820,145/818,8-10); V pr. (10,7-12); epid 41 (138-140/60f); 98 (218/96) u.ö.

kündigung der Gemeinde auf ihrem Weg in der ganzen Welt dem Inhalt nach eine einzige[1001]:

Die Häretiker, die viel später sind als die Bischöfe, denen die Apostel die Kirche übergeben haben[1002], und blind für die Wahrheit sind, „betreten einen unwegsamen Pfad nach dem anderen. Und deshalb sind die Fußspuren ihrer Lehren unharmonisch und unzusammenhängend verstreut. Der Weg derer jedoch, die zur Kirche gehören, umspannt die ganze Welt, da sie ja eine feste Tradition von den Aposteln her hat und uns sehen läßt, daß der Glaube aller ein und derselbe ist" (folgt eine kurze Beschreibung des kirchlichen Glaubens[1003]). „Also ist die Predigt der Kirche wahr und fest, bei der ein und derselbe Weg des Heils in der ganzen Welt gezeigt wird. ... Denn die Kirche predigt die Wahrheit, und sie ist der siebenarmige Leuchter, der das Licht Christi trägt."[1004]

1001   S. nur haer I 10,2 (158,24-160,48/158,1128-161,1150; s. dazu auch van Unnik, *Document,* 202-204); III 1,1 (20,7-22,17: Die Apostel, die mit dem Pfingstgeist ausgerüstet und im Besitz der *perfecta agnitio* waren, zogen *in fines terrae* aus und verkündigten das Evangelium, *qui quidem et omnes pariter et singuli eorum habentes Evangelium Dei*); 15,1 (278,21-26). S.a. May, *Einheit,* 72-74; Beyschlag, *Dogmengeschichte,* 170. Van Unnik, *Document,* 200f betont, daß Irenäus mit dem Argument der Einheit „the christian variant of the *argumentum e consensu gentium*" benutzt, das seine Leser überzeugen mußte. In „certain circles in Antiquity ,unison' was a clear witness to the truth, whereas variety of opinion on the same matter was a sign of confusion, ingorance and falsehood."

1002   Der Gedanke, daß die Apostel ihren Nachfolgern nicht nur den Glauben oder die Lehre, sondern auch die *Kirche selbst,* – „all those elements which make up the church" (Kereszty, *Unity,* 207) – übergeben haben, auch in haer IV 33,8 (818,139-820,141; vgl. auch haer III 1,1; 3,1; 4,1 u.ö.). Die gegenwärtige Kirche ist dadurch mit der Kirche der apostolischen Zeit „identisch" (vgl. Kereszty, aaO, 206-209); s.a. Schmidt, *Kirche,* 38f; Blum, *Tradition,* 162-167 (zum Begriff und zur Vorstellung des „Apostolischen" bei Irenäus).

1003   Vgl. Jaschke, *Geist,* 54f; Flesseman-van Leer, *Tradition,* 109-111; Overbeck, *Menschwerdung,* 309-311. Auffällig an dieser „Glaubensformel" ist, daß Irenäus hier den Gedanken der *Einheit* Gottes massiv betont und ihn mit der *ordinatio erga Ecclesiam* (254,15f; *ordinatio* steht wohl für τάξις) verbindet. Die feste Ordnung der Kirche „wird durch die Einbeziehung in eine credoähnliche Formulierung gleichsam als ,Glaubensartikel' legitimiert" (Overbeck, aaO, 310).

1004   Haer V 20,1 (252,1-256,26). Irenäus greift mit der Weg-Metapher auf haer V 17,4 zurück: Die Kirche ist zwar „bis an die Enden der Erde zerstreut" (διασπείρω/*dispergo*), nicht jedoch – im Gegensatz zu den *dispersa vestigia doctrinae* der Häretiker – ihre Verkündigung. Zum „siebenarmigen Leuchter" vgl. epid 9 (96/39): Er wurde nach dem Bild des siebten, für die Menschen sichtbaren Himmels von Mose (vgl. Ex 25,31-40) angefertigt. Der siebte Himmel ist voll „von der Furcht des dieses unseren Himmel erleuchtenden Geistes", der in Jes 11,2 als „Geist der Gottesfurcht" bezeichnet wird und (mit den anderen „Geistern" aus Jes 11,2) nach haer III 17,3 (334,58-336,73) auf Christus ruhte und von ihm an die weltweite Kirche weitergegeben wurde.

3.3.3.1 Das Verhältnis von heiligen Schriften und „Kanon der Wahrheit"

Die Verkündigung der Wahrheit fußt nach Irenäus auf zwei Quellen und Kriterien, die einander ergänzen und interpretieren: auf dem „Kanon der Wahrheit"[1005] und den heiligen Schriften.[1006] Der „Kanon der Wahrheit" ist „der bündige Ausdruck der christlich-kirchlichen Verkündigung zu allen Zeiten und an allen Orten"[1007], „die in der Kirche gegenwärtige und erreichbare Wahrheit, und zwar nach der inhaltlichen Seite (die ‚Summe' der Wahrheit) und ... nach der formalen Seite (‚Grenze' und ‚Kriterium' der Wahrheit)".[1008] In inhaltlicher Hinsicht schließt der „Kanon der Wahrheit" „Bibel, Bekenntnisformel, Dogma und Überlieferung" ein. Das bedeutet jedoch nicht, daß jeder, der eine dieser „Einzelkonkretionen" des „Kanons der Wahrheit" sein Eigen nennt, schon im Besitz der Wahrheit ist.[1009] Es ist möglich, sich auf die heiligen Schriften zu berufen, ohne in der Wahrheit zu stehen. Dies ist dann der Fall, wenn die Schriftinterpretation – wie bei den Häretikern – mit dem „Kanon der Wahrheit" nicht konform geht.[1010] Das heißt konkret: Die heiligen Schriften benötigen ein *zuverlässiges,* und das bedeutet für Irenäus immer: ein einheitliches, in Gottes geschichtlichem Heilshandeln selbst verankertes Auslegungskriterium, das bei inhaltlichen Problemen, die im Rahmen der Bibelexegese (und bei der theologischen Interpretation der Schöpfung) auftreten, eindeutige Orientierung gibt, so daß die kirchliche Schriftauslegung

---

1005   „Kanon der Wahrheit" ist gleichbedeutend mit „Kanon des Glaubens". Irenäus setzt die beiden Wendungen kontextgebunden ein (s. Fantino, *La théologie,* 18-22).

1006   Vgl. Schmidt, *Kirche,* 40-70; Torrance, *Interpretation,* 115-129; Vogt, *Geltung,* 20-22; Ochagavía, *Visibile,* 174-205; Blum, *Tradition,* 168-188; Jaschke, *Geist,* 289-294.

1007   Ritter, *TRE 13,* 403.

1008   Brox, *FC 8/1,* 107; zum „Kanon der Wahrheit" bei Irenäus s. aus der umfangreichen Lit. Beyschlag, *Dogmengeschichte,* 170; Bonwetsch, *Theologie,* 45-49; Kelly, *Glaubensbekenntnisse,* 80-86; Ritter, *TRE 13,* 402-405 (Lit.); Overbeck, *Menschwerdung,* 19-24; Mitros, *Norm,* 86-89; Ammundsen, *Rule,* 138-144; Ebneter, *Regulativ,* 588-608 (Lit.); Torisu, *Gott,* 42-44; Holstein, La tradition, passim; Blum, *Tradition,* 168-186 (Lit.); Flesseman-van Leer, *Tradition,* 125-128; Fantino, *L'art* 73-79; ders., *La théologie,* 15-28; Hägglund, *Bedeutung,* 4-19; Benoît, *Introduction,* 208-214; Tiessen, *Irenaeus,* 201-205. Zur Bekenntnisbildung in der Alten Kirche s. allg. Lietzmann, *Geschichte,* II 100-119; Ritter, aaO, 399-412; Kelly, aaO, passim; Kinzig u.a., Tauffragen, passim.

1009   Brox, *FC 8/1,* 107f; vgl. epid 3 (86-88/34); 6 (90-92/36f); haer I 9,4 (150,109-117/150f,1082-1091); 22,1 (308,1-310,31); II 27,1 (264,15-266,20); III 2,1 (24,1-26,16); 11,1 (140,17-23); 12,6 (200,184-188); IV 33,7 (828,129-137/828,1-8); 35,4 (874,113-876,119); V 20,1 (254,8-18).

1010   S.o. Abschnitt 2.4.1; vgl. haer I 9,4 (150,109-117/150f,1082-1091; dazu auch Hägglund, *Bedeutung,* 6-8; Fantino, *La théologie,* 22-28); IV 35,4 (874,113-876,119).

dem einheitlichen Geschichtshandeln Gottes entspricht.[1011] Daß überhaupt
ein solches Auslegungskriterium notwendig ist, liegt daran, daß bestimmte
Stellen in den heiligen Schriften eindeutig, andere jedoch „zweideutig" sind,
und daß die Welt in der Erfahrung des Menschen an einigen Punkten Fragen
aufwirft, die die Gefahr in sich bergen, von dem einen Gott und Schöpfer
wegzuführen.[1012] Irenäus gibt dafür folgende Erklärung:

Grundlegend für jede theologische Erkenntnisarbeit ist die Einsicht, daß der Mensch immer
Geschöpf ist und bleibt, in seiner Suche nach Gott also nur die Erkenntnis erlangen wird, die
Gott für ihn vorgesehen hat.[1013] Von manchem weiß der Mensch nur, *daß* es sich so und so
verhält, ohne jedoch wissen zu können, *warum*.[1014] Indem Gott bestimmte Dinge und Zusammenhänge in der Schöpfung und in den heiligen Schriften der menschlichen Erkenntnis
entzieht, hält er den fundamentalen Unterschied fest, der zwischen ihm und seinen Geschöpfen besteht. Die Triebfeder jeder theologischen Arbeit kann aus diesem Grund nur die *Liebe*
zu Gott sein[1015], mit der ein „gesunder, ungefährdeter, frommer und wahrheitsliebender Verstand"[1016] einhergeht, nicht jedoch aufgeblähte „Gnosis". Der Mensch hat sich auf die Dinge
zu beschränken, „die uns (sc. in der Natur) ins Auge fallen und die offen und unzweideutig
in den Schriften Wort für Wort vorliegen"[1017] und eindeutig bezeugen, daß nur ein Gott ist,
der durch seinen Logos alles gemacht hat.[1018] Auf der Grundlage dieser Einsicht stellen die
Zweideutigkeiten in Schöpfung und Bibel kein Problem mehr dar.[1019] Auch wenn bei der
Schriftauslegung bestimmte Fragen offenbleiben, „wissen wir ganz genau, daß die Schriften
zwar vollkommen sind, da sie ja vom Logos Gottes und seinem Geist geschrieben sind, daß
wir aber in dem Maße, als wir geringer und viel später als der Logos Gottes und sein Geist
sind, auch der Kenntnis seiner Geheimnisse ermangeln. Und es ist nicht verwunderlich,
wenn wir dies im Bezug auf geistige und himmlische und solche Dinge erfahren, die offenbart werden müssen, wo sich auch schon viel von den Dingen unserer Kenntnis entzieht, die

---

1011 S.a. von Campenhausen, *Entstehung,* 213f.223.
1012 S. haer II 25,1f (250,1-254,41); vgl. auch haer I 10,3 (160,49-53/161f,1151-1155). Zu
      haer II 26,1 s.u. S. 375. Zu haer II 25-28 insgesamt s. Overbeck, *Menschwerdung,* 28-35;
      Schoedel, *Method,* passim; Bengsch, *Heilsgeschichte,* 56-62; Torrance, *Interpretation,*
      107-114; Flesseman-van Leer, *Tradition,* 133-139; Fantino, *L'art,* 243-253; ders., *La*
      théologie, 66-82; Berthouzoz, *Liberté,* 174-177; Noormann, *Paulusinterpret,* 100-106.
1013 S. haer II 25,3f (254,42-256,67); 27,1 (264,1-5/264f,1-6). Vgl. Fantino, *La théologie,* 82f.
1014 Vgl. Schoedel, *Method,* 31, der in dieser Tatsache zurecht die „theological climax" von
      haer II 25-28 sieht. Schoedel zeigt in seinem Aufsatz, daß Irenäus' theologische Met-
      hode in der empirisch-medizinischen Methodik Galens – er war Zeitgenosse des Ire-
      näus –, die selbst wieder skeptische Ansätze aufgreift, eine frappante Parallele hat (s.a.
      Grant, *Culture,* passim; van Unnik, *Speculation,* 41-43; Fantino, *La théologie,* 74-79).
1015 S. haer II 26,1 (256,1-258,24/257,1-5); II 28,1 (268,6-270,20); s. dazu auch u. ab S. 375.
1016 Haer II 27,1 (264,1f/264,1f).
1017 Haer II 27,1 (264,6-8/265,6-8); vgl. epid 3 (86-88/34). S.a. Brox, *GK 1,* 90.
1018 S. haer II 27,2 (266,29-38).
1019 Vgl. Bengsch, *Heilsgeschichte,* 60.

vor unseren Füßen liegen[1020] – ich meine das, was in dieser Schöpfung ist, was wir betasten und sehen und was zu uns gehört – und die wir Gott überlassen. Denn es gebührt ihm, alles zu überragen. ... Wenn schon im Blick auf die Dinge der Schöpfung ein Teil (nur) Gott weiß, ein Teil aber auch unserer Erkenntnis zugekommen ist, was ist es schlimm, wenn wir auch von den in den Schriften zu untersuchenden Dingen, wo doch alle Schriften pneumatisch sind, (nur) einen Teil durch Gottes Gnade auflösen, einen Teil aber Gott überlassen, aber nicht nur in der gegenwärtigen Weltzeit, sondern auch in der kommenden, damit Gott immer lehrt, der Mensch aber immer von Gott lernt. ... Wenn wir also ... einen Teil der Fragen Gott überlassen, bewahren wir auch unseren Glauben und bleiben ungefährdet, und die ganze Schrift, die uns von Gott gegeben wurde, wird uns als stimmig erscheinen, und die Parabeln stimmen mit dem ausdrücklich Gesagten überein, und das deutlich Gesagte löst die Parabeln auf, und durch die vielstimmigen Ausdrücke wird unter uns eine harmonische Melodie ertönen, die in Hymnen Gott lobt, der alles geschaffen hat."[1021]

Die unendliche Überlegenheit des Schöpfers und der pneumatische Charakter der heiligen Schriften führen also den Menschen bei seiner Suche nach Gott zu einer heilsamen, gottverordneten Selbstbeschränkung auf das *eindeutige* Zeugnis der Schöpfung und der Bibel – auf den „Kanon der Wahrheit."[1022] Indem sich der Mensch bei seiner theologischen Arbeit auf die Dinge verläßt, die Gott der menschlichen Erkenntnis zugedacht hat, bringt er seine Gottesliebe zum Ausdruck.

Schriftinterpretation und „Kanon der Wahrheit" führen kein theologisches Eigenleben, sondern sind direkt aufeinander bezogen.[1023] Der „Kanon der Wahrheit" speist sich inhaltlich aus den eindeutigen Schriftworten[1024] und

---

1020 S. dazu van Unnik, *Speculation,* passim (mit Belegen): Der Ratschlag, auf das zu sehen, was *ante pedes* ist, war zu Irenäus' Zeiten eine wohlbekannte und verbreitete Regel.
1021 Haer II 28,2f (270,25-272,38; 274,57-65/274f,1-9; 276,73-82/277,1-8). Recht negativ über die von Irenäus empfohlene „Erkenntnisbeschränkung" des Menschen Brox, *GK 1,* 94f; vgl. ders., *Offenbarung,* 88-92. Anders Wingren, *Man,* 9; Tremblay, *La manifestation,* 23-25. Zum Inspirationsgedanken bei Irenäus s.a. Hoh, *Lehre,* 87-109; Farkasfalvy, *Theology,* passim; Jaschke, *Geist,* 282-288. Zu den in haer II 28,2 (272,36-54) verarbeiteten Themen s. Grant, *Culture,* 43-47; Schoedel, *Philosophy,* 23f; van Unnik, *Speculation,* 33-43.
1022 S. haer II 28,1 (268,1f: *Habentes itaque regulam ipsam veritatem et in aperto positum de Deo testimonium).*
1023 Vgl. Schmidt, *Kirche,* 54-56; Benoît, *Überlieferung,* 184-186; Kretschmar, „*Selbstdefinition*", 121-124;; Flesseman-van Leer, *Tradition,* 139-144; Ebneter, *Regulativ,* 595-597; Ohlig, *Begründung,* 185-188; Hefner, *Methodology,* passim; Fantino, *L'art* 79-86. – Zum Verständnis von „Schrift" und „Tradition" vor (und neben) Irenäus s. Ochagavía, *Visibile,* 141-167; Blum, *Tradition,* passim; Flesseman-van Leer, aaO, passim (zu Irenäus 100-144); Hägglund, *Bedeutung,* 12-15.
1024 Vgl. außer den bisher genannten Texten haer III 12,9 (222,352-224,358), v.a. aber II 35,4 (364,52-366,70) und III 2,1f (24,1-28,30).

dem einhelligen Zeugnis der Schöpfung, kann also gegebenenfalls ohne die Bibel, aber nie unabhängig von ihr existieren.[1025] Auf der anderen Seite muß die Exegese der *unsicheren* Schriftworte (und die Deutung der geschaffenen Dinge) mit dem „zugrundeliegenden Beweisgrund und mit der Vernunft verbunden" werden.[1026] Denn nur so werden die „Parabeln" (die zweideutigen Schriftworte) ohne Gefahr und von allen übereinstimmend aufgelöst, „und der Leib der Wahrheit bleibt unberührt und gleich in der Verknüpfung der Glieder und ohne Erschütterung."[1027] Das bedeutet konkret: Zu einer sicheren Auslegung der Schrift gelangt man nur *mit* dem „Kanon der Wahrheit", während umgekehrt eine Verkündigung der christlichen Lehre, die ohne die heiligen Schriften auskommen muß, im „Kanon der Wahrheit" aber immer schriftbezogen und schriftgemäß bleibt, legitim und wirkmächtig, der Glaube der *sine litteris* missionierten Christen also „inhaltlich vollständig" ist.[1028] Dieses Argument ist für Irenäus umso wichtiger, als auch seine Gegner ebenfalls und bewußt auf die „heiligen Schriften" der Kirche zurückgegriffen haben. Erst auf der Grundlage des schriftgemäßen „Kanons der Wahrheit" ist

---

1025 Vgl. auch Flesseman-van Leer, *Tradition,* 142.

1026 Haer II 25,1 (250,9: *subiacenti copulare argumento sive rationi;* vgl. 250,15-252,17: *sed ipsos numeros* [sc. die Zahlen, die die Häretiker für ihre Spekulationen heranziehen] *et ea quae facta sunt aptare debent subiacenti veritatis argumento). Argumentum* ist jeweils Übersetzung von ὑπόθεσις (s. *SC 293,* 414); vgl. haer I 10,3 (162,54-57/162, 1156-1159: ἀλλὰ ἐν τῷ τὰ ὅσα ἐν παραβολαῖς εἴρηται προσεπεξεργάζεσθαι καὶ συνοικειοῦν τῇ τῆς ἀληθείας ὑποθέσει, καὶ ἐν τῷ τήν τε πραγματείαν καὶ τὴν οἰκονομίαν τοῦ Θεοῦ τὴν ἐπὶ τῇ ἀνθρωπότητι γενομένην ἐκδιηγεῖσθαι") u.ö.; zum Begriff „ὑπόθεσις" (auch bei den Gnostikern) s. van Unnik, *Document,* 206-208; Hefner, *Methodology,* passim; Fantino, *L'art* 73-77; ders., *La théologie,* 17f; Norris, *Theology,* 288-295. – Zu den (gemessen an seiner hermeneutischen Theorie recht variablen) exegetischen Methoden des Irenäus s. Brox, *Offenbarung,* 79-88; zum Verhältnis von Offenbarung und Vernunft bei Irenäus s. Brox, aaO, 201-208; Beyschlag, *Dogmengeschichte,* 193f.

1027 Haer II 27,1 (264,9-13: *et a veritate corpus integrum et simili aptatione membrorum et sine concussione perseverat).* Mit *SC 293,* 308f (P. 265, n. 2. 2.) ist *a veritate corpus* in *veritatis corpus* zu ändern.

1028 Vgl. haer III 4,1f (46,14-48,43; der einleitende Satz lautet: „Was aber, wenn uns die Apostel keine Schriften hinterlassen hätten? Müßte man dann nicht der Ordnung der Überlieferung folgen, die sie denen übergaben, denen sie die Kirche anvertrauten?"); vgl. IV 24,2 (704,40-45!). Kretschmar, „*Selbstdefinition",* 124: Die Glaubensregel ist die „katechetische Gestalt des Evangeliums". Verhaltene Kritik an Irenäus' „hermeneutischen Zirkel" übt Brox, *Offenbarung,* 93-115 (vgl. auch Jaschke, *Geist,* 288). – Zum Verhältnis von mündlicher und schriftlicher Tradition vgl. auch Papias, fr. 2,3f (134, 14-26 SQS) und dazu Bauer, *Tradition,* 195-197.

eine Theologie, die sich auf die „heiligen Schriften" bezieht, „biblische Theologie".[1029]

3.3.3.2 Die Konstituierung des „Kanons der Wahrheit" als inhaltliche Einheit durch den Gekreuzigten

Damit die Kirche mit Recht den Anspruch erheben kann, die eine Wahrheit Gottes zu verkündigen, müssen die theologischen Hauptaussagen ihrer Lehre inhaltlich suffizient zu sein, d.h. der ‚Kanon der Wahrheit' muß Gottes geschichtliches Heilshandeln als Ganzes wiedergeben. Anders gesagt: Er muß die als ἀνακεφαλαίωσις konzipierte οἰκονομία Gottes vollständig darstellen, um selbst eine kurze ἀνακεφαλαίωσις der göttlichen Wahrheit zu sein. Nur wenn Gott in der Predigt der Kirche als derjenige identifizierbar ist, der sich den Menschen immer schon als Schöpfer und Erlöser kundgetan hat, ist es möglich, daß in dieser Predigt Gottes Handeln in der Geschichte als Einheit laut wird und die Hörerenden im Glauben an die christliche Botschaft zur Erkenntnis des einen Gottes gelangen. Besonders aufschlußreich für diesen Zusammenhang von kirchlicher Verkündigung und erlangter (oder auch nicht erlangter) Gotteserkenntnis sind die Texte, in denen Irenäus die apostolische Mission schildert, und zwar diejenigen Stellen, wo er mit eigenen Worten das Wirken der Apostel zusammenfaßt. Diese Texte zeigen, worin Irenäus das Zentrum der apostolischen Predigt erblickt, das den „Kanon der Wahrheit" als inhaltliche Einheit konstituiert. Einzugehen ist zunächst auf haer III 12,1-5.7f.[1030] Irenäus zitiert und paraphrasiert dort ausführlich die Apostelpredigten aus Apg 2,22-38; 3,12-26; 4,8-12.24-28.31.33; 5,30-32.42; 10,37-43; 8,26-39.

Iin seinen Zusammenfassungen folgt Irenäus der lukanischen Diktion. Das Zentrum der apostolischen Predigt an die Juden und an die Heiden, die im Gesetz unterrichtet waren, ist Jesus Christus, der von den Juden gekreuzigt,

---

1029 Vgl. Andresen, *Anfänge*, 79-98; Dassmann, *Stachel*, 218.298; Farkasfalvy, *Theology*, 320. Die ca. 600 alttestamentlichen und über 1000 neutestamentlichen Zitate und Anspielungen bei Irenäus (s. Werner, *Paulinismus*, 7f; weitere statistische Befunde bei Hoh, *Lehre*, 5-59.189-199; Benoît, *Introduction*, 105f [Lit.]; Dassmann, aaO, 295-297) dienen dem Erweis der Wahrheit des „Kanons der Wahrheit".

1030 178,21-198,174; 204,212-216,293/178,2-216,10*. In haer III 12 beginnt Irenäus, nachdem er in haer III 9-11 das Gottesbild der Evangelisten skizziert hatte, mit der Darstellung der *sententia de Deo* (III 11,9 [176,280f]) der anderen Apostel (s. schon haer III 6,5-7,2). Zur Benutzung der Apg durch Irenäus vgl. Hoh, *Lehre*, 38.65-73.

von Gott aber auferweckt wurde, um den Menschen das Heil zu schenken. Diese Feststellung ist nicht weiter auffällig. Auffällig ist dagegen der Abschnitt haer III 12,6, in dem sich Irenäus mit der Behauptung einiger Häretiker auseinandersetzt, die Apostel (und sogar Christus selbst) hätten den Juden keinen anderen Gott verkündigt als den, an den diese immer schon geglaubt hatten.[1031] Irenäus verläßt hier für kurze Zeit seine Apg-Referate und argumentiert gezielt gegen seine Gegner, artikuliert also seine eigene Position, um diese dann mit der von Lukas berichteten Missionierung des Kornelius und des äthiopischen Eunuchen zu belegen. Die Konsequenz, die sich aus der häretischen Behauptung ergibt, lautet folgendermaßen:

Wenn Christus und die Apostel den Menschen nach dem Mund geredet haben und keiner die Wahrheit erfahren hat, „dann wissen auch sie (sc. die Häretiker) die Wahrheit nicht, sondern je nach dem ihre Meinung über Gott war, empfingen sie eine Lehre, wie sie sie (gerade) hören konnten. Wenn man also so redet, wird bei niemanden ein ‚Kanon der Wahrheit‘ (regula veritatis) sein, sondern alle Schüler rechneten es allen (sc. den Lehrern) zu, daß zu einem jeden so, wie er dachte und es erfassen konnte, auch gepredigt wurde." Die Realität sieht anders aus. Die Apostel paßten sich nicht der früheren Meinung der Juden an, sondern verkündigten, daß „der, den die Juden als Menschen gesehen und ans Kreuz genagelt hatten, der Messias sei, der Sohn Gottes, ihr ewiger König."

Genau auf der gleichen Linie liegt haer III 12,13.[1032] Irenäus betont, daß die Apostel und ihre Schüler in ihrer Lehre vollkommen waren „und deshalb zur Vollkommenheit [sc. zum Martyrium] berufen wurden." Hätten sie den Menschen ihre angestammte Meinung gepredigt, „hätten sie nicht gelitten; aber weil sie denen das Gegenteil verkündigten, die der Wahrheit nicht zustimmten, haben sie auch gelitten." Irenäus faßt zusammen: Die Christen der ersten Stunde predigten „den Juden, daß Jesus, der von ihnen gekreuzigt wurde, der Sohn Gottes ist, der Richter über Lebende und Tote, der vom Vater die ewige Herrschaft über Israel empfangen hat".[1033]

Irenäus sieht – und das gibt er in haer III 12,6.13 deutlicher zu erkennen als in seinen Zusammenfassungen der lukanischen Predigten – in der Verkündigung des Gekreuzigten nicht nur das „Neue"[1034], das die Botschaft der Kir-

1031 200,175-204,211.
1032 234,443-238,469. Irenäus setzt in diesem Abschnitt den Bericht über Stephanus aus haer III 12,10 (224,359-226,377) fort, wo er Apg 7,2-8 zitiert und kurz auf Apg 7,8-44 eingeht, um zu zeigen, daß Stephanus denselben Gott wie die Apostel verkündigte, der schon mit den Patriarchen und Mose verkehrt war.
1033 238,465-467. Wie in haer III 12,6 folgt auch hier eine Charakterisierung der Heidenmission (s.u.).
1034 S.a. Prümm, Neuheit, 204f.

che im Gegenüber zum Glauben der Juden auszeichnet, sondern vor allem auch das entscheidende Kriterium, das den „Kanon der Wahrheit" zu einer inhaltlichen Einheit macht. Dieser Befund wird durch haer IV 23,2-24,1[1035] unterstützt. Irenäus schildert dort ein weiteres Mal das missionarische Wirken des Philippus (vgl. Apg 8,26-39), um im Anschluß daran kurz die Predigt der Apostel vor den Juden zu charakterisieren:

Weil er „durch die Propheten bereits im voraus in der Gottesfurcht unterrichtet war", war der Eunuch der Königin von Äthiopien leicht davon zu überzeugen, daß mit Jes 53,7-8a und dem übrigen, „was der Prophet über seine [sc. Christi] Passion, über die fleischliche Ankunft und die Art, wie er von denen, die nicht an ihn glaubten, verunehrt wurde, überliefert hat", nur Jesus Christus gemeint sein konnte, „der unter Pontius Pilatus gekreuzigt wurde (*crucifixus est*) und litt und was sonst der Prophet vorhergesagt hat, und daß er der Sohn Gottes ist, der den Menschen das ewige Leben gibt." Ein weiterer Unterricht von Seiten des Philippus war nach der Taufe nicht nötig, denn der Eunuch war durch die Schriften bereits ausreichend über Gott, den Vater, und den gottesfürchtigen Lebenswandel unterwiesen worden; „allein die Ankunft des Sohnes Gottes kannte er noch nicht." Wie Philippus verfuhren auch die anderen Apostel, die in Israel erfolgreich Mission betrieben: „Indem sie zu ihnen über die Schriften redeten, zeigten sie, daß der gekreuzigte Jesus der Christus, der Sohn des lebendigen Gottes ist (*Iesum crucifixum hunc esse Christum Filium Dei vivi*), und redeten einer großen Menge zu, die schon Gottesfurcht hatte, und an einem Tag wurden drei-, vier- und fünftausend Menschen getauft."[1036] Die Apostel, die zu den Juden gesandt waren, „hatten", so faßt Irenäus am Anfang von haer IV 24,1 zusammen, „eine *facilis catechizatio*, weil sie (sc. die Juden bzw. die im Gesetz bewanderten Heiden) ja die Offenbarungen aus den Schriften hatten; und die auf Mose und die Propheten hörten (vgl. Lk 16,31), nahmen auch leicht den ‚Erstgeborenen der Toten' (Kol 1,18; Offb 1,5) und den ‚Urheber des Lebens' (Apg 3,15) Gottes auf, den, der durch die Ausstreckung der Hände Amalek vernichtet und den Menschen von der Wunde der Schlange durch den Glauben an ihn lebendig gemacht hat."[1037]

Irenäus zeichnet also von der apostolischen Mission bei den Juden und den schriftkundigen Heiden folgendes Bild: Die Apostel können bei ihren Adressaten einen wesentlichen Teil des „Kanons der Wahrheit" als bekannt (und akzeptiert) voraussetzen. Was ihnen „vollständigen Glauben" fehlt, ist der *gekreuzigte* Sohn Gottes. Dieser wird als Erfüllung der prophetischen Verheißungen verkündigt und von denjenigen, die ihn als mit ihrem bisherigen „Kanon der Wahrheit" in Übereinstimmung stehend verstehen, im Glauben angenommen. Die anschließende Taufe zeigt die „Übernahme" des – nun „vollständigen" – „Kanons der Wahrheit" an.

1035   694,42-700,9 (das Zitat unten haer IV 23,2 [696,47-53]). S.a. Brox, *Juden*, 94f.
1036   Haer IV 23,2 (698,62-67).
1037   698,2-700,9.

Anders scheint es sich auf den ersten Blick mit der apostolischen Mission unter den schrift*un*kundigen Heiden zu verhalten.[1038] Hier besteht die vorrangige Aufgabe des Paulus darin, die Heiden von ihrem Götzendienst abzubringen und sie zur Verehrung des wahren Gottes und Schöpfers zu führen, um dann in einem zweiten Schritt die Christusbotschaft auszurichten.[1039] Auch dies ist nicht weiter auffällig. Auffällig ist dagegen die Art, wie Irenäus die Bekehrung des Paulus als Auftakt zur Heidenmission darstellt.[1040] Haer III 12,9 ist der erste Text, in dem Irenäus die paulinische Missionsarbeit thematisiert. Er gibt am Beginn des Abschnitts zunächst eine kurze, an Apg 9,4.10-20 angelehnte Zusammenfassung über die Bekehrung und die darauf folgende Predigt in Damaskus. Im unmittelbaren Anschluß erklärt Irenäus genauer den Inhalt der Offenbarung, die Paulus zuteil wurde:

„Das ist das Geheimnis, von dem er sagt, daß es ihm durch eine Offenbarung bekannt gemacht wurde (vgl. Eph 3,3): daß der, der unter Pontius Pilatus gelitten hat, der Herr von allem und König und Gott und Richter ist, indem er die Macht von dem erhält, der der Gott von allem ist, weil er ‚gehorsam geworden ist bis zum Tode, zum Tode aber am Kreuz' (Phil 2,8)."[1041]

Christus selbst gibt sich dem designierten Heidenapostel als derjenige zu erkennen, den Gott wegen seines Kreuzesgehorsams zum universalen Herrscher und Richter eingesetzt hat. In ihrem Ablauf stimmt die Bekehrung des Paulus also mit der Bekehrung des Kornelius, des äthiopischen Eunuchen und der Juden überein.[1042] Wie diesen ist Paulus ein wesentlicher Teil des „Kanons der Wahrheit" bekannt, der durch die Offenbarung des gekreuzig-

---

1038 Allgemein zu Irenäus' Wertung der Heiden(-Christen) s. Brox, *Juden*, 98-105.

1039 S. haer III 4,2 (46,18-48,31); 5,3 (60,70-62,80; vgl. dazu Noormann, *Paulusinterpret*, 113-115); 12,6 (202,202-204,211); 12,9 (218,306-222,349: zit. Apg 17,24-31 [Areopagrede] und 14,15-17 [Paulus und Barnabas in Lystra]); 12,13 (238,468f); IV 24,1f (700,9-704,40) u.ö. – Zur Bewertung des Paulus bei Irenäus s. Noormann, aaO, 39-47.63-69.

1040 Dazu s. haer III 12,9 (216,294-224,358/216,1-11); IV 24,1f (s.o. S. 372 Anm. 1039); V 12,5 (156,96-160,120). Haer III 12,9 ist nach Noormann, *Paulusinterpret*, 52 die einzige Stelle, an der Irenäus eine gegnerische Paulusdeutung mit Hilfe eines Apg-Textes abzuwehren versucht (zu Irenäus' Darstellung der Paulusbekehrung s. Noormann, aaO, 41f.58-62).

1041 216,303-218,305/216,8-11. Eph 3,3a war auch bei Irenäus' Gegnern beliebt (s. die Belege bei Noormann, *Paulusinterpret*, 55.59.

1042 Der Unterschied zwischen Paulus und dem bekehrten Eunuchen und den Juden besteht darin, daß sich im Falle des Paulus Christus selbst offenbart (s. den Anfang von haer III 12,9 (216,294-296/216,2-4).

ten Christus vervollständigt wird.[1043] Dann kommt es zur Taufe.[1044] Die Grundlage für die Verkündigung unter den Heiden ist somit geschaffen. Ihr Inhalt kann nun kein anderer sein als der „vollständige" „Kanon der Wahrheit". Im Vordergrund steht dabei der eine Gott und Schöpfer, der den Heiden wegen ihrer fehlenden Kenntnis der Schriften unbekannt war. Auf dieser „theologischen Grundausbildung" baut Paulus seine weitere Verkündigung auf. Der Gekreuzigte ist dabei (neben Gott-Vater) das Zentrum seiner Predigt.[1045] Dies verdeutlicht die zweite Stelle, in der Irenäus die paulinische Arbeit schildert.[1046] In haer IV 24,1f knüpft er an die Darstellung von III 12,9 an.

Paulus mußte die Heiden durch den „fremden Unterricht" und die „neue Lehre" erst von der *superstitio* ihrer Götzenbilder abbringen und den Glauben an den einen Gott predigen, der durch seinen Logos, der in der letzten Zeit zur „Neubildung" des Menschen und zur Niederwerfung des „Feindes" Mensch wurde, die ganze Welt geschaffen hat: „Daß aber ein Gott ist, ,der über alle Hoheit, Gewalt und Herrschaft und über jedem Namen ist, der genannt wird' (Eph 1,21); und daß sein von Natur aus unsichtbarer Logos bei den Menschen tastbar und sichtbar geworden ist und ,bis zum Tod' hinabstieg, ,zum Tod aber am Kreuz' (Phil 2,8); und daß die, die an ihn glauben, unverweslich und leidensunfähig sein und das Reich der Himmel erhalten werden."[1047]

1043   Irenäus leitet mit den Worten *Et quoniam hoc verum est* von dem Zitat Phil 2,8 zur Schilderung der Areopagrede weiter.

1044   Vgl. oben Abschnitt 3.2.7.2. Die Annahme des „Kanons der Wahrheit" in der Taufe, der in der Verkündigung des Gekreuzigten seinen zusammenfassenden Ausdruck findet, fällt mit der Teilhabe an dem Heil, das Christus den Menschen am Kreuz verschafft hat, eins (vgl. Jaschke, *Geist*, 12 u.ö.).

1045   Vgl. Noormann, *Paulusinterpret*, 61: „Obgleich die Heidenpredigt mit der ,Gotteslehre' beginnen muß, zielt sie doch auf das Heilsgeschehen in Christus. Dessen Darstellung knüpft allerdings nicht an paulinische Texte, sondern an für Irenäus typische Vorstellungen an."

1046   Wie in haer III 12,1-8 folgt die Schilderung der paulinischen Mission auch in haer IV 23,2-24,2 auf die Philippus-Erzählung (Apg 8).

1047   Das Bild, das Irenäus hier von der paulinischen Missionsstrategie zeichnet, entspricht in gewisser Weise 1Thess 1,9f. Vgl. Noormann, *Paulusinterpret*, 60-62 (auch zu den Pauluszitaten in haer IV 24,1f); er bemerkt aaO, 61f völlig richtig: „Die Beschreibung der Menschwerdung erinnert an johanneische Formulierungen, wird aber mit der Deszendenzaussage von Phil 2,8 verknüpft. Die erneute Aufnahme dieses Textes in einer freien Darstellung der paulinischen Verkündigung zeigt, daß er für die irenäische Wahrnehmung der paulinischen Christologie von zentraler Bedeutung ist."

Eine letzte Stelle sei in diesem Zusammenhang genannt. In haer V 12,1-6[1048] behandelt Irenäus die Auferweckung des Fleisches, das sowohl die Verweslichkeit als auch die Unverweslichkeit annehmen kann. Was dem Menschen ewiges Leben verleiht und den Tod auf Dauer überwindet, ist nicht der Lebensodem, der der gesamten Schöpfung gegeben wurde, sondern der göttliche Geist. Diese Kraft, die die alte, fleischliche Substanz des Menschen erneuert, manifestiert sich in der „Erkenntnis". Irenäus belegt diese Aussage mit Kol 3,10 („und zieht den neuen Menschen an, der erneuert wird zur Erkenntnis [agnitio; ἐπίγνωσις] nach dem Bild dessen, der ihn geschaffen hat"), die er folgendermaßen interpretiert: „Mit den Worten ‚der erneuert wird zur Erkenntnis' hat er (sc. Paulus) gezeigt, daß jener Mensch selbst, der zuvor in Unwissenheit war – das meint: der Gott nicht kannte –, durch dessen Erkenntnis erneuert wird. Denn die Erkenntnis Gottes erneuert den Menschen. Und indem er sagte: ‚nach dem Bild des Schöpfers', hat er deutlich die Wiederherstellung desjenigen Menschen gezeigt, der am Anfang nach dem Bilde Gottes geschaffen wurde."[1049]

Entscheidend ist für Irenäus nun[1050], daß Paulus sich selbst als einen Menschen bezeichnet, der aus der *antiqua carnis substantia* erzeugt wurde, und daß derselbe Paulus den Sohn Gottes verkündigte (vgl. Gal 1,14-15a). Die grundlegende *Erkenntnis*, die Paulus zu einem neuen Menschen und, als unmittelbare Folge, zum Heidenapostel machte, ist dieselbe wie in haer III 12,9:

„Derselbe, der vorher die Kirche nicht kannte und verfolgte, der verkündigte, als ihm vom Himmel her eine Offenbarung (*revelatio*) zuteil wurde und Gott mit ihm redete – wie wir im dritten Buch gezeigt haben –, als Sohn Gottes Jesus Christus, der unter Pontius Pilatus gekreuzigt wurde (*Filium Dei Christum Iesum qui sub Pontio Pilato crucifixus est*), nachdem die frühere Unkenntnis von der späteren Erkenntnis vertrieben worden war."[1051]

Die Erkenntnis des Gekreuzigten bewirkt bei Paulus die Heilung des „alten Menschen". Der Heidenapostel steht somit stellvertretend für den Glauben an den *gekreuzigten* Sohn Gottes, der allein sowohl das zeitliche als auch das ewige Leben schenkt.[1052]

1048 140,1-162,137/140,1-162,3*; haer V 9-14 ist eine groß angelegte Exegese über den Satz: „Fleisch und Blut können das Reich Gottes nicht erben" (1Kor 15,50).

1049 Haer V 12,4 (156,88-95). Vgl. auch Prümm, *Neuheit*, 194-196.

1050 Haer V 12,5 (156,96-160,120).

1051 158,103-109. Overbeck, *Menschwerdung*, 226f geht auf die Offenbarung des *Gekreuzigten* nicht ein; aaO, 226 läßt er innerhalb des Zitats haer V 12,5 (158,103-109) die Worte *qui sub Pontio Pilato crucifixus est* (158,107f) ohne Begründung weg.

1052 Vgl. allgemein haer II 20,3 (202,34-204,63).

Was für die Juden- und die Heidenmission in Irenäus' Darstellung inhaltlich ausschlaggebend ist, ist die Verkündigung des *gekreuzigten* Jesus als des
verheißenen Christus, die das am Kreuz vollzogene, kirchengründende Handeln des Logos fortsetzt.[1053] Dieser Befund entspricht dem Ergebnis der bisherigen Untersuchungen zur irenäischen Kreuzestheologie. Der Gekreuzigte
eröffnet die *wahre* Gnosis Gottes, weil sich in ihm die prophetischen Ankündigungen erfüllen und in ihm Gottes Handeln in der Geschichte als Einheit
aus Schöpfung und Erlösung offenbart wird. Jesus Christus kanonisiert in der
ἀνακεφαλαίωσις am Kreuz die Wahrheit des christlichen Glaubens.

Bestätigt wird dies auch durch haer II 26,1.[1054] Nachdem Irenäus vor maß-
loser Selbstüberschätzung gewarnt hat, die sich in der Behauptung artikuliert,
im Besitz der Gnosis zu sein, in dieser Gnosis aber den Versuch unternimmt,
ohne Liebe zu Gott, dem Schöpfer, über diesen hinauszuschreiten, geht er
auf die Liebe, die rechte innere Haltung der theologischen Erkenntnisarbeit,
ein. Dazu zitiert er Paulus (1Kor 8,1: „Die Gnosis bläht auf, die Liebe aber
baut auf"[1055]) und betont, daß der Apostel nicht die *vera scientia* mißbilligt,
sondern vor liebloser Gnosis, die in Wahrheit keine Gnosis ist, gewarnt habe.

„Es ist deshalb besser, wie ich bereits sagte, überhaupt nichts auf irgendeine Art zu wissen,
auch nicht eine einzige Ursache eines der Dinge, die geschaffen wurden, warum es geschaffen
wurde, an Gott zu glauben und in seiner Liebe zu bleiben, als – von derartigem Wissen auf-
gebläht – herauszufallen aus der Liebe, die den Menschen lebendig macht. Und [es ist besser],
nichts anderes an Wissen zu suchen als Jesus Christus, den Sohn Gottes, der für uns gekreu-

---

1053   Vgl. haer III 5,3 (60,65-62,84: Irenäus spricht zunächst von der Selbstoffenbarung Jesu
       vor den Juden, dann von der Heidenmission der Apostel und schließt mit den Wor-
       ten: „Dieser [sc. Christus] hat, als er in den letzten Zeiten als höchster Schlußstein
       [vgl. 1Petr 2,6; Eph 2,20] erschien, die, die fern, und die, die nahe waren [vgl. Eph
       2,17], in eins gesammelt und vereint, d.i. die Beschneidung und die Vorhaut, indem er
       Jafet ausbreitete und ihn im Hause Sems ansässig machte" [vgl. Gen 9,27]). – Juden-
       und Heidenmission stimmen nicht zuletzt darin überein, daß die Apostel den Men-
       schen das *Gegenteil* von dem predigen, was diese erwarten (s.o. haer III 12,6.13)! Ein
       wesentlicher Unterschied zwischen den beiden Missionen liegt darin, daß, die Heiden
       aufgrund ihrer Schriftunkenntnis schwerer zum Glauben kommen konnten als die
       Juden. Diese Einschätzung führt Irenäus dazu, den Glauben der Juden geringer zu be-
       werten als den der Heiden (vgl. Brox, *Juden,* 94f).
1054   256,1-258,24, das Zitat 258,16-24. Zum Kontext s.o. S. 366-367.
1055   256,5f; s. dazu Noormann, *Paulusinterpret,* 101f.

376 Das Kreuz in der Theologie des Irenäus

zigt wurde (*qui pro nobis crucifixus est*)[1056], als durch Spitzfindigkeit der Fragen und Haarspalterei in Gottlosigkeit zu fallen."

Irenäus stellt der „Gnosis", die sich durch Hochmut (*supercilium*) auszeichnet und zur Häresie führt, die *vera scientia* (γνῶσις ἀληθής) gegenüber[1057], in der sich die Liebe zu Gott artikuliert: den für die Menschen gekreuzigten Gottessohn Jesus Christus. Dieser ist der *einzige* Inhalt der wahren Gnosis, den Irenäus an dieser Stelle nennt. Er ist wichtiger als das Wissen um die Ursachen der Schöpfung, das der Mensch besser Gott selbst überläßt, weil es für den Menschen letztlich unergründlich ist und bleibt. Das eindeutige Wissen um den Gekreuzigten bewahrt dagegen vor Gottlosigkeit, weil es selbst die wahre Liebe zu Gott ist.

Daß der Gekreuzigte nicht den einzigen, auch nicht den einzigen christologischen Inhalt der kirchlichen Verkündigung darstellt – dies zeigen die unterschiedlichen langen und inhaltlich variablen „Glaubensformeln", die Irenäus anführt und in denen er das Kreuzesleiden Jesu auffällig selten ausdrücklich nennt[1058] –, steht dieser Feststellung nicht entgegen. Denn indem

---

1056 Der Satz ist von 1Kor 2,2 (οὐ γὰρ ἔκρινά τι εἰδέναι ἐν ὑμῖν εἰ μὴ Ἰησοῦν Χριστὸν καὶ τοῦτον ἐσταυρωμένον) her formuliert (s.a. haer III 12,3 (191,113f: Petrus und Johannes verkündigten in Apg 3,12-26 allein den Sohn Gottes τὸν καὶ ἄνθρωπον γεγονότα καὶ παθόντα εἰς ἐπίγνωσιν ἄγων τῷ Ἰσραήλ). S. Noormann, *Paulusinterpret*, 102: Irenäus stellt den christologischen Spekulationen seiner Gegner „in der Regel nicht das Kreuz, sondern die Inkarnation gegenüber. Mehr noch als das Kreuz ist für die irenäischen Gegner die Inkarnation σκάνδαλον und μωρία, obgleich auch ein wirkliches Leiden des Retters für sie nicht in Frage kommt." Umso auffälliger ist in haer II 26,1 der Bezug auf den Gekreuzigten!

1057 Vgl. dazu Fantino, *L'art*, 229-239.

1058 Dreigliedrige „Formeln" und „Summen" (Vater, Sohn Geist; in den mit einem * gekennzeichneten Texten fehlen Aussagen über Kreuz und Leiden Jesu Christi) in epid 3 (86-88/34); 6* (90-92/36); haer I 10,1 (154,3-8/155,1104-1109*; der „zweite Artikel" wird als Überblick über die wesentlichen Taten Christi in 154,8-158,24/155,1109-158, 1128, das Heilshandeln Gottes in der Geschichte in I 10,3 [162,57-164,80/162,1159-164,1173] breit [aber nicht vollständig!] ausgeführt; hier jeweils auch Leidensaussagen. Zu *I 10,1.3* s. ausführlich Jaschke, *Geist*, 45-49; van Unnik, *Document*, 206-226; Noormann, *Paulusinterpret*, 79f; Fantino, *La théologie*, 61-66; Elze, *Häresie*, 398-401; Ritter, *TRE 13*, 403); IV 33,7* (818,129-137/818,1-8); 35,4* (874,113-876,119); V 20,1* (254, 11-18). Zweigliedrige „Formeln" und „Summen" (Vater, Sohn) in haer I 3,6* (62,98f/62,351f); 22,1* (308,1-310,31); III 1,2* (24,28-30); 4,2 (46,22-48,31); 5,3 (60,70-62,84); 11,1* (140,19-23); 16,6 (312,201-213). – All diese „Formeln" und „Summen" des Glaubens weichen im Wortlaut und im Inhalt (selbstverständlich innerhalb der „kanonischen" Grenzen) voneinander ab (s.a. Kelly, aaO, 99f; Ritter, aaO, 405; Schmidt, *Kirche*, 58-70). Dies liegt in erster Linie daran, daß Irenäus die „Formeln" *immer*

der christliche Glaube durch die ἀνακεφαλαίωσις am Kreuz seine Einheit erhält, richtet sich der Blick auf das vielfältige Handeln Gottes in seiner οἰκονομία, das sich konkret in den „Glaubensformeln" niederschlägt. Zwischen dem *Ergebnis* der ἀνακεφαλαίωσις am Kreuz – dem vollständigen „Kanon der Wahrheit", der Gottes Geschichtshandeln als umfassende Einheit zum Ausdruck bringt – und dem zentralen Ereignis in der Geschichte Gottes mit der Welt, das den „Kanon der Wahrheit" als „Kanon der Wahrheit" konstituiert – der ἀνακεφαλαίωσις am Kreuz –, muß also unterschieden werden. Ein Vergleich von haer I 22,1[1059] und V 18,3[1060] kann dies verdeutlichen:

haer I 22,1	haer V 18,3
Cum teneamus autem nos regulam veritatis, id est	*Mundi enim Factor vere Verbum Dei est: hic autem est Dominus noster, qui ... secundum*
quia sit unus Deus omnipotens qui omnia condidit per Verbum suum et aptavit et fecit ex eo quod non erat ad hoc ut sint omnia ...	*invisibilitatem continet quae facta sunt omnia, et in universa conditione infixus, quoniam Verbum Dei gubernans et disponens om-*
(folgen Ps 32,6 LXX; Joh 1,3) – ex omnibus autem nihil subtractum est, sed omnia per ipsum fecit Pater, sive visibilia sive invisibilia, sive sensibilia sive intellegibilia (vgl. Kol 1,16), sive temporalia propter quandam dispositionem sive sempiterna et aeonia ...,	*nia; et propter hoc in sua visibiliter venit, et caro factum est, et pependit super lignum, uti universa in semetipsum recapituletur. ... Ipse est enim qui universorum potestatem habet a Patre, quoniam Verbum Dei et homo verus,*
sed et per Verbum et Spiritum suum omnia faciens et disponens et gubernans et omnibus esse praestans;	*invisibilibus quidem principians rationabiliter et sensuabiliter legem statuens universa*
hic qui mundum fecit, etenim mundus ex omnibus; hic qui hominem plasmavit; hic Deus Abraham et Deus Isaac et Deus Iacob, super quem alius Deus non est neque Initium neque Virtus neque Pleroma; hic Pater Domini nostri Iesu Christi.	*quaeque in suo perseverare ordine, super visibilia autem et humana regnans manifeste et omnibus dignum superducens iustum iudicium.*

Was Irenäus in der *regula veritatis* (haer I 22,1) thetisch formuliert (der eine Gott Vater schafft, ordnet und lenkt alles und gibt allem das Dasein durch

---

kontextgebunden einsetzt, d.h. er führt in den meisten Fällen die Elemente des „Kanons der Wahrheit" an, die seinem aktuellen Argumentationsziel dienen (vgl. Jaschke, *Geist*, 38f.43f; s.a. van Unnik, aaO, 225f. Schmidt, *Kirche*, 69; Kretschmar, „*Selbstdefinition*", 119; Hägglund, *Bedeutung*, 11f. Man beachte, wie oft der Heilige Geist in den „Formeln" fehlt, dessen theologisches Verständnis laut epid 100 (220/97) keineswegs unumstritten war (vgl. Jaschke, *Geist*, 36-57)!

1059   308,1-310,20. Zur Aufnahme von Kol 1,16 s. Noormann, *Paulusinterpret*, 85f.
1060   244,66-246,85.

seinen Logos und seinen Geist), erhält in haer V 18,3 eine offenbarungstheologische Begründung. Das universale, auf Sichtbares und Unsichtbares gleichermaßen bezogene Schöpfungs- und Erhaltungshandeln des Vaters vollzieht sich durch den Logos immer schon in Kreuzesform. Am *irdischen*
Kreuz Jesu Christi erfolgt der *eindeutige* Nachweis der Identität von Schöpfer
und Erlöser, die „ἀνακεφαλαίωσις von allem". Die durch den Gekreuzigten geoffenbarte Identität von Schöpfer und Erlöser ist der unaufgebbare
Grundbestand des „Kanons der Wahrheit".

Sowohl die Einheit der Kirche aus Juden und Heiden als auch ihre Verkündigung der einen Wahrheit gründen also für Irenäus in der Kreuzigung
des menschgewordenen Logos. Wie sich Gottes einheitliches Handeln in der
Geschichte in der Kirche aus den „beiden Völkern" sichtbar manifestiert, so
bringt sie seine Allmacht über die Zeit in der einheitlichen Predigt des „Kanons der Wahrheit" aller Welt zu Gehör. Weil die Kirche und ihre Botschaft
durch die Offenbarung des einen Gottes als des Schöpfers und Erlösers in der
Kreuzigung Christi als Einheit konstituiert werden, ist die Verkündigung der
Kirche überall und zu allen Zeiten zuverlässig und entspricht dem, was von
den Propheten gepredigt und angekündigt wurde.[1061]

Die Einheit der Kirche und die Einheit ihrer Glaubenspredigt stehen deshalb in einem unauflöslichen Wechselverhältnis. *Nur* weil die Kirche eine ist,
gibt sie den einen Glauben, der nur bei ihr zu finden ist, zuverlässig weiter,
und *nur* weil sie einen einzigen Glauben hat und diesen zuverlässig weitergibt, bildet sie die weltweite Heilsgemeinde, die der Gekreuzigte auf den einen Gott hin versammelt. Das Argument der Ämtersukzession[1062], das Irenäus gegen die Häretiker mit allem Nachdruck ins Felde führt, ist aus diesem
Grund nur im Zusammenhang mit der zuverlässigen Weitergabe des „Kanons
der Wahrheit" tragfähig.[1063] Alle kirchlichen Amtsträger sind durch ihr Charisma dazu befähigt und als Glieder des Christusleibes dazu verpflichtet, die
eine Wahrheit zu lehren. Die Wahrheit ist deshalb *nur* in der Kirche zu finden, weil nur sie die eigene Sammlung des Gekreuzigten ist, der sich am
Kreuz als Haupt der Kirche und als Haupt des Geistes, der die Charismen
verteilt, offenbart hat. Auf der anderen Seite ist die Kirche nur dann „wahre

---

1061 Vgl. nur haer I 10,1 (154,2f/155,1102f) u.ö.
1062 Zum Sukzessionsgedanken bei Irenäus Lit. in Auswahl: Beyschlag, *Dogmengeschichte*,
      185-189; Andresen, *Anfänge*, 83; Brox, *GK 1*, 91; ders., *Charisma*, 328; ders., *Offen-
      barung*, 133-167; Blum, *Tradition*, 196-207; Flesseman-van Leer, *Tradition*, 108-118;
      Bauer, *Tradition*, 203-205; von Campenhausen, *Amt*, 185-190; Molland, *Succession*,
      passim; Fantino, *La théologie*, 35-54.
1063 Vgl. auch Schmidt, *Kirche*, 73-75; Flesseman-van Leer, *Tradition*, 107.

Gnosis", wie es in haer IV 33,8 heißt[1064], wenn sie die Wahrheit wirklich *zuverlässig* weitergibt, und nur dann ist sie im Heiligen Geist mit Christus verbunden.[1065] Die Weitergabe des durch den Gekreuzigten konstituierten „Kanons der Wahrheit" ist für Irenäus somit eine der wichtigsten *notae ecclesiae*, die den Ursprung der Kirche im Kreuz Jesu Christi zum Ausdruck bringt.[1066] Ein Text, in dem Irenäus die Bindung der Wahrheit an und ihre Weitergabe durch die kirchlichen Amtsträger nicht nur als Gabe, sondern auch als Aufgabe bestimmt, sei zum Abschluß dieses Abschnitts ausführlich zitiert.[1067]

„Deshalb ist die in der ganzen Welt offenkundige Tradition der Apostel in jeder Kirche für alle, die die Wahrheit sehen wollen, zur Einsicht vorhanden, und wir können die Bischöfe aufzählen, die von den Aposteln in den Kirchen eingesetzt wurden, und deren Nachfolger bis in unsere Zeit, die nichts von dem gelehrt und kennengelernt haben, was von diesen Leuten dahergeredet wird. Wenn nämlich die Apostel verborgene Mysterien gekannt hätten, die sie abgesondert und heimlich von den übrigen (nur) den Vollkommenen mitteilten, hätten sie sie wohl in erster Linie denen überliefert, denen sie sogar die Kirche anvertrauten. Denn absolut vollkommen und untadelig (vgl. 1Tim 3,2) in allem wollten sie, daß die seien, die sie als Nachfolger zurückließen, indem sie ihnen ihren eigenen Lehrstuhl (*locum magisterii*) übergaben: Durch ihr fehlerfreies Handeln entstünde großer Nutzen (*magna utilitas*), durch ihr Versagen aber höchstes Unheil (*summa calamitas*)."

1064 Dieser Text (818,135-822,170/818,8-10) verdeutlicht besonders gut das dargestellte Wechselverhältnis zwischen Kirche und Verkündigung: „Wahre Erkenntnis (γνῶσις ἀληθής/*agnitio vera*; die beiden ersten Worte von haer IV 33,8 gehören syntaktisch zu 33,7) ist: Die Lehre der Apostel und die alte ‚Verfassung' (σύστημα/*status*) der Kirche in der ganzen Welt; und das Unterscheidungsmerkmal des Leibes Christi in den Amtsnachfolgen der Bischöfe, denen jene (sc. die Apostel) die an einem jeden Ort bestehende Kirche übergeben haben; die bis auf uns gekommene, truglose Bewahrung der Schriften, wobei die vollständige Behandlung (sc. der Schriften) weder Hinzufügung noch Weglassung erfährt; und deren Lesung ohne Falsch; und die schriftgemäße, richtige und sorgfältige Auslegung ohne Gefahr und Lästerung; und das vorzügliche Geschenk der Liebe, das wertvoller ist als die Erkenntnis (*agnitio*), herrlicher als die Prophetie, weil es alle übrigen Charismata überragt." – Zu haer IV 26,1-5 s.u.
1065 S. haer III 24,1 (470,6-474,29). In haer III 5,1 (u.ö.) bezeichnet Irenäus im Anschluß an Joh 14,6; 1Joh 5,6; Ps 84,12 LXX; 2Kor 6,14 Jesus Christus als *veritas* (52,1-54,15). Vgl. auch de Andia, *Homo*, 227f. – Zum Verhältnis von Geist und kirchlicher Tradition s.a. Bauer, *Tradition*, 202f; Blum, *Tradition*, 203-207.
1066 Vgl. auch Blum, *Tradition*, 216-218.
1067 Haer III 3,1 (30,1-14).

3.3.3.3 Die Ermöglichung der einheitlichen Auslegung der heiligen Schriften durch den Gekreuzigten

Durch die „ἀνακεφαλαίωσις von allem" am Kreuz konstituiert Jesus Christus den „Kanon der Wahrheit" als inhaltliche Einheit. Dem entspricht die einheitliche Auslegung der heiligen Schriften durch die Kirche. Die Kreuzigung Jesu Christi ist als entscheidendes Ereignis der Heilsgeschichte für Irenäus auch *das* hermeneutische Kriterium, durch dessen Anwendung die „vollständige Behandlung" der ganzen Schrift „weder Hinzufügung noch Weglassung" erfährt, ihre „Lesung ohne Falsch und die schriftgemäße, richtige und sorgfältige Auslegung ohne Gefahr und Lästerung" möglich wird.[1068]

a) Die Einführung des Kreuzes als hermeneutisches Kriterium der kirchlichen Schriftinterpretation durch den auferstandenen Gekreuzigten: Irenäus begründet seine kreuzestheologische Hermeneutik historisch. Der auferstandene Christus selbst interpretierte die Schriften des „Alten Testaments" als Ankündigung seiner Kreuzigung, weshalb er seinen Aposteln und ihren Nachfolgern das „Kreuz" als exegetischen Schlüssel an die Hand gab. Sie sollten die Schriften des „Alten Bundes" so verstehen, wie er sie verstanden hatte und wie es dem geschichtlichen Zeugnis seines Leidens und Sterbens entspricht. In haer IV 26,1[1069] schreibt Irenäus:

„Wenn also jemand aufmerksam die Schriften liest, wird er in ihnen das Wort von Christus und das Vorbild der neuen Berufung finden. Dies ist nämlich ‚der verborgene Schatz im Acker' (Mt 13,44), das heißt: in dieser Welt – denn ‚der Acker ist die Welt' (Mt 13,38) –, verborgen aber in den Schriften, weil er durch Typoi und Parabeln angezeigt wurde. Deshalb konnte man das, was nach Art der Menschen [gesagt] ist, nicht verstehen, bevor die Erfüllung der vorhergesagten Dinge kam, nämlich die Ankunft Christi. ... Denn jede Prophezeiung enthält für die Menschen Rätsel und Zweideutigkeiten, bevor sie zur Erfüllung kommt. Wenn aber die Zeit gekommen ist und eingetreten, was vorhergesagt wurde, dann haben die

---

1068 Haer IV 33,8 (s.o. S. 379 Anm. 1064). Zu den rhetorischen, theologischen und biblischen Methodenkriterien der irenäischen Hermeneutik s. Tortorelli, *Methods*, 123-132 (allerdings ohne Verweis auf das Kreuz).

1069 712,1-716,42/712,1-714,15. Ir^gr bricht leider an der entscheidenden Stelle (in der Übersetzung *kursiviert*) ab: ὑπὸ δὲ χριστιανῶν ἀναγινωσκόμενος [sc. das Gesetz], θησαυρός ἐστι, κεκρυμμένος μὲν ἐν ἀγρῷ, [*cruce*] δὲ [*Christi*] ἀποκαλυπτόμενος et explanatus ... [714,22-24/714,14f]); vgl. Bacq, *Alliance*, 200-202. Prümm, *Neuheit*, 202 sieht in dem *revelatus et explanatus* eine „Anspielung auf das Kreuz als das μυστήριον ἐκπετάσεως", ohne jedoch Gründe anzuführen. Ich kann Prümms Vermutung nicht teilen. – Es ist nicht unwahrscheinlich, daß Irenäus bei der Gegenüberstellung von jüdischer und christlicher Schriftlektüre 2Kor 3,14-18 verarbeitet (Paulus erwähnt allerdings das Kreuz nicht; vgl. Noormann, *Paulusinterpret*, 220f).

Prophezeiungen eine klare und durchsichtige Auslegung. Und deshalb ist das Gesetz, von den Juden in der gegenwärtigen Zeit gelesen, einem Mythos ähnlich: Sie haben nämlich für all die Dinge keine Erklärung, welche die menschliche Ankunft des Sohnes Gottes ist.[1070] *Wenn es aber von den Christen gelesen wird, ist es ein Schatz, verborgen im Acker, durch das Kreuz Christi aber offenbart und erklärt*, der [sc. der Schatz] den Verstand des Menschen bereichert, die Weisheit Gottes zeigt, die Heilsordnungen bezüglich des Menschen kundtut, die Herrschaft Christi vorabbildet, die Erbschaft des heiligen Jerusalem vorherverkündigt und ansagt, daß der Gott liebende Mensch so weit voranschreitet, daß er Gott sieht und sein Wort hört.[1071] ... Wer die Schriften also so liest, wie wir zeigen – denn auch der Herr hat sich nach seiner Auferstehung von den Toten mit den Jüngern so unterredet, indem er ihnen aus den Schriften selbst nachwies, ‚daß Christus leiden mußte und eingehen in seine Herrlichkeit' (Lk 24,26.46; vgl. Apg 17,3), ‚und daß in seinem Namen in der ganzen Welt Vergebung der Sünden gepredigt werde' (Lk 24,47) –, der wird ein vollendeter Jünger sein, ‚ähnlich dem Hausvater, der aus seinem Schatz Neues und Altes hervorbringt' (Mt 13,52)."[1072]

Irenäus verwendet das „Kreuz" hier in einem besonderen, theologisch geprägten Sinn.[1073] Die Aussage, daß das Kreuz Christi das Gesetz und die dunklen Stellen der Prophetie[1074] ins Licht stellt, erklärt Irenäus nicht weiter, sondern verankert sie als hermeutisches Prinzip direkt in Jesu eigener Exegese, der den Emmaus-Jüngern als eigentlichen Inhalt und damit als Ziel der alttestamentlichen Prophetie und des Gesetzes sein Leiden, sein Eingehen in die Herrlichkeit und die weltweite Predigt der Sündenvergebung angibt (der σταυρός faßt diesen Gesamtinhalt der Schrift zusammen). Irenäus begründet seine Hermeneutik also mit der höchsten *theologischen* Autorität, die in der Geschichte zu finden ist. Der auferstandene Gekreuzigte selbst ist es, der die Schriftinterpretation der Kirche mit dem Kreuz ein für allemal auf dasjenige Ereignis der οἰκονομία (und damit auf sich selbst) festlegt, das den „Kanon

---

1070 Vgl. dazu Brox, *Juden*, 90-92.

1071 Folgt eine freie Verarbeitung von 2Kor 3,7 und ein Zitat von Dan 12,3 (vgl. Noormann, *Paulusinterpret*, 221f).

1072 Die Art, wie Irenäus in haer IV 26,1 spricht, führt m.E. zu dem Schluß, daß er das Kreuz als hermeneutisches Kriterium nicht erfunden hat. Er steht als Bischof in der *successio ab Apostolis* und wird deshalb an dieser Stelle diejenige Auslegungsmethode als autoritativ einführen, die ihm von anderen übergeben wurde. In haer IV 27-32 bezieht sich Irenäus auf antimarkionitische Exegesen eines Presbyters über die Bedeutung alttestamentlicher Typoi für den Neuen Bund (s.u. S. 385 Anm. 1090).

1073 Haer IV 26,1 ist der einzige Text, in dem Irenäus des „Kreuz" absolut als Theologumenon gebraucht. – In haer III 16,5 (306,154-308,171) ist Lk 24,25f.44-47 Beleg dafür, daß Christus wirklich gelitten hat. Das Kreuz und die Schriftauslegung spielen an dieser Stelle keine Rolle.

1074 Der Kontext zeigt, daß Irenäus mit „Gesetz" (714,11/714,19) die alttestamentlichen Schriften in ihrer Gesamtheit meint.

der Wahrheit" als Einheit konstituiert.[1075] Aus diesem Grund legt allein die apostolische Kirche, die der am Kreuz hängende Christus in der ganzen Welt auf Gott hin versammelt und in der ununterbrochenen Ämtersukzession das „Charisma der Wahrheit" aufweisen kann, die heiligen Schriften zuverlässig aus.[1076] Denn der Heilige Geist, der durch die Charismen in die Gemeinschaft

---

1075   S.a. de Andia, *Modèles,* 56-59, die in haer IV 26,1 „trois règles d'interprétation des Écritures" (aaO, 57) erkennt: Die erste Regel ist die Inkarnation des Logos, die die alttestamentlichen Prophetien erfüllt und die Wahrheit dessen bewiesen hat, was „en figure" (ebd.) im voraus gezeigt worden war. Die zweite Regel ist das Kreuz „qui révèle et explique" (ebd.). „La croix est donc la révélation ultime du sens des Ècritures" (aaO, 58). Der Sinn der Schriften ist ohne das Kreuz nicht zu erfassen. Die dritte Regel lautet dahingehend, daß allein die Jünger in der Lage sind, den Sinn der Schriften vollständig zu begreifen (ebd.).

1076   S. die Fortsetzung haer IV 26,2-5 (718,43-728,128/726,1-7): Die Presbyter der Kirche haben mit der *successio ab Apostolis* (26,2 [718,44f]; gleichbedeutend mit *episcopatus successio* [718,45f] und *Ecclesiae successio quae est ab Apostolis* aus 26,5 [728,119f]) das *charisma veritatis certum secundum placitum Patris* (26,2 [718,46f]) empfangen. Das *charisma veritatis* ist die Gnadengabe der wahren Lehre (s. 26,5 [728,121f]: *inadulteratum et incorruptibile sermonis).* Diesen Presbytern, die allein in der Kirche zu finden sind (vgl. 1Kor 12,28), weil sie die *Apostolorum doctrina* bewahren und *cum presbyterii ordine sermonem sanum et conversationem sine offensa* (vgl. Tit 2,8) ... *ad conformationem et correctionem reliquorum* (26,4 [722,82-86]) vorweisen, gilt es anzuhangen (zu *ordo presbyterii* vgl. Powell, *Ordo,* passim: *ordo* [wohl Übersetzung von τάξις] „is practically a synonym for *episcopatus successio* [aaO, 291; vgl. 316.327] und meint weniger ein Presbyterkollegium [so Powell m.E. richtig gegen Sobosan, *Role,* 142f]). Bei ihnen sind die *charismata Dei* hinterlegt, und deshalb muß man bei *ihnen* die Wahrheit lernen. *Hi enim et eam quae est in unum Deum qui omnia fecit fidem nostram custodiunt; et eam quae est in Filium Dei dilectionem adaugent, qui tantas dispositiones propter nos fecit; et Scripturas sine periculo nobis exponunt, neque Deum blasphemantes, neque patriarchas exhonorantes, neque prophetas contemnentes* (26,5 [728,122-128]). In haer IV 26,3 warnt Irenäus vor solchen, *qui vero crediti sunt quidem a multis esse presbyteri* (720, 62f), sich aber dadurch, daß sie ihren Lüsten dienen und ohne Gottesfurcht leben, in Wahrheit als „böse Knechte" (vgl. Mt 24,48-51 par. Lk 12,45f) erweisen. S.a. haer IV 32,1 (798,17-30). – Zum *charisma veritatis certum* vgl. Müller, *Beiträge,* 216-222; Beyschlag, *Dogmengeschichte,* 187; von Campenhausen, *Amt,* 188-190; Jaschke, *Geist,* 291-294; Brox, *Charisma,* 329-331; Baumert, *Semantik,* 69f; Blum, *Tradition,* 203-207; Bentivegna, *Dossier,* 46f; Ebneter, *Regulativ,* 598-600 (mit Forschungsüberblick); Flesseman-van Leer, *Tradition,* 119-122; Molland, *Succession,* 25f; Bräuning, *Gemeinde,* 73-76.120-124; Bacq, *Alliance,* 202-205; de Andia, *Homo,* 229f (Lit.); Fantino, *La théologie,* 36. Quinn, *Charisma,* 520-525 (Lit.). Zu den (von Irenäus mehr oder weniger synonym gebrauchten) Begriffen „Presbyter" und „Bischof" und ihrer Bedeutung für die Weitergabe der apostolischen Tradition s. Blum, *Tradition,* 188-195; Sobosan, aaO, 138-146; Flesseman-van Leer, aaO, 108; Powell, aaO, passim; Molland, aaO, passim; Kraft, *Montanismus,* 262f.

mit Christus einführt, verweist die Exegese der kirchlichen Amtsträger – und
so ist aus dem Argumentationszusammenhang von haer IV 26,1-5 zu folgern
– auf das eindeutige Kriterium des Kreuzes. Man wird sogar umgekehrt sagen
können: Das Kreuz verleiht als *Ursprungs- und Gründungsereignis der Kirche*
der *successio ab Apostolis* erst ihre Zuverlässigkeit. Und *deshalb* gilt, daß die
eine Wahrheit Gottes *nur* in der mündlichen oder schriftlichen Verkündigung der Kirche und bei ihren Amtsträgern zu finden ist. Das „Kreuz", verstanden als Zusammenfassung der Heilstat Jesu Christi, ist die Voraussetzung
und das Kriterium dafür, daß durch die kirchliche Tradition – formal als
„apostolische Sukzession" und inhaltlich als „Kanon der Wahrheit" – die lebendige und heilsgeschichtlich notwendige Kontinuität zwischen der Kirche
und Christus besteht, eine Kontinutität, die angesichts des größer werdenden
Abstands zu Christus und den Aposteln und durch den Angriff der Häretiker
auf die kirchliche Tradition[1077] von Irenäus gar nicht stark genug betont werden konnte.[1078]

Irenäus setzt für die Schriften des „Neuen Bundes" selbstverständlich voraus, daß sie, weil sie von den Aposteln und Apostelschülern verfaßt wurden,
die Zeugnisse des „Alten Bundes" *sine periculo*, und das heißt letztlich: von
Christus und seinem Kreuz her ausgelegt haben – was von den Häretikern
bestritten wird.[1079] „Da über die Apostel der Pfingstgeist ausgegossen worden
war, verleiht die Kraft des hl. Geistes den ‚apostolischen Schriften' ihre kano-
nische Autorität."[1080]

*b) Die Kirche als ‚Paradies in der Welt' und die rechte Auslegung aller heiligen
Schriften*: Irenäus begründet seine kreuzestheologische Hermeneutik nicht
nur historisch, sondern auch ekklesiologisch. Die Kirche ist als *paradisus in*

1077 Auffällig ist der gehäufte Gebrauch des Wortes *traditio* in haer III 2,1-5,1 (sechzehn-
mal), wo sich Irenäus mit der häretischen Kritik an der kirchlichen Tradition auseinandersetzt; der Begriff sonst nur noch sechsmal (vgl. Flesseman-van Leer, *Tradition*,
102; Tiessen, *Irenaeus*, 190-193).

1078 Vgl. May, *Einheit*, 72f. Gut zur Bedeutung des Kreuzes für die kirchliche Exegese bei
Irenäus Loewe, *Question*, 168-171; und Vogt, *Geltung*, 18.

1079 S. haer IV 34,1 (846,1-850,39: „Wir sagen aber gegen alle Häretiker, allen voran aber
gegen die Markioniten und gegen die, die jenen ähnlich sind und behaupten, daß die
Propheten von einem anderen Gott stammen: Lest aufmerksamer das Evangelium,
das uns die Apostel gaben, und lest aufmerksamer die Propheten, und ihr werdet das
ganze Wirken und die ganze Lehre und das ganze Leiden unseres Herrn in ihnen
vorhergesagt finden"); 34,3 (850,40-854,72).

1080 Andresen, *Anfänge*, 82; zur Apostolizität als kanonisches Kriterium s.a. Ohlig, *Begründung*, 57-156 (zu Irenäus 133-137).

hoc mundo gepflanzt.[1081] Deshalb soll man sich in ihrem „Schoß" erziehen und von den „heiligen Presbytern" *dominicis Scripturis* speisen lassen.[1082] Irenäus knüpft mit der Bestimmung der Kirche als „Paradies in dieser Welt" an seine Erklärung der ἀνακεφαλαίωσις des adamitischen Ungehorsams durch den Gehorsam Christi am Kreuz, dem neuen Baum der Erkenntnis (haer V 16,3-17,4), an.[1083] Durch sein Heilswerk gründet Christus die Kirche und eröffnet so den Zugang zum „Paradies in dieser Welt", der darin besteht, daß die Glaubenden in den von Christus am Kreuz erbrachten Gehorsam gegen Gott einbezogen werden.[1084] Der menschgewordene Logos führt am Kreuz die Erkenntnis ein und läßt sie aneignen, daß Gott gehorchen gut, Gott nicht gehorchen dagegen böse ist (epid 33). Und in dieser im Kreuzesgehorsam Christi begründeten „Gnosis" hat sich die Lektüre der heiligen Schriften vollziehen:

„‚Von jedem Baum' also ‚des Paradieses sollt ihr Speisen essen' (Gen 2,16), sagt der Geist, das heißt: von jeder Schrift des Herrn eßt, von Hochmut aber sollt ihr nicht essen, und mit der ganzen häretischen Meinungsverschiedenheit sollt ihr nicht in Berührung kommen. Denn sie behaupten, daß sie selbst die Erkenntnis des Guten und Bösen hätten, und schleudern ihre gottlosen Gedanken über den Gott hinaus, der sie geschaffen hat. Sie denken also höher, als es das Maß des Denkens zuläßt. Deshalb sagt auch der Apostel: ‚Nicht höher sinnen als es sich zu sinnen gebührt, sondern auf maßvolle Klugheit hin sinnen' (Röm 12,3), damit wir nicht, indem wir die Erkenntnis jener essen, die höher sinnt als es sich gebührt, aus dem Paradies des Lebens herausgeworfen werden, in das der Herr diejenigen einführt, die seinem Gebot gehorchen (*qui obaudiunt praeconio eius*), weil er alles, was im Himmel und auf der Erde ist, in sich rekapituliert hat (vgl. Eph 1,10)."[1085]

Mit dem am Kreuz vollbrachten Gehorsam Christi ist das Kriterium für die im „Paradies" der Kirche stattfindende Schriftauslegung eindeutig festgelegt.

1081 Von diesem ist das eigentliche Paradies zu unterscheiden, das am Anfang geschaffen wurde und die mittlere der „eschatologischen Wohnungen" bildet, die Gott für die Glaubenden bereithält (s. haer V 5,1 [64,18-66,29/64,11-66,21]; 36,1f [452,1-460,50/452,1-458,19]). – Zur Kirche als Paradies s.a. Papias, fr. 7 (137,23-138,2 SQS); OdSal 11,16-24; 20,7f (128-135; 157 FC); s. dazu de Andia, *Homo*, 101-105.

1082 Haer V 20,2 (258,39-41: *Plantata est enim Ecclesia paradisus in hoc mundo*; die „heiligen Presbyter" 256,28); vgl. V 10,1 (124,9-12/124,9-13: Die Menschen werden, „wenn sie durch den Glauben zum besseren fortschreiten und den Geist Gottes aufnehmen und seine Fruchtbringung keimen lassen, geistig sein, gleichsam im Paradies Gottes gepflanzt"). Vgl. Orbe, *Teología II*, 311-343; Overbeck, *Menschwerdung*, 303-317.

1083 S.o. Abschnitt 3.2.3.2.

1084 ἐν δὲ τῷ δευτέρῳ ᾽Αδὰμ ἀποκατηλλάγημεν ὑπήκοοι μέχρι θανάτου γενόμενοι (haer V 16,3 [220,50f/220,23f]).

1085 Haer V 20,2 (258,40-260,54).

Wer sich an diesem „Baum des Gehorsams und der Erkenntnis" orientiert, der steht im „Paradies des Lebens"[1086] und dessen Exegese ist eindeutig, weil und indem sie dem Gebot des Herrn Folge leistet. Wer seine Erkenntnis von Gut und Böse auf irgend einen anderen Grund stellt und sich selbst über die am Kreuz eröffnete Erkenntnis erhebt, verfehlt den einen Gott und verliert mit dem für die Lehre notwendigen, ihre Einheit und Eindeutigkeit stiftenden Kriterium des Kreuzes auch den wahren Zugang zu den biblischen Schriften.[1087] In diesen Menschen wiederholt sich der Fall Adams mit allen Konsequenzen, oder besser: in ihnen setzt er sich fort.[1088] Denn die Erkenntnis, die zum richtigen Schriftverständnis führt, soll *nicht* alle sichtbaren und unsichtbaren Rätsel ein für alle Mal lösen helfen, sondern den Menschen zur Selbsterkenntnis bringen und ihn in die Erkenntnisgrenzen einweisen, die ihm als Geschöpf von Gott gesetzt sind und seinem Wesen entsprechen.[1089]

Das Stehen im „Paradies" bedeutet weiterhin, daß der Zugang zu *jeder Scriptura dominica* eröffnet und geboten ist, weil der Kreuzesgehorsam Jesu Christi die Auslegung aller biblischen Schriften nicht nur anleitet, sondern grundsätzlich ermöglicht.

Die Aussage von haer V 20,2 wird durch eine Beobachtung unterstützt, die auf dem Vergleich einiger Texte aus haer IV und haer V 17,4 beruht. Haer IV 32,1f[1090] liegt ein Gedanke

---

1086   Die Bezeichnung der Kirche als *paradisus vitae* ist ein weiteres Argument dafür, daß Irenäus das Kreuz auch als Baum des Lebens versteht (s.o. Abschnitt 3.2.5.1).

1087   Vgl. auch haer I 22,2 (310,32-38).

1088   Vgl. auch haer V 1,3 (26,73-75).

1089   Vgl. oben S. 366-367 und ab S. 375 (zu haer II 26,1).

1090   796,1-800,45. In haer IV 27-32 zitiert Irenäus im Anschluß an sein Hermeneutikkapitel IV 26, in dem er gezeigt hatte, warum die richtige Schriftauslegung bei den Presbytern der Kirche zu finden ist, ausführlich (ursprünglich antimarkionitische, vgl. von Harnack, *Presbyter-Prediger*, 25-37; ders., *Marcion*, 240f*) Exegesen eines *quidam presbyter, qui audierat ab his qui Apostolos viderant*, um unterschiedliche Angriffe der Häretiker auf das Alte Testament zu widerlegen (haer IV 27,1 [728,1f]); vgl. von Harnack, *Presbyter-Prediger*, passim, der hinter der Passage „Nachklänge und ... Bruchstücke von Predigten eines ehrwürdigen asiatischen Presbyters, eines Hörers von Apostelschülern" (*Presbyter-Prediger*, 36; vgl. 21f), den Irenäus selbst öfter gehört hat (vgl. *Presbyter-Prediger*, 4.20), vermutet (so auch Widmann, *Begriff*, 38.47; *Väter*, 160f); s. weiterhin Zahn, *Apostel*, 63-69; Bousset, *Schulbetrieb*, 272-275, der eher an einen von Irenäus mitgeschriebenen und hier verarbeiteten Lehrvortrag denkt (von Widmann, *Väter*, 161-163 ebenfalls positiv gewürdigt); Loofs, *Theophilus*, 101-113 (IQT); Benoît, *Introduction*, 19-21; Brox, *Offenbarung*, 150-157 (Lit.); Bacq, *Alliance*, 197-200.343-361 (das Material ist traditionell, die Präsentation aber geht auf Irenäus zurück; Noormann, *Paulusinterpret*, 224-227. Haer IV 32,1f handelt konkret über die Zusammenge-

zugrunde, der mit der Ältestentradition verwandt ist, die Irenäus in haer V 17,4 zitiert (der Gekreuzigte versammelt durch seine beiden ausgestreckten Hände die beiden Völker aus Juden und Heiden zur Einheit der Kirche). Am Anfang von haer IV 32,1 steht zunächst die Themenangabe: „Solcherlei setzte der Presbyter und Apostelschüler auch über die zwei Testamente auseinander, indem er nachwies, daß sie von ein und demselben Gott sind." Darauf folgt die in indirekter Rede gehaltene Presbyterüberlieferung[1091]: „Es gebe keinen anderen Gott außer dem, der uns schuf und bildete, und kraftlos sei die Rede derer, die sagen, diese unsere Welt sei durch Engel oder durch irgendeine andere Kraft oder von einem anderen Gott gemacht worden." Die folgenden Sätze bis zum Ende von haer IV 32,1 gehen wohl auf Irenäus zurück (vgl. den Schlußsatz!)[1092]. Am Beginn von haer IV 32,2 nimmt er die Themenangabe von IV 32,1 (und Worte des Presbyters?[1093]) wieder auf: „Denn alle Apostel lehrten, daß zwar zwei Testamente in den zwei Völkern gegeben wurden; daß es aber ein und derselbe Gott ist, der beide zum Nutzen der Menschen angeordnet hat, die in dem Maß, nach dem die Testamente gegeben wurden, an Gott glauben sollten, haben wir aus der Lehre der Apostel selbst im dritten Buch gezeigt."

Sowohl in haer V 17,4 als auch in haer IV 32,1f sind die „zwei Völker" bzw. die „zwei Testamente" dem *einen Gott* zugeordnet. Mit *Testamenta* sind dabei nicht „Altes" und „Neues Testament" als Schriftenkorpora gemeint, sondern – wie aus haer IV 9,1 hervorgeht – die (alte) *legisdatio* und die (neue) *conversatio quae secundum Evangelium est.*[1094] Irenäus geht es bei seiner Verhältnisbestimmung von „Altem" und „Neuem" in haer IV 9,1-3 (wie in

hörigkeit der beiden „Testamente" (vgl. Bacq, aaO, 215f). Ich vermute, daß Irenäus in haer IV 27-32 demselben Presbyter das Wort erteilt wie in haer V 17,4 (Loofs, aaO, 211-234 rechnet haer V 15,1-17,4 zusammen mit IV 6,1-7; V 6,1-13,1 und anderen Abschnitten zu „einer auch von Justin in de resurrectione ... verwerteten Quelle IQA" [aaO, 232]; vgl. die Kritik Hitchcocks in *ZNW 36*, 35-60). Weil Irenäus in dieses Referat (v.a. innerhalb von haer IV 27,3-30,4) zahlreiche eigene Bemerkungen einstreut, kann m.E. nicht davon die Rede sein kann, daß es sich bei haer IV 27-32 um „einen großen Fremdkörper" (Bousset, aaO, 272) handelt (s. Bacq; Bousset, aaO, 273 bemerkt selbst: die „Grenzen zwischen traditionellem Gut und eigener Zutat [lassen] sich hier nicht überall mit der wünschenswerten Bestimmtheit ziehen"). – Die „Presbyter" bleiben als Gruppe (nicht nur hier), auf die Irenäus sich bezieht, insgesamt seltsam unbestimmt und anonym; vgl. Benoît, aaO, 17-19. Brox, aaO, 150-152 folgert daraus, daß Irenäus kaum ihr direkter Schüler gewesen ist, sondern die Presbytertraditionen durch dritte (Papias?) kennengelernt hat.

1091   796,3-8.

1092   So auch Noormann, *Paulusinterpret,* 226f.243f; vgl. von Harnack, *Presbyter-Prediger,* 25; Bousset, *Schulbetrieb,* 275.

1093   Diese Frage ist m.E. kaum zu entscheiden. Wenn überhaupt, dann geht der erste kurze Halbsatz (800,31f: *Apostoli enim omnes duo quidem Testamenta in duobus populis fuisse docuerunt*) mehr oder weniger direkt auf den Presbyter zurück. Fest steht, daß die Thematik der „beiden Testamente, die den beiden Völkern gegeben waren", dem Presbyter (und auch Irenäus) äußerst wichtig war (vgl. haer IV 31,1-3; s. dazu oben).

1094   478,16-18. Zum folgenden s. haer IV 9,1-3 (476,1-490,107). Zum Zusammenhang und zur Zuordnung von „Altem und Neuem Bund" bei Irenäus s. nur von Harnack, *Lehrbuch,* 620-630; Noormann, *Paulusinterpret,* 387-426.

haer IV 32,1f auch) also primär um die inhaltliche Seite der „zwei Testamente".[1095] Daß er dabei gleichzeitig auch die heiligen Schriften (gleichsam im Hintergrund) mitbedenkt, ohne dafür den Begriff *testamenta* zu gebrauchen[1096], zeigt Irenäus dadurch, daß er sowohl im Bezug auf Gott, den Urheber beider Testamente, als auch (und vor allem) im Blick auf die Schüler Jesu Jesusworte anführt, die es mit der „Schrift" zu tun haben:

„Von ein und demselben Wesen also sind alle Dinge, d.h. von ein und demselben Gott, wie auch der Herr seinen Jüngern sagte: ‚Deshalb gleicht jeder Schriftgelehrte, der über das Himmelreich unterrichtet ist, dem Hausvater, der aus seinem Schatz Altes und Neues hervorbringt' (Mt 13,52)."[1097] In der anschließenden Deutung versteht Irenäus unter dem *paterfamilias* Christus, der dem ganzen „Vaterhaus" vorsteht und die beiden Testamente gibt. Die *scriba et doctores regni caelorum* sind nach Mt 23,34 die Jünger. Das aus dem „Schatz" hervorgeholte „Alte und Neue" sind *sine contradictione duo testamenta*. Der einheitliche Ursprung

---

1095   Vgl. auch Kinzig, *Novitas*, 210-215; Noormann, *Paulusinterpret*, 380-384; de Andia, *Modèles*, 53-59.

1096   Vgl. Flesseman-van Leer, *Tradition*, 128f; Hoh, *Lehre*, 3f.62f. Über die Frage, wie es zur *Bezeichnung* der neutestamentlichen Schriftensammlung als dem „Neuen Testament" (καινὴ διαθήκη), handelt Kinzig, *Title*, passim (Lit.). Er geht davon aus, daß die Ausformulierung einer Theologie der göttlichen Bundesschlüsse, wie sie Justin oder Irenäus vorgenommen hatten, zwar die notwendige Voraussetzung für die Verwendung von καινὴ διαθήκη als *Titel* der neutestamentlichen Schriftensammlung war, aber für sich genommen noch nicht erklären kann, warum gerade jene Theologen diese Bezeichnung *nicht* verwendet hatten (vgl. auch Hoh, aaO, 1). Darüber hinaus kannte z.B. Irenäus *vier* Bundesschlüsse, was deutlich macht, daß die Bundestheologie keineswegs auf *zwei* Bünde festgelegt war. Die ersten eindeutigen Belege für den Gebrauch von διαθήκη/*testamentum* als Titel finden sich bei Clemens Alexandrinus und Tertullian, dann auch bei Origenes und Novatian. „At the same time, leading theologians both in the East and in the West caution against the unqualified use of the terms in this sense. It looks, therefore, as if these titles had become popular among simple believers. Thus, pressure was exerted on the leading theologians in the Church to take them over, which they did with some hesitation" (Kinzig, aaO, 534). Kinzig gibt dafür folgende Erklärung: Um den Ausdruck „Neues Testament" als Buchtitel verwenden zu können, mußte zum einen ein Schriftenkorpus vorhanden sein, das als Einheit aufgefaßt wurde; zum anderen mußte dieses Korpus im Gegenüber zu den Schriften gesehen werden, die bis dato alleine als „Heilige Schriften" verstanden wurden. In diesem Prozeß der Kanonsbildung spielte Markion eine wichtige Rolle, und nach Kinzig gibt es starke Anzeichen dafür, „that Marcion gave his Gospel and *Apostolos* the overall name ‚New Testament'" (aaO, 536). Diese Bezeichnung breitete sich in der Folgezeit auch in der Kirche aus, noch bevor der „orthodoxe" Kanon seine endgültige Form erhalten hatte. „The *Église savante* initially tried to fend off this new designation. This explains why it is found neither in Justin nor in Irenaeus" (aaO, 543). Nur mit gewissem Widerwillen übernahmen später Tertullian, Origenes und Augustinus die Bezeichnung, konnten sie aber gleichzeitig antimarkionitisch verwenden.

1097   Haer IV 9,1 (476,1-5).

der Testamente bei Gottes Logos ist die Prämisse, nach der die Schriften zu interpretieren sind.

Dies ist wiederum mit haer IV 26,1 zu vergleichen. Am Ende dieses Textes, in dem Irenäus seine kreuzestheologische Hermeneutik historisch begründet, zitiert er wieder Mt 13, 52[1098] und verbindet diesen Vers ausdrücklich mit der am Leiden Christi orientierten Schriftauslegung: *Quemadmodum igitur ostendimus si quis legat Scripturas ... et erit consummatus discipulus, et „similis patrifamilias qui de thesauro suo profert nova et vetera".* [1099] Dieser im Acker verborgene „Schatz" wird, wie es zuvor heißt, *cruce Christi* ans Licht gebracht.

Wer dem Geber der Testamente „ähnlich" ist, versteht und lehrt also trotz der Verschiedenheit der Testamente[1100] die Schriften als Einheit, indem er wie der *„paterfamilias"* durch das Kreuz Christi den „im Acker verborgenen Schatz" entbirgt und erklärt, inwiefern „Gesetz und Propheten" das Neue der Ankunft Christi ankündigen, in der sich „alles erfüllt" hat.[1101] Weil die Kirche nach haer V 17,4-20,2 die Versammlung der beiden Völker unter dem Haupt des Gekreuzigten auf den einen Gott hin ist[1102], und weil Christus, indem er Gott gehorsam war, das „Alte Testament" erfüllt hat und in der Kirche das „vom Gesetz" angekündigte „Neue Testament" bis zu dessen *consummatio* erfüllt[1103], ist mit der Zusammenführung der „beiden Völker" zugleich der Zusammenhang der *Testamenta*, die von dem einen Gott herkommen, nachgewiesen.[1104] In diesem Sinne ist das Kreuz sowohl die Ursache für die Zusammengehörigkeit als auch das Kriterium für die einheitliche Auslegung aller Schriften, in denen „Altes" und „Neues" verborgen liegt.[1105] Von da aus noch einmal zurück zu haer V 20,2 und zur Kirche als „Paradies in dieser Welt".

Das Gebot von Gen 2,16f wird unter den erneuerten Bedingungen der Kirche in Kraft gesetzt. Der Unterschied zwischen dem Paradies des Anfangs und dem Paradies der Kirche besteht nicht etwa darin, daß der Geber des Gebots ein anderer wäre, sondern darin, daß der gekreuzigte Logos selbst die „Erkenntnis von Gut und Böse" gewährt und die Menschen es (im Gegensatz zu

---

1098   Der Vers wird an keiner anderen Stelle mehr aufgenommen.

1099   716,35f.40-42 (s.o. S. 380).

1100   Vgl. haer III 12,12 (230,407-234,440): *Nos autem et causam differentiae Testamentorum et rursum unitatem et consonantiam ipsorum in his quae deinceps futura sunt referemus.* Vgl. dazu de Andia, *Modèles*, 49-53; Tremblay, *La manifestation*, 37-41.

1101   Vgl. haer IV 34,1f (s.o. S. 383 Anm. 1079) u.ö. S.a. Prümm, *Neuheit*, 200-202; Ohlig, *Begründung*, 205-207.260-262.

1102   Vgl. auch haer IV 32,1 (798,17-30).

1103   Haer IV 34,2 (850,32-34: *Omnia enim ipse adimplevit veniens et adhuc implet in Ecclesia usque ad consummationem a lege praedictum novum Testamentum*).

1104   Besonders wichtig ist in diesem Zusammenhang das Beispiel Abrahams (vgl. haer IV 21,1; 25,1-3 [674,1-676,18; 704,1-710,56]).

1105   Irenäus hat hier in erster Linie die alttestamentlichen Schriften im Blick. Die Evangelien und die anderen Schriften der Apostel sind selbst Zeugnis für den durch das Kriterium des Kreuzes „entborgenen Schatz im Acker"; vgl. auch Flesseman-van Leer, *Tradition*, 128-133.

Adam und Eva) unterlassen, diese Erkenntnis eigenmächtig an sich zu reißen. „Von jedem Baum des Paradieses sollt ihr Speisen essen" – dies gilt ohne jede Einschränkung, *wenn* die Schriftlektüre dem Kriterium des Kreuzes folgt, d.h. wenn sie in den Schriften keinen anderen Gott sucht als den einen Vater und Schöpfer der Welt, seinen Sohn und seinen Geist.[1106] In den der Kirche anvertrauten Schriften findet der Mensch somit alles, was er zum wahren Leben benötigt, auch wenn manches in ihnen unklar bleibt und bleiben soll. Indem die Kirche „Paradies in dieser Welt" ist, ist sie zwar „nur" die Vorbotin des eschatologischen Paradieses, aber dennoch der Bereich, in dem der Mensch im Gehorsam zur Vollkommenheit heranwachsen kann. Mit den heiligen Schriften hat die Kirche die „Bäume" zur Verfügung, durch deren Früchte sie die Glaubenden mit (ewigem!) Leben speist.

Es ist nur konsequent, wenn Irenäus gegen jede willkürliche Verstümmelung der einheitlich auszulegenden heiligen Schriften polemisiert, und es ist auch nicht weiter überraschend, daß für ihn die Einheit des Kirchenleibes notwendig mit der Integrität des Schriftenkorpus und der Einzelschriften zusammenhängt.[1107] Dieser Gedanke steht in Analogie zu dem oben dargestell-

---

1106   S.a. haer V 20,1 (254,8-18) und haer IV 33,8.15 (s.u.).

1107   Die Polemik und die positiven Aussagen verdeutlichen, daß Irenäus einen festen Kanon aus „Altem" *und* „Neuem Testament" im Sinne einer „geistigen Einheit" vor Augen hat, die in ihrer Geschlossenheit als Offenbarungsquelle gilt, s. haer II 27,2 (266,29f: *universae Scripturae et propheticae, et evangelicae*: hier ist mit *scripturae evangelicae* wohl das ganze „Neue Testament" gemeint [s. von Campenhausen, *Entstehung,* 207[142]]) und V 30,1 (374,31-376,33/374,48-376,51: hier gilt die Johannesapokalypse als γραφή/*scriptura*, zu der nichts hinzugefügt und nichts hinweggenommen werden darf); vgl. Hoh, *Lehre,* 78-86.130-144; von Campenhausen, aaO, 236-244; Dassmann, *Stachel,* 301-305; Bonwetsch, *Theologie,* 33-42; Noormann, *Paulusinterpret,* 65-69; Vogt, *Geltung,* passim; Fantino, *La théologie,* 49-54. Zur irenäischen Trias von „Propheten/Christus/Apostel" s. Overbeck, *Menschwerdung,* 394-396 (Lit.); Farkasfalvy, *Theology,* 323f; Noormann, aaO, 63f (Lit.). Zu den Evangelien s.o. S. 343-346. Zur Kanonsbildung in der Alten Kirche, auf die hier nicht weiter eingegangen werden kann, s. von Campenhausen, aaO, passim (zum Beitrag des Irenäus v.a. 213-244); Beyschlag, *Dogmengeschichte,* 172-181; Dassmann, aaO, 298-305; Hengel, *Septuaginta,* 219-235; Ohlig, *Begründung,* passim (Lit.); Blum, *Tradition,* 173-186; Flesseman-van Leer, *Prinzipien,* passim (v.a. 410-413); Blanchard, *Canon,* passim (v.a. 175-334). Irenäus führt den Schriftbeweis namentlich aus den vier Evangelien, 12 Paulusbriefen, Apg, 1Petr, 1-2Joh, Offb, Herm (Irenäus zitiert nie direkt aus Phlm, 3Joh, 2Petr, Jud; s.a. Hoh, *Lehre,* 5-59.189-199; Bonwetsch, aaO, 37-40; Benoît, *Introduction,* 105f; Grant, *Heresy,* 92-95; Torisu, *Gott,* 38-41. Zur Rezeption der neutestamentlichen Schriften im 2. Jh. s. Aland, *Rezeption* passim; von Campenhausen, aaO, 169-172.207-213; Dassmann, *Stachel,* passim; Lindemann, *Paulus,* passim.

ten Wechselverhältnis zwischen dem Bestehen der Kirche und der einheitlichen Weitergabe des „Kanons der Wahrheit".

Dazu ist ein weiteres Mal haer IV 33,8 zu vergleichen. Irenäus richtet sich zuvor gegen Leute, die „Spaltungen bewirken, leer sind an Gottesliebe und auf den eigenen Vorteil schielen, nicht aber auf die Einheit der Kirche, und aus banalen und zufälligen Anlässen den großen und herrlichen Leib Christi zerschneiden und zerteilen und, soviel an ihnen ist, auch töten, indem sie Frieden verkünden und Krieg betreiben", und er richtet sich gegen alle, „die außerhalb der Wahrheit sind, d.h. die außerhalb der Kirche sind."[1108] In haer IV 33,8[1109] zählt Irenäus dann die wichtigsten *notae* auf, an denen die Kirche eindeutig erkennbar ist:

(a) τῶν ἀποστόλων διδαχή (der „Kanon der Wahrheit")

(b) καὶ τὸ ἀρχαῖον τῆς ἐκκλησίας σύστημα κατὰ παντὸς τοῦ κόσμου, *et character corporis Christi secundum successiones episcoporum quibus illi eam quae in unoquoque loco est Ecclesiam tradiderunt* (die einheitliche Verfassung der Kirche als Kennzeichen des einen Christusleibes von den Aposteln bis zur Gegenwart, weil die *successio*, die in Christus und seinem Kreuz begründet ist, die zuverlässige Weitergabe des Kanons der Wahrheit garantiert),

(c) *quae pervenit usque ad nos custoditio sine fictione Scripturarum, plenissima tractatio neque additamentum neque ablationem recipiens, et lectio sine falsatione, et secundum Scripturas expositio legitima et diligens et sine periculo et sine blasphemia* (die zuverlässige, unverfälschte Weitergabe und Auslegung der Schriften auf der Grundlage des schriftgemäßen Kanons der Wahrheit durch die apostolischen Presbyter als Gabe und Aufgabe)

(d) *et praecipuum dilectionis munus, quod est pretiosius quam agnitio, gloriosius autem quam prophetia, omnibus autem reliquis charismatibus supereminens* (das Liebes-Charisma, das alle anderen Charismen, auch das der Lehre[!], übersteigt und sich vor allem im Martyrium zeigt[1110]).

Die unverfälschte und vollständige Weitergabe der heiligen Schriften, die über den „Alten" und über den „Neuen Bund" Zeugnis geben, ist deshalb ein Kriterium für die Wahrheit der Kirche und ihrer Lehre, weil die Mißachtung dieses Kriteriums zugleich die Kirche, den Leib Christi, selbst träfe. Dies läßt sich für die Schriften des Alten Bundes an haer IV 33,10.15 verdeutlichen.[1111] Die Propheten sind nach haer IV 33,10 selbst Glieder des Leibes Christi, da sie zusammen in ihren unterschiedlichen Prophetien die Wirksamkeit des

---

1108   Haer IV 33,7 (816,118-128/816,1-10); vgl. Pagels, *Views*, 277-283.

1109   Stellenangabe und Übersetzung s.o. S. 379 Anm. 1064.

1110   Dazu s.u. Abschnitt 3.3.4.

1111   824,178-189; 842,325-844,337. Bousset, *Schulbetrieb*, 275-278 rechnet haer IV 33,10-14 zu einem von Irenäus übernommenen „Traktat über Prophetenweissagungen nach dem Schema 1) Visionen, 2) Worte, 3) Typen" (aaO, 277), den er auf haer IV 20,8-12; 21; 25,2; 33,10-14 verteilt habe; zur Kritik s. Bacq, *Alliance*, 223-226.315-341.

einen Christus dargestellt haben.[1112] Nachdem Irenäus in haer IV 33,11-14 einen umfassenden Überblick über wichtige „Prophetensprüche" gegeben hat, schreibt er in haer IV 33,15:

„Und alles übrige, was immer wir durch die so lange Reihe der Schrift[1113] demonstrierten, daß die Propheten gesagt haben, wird der wahrhaft Geistige erklären, indem er zeigt, auf welches besondere Merkmal der Heilsordnung des Herrn jeder einzelne Spruch gesagt ist, und (somit) den vollständigen Leib des Wirkens des Sohnes Gottes (darstellt), indem er immer um denselben Gott weiß und immer denselben Logos Gottes erkennt, auch wenn dieser uns (erst) jetzt offenbart wurde, und immer denselben Geist Gottes erkennt, auch wenn dieser (erst) in den letzten Zeiten neu in uns ausgegossen wurde[1114], und dieselbe Menschheit von der Schöpfung der Welt an bis zum Ende, aus der diejenigen, die an Gott glauben und seinem Logos folgen, das Heil empfangen, das von ihm stammt".

Irenäus deutet in haer IV 33,10.15, aber auch schon in haer IV 33,7-9 das Bild vom „Leib". In haer IV 33,7 identifiziert er die Kirche mit dem Leib Christi, deren *character* (IV 33,8) in der *successio* der Bischöfe (und Presbyter) besteht, deren besondere Aufgabe es ist, die Schriften vollständig zu bewahren. In haer IV 33,9 sind die Märtyrer die Glieder, die der Kirche abgeschlagen werden, aber sofort wieder nachwachsen (vgl. haer IV 31,3; 33,7). Die Propheten aus haer IV 33,10 sind ebenfalls Glieder Christi, die Verfolgung erleiden und durch die Summe ihre einzelnen Prophetien und Taten den ganzen „Leib des Wirkens" Christi (IV 33,15) darstellen, wie er in der *Schrift* zu finden ist. Die Verstümmelung der prophetischen Schriften käme einer Selbstverstümmelung des Kirchenleibes gleich, weil mit der Ablehnung wichtiger Zeugnisse über das Wirken Christi am Wirken Christi selbst und damit an der Kirche, die Leib Christi ist, lebenswichtige Glieder fehlten. Wer die in den Schriften festgehaltenen Prophetien auf Jesus verwirft, verwirft zugleich die „ἀνακεφαλαίωσις von allem", die die Prophetien als wahr bestätigt und zusammenfaßt, und er verwirft mit der einheitlichen οἰκονομία den einen Gott, den allmächtigen Herrn über die Zeit.

1112   S.a. Kereszty, *Unity*, 217; Schmidt, *Kirche*, 91-93; Wingren, *Man*, 159-170; Jaschke, *Geist*, 268-271; de Andia, *Irénée*, 45f; dies., *Homo*, 233f.

1113   *per tantam seriem Scripturae*. Der Singular *Scripturae* zeigt deutlich, daß Irenäus die Schriften der „Propheten" – gemeint ist das ganze AT – als *Einheit* im Blick hat. Vgl. auch haer IV 2,3 (400,25-33).

1114   Zur *effusio* des Geistes s. Bentivegna, *Dossier*, 47-57.

3.3.3.4 Die Verkündigung der einen Wahrheit Gottes durch die Kirche als Ausdruck der richterlichen Allmacht des Gekreuzigten

Weil die Kirche ihren Ursprung, ihr Wesen und ihre Gestalt von dem gekreuzigten Logos Gottes empfangen hat und ihre einheitliche Verkündigung in der Offenbarung des einen Gottes als Schöpfer und Erlöser am Kreuz Jesu Christi grundgelegt ist, kommt in der Predigt und in der Exegese der Kirche nicht nur Gottes Allmacht über die Zeit, sondern auch seine *richterliche Allmacht* zum Ausdruck, die er dem Sohn *wegen seines Kreuzesgehorsams* übertragen hat.[1115] Dies geht nicht nur aus den Texten hervor, in denen Irenäus betont, daß die Menschen, die das Zeugnis der Kirche ablehnen, sich selbst das Gericht zuziehen[1116] – denn wer die Apostel und, in ihrer Nachfolge, die Kirche hört, hört die Stimme Christi[1117] –, sondern vor allem aus haer IV 33,1-7.[1118]

Haer IV 33 ist zweigeteilt. In haer IV 33,1-7[1119] beschreibt Irenäus die negative Funktion des Richtens im Geist, in haer IV 33,7-15[1120] die positiven Funktionen der Kirche als Geistgemeinschaft, insbesondere das Martyrium und die einheitliche Schriftauslegung. Der Leittext für haer IV 33 als Ganzes ist 1Kor 2,15[1121], wie die einleitende Passage[1122], das implizite Zitat von 1Kor 2,15b in IV 33,7 als Überleitung zum positiven Teil von IV 33[1123] und der Schlußabschnitt[1124] zeigen. Die Kirche ist demnach im Geist der Wahrheit dazu in der Lage, alle Hä-

---

1115 S.o. Abschnitt 3.2.5.2.

1116 S. v.a. haer IV 26,2 (718,43-720,62); auch haer III 18,5 (356,111-358,130).

1117 S. die programmatische Betonung von Lk 10,16 am Beginn von haer III pr. (20,26-30); weiterhin III 1,2 (24,28-34); 24,1f (470,1-474,41) u.ö.

1118 802,1-816,127/810,1-5; 816,1-10.

1119 Bis 816,128.

1120 Ab 818,129.

1121 ὁ πνευματικὸς ἀνακρί νει [τὰ] πάντα, αὐτὸς δὲ ὑπ᾽ οὐδενὸς ἀνακρί νεται; s.a. 1Kor 12,10; vgl. Bacq, *Alliance*, 217f; Noormann, *Paulusinterpret*, 244-246. Irenäus entfernt sich mit seinem Verständnis des „pneumatischen Jüngers" insgesamt von 1Kor 2,6-16. Geht es Paulus dort um die „Enthüllung verborgener Weisheit und geheimnisvoller Gaben und Tiefen der Gottheit", so verlagert Irenäus den Aussageschwerpunkt auf „das Verständnis der Heilsgeschichte" (Noormann, aaO, 245).

1122 802,1-5: „Ein solcher wahrhaft ‚geistiger' Schüler, der den Geist Gottes empfängt, der von Anfang an in allen Heilsveranstaltungen Gottes den Menschen beistand und das Zukünftige angesagt und das Gegenwärtige gezeigt hat und die Vergangenheit erklärt, ‚beurteilt/richtet (*iudicat*) zwar alles, wird aber selbst von niemandem beurteilt/gerichtet (*iudicatur*)'."

1123 818,129: *Ipse autem a nemine iudicabitur.*

1124 844,340-846,345: „Dieser (sc. der *vere spiritalis*) also ‚prüft (*examinat*) alle, wird aber selbst von niemandem geprüft (*examinatur*)', weil er weder seinen Vater (sc. Gott) lä-

resien und Irrlehren *als* Häresien und Irrlehren zu beurteilen und ans Licht zu stellen. Irenäus tut dies, indem er in haer IV 33,1-7[1125] der Reihe nach folgende Gruppen und ihre hauptsächlichen Irrtümer aufzählt, die von jedem *discipulus vere spiritalis* beurteilt werden (die einzelnen Abschnitte beginnen jeweils mit *iudicat/iudicabit/examinabit* = ἀνακρίνει, d.h. 1Kor 2,15 begleitet stets als Leittext das „geistige Richten" der Kirche[1126]):

 - die *Heiden,* die dem Geschöpf mehr als dem Schöpfer dienen (vgl. Röm 1,25);
 - die *Juden,* die das Wort der Freiheit nicht annehmen und die zweifache Ankunft Christi leugnen;
 - *Markion* und die Markioniten, die zwei Götter annehmen;
 - alle *Valentinianer,* die mit der Zunge einen Vater und einen Christus bekennen, den Weltschöpfer aber als Frucht des Mangels bezeichnen und Jesus Christus aufspalten;
 - die *„falschen Gnostiker",* die Schüler des Simon Magus sind;
 - die *Ebionäer,* die die Göttlichkeit Jesu abstreiten;
 - *alle, die einen „Schein"(-Christus) einführen;*
 - die *„falschen Propheten",* die ohne prophetisches Charisma weissagen;
 - die *Urheber von Spaltungen*[1127];
 - *alle, die außerhalb der Kirche stehen.*

Diese letzte Gruppe dient als Zusammenfassung der von haer IV 33,1 an genannten und als Überleitung zu haer IV 33,8-15. Irenäus signalisiert dadurch, daß er 1Kor 2,15 neuerlich zitiert und zugleich das Kriterium des geistigen

---

stert noch seine Heilsordnungen verfehlt noch die Patriarchen anklagt noch die Propheten verunehrt, indem er entweder sagt, sie seien von einem anderen Gott, oder aber ihrer Prophetien seien stets von anderer Substanz" (meint: anderen Ursprungs).

1125 Irenäus setzt diesen „Ketzerprozeß" in haer IV 34f am Beispiel der Markioniten und der Valentinianer fort.

1126 Irenäus benutzt ἀνακρίνειν in einem dem Wort ἐλέγχειν nahekommenden Sinn (vgl. 1Kor 14,24, wo diese beiden Begriffe in zwei parallelen Formulierungen beieinanderstehen; s. Noormann, *Paulusinterpret,* 245f; Bacq, *Alliance,* 218-220).

1127 S. dazu May, *Einheit,* 78-81: Irenäus unterscheidet als erster klar zwischen Schismatikern und Häretikern. Mit den Schismatikern (s. außer haer IV 33,7 auch IV 26,2) könnten konkret Montanistengegner gemeint sein, die das Johannesevangelium ablehnten (vgl. haer III 11,9); die andere Möglichkeit wäre, daß sich Irenäus bereits auf den Osterstreit unter Viktor von Rom bezieht (s. Eus., h.e. V 23-25, v.a. V 24,11-18 [494,9-496,24 GCS]; vgl. auch Kereszty, *Unity,* 215f; Lanne, *L'Eglise,* 309-311). Vallée, *Polemics,* 34 erwägt, ob haer IV 33,6f „may have been directed against Montanism, but no explicit mention of it is made". Auffällig sei das generelle Schweigen des Irenäus im Bezug auf den Montanismus. Vallée erklärt dies aaO, 34-40 damit, daß die *Lehre* der Montanisten für Irenäus nichts Anstößiges enthielt und daß er darüber hinaus mit der „neuen Prophetie" durch gewisse „konservative" Elemente (z.B. Milleniarismus, Hochschätzung des prophetischen Charismas) verbunden war. – Möglicherweise hat Irenäus hier konkret den Römer Blastus im Blick, an den er eine Brief περὶ σχίσματος gerichtet hat (s. Eus., h.e. V 20,1 [480,18 GCS]).

Richtens einführt: den dreigliedrigen „Kanon der Wahrheit"[1128], dessen Einheit durch den Gekreuzigten konstituiert wird und wie die Exegese der Kirche, die ebenfalls stets zu dem einen Gott führt (s. haer IV 33,15), eine der zentralen *notae ecclesiae* ist. Am Ende von haer IV 33,15 kommt Irenäus, bevor er 1Kor 2,15 positiv im Bezug auf den *discipulus vere spiritalis* der Kirche zitiert, noch einmal auf das Gericht über die Häretiker zu sprechen[1129]: „Die aber von Gott abweichen, seine Gebote verachten, durch ihre Werke den verunehren, der sie geschaffen hat, und durch ihre Lehre den lästern, der sie nährt, die häufen das allergerechteste Gericht (*iustissimum iudicium*) auf sich."

Die „geistige Richterfunktion" der Kirche besteht also nicht darin, die Irrlehrer an Christi Statt auf ewig zu verurteilen oder zu verdammen, sondern darin, *eindeutig* und in aller Offenheit zwischen Wahrheit und Lüge, zwischen dem einen christlichen Glauben und der Ablehnung oder Verfälschung dieses Glaubens zu unterscheiden. Die Kirche, die das Heil Gottes zu verkündigen hat, zeigt in ihrer Predigt zugleich, welche Wege ins Verderben führen, ohne den endgültigen Urteilsspruch des gekreuzigten Weltenrichters vorwegzunehmen. Diese doppelte Ausrichtung der kirchlichen Botschaft entspricht der zweifachen Funktion des Kreuzes, als neuer „Baum der Erkenntnis" zugleich „Baum des Heils" und „Baum des (ewigen) Gerichts" zu sein.[1130]

1128   Haer IV 33,7 (816,127-818,137/818,1-8; die Übersetzung des dreigliedrigen „Kanons der Wahrheit" folgt syntaktisch dem griechischen Fragment): „*Iudicabit' autem et omnes eos qui sunt extra veritatem, hoc est qui sunt extra Ecclesiam. ,Ipse autem a nemine iudicabitur.*' Denn ihm steht alles fest: ein unversehrter Glaube (πίστις ὁλόκληρος) an einen allmächtigen Gott, ,aus dem alles ist' (1Kor 8,6); und ein fester Gehorsam (πεισμονὴ βεβαία) gegen den Sohn Gottes, Christus Jesus, unseren Herrn, ,durch den alles ist' (vgl. 1Kor 8,6), und seine Heilsveranstaltungen, durch die der Sohn Gottes Mensch wurde; und eine wahre Gnosis (γνῶσις ἀληθής; Beginn von IV 33,8) im Geist Gottes, der die Erkenntnis der Wahrheit darreicht, der die Heilsveranstaltungen des Vaters und des Sohnes unter den Menschen entfaltet hat gemäß einer jeden Generation wie der Vater es will" (folgt haer IV 33,8 [s.o. S. 379 Anm. 1064], wo Irenäus die „wahre Gnosis" ekklesiologisch entfaltet).

1129   844,337-340.

1130   Vgl. haer III 18,5 (356,111-358,130).

3.3.4 Die Kreuzesnachfolge der Kirche als Ausdruck der unumschränkten Allmacht Gottes

Die durch die Kreuzigung des menschgewordenen Logos geschehene Offenbarung der unumschränkten Allmacht Gottes über Raum, Zeit und Kreatur findet in der Kreuzesnachfolge der Kirche ihren zusammenfassenden Ausdruck.[1131] Das Martyrium ist für Irenäus der Inbegriff der Gottesliebe, derjenigen Geistesgabe also, die alle anderen Charismen überragt.[1132] Das kirchliche Bekenntnis zu dem Gott, der sich am Kreuz Jesu Christi als Schöpfer und Erlöser offenbart hat, wird gerade durch die Lebenshingabe der Märtyrer als wahr erwiesen.[1133] Die ekklesiologische Konsequenz lautet deshalb: Nur

---

1131   Vgl. Ochagavía, *Visibile*, 125.
1132   Vgl. Tremblay, *Le martyre*, 170f; Prümm, *Neuheit*, 215; Jaschke, *Geist*, 150f.156f; nicht zutreffend Schmidt, *Kirche*, 118.128f. Zum Begriff χάρισμα bei den frühen Kirchenvätern s. Baumert, *Semantik*, passim (zu Irenäus 67-70); McRay, *Charismata*, passim (zu Irenäus 234-236); zu den Charismen speziell bei Irenäus s. Bentivegna, *Dossier*, v.a. 54-65; Méhat, *StPatr 17,2*, 719-724. Méhat weist auf drei wichtige Daten aus dem historischen Kontext des Irenäus hin, die seine Charismenlehre prägen: Die Verfolgung in Vienne und Lyon 177; das Auftreten des Magiers Markos mit dem Anspruch, im Besitz einer χάρις προφητική zu sein; das Aufkommen des Montanismus.
1133   Zur frühchristlichen Zeugenterminologie s. von Campenhausen, *Idee*, 20-55; Brox, *Zeuge*, passim; Schwemer, *Märtyrer*, passim. Zur Entstehung der christlichen Martyriumstheologie und der Übernahme und Modifikation jüdischer Traditionen s. Strathmann, *ThWNT IV*, passim; Baumeister, *Anfänge*, passim; ders. *Genese*, XI-XXXVIII (Lit.); Frend, *Martyrdom*, passim (Lit.); von Campenhausen, aaO, passim; Slusser, *Martyrium*, passim (Lit.); Butterweck, *„Martyriumssucht"*, passim (Lit.); zu Ignatius s. Bommes, *Weizen*, passim. Ich konzentriere mich im folgenden ganz auf Irenäus (s. dazu den gelungenen Beitrag von Tremblay, *Le martyre*, passim sowie Lanne, *L'Église*, 286-294). Zur Ep. Lugd. (bei Eus., h.e. V 1f) allgemein und zu den Gemeinsamkeiten zwischen diesem Schreiben und Irenäus' Aussagen zum Martyrium – die dort geschilderten Ereignisse bilden den konkreten Hintergrund für sein Verständnis der Kreuzesnachfolge (vgl. Méhat, *StPatr 17/2*, 719f.722), und der Brief ist neben den kleinasiatischen Traditionen, die Irenäus verarbeitet, ein weiteres Zeugnis für die engen Beziehungen zwischen Gallien und Kleinasien (vgl. Lietzmann, *Geschichte*, II 206-208; Kraft, *Montanismus*, 253-259; Bowersock, *Les Églises*, passim; Frend, *Martyrdom*, 2-5; Houssiau, *La christologie*, 2f) – s. den Sammelband *Les martyrs de Lyon (177)* über die Verhältnisse in Lyon im 2.Jh., hierin v.a. die Beiträge von Grant, *Eusebius;* Barnes, *Eusebius* und Frend, *Blandina;* vgl. weiterhin Frend, *Martyrdom*, 1-30; Farkasfalvy, *Letter*, passim; Jaschke, *Geist*, 148f; Kraft, aaO, passim; Butterweck, aaO, 114f.204-207; Trevett, *Montanism*, 50.53.56-59; Löhr, *Brief*, passim (Lit.; Löhr hält Eusebs Auszug für uneinheitlich, das Datum für den Ausbruch der Verfolgung 177/178 für unsicher und betont, daß das entworfene Gesamtbild des Pogroms vom Redaktor des Briefes „erheblich modifiziert" [Löhr, aaO, 141] wurde, um das skandalöse Auftreten

die Kirche, die die Kreuzesnachfolge in „reiner" Form aufweisen kann, ist im Besitz der Wahrheit Gottes, nur sie ist das endzeitliche Gottesvolk, das der Gekreuzigte auf den einen Gott hin versammelt. Der Leittext für dieses Kapitel ist haer IV 33,9.[1134] Er steht direkt nach der Aufzählung der *notae ecclesiae* von haer IV 33,8 (s.o.), die Irenäus folgendermaßen beschließt: „Wahre Gnosis" ist „die vorzügliche Gabe[1135] der Liebe, die wertvoller als die Erkenntnis ist, wertvoller aber auch als die Prophetie[1136], überragend aber (auch) alle anderen Charismen" (s. 1Kor 13,13)[1137] – die Geistesgaben also, die die Kirche von Gott umsonst empfangen hat und mit denen sie unentgeltlich (vgl. Mt 10,8) und ohne Falsch „auf der ganzen Welt ... im Namen Jesu Christi, des unter Pontius Pilatus gekreuzigten, jeden Tag zum Segen der Völker wirkt"[1138]:

---

der *lapsi* theologisch zu deuten und zu verarbeiten); Tremblay, aaO, passim; Nautin, aaO, 33-61. Zur hervorgehobenen Bedeutung der Gottesliebe als grundlegendes Motiv des Martyriums, das in Ep. Lugd. als Kampf mit dem Teufel geschildert wird, s. nur die Passagen Eus., h.e. V 1,50 (422,1-4 GCS); 2,6 (430,11-21 GCS; weitere Belege bei Nautin, aaO, 56). Zum (m.E. nicht lösbaren) Problem, ob Irenäus der Verfasser des Märtyrerschreibens ist, s. Nautin, aaO, 54-61 (er vermutet, daß alle Schreiben, aus denen Euseb zitiert, aus Irenäus' Feder stammen; verhalten zustimmend Rousseau, *SC 100/1*, 260f; ders., *SC 210*, 322; vgl. die Kritik von Doutreleau, *Irénée*, Sp. 1928f [Lit.] und Löhr, [aaO, 140f] an Nautins z.T. sehr gewagter Rekonstruktion des Anlasses des Schreibens) sowie die oben genannte Lit. Zum (mit größter Sicherheit legendarischen) Martyrium des Irenäus s. nur Zahn, *Irenäus*, 407f; Doutreleau, aaO, Sp. 1930f (Lit.); van der Straeten, *Martyr*, passim.

1134 820,149-822,170. Dieser Text, dessen *theologische* Einzelaspekte ich im folgenden mit Hilfe weiterer Stellen erläutern werde, hat eine wichtige Bedeutung für die historische Situation von haer (s. dazu Wanke, *Rom*, passim [Lit.]). Loofs' Annahme (*Theophilus*, 107; vgl. von Campenhausen, *Idee*, 53.112f), haer IV 33,9 gehe auf Theophilus von Antiochien zurück, ist m.E. abzulehnen. Der Text spielt eine tragende Rolle für Irenäus' eigene Martyriumstheologie und erklärt sich vollständig aus seiner Situation.

1135 *Munus* wird Übersetzung von δωρεά sein (vgl. haer III 11,8 und Baumert, *Semantik*, 69f: „Irenäus gebraucht ... χάρισμα synonym mit χάρις und δωρεά, und zwar in dem weiten Sinn, wie wir ihn bei Paulus sahen, aber durchaus eigenständig und zum Teil auf andere Objekte bezogen" [aaO, 70]).

1136 Vgl. dazu Jaschke, *Geist*, 151-157.

1137 820,146-148. In haer II 26,1 (258,16-22) setzt Irenäus Erkenntnis (*scientia*) und Liebe (*dilectio*) folgendermaßen in Beziehung: *Melius ... est, ... credere Deo et perseverare eos in dilectione* (vgl. Joh 15,9f), *aut per huiusmodi scientiam inflatos excidere a dilectione quae hominem vivificat, neque aliud inquirere ad scientiam nisi Iesum Christum Filium Dei qui pro nobis crucifixus est.*

1138 Haer II 32,4 (340,108-342,111/341,17-343,20): κατὰ παντὸς τοῦ κόσμου ... ἐν τῷ ὀνόματι ᾿Ιησοῦ Χριστοῦ τοῦ σταυρωθέντος ἐπὶ Ποντίου Πιλάτου ἑκάστης

„Deshalb schickt die Kirche an jedem Ort wegen ihrer Liebe zu Gott zu jeder Zeit eine Menge Märtyrer zum Vater voraus, während alle anderen (sc. die Häretiker) solche bei sich nicht nur nicht vorweisen können, sondern sogar sagen, daß ein solches Martyrium nicht notwendig sei. Das wahre Martyrium nämlich sei ihre Lehre; außer wenn jemals einer oder zwei in der ganzen Zeit, seit der Herr auf der Erde erschienen ist, mit unseren Märtyrern – so als hätte auch er Barmherzigkeit erlangt – die Schmach des Namens[1139] getragen und mit ihnen

ἡμέρας ἐπ᾽ εὐεργεσίᾳ τῇ τῶν ἐθνῶν ἐπιτελεῖ); vgl. die ganze Passage haer II 32,4 (340,92-342,113/340,1-343,22) sowie haer II 32,5 (342,114-122): Der Namen Jesu Christi, der von der Kirche angerufen wird, gewährt die *beneficia ... et curat firmissime et vere omnes ubique credentes in eum*. Irenäus erwähnt in haer II 32,4 als Charismata Gesichte und Weissagungen, Krankenheilung durch Handauflegung, Totenerweckung (vgl. auch haer II 31,2 [328,61-330,69/ 328,1-331,7]) und Dämonenaustreibung. Zur Dämonenaustreibung vgl. epid 96f (214/94). Es gibt „keinen anderen Namen des Herrn unter dem Himmel, wodurch die Menschen gerettet werden„ (Apg 4,12), als Gottes, das heißt Jesu Christi, des Sohnes Gottes, dem auch die Dämonen und die bösen Geister und alle aufrührerischen Kräfte untertan sind (96). (97) Indem nun der Name Jesu Christi, der unter Pontius Pilatus gekreuzigt worden ist .... Barthoulot/Tixeront, *PO 12/5*, 798 rechnen den ersten Satz von epid 97 zu Kap. 96: „auquel les démons mêmes obéissent, ainsi que les esprits mauvais et toutes les forces rebelles [...] par l'invocation du nom de Jésus-Christ, crucifié sous Ponce-Pilate"). Diese Änderung behebt zum einen die Konstruktionsprobleme, die der Anfang von epid 97 („Cela a lieu") aufwirft; zum anderen kann die Wendung „im Namen Jesu Christi, der unter Pontius Pilatus gekreuzigt wurde" problemlos als christliche Exorzismusformel verstanden werden. Barthoulot/Tixeront verweisen u.a. auf Just., 2 apol. 6,6 (146,17-23: die Christen konnten viele Besessene [δαιμονιολήπτους] heilen ἐπορκίζοντες κατὰ τοῦ ὀνόματος ᾽Ιησοῦ Χριστοῦ, τοῦ σταυρωθέντος ἐπὶ Ποντίου Πιλάτου; vgl. auch dial. 30,3 [124 Goodspeed]; 76,6 [186f]; 85,2 [197]). Smith, *Proof*, 107.216 übersetzt „Through the invocation of the name of Jesus Christ, crucified under Pontius Pilate, Satan ist cast out from men". Er bemerkt, daß der armenische Text *mekneal zatani i mardkanē* ein Subjekt vermissen lasse. Zudem gebe der Kontext keinen Hinweis auf eine „Scheidung" zwischen den Geretteten und den Verworfenen. Wegen des Schlußsatzes von epid 96 sei es sinnvoll, ein Subjekt wie „Satan" zu ergänzen (*mekneal zatani Satanay i mardkanē*. Die Ähnlichkeit von *zatani* und *Satanay i* könne leicht zum Ausfall von *Satanay* geführt haben). Ähnlich wie Smith auch Froidevaux, *SC 62*, 165 („Par l'invocation du nom de Jésus-Christ qui a été crucifié sous Ponce Pilate, Satan est écarté des hommes"). Anders jetzt Rousseau, *SC 406*, 214.347 (C. 97, n. 1.): „Durch die Anrufung des Namens Jesu Christi, des unter Pontius Pilatus gekreuzigten, wird jede Apostasie von den Menschen abgetrennt" – Zum Kreuzzeichen im Zusammenhang mit der Dämonenaustreibung, der Abwehr heidnischer Zauberriten u.ä. s. Dölger, *Exorzismus*, passim; ders., *Beiträge VI*, 10-34 (mit Belegen).

1139   Vgl. 1Petr 4,14 (εἰ ὀνειδίζεσθε ἐν ὀνόματι Χριστοῦ, μακάριοι), v.a. aber Hebr 13,13 (τοί νυν ἐξερχώμεθα πρὸς αὐτὸν ἔξω τῆς παρεμβολῆς τὸν ὀνειδισμὸν αὐτοῦ φέροντες; hier klingt wohl das Logion vom Kreuztragen nach); s.a. Hebr 11,24-26, wo Mose die ὀνειδισμὸς τοῦ Χριστοῦ in Mißhandlungen auf sich nimmt (11,26; vgl. Ps 88,50-52 LXX); auch Hebr 12,2 (hier fällt im Zusammenhang mit dem

(sc. zur Hinrichtung) geführt wurde, (dann ist das) wie eine ihnen geschenkte Zugabe. Denn die Schmach derer, die Verfolgung erleiden um der Gerechtigkeit willen (vgl. Mt 5,10) und alle Strafen aushalten und getötet werden wegen ihrer Liebe zu Gott und dem Bekenntnis seines Sohnes, erduldet nur die Kirche rein, die ständig verletzt wird und sofort ihre Glieder (wieder) wachsen läßt und unversehrt wird, wie auch ihr Vorbild, die Salzsäule Lots (s. Gen 19,26), wie auch die alten Propheten die Verfolgung ausgehalten haben, wie der Herr sagt: ‚So nämlich haben sie die Propheten verfolgt, die vor euch waren' (Mt 5,12), weil sie (sc. die Kirche), indem zwar neu, aber derselbe Geist auf ihr ruht, von denen Verfolgung erleidet, die den Logos Gottes nicht annehmen."[1140]

Die Kreuzesnachfolge ist eine besondere (und für Irenäus *die* entscheidende) Form des der Kirche geschenkten Liebes-Charismas. Dahinter stehen folgende Gedanken, die zugleich den Begründungsrahmen der irenäischen Martyri-

---

Kreuz, das Jesus „ertrug" [ὑπέμεινεν] das für die Schande der Kreuzesstrafe in zeitgenössischen Texten gebräuchliche Wort αἰ σχύνη). Auch in Hebr 6,6 ist das Nebeneinander von ἀνασταυροῦν und παραδειγματίζειν Ausdruck für die Schmach des Kreuzestodes Jesu. Vgl. auch epid 56. – Zur Schmach Christi im Hebr vgl. Kuhn, *Kreuzesstrafe*, 768-771.

1140 Vgl. Orbe, *Los hechos*, 55-57. Zum Motiv der Prophetenverfolgung und der jüdischen Martyriumstheologie s. Baumeister, *Anfänge*, 6-65 (Lit.); Schwemer, *Vitae Prophetarum I*, 40f.79-82 (allgemein); 107-115 (Zersägung Jesajas); 167-170 (Steinigung Jeremias); 249-259 (Ezechiel); *II*, 26-29 (Micha); 38f (Amos); Steck, *Israel*, passim; Tilly, *Johannes*, 236-247. Im AT vgl. Jer 2,30; 26,20-23; 2Chr 24,17-26; 1Kön 18,4.13; 19,10.14; Neh 9,26; Dan; im NT vgl. Mt 23,29-39; Lk 6,22f; 11,47-51; 13,31-35; Apg 7,52; 1Thess 2,15(!); Hebr 11,37-39 (spielt auf die Martyrien Jeremias, Jesajas und Ezechiels an [in dieser Reihenfolge, ohne die Propheten und ihre Mörder zu nennen: Steinigung, Säge, Schwert]); im 2. Jh. s. v.a. Just., *dial. 16,4; 120,5f* (239 Goodspeed: Hier greift Justin die Tradition vom Tod des Propheten Jesaja auf, der „mit einer hölzernen Säge" [πρίονι ξυλίνῳ] zersägt wurde. Das Martyrium Jesajas sei von den Juden aus der Septuaginta eliminiert worden. Das Stichwort „hölzern" und der Eliminierungsvorwurf dürften sicherstellen, daß Justin das Jesaja-Martyrium als Kreuzestestimonium verstanden hat. Die Ermordung des Propheten sei ein „μυστήριον Christi", der – durch das Kreuz – „euer Volk in zwei Teile zerschneiden wollte." Der eine Teil – die heiligen Patriarchen und Propheten und die Glaubenden – werde die ewige βασιλεία erhalten, der andere Teil der Juden werde zusammen mit den „in ähnlicher Weise Ungläubigen und Unwandelbaren aus allen Völkern" zur Strafe ins unauslöschliche Feuer gestoßen [vgl. Mt 8,11f]). In der Jesaja-Vita der Vitae Prophetarum (VP 1,1; Text bei Schwemer, *Vitae Prophetarum I*, 96 und 101; Überblick über die unterschiedlichen Rezensionen *Vitae Prophetarum II*, 5*; alle Rezensionen bezeugen den Tod Jesajas durch Zersägen und Manasse als Mörder) heißt es: „Jesaja von Jerusalem stirbt von Manasse in zwei Teile gesägt". Die Todesart „Sägen" ist mit Jesajas Tod „sowohl in der christlichen wie der jüdischen Überlieferung untrennbar verbunden" (Schwemer, *Vitae Prophetarum I*, 107; s. aaO, 107-115 mit Belegen; vgl. AscIs XI 41 (äth.) [441 CChr; 562 NTApo II⁵]).

umstheologie bilden: Der Tod Christi am Kreuz ist der Tiefpunkt des Abstiegs des fleischgewordenen Logos und somit zugleich der höchste Ausdruck der *Liebe Gottes*, die er den Menschen entgegenbringt und durch die er sich ihnen zu erkennen gibt.[1141] Die in der Inkarnation und im Gehorsam Christi am Kreuz erwiesene Liebe Gottes überwindet die Feindschaft, die seit Adam zwischen der Menschheit und Gott bestand (Aspekt a).[1142] In seinem Gehorsam am Kreuz offenbart Christus die bis in den Tod dauernde *Liebe zu Gott*, wie sie von den *Menschen* gefordert wird, und er führt die Menschen in diese Liebe und in diesen Gehorsam gegen Gott ein (Aspekt b).[1143] Die Verklammerung der Aspekte a) und b) verdeutlicht haer IV 5,4[1144]:

„Zurecht aber verließen auch die Apostel, die von Abraham abstammen[1145], Schiff und Vater und folgten dem Logos Gottes. Zurecht aber folgen auch wir ihm, die wir denselben Glauben empfangen haben wie Abraham, indem wir das Kreuz tragen wie Isaak die Hölzer (vgl. Gen 22,6). In Abraham hatte nämlich der Mensch im voraus gelernt und war daran gewöhnt worden, dem Logos Gottes zu folgen. Denn auch Abraham folgte seinem Glauben gemäß dem Auftrag des Logos Gottes und überließ Gott bereitwillig seinen einziggeborenen und

---

1141 Vgl. haer III 4,2 (46,23-48,31); 24,2 (476,48-58); IV 20,1.4f (624,1-626,23; 634,70-642, 130/ 634,1-6; 640,1-642,14) u.ö.

1142 Vgl. haer III 16,9 (324,300-308); vgl. auch haer III 18,7; IV 40,3 (978,40-982,61/978,1-982,20); V 17,1 (220,1-222,11/220,27-222,33); epid 86 (198-200/88).

1143 S. v.a. haer V 16,3 (218,44-220,51/218,18-220,24). Vgl. weiterhin das Nebeneinander von *dilectio* und *subiectio* als Ausdrucksformen der in der *similitudo* mit Christus gemäß der *regula paterna* sich vollziehenden *imitatio* in haer III 20,2 (s.u.); IV 13,3 (532,67-75); 16,4 (568,78-570,87).

1144 432,62-434,74/432,9-434,17: Δικαίως δὲ καὶ οἱ ἀπόστολοι, ἐξ ᾽Αβραὰμ τὸ γένος ἔχοντες, καταλιπόντες τὸ πλοῖον καὶ τὸν πατέρα, ἠκολούθουν τῷ Λόγῳ (vgl. Mt 4,22). Δικαίως δὲ καὶ ἡμεῖς, τὴν αὐτὴν τῷ ᾽Αβραὰμ πίστιν ἔχοντες, ἄραντες τὸν σταυρὸν ὡς καὶ ᾽Ισαὰκ τὸ ξύλον (vgl. Gen 22,6), ἀκολουθοῦμεν αὐτῷ. *In Abraham enim praedidicerat et assuetus fuerat homo sequi Verbum Dei. Etenim Abraham secundum suam fidem secutus praeceptum Verbi Dei*, προθύμως τὸν ἴδιον μονογενῆ καὶ ἀγαπητὸν [υἱὸν] παραχωρήσας θυσίαν τῷ Θεῷ, ἵνα καὶ ὁ Θεὸς εὐδοκήσῃ ὑπὲρ τοῦ σπέρματος αὐτοῦ παντὸς τὸν ἴδιον [ἀγαπητὸν καὶ [μονογενῆ] Υἱὸν θυσίαν παρασχεῖν εἰς λύτρωσιν ἡμετέραν. – S.a. Hebr 11,17-20; 1 Clem. 31,2f (138,18-24 FC); Barn 7,3 (18,18-20 SQS); Mel., pass. 59,415-421; 69,479-488 (32; 36 Hall); fr. 9-12 (74-78 Hall). Vgl. Ko Ha Fong, *Crucem tollendo*, 42f; Roldanus, *L'héritage*, 216-219; Chilton, *Isaac*, 643-647 (betont Röm 8,32 als Verständnisgrundlage von haer IV 5,4 und lehnt einen möglichen Einfluß der jüdischen Auslegung der Opferung Isaaks [Akedah Isaac] ab); Davies, *Martyrdom*, 652-658; Daniélou, *La typologie*, passim (v.a. 370f); Mees, *Opferung*, 259-272; Lerch, *Opferung*, 27-46; Wilken, *Melito*, passim.

1145 Irenäus meint damit nicht die leibliche Herkunft, sondern die „Abstammung im Glauben".

geliebten Sohn Gott als Opfer, damit es auch Gott gefiele, für seinen (sc. Abrahams) ganzen Samen seinen geliebten und einziggeborenen Sohn als Opfer zu unserer Erlösung darzubieten."

Der Zusammenhang der einzelnen Elemente der Typologie ist recht komplex. Ich richte meine Analyse an den Hauptfiguren des Ausgangstextes Gen 22[1146] aus:

Abraham steht zum einen als typologische Vorabbildung für die Opferung Christi durch *Gott.* Wie Abraham bereitwillig im Gehorsam seinen Sohn zum Opfer brachte, so opferte Gott seinen geliebten Sohn für die Erlösung der Menschen. Isaak, der „Hölzer" trägt, steht (auch wenn es Irenäus nicht direkt sagt) für Christus, der am Kreuz stirbt (→ Aspekt a). *Abraham* steht als Stammvater des Glaubens weiterhin für das von Gott geforderte, *menschliche Verhalten,* dem Befehl seines Logos nachzufolgen (→ Aspekt b).

Isaak ist zum einen typologische Vorabbildung für den Opfertod *Christi* am „Holz" (→ Aspekt a). *Isaak* ist zum anderen Typos der *Christen,* die im Glauben (Abrahams!) „das Kreuz auf sich nehmen" (→ Aspekt b).

Die Schwierigkeit des Argumentationsganges liegt darin, daß an der Person *Abrahams allein* nur die entscheidende Voraussetzung für die Christusnachfolge (der Glaube, der dem Logos folgt) sowie deren faktischer Vollzug, nicht jedoch deren konkrete *Form* (Abraham hat selbst kein „Holz" getragen) aufweisbar ist. Diese führt Irenäus mit *Isaak* in die Typologie ein. Im Glauben Abrahams dem Logos Gottes nachfolgen heißt: dem *gekreuzigten* Logos Gottes nachfolgen und entsprechend „das Kreuz auf sich nehmen". Auf diesen Aspekt geht Irenäus nicht weiter ein. Die Betonung liegt in der Typologie auf der *Motivation* zur Nachfolge, dem dem Logos gehorsam folgenden und auf die göttliche Liebestat der Opferung Christi am Kreuz in entsprechender Weise antwortenden *Glauben.*[1147]

Der Glaube, den die Märtyrer mit ihrem Leben bezeugen, ist der Glaube an die gütige Allmacht Gottes über die Schwäche des menschlichen Fleisches. Irenäus führt in haer V 9,2 ausdrücklich die Blutzeugen der Kirche ein, um die häretische Interpretation von 1Kor 15,50 („Fleisch und Blut können das Reich Gottes nicht ererben") zu widerlegen.[1148] Die Märtyrer sind somit der

---

1146   Die „Opferung Isaaks" spielt in den erhaltenen christlichen Schriften aus der ersten Hälfte des 2. Jh.s (im Gegensatz zur frühjüdischen Exegese) insgesamt eine eher untergeordnete Rolle; vgl. Wilken, *Melito,* 64.67f.

1147   Vgl. Daniélou, *La typologie,* 371.

1148   110,25-112,40/110,25-112,45: „Wenn also jemand die Bereitwilligkeit des Geistes der Schwäche des Fleisches (vgl. Mt 26,41) wie einen Stachel beimischt, so ist es auf jede Weise notwendig, daß das Starke das Schwache überwindet, so daß die Schwäche des Fleisches von der Stärke des Geistes verschlungen wird, und ein solcher nicht mehr fleischlich, sondern wegen der Gemeinschaft des Geistes geistig ist. So also bezeugen es die Märtyrer und verachten den Tod, nicht nach der Schwäche des Fleisches, sondern nach der Bereitwilligkeit des Geistes. Denn die verschlungene Schwäche des Fleisches erweist den Geist als mächtig, der Geist hingegen, der die Schwäche des Fleisches verschlingt, besitzt als Erbteil das Fleisch in sich, und aus beiden ist ein lebendiger Mensch geworden, lebendig zwar wegen der Teilhabe am Geist, Mensch aber wegen der Substanz des Fleisches." Vgl. Tremblay, *Le martyre,* 171f.

lebendige Beweis für die Wahrheit der kirchlichen Heilsbotschaft, die die Erlösung des *ganzen* Menschen (die Allmacht Gottes über und seine Liebe zur
Kreatur) zum Inhalt hat und die Einheit Jesu Christi als Gott-Mensch notwendig voraussetzt.[1149] Die Leidensnachfolge wird als Bekenntnis *dieses* Glaubens zum Kriterium dafür, ob eine „christliche" Gruppe das Prädikat „christlich" zu Recht beansprucht oder nicht, ob sie wirklich im Geist Gottes lebt.
Die Kreuzesnachfolge ist *nota verae Ecclesiae*.[1150] Denn die Stellung einer
„christlichen" Gemeinschaft zum Martyrium gibt direkten Aufschluß über
ihr theologisches Selbstverständnis. Wenn die Kirche sich als aus der am
Kreuz zum Ziel kommenden Menschenliebe Gottes konstituiert versteht,
muß das wahre Leiden des Gekreuzigten und dadurch der Gekreuzigte selbst
in ihrem Leben sichtbar werden. Lägen die Dinge anders, hätte der Ruf Jesu
in die Kreuzesnachfolge keinen Sinn.[1151] „Christlichen" Gemeinschaften, die
glauben, ohne Märtyrer auskommen zu können und das *verum martyrium*
allein in ihrer *sententia* erblicken, fehlt das *eindeutige* Kennzeichen für die
empfangene Gabe der Liebe und die wahre Lehre (die entscheidenden Charismata also, die die Kirche zur Kirche machen!) und sie stellen Christus selbst
als Verführer und als schwachen Lehrer dar.[1152]

Wesentlich ausführlicher als in haer IV 33,9 formuliert Irenäus diese Zusammenhänge in haer III 18,4-6.[1153] Irenäus zeigt in diesem Text exempla-

---

1149 Vgl. Tremblay, *Le martyre*, 174f.178.
1150 Vgl. Tremblay, *Le martyre*, 174.
1151 Vgl. Tremblay, *Le martyre*, 176.
1152 Vgl. auch Tert., Prax. 1,4 (1159,22-26 CChr: Praxeas *insuper de iactatione martyrii
       inflatus ob solum et simplex et breve carceris taedium; quando et si corpus suum tradidisset
       exurendum, nihil profecisset, dilectionem Dei non habens cuius charismata quoque expug-
       navit*); Clem., str. IV 4,16,3-17,4 (256,5-20 GCS): „Einige der Häretiker haben den
       Herrn falsch verstanden und hängen gottlos und feige zugleich am Leben, wenn sie
       behaupten, daß das wahre Martyrium die Erkenntnis des wahrhaft seienden Gottes
       (μαρτυρίαν λέγοντες ἀληθῆ εἶναι τὴν τοῦ ὄντως ὄντος γνῶσιν θεοῦ) sei –
       womit auch wir übereinstimmen –, daß sich aber selbst töte und ein Selbstmörder sei,
       wer durch seinen Tod bekenne (τὸν διὰ θανάτου ὁμολογήσαντα) ... Sie unterschei-
       den sich nämlich von uns in den Grundprinzipien (der Lehre) (διαφέρονται ... περὶ
       ἀρχάς). Vgl. Orbe, *Los primeros herejes*, 242-248.
1153 352,73-364,163; das Zitat 354,94-356,113; 362,146-364,162. – Ausführliche Überle-
       gungen zur ursprünglichen Gestalt des Logions vom Kreuztragen in den synoptischen
       Evangelien (zur „Markusfassung" s. Mk 8,34; Mt 16,24; Lk 9,23; zur „Q-Version" s.
       Mt 10,38; Lk 14,27; vgl. auch Joh 12,24-26) bei Ko Ha Fong, *Crucem tollendo*, 9-25;
       vgl. Brandenburger, Σταυρός, 32f. Grundsätzlich gilt für dieses Logion (wie allge-
       mein für die Zitationsweise der frühchristlichen Autoren), daß die „Benutzung des
       Schriftwortes in der Alten Kirche nicht starr und einförmig, sondern den jeweiligen

risch, daß die falschen christologischen Ansätze der Häretiker mehr oder weniger zwangsläufig in falsche Theorien über das Kreuz und die Kirche münden. Wer die Leiden und die Kreuzigung Christi *secundum opinionem homi-*
num[1154] leugnet oder ihm ein nur scheinbares Leiden (*putative passum*) an-
dichtet, kommt nicht umhin, der Aufforderung zur Kreuzesnachfolge (Irenäus zitiert am Ende von haer III 18,4 Mt 16,24f par Mk 8,34f; Lk 9,23f) ihre
Spitze abzubrechen:

> Wenn aber Christus selbst „nicht leiden sollte, sondern von Jesus fortflog, was hat er dann
> seine Jünger dazu aufgefordert, das Kreuz zu tragen und ihm nachzufolgen, wo er es ihrer
> Meinung nach selbst nicht trug, sondern die Heilsordnung seines Leidens ganz einfach zu-
> rückließ (*relinquebat dispositionem passionis*)? Denn weil er dies nicht über die Erkenntnis
> eines ‚oberen Σταυρός‘ (*superioris Crucis*) ..., sondern über die Passion, die er erleiden mußte
> und die seine Jünger erleiden sollten, gesagt hat, fügte er hinzu: ‚Wer nämlich sein Leben
> retten will, wird es verlieren, und wer es verlieren wird, wird es finden‘ (Mt 16,25 par).
> Und weil sein Jünger um seinetwillen leiden sollten, sagte er zu den Juden: ‚Siehe, ich schik-
> ke zu euch Propheten und Weise und Lehrer, und ihr werdet (einige) von ihnen töten und
> kreuzigen‘ (Mt 23,34)" (folgt eine Kombination aus Mt 10,18; Mk 13,9; Mt 23,34). „Er kann-
> te also die, die Verfolgung erleiden sollten, er kannte die, die seinetwegen gegeißelt und
> getötet werden sollten, und er sprach nicht von einem anderen Σταυρός, sondern von der
> Passion, die er selbst als erster erleiden sollte, danach dann seine Jünger. ... Wenn er aber
> nicht wirklich gelitten hat, gebührt ihm auch kein Dank, weil es kein Leiden gab. Und uns,
> die wir uns anschicken, wirklich zu leiden, scheint er zu verführen, wenn er uns dazu ermu-
> tigt, Schläge einzustecken und die andere Backe hinzuhalten (vgl. Lk 6,29 par Mt 5,39), wenn
> er selbst nicht zuvor gelitten hat. Und wie er jene verführt hat, damit er ihnen als einer er-
> scheint, der er nicht war, so verführt er auch uns, wenn er dazu ermutigt, das zu ertragen,
> was er selbst nicht ertragen hat. Dann werden wir aber über dem Lehrer sein (vgl. Mt 10,24
> par Lk 6,40), wenn wir leiden und aushalten, was der Lehrer weder gelitten noch ausgehalten
> hat. Aber weil unser Herr der einzige wirkliche Lehrer ist und der wahrhaft gute Sohn Got-
> tes und der geduldige[1155] Logos Gottes, des Vaters, ist er Menschensohn geworden: Denn er
> hat gekämpft und gesiegt; denn er war Mensch, der für die Väter stritt (vgl. Gal 1,14) und
> durch den Gehorsam den Ungehorsam auflöste (vgl. Röm 5,19); er hat den Starken gebun-
> den (vgl. Mk 3,27) und die Schwachen befreit und seinem Geschöpf Heil geschenkt, indem
> er die Sünde vernichtete. Denn überaus liebevoll und barmherzig ist der Herr (vgl. Ps 102,8;
> 144,8 LXX), und er liebt die Menschheit."

Kontexten und der Lebendigkeit der Rede angepaßt" ist (Ko Ha Fong, aaO, 26; zu
Irenäus vgl. aaO, 40-43; Houssiau, *La christologie*, 188-191).

1154 Petrus, den Irenäus hier meint (vgl. Mt 16,22f) steht also in der Gefahr, den gleichen
      Irrtum zu verfallen wie einige Häretiker, die behauptet hatten, die Apostel hätten zu
      Juden und Heiden *secundum (olim) insitam opinionem* bzw. *secundum pristinam eo-*
      rum opinionem gesprochen (vgl. haer III 12,6.13).
1155 Vgl. Brox, *FC 8/3*, 232f.

Die Kirche erbringt – und darin unterscheidet sie sich maßgeblich von den Häretikern – mit ihren Märtyrern zugleich die theologischen, von Christus durch seinen Ruf in die Leidensnachfolge selbst geforderten Beweise für die Wahrheit ihrer Verkündigung.[1156] Eine weitere Stelle verdient in diesem Zusammenhang Beachtung: haer III 16,4f dient ebenfalls dem Nachweis, daß der *eine* Menschensohn Jesus Christus in Wahrheit gelitten hat (und auferstanden ist). Irenäus interpretiert hier die in Bethlehem ermordeten Kinder (s. Mt 2,16-18) als Märtyrer.[1157]

„Der also war Christus, ... den die Magier [aus dem Orient] sahen, anbeteten, ihm Geschenke brachten ..., sich ihm als dem ewigen König unterwarfen und auf einem anderen Weg weggingen (vgl. Mt 2,11f), indem sie nicht mehr auf dem Wege der Assyrer heimkehrten. ‚Bevor nämlich der Knabe Vater und Mutter zu rufen weiß, wird er die Kraft von Damaskus und die Beute Samarias gegen den König der Assyrer annehmen' (Jes 8,4 LXX), wodurch zwar versteckt, aber kräftig kundgetan ist, daß der Herr mit verborgener Hand Amalek überwunden hat (vgl. Ex 17,16 LXX). Deshalb riß er auch die Kinder hinweg, die im Hause Davids waren, welche ein glückliches Los hatten, damals geboren zu sein, damit er sie in sein Reich voranschickte[1158], indem er, als er selbst noch Kind war, die Kinder der Menschen zu Märtyrern bereitete (*infantes hominum martyras parans*), die um Christi willen, der in Bethlehem in Judäa, der Stadt Davids, geboren wurde, den Schriften gemäß[1159] getötet wurden. In haer III 16,5 fügt Irenäus als Begründung (*propter quod*) Lk 24,25f.44-47; Mt 16,21 par an und folgert: „Das Evangelium kennt also keinen anderen Menschensohn als den aus Maria, der auch gelitten hat, aber keinen Christus, der vor der Passion von Jesus weggeflogen wäre; sondern den, der geboren wurde, Jesus Christus, kennt es als Sohn Gottes, und diesen selben als den, der litt und auferstand."[1160]

1156 Vgl. Ko Ha Fong, *Crucem tollendo*, 41f; Tremblay, *Le martyre*, 176.
1157 Vgl. Tremblay, *Le martyre*, 184-187; Rousseau/Doutreleau, *SC 210*, 320 (P. 305, n. 1.). Irenäus greift hier offensichtlich eine kirchliche Auslegung von Jes 8,4 auf (s. Just., dial. 77f [187-190 Goodspeed]).
1158 ... *ut eos praemitteret in suum regnum*. Mit dieser kurzen Bemerkung weist Irenäus auf die eschatologische Dimension des Martyriums hin (vgl. haer IV 31,3 [s.u. S. 410]; 33,9 [s.o. S. 397]: in diesen beiden Texten werden die Märtyrer nach Irenäus nicht wie in haer III 16,4 in das Reich Christi, sondern in das des *Vaters* „vorangeschickt"; vgl. dazu Tremblay, *Le martyre*, 185f). „Comme on le voit, le privilège des martyrs consiste, pour Irénée, à ‚devancer' les autres chrétiens, à parvenir tout de suite et d'un seul coup au terme assigné par Dieu à tous les chrétiens" (Rousseau, *SC 210*, 320-322, das Zitat 321 [P. 305, n. 2.]; vgl. Tremblay, aaO, 185). S. weiterhin Ep. Lugd. (bei Eus., h.e. V 1,55 [424,5-10 GCS]): „Und die selige Blandina, die als letzte von allen wie eine edle Mutter die Kinder ermahnt und siegreich zum König vorausgeschickt hat (προ-πέμψασα) ...“; Blandina steht hier für die Kirche insgesamt, die auch in h.e. V 1,45 (420,7 GCS) und V 2,7 (430,20 GCS) als „Mutter" bezeichnet wird.
1159 Damit bezieht sich Irenäus auf das Reflexionszitat Mt 2,16f (Jer 31,15).
1160 302,135; 304,139-153; 306,167-308,171.

Der Argumentationsgang von haer III 16,4f wirft einige Probleme auf. Aus dem Kontext (das Jes-Zitat schließt mit *enim* an) geht zunächst hervor, daß mit der „Kraft von Damaskus" und der „Beute Samarias" die Magier aus dem Orient gemeint sind, genauer: die in ihnen erscheinende, dämonische Macht des Bösen.[1161] Der „König Assyriens" ist Herodes; er spielt in der weiteren Auslegung keine Rolle. Der an das Jes-Zitat anschließende Hinweis auf die Überwindung „Amaleks" (Ex 17,16) kann nur so verstanden werden, daß bereits der gerade erst geborene Christus die Macht des Teufels überwindet. Dies zeigt sich in der Unterwerfung der Magier unter Christus, den ewigen König. Der von Irenäus mit *propter hoc* an die Überwindung „Amaleks" angeschlossene Kindermord zu Bethlehem ist im Kontext etwas überraschend. Welcher Zusammenhang besteht zwischen der Überwindung „Amaleks" und dem Tod der bethlehemitischen Kinder?

Einen ersten Hinweis gibt Irenäus mit der *theologische Funktion,* die er den ermordeten Kindern beimißt. Christus bereitet sie zu „Märtyrern", indem sie um seinetwillen getötet werden. Sie legen Zeugnis dafür ab, daß er selbst am Kreuz leiden und sterben mußte. Anders kann der begründende Anschluß *propter quod* vor dem Hintergrund der Aussagen von haer III 16,5 nicht verstanden werden. Der Kindermord zu Bethlehem hat demnach dieselbe Funktion wie die Kreuzesnachfolge der Kirche (vgl. v.a. haer III 18,4-6): Er beweist, daß der inkarnierte Logos leiden mußte und wirklich gelitten hat.

Von da aus fällt Licht auf den Zusammenhang zwischen der Überwindung „Amaleks" und dem Kindermord. Wie gezeigt wurde, besiegt Christus den Teufel („Amalek") durch seine *Ausstreckung der Hände am Kreuz.*[1162] Die Anspielung auf „Amalek" genügte, um den Lesern die bekannte Exodus-Typologie ins Gedächtnis zu rufen. Das Martyrium der bethlehemitischen Kinder ist nach Irenäus folglich ein Hinweis darauf, daß der Kreuzestod Jesu Christi, der die Macht des Bösen überwinden wird, *vom Beginn seines Lebens an* beschlossen ist. Irenäus verknüpft in haer III 16,4 mit Jes 8,4 und Ex 17,16 also zwei in der kirchlichen Auslegungspraxis bekannte Schriftstellen, die beide auf die im Kreuzestod Christi erfolgte Überwindung des Bösen hin interpretiert wurden. Mit dieser Verknüpfung schafft Irenäus die Voraussetzung, um den Kindermord zu Bethlehem auf das Martyrium, das vom *Kreuzesleiden Christi* Zeugnis gibt, anzuwenden.

Irenäus verklammert einen weiteren, für die Leidensnachfolge als vollkommene Ausübung des Liebes-Charismas entscheidenden Aspekt direkt mit dem Ereignis der Kreuzigung Christi. Christus setzt durch sein Verhalten *am Kreuz* die *Feindesliebe* als die im Neuen Bund geltende, radikalisierte Form

---

1161   Vgl. Just., dial. 78,9f (190 Goodspeed).
1162   S.o. Abschnitt 3.2.5.1.

der Nächstenliebe[1163] ein und erweist sich dadurch als menschgewordener Sohn Gottes[1164]:

Christus ist, so Irenäus in haer III 16,9, „vollkommen in allem: der, als er geprügelt wurde, nicht zurückschlug, und ‚als er litt, nicht drohte‘ (1Petr 2,23), und als er tyrannische Gewalt erlitt, den Vater bat, denen zu verzeihen (s. Lk 23,34), die ihn gekreuzigt hatten".[1165] Irenäus führt dies in haer III 18,5 aus: „Auch an dem aber, was der Herr am Kreuz sagte: ‚Vater, vergib ihnen, denn sie wissen nicht, was sie tun‘ (Lk 23,34), zeigt sich die Langmut, die Geduld, die Barmherzigkeit und die Güte Christi, weil er nämlich selbst litt und (dabei) selbst die entschuldigte, die ihn mißhandelten. Denn der Logos Gottes, der zu uns gesagt hat: ‚Liebet eure Feinde und betet für die, die euch hassen‘ (Mt 5,44; Lk 6,27f), hat dies selbst am Kreuz getan, weil er die Menschheit so sehr liebt, daß er sogar für die, die ihn umbrachten, betete."[1166]

Die Liebe, die Christus am Kreuz seinen Feinden erweist, hat eine doppelte Zielrichtung.[1167] Sie gilt in erster Linie der gesamten Menschheit, die ihm in den Folterknechten feindlich entgegentritt. Im Verhalten des Gekreuzigten erreicht die *Liebe Gottes zu den Menschen* ihren Höhepunkt. Zum anderen macht Christus dadurch, daß er als mit Gott geeinter *homo perfectus* in der Situation höchster Anfeindung Feindesliebe übt, diese als die grundsätzliche, den Glaubenden (sie sind die mit Gott geeinten *homines perfecti*) aufgetragene Verhaltensnorm geltend.[1168] Indem die Menschen diese Norm realisieren, setzen sie die in Christus geoffenbarte Feindesliebe Gottes fort. In ihr erweist

---

1163 Vgl. haer II 32,1 (332,7-9); IV 13,2f (528,33-532,66).

1164 Tremblay, *Le martyre*, 179: „La perfection du Crucifié ou son pardon des offenses est l'indice de quelque chose qui dépasse l'homme, qui ne relève pas du ressort humain. Elle es la marque de la présence de Dieu lui-même" (vgl. aaO, 188).

1165 326,324-328. Christus erweist sein „*Perfectus*-Sein" also vor allem durch sein Verhalten am Kreuz. Er erfüllt das Doppelgebot der Liebe, indem er Gott gehorsam ist und seinen Feinden vergibt.

1166 360,131-144. Der von der Kirche verkündigte Christus erweist durch die am Kreuz bewährte Feindesliebe seine Überlegenheit gegenüber den „Christussen" der Häretiker. Irenäus führt an dieser Stelle mit der Feindesliebe Christi am Kreuz ein über den rein theologischen Nachweis hinausgehendes, *moralisches* Argument für die *Einheit Jesu Christi* ein.

1167 Auch hierin zeigt sich die Verklammerung der oben mit a) und b) bezeichneten Aspekte.

1168 In der Feindesliebe erhalten die göttlichen Wesensprädikate *longanimitas, patientia, misericordia, bonitas* etc. ihren höchsten Ausdruck. Zu diesen gehört auch die Gerechtigkeit (vgl. haer IV 20,2; epid 72; 87 u.ö.). S.a. haer II 31,3 (330,72-77: *in Ecclesia ... miseratio et misericordia et firmitas et veritas ad opitulationem hominum non solum sine mercede et gratis perficiatur, sed et nobis ipsis quae sunt nostra erogantibus pro salute hominum, et ea quibus hi qui curantur indigent, saepissime non habentes, a nobis accipiunt*); 32,1 (332,1-334,37). Vgl. Tremblay, *Le martyre*, 179f.

406   Das Kreuz in der Theologie des Irenäus

sich die erlösende, das Böse überwindende Macht des Sterbens Jesu: „diejenigen, die füreinander Feinde und Gegner waren, halten, weil sie durch seinen Tod an ihn glauben, Frieden miteinander, da sie durch den gemeinsamen Glauben an ihn Freunde und Geliebte in Wahrheit geworden sind.“[1169] In der Liebe zu Gott und zu den Menschen erfüllt die Kirche das von Christus unter den Bedingungen des Neuen Bundes anbefohlene, höchste Gebot.[1170] Und sie führt den Menschen in die *similitudo* mit Christus, *qui pro eo mortuus est.*[1171] Durch die Feindesliebe im Martyrium werden die Christen zu *homines perfecti*[1172], wie das Beispiel des Stephanus zeigt.[1173] Stephanus ist der erste Mensch, der die *vestigia martyrii Domini*[1174] nachging und *propter Christi confessionem* getötet wurde.[1175] In seinem Martyrium „erfüllt" Stephanus „die vollkommene Lehre":

1169 Epid 72 (184-186/82).
1170 Vgl. v.a. haer IV 12,1-5 (508,1-522,112: „Weil also im Gesetz und im Evangelium das erste und größte Gebot ist, Gott, den Herrn, von ganzem Herzen zu lieben, hierauf – diesem gleich – den Nächsten zu lieben wie sich selbst, erweist sich ein und derselbe Schöpfer des Gesetzes und des Evangeliums" [IV 12,3; 514,46-50]); 16,4f (568,74-574, 120); epid 87; 89-93 (200-208/88-92). S.a. von Campenhausen, *Idee*, 149f.
1171 Vgl. haer III 20,2 (390,60-392,75: *Hic enim ... manens in dilectione eius* [vgl. Joh 15,9f] *et subiectione et gratiarum actione, maiorem ab eo gloriam percipiet, provectus accipiens, dum consimilis fiat eius qui pro eo mortuus est. Quoniam et ipse in similitudinem carnis peccati factus est, uti condemnaret peccatum ..., provocaret autem in similitudinem suam hominem, imitatorem eum adsignans Deo et in paternam imponens regulam ad videndum Deum et capere Patrem donans, Verbum Dei quod habitavit in homine*); IV 26,1 (716,28-30); auch haer I 10,1 (156,20-158,24/157f,1124-1128); II 28,3 (274,65-276,73 [Aufnahme von 1Kor 13,13]); V pr. (14,35-39/14,1-5).
1172 Vgl. Tremblay, *Le martyre*, 180: Die Märtyrer „sont les hommes qui se sont approchés le plus près de Dieu, qui ont réalisé le plus parfaitement la vocation chrétienne qui consiste à devenir Dieu."
1173 Vgl. Tremblay, *Le martyre*, 172-174.
1174 S. haer III 18,5 (358,126: *vestigia adsequi passionis Domini*). 1Petr 2,21 (εἰς τοῦτο γὰρ ἐκλήθητε, ὅτι καὶ Χριστὸς ἔπαθεν ὑπὲρ ὑμῶν ὑμῖν ὑπολιμπάνων ὑπογραμμὸν ἵνα ἐπακολουθήσητε τοῖς ἴχνεσιν αὐτοῦ) dient als biblische Grundlage.
1175 Haer III 12,10 (224,359-363); vgl. haer IV 15,1 (550,21f): Stephanus *primus occisus est propter Christi martyrium.* Weitere von Irenäus genannte Märtyrer sind Justin (haer I 28,1 [356,17-19/256f,9-11]), der römische Bischof Telesphorus (III 3,3 [36,58/36,3f]), Polykarp von Smyrna (III 3,4 [38,71-40,73/38,6-40,8]: ἐπὶ πολὺ γὰρ παρέμεινεν καὶ πάνυ γηραλέος ἐνδόξως καὶ ἐπιφανέστατα μαρτυρήσας ἐξῆλθεν τοῦ βίου) und Ignatius von Antiochien (V 28,4 [360,86-362,89/360,45-362,48]: Irenäus bezeichnet ihn mit τις τῶν ἡμετέρων διὰ πρὸς τὸν Θεὸν μαρτυρίαν κατακριθεὶς πρὸς θηρία und zitiert Ign., Rom 4,1, ohne Ignatius selbst mit Namen zu nennen); vgl. Tremblay, *Le martyre*, 169.

„Weil aber alle Apostel und ihre Schüler so lehrten, wie die Kirche predigt, und sie, indem sie so lehrten, vollkommen waren (*et sic docentes perfecti fuerunt*), wurden sie deshalb auch zum Vollkommenen berufen (*propter quod et evocabantur ad perfectum*). Stephanus, der dies lehrte, als er noch auf der Erde war, ‚sah die Herrlichkeit Gottes und Jesus zu seiner Rechten und sprach: Siehe, ich sehe die Himmel offen und den Menschensohn zur Rechten des Vaters stehen' (Apg 7,55f). Und als er dies gesagt hatte, wurde er gesteinigt und erfüllte so die vollkommene Lehre (*perfectam doctrinam adimplevit*), indem er den Lehrer des Martyriums (martyrii magistrum[1176]) in allem nachahmte und für die betete, die ihn töteten, als er sagte: ‚Herr rechne ihnen das nicht als Sünde an' (Apg 7,60; vgl. Lk 23,34)."[1177]

1176 Vgl. Ep. Lugd. (bei Eus., h.e. V 2,2-4 [428,7-430,1 GCS]; das Zitat V 2,3 [428,15-17. 20]: Die Märtyrer lehnen es ab, als Märtyrer bezeichnet zu werden. „Gerne überließen sie die Anrede des ‚Märtyrers' Christus, dem treuen und wahren Märtyrer [vgl. Offb 3,14], dem Erstgeborenen aus den Toten [vgl. Offb 1,5], dem Urheber des göttlichen Lebens [vgl. Apg 3,15]"; auch die, die Christus schon zu sich genommen und „deren Martyrium er durch den Tod besiegelt" hat, dürfen Märtyrer genannt werden); vgl. dazu SC 100/1, 258-261; Frend, *Martyrdom*, 14f. – S. weiterhin M. Polyc. 17,2: Nachdem Polykarp getötet worden war, versucht der „Widersacher" zu verhindern, daß die Christen von Smyrna den Leichnam des Bischofs wegtragen und verehren (17,1f; vgl. 18,1-3): Niketes, der Vater des Polizeichefs Herodes, wird von den Juden dazu angestiftet, an den Prokonsul Statius Quadratus die Bitte zu richten, die Herausgabe der Leiche Polykarps nicht zu gestatten. Als Begründung führt Niketes an: „Sie sollten den Gekreuzigten nicht verlassen und anfangen, diesen (sc. Polykarp) zu verehren" (129,14f SQS). Die Szene erinnert (nicht nur in ihrer antijüdischen Ausrichtung) an Mt 27,62-66; 28,11-15. Obwohl M. Polyc. in der Darstellung des Martyriums Polykarps insgesamt deutliche Anlehungen an die Passion Jesu zeigt, wird in der Notiz von 17,2 eine zuverlässige Erinnerung vorliegen. Offensichtlich befürchteten die Juden (zusammen mit einem Teil der heidnischen Obrigkeit; s. dazu Buschmann, *Martyrium*, 312), daß die Ereignisse, die die Hinrichtung Polykarps begleiteten (s. 15,1-16,1), zu einer übermäßigen Verehrung des Märtyrers führen konnte, die im Vergleich zur Verehrung Christi zudem als größere „Gefahr" eingeschätzt wurde. Daneben enthält die Notiz einen abschätzigen Klang, der dem Urteil der Umwelt über die Christen in Grundzügen entsprochen haben wird. Die Christen erscheinen als abergläubische, auf die Verehrung Toter fixierte und in ihrem Glauben wenig gefestigte Gruppe. Die Christen von Smyrna betonen demgegenüber (diese Aussage ist ausdrücklich an die Juden gerichtet), daß sie „niemals Christus verlassen könnten, der für das Heil der in der ganzen Welt Geretteten litt, der Untadelige für die Sünder". Nur dem gekreuzigten Christus gebührt die Verehrung als Sohn Gottes, den Märtyrern aber die Liebe als Jünger und Nachahmer des Herrn „wegen ihrer unübertrefflichen Zuneigung zu ihrem König und Lehrer" (17,2f [129,17-130,2 SQS). Vgl. insgesamt von Campenhausen, *Idee*, 79-88; Buschmann, aaO, 310-314 (Lit.).

1177 Haer III 12,13 (234,443-236,452). Vgl. Ep. Lugd. (Eus., h.e. V 2,5 (430,4-9 GCS: „Und für die, die [ihnen] das Furchtbare auferlegten, beteten sie, wie Stephanus der *vollkommene* Zeuge [ὁ τέλειος μάρτυς; folgt Apg 7,60]"; die Liebe und das Gebet der Lyoner Märtyrer bezieht sich nicht nur auf ihre Peiniger, sondern auch auf die *lapsi* in der Verfolgung). – Irenäus nimmt in seiner Charakterisierung des Stephanus die

Eine zusätzliche Motivation erhält das Martyrium der Kirche durch das Versprechen Christi, *eos qui confiterentur nomen suum coram hominibus* vor dem Vater zu bekennen, zu verleugnen aber die, die ihn verleugnen würden und die zu beschämen, die sich seines Bekenntnisses schämen würden. Zu den letzteren gehören nicht zuletzt diejenigen, die die Märtyrer verachten, die durch ihren Tod „Zeugen des leidensfähigen" Christus werden.[1178] Die Verachtung der Märtyrer richtet sich nicht nur gegen diese, sondern in ihnen gegen Christus selbst. Wie der Gekreuzigte Ablehnung hervorrief, so erregt das Zeugnis der Kirche über ihn gerade in der Form des Martyriums den Widerspruch derer, die die in Christus erschienene Wahrheit nicht aufnehmen.[1179] Die Schmach, die Christus erlitten hat und die in seiner Nachfolge die kirchlichen Blutzeugen erleiden, wirft Christus als allmächtiger Richter auf die Verächter der Märtyrer zurück.

Wie die *Verkündigung* der Kirche durch die ununterbrochene *successio* der Propheten, Christi, der Apostel und ihrer Schüler heilsgeschichtlich verankert ist und Gottes Allmacht über die Zeit zum Ausdruck bringt, so stehen auch die Märtyrer in einer *successio*, die sich historisch bis Abel zurückverfolgen läßt (und somit einen größeren Zeitraum der Geschichte umfaßt als die *successio* des Predigtamtes!).[1180] Die Märtyrer der Kirche stehen in einer Reihe mit den verfolgten Gerechten, die Gott zu allen Zeiten geliebt haben und gehorsam waren.[1181] Christus selbst gewährleistet den inneren Zusammenhang

---

lukanische Tendenz auf, die Leiden der Christen in Entsprechung zum Leiden Christi zu zeichnen (vgl. Lk 23,34 mit Apg 7,60). Die vollständige *imitatio* des *magister martyrii* meint *nicht*, daß das Martyrium am *Kreuz* erfolgen müßte. Entscheidend ist vielmehr die im „erlittenen" Bekenntnis zum „Leidensfähigen" (vgl. haer III 18,5 [358, 126f]) artikulierte Liebe zu Gott, die sich in der Feindesliebe fortsetzt (vgl. Tremblay, *Le martyre,* 174). Die neutestamentlich geprägte Wendung „das Kreuz tragen" (s.o.) inkludiert bei Irenäus als Kurzformel die auf das Kreuzesleiden Christi antwortenden, unterschiedlichen Gestalten der Leidensnachfolge *usque ad mortem,* die, obwohl sie sich äußerlich vom Kreuz unterscheiden, gleichwohl das Sterben des Sohnes am Kreuz erneut zur Darstellung bringen. Vgl. haer V 13,4 (174,82-180,115).

1178   Haer III 18,5 (358,117-130).
1179   S. haer III 12,6 (200,188-202,195); 12,13 (236,457-462).
1180   Vgl. Tremblay, *Le martyre,* 180-183. Der Gedanke der *successio* (Irenäus verwendet den Ausdruck für die Märtyrer nicht) der verfolgten Gerechten von Abel bis zu den Propheten ist auch bei Mel., pass. 59,416-421; 69,479-488 (32; 36 Hall) greifbar. Allerdings spricht Irenäus *nicht* wie Melito davon, daß Christus *in* Abel etc. gelitten hat.
1181   Vgl. haer II 22,2 (214,20-216,56); IV 33,7 (816,118-123/816,1-6); 33,9 (s.o.); 33,10 (822, 171-824,177: Die Propheten haben unter anderem vorhergesagt, „daß die, über denen der Geist Gottes ruht und die dem Logos des Vater gehorsam sind und ihm nach Kräften dienen, Verfolgung erleiden, gesteinigt und getötet werden: in sich selbst

der *successio martyrum,* denn er vollzieht in sich die „ἀνακεφαλαίωσις des von Anfang an vergossenen Blutes aller Gerechten und Propheten"[1182] bis hin zu den Gerechten der Kirche.[1183] Die Verfolgung der Gerechten wurde „in Abel im voraus bedacht, in den Propheten im voraus verkündigt, im Herrn aber vollbracht, und in uns aber gleichermaßen, indem der Leib seinem Haupt nachfolgt."[1184] Die Bedrängnis der Kirche ist als notwendige Konsequenz des Leidens Christi, in dem die Leiden der Gerechten des Alten Bundes erfüllt werden, ein konstitutives Merkmal der angebrochenen Endzeit[1185] und zugleich ein wesentlicher Ausdruck der Allmacht Gottes über die Zeit, der dem Wesen der Kirche als der geistgewirkten, endzeitlichen Sammlung des Gekreuzigten entspricht.[1186] Damit sagt Irenäus zugleich, daß in der Leidensnachfolge der einzelnen Glieder der Kirche der *Leib des Gekreuzigten* erscheint.[1187] Aus diesem Grund wird in der Kirche nicht nur der Geist Gottes, sondern zugleich auch *der Gekreuzigte selbst* verfolgt.

---

nämlich bildeten die Propheten dies alles vorher *propter dilectionem Dei et propter Verbum eius*"); V 29,2 (366,26-370,49/366,6-370,26). S.a. haer IV 28,3 (760,58-762,62).

1182 Haer V 14,1 (184,23-25); vgl. Overbeck, *Menschwerdung,* 240.

1183 S. epid 72 (184-186/82).

1184 Haer IV 34,4 (860,114-117); vgl. IV 18,3 (698,32-606,81); 25,2 (708,31-35); V 14,1 (182, 1-186,31); epid 17 (104-106/43f). Zu den um der Gerechtigkeit willen Verfolgten gehört auch David, vgl. haer IV 27,1 (730,8f).

1185 S. haer II 22,2 (214,31-216,37; Bezugnahme auf Röm 8,36); V 26,1 (324,1-326,17); 28,2-29,2 (348,12-370,49/348,1-370,26*); 32,1 (396,1-398,24).

1186 S. haer IV 33,9 (822,166-170: Die Kirche leidet Verfolgung wie die Propheten, „wie der Herr sagte: ‚Denn so wurden die Propheten verfolgt, die vor euch waren' [Mt 5, 12], weil der auf neue Weise zwar, aber als derselbe auf ihr [sc. der Kirche] ruhende Geist von denen Verfolgung leidet, die den Logos Gottes nicht annehmen"). S. dazu Tremblay, *Le martyre,* 180f.

1187 Vgl. haer IV 33,10.15 (822,170-824,189; 842,325-844,340; s.o. ab S. 390); 34,4 (s.o.). Haer IV 37,7 (938,135-942,177): Irenäus deutet Mt 11,12 und 1Kor 9,24-27 auf den „Kampf" (*agon*), den die Christen zu kämpfen haben, um den Siegespreis der Unvergänglichkeit zu erringen. „Kampf" bezieht sich in erster Linie auf die freiwillig aufgewandte Mühe, nach der Gottesliebe zu streben und in ihr zu verbleiben: *quanto autem honorabilius, tanto magis diligimus illud* [sc. das himmlische Reich]; *et si plus dilexerimus, clariores erimus apud Deum* (940,163-165). Ziel der *dispositiones* Gottes ist es, daß *et bonitas ostendatur et iustitia perficiatur et Ecclesia* „ad figuram imaginis Filii eius" (Röm 8,29) *coaptetur, et tandem aliquando maturus fiat homo, in tantis maturescens ad videndum et capiendum Deum*" (942,174-177). Obwohl Irenäus an dieser Stelle nicht explizit davon spricht, enthält das Bild des „Kampfes" wohl auch den Gedanken, daß die Kirche die Liebe zu Gott in den Situationen höchster Anfeindung durchzuhalten hat.

Dieser Zusammenhang läßt sich an Irenäus' Darstellung der Bekehrung des Paulus verdeutlichen.[1188] Der Herr zeigte Paulus, ὅτι τὸν ἴδιον Δεσπότην ἐδίωκε διώκων τοὺς μαθητὰς αὐτοῦ.[1189] In der im Anschluß geschilderten Selbstoffenbarung Christi an Paulus betont Irenäus vor allem das Leiden und den Kreuzesgehorsam des Gottessohnes.

Die Verfolgung Christi in der Kirche führt zwar immer wieder zur Verstümmelung des Christusleibes[1190], aber sie kann die Kirche zu keiner Zeit dauerhaft gefährden. Denn Gott selbst erweist im ewigen Bestand der *leidenden* Kirche zu allen Zeiten und an allen Orten seine unumschränkte Allmacht, die der menschgewordene Logos am Kreuz offenbart hat:

Die Kirche hat nach haer IV 33,9 in der „Salzsäule Lots" (vgl. Gen 19,26) ihren alttestamentlichen Typos. Irenäus greift hier auf haer IV 31,1-3 zurück.[1191] Während Lot (= Christus) seinen beiden Töchtern, den „beiden Synagogen", zu „lebendigen Söhne für den lebendigen Gott" verhilft, „blieb seine Frau in Sodom zurück, nicht mehr als verwesliches Fleisch, sondern als Salzsäule, die immer bleibt und durch natürliche Gewohnheiten des Menschen zeigte[1192], daß auch die Kirche, die ‚Salz der Erde' ist (Mt 5,13), im Grenzgebiet der Erde zurückgelassen ist, wobei sie Menschliches erleidet. Und während immer ganze Glieder von ihr entfernt werden, verbleibt die Salzsäule, d.h. die Grundfeste des Glaubens, die die Söhne bestärkt und zum Vater vorausschickt."

Diese Bemerkung führt zu dem letzten Aspekt, der die Martyriumstheologie des Irenäus prägt und die Leidensnachfolge vollends als höchsten Ausdruck der Gottesliebe und der Offenbarung der Allmacht Gottes durch die Kirche kennzeichnet. Die Kirche schickt, wie es in haer IV 31,3 und haer IV 33,9 heißt, die Märtyrer „zum Vater voraus". Irenäus sagt damit zweierlei. Zum

---

1188 S.a. oben S. 372-374.

1189 Haer III 12,9 (217,303f). Vgl. haer III 15,1 (276,8 [zit. Apg 9,5]); V 12,5 (156,101-158, 109).

1190 S. haer IV 33,7 (816,118-123/818,1-6).

1191 788,15-794,71/788,1-790,6; das Zitat 794,64-71. Irenäus referiert hier eine Exegese des oben (s.o. S. 355 Anm. 972 und ab S. 391) vorgestellten Presbyters. Vgl. dazu Tremblay, *Le martyre*, 182f: „... le martyre apparaît comme un acte ou une expérience fondamentalement ecclésiale. C'est dans et par l'Eglise que les chrétiens témoignent jusqu'au sang de leur amour pour Dieu. En retour, les martyrs enrichissent l'Eglise, leur mère: ils confirment sa foi et ils la dotent de nouveaux membres en échange de ceux qu'elle a perdus."

1192 Zu *per naturalia ea quae sunt consuetudinis hominis* vgl. Hayd, BKV[1] 2, 184: „Zum Verständniß dieser dunklen Stelle diene die Bemerkung, daß Lot's Weib auch als Salzsäule noch, der Sage nach, nicht bloß die Verstümmelung ihrer Glieder durch Nachwuchs wieder ersetzte, sondern auch noch ihre Menstruation hatte, was ein Sinnbild sein soll für die Unverwüstlichkeit der Kirche trotz allem Blutverlust."

einen vollzieht sich im Zeugentod in proleptischer Weise die eschatologische Gottesschau, die denjenigen verheißen ist, die Gott bis zum Tod von ganzem Herzen lieben, und deren sichtbare Vorwegnahme auf Erden der gekreuzigte Logos ist. Stephanus (s.o.) erblickt in dem Moment, als er gesteinigt wird, „die Herrlichkeit Gottes und Jesus zu seiner Rechten". Zum anderen – und dies gründet wiederum in der Offenbarung der unfaßbaren Größe Gottes durch den Gekreuzigten – gelangen die Märtyrer durch ihr Martyrium direkt in die „Höhe", in die himmlische Herrlichkeit. Indem die *leidende* Kirche „an jedem Ort", also in der ganzen Welt („Länge und Breite"), „wegen ihrer Liebe zu Gott zu jeder Zeit eine Menge Märtyrer zum Vater vorausschickt" (haer IV 33,9), folgt sie nicht nur dem Nachfolgeruf Jesu Christi, sondern hat als universale Vereinigung der beiden Völker, die der Gekreuzigte auch und gerade durch das Leiden hindurch zu dem einen Gott hin versammelt, teil an Gottes eigenem Offenbarungshandeln.

3.3.5 Zusammenfassung

Irenäus versteht die Kirche als konsequente Weiterführung des Christusgeschehens. Sie ist selbst das lebendige Zeugnis für die in Inkarnation, Kreuzigung und Auferstehung Jesu Christi geoffenbarte Allmacht Gottes. Indem sie über die ganze Welt verbreitet ist, hat sie teil an Gottes *pleromatischem*, den Kosmos kreuzförmig ordnendem Wesen. Indem sie die durch den Gekreuzigten versammelte Kirche aus Juden und Heiden ist und Gott in ihr seine Verheißungen erfüllt, hat sie teil an seiner universalen Allmacht über die *Zeit* und die *Geschichte*. Indem sie die Gemeinschaft der wiedergeborenen Menschen nach der *imago* und der durch die Kraft des Geistes bis zur eschatologischen Vollendung auf Gott hin wachsenden, den Kreuzesgehorsam Christi nachvollziehenden *similitudo* Gottes ist, hat sie teil an Gottes *liebender* und *gütiger* Allmacht über die *Kreatur*. Indem sie schließlich als Geistgemeinschaft im Besitz der Wahrheit ist und diese, gestützt auf den durch das Kreuzesgeschehen als Einheit konstituierten „Kanon der Wahrheit", einheitlich und zuverlässig in ihrer Predigt, ihrem charismatischen Handeln und vor allem im Martyrium verkündigt und weitergibt, hat sie nicht zuletzt teil an Gottes *gerechter* und *richtender* Allmacht des gekreuzigten Jesus Christus.

Die Kirche ist nach Irenäus somit die Gemeinschaft, in der sich das Schöpfungs- und Erlösungshandeln des einen Gottes, des Vaters, des Sohnes und des Heiligen Geistes sichtbar und dauerhaft gültig manifestieren.

Rückblick

Obwohl die Theologie des Irenäus nicht in allen Stücken originell ist und sich an vielen Stellen bewußt auf traditionelle Aussagen älterer Autoritäten bezieht, bleiben der Facettenreichtum seines Denkens und die Intention, auf der Grundlage der biblischen Überlieferung und der kirchlichen *regula veritatis* zu einer einheitlichen, eindeutigen und klaren Gesamtschau der christlichen Lehre zu gelangen, über weite Strecken faszinierend und beeindruckend. Die kaum überschaubare Anzahl und die unterschiedlichen Themen der neueren Veröffentlichungen zu Irenäus zeigen, daß er als eine der einflußreichsten Gestalten der Kirche des ausgehenden zweiten Jahrhunderts bis heute kaum an Attraktivität eingebüßt hat. Mit Irenäus erreicht die altkirchliche Theologie einen ersten Höhepunkt.

Die Funktion des Kreuzes Jesu Christi für Irenäus' Theologie wurde bislang noch nicht umfassend untersucht. Dies überrascht nicht nur deshalb, weil sich mit Hilfe der irenäischen Kreuzesinterpretation die wesentlichen Aspekte und Grundeinsichten seiner Theologie präzise und nahezu suffizient darstellen lassen, sondern weil die Kreuzigung Jesu Christi zusammen mit der Inkarnation das einheitsstiftende Zentrum seines theologischen Ansatzes bildet. Das Kreuz ist nicht ein Baustein *neben* den betont hervortretenden Inkarnationsaussagen oder der Lehre von der οἰκονομία und der ἀνακεφαλαίωσις; es ist auch kein theologisches Randstück, das Irenäus behandeln mußte, weil es die Tradition so gebot. Das Kreuz Jesu Christi ist für ihn das entscheidende heilsgeschichtliche Ereignis, in dem sich Gott als Erlöser des Kosmos und der Menschheit *und zugleich* als Schöpfer alles Sichtbaren und Unsichtbaren offenbart hat.

Daß das Kreuz trotz dieser grundlegenden Funktion für den theologischen Gesamtentwurf des Irenäus in seinem Hauptwerk *Adversus haereses* nicht im Vordergrund steht (die *Epideixis* bietet hier ein anderes Bild), liegt an den Themen, die Irenäus in der Auseinandersetzung mit den Häresien in den Mittelpunkt rückt. Die Probleme, die er in den Theologien seiner Gegner aufspürt, finden ihren gemeinsamen Nenner darin, daß sie dem kirchlichen Glaubensgrundsatz, daß der *eine* Gott der *allmächtige* Schöpfer der Welt und deshalb ihr Erlöser ist, im Kern diametral entgegengesetzt sind. Jene Probleme gipfeln darin, daß die Person Jesu Christi im Erlösungsakt zerbrechen und das menschliche Heil im Grunde defizitär, d.h. auf die wesentlich göttlichen Bestandteile des Menschen beschränkt bleiben muß.

Das Faktum der Kreuzigung selbst steht also in der Kontroverse nicht zur Debatte. Strittig ist hingegen die Frage, *wie* die *Person* des Gekreuzigten zu bestimmen ist, welche theologische Basis den Ausgangspunkt dieser Bestimmung bildet und welche Konsequenzen sich aus dem entworfenen Bild für die Anthropologie, die Soteriologie und nicht zuletzt für die Ekklesiologie ergeben. Diese Einzelfragen verdichten sich wiederum in der Frage nach der göttlichen *Wahrheit*. Nur sie kann den Menschen erlösen und ihm Heilsgewißheit verschaffen. Die theologische Arbeit sowohl des Irenäus als auch seiner Gegner ist deshalb von dem grundlegenden Interesse geleitet, die *eine* und allein gültige Wahrheit darzustellen. Wenn diese Wahrheit wirklich *Gottes* Wahrheit sein will, muß sie „Welt" (im weitesten Sinn) exklusiv und widerspruchsfrei erklären und auf diesem Wege zeigen, wie der Mensch zum göttlichen Heil gelangt. Sie kann nur dann universale Geltung beanspruchen, wenn sie alle Bereiche der Wirklichkeit in umfassender Weise integriert, durchdringt und beherrscht.

Sowohl die Einwände, die Irenäus gegen die theologischen „Wahrheiten" seiner Gegner erhebt, als auch seine positive Darstellung der kirchlichen Lehre basieren letztlich auf jenen Wahrheitskriterien, insbesondere auf den zuletzt genannten. Sobald eine Theologie einzelne Elemente der Wirklichkeit aus dem Herrschaftsbereich Gottes ausklammert oder auszuklammern bereit ist, hat sie nicht nur die Allmacht, sondern auch die Einheit Gottes preisgegeben. Eine Theologie, die die „Welt" ohne Gottes Einheit und Allmacht und damit ohne ihre fundamentalsten Grundlagen zu erklären sucht, ist nach Irenäus nicht mehr Theologie, sondern Häresie. Damit ist zugleich gesagt, daß nicht die Theologie die Wahrheit, die von Gott kommt, begründet oder gar erzeugt. Die eigentliche Aufgabe der Theologie besteht vielmehr darin, den einen Gott als den allmächtigen Schöpfer und Erlöser der Welt zu begreifen und seine Offenbarungen als Kundgaben seines einheitlichen und allmächtigen Wesens nachzuerzählen. Die Theologie lebt von der Wahrheit Gottes, nicht umgekehrt. Dementsprechend interpretiert Irenäus die Kreuzigung Jesu Christi konsequent als Erweis der Einheit und der Allmacht Gottes, die die Einheit des Erlösers begründet:

Durch seinen Tod am Kreuz offenbart sich der menschgewordene Logos als Schöpfungsmittler, der am unbegrenzten Wesen des Vaters von Ewigkeit her teilhat und deshalb alles umfaßt. Gottes universale Allmacht über den Raum konstituiert den gesamten sichtbaren und unsichtbaren Kosmos als einheitlichen Eigentumsbereich des Schöpfers.

Der menschgewordenen Logos offenbart durch seinen Tod am Kreuz Gottes vorherwissende Allmacht über die Zeit. Er verbindet die einzelnen Offenbarungen Gottes zu einem geschlossenen Ganzen. Indem Jesus Christus die prophetischen Ankündigungen erfüllt und die entscheidenden Ereignisse der Menschheitsgeschichte durch sein Leben und Sterben in sich wiederholt und in seiner Auferstehung von den Toten zum Heil wendet, erweist er den von Gott gelenkten und zielgerichtet geplanten Lauf der Zeiten als einheitlichen Zusammenhang.

Der menschgewordene Logos offenbart durch seinen gehorsamen Tod am Kreuz Gottes gütige und gerechte Allmacht über die Kreatur. Er erfüllt als Mensch das Gebot der Gottesliebe und erweist den Gehorsam gegen Gott als Bestimmung wahren Menschseins. Indem Jesus Christus als Gott den Teufel überwindet und den Menschen ihre Sünden vergibt, führt er sie in ihre ursprüngliche Bestimmung zurück und ermöglicht ihnen von neuem, im Gehorsam gegen Gott zu leben und auf Gott hin zu wachsen, um an der Unvergänglichkeit Gottes teilzunehmen. Da der Gehorsam des Gekreuzigten und das ursprüngliche Gebot, das Gott den Menschen im Paradies gegeben hatte, inhaltlich identisch sind, offenbart Jesus Christus Gottes einheitlichen, zu allen Zeiten und für alle Menschen aller Orte gleichbleibenden Heilswillen. Der Kreuzesgehorsam ist zugleich das inhaltliche Kriterium, aufgrund dessen der von Gott zum Weltenrichter eingesetzte Jesus Christus Gericht halten wird.

Das Leiden und Sterben Jesu Christi ist weiterhin der Beweis für seine wahre Menschheit, mit der sich der göttliche Logos in der Inkarnation vereint hatte und mit der er bis in den Tod und in der Auferstehung verbunden geblieben war.

Der am Kreuz hängende Logos offenbart schließlich das einheitliche Wesen Gottes als Vater, Sohn und Heiliger Geist und bereitet die Menschen dadurch auf die eschatologische Gottesschau vor. Das Haupt des Gekreuzigten verweist auf den Vater, der das Haupt Christi ist; Christus setzt sich durch die „ἀνακεφαλαίωσις von allem" zum Haupt der Kirche ein und gibt den Glaubenden den Heiligen Geist als Haupt, der sie mit Christus vereint und auf den Weg zum ewigen Leben beim Vater führt.

Das skizzierte Verständnis der Kreuzigung Jesu Christi ist für Irenäus' Theologie und vor allem für seine Auseinandersetzung mit den Häretikern unverzichtbar: Gott offenbart seine universale Herrschaft über den Raum *nicht* durch die Inkarnation, sondern durch die Kreuzigung des Logos, die seine Teilhabe an der unendlichen Größe des Vaters darstellt. Die Offenbarung seiner vorherwissenden Allmacht über die Zeit gelangt *nicht* schon durch die Geburt Jesu Christi aus der Jungfrau an ihr Ziel, sondern erst durch den Gehorsam des Gekreuzigten, der den Ungehorsam Adams am Baum der Erkenntnis rekapituliert. Die Inkarnation des Logos offenbart zwar, daß der ganze Mensch aus Fleisch und Blut an der Unvergänglichkeit teilnehmen wird, aber sie offenbart alleine *nicht*, auf welchem Weg der Mensch zum ewigen Leben fortschreitet; erst der Gehorsam des Gekreuzigten führt vor Augen, worin wahres Menschsein besteht. Derselbe Gehorsam des *Gekreuzigten* ist es wiederum, der die universale Richtermacht Jesu Christi begründet.

Die Kreuzestheologie ist für Irenäus in der theologischen Auseinandersetzung mit den Häretikern nicht zuletzt deshalb unverzichtbar, weil er aus ihr die entscheidenden *notae Ecclesiae* ableitet. Er begründet damit, daß einzig und allein die apostolische Kirche im Besitz der Wahrheit Gottes ist. Die Kirche partizipiert an dieser Wahrheit, weil Gott *in* der Offenbarung seines einheitlichen Wesens und seiner universalen Allmacht über den Raum, die Zeit und die Kreatur die Kirche *konstituiert*. Die Kirche ist somit selbst Bestandteil der Offenbarung. Indem sie Gottes Wahrheit in ihrer Predigt und ihrem Leben *vollständig* verkündigt, setzt sie seine Offenbarung fort. Sobald sie dies nicht tut und in ihren Worten und Taten der Wahrheit Gottes nicht entspricht, ist sie nicht mehr Kirche.

Das bedeutet konkret: Die Kirche ist über den ganzen Erdkreis verbreitet, weil der gekreuzigte Logos sie aus allen Himmelsrichtungen zu dem einen Gott hin versammelt. Sie ist die Kirche aus Heiden und Juden, weil der Gekreuzigte in ihr die Glaubenden des Alten und des Neuen Bundes vereint. Sie besitzt die heiligen Schriften, den „Kanon der Wahrheit", die apostolische Tradition und die apostolische Sukzession, deren Einheit und Kontinuität der Gekreuzigte in der „ἀνακεφαλαίωσις von allem" konstituiert. Nur auf der Grundlage dieser Einheit kann die Kirche Gottes Wirken als Einheit verstehen, einheitlich verkündigen, einheitlich tradieren und Irrlehren erkennen. Die Kirche ist schließlich im Besitz aller Geistesgaben, insbesondere des Charismas der Gottesliebe, das die Kirche in die Leidensnachfolge führt.

Die genannten ekklesiologischen Kriterien entsprechen dem einheitlichen Wesen Gottes und seiner einheitlichen Offenbarung. Sie hängen direkt miteinander zusammen und voneinander ab; sie ergänzen und bedingen sich gegenseitig und bilden somit eine unauflösliche Einheit. Aus diesem Grund *muß* die Kirche in ihrer *gesamten* Gestalt diese Kriterien in ständiger Rückbesinnung auf Gottes Offenbarung, die das Wesen und das Leben der Kirche begründet, umfassend verwirklichen. Dann und nur dann ist sie der Leib des gekreuzigten Jesus Christus.

Anhang: Tabellen

Tabelle 1 zur Ἀνακεφαλαίωσις

Text	Subjekt	Objekt
A: Christus als direktes (1-2) oder indirektes (3) Subjekt der Rekapitulation		
IV 20,8 (650,200-652,214)	Christus	*dispositiones*
(1) Objekt: „Alles" (ohne Spezifizierung)		
I 10,1 (154,8-156,13/155, 1108-157,1115)	Christus rekapituliert bei seiner zweiten Ankunft in der Herrlichkeit des Vaters	τὰ πάντα (*universa*).
III 21,9 (426,212-214)	Christus rekapituliert in sich	*omnia.*
IV 38,1 (944,15-948,29/ 944,14-948,29)	Der Herr kam als Mensch zu uns und rekapitulierte in sich selbst	τὰ πάντα (*omnia*).
V 18,3 (244,66-74)	Der menschgewordene Logos hing am Holz, um in sich selbst zu rekapitulieren	*universa.*
epid 6 (90-92/36)	Der Logos Gottes wurde Mensch, um zu rekapitulieren	alles.
epid 30 (126/54)	Der Logos Gottes hat als Mensch ... in sich rekapituliert.	alles im Himmel und auf der Erde
(2) Objekt: genauer spezifiziert		
(a) Mensch, Menschheit, Fleisch		
III 18,1 (342,1-344,13)	Der leidensfähiger Mensch gewordene Logos rekapitulierte in sich selbst ...	die lange Entwicklung der Menschen.
III 18,7 (368,197-370,209)	Der fleischgewordene Logos Gottes rekapituliert in sich als Gott	das alte Gebilde des Menschen.
III 21,10 (426,215-430, 238)	Christus, der Logos hat in sich durch seinen Gehorsam rekapituliert ..... , Christus hat die Rekapitulation ..... in sich selbst vollbracht. Es ist .... das rekapituliert wird.	das alte Gebilde, den *Adam recapitulationis* Adams genau dasselbe Gebilde,

Tabelle 1   417

III 22,1 (432,11-18)	Das menschgewordene Wort Gottes hat in sich selbst rekapituliert	sein Gebilde (= den Menschen)
III 22,2 (434,28-436,42/ 434,2-436,20)	Jesus rekapitulierte in sich	das von der Erde genommene Fleisch
IV 6,2 (440,27-35/440,1-3)	Der eingeborene Sohn hat .... in sich selbst rekapituliert.	sein Gebilde
V 1,2 (24,56-58/24,13-16)	Der Herr hat in sich selbst .... rekapituliert.	die alte Bildung Adams
V 12,4 (156,92-95)	Christus (so ist aus dem weiteren Kontext zu schließen) bewirkt die *recapitulatio*	des Menschen, der nach dem Bild Gottes geschaffen wurde.
V 14,1 (182,11-186,31)	Der Herr bewirkt die *recapitulatio* ... in sich selbst. Der Herr hat .... *in sich selbst* deshalb rekapituliert, weil er Fleisch und Blut nach der ersten Bildung des Menschen hatte.	des vergossenen Blutes aller Gerechten und Propheten dies (Fleisch und Blut)
V 14,2 (186,32-188,56)	Der Herr hat in sich (selbst) .... rekapituliert, weil er dasselbe Fleisch und Blut hatte wie die Menschen.	die erste, aus Fleisch und Blut bestehende Bildung des Vaters
epid 32 (128/55)	Der Herr wurde entsprechend der Erschaffung Adams Fleisch, um .... zu rekapitulieren.	diesen Menschen
epid 33 (128-130/55)	In Christus wurde rekapituliert	Adam
epid 99 (218-220/96f)	Die Herabkunft des Sohnes Gottes und die Heilsordnung seiner Fleischwerdung sind die Rekapitulation	unserer Menschheit.
III 22,3 (438,43-49)	Der Herr rekapitulierte in sich selbst	alle zerstreuten Völker und alle Zungen und Geschlechter der Menschheit
V 23,2 (290,32-294,70)	Der Herr hat .... in sich vom Anfang bis zum Ende rekapituliert, also auch .... also auch	den ganzen Menschen dessen Tod, den Tag, an dem der erste Mensch starb.
	(b) Andere Objekte	
V 14,1 (182,11-186,31)	s.o.	s.o.

V 19,1 (248,1-8)	Der Herr vollbrachte durch seinen Gehorsam am Holz die *recapitulatio*	des am Holz geschehenen Ungehorsams.
V 21,2 (264,28-31)	Der Herr hat . . . . in sich selbst rekapituliert.	jene alte Feindschaft gegen die Schlange
epid 37 (134/58)	Christus hat . . . . in sich selbst rekapituliert, um den Menschen das Leben zu bringen.	dies (= die Verheissungen der Väter)
III 23,1 (444,1-8)	Der Herr vollbrachte die Rekapitulation	der so großen Heilsordnung, um den Menschen zu retten.

(3) Christus als indirektes Subjekt; Objekt: „Alles"

III 11,8 (168,228-170, 236/168,47-170,54)	Der „vierte Bund", der durch das Evangelium von Christus gegeben ist, rekapituliert in sich	τὰ πάντα (*omnia*), indem es die Menschen in den Himmel erhebt.

B: Aussagen über das „Haupt"

(1) Gott als (eigentliches) Subjekt

IV 20,11 (662,295-664, 307)	Das Haupt . . . . deutet auf die Herrlichkeit des Vaters.	Christi
V 17,4 (234,93-101/234, 10-18)	Das sichtbare Haupt des Gekreuzigten verweist auf den einen Gott, auf den hin	die Kirche aus den zwei Völkern gesammelt wird.
V 18,2 (238,29-240,42)	Der Vater ist das Haupt . . . . Christus ist das Haupt	Christi. der Kirche.

(2) Christus als Subjekt

III 19,3 (380,67-381,78)	Christus, der von den Toten auferstand, ist das Haupt	des Leibes der Menschen, die sich im Bereich der Kirche befinden.
IV 32,1 (798,17-27)	Christus ist das Haupt	des Leibes (Kirche).
IV 34,4 (860,114-117)	Der Herr ist das Haupt	des Leibes (die Glaubenden), der seinem Haupt im Leiden nachfolgt.
V 14,4 (192,78-194,98)	Die „fleischliche Ankunft des Sohnes Gottes" (= Christus) ist das Haupt, aus dem	der ganze Kirchenleib zusammengefügt ist und wächst.

Tabelle 1   419

V 18,2 (238,29-240,42)	Der Vater ist das Haupt	Christi.
	Christus ist das Haupt	der Kirche.
V 20,2 (258,40-260,60): Siehe unter „Kombinationen aus A und B".		
epid 40 (138/60)	Christus ist das Haupt	zum göttlichen Leben

(3) Der Geist als Subjekt

V 20,2 (258,40-260,60): Siehe unter „Kombinationen aus A und B".	

(4) Der Antichrist als Subjekt

III 23,7 (462,145-466,169)	„Schlange"	

IV 40,3 (980,46-982,61/980,7-982,20) und V 21,1 (260,1-264,27): Siehe unter „Kombinationen aus A und B".

Kombinationen aus A und B:

III 16,6 (312,210-314,223)	Der Herr Jesus Christus, der sichtbar, faßbar und leidensfähig gewordene Logos Gottes, rekapituliert in sich selbst	*omnia*, worin auch die Menschen enthalten sind: *universa*
	Dadurch stellt sich der sichtbare Christus zum Haupt der	Kirche
	auf und zieht zu sich	*universa.*
V 20,2 (258,40-260,60)	Der Herr hat	alles im Himmel und auf Erden
	in sich (selbst) rekapituliert, d.h.	alles Geistige und die *dispositio* bezüglich des Menschen.
	Christus ist das Haupt	des Geistes,
	der Geist ist das Haupt	des Menschen.
V 21,1 (260,1-264,27)	Weil der Herr	*omnia*
	rekapitulierte, hat er auch	den Krieg gegen unseren Feind
	rekapituliert,	
	indem er das Haupt	des Feindes zertrat.
	Der Herr nennt sich „Menschensohn", weil er	den ursprünglichen Menschen, aus dem die Frau gebildet wurde,
	in sich selbst rekapitulierte.	
IV 40,3 (980,46-982,61/ 980,7-982,20)	Der Herr hat	die Feindschaft zwischen dem Menschen und der Schlange
	in sich selbst rekapituliert, indem er das Haupt	der Schlange zertrat.

2 Anhang

C: Andere Subjekte und Objekte der recapitulatio		
(1) Unterschiedliche Subjekte und Objekte		
IV pr. 2 (384,17-20)	Die Lehre der Valentinianer ist eine *recapitulatio*	aller Häretiker / aller Häresie.
epid 95 (210-212/92f)	Gott hat .... rekapituliert.	in uns den Glauben Abrahams
(2) Der Antichrist als Subjekt der recapitulatio des Abfalls		
V 25,1 (308,1-310,14)	Der Antichrist wird in sich .... rekapitulieren.	den diabolischen Abfall
V 25,5 (322,105-109)	Der Antichrist rekapituliert in sich ..	den gesamten diabolischen Irrtum.
V 28,2 (348,12-356,66/ 348,1-356,24)	Der Antichrist rekapituliert in sich selbst Im Antichristen geschieht die Rekapitulation	den Abfall. des ganzen Abfalls der gesamten Weltzeit von 6000 Jahren.
V 29,2 (366,22-370,48/ 366,6-370,26)	In dem „Tier" (= der Antichrist) geschieht die Rekapitulation .... indem das Tier die Zahl 666 hat, rekapituliert es in sich selbst	aller Ungerechtigkeit und allen Truges, alle Vermischung der Bosheit, jeden, seit 6000 geschehenen Abfall.
V 30,1 (372,8-12)	Die dreifache „6" zeigt die Rekapitulation	allen Abfalls zu allen Zeiten.

Tabelle 2 zur Kreuzesterminologie bei Irenäus[1]

Text	a) biblischeGrundlage, b) Irenäus, c) andere Quellen, d) credoartige Formulierung
I 2,2 (39f,168-173)	c) Ptolemäer: Ὅρος 1x
I 2,4 (42,190-44,205)	c) Ptolemäer: Ὅρος 4x; Σταυρός 1x; ἀποσταυρόω (*crucifigo*) 1x
I 3,1 (48f,245-250)	c) Ptolemäer: Σταυρός 1x; Ὅρος 1x

---

1 Epid nur nach *SC 406*.

Tabelle 2 421

I 3,3 (55,298-301)	c) Ptolemäer: Ὄρος 1x (Mk 5,30 par)
I 3,5 (56,302-60,339)	a) Mt 10,38 par; Mk 8,34 par; 1Kor 1,18; Gal 6,14 (jew. σταυρός/ *crux*, 4x; Gal 6,14 + *crucifigo*/σταυρόω) – c) Ptolemäer: Ὄρος 3x, Σταυρός 3x
I 4,1 (62,359f; 64f,370-379	c) Ptolemäer: Χριστὸς ... διὰ τοῦ Σταυροῦ ἐπεκταθέντα (*Crux/extendo*, je 1x); Ὄρος 3x
I 7,2 (105f,715-720)	c) Ptolemäer: τύπος τοῦ ἄνω Χριστοῦ, ἐκείνου τοῦ ἐπεκταθέντος τῷ Σταυρῷ (*Crux /extendo*, je 1x)
I 8,2 (117,808-120,827)	a) (Christus spricht an der *crux*/am σταυρός Mk 15,34 par) – c) Ptolemäer: Christus hat sich zur Achamoth ausgestreckt: ἐπεκτείνω/*extendo* 1x; Ὄρος 1x; σταυρός 1x (als Ortsangabe)
I 11,1 (169,1209-1213)	Valentin: Ὄρος/*Terminus* 1x
I 14,6 (224,150/225, 285)	b?) (Markos: προσηλώθη τῷ ξύλῳ [*adfixus est ligno*], vgl. Kol 2,14)
I 17,1 (268,629-631)	Ptolemäer: Ὄρος 1x
I 18,1 (274,679-681)	a) Gen 1,11f (gnost.) – c) Valentinianer: ξύλον 1x
I 24,4 (326,55-328,87)	a) (Mt 27,32 [Simon von Kyrene trägt Jesu *crux*/σταυρός]) – c) Basilides: *crux* (σταυρός) 1x; *crucifigo* (σταυρόω) 4x
I 29,3 (362,50f)	c) Barbelo-Gnosis: *Lignum* (ξύλον) 1x
I 30,13 (382,239-245)	c) Gnostiker: *crucifigo* (σταυρόω) 1x
II 12,7 (104,108-113; 106,126f)	c) Valentinianer: *Soter* (Σταυρός) 1x; *Horos* (Ὄρος) 3x
II 19,9 (198,172)	c) Valentinianer: *Horos* (Ὄρος) 1x
II 24,4 (242,135-137)	b) *crux* (σταυρός) 1x; *unus finis (crucis) in medio, in quo requiescit qui clavis adfigitur* (προσηλόω) 1x
II 26,1 (258,21-24)	b) *crucifigo* (σταυρόω, vgl. 1Kor 2,2) 1x
II 32,4 (342,109f)	d) ἐν τῷ ὀνόματι Ἰησοῦ Χριστοῦ τοῦ σταυρωθέντος ἐπὶ Ποντίου Πιλάτου (*crucifigo*, 1x; vgl. Apg 4,10)
III 12,2 (178,22-184,65/182,1-184,10)	a) Apg 2,23 (*Iesum ... adfigentes interfecistis* [προσπήγνυμι]) 1x; Apg 2,36 (*crucifigo*/σταυρόω) 1x – b) *crucifigo* (σταυρόω, Anlehnung an Apg 2,36) 1x
III 12,4 (192,120-129/192,1-6)	a) Apg 4,10 (*crucifigo*/σταυρόω) 1x – b) *crucifigo* (σταυρόω, Anlehnung an Apg 4,10; 1Kor 2,2) 1x
III 12,5 (198,165f)	a) Apg 5,30 (*Iesum, quem vos ... interfecistis suspendentes in ligno* [κρεμάννυμι ἐπὶ ξύλου]) 1x
III 12,6 (200,191-202, 202)	b) *cruci adfigo* (τῷ σταυρῷ προσπήγνυμι) 2x (vgl. Apg 2,23 in III 12,2 [*adfigo*])

III 12,7 (208,243)	a) Apg 10,39 (*interfecerunt suspendentes in ligno* [κρεμάννυμι ἐπὶ ξύλου]) 1x
III 12,9 (216,300-218, 305/216,8-11)	a) Phil 2,8 (*crux*/σταυρός) 1x
III 12,13 (236,464-238, 466)	b) *crucifigo* (σταυρόω, vgl. Apg 2,36; 4,10) 1x
III 16,5 (306,165f)	a) Kombination aus Mt 20,18 und Mk 8,31 par (*crucifigo*/σταυρόω) 1x
III 16,9 (326,325-328)	b) *crucifigo* (σταυρόω, vgl. Lk 23,33f) 1x
III 18,2 (346,32f)	a) 1Kor 1,23 (*crucifigo*/σταυρόω) 1x
III 18,3 (346,35-37; 350, 57-59/350,15-18)	a) Gal 3,13 (vgl. Dtn 21,22f: *Maledictus omnis qui pendet in ligno* [κρέμαμαι ἐπὶ ξύλου]) 1x – c) Valentinianer: *Horos, id est Finis* (῟Ορος, 1x)
III 18,4f (354,88-360, 144)	a) Kombination aus Mt 20,18/ Mk 8,31 par; Mt 23,34 (*crucifigo*/σταυρόω) 2x; Mt 16,24f par (*crux*/σταυρός) 1x – b) *crucifigo* (σταυρόω, Anlehnung an Mt 20,18) 1x; *crux* (σταυρός) 3x (vgl. Mt 16,24 par [1x]; 2x Ortsangabe: Christus spricht am σταυρός Lk 23,34 und erfüllt am σταυρός Mt 5,44) – c) Valentinianer: *superior Crux* (ἄνω Σταυρός, 1x), *altera Crux* (ἄλλος Σταυρός, 1x)
III 19,3 (378,54-58/378, 1-6)	d) ῟Ωσπερ γὰρ ἦν ἄνθρωπος ἵνα πειρασθῇ, οὕτω καὶ Λόγος ἵνα δοξασθῇ, ἡσυχάζοντος μὲν τοῦ Λόγου ἐν τῷ πειράζεσθαι καὶ σταυροῦσθαι (*crucifigo*), καὶ ἀποθνήσκειν, συγγινομένου δὲ τοῦ ἀνθρώπου ἐν τῷ νικᾶν καὶ ὑπομένειν καὶ χρηστεύεσθαι καὶ ἀνίστασθαι καὶ ἀναλαμβάνεσθαι.
III 25,6 (488,73-75)	c) Valentinianer: *Horos* (῟Ορος, 1x)
IV 2,7 (412,111f)	b) *secundum similitudinem carnis peccati in ligno martyrii* (ἐπὶ τῷ ξύλῳ τῆς μαρτυρίας) *exaltatus a terra* (vgl. Joh 3,14f; 12,32. *lignum martyrii* ohne Parallele in Joh). 1x – d) *lignum martyrii*?
IV 5,4 (434,64-66/434, 11-13)	b) ἄραντες τὸν σταυρὸν ὡς καὶ ᾿Ισαὰκ τὸ ξύλον (*tollentes crucem quemadmodum ligna Isaac* (vgl. Mk 8,34 par; Gen 22,6) je 1x
IV 10,2 (496,42-48)	a) Dtn 21,22f vgl. Gal 3,13 (*pendens in ligno*/κρεμάννυμι ἐπὶ ξύλου) 1x; Dtn 28,66 (*Et erit Vita tua pendens* [κρέμαμαι] *ante oculos tuos ...*) 1x
IV 23,2 (696,50f; 698, 63f)	b) *crucifigo* (σταυρόω, vgl. III 12,13) 1x – d) *Iesus Christus, qui sub Pontio Pilato crucifixus* (σταυρόω, 1x) *est et passus est*
IV 24,1 (698,6-700,8)	b) *per extensionem manuum dissolvebat Amalech* (ἔκτασις, vgl. Ex 17,11; Jes 65,2)
IV 24,2 (702,36-704,38)	a) Phil 2,8 (*crux*/σταυρός) 1x

Tabelle 2 423

IV 26,1 (714,22-24/714, 14f)	b) *crux* (σταυρός) 1x
IV 28,3 (762,65-67)	b) *crucifigo* (σταυρόω, vgl. Apg 2,36; 4,10) 1x
IV 33,2 (806,47)	b) *crucifigo* (σταυρόω) 1x
IV 33,12 (834,253-260; 836,269f)	b) *extendentem manus per totam diem* (ἐκπεταννύντα τὰς χεῖρας ὅλην τὴν ἡμέραν, vgl. Jes 65,2); *crucifigo* (σταυρόω) 2x
IV 34,4 (858,108-110)	b) *lignum copulatum ferro* (ξύλον) → Kreuz??; *habitu tali confixus* (συμπήγνυμι [?]) → Kreuzigung??
IV 35,3f (870,63-872, 95)	c) Valentinianer: *Horos* (Ὅρος, 3x); *extensio* (ἐπέκτασις, 1x) *Christi superioris, quam extensus* (ἐπεκτείνω, 1x) *Horo formavit eorum Matrem*
V 12,5 (158,107f)	d) *Filius Dei Christus Iesus qui sub Pontio Pilato crucifixus est* (σταυρόω, 1x)
V 16,3 (218,35-220,53/ 218,10-220,26)	a) Phil 2,8 (*crux*/σταυρός) 1x – b) *lignum* (ξύλον: 2x Aufnahme von Gen 2,16f; 3,6.11f.17; [1x Kreuz Ir^{lat}])
V 17,3 (230,72 Ir^{lat})	a) Kol 2,14 (*adfigo cruci*/προσηλόω τῷ σταυρῷ) 1x – b) *lignum* (ξύλον: 1x Aufnahme von Gen 2,16f; 3.6.11f.17; 1x Kreuz)
V 17,4 (230,75-234, 101/232,1-234,18)	b) *lignum* (ξύλον: 3x Aufnahme v. 2Kön 4,4f; 1x 2Kön 4,6; 1x Kreuz; 2x *ligni dispositio* [ἡ τοῦ ξύλου οἰκονομία]); ὕψος, (βάθος), μῆκος, πλάτος (*altitudo, profundum, longitudo, latitudo;* je 1x): vgl. Eph 3,18 – c) „Einer von den Älteren": διὰ τῆς ἐκτάσεως τῶν χειρῶν (*per extensionem manuum*) τοὺς δύο λαοὺς εἰς ἕνα Θεὸν συνάγων
V 18,1 (236,9-12)	b) *crucifigo* (σταυρόω, 1x); *Verbum Dei incarnatum suspensum est super lignum* (κρεμάννυμι ἐπὶ ξύλου, vgl. Apg 5,30; 10,39; Gal 3,13; 1x)
V 18,3 (244,66-246,91)	a) Dtn 28,66 (*Et erit Vita tua pendens* [κρέμαμαι] *ante oculos tuos* ...) 1x – b) *infigo* (ἐνσταυρόω, 1x); *pependit super lignum* (κρεμάννυμι ἐπὶ ξύλου, vgl. Apg 5,30; 10,39; Gal 3,13; 1x)
V 19,1 (248,3-5)	b) *lignum* (ξύλον: 1x Aufnahme von Gen 2,16f; 3,6.11f.17; 1x Kreuz)
V 23,1f (286,1-294,70)	a) Gen 2,16f; 3,1-3 (*lignum* [ξύλον]: Baum der Erkenntnis) 5x – b) *lignum* (ξύλον, 2x Aufnahme von Gen 2,16f [Baum der Erkenntnis])
V 31,1 (390,16)	b) *crux* (σταυρός) 1x
epid 33 (130)	b) *lignum* (ξύλον: 1x Aufnahme v. Gen 3,6.11f.17; 1x *obaudientia ligni* [Kreuz]; 1x *Filius hominis clavis adfixus est ligno* [προσηλόω]; vgl. I 14,6; II 24,4; III 12,2 [Apg 2,23]; 12,6; V 17,3 [Kol 2,14])

Anhang

epid 34 (130-132)	a) Dtn 21,22f vgl. Gal 3,13 (*pendens in ligno*/κρεμάννυμι ἐπὶ ξύλου) 1x – b) *lignum* (ξύλον: 1x Aufnahme v. Gen 3,6.11f.17); *crucifigo* (σταυρόω, 1x); *in-modum-crucis-delineo* (χιάζω?, 1x); *in-modum-crucis-delineatio* (χίασμα?, 1x); ὕψος, (βάθος), μῆκος, πλάτος (*altitudo, profundum, longitudo, latitudo;* je 2x): vgl. Eph 3,18
epid 45 (148)	b) *scala, hoc est lignum* (ξύλον, 1x): Himmelsleiter Jakobs = Kreuz, vgl. Gen 28,12f
epid 46 (150)	b) *extensio manuum* (vgl. Ex 17,11; Jes 65,2)
epid 56 (162-164)	b) *crux* (σταυρός, 2x), vgl. Jes 9,5 („die Herrschaft kommt auf seine Schulter") ist *allegorice* vom Kreuz gesagt; *clavis fixus* (προσηλόω, 1x)
epid 66 (176)	b) *crucifigo* (σταυρόω) 1x
epid 68 (180)	b) *crucifigo* (σταυρόω) 1x
epid 69 (182)	b) *crucifigo* (σταυρόω) 1x
epid 74 (188)	b) *crucifigo* (σταυρόω) 1x
epid 79 (192)	a) Jes 65,2: *expando manus* (ἐξεπέτασα τὰς χεῖρας) 1x; Dtn 28,66 (*pendeo*/κρέμαμαι) 1x; Ps 21,17.15 LXX; Komb. aus Ps 21,21; 118,120 (*configo*/καθηλόω) 1x; 21,17; 85,14 LXX – b) *crux* (σταυρός) 2x; *crucifigo* (σταυρόω) 1x
epid 80 (192-194)	b) *crucifigo* (σταυρόω, 1x): Kleiderteilung bei Jesu Kreuzigung (vgl. Joh 19,23f; Mt 27,35 par)
epid 82 (194)	b) *crux* (σταυρός, 1x): Reichen von Essig-Galle (vgl. Joh 19,28f; Mt 27,34)
epid 97 (214)	d) *Per invocationem nominis Iesu Christi crucifixi* (τοῦ σταυρωθέντος) *sub Pontio Pilato*

Tabelle 3 zur Kreuzesterminologie bei Irenäus

Abkürzungen: gnE/gnV = gnostische Emanation / gnostische Verwendung – BZ (gn) = direktes Bibelzitat (gnostische Verwendung) – AB (gn) = Anlehnung an biblische Terminologie oder wörtliche Aufnahme (gnostische Verwendung) – BF = bekenntnisartige/auf kirchliche Tradition direkt zurückgeführte Formulierung – KC (O/H/T) = Kreuz(igung) Christi (als Ortsbestimmung / als Hinrichtungsart oder -instrument / als Theologumenon) – G = Gekreuzigter – KK = Kosmisches Kreuz – BE = Baum der Erkenntnis (vgl. Gen 2f)

Tabelle 3 425

Begriff		Summe	haer I	haer II	haer III	haer IV	haer V	epid
σταυρός	crux 34x	9x gnE 4x BZ (gn) 5x BZ 4x AB 5x KC (H) 5x KC (O) 2x KC (T)	12x: 6x gnE 4x BZ (gn) 1x KC (O) (gn) 1x KC (H) (gn)	2x: 1x gnE 1x KC (H)	9x: 2x gnE 2x BZ 3x AB 2x KC (O)	3x: 1x BZ 1x AB 1x KC (T)	3x: 2x BZ 1x KC (O)	5x: 3x KC (H) 1x KC (O) 1x KC (T)
	Stauros	1x gnE	1x: gnE					
ξύλον	lignum 39x	1x gnE 1x AB (gn) 5x BZ 5x BZ (BE) 7x AB 11x AB (BE) 1x BF 7x KC (T) 1x KC (T)??	3x: 1x gnE 1x KC (gn) 1x AB [[gn]]		3x: BZ	4x: 1x BZ 1x AB 1x KC (BF/AB) 1x KC (T)??	23x: 5x BZ (BE) 12x AB (9x BE; 3x †) 6x KC (T)	6x: 1x BZ 2x AB (BE) 2x AB 1x KC (T)
Ὅρος	Horos	24x gnE	15x: gnE	4x: gnE	2x: gnE	3x: gnE		
	Terminus	1x gnE	1x: gnE					
σταυρόω	crucifigo 37x	6x gnV 7x BZ (1x gn) 7x AB 5x BF 10x KC (H) 1x KC (T) 1x KK	7x: 6x gnV (1x ἀπο- σταυ- ρόω) 1x BZ (gn)	2x: 1x AB 1x BF	12x: 6x BZ 4x AB 1x BF 1x KC (H)	6x: 2x AB 1x BF 3x KC (H)	2x: 1x BF 1x KC (H/G)	8x: 5x KC (H) 1x KC (T) 1x BF (G) 1x KK
χιάζω (?) σταυρο- ειδῶς γραφεὶς (?)	in- modum- crucis-de- lineo	1x KK						1x: KK

Begriff		Summe	haer I	haer II	haer III	haer IV	haer V	epid
χίασμα (?) συσταύρωσις (?)	*in- modum- crucis- delineatio*	1x KK						1x: KK
ὕψος, βάθος, μῆκος, πλάτος	*altitudo, profun- dum, lon- gitudo, latitudo*	3x KK (AB)				1x: KK (AB) (lat. ohne *profun- dum*)		2x: KK (AB)
(ἐνσταυ- ρόω)	*infigo*	1x KK						1x: KK
προσ- ηλόω	*adfigo* 4x	1x BZ 2x AB 1x KC (H)	1x: AB/KC (H) [[gn]]	1x: KC (H)			1x: BZ	1x: AB
	figo	1x KC (H)						1x: KC (H)
προσ- πήγνυμι	*adfigo* 3x	1x BZ 2x AB			3x: 1x BZ 2x AB			
καθ- ηλόω	*configo*	1x BZ						1x: BZ
συμπήγ- νυμι (?)	*configo*	1x KC (T)??				1x: KC (T)??		
κρέμα- μαι	*pendeo* 7x	6x BZ 1x AB			1x: BZ	2x: BZ	2x: 1x BZ 1x AB	2x: BZ
κρεμάν- νυμι	*suspendo* 3x	2x BZ 1x AB			2x: BZ		1x: AB	
ἐπεκ- τείνω	*extendo* 5x	4x gnV 1x KK	3x: gnV			1x: gnV		1x: KK
ἐπέκτα- σις	*extensio*	1x gnV				1x: gnV		
συμπαρ- εκτείνω (?)	*commu- niter- extensus- sum*	1x KK						1x: KK
ἐκπε- τάννυμι	*extendo/ expando* 2x	1x BZ 1x (A)BZ				1x: (A)BZ		1x: BZ
ἔκτασις	*extensio* 3x	2x AB 1x BF				1x: AB	1x: BF	1x: AB

Quellen, Übersetzungen, Hilfsmittel und Literatur[2]

1. Biblische Schriften

Biblia Hebraica Stuttgartensia. Editio funditus renovata ediderunt K. Elliger et W. Rudolph. Editio secunda emendata opera W. Rudolph et H.P. Rüger, Stuttgart 1983

Biblia Sacra Iuxta Vulgatam Versionem. Recensuit et brevi apparatu instruxit Robertus Weber OSB. Editio tertia emendata quam paravit Bonifatius Fischer OSB, Stuttgart 1983

Novum Testamentum Graece post Eberhard et Erwin Nestle editione vicesima septima revista communiter ediderunt Barbara et Kurt Aland, Stuttgart 1993

Septuaginta. Id est Vetus Testamentum graece iuxta lxx interpretes edidit Alfred Rahlfs. Duo volumina in uno, Stuttgart 1979

2. Christliche Quellen

2.1 Irenäus

Sancti Irenæi episcopi Lugdunensis et martyris detectionis et eversionis falso cognominatæ agnitionis seu contra hæreses libri quinque, studio et labore Domni Renati Massueti 1857 (*PG 7*,1-2)

Sancti Irenæi Episcopi Lugdunensis Libros quinque adversus Hæreses. Textu græco in locis nonnullis locupletato, versione latina cum Codicibus Claramontano ac Arundeliano denuo collata, præmissa de placitis Gnosticorum prolusione, fragmenta necnon græce, syriace, armeniace, commentatione perpetua et indicibus variis edidit W. Wigan *Harvey*, Tom. *I & II*, Cambridge 1857

Irénée de Lyon, Contre les hérésies. Mise en lumière et réfutation de la prétendue "connaissance", livre III. Texte latin, fragments grecs. Introduction, traduction et notes de François Sagnard, Paris 1952 (*SC 34*)

---

2 Kursivierungen weisen auf Kurztitel in den Anmerkungen.

Irénée de Lyon, Contre les hérésies, Livre I. Édition critique par Adelin Rousseau et Louis Doutreleau. Tome I: Introduction, notes justificatives, tables; Tome II: Texte et traduction, Paris 1979 (*SC 263 & 264*)

Irénée de Lyon, Contre les hérésies, Livre II. Édition critique par Adelin Rousseau et Louis Doutreleau. Tome I: Introduction, notes justificatives, tables; Tome II: Texte et traduction, Paris 1982 (*SC 293 & 294*)

Irénée de Lyon, Contre les hérésies, Livre III. Édition critique par Adelin Rousseau et Louis Doutreleau. Tome I: Introduction, notes justificatives, tables; Tome II: Texte et traduction, Paris 1974 (*SC 210 & 211*)

Irénée de Lyon, Contre les hérésies, Livre IV. Édition critique sous la direction de Adelin Rousseau, avec la collaboration de Bertrand Hemmerdinger, Louis Doutreleau, Charles Mercier. Tome I: Introduction, notes justificatives, tables; Tome II: Texte et traduction, Paris 1965 (*SC 100/1 & 100/2*)

Irénée de Lyon, Contre les hérésies, Livre V. Édition critique par Adelin Rousseau, Louis Doutreleau, Charles Mercier. Tome I: Introduction, notes justificatives, tables; Tome II: Texte et traduction, Paris 1969 (*SC 152 & 153*)

Des heiligen Irenäus Schrift zum Erweise der apostolischen Verkündigung. ΕΙΣ ΕΠΙΔΕΙΞΙΝ ΤΟΥ ΑΠΟΣΤΟΛΙΚΟΥ ΚΗΡΥΓΜΑΤΟΣ. In armenischer Version entdeckt, herausgegeben und ins Deutsche übersetzt von Karapet Ter-Měkěrttschian und Erwand Ter-Minassiantz. Mit einem Nachwort und Anmerkungen von Adolf Harnack, Leipzig 1907 (*TU 31/1*)

Saint Irénée, ΕΙΣ ΕΠΙΔΕΙΞΙΝ ΤΟΥ ΑΠΟΣΤΟΛΙΚΟΥ ΚΗΡΥΓΜΑΤΟΣ. The Proof of the Apostolic Preaching with Seven Fragments. Armenian Version ed. and transl. by His Lordship the Bishop Karapet Ter Měkěrttschian and The Rev. Dr. S.G. Wilson with the co-operation of H.R.H. Prince Maxe of Saxony, Paris 1919 (*PO 12/5*), 655-746

Saint Irénée, Démonstration de la Prédication Apostolique, traduite de l'Armènien et annotée par Joseph Barthoulot, avec une introduction et des notes par J. Tixeront, Paris 1919 (*PO 12/5*), 747-802

St. Irenaeus, *Proof* of the Apostolic Preaching. Transl. and Annotated by Joseph P. *Smith*, Westminster (Maryland) / London 1952 (ACW 16)

Irénée de Lyon, Démonstration de la prédication apostolique. Nouvelle traduction de l'Arménien avec introduction et notes par L.M. *Froidevaux*, Paris 1959 (*SC 62*)

Irénée de Lyon, Démonstration de la prédication apostolique. Introduction, traduction et notes par Adelin *Rousseau*, Paris 1995 (*SC 406*)

Irénée de Lyon, Nouveaux fragments arméniens de l'Adversus Haereses et de l'Epideixis. Introduction, traduction latine et notes par Charles *Renoux*, Turnhout 1978 (*PO 39/1*), 6-164

Ausgewählte Schriften des heiligen Irenäus, Bischofs von Lyon und Martyrers, nach dem Urtexte übersetzt und mit einer kurzen Lebensbeschreibung des Heiligen und Einleitung versehen von Heinrich *Hayd*, 2 Bd.e, Kempten 1872/73 (*BKV¹*)

Des heiligen Irenäus Fünf Bücher gegen die Häresien, übersetzt von Ernst *Klebba*, I. Band: Buch I-III; II. Band: Buch IV-V, Kempten / München 1912 (*BKV² 3 & 4*)

Des heiligen Irenäus Schrift zum Erweis der apostolischen Verkündigung, aus dem Armenischen übersetzt von Simon *Weber*, Kempten / München 1912 (*BKV² 4*)

Irenäus von Lyon, Epideixis. Adversus Haereses. Darlegung der apostolischen Verkündigung. Gegen die Häresien I. Übersetzt und eingeleitet von Norbert *Brox*, Freiburg u.a. 1993 (*FC 8/1*)

Irenäus von Lyon, Adversus Haereses. Gegen die Häresien II. Übersetzt und eingeleitet von Norbert *Brox*, Freiburg u.a. 1993 (*FC 8/2*)

Irenäus von Lyon, Adversus Haereses. Gegen die Häresien III. Übersetzt und eingeleitet von Norbert *Brox*, Freiburg u.a. 1995 (*FC 8/3*)

Irenäus von Lyon, Adversus Haereses. Gegen die Häresien IV. Übersetzt und eingeleitet von Norbert *Brox*, Freiburg u.a. 1997 (*FC 8/4*)

Jordan, Hermann, Armenische Irenaeusfragmente mit deutscher Übersetzung nach Dr. W. Lüdtke, Leipzig 1913 (TU 36/2)

2.2 Weitere christliche·Autoren

Agapius von Mahboub:
Agapius episcopus Mabbugensis, Historia universalis, edidit L. Cheikho, CSCO 65 (Scriptores Arabici 10), Louvain 1954 (ND der Ausgabe von 1912)

Agapius (Mahboub) de Menbidj, Kitab al-'Unvan – Histoire universelle. Éditée et traduite en Français par Alexandre Vasiliev, Seconde Partie (I), Paris 1909 (*PO 7/4*), 458-591

Alexander von Lykopolis:
Alexandri Lycopolitani Contra Manichaei opiniones disputatio, edidit Augustus *Brinkmann*, Leipzig 1895

Apokryphe Evangelien, Apostelakten, Apokalypsen:
Acta Apostolorum Apocrypha. Post Constantinum Tischendorf denuo ediderunt Ricardus Adelbertus Lipsius et Maximilianus Bonnet. Pars prior: Acta Petri · Acta Pauli · Acta Petri et Pauli · Acta Pauli et Theclae · Acta Thaddaei, edidit Ricardus Adelbertus Lipsius, Leipzig 1891 (ND Darmstadt 1959 (= *AAAp 1*); Partis alterius volumen prius: Passio Andreae · Ex Actis Andreae · Martyria Andreae · Acta Andreae et Matthiae · Acta Petri et Andreae · Passio Bartholomaei · Acta Joannis · Martyrium Matthaei, edidit Maximilianus Bonnet, Leipzig 1898 (ND Darmstadt 1959) (= *AAAp 2/1*); Partis alterius volumen alterum: Acta Philippi et Acta Thomae accedunt Acta Barnabae, edidit Maximilianus Bonnet, Leipzig 1903 (ND Darmstadt 1959) (= *AAAp 2/2*)
Neutestamentliche Apokryphen in deutscher Übersetzung, herausgegeben von Wilhelm Schneemelcher, 6. Aufl. der von Edgar Hennecke begründeten Sammlung, I. Band: Evangelien, Tübingen 1990 (= *NTApo I*[6])
Neutestamentliche Apokryphen in deutscher Übersetzung, herausgegeben von Wilhelm Schneemelcher, 5. Aufl. der von Edgar Hennecke begründeten Sammlung, II. Band: Apostolisches. Apokalypsen und Verwandtes, Tübingen 1989 (= *NTApo II*[5])
– *Andreasakten*:
AAAp 2/1, 1-64
Acta Andreae. Praefatio – Commentarius cura Jean-Marc *Prieur*, Turnhout 1989 (*CChr*.SA 5)
Acta Andreae. Textus cura Jean-Marc *Prieur*, Turnhout 1989 (*CChr*.SA 6)
Prieur, Jean-Marc / *Schneemelcher*, Wilhelm, 1. *Andreasakten*, in: *NTApo II*[5], 93-137
– *Ascensio Isaiae*:
Ascensio Isaiae. Textus cura Paolo Bettiolo, Alda Giambelluca Kossova, Claudio Leonardi, Enrico Norelli, Lorenzo Perrone, Turnhout 1995 (*CChr*.SA 7)
Ascensio Isaiae. Commentarius cura Enrico Norelli, Turnhout 1995 (*CChr*.SA 8)
C. Detlef G. Müller, 1. Die *Himmelfahrt* des Jesaja, in: NTApo II[5], 547-562
– *Johannesakten*:
AAAp 2/1, 151-216
Acta Johannis. Praefatio – Textus. Cura Eric Junod et Jean-Daniel Kaestli, Turnhout 1983 (*CChr*.SA 1)

Acta Johannis. Textus Alii – Commentarius. Indices cura Eric *Junod* et Jean-Daniel *Kaestli*, Turnhout 1983 *(CChr.SA 2)*
Schäferdiek, Knut, 2. *Johannesakten*, in: *NTApo II⁵*, 138-193
– *Petrusakten*:
AAAp 1, 1-103
Schneemelcher, Wilhelm, 4. *Petrusakten*, in: *NTApo II⁵*, 243-289
– *Petrusevangelium*:
Èvangile de Pierre. Introduction, texte critique, traduction, commentaire et index par M.G. Mara, Paris 1973 *(SC 201)*
Maurer, Christian/Schneemelcher, Wilhelm, VII. Petrusevangelium, in: *NTApo I⁶*, 180-188
– *Epistula Apostolorum*:
Gespräche Jesu mit seinen Jüngern nach der Auferstehung. Ein katholisch-apostolisches Sendschreiben des 2. Jahrhunderts, herausgegeben, übersetzt und untersucht nebst drei Exkursen von Carl Schmidt. Übersetzt des äthiop. Textes von Isaak Wajnberg, Leipzig 1919 (TU 43), ND Hildesheim 1967
C. Detlef G. Müller, 3. Epistula Apostolorum, in: *NTApo I⁶*, 205-233

Apostolische Konstitutionen:
Didascalia et Constitutiones Apostolorum. Edidit Franciscus Xaverius *Funk*, Vol. I; Vol. II: Testimonia et scripturae propinquae, Paderborn 1905

Apostolische Väter:
Die Apostolischen Väter. Neubearbeitung der Funkschen Ausgabe von Karl Bihlmeyer. 2. Aufl. mit einem Nachtrag von Wilhelm Schneemelcher. Erster Teil: Didache, Barnabas, Klemens I und II, Ignatius, Polykarp, Papias, Quadratus, Diognetbrief, Tübingen 1956 *(SQS 2,1,1)*
Schriften des Urchristentums. Griechisch und deutsch. 1. Teil: Die apostolischen Väter, eingeleitet, herausgegeben, übertragen und erläutert von Joseph A. Fischer, Darmstadt ⁹1986 (= *SUC 1*)
Schriften des Urchristentums. Griechisch und deutsch. 2. Teil: Didache (Apostellehre), Barnabasbrief, Zweiter Klemensbrief, Schrift an Diognet. Eingeleitet, herausgegeben, übertragen und erläutert von Klaus *Wengst*, Darmstadt 1984 (= *SUC 2*)
The Apostolic Fathers, Part I, 1-2: S. Clement of Rome. A Revised Text with Introductions, Notes, Dissertations, and Translations, London 1890. Part II, 1-3: S. Polycarp. Revised Text with Introductions, Notes, Dissertations, and Translations, London ²1889, ND Hildesheim / New York 1973

Die Apostolischen Väter. Griechisch-deutsche Parallelausgabe auf der Grundlage der Ausgaben von Franz Xaver Funk / Karl Bihlmeyer und Molly Whittaker mit Übersetzungen von M. Dibelius und D.-A. Koch neu übersetzt und herausgegeben von Andreas Lindemann und Henning Paulsen, Tübingen 1992
- *1. Clemensbrief*:
    Clemens von Rom, Epistola ad Corinthos. Brief an die Korinther, übersetzt und eingeleitet von Gerhard Schneider, Freiburg u.a. 1994 (*FC* 15)
- *Didache*:
    La Doctrine des douze apôtres (Didachè). Introduction, texte, traduction, notes, apppendice et index par Willy Rordorf et André Tuilier, Paris 1978 (SC 248)
    Didache. Zwölf-Apostel-Lehre, übersetzt und eingeleitet von Georg *Schöllgen*, in: *FC* 1, Freiburg u.a. 1991, 23-139 (Text 98-139)
- *Hirt des Hermas*:
    Die Apostolischen Väter I. Der Hirt des Hermas. Herausgegeben von Molly Whittaker, 2., überarb. Aufl., Berlin 1967 (*GCS* 48²)

Athenagoras:
Athénagore, Supplique au sujet des Chrétiens et Sur la résurrection des morts. Introduction, texte et traduction par Bernard Pouderon, Paris 1992 *(SC* 379)
Athenagoras, Legatio pro Christianis, ed. by Miroslav Marcovich, Berlin / New York 1990 (PTS 31)

Augustinus:
Sancti Aurelii Augustini De haeresibus ad Quodvultdeum liber unus, in: CChr.SL 46, Turnhout 1969, 283-345

Clemens von Alexandrien:
Clemens Alexandrinus. Erster Band: Protrepticus und Paedagogus. Herausgegeben von Otto Stählin. Dritte, durchgesehene Aufl. von Ursula Treu, Berlin 1972 (*GCS* 12³)
Clemens Alexandrinus. Zweiter Band: Stromata Buch I-VI. Herausgegeben im Auftrage der Kirchenväter-Commission der Königlich Preussischen Akademie der Wissenschaften von Otto Stählin, Berlin 1906 (*GCS* 15)
Clemens Alexandrinus. Dritter Band: Stromata Buch VII und VIII – Excerpta ex Theodoto – Eclogae propheticae – Quis dives salvetur – Fragmente,

herausgegeben von Otto Stählin, in 2. Aufl. neu herausgegeben von Lud-
wig Früchtel. Zum Druck besorgt von Ursula Treu, Berlin 1970 (GCS 17²)
Clément d'Alexandrie, Extraits de Théodote. Texte grec, introduction, tra-
duction et notes de François *Sagnard*, Paris 1970 (SC 23)
Clément d'Alexandrie, Le pédagogue Livre I. Texte grec. Introduction et
notes de Henri-Irénée Marround Traduction de Marguerite Harl, Paris
1960 (SC 70)
Clément d'Alexandrie, Le pédagogue Livre II. Texte grec. Traduction de
Claude Mondésert. Notes de Henri-Irénée Marrou, Paris 1965 (SC 108)
Clément d'Alexandrie, Le pédagogue Livre III. Texte grec. Traduction de
Claude Mondésert et Chantal Matray. Notes de Henri-Irénée Marround
Indices des Livres I, II et III, Paris 1970 (SC 158)

Cyprian von Karthago:
Sancti Cypriani episcopi opera, Pars I: Ad Quirinum – Ad Fortunatum, ed.
R. Weber. De lapsis – De ecclesiae catholicae unitate, ed. M. Bévenot,
Turnhout 1972 (*CChr*.SL 3)
– *Ad Quirinum*, 1-179
S. Thasci Caecili Cypriani opera omnia. Recensuit et commentario critico in-
struxit Guilelmus Hartel: Thasci Caecili Cypriani Epistulae, Wien 1871
(*CSEL* 3,2)

Cyrill von Alexandrien:
S.P.N. Cyrilli Alexandriæ Archiepiscopi Expositio sive Commentarius in Joannis Evangelium, cura et studio Joannis Auberti, in: PG 73, 9-1056; *PG*
74, 9-756
S.P.N. Cyrilli Alexandriæ Archiepiscopi Thesaurus de sancta et consub-
stantiali trinitate, cura et studio Joannis Auberti, in: *PG* 75, 9-656

Didascalia Apostolorum (syr.; lat.) (= Didasc.):
The Didascalia Apostolorum in Syriac. Edited from a Mesopotamian Manu-
script with Various Readings and Collations of Other Mss by Margaret
Dunlop *Gibson*, London 1903 (HSem 1)
The Didascalia Apostolorum in English. Translated from the Syriac by
Margaret Dunlop *Gibson*, London 1903 (HSem 2)
Didascaliae Apostolorum, Canon Ecclesiasticorum, Traditionis Apostolicae
versiones latinae. Recensuit Erik Tidner, Berlin 1963 *(TU 75)*

Epiphanius von Salamis:
Epiphanius (Ancoratus und Panarion). Herausgegeben im Auftrage der Kir-
chenväter-Commission der Königlich Preussischen Akademie der Wissen-
schaften von Karl Holl. Erster Band: Ancoratus und Panarion haer. I-33,
Leipzig 1915 (*GCS* 25)
Epiphanius II. Panarion haer. 34-64. Herausgegeben von Karl Holl, 2. bearb.
Aufl. herausgegeben von Jürgen Dummer, Berlin 1980 (*GCS* 31)
Epiphanius III. Panarion haer. 65-80 – De fide. Herausgegeben von Karl
Holl, 2. bearb. Aufl. herausgegeben von Jürgen Dummer, Berlin 1985
(*GCS* 37)
The Panarion of Epiphanius of Salamis. Book I (Sects 1-46); Books II and III
(Sects 47-80, *De Fide*). Translated by Frank Williams, Leiden u.a. 1987/94
(NHS 35 & 36)

Euseb von Caesarea:
Eusebius Werke. Erster Band, erster Teil. Über das Leben des Kaisers Kon-
stantin, herausgegeben von Friedhelm Winkelmann, Berlin 1975 (*GCS* 7,1)
Eusebius Werke. Zweiter Band: Die Kirchengeschichte. Herausgegeben im
Auftrage der Kirchenväter-Commission der Königl. Preussischen Akade-
mie der Wissenschaften von Eduard Schwartz. Die lateinische Überset-
zung des Rufinus bearb. im gleichen Auftrage von Theodor Mommsen.
Erster Teil: Die Bücher I bis V, Leipzig 1903 (*GCS* 9,1). Zweiter Teil: Die
Bücher VI bis X. Über die Märtyrer in Palästina, Leipzig 1908 (*GCS* 9,2).
Dritter Teil: Einleitungen, Übersichten und Register, Leipzig 1909 (*GCS*
9,3)

Filastrius von Brixen:
Filastrii Episcopi Brixiensis Diversarum Haereseon Liber, cura et studio F.
Heylen, in: *CChr.SL* 9, Turnhout 1957, 207-324

Heracleon:
Völker, Walther (Herausgegeben), Quellen zur Geschichte der christlichen
Gnosis, Tübingen 1932 (SQS.NS 5), 63-86
Die Gnosis. Zeugnisse der Kirchenväter. Unter Mitwirkung von Ernst Haen-
chen und Martin Krause eingeleitet, übersetzt und erläutert von Werner
Foerster, Zürich 1995, 214-240

Hippolyt von Rom (und Pseudo-Hippolyt):
Hippolytus, Refutatio omnium haeresium, ed. by Miroslav Marcovich, Berlin / New York 1986 (*PTS* 25)
Hippolytus Werke. Dritter Band: Refutatio omnium haeresium. Herausgeben im Auftrage der Kirchenväter-Commission der Königl. Preussischen Akademie der Wissenschaften von Paul Wendland, Leipzig 1916 (*GCS* 26)
Traditio Apostolica. Apostolische Überlieferung. Übersetzt und eingeleitet von Wilhelm *Geerlings*, in: *FC* 1, Freiburg u.a. 1991, 141-313 (Text 212-313)
Homélies Pascales I: Une homélie inspirée du traité sur la Paque d'Hippolyte. Ètude, édition et traduction par Pierre Nautin, *SC* 27, Paris 1950 (Abk.: Ps.-Hipp., pass.)

Justin (und Pseudo-Justin):
Iustinus Martyr. Dialogus, in: Die ältesten Apologeten. Texte mit kurzen Einleitungen herausgegeben von Edgar J. *Goodspeed*, Göttingen 1914 (ND Göttingen 1984), 90-265
Iustini Martyris Apologiae pro Christianis, ed. by Miroslav Marcovich, Berlin / New York 1994 (*PTS* 38)
Charles Munier, L'Apologie de Saint Justin philosophe et martyr, Fribourg 1994 (Par. 38)
Fragmente Vornicänischer Kirchenväter aus den Sacra Parallela herausgeben von Karl *Holl*, Leipzig 1899 (TU 20,2)
– *fr. 107: De resurrectione 1-8*, 36-47
– *fr. 108: De resurrectione 9*, 47f
– *fr. 109: De resurrectione 10*, 48f
Des heiligen Philosophen und Martyrers Justinus Dialog mit dem Juden Tryphon. Aus dem Griechischen übersetzt und mit einer Einleitung versehen von Philipp *Häuser*, Kempten / München 1917 (*BKV 33*)
Des heiligen Justins des Philosophen und Märtyrers zwei Apologien, aus dem Griechischen übersetzt von Gerhard *Rauschen*, in: BKV 12, Kempten / München 1913, 65-155

Koptisch-gnostische Schriften (nicht Nag Hammadi):
Koptisch-gnostische Schriften. Erster Band: Die Pistis Sophia – Die beiden Bücher des Jeû – Unbekanntes altgnostisches Werk. Herausgegeben von Carl Schmidt. 4., um das Vorwort erweiterte Aufl. herausgegeben von Hans-Martin Schenke, Berlin 1981 (*GCS* 45⁴)
– *Pistis Sophia*, 1-254 (Abk.: *PistSoph*)

– *Unbekanntes altgnostisches Werk*, 335-367 (Abk.: *UnbW*)
Pistis Sophia. Text ed. by Carl Schmidt, translation and notes by Violet Macdermot, Leiden 1978 *(NHS* 9)

Lactantius:
Lactance, Institutions divines, Livre IV. Introduction, texte critique, traduction, notes et index par Pierre Monat, Paris 1992 (*SC* 377)

Märtyrerakten:
The Acts of the Christian Martyrs. Introduction, Texts and Translations by Herbert Musurillo, Oxford 1972 (OECT)

Melito von Sardes:
The Homily on the Passion by Melito Bishop of Sardis and Some Fragments of the Apocryphal Ezekiel, ed. by Campbell *Bonner,* London / Philadelphia 1940 (StD 12)
Meliton von Sardes, Vom Passa. Die älteste christliche Osterpredigt. Übersetzt, eingeleitet und kommentiert von Josef *Blank,* Freiburg 1963 (*Sophia* 3)
Melito of Sardis, On *Pascha* and Fragments. Texts and Translations ed. by Stuart George *Hall,* Oxford 1979 (OECT)

Oden Salomos:
Oden Salomos. Übersetzt und eingeleitet von Michael *Lattke,* Freiburg u.a. 1995 (*FC* 19)

Oracula Sibyllina:
Die Oracula Sibyllina, bearb. im Auftrage der Kirchenväter-Commission der Preussischen Akademie der Wissenschaften von Joh. Geffcken, Leipzig 1902 (*GCS* 8)
Treu, Ursula, 2. Christliche *Sibyllinen,* in: NTApo II^5, 591-619

Origenes:
Origenes Werke. Erster Band. Die Schrift vom Martyrium. Buch I-IV gegen Celsus. Herausgegeben im Auftrage der Kirchenväter-Commission der Preussischen Akademie der Wissenschaften von Paul Koetschau, Leipzig 1899 (*GCS* 2)
Origenes Werke. Zweiter Band. Buch V-VIII gegen Celsus. Die Schrift vom Gebet. Herausgegeben im Auftrage der Kirchenväter-Commission der

Preussischen Akademie der Wissenschaften von Paul Koetschau, Leipzig 1899 (*GCS* 3)

Origenes Werke. Vierter Band. Der Johanneskommentar. Herausgegeben im Auftrage der Kirchenväter-Commission der Preussischen Akademie der Wissenschaften von Erwin Preuschen, Leipzig 1903 (*GCS* 10)

Origenes Werke. Achter Band. Homilien zu Samuel I, zum Hohelied und zu den Propheten. Kommentar zum Hohelied in Rufins und Hieronymus' Übersetzungen. Herausgegeben im Auftrage der Kirchenväter-Commission der Preussischen Akademie der Wissenschaften von W.A. Baehrens, Leipzig 1925 (*GCS* 33)

– *Homiliae in Ezechielem*, 319-454

Ptolemäus:

Ptolémée, Lettre a Flora. Analyse, texte critique, traduction, commentaire et index grec de Gilles Quispel, Paris ²1966 (*SC* 24bis)

Tertullian:

Quinti Septimi Florentis Tertulliani Opera. Pars I: Opera catholica. Adversus Marcionem, Turnhout 1954 (*CChr.*SL 1)

– *Ad Nationes*, cura et studio J.G.Ph. Borleffs, 9-75

– *De praescriptione haereticorum*, cura et studio R.F. Refoulé, 187-224

– *Adversus Marcionem*, cura et studio Aem. Kroymann, 441-726 (*Marc. IV-V* nach dieser Ausgabe; *Marc. I-III* nach *SC*)

Quinti Septimi Florentis Tertulliani Opera. Pars II: Opera montanistica, Turnhout 1954 (*CChr.*SL 2)

– *De resurrectione mortuorum*, cura et studio J.G.Ph. Borleffs, 919-1012

– *Scorpiace*, cura et studio A. Reiferscheid et G. Wissowa, 1067-1097

– *Adversus Praxean*, ad fidem editionem Aem. Kroymann et Ern. Evans, 1157-1205

– *Adversus Iudaeos*, cura et studio Aem. Kroymann, 1337-1396

Tertullien, Contre les Valentiniens. Tome I: Introduction, texte critique, traduction; Tome II: Commentaire et index par Jean-Claude Fredouille, Paris 1980/81 (*SC* 280 & 281)

Tertullien, Contre Marcion. Tome I (Livre I): Introduction, texte critique, traduction et notes par René Braun; Tome II (Livre II): Texte critique, traduction et notes par R.B.; Tome III (Livre III): Introduction, texte critique, traduction, notes et index des livres I-III par R.B., Paris 1990/91/94 (*SC* 365; 368; 399)

Tertullien, Traité de la prescription contre les hérétiques. Introduction, texte critique, et notes de R.F. Refoulé, traduction de P. de Labriolle, Paris 1957 (*SC* 46)

Tertullien, La pudicité (De pudicitia). Tome I: Introduction par Claudio Micaelli. Texte critique et traduction par Charles Munier. Tome II: Commentaire et index par Claudio Micaelli, Paris 1993 (*SC* 394 & 395)

Theodoret von Cyrus:
Beati Theodoreti Episcopi Cyri Haereticarum fabularum compendium, in: *PG* 83, 335-556

Theophilus von Antiochien:
Theophili Antiocheni Ad Autolycum, ed. by Miroslav Marcovich, Berlin / New York 1995 (*PTS* 44)

Des heiligen Theophilus Bischofs von Antiochien drei Bücher an Autolykos. Aus dem Griechischen übersetzt von J. Leitl. 2., verb. Ausgabe besorgt und eingeleitet von Andreas Frhr. *di Pauli*, in: BKV 14, Kempten / München 1913, 12-106

2.3 Texte aus Nag Hammadi (in der Reihenfolge der Codices)

The Nag Hammadi Library in English. Translated and introduced by members of the Coptic Gnostic Library Project of the Institute for Antiquity and Christianity, Claremont, California. James M. Robinson, Generel Editor. Third, completely revised edition with an afterword by Richard Smith, managing editor, Leiden u.a. 1988

Epistula Jacobi apocrypha = NHC I,2 (1,1-16,30)
   NHC I,2: The Apocryphon of James, (bearb. von) Francis E. Williams, in: *NHS* 22, Leiden 1985, 13-53 (Text)
   Kirchner, Dankwart, 4. Brief des *Jakobus*, in: NTApo I[6], 234-244

Evangelium Veritatis = NHC I,3 (16,31-43,24)
   Evangelium Veritatis. Codex Jung f. VIII^v-XVI^v (p. 16-32) / f. XIX^r-XXII^r (p. 37-43), ediderunt Michel Malinine, Henri-Charles Puech, Gilles Quispel, Zürich 1956 (SJI 6)

The Gospel of Truth (I,*3*:16.31-43.24), (bearb. von) Harold W. Attridge and George W. MacRae, in: *NHS* 22, Leiden 1985, 55-122 (Text); NHS 23, Leiden 1985, 39-135 (Notes)

Die Gnosis. Koptische und mandäische Quellen. Eingeleitet, übersetzt und erläutert von Martin Krause und Kurt Rudolph. Herausgegeben von Werner Foerster, Zürich 1995, 63-84

Der Brief an Rheginus über die Auferstehung = NHC I,4 (43,25-50,18)

De resurrectione (Epistula ad Rheginum). Codex Jung F. XXII^r - F. XXV^v (p. 43-50), ediderunt Michel Malinine, Henri-Charles Puech, Gilles Quispel, Walter Till, Zürich / Stuttgart 1963

The Treatise on the Resurrection (I,*4*: 43.25-50.28), (bearb. von) Malcolm L. Peel, in: *NHS* 22, Leiden 1985, 123-157 (Text); NHS 23, Leiden 1985, 137-215 (Notes)

Tractatus Tripartitus = NHC I,5 (51,1-138,27)

The Tripartite Tractate (I,*5*: 51.1-138.27), (bearb. von) Harold W. Attridge and Elaine H. Pagels, in: *NHS* 22, Leiden 1985, 159-337 (Text); NHS 23, Leiden 1985, 217-497 (Notes)

Tractatus Tripartitus, Pars I: De supernis. Codex Jung F. XXVI^r - F. LII^v (p. 51-104); Pars II: De creatione hominis; Pars III: De generibus tribus. Codex Jung F. LII^v - F. LXX^v (p. 104-140), ediderunt Rodolphe Kasser, Michel Malinine, Henri-Charles Puech, Gilles Quispel, Jan Zandee, Bern 1973/75.

Das Apocryphon des Johannes = NHC II,1 (1,1-32,9); III,1 (1,1-40,11); IV,1 (1,1-49,28); Papyrus Berolinensis 8502

The Apocryphon of John. Synopsis of Nag Hammadi Codices II,1; III,1; and IV,1 With BG 8502,2. Edited by Michael Waldstein and Frederik Wisse, Leiden u.a. 1995 (Nag Hammadi and Manichaean Studies, Formerly Nag Hammadi Studies, ed. by J.M. Robinson & H.J. Klimkeit, Vol. 33 = *NHMS 33)*

Die gnostischen Schriften des koptischen Papyrus Berolinensis 8502, herausgegeben, übersetzt und bearb. von Walter C. *Till*, Berlin 1955 *(TU 60)*, 78-193

Die Gnosis. Zeugnisse der Kirchenväter. Unter Mitwirkung von Ernst Haenchen und Martin *Krause*, eingeleitet, übersetzt und erläutert von Werner Foerster, Zürich 1995, 133-161 (Einführung und Übersetzt von haer I 29,1-4 von M. Krause)

Das Evangelium nach Philippus = NHC II,3 (51,29-86,19)
   The Gospel According to Philip, (bearb. von) Wesley W. Isenberg and
   Bentley Layton, in: *NHS* 20, Leiden 1989, 127-215
   Das Evangelium nach Philippos. Herausgegeben und übersetzt von Walter
   C. Till, Berlin 1963 (PTS 2)
   Schenke, Hans-Martin, Das Evangelium nach Philippus, in: *NTApo I*[6], 148-
   173 (ich übernehme die Zählung Schenkes und verweise auf die ent-
   sprechenden Seitenzahlen in *NHS 20* und *NTApo I*[6])

Vom Ursprung der Welt = NHC II,5 (97,24-127,17)
   Treatise Without Title on the Origin of the World, (bearb. von) Hans-
   Gebhard Bethge / Bentley Layton / Societas Coptica Hierosolymitana,
   in: *NHS* 21, Leiden 1989, 12-134 (Zählung nach NHS)
   Die koptisch-gnostische Schrift ohne Titel aus Codex II von Nag Hammadi im Koptischen Museum zu Alt-Kairo. Herausgegeben, übersetzt und
   bearb. von Alexander *Böhlig* und Pahor Labib, Berlin 1962 (VIOF 58)

Die (erste) Apokalypse des Jakobus = NHC V,3 (24,10-44,10)
   The (First) Apocalypse of James, (bearb. von) William R. Schoedel, in:
   NHS 11, Leiden 1979, 65-103

Der zweite Logos des großen Seth = NHC VII,2 (49,10-70,12)
   NHC VII,2: Second Treatise of the Great Seth, (bearb. von) Gregory Riley, in: *NHMS* 30, Leiden u.a. 1996, 129-199

Die Apokalypse des Petrus = NHC VII,3 (70,13-84,14)
   NHC VII,3: Apocalypse of Peter, (bearb. von) Michel Desjardins / James
   Brashler, in: *NHMS* 30, Leiden u.a. 1996, 201-247
   Werner, Andreas, 2. Koptisch-gnostische Apokalypse des Petrus, in: *NTA-
   po II*[5], 633-643

Die Lehren des Silvanus = NHC VII,4 (84,15-118,7)
   NHC VII,4: The Teachings of Silvanus, (bearb. von) Malcolm Peel / Jan
   Zandee, in: *NHMS* 30, Leiden u.a. 1996, 249-369

Zostrianus = NHC VIII,1 (1,1-132,9)
   NHC VIII,1: Zostrianus, (bearb. von) John H. Sieber / Bentley Layton,
   in: *NHS* 31, Leiden 1991, 7-225

Der Brief des Petrus an Philippus = NHC VIII,2 (132,10-140,27)
NHC VIII,2: Letter of Peter to Philip, (bearb. von) Marvin W. Meyer /
Frederik Wisse, in: *NHS* 31, Leiden 1991, 227-251

Melchisedek = NHC IX,1 (1,1-27,,10)
NHC IX,*1*: Melchizedek, (bearb. von) Birger A. Pearson / Søren Gi-
versen, in: *NHS* 15, Leiden 1981, 19-85

Valentinianische Abhandlung = NHC XI,2 (22,1-39,39)
NHC XI,*2*: A Valentinian Exposition 22,1-39,39, (bearb. von) Elaine H.
Pagels / John D. Turner, in: *NHS* 28, Leiden 1990, 89-173 (Text: 106-141)

Die dreigestaltige Protennoia = NHC XIII,1 (35,1-50,24)
Trimorphic Protennoia, (bearb. von) John D. Turner, in: *NHS* 28, Leiden
1990, 371-454

3. Nicht-christliche Quellen

3.1 Jüdische Quellen

Philo von Alexandrien:
Philonis Alexandrii Opera quae supersunt, ediderunt Leopoldus Cohn et
Paulus Wendland, Vol. I, edidit Leopoldus *Cohn*, Berlin 1896

Rabbinisches Schrifttum:
The Mishna. Seder Nezikin. Commentary by Hanoch *Albeck*, Tel-Aviv 1988
Mischnajot. Die sechs Ordnungen der Mischna. Hebräischer Text mit Punk-
tation, deutscher Übersetzung und Erklärung. Teil II: Ordnung Mo'ed,
übersetzt und erklärt von Eduard *Baneth*. Teil IV: Ordnung Nesikin, übersetzt und erklärt von David *Hoffmann*. Teil VI: Ordnung Toharot, übersetzt und erklärt von David *Hoffmann* (bis Nega'im III,7), John *Cohn* (bis
Ende Mikwaot), Moses *Auerbach* (bis Ende), Basel [3]1968

3.2. Heidnische Quellen (in alphabetischer Reihenfolge)

Cicero:
Cicero, M. Tullius, Vom Wesen der Götter. Drei Bücher, lateinisch-deutsch, herausgegeben, übersetzt und erläutert von Wolfgang *Gerlach* und Karl *Bayer*, München 1978 (Tusculum-Bücherei)

Platon:
Platon. Werke in acht Bänden. Griechisch und deutsch, herausgegeben von Gunther Eigler:
Fünfter Band: Platon, ΦΑΙΔΡΟΣ · ΠΑΡΜΕΝΙΔΗΣ · ΕΠΙΣΤΟΛΑΙ – Phaidros · Parmenides · Briefe. Bearb. von Dietrich *Kurz*. Griechischer Text von Albert Léon Robin, Auguste Diès und Joseph Souilhé. Deutsche Übersetzung von Friedrich Schleiermacher und Dietrich Kurz, Darmstadt 1983
– *Phaidros,* 1-193
Siebter Band: Platon, ΤΙΜΑΟΣ · ΚΡΙΤΙΑΣ · ΦΙΛΗΒΟΣ – TIMAIOS · KRITIAS · PHILEBOS. Bearb. von Klaus *Widdra*. Griechischer Text von Albert Rivaud und Auguste Diès. Deutsche Übersetzung von Hieronymus Müller und Friedrich Schleiermacher, Darmstadt 1972
– *Timaios,* 1-210
Achter Band, erster Teil: Platon ΝΟΜΩΝ Α-ζ – Gesetze Buch I-VI. Bearb. von Klaus *Schöpsdau*. Griechischer Text von Édouard des Places. Deutsche Übersetzung von Klaus Schöpsdau, Darmstadt 1977

Tacitus:
P. Cornelii Taciti libri qui supersunt. Post C. Halm / G. Andresen septimum edidit Ericus *Koestermann*, Tom. I: Ab excessu Divi Augusti, Leipzig 1952 (BiTeu)

Vorsokratiker:
Die Fragmente der Vorsokratiker. Griechisch und deutsch von Hermann *Diels*, herausgegeben von Walther *Kranz*, Erster Band, Berlin [17]1974

4. Hilfsmittel

A Greek-English Lexicon. Compiled by Henry George Liddell and Robert Scott. Revised an augmented throughout by Sir Henry Jones with the assistance of Roderick McKenzie. With an revised supplement, Oxford 1996

Ausführliches lateinisch-deutsches Handwörterbuch, ausgearb. von Karl Ernst Georges, 2 Bd.e, 11. Aufl., ND der 8., verbesserten und vermehrten Aufl. von Heinrich Georges, Hannover 1962

Bauer, Walter, Griechisch-deutsches *Wörterbuch* zu den Schriften des Neuen Testaments und der übrigen urchristlichen Literatur, 5., verbesserte und stark vermehrte Aufl., Berlin 1958

Bauer, Walter, Griechisch-deutsches Wörterbuch zu den Schriften des Neuen Testaments und der frühchristlichen Literatur. 6., völlig neu bearb. Aufl., herausgegeben von Kurt und Barbara Aland, Berlin / New York 1988

Bedrossian, Matthias, New Dictionary Armenian-English, Venedig 1875-79

Blaise, Albert, Dictionnaire Latin-Français des auteurs chrétiennes. Revu spécialement pour le vocabulaire théologique par Henri Chirat, Turnhout 1954

Blass, Friedrich / Debrunner, Albert, *Grammatik* des neutestamentlichen Griechisch. Bearb. von Friedrich Rehkopf, Göttingen [16]1984

Centre d'Analyse et de Documentation Patristique, *Biblia Patristica.* Index et citations et allusions bibliques dans la littérature patristique. Vol. 1: Des origines à Clément d'Alexandrie et Tertullien, Paris 1975; Vol. 2: Le troisième siècle (Origène excepté), Paris 1977; Vol. 3: Origène, Paris 1980

Clavis Patrum Apostolicorum. Catalogum vocum in libris patrum qui dicuntur Apostolici non raro occurrentium. Adiuvante Ursula Früchtel, congessit, contulit, conscripsit Henricus Kraft, Darmstadt 1963

Clavis Patrum Graecorum qua optimae quaeque scriptorum patrum graecorum recensiones a primaevis saeculis usque ad octavum commode recludentur. Vol. 1: Patres Antenicaeni. Vol 2: Ab Athanasio ad Chrysostomum, cura et studio Mauritii Geerard, Turnhout 1983/74 (CChr.SG)

Clavis Patrum Latinorum qua in Corpus Christianorum edendum optimas quasque scriptorum recensiones a Tertulliano ad Bedam commode recludit Eligius Dekkers, opera usus qua rem praeparavit et iuvit Aemilius Gaar Vindobonensis. Editio tertia aucta et emendata, Steenbrugge 1995 (CChr.SL)

Griechisch-deutsches Schul- und Handwörterbuch von Wilhelm Gemoll. 9. Aufl. durchgesehen und erweitert von Karl Vretska. Mit einer Einführung in die Sprachgeschichte von Heinz Kronasser, München 1965, ND 1979

Griechische Grammatik von Eduard Bornemann unter Mitwirkung von Ernst Risch, Frankfurt a.M. u.a. [2]1978

Index apologeticus sive clavis Iustini Martyris operum aliorumque apologetarum pristinorum com. Edgar J. Goodspeed, Leipzig 1912 (ND 1969)

Index Patristicus sive Clavis Patrum Apostolicorum Operum. Ex editione minore Gebhardt Harnack Zahn lectionibus editionum minorum Funk et Lightfoot admissis composuit Edgar J. Goodspeed, Leipzig 1907

Jensen, Hans, Altarmenische Grammatik, Heidelberg 1959 (Indogermanische Bibliothek, 1. Reihe)

Lampe, Geoffrey W.H. (Hg.), A Patristic Greek *Lexikon*, Oxford 1961

Meillet, A., Altarmenisches Elementarbuch, Heidelberg 1913 (Indogermanische Bibliothek, 1. Abtlg., 1. Reihe, 10. Bd.)

Nag-Hammadi-Register. Wörterbuch zur Erfassung der Begriffe in den koptisch-gnostischen Schriften von Nag-Hammadi mit einem deutschen Index angefertigt von Folker Siegert. Einführung von Alexander Böhlig, Tübingen 1982 (WUNT 26)

Oxford Latin Dictionary, ed. by P.G.W. Glare, Oxford 1982

Reynders, Bruno, *Lexique* comparé du texte grec et des versions latine, arménienne et syriaque de l'„Adversus Haereses" de saint Irénée, 2 Bde., Louvain 1954 (CSCO 141.142)

Reynders, Bruno, Vocabulaire de la „Démonstration" et des fragments de Saint Irénée, Chevetogne 1958

The University of California Irvine, Thesaurus Linguae Graecae CD ROM #D, Irvine 1992

Wilhelm Gesenius' hebräisches und aramäisches Handwörterbuch über das Alte Testament, bearb. von Frants Buhl, unveränd. ND der 1915 erschienenen 17. Aufl., Berlin u.a. 1962

5. Literatur

Abramowski, Luise, διαδοχή und ὀρθὸς λόγος bei *Hegesipp*, ZKG 87 (1976), 321-327

Abramowski, Luise, Irenaeus, Adv. Haer. III 3,2: *Ecclesia* Romana and Omnis Ecclesia; and ibid. 3,3: Anacletus of Rome, JThS.NS 28 (1977), 101-104

Adam, Alfred, Erwägungen zur Herkunft der Didache, ZKG 68 (1957), 1-47

Aland, Barbara, Marcion. *Versuch* einer neuen Interpretation, ZThK 70 (1973), 420-447

Aland, Barbara, *Gnosis* und Kirchenväter. Ihre Auseinandersetzung um die Interpretation des Evangeliums, in: Dies. (Hg.), Gnosis. FS für Hans Jonas, Göttingen 1978, 158-215

Aland, Barbara, *Fides* und Subiectio. Zur Anthropologie des Irenäus, in: Adolf Martin Ritter (Hg.), Kerygma und Logos. Beiträge zu den geistesgeschichtlichen Beziehungen zwischen Antike und Christentum, FS für Carl Andresen zum 70. Geburtstag, Göttingen 1979, 9-28

Aland, Barbara, Gnosis und *Christentum*, in: Bentley Layton (Hg.), Rediscovery I (1980), 319-342 (Diskussionsprotokoll der Tagung 342-353)

Aland, Barbara, Die *Rezeption* des neutestamentlichen Textes in den ersten Jahrhunderten, in: Jean-Marie Sevrin (Hg.), The New Testament in Early Christianity. La réception des écrits néotestamentaires dans le christianisme primitif, Louvain 1989, 1-38 (BEThL 86)

Aland, Barbara, Art. Marcion/Marcioniten, *TRE 22* (1992), 89-101

Aleith, Eva, *Paulusverständnis* in der Alten Kirche, Berlin 1937 (BZNW 18)

D'Alès, Adhémar, *Le mot* οἰκονομία dans la langue théologique de saint Irénée, REG 32 (1919), 1-9

Altendorf, Hans-Dietrich, Zum Stichwort: *Rechtgläubigkeit* Ketzerei im ältesten Christentum, ZKG 80 (1969), 61-74

Altermath, François, The *Purpose* of the Incarnation according to Irenaeus, StPatr 13/2 (= TU 116) (1975), 63-68

Amadou, Robert, *Mysterium* crucis, TabR 120 (Déc. 1957), 73-88

Ammundsen, Valdemar, The *Rule* of Truth in Irenaeus, in: Everett Ferguson (Hg.), Orthodoxy, Heresy, and Schism in Early Christianity (= E. Ferguson u.a. [Hg.], Studies in Early Christianity. A Collection of Scholarly Essays Vol. IV), New York / London 1993, 138-144

Andia, Ysabel *de, Homo* Vivens. Incorruptibilité et divinisation de l'homme selon Irénée de Lyon, Paris 1986 (EAug)

Andia, Ysabel *de, Irénée*, théologien de l'unité, NRTh 109 (1987), 31-48

Andia, Ysabel *de, Modèles* de l'unité des testaments selon Irénée de Lyon, StPatr 21 (1989), 49-59

Andresen, Carl, *Justin* und der mittlere Platonismus, ZNW 44 (1952/53), 157-195

Andresen, Carl, Zum *Formular* frühchristlicher Gemeindebriefe, ZNW 56 (1965), 233-259

Andresen, Carl, Die *Anfänge* der christlichen Lehrentwicklung, in: HDThG Bd. 1, Göttingen 1982, 1-98

Aono, Tashio, Die *Entwicklung* des paulinischen Gerichtsgedankens bei den Apostolischen Vätern, Bern u.a. 1979 (EHS.T 137)

Armstrong, Arthur Hilary, Art. *Gottesschau* (Visio beatifica), RAC 12 (1983), Sp. 1-19

Armstrong, Gregory T., Die *Genesis* in der Alten Kirche. Die drei Kirchenväter, Tübingen 1962 (BGBH 4)

Audet, Jean-Paul, La *Didachè*. Instructions des Apôtres, Paris 1958 (EtB)

Aune, David E., Art. *Iao* ('Ιαώ), RAC 17 (1996), Sp. 1-12

Bacq, Philippe, De l'ancienne à la nouvelle *Alliance* selon S. Irénée. Unité du livre IV de l'Adversus haereses, Paris / Namur 1978

Balás, David L., The *Use* and Interpretation of Paul in Irenaeus's Five Books *Adversus Haereses*, SecCen 9 (1992), 27-39

Bammel, Ernst, *Schema* und Vorlage in Didache 16, StPatr 4/2 (= TU 79) (1961), 253-262

Bammel, Caroline P., Die *Einheit* des Glaubens und die Mannigfaltigkeit der Bräuche in der christlichen Überlieferung nach Irenäus, Aug. 30 (1990), 283-292; jetzt in: Dies., Tradition and Exegesis in Early Christian Writers, Aldershot / Brookfield 1995, (CStS 500; Essay VII)

Bardenhewer, Otto, *Geschichte* der altkirchlichen Literatur. Erster Band: Vom Ausgang des apostolischen Zeitalters bis zum Ende des zweiten Jahrhunderts, Darmstadt 1962 (= ND der 2., umgearb. Aufl. Freiburg 1913)

Barnes, Timothy D., *Eusebius* and the date of the Martyrdoms, in: *Les martyrs de Lyon (177)*, 137-143

Bartelink, Gerard J. M., Die *Oracula Sibyllina* in den frühchristlichen griechischen Schriften von Justin bis Origenes (150-250 nach Chr.), in: Jan den Boeft / A. Hilhorst (Hg.), Early Christian Poetry. A Collection of Essays, Leiden u.a. 1993 (SVigChr 22), 23-34

Barth, Carola, Die *Interpretation* des Neuen Testaments in der valentinianischen Gnosis, Leipzig 1911 (TU 37/3)

Bauer, Walter, *Rechtgläubigkeit* und Ketzerei im ältesten Christentum. 2., durchges. Aufl. mit einem Nachtrag von Georg Strecker, Tübingen 1964 (BHTh 10)

Bauer, Johannes B., Das Verständnis der *Tradition* in der Patristik, Kairos 20 (1978), 193-208

Baumeister, Theofried, Die *Anfänge* der Theologie des Martyriums, Münster 1980 (MBTh 45)

Baumeister, Theofried, *Genese* und Entfaltung der altkirchlichen Theologie des Martyriums, Bern u.a. 1991 (TC 8)

Baumert, Norbert, Zur *Semantik* von χάρισμα bei den frühen Vätern, ThPh 63 (1988), 60-78

Baumstark, Anton, Die Lehre des römischen Presbyters *Florinus*, ZNW 13 (1912), 306-319

Bengsch, Alfred, *Heilsgeschichte* und Heilswissen. Eine Untersuchung zur Struktur und Entfaltung des theologischen Denkens im Werk „Adversus Haereses" des hl. Irenäus von Lyon, Leipzig 1957 (EThSt 3)

Benoît, André, Saint Irénée. *Introduction* à l'étude de sa théologie, Paris 1960 (EHPhR 52)

Benoît, André, Die *Überlieferung* des Evangeliums in den ersten Jahrhunderten, in: EvG 4, Göttingen 1974, 161-186

Benoît, André, Irénée et l'hérésie. *Les conceptions* hérésilogiques de l'évêque de Lyon, in: Everett Ferguson (Hg.), Orthodoxy, Heresy, and Schism in Early Christianity (= E. Ferguson u.a. [Hg.], Studies in Early Christianity. A Collection of Scholarly Essays Vol. IV), New York / London 1993, 283-295

Benrath, Gustav Adolf, Art. Antichrist III. Alte Kirche und Mittelalter, *TRE 3* (1978), 24-28

Bentivegna, J., The Charismatic *Dossier* of St. Irenaeus, StPatr 18/3 (1989), 43-70

Benz, Ernst, Der gekreuzigte Gerechte bei Plato, im Neuen Testament und in der alten Kirche, Mainz / Wiesbaden 1950 (AAWLM.G 12).

Benz, Ernst, Christus und Sokrates in der alten Kirche (Ein Beitrag zum altkirchlichen Verständnis des Märtyrers und des Martyriums), ZNW 43 (1950/51), 195-224

Berger, Klaus, Art. Gnosis/Gnostizismus I. Vor- und außerchristlich, *TRE 13* (1984), 519-535

Berthouzoz, Roger, *Liberté* et Grâce suivant la théologie d'Irénée de Lyon. Le débat avec la gnose aux origines de la théologie chrétienne, Fribourg / Paris 1980 (SThE 8)

Beskow, Per, *Rex* Gloriae. The Kingship of Christ in the Early Church, Stockholm u.a. 1962

Bévenot, Maurice, *Clement* of Rome in Irenaeus's Succession-List, JThS.NS 17 (1966), 98-108

Beyschlag, Karlmann, *Simon* Magus und die christliche Gnosis, Tübingen 1974 (WUNT 16)

Beyschlag, Karlmann, *Marcion* von Sinope, in: GK 1, Stuttgart u.a. 1984, 69-81

Beyschlag, Karlmann, Grundriß der *Dogmengeschichte,* Bd. 1: Gott und Welt, Darmstadt ²1987

Birrer, Jakob, Der *Mensch* als Medium und Adressat der Schöpfungsoffenbarung. Eine dogmengeschichtliche Untersuchung zur Frage der Gotteserkenntnis bei Irenäus von Lyon, Bern u.a. 1989 (BSHST 59)

Blanchard, Yves-Marie, Aux sources du *canon*, le témoignage d'Irénée, Paris 1993 (CFi 175)

Blum, Georg Günter, *Tradition* und Sukzession. Studien zum Normbegriff des Apostolischen von Paulus bis Irenäus, Berlin / Hamburg 1963 (AGTL 9)

Böhlig, Alexander, Zur Vorstellung vom *Lichtkreuz* in Gnostizismus und Manichäismus, in (u. zit. nach): Barbara Aland (Hg.), Gnosis. FS für Hans Jonas, Göttingen 1978, 473-491

Böhlig, Alexander, Zur *Struktur* gnostischen Denkens, NTS 24 (1978), 496-509; jetzt in: Ders., Gnosis und Synkretismus. Gesammelte Aufsätze zur spätantiken Religionsgeschichte, 1. Teil, Tübingen 1989 (WUNT 47), 3-24

Böhlig, Alexander, Die *Bedeutung* der Funde von Medinet Madi und Nag Hammadi für die Erforschung des Gnostizismus, in: Ders. / Christoph Markschies, Gnosis und Manichäismus. Forschungen und Studien zu Texten von Valentin und Mani sowie zu den Bibliotheken von Nag Hammadi und Medinet Madi, Berlin /New York 1994 (BZNW 72), 113-242

Bommes, Karin, *Weizen* Gottes. Untersuchungen zur Theologie des Martyriums bei Ignatius von Antiochien, Köln / Bonn 1976 (Theoph. 27)

Bonwetsch, Nathanael, Der *Gedanke* der Erziehung des Menschengeschlechts bei Irenäus, ZSTh 1 (1923), 637-649

Bonwetsch, Nathanael, Die *Theologie* des Irenäus, Gütersloh 1925 (BFChTh. M 9)

Botte, Bernard, A propos de l'Adversus haereses III,3,2 de saint Irénée, *Irén.* 30 (1957), 156-163

Bousset, Wilhelm, Der *Antichrist* in der Überlieferung des Judentums, des Neuen Testaments und der alten Kirche. Ein Beitrag zur Auslegung der Apokalypse, Göttingen 1895

Bousset, Wilhelm, Platons *Weltseele* und das Kreuz Christi, ZNW 14 (1913), 273-285

Bousset, Wilhelm, Jüdisch-Christlicher *Schulbetrieb* in Alexandria und Rom. Literarische Untersuchungen zu Philo und Clemens von Alexandria, Justin und Irenäus, Göttingen 1915 (FRLANT 23 bzw. N.F. 6)

Bousset, Wilhelm, *Kyrios* Christos. Geschichte des Christusglaubens von den Anfängen des Christentums bis Irenaeus, Göttingen ⁵1965 (bis zur 4. Aufl. FRLANT 21)

Bousset, Wilhelm, Hauptprobleme der Gnosis, Göttingen 1907 (FLRANT 10) ND 1973

Bowersock, Glen, Les *Églises* de Lyon et de Vienne: relations avec l'Asie, in: *Les martyrs de Lyon (177),* 249-256

Brandenburger, Egon, Σταυρός, Kreuzigung und Kreuzestheologie, WuD N.F. 10 (1969), 17-43

Bräuning, Peter Michael, Die „principalitas" der römischen Gemeinde nach Irenäus, diss. Halle 1975

Brown, Robert F., On the Necessary Imperfection of Creation: Irenaeus' Adversus Haereses IV,38, SJTh 28 (1975) 17-25

Brox, Norbert, Zeuge und Märtyrer. Untersuchungen zur frühchristlichen Zeugnis-Terminologie, München 1961 (StANT 5)

Brox, Norbert, Charisma veritatis certum (Zu Irenäus adv. haer. IV 26,2), ZKG 75 (1964), 327-331

Brox, Norbert, Juden und Heiden bei Irenäus, MThZ 16 (1965), 89-106

Brox, Norbert, Offenbarung, Gnosis und gnostischer Mythos bei Irenäus von Lyon. Zur Charakteristik der Systeme, Salzburg / München 1966 (SPS 1)

Brox, Norbert, Γνωστικοί als häresiologischer Terminus, ZNW 57 (1966), 105-114

Brox, Norbert, Justin-Zitat oder Sprichwort bei Irenäus?, ZKG 77 (1966), 120f

Brox, Norbert, Zum literarischen Verhältnis zwischen Justin und Irenäus, ZNW 58 (1967), 121-128

Brox, Norbert, Antignostische Polemik bei Christen und Heiden, MThZ 18 (1967), 265-291

Brox, Norbert, Rom und „jede Kirche" im 2. Jahrhundert. Zu Irenäus, adv. haer. III 3,2, AHC 7 (1975), 42-78

Brox, Norbert, Probleme einer Frühdatierung des römischen Primats, Kairos 18 (1976), 81-99

Brox, Norbert, Irenäus, in: KlTh 1, München 1981, 11-25

Brox, Norbert, „Doketismus" – eine Problemanzeige, ZKG 95 (1984), 301-314

Brox, Norbert, Irenäus von Lyon, in: GK 1, Stuttgart u.a. 1984, 82-96

Brox, Norbert, Das Papsttum in den ersten drei Jahrhunderten, in: GK 11, Stuttgart u.a. 1985, 25-42

Brox, Norbert, Art. Häresie, RAC 13 (1986), Sp. 248-297

Bultmann, Rudolf, Theologie des Neuen Testaments, 9. Aufl., durchges. u. erg. von Otto Merk, Tübingen 1984 (UTB 630)

Burkitt, Francis Crawford, Note on Valentinian Terms in Irenaeus and Tertullian, JThS 25 (1924), 64-67

Burkitt, Francis Crawford, Church and Gnosis. A Study of Christian thought and speculation in the Second Century, Cambridge 1932

Burrus, Virginia, Hierarchalization and Genderization of Leadership in the Writings of Irenaeus, StPatr 21 (1989) 42-48

Buschmann, Gerd, *Martyrium* Polycarpi – Eine formkritische Studie. Ein Beitrag zur Frage nach der Entstehung der Gattung Märtyrerakte, Berlin / New York 1994 (BZNW 70)

Butler, B.C., The Literary *Relations* of Didache, Ch. XVI, JThS.NS 11 (1960), 265-283

Butterweck, Christel, „*Martyriumssucht*" in der Alten Kirche? Studien zur Darstellung und Deutung frühchristlicher Martyrien, Tübingen 1995 (BHTh 87)

Campenhausen, Hans von, Die *Jungfrauengeburt* in der Theologie der alten Kirche, Heidelberg 1962 (SHAW.PH 1962, 3. Abhdlg.); jetzt in: Ders., Urchristliches und Altkirchliches. Vorträge und Aufsätze, Tübingen 1979, 63-161

Campenhausen, Hans von, Kirchliches *Amt* und geistliche Vollmacht in den ersten drei Jahrhunderten, Tübingen ²1963 (BHTh 14)

Campenhausen, Hans von, *Polykarp* von Smyrna und die Pastoralbriefe, in: Ders., Aus der Frühzeit des Christentums. Studien zur Kirchengeschichte des ersten und zweiten Jahrhunderts, Tübingen 1963, 197-252

Campenhausen, Hans von, *Bearbeitungen* und Interpolationen des Polykarpmartyriums, in: Aus der Frühzeit des Christentums, 253-301

Campenhausen, Hans von, Die *Idee* des Martyriums in der alten Kirche, Göttingen ²1964

Campenhausen, Hans von, Die *Entstehung* der christlichen Bibel, Tübingen 1968 (BHTh 38)

Campenhausen, Hans von, Die Entstehung der *Heilsgeschichte*. Der Aufbau des christlichen Geschichtsbildes in der Theologie des ersten und zweiten Jahrhunderts, Saec. 21 (1970), 189-212; jetzt in: Urchristliches und Altkirchliches, 20-62

Campenhausen, Hans von, *Ostertermin* oder Osterfasten? Zum Verständnis des Irenäusbriefes an Viktor (Euseb, Hist. Eccl. 5,24,12-17), VigChr 28 (1974), 114-138; jetzt in: Urchristliches und Altkirchliches, 300-330

Campenhausen, Hans von, Griechische *Kirchenväter*, Stuttgart u.a. ⁷1986 (UB 14)

Cancik, Hubert, *Gnostiker* in Rom. Zur Religionsgeschichte der Stadt Rom im 2. Jahrhundert nach Christus, in: Jacob Taubes (Hg.), Religionstheorie und Politische Theologie, Bd. 2: Gnosis und Politik, München u.a. 1984, 163-184

Caspar, Erich, Die älteste römische *Bischofsliste*. Kritische Studien zum Formproblem des eusebianischen Kanons sowie zur Geschichte der ältesten Bischofslisten und ihrer Entstehung aus apostolischen Sukzessionsreihen, in: SKG.G 2. Jahr, Heft 4, Berlin 1926

Chilton, Bruce D., Irenaeus on *Isaac*, StPatr 17/2 (1982), 643-647

Collmar, Norbert, Art. Irenäus von Lyon, BBKL 2 (1991), Sp. 1315-1326

Colpe, Carsten, *Vorschläge* des Messina-Kongresses von 1966 zur Gnosisforschung, in: Walther Eltester (Hg.), Christentum und Gnosis, Berlin 1969 (BZNW 37), 129-132

Colpe, Carsten, Art. *Gnosis II* (Gnostizismus), RAC 11 (1981), Sp. 537-659

Connolly, R.H., The Use of the Didache in the Didascalia, *JThS 24* (1923), 147-157

Corssen, Peter, Zur Chronologie des Irenaeus, ZNW 4 (1903), 155-166

Daniélou, Jean, *La typologie* d'Isaac dans le christianisme primitif, Biblica 28 (1947), 363-393

Daniélou, Jean, La *Charrue* symbole de la Croix (Irénée, Adv. Haer., IV, 34, 4), RSR 42 (1954), 193-203

Daniélou, Jean, *Le signe* de la Croix, TabR 120 (Déc. 1957), 32-38

Daniélou, Jean, Das *Leben*, das am Holze hängt. Dt 28,66 in der altchristlichen Katechese, in: Johannes Betz / Heinrich Fries (Hg.), Kirche und Überlieferung (FS Joseph Rupert Geiselmann zum 70. Geb.), Freiburg i.Br. 1960, 22-34

Daniélou, Jean, *Les symboles* chrétiens primitifs, Paris 1961

Daniélou, Jean, *Le symbolisme* cosmique de la Croix, MD 75 (1963), 23-36

Daniélou, Jean, The Development of Early Christian Doctrine Before the Council of Nicaea. Vol. I: The Theology of *Jewish Christianity*. Translated and edited by John Austin Baker, London 1964

Daniélou, Jean, A History of Early Christian Doctrine Before the Council of Nicaea. Vol. II: Gospel Message and Hellenistic Culture. Translated, edited and with a Postscript by John Austin Baker, London / Philadelphia 1973

Daniélou, Jean, A History of Early Christian Doctrine Before the Council of Nicaea. Vol. III: The Origins of Latin Christianity. Translated by David Smith and John Austin Baker, edited and with a Postscript by John Austin Baker, London / Philadelphia 1977

Dassmann, Ernst, Der *Stachel* im Fleisch. Paulus in der frühchristlichen Literatur bis Irenäus, Münster 1979

Davies, P.R., *Martyrdom* and Redemption. On the Development of Isaac Typology in the Early Church, StPatr 17/2 (1982), 652-658

Dibelius, Otto, *Studien* zur Geschichte der Valentinianer. I. Die Excerpta ex Theodoto und Irenäus; II. Der valentinianische Lehrbrief, ZNW 9 (1908), 230-247.329-340

Dinkler, Erich, Zur *Geschichte* des Kreuzsymbols, jetzt in: Ders., Signum Crucis. Aufsätze zum Neuen Testament und zur Christlichen Archäologie, Tübingen 1967, 1-25

Dinkler, Erich, *Kreuzzeichen* und Kreuz. Tav, Chi und Stauros, jetzt in: Ders., Signum Crucis, 26-54

Dinkler, Erich, Jesu Wort vom *Kreuztragen,* jetzt in: Ders., Signum Crucis, 77-98

Dinkler, Erich, Die Taufterminologie in 2Kor 1,21f, jetzt in: Ders., Signum Crucis, 99-117

Dinkler, Erich, Älteste Christliche *Denkmäler.* Bestand und Chronologie, in: Ders., Signum Crucis, 134-178

Dinkler, Erich, Bemerkungen zum Kreuz als τρόπαιον, in: Alfred Stuiber / Alfred Hermann (Hg.), Mullus. FS Theodor Klauser, Münster 1964 (JAC. E 1), 71-78

Dinkler, Erich, *Papyrus Yalensis 1* als ältest bekannter christlicher Genesistext. Zur Frühgeschichte des Kreuz-Symbols, in: Otto Merk / Michael Wolter (Hg.), Im Zeichen des Kreuzes. Aufsätze von Erich Dinkler, Berlin / New York 1992 (BZNW 61), 341-345

Dinkler, Erich / Dinkler-von Schubert, Erika, Art. Kreuz I. vorikonoklastisch, RBK V (1995), Sp. 1-219

Dinkler-von Schubert, Erika, Art. Kreuz, EKL³ 2 (1989), Sp. 1462-1468

Doignon, Jean, Le *Salut* par le Fer et le Bois chez Irénée. Notes de philologie et d'exégèse sur Aduersus Haereses, IV,34,4, RSR 43 (1955), 535-544

Dölger, Franz Joseph, Der *Exorzismus* im altchristlichen Taufritual. Eine religionsgeschichtliche Studie, Paderborn 1909 (SGKA 3,1-2)

Dölger, Franz Joseph, *Sphragis.* Eine altchristliche Taufbezeichnung in ihren Beziehungen zur profanen und religiösen Kultur des Altertums, Paderborn 1911 (SGKA 5,3-4)

Dölger, Franz Joseph, Die *Sonne* der Gerechtigkeit und der Schwarze. Eine religionsgeschichtliche Studie zum Taufgelöbnis, Münster 1918 (LF 2 = LQF 14)

Dölger, Franz Joseph, *Beiträge* zur Geschichte des Kreuzzeichens I, JAC 1 (1958), 5-19

Dölger, Franz Joseph, *Beiträge* zur Geschichte des Kreuzzeichens II, JAC 2 (1959), 15-29

Dölger, Franz Joseph, *Beiträge* zur Geschichte des Kreuzzeichens *III,* JAC 3 (1960), 5-16

Dölger, Franz Joseph, *Beiträge* zur Geschichte des Kreuzzeichens *IV,* JAC 4 (1961), 5-17

Dölger, Franz Joseph, *Beiträge* zur Geschichte des Kreuzzeichens *V,* JAC 5 (1962), 5-22

Dölger, Franz Joseph, *Beiträge* zur Geschichte des Kreuzzeichens *VI,* JAC 6 (1963), 7-34

Dölger, Franz Joseph, *Beiträge* zur Geschichte des Kreuzzeichens *VII,* JAC 7 (1964), 5-38

Dölger, Franz Joseph, *Beiträge* zur Geschichte des Kreuzzeichens *VIII,* JAC 8/9 (1965/66), 7-52

Dölger, Franz Joseph, *Beiträge* zur Geschichte des Kreuzzeichens *IX,* JAC 10 (1967), 7-29

Donovan, Mary Ann, Irenaeus' Teaching on the *Unity* of God and his Immediacy to the Material World in Relation to Valentinian Gnosticism, diss. Toronto 1977

Donovan, Mary Ann, Irenaeus in Recent *Scholarship,* SecCen 4 (1984), 219-241

Donovan, Mary Ann, *Alive* to the Glory of God: A Key Insight in St. Irenaeus, ThSt 49 (1988), 283-297

Doresse, Jean, *Le refus* de la Croix: Gnostiques et Manichéens, TabR 120 (Déc. 1957), 89-97

Dornseiff, Franz, Das *Alphabet* in Mystik und Magie, Leipzig / Berlin ²1925 (ΣΤΟΙΧΕΙΑ VII)

Doutreleau, Louis / Regnault, Lucien, Art. *Irénée* de Lyon (saint), DSp 7/2 (1971), Sp. 1923-1969

Draper, Jonathan A., The *Jesus Tradition* in the Didache, in: David Wenham (Hg.), Gospel Perspectives Vol. 5: The Jesus Tradition Outside the Gospels, Sheffield 1985, 269-287

Draper, Jonathan A., The *Development* of „The Sign of the Son of Man" in the Jesus Tradition, NTS 39 (1993), 1-21

Drews, Paul, Untersuchungen zur Didache, ZNW 5 (1904), 53-79

Drews, Paul, XVII. *Apostellehre* (Didache), in: Edgar Hennecke (Hg.), Handbuch zu den Neutestamentlichen Apokryphen, Tübingen 1904, 256-284

Drobner, Hubertus R., Lehrbuch der *Patrologie,* Freiburg u.a. 1994

454 Quellen, Übersetzungen, Hilfsmittel und Literatur

Ebneter, Albert, Die „Glaubensregel" des Irenäus als ökumenisches *Regulativ*, in: Johannes Brantschen / Peitro Selvatico (Hg.), Unterwegs zur Einheit, FS für Heinrich Stirnimann, Fribourg u.a. 1980, 588-608

Edwards, M.J., *Gnostics* and Valentinians in the Church Fathers, JThS.NS 40 (1989), 26-47

Elze, Martin, *Häresie* und Einheit der Kirche im 2. Jahrhundert, ZThK 71 (1974), 389-409

Fallon, Francis T., The *Law* in Philo and Ptolemy: A Note on the Letter to Flora, VigChr 30 (1976), 45-51

Fallon, Francis T., The *Prophets* of the OT and the Gnostics. A Note on Irenaeus, Adversus Haereses, 1.30.10-11, VigChr 32 (1978), 191-194

Fantino, Jacques, L'*homme* image de Dieu chez saint Irénée de Lyon, Paris 1986

Fantino, Jacques, L'*art* de la théologie et l'attitude du théologien selon saint Irénée de Lyon, RevThom 88 (1988), 65-86.229-255

Fantino, Jacques, La *création* ex nihilo chez saint Irénée. Étude historique et théologique, RSPhTh 76 (1992), 421-442

Fantino, Jacques, La *théologie* d'Irénée. Lecture des Écritures en réponse à l'exégèse gnostique. Une approche trinitaire, Paris 1994 (CFi 180)

Farkasfalvy, Denis, *Theology* of Scripture in St. Irenaeus, RBen 78 (1968), 319-333

Farkasfalvy, Denis, Christological Content and its Biblical Basis in the *Letter* of the Martyrs of Gaul, SecCen 9 (1992), 5-26

Faye, Eugène *de, Gnostiques* et Gnosticisme. Étude critique des documents du gnosticisme chrétien aux IIe et IIIe siècles, Paris 1913 (BEHE.R 27)

Fédou, Michel, La *vision* de la Croix dans l'œuvre de saint Justin „philosophe et martyr", RechAug 19 (1984), 29-110

Ferguson, Everett, Irenaeus' *Proof* of the Apostolic Preaching and Early Catechetical Instruction, StPatr 18/3 (1989), 119-140

Fischer, Karl Martin, *Adam* und Christus. Überlegungen zu einem religionsgeschichtlichen Problem, in: Karl-Wolfgang Tröger (Hg.), Altes Testament – Frühjudentum – Gnosis. Neue Studien zu „Gnosis und Bibel", Gütersloh (Berlin) 1980, 283-298

Flesseman-van Leer, Ellen, *Tradition* and Scripture in the Early Church, Assen 1954

Flesseman-van Leer, Ellen, *Prinzipien* der Sammlung und Ausscheidung bei der Bildung des Kanons, ZThK 61 (1964), 404-420

Fliedner, Friedrich, Die ketzergeschichtlichen Angaben des Agapius und das System des *Florinus*, diss. Münster 1942

Foerster, Werner, Von *Valentin* zu Herakleon. Untersuchungen über die Quellen und die Entwicklung der valentinianischen Gnosis, Gießen 1928 (BZNW 7)

Foerster, Werner, Die Grundzüge der ptolemäischen Gnosis, *NTS* 6 (1959/ 60), 16-31

Foerster, Werner, Das System des Basilides, *NTS* 9 (1962/63), 233-255

Frend, William H.C., *Martyrdom* and Persecution in the Early Church. A Study of a Conflict from the Maccabees to Donatus, Oxford 1965

Frend, William H.C., *Blandina* and Perpetua: two early christian heroines, in: *Les martyrs de Lyon (177)*, 167-177

Frey, Jörg, „Wie Mose die Schlange in der Wüste erhöht hat ...“ Zur früh-jüdischen *Deutung* der „ehernen Schlange“ und ihrer christologischen Rezeption in Johannes 3,14f., in: Martin Hengel / Hermut Löhr (Hg.), Schriftauslegung im antiken Judentum und im Urchristentum, Tübingen 1994 (WUNT 73), 153-205

Funk, Franz Xaver, Der *Primat* der römischen Kirche nach Ignatius und Ire-näus, in: Ders., Kirchengeschichtliche Abhandlungen und Untersuchun-gen, Erster Band, Paderborn 1897, 1-23

Gianotto, Claudio, Art. *Florinus*, EECh I (1992), 328

Gilg, Arnold, *Weg* und Bedeutung der altkirchlichen Christologie, München ³1966 (ThB 4)

Gilliard, Frank D., The *Apostolicity* of Gallic Churches, HThR 68 (1975), 17-33

Glasson, T.F., The *Ensign* of the Son of Man (Matt. XXIV.30), JThS.NS 15 (1964), 299f

Glover, R., The Didache's Quotations and the Synoptic Gospels, *NTS* 5 (1958/59), 12-29

González Faus, José Ignacio, *Carne* de Dios. Significado salvador de la En-carnación en la teología de san Ireneo, Barcelona 1969

Good, Deirdre J., *Sophia* in Valentinianism, SecCen 4 (1984), 193-201

Grant, Robert M., *Patristica*, VigChr 3 (1949), 225-229

Grant, Robert M., Irenaeus and Hellenistic *Culture*, HThR 42 (1949), 41-51

Grant, Robert M., Gnostic Origins and the *Basilidians* of Irenaeus, VigChr 13 (1959), 121-125

Grant, Robert M., *Gnosticism* and Early Christianity, New York 1959 (LHR.NS 5)

Grant, Robert M., *Eusebius* and the Martyrs of Gaul, in: *Les martyrs de Lyon (177)*, 129-136

Grant, Robert M., *Carpocratians* and Curriculum: Irenaeus's Reply, HThR 79 (1986), 127-136

Grant, Robert M., *Heresy* and Criticism. The Search for Authenticity in Early Christian Literature, Westminster / Louisville 1993

Greer, Rowan A., The *Dog* and the Mushrooms. Irenaeus's View of the Valentinians Assessed, in: Bentley Layton (Hg.), Rediscovery I (1980), 146-171 (Diskussionsprotokoll der Tagung 171-175)

Grego, Igino, *Ireneo* e il simbolismo della croce, Asp. 40 (1993), 189-204

Greßmann, Hugo, Jüdisch-Aramäisches bei Epiphanius, ZNW 16 (1915), 191-197

Griffe, Elie, Le gnostique *Markos* est-il venu en Gaule?, BLE 54 (1953), 243-245

Grillmeier, Alois, *Jesus der Christus* im Glauben der Kirche. Band 1: Von der Apostolischen Zeit bis zum Konzil von Chalcedon (451), Freiburg u.a. 1979

Grillmeier, Alois, Der *Logos* am Kreuz. Zur christologischen Symbolik der älteren Kreuzigungsdarstellung, München 1956

Groß, Karl, *Menschenhand* und Gotteshand in Antike und Christentum. Aus dem Nachlaß hg. v. Wolfgang Speyer, Stuttgart 1985

Grossi, Vittorino, Art. *Cross/Crucifix*, EECh I (1992), 209f

Guida, Augusto, *Ireneo*, Contra haereses 3, 11, 8-9, VigChr 31 (1977), 240-243

Haardt, Robert, Die *Gnosis*. Wesen und Zeugnisse, Salzburg 1967

Haardt, Robert, *Schöpfer* und Schöpfung in der Gnosis. Bemerkungen zu ausgewählten Aspekten gnostischer Theodizeeproblematik, in: Karl-Wolfgang Tröger (Hg.), Altes Testament – Frühjudentum – Gnosis. Neue Studien zu „Gnosis und Bibel", Gütersloh (Berlin) 1980, 37-48

Hägglund, Bengt, Die *Bedeutung* der „regula fidei" als Grundlage theologischer Aussagen, StTh 12 (1958), 1-44

Halton, Thomas, Valentinian *Echoes* in Melito, Peri Pascha?, JThS.NS 20 (1969), 535-538

Hanson, Richard P.C., Art. *Amt* / Ämter / Amtsverständnis V. Alte Kirche, TRE 2 (1978), 533-552

Hanson, Richard P.C., Potentiorem principalitatem in Irenaeus, Adversus Haereses III 3,1, *StPatr 3* (= TU 78) (1961), 366-369

Harnack, Adolf von, Die *Lehre* der zwölf Apostel nebst Untersuchungen zur ältesten Geschichte der Kirchenverfassung und des Kirchenrechts, Leipzig 1884 (TU 2/1.2), ND Berlin 1991

Harnack, Adolf von, Das *Zeugniss* des Irenäus über das Ansehen der römischen Kirche, in: SPAW 1893 (Nr. XLI), 939-955

Harnack, Adolf von, *Analecta* zur ältesten Geschichte des Christentums im alten Rom, Leipzig 1905 (TU 28/2)

Harnack, Adolf von, Der *Presbyter-Prediger* des Irenäus (IV,27,1-32,1). Bruchstücke und Nachklänge der ältesten exegetisch-polemischen Homilieen, in: Philotesia. Paul Kleinert zum LXX. Geburtstag dargebracht von A. Harnack u.a., Berlin 1907, 1-37

Harnack, Adolf von, *Marcion*. Das Evangelium vom fremden Gott. Eine Monographie zur Geschichte der Grundlegung der katholischen Kirche, Leipzig 1921 (TU 45), ND Darmstadt 1985

Harnack, Adolf von, Die *Mission* und Ausbreitung des Christentums in den ersten drei Jahrhunderten, 4., verb. u. verm. Aufl. mit elf Karten, 2 Bd.e, Leipzig 1924

Harnack, Adolf von, *Lehrbuch* der Dogmengeschichte. Erster Band: Die Entstehung des kirchlichen Dogmas, Tübingen ⁵1931

Harnack, Adolf von, Geschichte der altchristlichen Literatur bis Eusebius. 2. Erweiterte Auflage mit einem Vorwort von Kurt Aland. Teil I: Die *Überlieferung* und der Bestand, *1.* und *2.* Halbband. Teil II: Die *Chronologie*. Band *1:* Die Chronologie der Literatur bis Irenäus nebst einleitenden Untersuchungen. Band *2:* Die Chronologie der Literatur von Irenäus bis Eusebius, Leipzig 1958³

Hauck, Albert, *Kirchengeschichte* Deutschlands, Erster Teil, Leipzig ²1898

Hauke, Manfred, *Heilsverlust* in Adam. Stationen griechischer Erbsündenlehre. Irenäus - Origenes - Kappadokier, Paderborn 1993 (KKTS 58)

Hauschild, Wolf-Dieter, *Gottes Geist* und der Mensch. Studien zur frühchristlichen Pneumatologie, München 1972 (BEvTh 63)

Hauschild, Wolf-Dieter, Christologie und Humanismus bei dem „Gnostiker" *Basilides*, ZNW 68 (1977), 67-92

Hefner, Philip, Theological *Methodology* and St. Irenaeus, JR 44 (1964), 294-309

Heinrici, Georg, Die valentinianische *Gnosis* und die Heilige Schrift. Eine Studie, Berlin 1871

---

3 Ich verwende für Harnacks Literaturgeschichte also folgende Kurztitel: *Überlieferung 1; Überlieferung 2; Chronologie 1; Chronologie 2.*

Hengel, Martin, *Mors* turpissima crucis. Die Kreuzigung in der antiken Welt und die „Torheit" des „Wortes vom Kreuz", in: Johannes Friedrich u.a. (Hg.), Rechtfertigung. FS für Ernst Käsemann zum 70. Geburtstag, Tübingen / Göttingen 1976, 125-184

Hengel, Martin, *Crucifixion*. In the ancient world and the folly of the message of the cross, Philadelphia ⁵1989

Hengel, Martin (unter Mitarbeit von Roland Deines), Die *Septuaginta* als „christliche Schriftensammlung", ihre Vorgeschichte und das Problem ihres Kanons, in: Ders. / Anna Maria Schemer, (Hg.), Die Septuaginta zwischen Judentum und Christentum, Tübingen 1994 (WUNT 72), 182-284

Hennecke, Edgar, XXXIX. *Apostellehre* (Didache), in: Ders. (Hg.), Neutestamentliche Apokryphen, Tübingen ²1924, 555-565

Herrmann, Johannes / Büchsel, Friedrich, Art. ἱλαστήριον, *ThWNT 3* (1938), 319-324

Hick, John, *Freedom* and the Irenaean Theodicy Again, JThS.NS 21 (1970), 419-422

Higgins, A.J.B., The Sign of the Son of Man (Matt. XXIV.30), *NTS 9*, 1962/63, 380-382

Hilgenfeld, Adolf, Die *Ketzergeschichte* des Urchristentums urkundlich dargestellt, Leipzig 1884 (ND Darmstadt 1963)

Hitchcock, F.R. Montgomery, Irenaeus of Lugdunum. A Study of His Teaching, Cambridge 1914

Hitchcock, F.R. Montgomery, Loofs' theory of Theophilus of Antioch as a source of Irenaeus, *JThS 38* (1937), 130-139.255-266

Hitchcock, F.R. Montgomery, Loofs' Asiatic Source (IQA) and the Ps-Justin De Resurrectione, *ZNW 36* (1937), 35-60

Hoffmann, Georg, Zwei *Hymnen* der Thomasakten, ZNW 4 (1903), 273-309

Hoffmann, Manfred, Der *Dialog* bei den christlichen Schriftstellern der ersten vier Jahrhunderte, Berlin 1966 (TU 96)

Hoh, Johann, Die *Lehre* des Hl. Irenäus über das Neue Testament, Münster 1919 (NTA VII/4-5)

Hoheisel, Karl, Das frühe Christentum und die *Seelenwanderung*, JAC 27/28 (1984/85), 24-46

Holstein, H., *La tradition* des apôtres chez Saint Irénée, RechSR 36 (1949), 229-270

Holzhausen, Jens, Gnosis und *Martyrium*. Zu Valentins viertem Fragment, ZNW 85 (1994), 116-131

Holzhausen, Jens, Der „Mythos vom Menschen" im hellenistischen Ägypten. Eine Studie zum „Poimandres" (= CH I), Valentin und dem gnostischen *Mythos*, Bodenheim 1994 (Theoph. 33)

Houssiau, Albert, *La christologie* de saint Irénée, Louvain/Gembloux 1955 (DGMTF, Series III Tom. 1)

Hübner, Reinhard M., Der antivalentinische *Charakter* der Theologie des Noët von Smyrna, in: H.C. Brennecke u.a. (Hg.), Logos. FS für Luise Abramowski zum 8. Juli 1993, Berlin 1993 (BZNW 67), 57-86

Hübner, Reinhard M., Die antignostische *Glaubensregel* des Noët von Smyrna (Hippolyt, Refutatio IX,10,9-12 und X,27,1-2) bei Ignatius, Irenaeus und Tertullian, MThZ 40 (1989), 279-311

Jaschke, Hans-Jochen, Der Heilige *Geist* im Bekenntnis der Kirche. Eine Studie zur Pneumatologie des Irenäus von Lyon im Ausgang vom altchristlichen Glaubensbekenntnis, Münster 1976 (MBTh 40)

Jaschke, Hans-Jochen, Das *Johannesevangelium* und die Gnosis im Zeugnis des Irenäus von Lyon, MThZ 29 (1978), 337-376

Jaschke, Hans-Jochen, Art. Irenäus von Lyon, *TRE 16* (1987), 258-268

Jenkins, D.E., The *Make-up* of Man according to St. Irenaeus, StPatr 6/4 (= TU 81) (1962), 91-95

Jeremias, Joachim, *Golgotha*, Leipzig 1926 (Angelos.B 1)

Jonas, Hans, *Gnosis* und spätantiker Geist. Erster Teil: Die mythologische Gnosis. Mit einer Einleitung zur Geschichte und Methodologie der Forschung, Göttingen ⁴1988 (FLRANT 51). Zweiter Teil: Von der Mythologie zur mystischen Philosophie Göttingen 1993 (FLRANT 159)[4]

Joppich, Godehard, *Salus* carnis. Eine Untersuchung in der Theologie des hl. Irenäus von Lyon, Münsterschwarzach 1965 (MüSt 1)

Kaestli, Jean-Daniel, *Valentinisme* italien et valentinisme oriental: leurs divergences à propos de la nature du corps de Jésus, in: Bentley Layton (Hg.), Rediscovery I (1980), 391-403

Kastner, Karl, *Irenäus* von Lyon und der römische Presbyter Florinus, Kath. 90 (= 4. Folge, Bd. IV) (1910), 40-54.88-105

Kastner, Karl, Zur Kontroverse über den angeblichen Ketzer *Florinus*, ZNW 13 (1912), 133-156

Kelly, John Norman Davidson, Reclams *Lexikon* der Päpste. Aus dem Englischen übersetzt von Hans-Christian Oeser, Stuttgart 1988

---

4 Ich zitiere Jonas, *Gnosis I*, (= FRLANT 51) bzw. *Gnosis II*, (FRLANT 159).

Kelly, John Norman Davidson, Altchristliche *Glaubensbekenntnisse*. Geschichte und Theologie, Göttingen ²1993 (UTB 1746)

Kemler, Herbert, Hegesipps römische *Bischofsliste*, VigChr 25 (1971), 182-196

Kereszty, Roch, The *Unity* of the Church in the Theology of Irenaeus, Sec Cen 4 (1984), 202-218

Kinzig, Wolfram, Καινὴ διαθήκη: The *Title* of the New Testament in the Second and Third Centuries, JThS.NS 45 (1994), 519-544

Kinzig, Wolfram, *Novitas* Christiana. Die Idee des Fortschritts in der Alten Kirche bis Eusebius, Göttingen 1994 (FKDG 58)

Kinzig, Wolfram / Markschies, Christoph / Vinzent, Markus: *Tauffragen* und Bekenntnis. Studien zur sogenannten Traditio Apostolica, zu den Interrogationes de fide und zum Römischen Glaubensbekenntnis, Berlin / New York 1999 (AKG 74)

Klauser, Theodor, Die Anfänge der römischen *Bischofsliste*, in: Ders., Gesammelte Arbeiten zur Liturgiegeschichte, Kirchengeschichte und christlichen Archäologie, hg. v. Ernst Dassmann, Münster 1974 (JAC.E 3), 121-137

Klebba, Ernst, Die *Anthropologie* des hl. Irenaeus. Eine dogmenhistorische Studie, Münster 1894 (KGS 2,3)

Kleist, James A., The Didache. The Epistle of Barnabas. The Epistles and the Martyrdom of St. Polycarp. The Fragments of Papias. The Epistle to Diognetus, London 1957 (ACW 6)

Kloppenborg, John S., Didache 16,6-8 and Special Matthaean Tradition, *ZNW 70* (1979), 54-67

Knopf, Rudolf, Die Lehre der zwölf Apostel. Die zwei Clemensbriefe, Tübingen 1920 *(HNT* Ergänzungsband 1)

Knox, Wilfred L., Irenaeus, Adv. Haer. 3. 3. 2, *JThS 47* (1946), 180-184

Ko Ha Fong, Maria, Crucem tollendo Christum sequi. Ein Logion Jesu in der Alten Kirche, Münster 1984 (MBTh 52)

Koch, Hugo, Die *Sündenvergebung* bei Irenäus, ZNW 9 (1908), 35-46

Koch, Hugo, Tertullian und der römisch Presbyter *Florinus,* ZNW 13 (1912), 59-83

Koep, Leo, Art. *Bischofsliste*, RAC 2 (1954), 407-415

Köhler, Wofl-Dietrich, Die *Rezeption* des Matthäusevangeliums in der Zeit vor Irenäus, Tübingen 1987 (WUNT II/24)

Koschorke, Klaus, Die *Polemik* der Gnostiker gegen das kirchliche Christentum. Unter besonderer Berücksichtigung der Nag-Hammadi-Traktate „Apokalypse des Petrus" (NHC VII,3) und „Testimonium Veritatis" (NHC IX,3), Leiden 1978 (NHS 12)

Koschorke, Klaus, Eine neugefundene gnostische *Gemeindeordnung*. Zum Thema Geist und Amt im frühen Christentum, ZThK 76 (1979), 30-60

Köster, Helmut, Synoptische *Überlieferung* bei den Apostolischen Vätern, Berlin 1957 (TU 65)

Kraft, Heinrich, Die Lyoner Märtyrer und der *Montanismus*, in: Ernst Dassmann / Karl Suso Frank (Hg.), Pietas. FS für Bernhard Kötting, Münster 1980 (JAC.E 8), 250-266

Kraus, Wolfgang, Der *Tod* Jesu als Heiligtumsweihe. Eine Untersuchung zum Umfeld der Sühnevorstellung in Römer 3,25-26a, Neukirchen-Vluyn 1991 (WMANT 66)

Kretschmar, Georg, Studien zur frühchristlichen *Trinitätstheologie*, Tübingen 1956 (BHTh 21)

Kretschmar, Georg, Die „*Selbstdefinition*" der Kirche im 2. Jahrhundert als Sammlung um das apostolische Evangelium, in: Josef Schreiner / Klaus Wittstadt (Hg.), Communio Sanctorum. Einheit der Christen – Einheit der Kirche. FS für Bischof P.-W. Scheele, Würzburg 1988, 105-131

Kuhn, Heinz-Wolfgang, Jesus als Gekreuzigter in der frühchristlichen Verkündigung bis zur Mitte des 2. Jahrhunderts, *ZThK 72* (1975), 1-46

Kuhn, Heinz-Wolfgang, Der Gekreuzigte von *Givʿat hat-Mivtar*, in: Carl Andresen / Günter Klein (Hg.), Theologia Crucis – Signum Crucis. FS für E. Dinkler zum 70. Geburtstag, Tübingen 1979, 303-334

Kuhn, Heinz-Wolfgang, Art. Kreuz II. Neues Testament und frühe Kirche (bis vor Justin), *TRE 19* (1990) 713-725

Kuhn, Heinz-Wolfgang, Die *Kreuzesstrafe* während der frühen Kaiserzeit. Ihre Wirklichkeit und Wertung in der Umwelt des Urchristentums, in: ANRW II 25.1, Berlin / New York 1982, 648-793

Kühneweg, Uwe, Das neue *Gesetz*. Zur christlichen Selbstdefinition im 2. Jahrhundert, StPatr 21 (1989), 129-136

Lampe, Peter, Die stadtrömischen *Christen* in den ersten beiden Jahrhunderten. Untersuchungen zur Sozialgeschichte, Tübingen 1987 (WUNT II/18)

Langerbeck, Hermann, Das *Problem* der Gnosis als Aufgabe der klassischen Philologie in: Ders., Aufsätze zur Gnosis. Aus dem Nachlaß hg. v. Hermann Dörries, Göttingen 1967 (AAWG.PH 69), 17-37

Langerbeck, Hermann, Die *Anthropologie* der alexandrinischen Gnosis. Interpretationen zu den Fragmenten des Basilides und Valentinus und ihrer Schulen bei Clemens von Alexandrien und Origenes, in: Aufsätze zur Gnosis, 38-82

Langerbeck, Hermann, Zur *Auseinandersetzung* von Theologie und Gemeindeglauben in der römischen Gemeinde in den Jahren 135-165, in: Aufsätze zur Gnosis, 167-179

Lanne, Emile, *Cherubim* et Seraphim. Essai d'interprétations du chapitre X de la Démonstration de Saint Irénée, RSR 43 (1955), 524-535

Lanne, Emile, *L'Eglise* de Rome „a gloriosissimis duobus apostolis Petro et Paulo Romae fundatae et constitutae ecclesiae" (Adv. Haer. III,3,2): Irén. 49 (1976), 275-322

Layton, Bentley (Hg.), The *Rediscovery* of Gnosticism. Proceedings of the International Conference on Gnosticism at Yale New Haven, Connecticut, March 28-31, 1978, Volume *I.* The School of Valentinus; Volume *II.* Sethian Gnosticism, Leiden 1980/81 (SHR 41)

Le Boulluec, Alain, *La notion* d'hérésie dans la littérature grecque IIᵉ-IIIᵉ siècles). Tome I: De Justin à Irénée, Paris 1985 (EAug)

Le Boulluec, Alain, *L'écriture* comme norme hérésiologique dans les controverses des IIe et IIIe siècles (domaine grec), in: Georg Schöllgen / Clemens Scholten (Hg.), Stimuli. Exegese und ihre Hermeneutik in Antike und Christentum. FS für Ernst Dassmann, Münster 1996 (JAC.E 23), 66-76

Lebourlier, Jean, Le problème de l'Adversus Haereses, III,3,2 de S. Irénée, RSPhTh 43 (1959), 261-272

Leclercq, Henri, Art. Croix (Signe de la), DACL III/2 (1914), Sp. 3139-3144

Leclercq, Henri, Art. *Croix* et Crucifix, DACL III/2 (1914), Sp. 3045-3131

Leisegang, Hans, Die *Gnosis,* Leipzig 1924 (KTA 32)

Lerch, David, Isaaks *Opferung* christlich gedeutet. Eine auslegungsgeschichtliche Untersuchung, Tübingen 1950 (BHTh 12)

Les martyrs de Lyon (177). Lyon, 20-23 Septembre 1977, Paris 1978 (Colloques international du Centre National de la Recherche Scientifique N° 575)

Liébaert, Jacques, *Christologie.* Von der Apostolischen Zeit bis zum Konzil von Chalcedon (451) mit einer biblisch-christologischen Einleitung von P. Lamarche, Freiburg u.a. 1965 (HDG 3/1a)

Lietzmann, Hans, Geschichte der Alten Kirche, 4./5. Aufl. in einem Band, Berlin / New York 1975

Lindemann, Andreas, *Paulus* im ältesten Christentum. Das Bild des Apostels und die Rezeption der paulinischen Theologie in der frühchristlichen Literatur bis Marcion, Tübingen 1979 (BHTh 58)

Lindemann, Andreas, Der *Epheserbrief,* Zürich 1985 (ZBK.NT 8)

Lindemann, Andreas, Der *Apostel Paulus* im 2. Jahrhundert, in: Jean-Marie Sevrin (Hg.), The New Testament in Early Christianity. La réception des écrits néotestamentaires dans le christianisme primitif, Leuven 1989, (BEThL 86), 39-67

Lipsius, Richard A., *Valentinus* und seine Schule, JPTh 13 (1887), 585-658

Loewe, William, Irenaeus' Soteriology: Transposing the *Question*, in: Timothy P. Fallon / Philip Boo Riley (Hg.), Religion and culture: Essays in Honor of Bernard Lonergan, Albany 1987, 167-179

Loewenich, Walther von, Das *Johannes-Verständnis* im zweiten Jahrhundert, Gießen 1932 (BZNW 13)

Lof, Laurens J. van der, The „Prophet" *Abraham* in the Writings of Irenaeus, Tertullian, Ambrose and Augustine, Aug(L) 44 (1994), 17-29

Logan, Alastair H.B., Gnostic *Truth* and Christian Heresy. A Study in the History of Gnosticism, Edinburgh 1996

Lohfink, Gerhard, „Schwerter zu Pflugscharen". Die *Rezeption* von Jes 2,1-5 par Mi 4,1-5 in der Alten Kirche und im Neuen Testament, ThQ 166 (1986), 184-209

Lohmann, Theodor, Die „*Mitte* der Welt" im Glauben der Völker, in: Ders. (Hg.), Tagung für allgemeine Religionsgeschichte 1963. Veranstaltet vom Institut für allgemeine Religionsgeschichte der Theologischen Fakultät an der Friedrich-Schiller-Universität Jena, Sonderheft der wissenschaftlichen Zeitschrift der Friedrich-Schiller-Universität, Jena 1963, 121-132

Lohmann, Hans, *Drohung* und Verheißung. Exegetische Untersuchungen zur Eschatologie bei den Apostolischen Vätern, Berlin / New York 1989 (BZNW 55)

Löhr, Winrich A., Der *Brief* der Gemeinden von Lyon und Vienne (Eusebius, h.e. V, 1-2(4)), in: Damaskinos Papandreou u.a. (Hg.), Oecumenica et Patristica, FS für Wilhelm Schneemelcher zum 75. Geburtstag, Stuttgart u.a. 1989, 135-149

Löhr, Winrich A., *Karpokratianisches*, VigChr 49 (1995), 23-48

Löhr, Winrich A., *La doctrine* de Dieu dans La lettre à Flora de Ptolémée, RHPhR 75 (1995), 177-191

Löhr, Winrich A., Die *Auslegung* des Gesetzes bei Markion, den Gnostikern und den Manichäern, in: Georg Schöllgen / Clemens Scholten (Hg.), Stimuli. Exegese und ihre Hermeneutik in Antike und Christentum. FS für Ernst Dassmann, Münster 1996 (JAC.E 23), 77-95

Löhr, Winrich A., *Basilides* und seine Schule. Eine Studie zur Theologie- und Kirchengeschichte des zweiten Jahrhunderts, Tübingen 1996 (WUNT 83)

Loofs, Friedrich, *Theophilus* von Antiochien Adversus Marcionem und die anderen theologischen Quellen bei Irenäus, Leipzig 1930 (TU 46/2)

Loofs, Friedrich, *Leitfaden* zum Studium der Dogmengeschichte. Erster Teil: Dogmengeschichte der alten Kirche bis zur Ausbildung der griechischen Orthodoxie, 5., durchges. Aufl. hg. v. Kurt Aland, Halle (Saale) 1951

Lüdemann, Gerd, *Untersuchungen* zur simonianischen Gnosis, Göttingen 1975 (GTA 1)

Lüdemann, Gerd, Zur *Geschichte* des ältesten Christentums in Rom I.: Valentin und Markion; II.: Ptolemäus und Justin, ZNW 70 (1979), 86-114

Lüdtke, W., Bemerkungen zum „Erweis" des Irenaeus, ZKG 35 (1914), 255-260

Lundström, Sven, Studien zur lateinischen Irenäusübersetzung, Lund 1943

Lundström, Sven, *Neue Studien* zur lateinischen Irenäusübersetzung, Lund 1948 (AUL.NF 44/8)

Lundström, Sven, Die Überlieferung der lateinischen Irenaeusübersetzung, Uppsala 1985 (SLatU 18)

Maiburg, Ursula, „Und bis an die Grenzen der Erde ...". Die *Ausbreitung* des Christentums in den Länderlisten und deren Verwendung in Antike und Christentum, JAC 26 (1983), 38-53

Mambrino, Jean, „Les *Deux Mains* de Dieu" dans l'œuvre de saint Irénée, NRTh 79 (1957), 355-370

Markham, Veronica, The Idea of *Reparation* in St. Irenaeus and his Contemporaries, StPatr 6/4 (= TU 81) (1962), 141-146

Markschies, Christoph, *Art. Gnosis/Gnostizismus,* NBL 1 (1991), Sp. 868-871

Markschies, Christoph, *Valentinus* Gnosticus? Untersuchungen zur valentinianischen Gnosis mit einem Kommentar zu den Fragmenten Valentins, Tübingen 1992 (WUNT 65)

Markschies, Christoph, Das *Problem* des historischen Valentin – Neue Forschungen zu Valentinus Gnosticus, StPatr 24 (1993), 382-389

Markschies, Christoph, Die *Krise* einer philosophischen Bibeltheologie in der Alten Kirche oder: Valentin und die valentinianische Gnosis zwischen philosophischer Bibelinterpretation und mythologischer Häresie, in: Alexander Böhlig / Christoph Markschies, Gnosis und Manichäismus. Forschungen und Studien zu Texten von Valentin und Mani sowie zu den Bibliotheken von Nag Hammadi und Medinet Madi, Berlin / New York 1994 (BZNW 72), 1-37

Markschies, Christoph, Alte und neue Texte und *Forschungen* zu Valentin und den Anfängen der „valentinianischen" Gnosis – Von J.E. Grabe und

F.C Baur bis B. Aland, in: Böhlig / Markschies, Gnosis und Manichäismus, 39-111

Markus, R. A., *Pleroma* and Fulfilment. The Significance of History in St. Irenaeus' Opposition to Gnosticism, VigChr 8 (1954), 193-224

Marrou, Henri-Irénée, *Le témoignage* de saint Irénée sur l'eglise de Rome, in (u. zit. nach): Ders., Christiana tempora. Mélanges d'histoire, d'archéologie, d'épigraphie et de patristique, Rom 1978 (CEFR 35), 323-329

May, Gerhard, *Schöpfung* aus dem Nichts. Die Entstehung der Lehre von der creatio ex nihilo, Berlin / New York 1978 (AKG 48)

May, Gerhard, Die *Einheit* der Kirche bei Irenäus, in: Wolf-Dieter Hauschild u.a. (Hg.), Kirchengemeinschaft – Anspruch und Wirklichkeit, FS für Georg Kretschmar zum 60. Geburtstag, Stuttgart 1986, 69-81

May, Gerhard, *Marcion* in Contemporary Views: Results and Open Questions, SecCen 7 (1989/90), 129-151

McCue, James F., The Roman *Primacy* in the Second Century and the Problem of the Development of Dogma, ThSt 25 (1964), 161-196

McCue, James F., *Orthodoxy* and Heresy: Walter Bauer and the Valentinians, VigChr 33 (1979), 118-130

McCue, James F., Conflicting *Versions* of Valentinianism? Irenaeus and the Excerpta ex Theodoto, in: Bentley Layton (Hg.), Rediscovery I (1980), 404-416

McGuire, Anne M., *Valentinus* and the Gnōstikē Hairesis: Irenaeus, *Haer.* I.xi.1 and the Evidence of Nag Hammadi, StPatr 18/1 (1985), 247-252

McHugh, John, A *Reconsideration* of Ephesians 1,10b in the Light of Irenaeus, in: M.D. Hooker / S.G. Wilson, Paul and Paulinism. Essays in honour of C.K. Barrett, London 1982, 302-309

McRay, J.R., *Charismata* in the Second Century, StPatr 12 (= TU 115) (1975), 232-237

Mees, Michael, Isaaks *Opferung* in frühchristlicher Sicht, von Clemens Romanus bis Clemens Alexandrinus, Aug. 28 (1988), 259-272

Méhat, André, Saint Irénée et les charismes, *StPatr 17,2,* (1982), 719-724

Meijering, E.P., Irenaeus' *Relation* to Philosophy in the Light of his Concept of Free Will, in: W. den Boer u.a. (Hg.), Romanitas et Christianitas. Studia Jano Henrico Waszink A.D. VI Kal. Nov. A. MCMLXXIII XIII lustra complenti oblata, Amsterdam / London 1973,

Meinhold, Peter, Art. *Polykarpos.* 1) P. von Smyrna, der Polykarpbrief, Polycarpiana, PRE 21 (1952), Sp. 1662-1693

Michaelis, Wilhelm, *Zeichen,* Siegel, Kreuz. Ein Ausschnitt aus der Bedeutungsgeschichte biblischer Begriffe, ThZ 12 (1956), 505-525

Minns, Denis P., The Will of the Father and the Obedience of the Son in the Writings of Justin Martyr and Irenaeus, Ph.D. diss. Oxford 1984 (war mir nicht zugänglich)

Mitros, Joseph F., The *Norm* of Faith in the Patristic Age, jetzt in (u. zit. nach): Everett Ferguson (Hg.), Orthodoxy, Heresy, and Schism in Early Christianity (= E. Ferguson u.a. [Hg.], Studies in Early Christianity. A Collection of Scholarly Essays Vol. IV, New York / London 1993, 78-105

Moll, Helmut, Die Lehre von der *Eucharistie* als Opfer. Eine dogmengeschichtliche Untersuchung vom Neuen Testament bis Irenäus von Lyon, Köln / Bonn 1975 (Theoph. 26)

Molland, Einar, Irenaeus of Lugdunum and the Apostolic *Succession*, JEH 1 (1950), 12-28

Mühlenberg, Ekkehard, Art. *Basilides*, TRE 5 (1980), 296-301

Müller, Karl, Beiträge zum Verständnis der valentinianischen *Gnosis* I-IV, in: NGWG.PH 1920, 179-242

Müller, Karl, Kleine *Beiträge* zur Kirchengeschichte, ZNW 23 (1924), 214-247

Müller, Ulrich B., Apokalyptische *Strömungen,* in: Jürgen Becker u.a., Die Anfänge des Christentums. Alte Welt und neue Hoffnung, Stuttgart u.a. 1987, 217-254

Murray, Sister Charles, Art. Kreuz III. Alte Kirche, *TRE 19* (1990), 726-732

Nagel, Peter, Die Auslegung der *Paradieserzählung* in der Gnosis, in: Karl-Wolfgang Tröger (Hg.), Altes Testament – Frühjudentum – Gnosis. Neue Studien zu „Gnosis und Bibel", Gütersloh (Berlin) 1980, 49-70

Nautin, Pierre, Irénée „Adu. haer." III,3,2 église de Rome ou église universelle?, *RHR 151* (1957), 37-78

Nautin, Pierre, Patristica II. *Lettres* et écrivains chrétiens des IIe et IIIe siècles, Paris 1961

Neumann, Johannes, Art. *Bischof* I. Das katholische Bischofsamt, TRE 6 (1980), 653-682

Neymeyr, Ulrich, Christliche Lehrer im 2. Jahrhundert. Ihre Lehrtätigkeit, ihr Selbstverständnis und ihre Geschichte, *StPatr 21* (1989), 158-162

Neymeyr, Ulrich, Die christlichen *Lehrer* im zweiten Jahrhundert. Ihre Lehrtätigkeit, ihr Selbstverständnis und ihre Geschichte, Leiden u.a. 1989 (SVigChr 4)

Niederwimmer, Kurt, Die *Didache*, Göttingen 1989 (KAV 1)

Nielsen, Jan T., *Adam* and Christ in the Theology of Irenaeus of Lyons. An examination of the function of the Adam-Christ typology in the Adversus

Haereses of Irenaeus, against the background of Gnosticism of his time, Assen 1968 (GTB 40)

Noormann, Rolf, Irenäus als *Paulusinterpret*. Zur Rezeption und Wirkung der paulinischen und deuteropaulinischen Briefe im Werk des Irenäus von Lyon, Tübingen 1994 (WUNT II/66)

Normann, Friedrich, Christos *Didaskalos*. Die Vorstellung von Christus als Lehrer in der christlichen Literatur des ersten und zweiten Jahrhunderts, Münster 1967 (MBTh 32)

Norris, Richard A., *Irenaeus* and the Gnostic Problem, in: ders., God and World in Early Christian Theology. A Study in Justin Martyr, Irenaeus, Tertullian and Origen, London 1966, 57-80 (SPT)

Norris, Richard A., The *Transcendence* and Freedom of God: Irenaeus, the Greek Tradition and Gnosticism, in: William R. Schoedel / Robert M. Wilken (Hg.), Early Christian Literature and the Classical Intellectual Tradition. In honorem Robert M. Grant, Paris 1979 (ThH 54), 87-100

Norris, Richard A., *Theology* and Language in Irenaeus of Lyon, AThR 76 (1994) 285-295

Ochagavía, Juan, *Visibile* patris filius. A Study of Irenaeus' Teaching on Revelation and Tradition, Rom 1964 (OCA 171)

Ohlig, Karl-Heinz, Die theologische *Begründung* des neutestamentlichen Kanons in der Alten Kirche, Düsseldorf 1972 (KBANT)

Orbe, Antonio, *Los primeros herejes* ante la persecución. Estudios Valentinianos 5, Rom 1956 (AnGr 83 [SFT Sectio A (n. 15)])

Orbe, Antonio, Hacia la primera Teología de la *Procesión* del Verbo. Estudios Valentinianos I/1-2, Rom 1958 (AnGr 94 [SFT Sectio A (n. 17)])

Orbe, Antonio, *Parábolas* evangélicas en San Ireneo, 2 Bd.e, Madrid 1972 (BAC minor 331 & 332)

Orbe, Antonio, San Ireneo y la doctrina de la *reconciliación,* Gr. 61 (1980), 5-50

Orbe, Antonio, *Cinco exegesis* ireneanas de Gen 2,17^b adv. haer. V 23,1-2, Gr. 62 (1981) 75-113

Orbe, Antonio, *La Virgen* María de la virgen Eva (En torno a s. Ireneo, adv. haer. V,19,1), Gr. 63 (1982), 453-506

Orbe, Antonio, *Visión* del Padre e incorruptela según san Ireneo, Gr. 64 (1983), 199-241

Orbe, Antonio, *Teología* de San Ireneo I.II.III. Comentario al Libro V del „Adversus haereses", Madrid 1985/87/88 (BAC maior 25; 29; 33)

Orbe, Antonio, *El Dios* revelado por el Hijo. Análisis de Ireneo, Adv. haer. IV,6, Aug. 32 (1992), 5-50

Orbe, Antonio, Art. *Irenaeus,* EECh I (1992), 413-416

Orbe, Antonio, *Gloria* Dei vivens homo (Análisis de Ireneo, adv. haer. IV, 20,1-7), Gr. 73 (1992), 205-268

Orbe, Antonio, *Los hechos* de Lot, mujer e hijas vistos por san Ireneo (adv. haer. IV,31,1, 15/3, 71), Gr. 75 (1994), 37-64

Orbe, Antonio, En torno a una noticia sobre *Policarpo* (Ireneo, adversus haereses III,3,4), Aug. 35 (1995), 597-604

Overbeck, Winfried, *Menschwerdung.* Eine Untersuchung zur literarischen und theologischen Einheit des fünften Buches „Adversus Haereses" des Irenäus von Lyon, Bern u.a. 1995 (BSHST 61)

Pagels, Elaine Hiesey, Conflicting *Versions* of Valentinian Eschatology: Irenaeus' Treatise vs. the Excerpts from Theodotus, HThR 67 (1974), 35-53

Pagels, Elaine Hiesey, The *Gnostic Paul.* Gnostic Exegesis of the Pauline Letters, Philadelphia 1975

Pagels, Elaine Hiesey, Gnostic and Orthodox *Views* of Christ's Passion: Paradigms vor the Christian's Response to Persecution?, in: Bentley Layton (Hg.), Rediscovery I (1980), 262-283 (Diskussionsprotokoll der Tagung 283-288)

Painchaud, Louis, The *Use* of Scripture in Gnostic Literature, Journal of Early Christian Studies 4/2 (1996), 129-146

Patterson, L.G., Irenaeus and the Valentinians: The *Emergence* of a Christian Scriptures, StPatr 18/3 (1989), 189-220

Perkins, Pheme, Ireneus and the Gnostics. *Rhetoric* and Composition in Adversus Haereses Book One, VigChr 30 (1976), 193-200

Perkins, Pheme, Ordering the *Cosmos:* Irenaeus and the Gnostics, in: Charles W. Hedrick / Robert Hodgson Jr. (Hg.), Nag Hammadi, Gnosticism, and Early Christianity, Peabody (Mass.) 1986, 221-238

Perler, Othmar, *Typologie* der Leiden des Herrn in Melitons Peri Pascha, in: Patrick Granfield / Josef A. Jungmann (Hg.), Kyriakon. FS Johannes Quasten, Vol. I, Münster 1970, 256-265

Peterson, Erik, *Frühkirche,* Judentum und Gnosis. Studien und Untersuchungen, Rom u.a. 1959

Pokorný, Petr, Der Brief des Paulus an die *Epheser,* Leipzig 1992 (ThHK 24)

Poupon, Gérard, Les „Actes de Pierre" et leur remaniement, in: ANRW II. 25.6, Berlin / New York 1988, 4363-4383

Powell, Douglas, *Ordo* Presbyterii, JThS.NS 26 (1975), 290-328

Prieur, Jean-Marc / Schneemelcher, Wilhelm, 1. *Andreasakten,* in: NTApo II⁵, 93-137

Prümm, Karl, Zur Terminologie und zum Wesen der christlichen *Neuheit* bei Irenäus, in: Theodor Klauser / Adolf Rücker (Hg.), Pisciculi. Studien zur Religion und Kultur des Altertums (FS Franz Joseph Dölger zum 60. Geb.), Münster 1939, 192-219

Puech, Henri-Charles / Blatz, Beate, IX. Andere gnostische *Evangelien* und verwandte Literatur, in: NTApo I⁶, 285-329

Quasten, Johannes, *Patrology.* Vol. I. The Beginnings of Patristic Literature, Utrecht / Antwerpen 1950 (ND 1975)

Quinn, Jerome D., „*Charisma* veritatis certum": Irenaeus, Adversus haereses 4,26,2, ThSt 39 (1978), 520-525

Quispel, Gilles, The original *doctrine* of Valentine, VigChr 1 (1947), 43-73

Quispel, Gilles, Gnosis als *Weltreligion,* Zürich 1951

Quispel, Gilles, Valentinian Gnosis and the *Apocryphon* of John, in: Bentley Layton (Hg.), Rediscovery I (1980), 118-127 (Diskussionsprotokoll der Tagung 128-132)

Quispel, Gilles, *Valentinus* and the Gnostikoi, VigChr 50 (1996), 1-4

Rahner, Hugo, *Symbole* der Kirche. Die Ekklesiologie der Väter, Salzburg 1964

Rahner, Hugo, Griechische *Mythen* in christlicher Deutung. Mit 11 Kunstdrucktafeln, Zürich ³1966

Ramos-Lissón, Domingo, *Le rôle* de la femme dans la théologie de saint Irénée, StPatr 21 (1989), 163-174

Reijners, G. Quirinius, The *Terminology* of the Holy Cross in Early Christian Literature as Based upon Old Testament Typology, Nijmegen 1965 (GCP 2)

Reijners, G. Quirinius, Das Wort vom Kreuz. Kreuzes- und Erlösungssymbolik bei Origenes, Köln / Wien 1983 (BoBKG 13)

Rengstorf, Karl Heinrich, Art. σημεῖον κτλ., ThWNT 7 (1964), 199-268

Renoux, Charles, *Crucifié* dans la création entière (Adversus Haereses V 18,3). Nouveaux fragments arméniens d'Irénée de Lyon, BLE 77 (1976), 119-122

Resch, Alfred, *Agrapha.* Aussercanonische Schriftfragmente. Gesammelt und untersucht und in zweiter, völlig neu bearbeiteter, durch alttestamentliche Agrapha vermehrter Aufl. hg. v. A.R., Leipzig 1906 (TU 30/3-4), ND Darmstadt 1974

3000

Ritter, Adolf Martin, Art. Glaubensbekenntnis(se) V. Alte Kirche, *TRE 13* (1984), 399-412

Robert, René, *Le témoignage* d'Irénée sur la formation des évangiles, RThom 95 (1987), 243-259

Roldanus, Johannes, *L'héritage* d'Abraham d'après Irénée, in: T. Baarda u.a. (Hg.), Text and Testimony. Essays on New Testament and Apocryphal Literature in Honour of FS A.F.J. Klijn, Kampen 1988, 212-224

Roloff, Jürgen, Art. ἱλαστήριον, *EWNT II* (²1992), Sp. 455-457

Roloff, Jürgen, Art. *Amt / Ämter / Amtsverständnis IV.* Im Neuen Testament, TRE 2 (1978), 509-533

Rordorf, Willy, Was heißt: *Petrus* und Paulus haben die Kirche in Rom „gegründet"? Zu Irenäus, Adv. haer. III,1,1; 3,2.3, in: Johannes Brantschen / Peitro Selvatico (Hg.), Unterwegs zur Einheit, FS für Heinrich Stirnimann, Fribourg u.a. 1980, 609-616

Rousseau, Adelin, *Le Verbe* „imprimé en forme de croix dans l'univers": à propos de deux passages de saint Irénée, in: Armeniaca. Mélanges d'études arméniennes. Publiés à l'occasion du 250ᵉ anniversaire d l'entrée des pères Mekhitaristes dans l'île Saint-Lazare (Venise), Ile de Saint-Lazare (Venise) 1969, 67-82

Rousseau, Adelin, *La doctrine* de saint Irénée sur la préexistence du Fils de Dieu dans Dem. 43, Muséon 84 (1971), 5-42

Rudolph, Kurt, *Sophia* und Gnosis. Bemerkungen zum Problem „Gnosis und Frühjudentum", in: Karl-Wolfgang Tröger (Hg.), Altes Testament – Frühjudentum – Gnosis. Neue Studien zu „Gnosis und Bibel", Gütersloh (Berlin) 1980, 221-237

Rudolph, Kurt, Die *Gnosis.* Wesen und Geschichte einer spätantiken Religion, Göttingen ³1994 (UTB 1577)

Sagnard, François-M.-M., *La gnose* valentinienne et le témoignage de Saint Irénée, Paris 1947 (EPhM 36)

Schäferdiek, Knut, *Herkunft* und Interesse der alten Johannesakten, ZNW 74 (1983), 247-267

Scharl, Emmeran, *Recapitulatio* mundi. Der Rekapitulationsbegriff des heiligen Irenäus und seine Anwendung auf die Körperwelt, Freiburg i.Br. 1941 (FThSt 60)

Schenk, Wolfgang, *Textverarbeitung* in Frühjudentum, Frühkirche und Gnosis, in: Karl-Wolfgang Tröger (Hg.), Altes Testament – Frühjudentum – Gnosis. Neue Studien zu „Gnosis und Bibel", Gütersloh (Berlin) 1980, 299-313

Schenke, Hans-Martin, Der *Gott* „Mensch" in der Gnosis. Ein religionsge-schichtlicher Beitrag zur Diskussion über die paulinische Anschauung von der Kirche als Leib Christi, Göttingen 1962

Schenke, Hans-Martin, Die *Relevanz* der Kirchenväter für die Erschließung der Nag-Hammadi-Texte, in: Johannes Irmscher / Kurt Treu (Hg.), Das Korpus der Griechischen Christlichen Schriftsteller. Historie, Gegenwart, Zukunft, Berlin 1977 (TU 120), 209-218

Schenke, Hans-Martin, The *Problem* of Gnosis, SecCen 3 (1983), 73-87

Schenke, Hans-Martin, Art. *Nag Hammadi*, TRE 23 (1994), 731-736

Schenke, Hans-Martin, *Rezension* zu Markschies, Valentinus Gnosticus?, JAC 38 (1995), 173-177

Schlarb, Robert, *Wir sind mit Christus begraben*. Die Auslegung von Römer 6,1-11 im Frühchristentum bis Origenes, Tübingen 1990 (BGBE 31)

Schlier, Heinrich, Art. ἀνακεφαλαιόομαι, Th WNT 3, (1938) 681f

Schmidt, Carl, Irenaeus und seine *Quelle* in adv. haer. 1,29, in: Philotesia. Paul Kleinert zum LXX. Geburtstag dargebracht von A. Harnack u.a., Berlin 1907, 315-336

Schmidt, Karl Horst, *Gallien* und Britannien, in: Günter Neumann / Jürgen Untermann (Hg.), Die Sprachen im römischen Reich der Kaiserzeit. Kol-loquium vom 8. bis 10. April 1974, Köln / Bonn 1980 (BoJ.B 40), 19-44

Schmidt, Wolfgang, Die *Kirche* bei Irenäus, Helsingfors 1934

Schnackenburg, Rudolf, Der Brief an die Epheser, Zürich u.a. 1982 (*EKK 10*)

Schneemelcher, Wilhelm, *Paulus* in der griechischen Kirche des zweiten Jahrhunderts, ZKG 75 (1964), 1-20

Schneider, Johannes, Art. ξύλον, Th WNT 5 (1954), 36-40

Schneider, Johannes, Art. σταυρός κτλ., Th WNT 7, (1964) 572-584

Schneider Berrenberg, Ruediger, Kreuz, Kruzifix: Eine Bibliographie, Mün-chen 1973

Schoedel, William R., *Philosophy* and Rhetoric in the Adversus Haereses of Irenaeus, VigChr 13 (1959), 22-32

Schoedel, William R., Theological *Method* in Irenaeus (Adversus Haereses 2.25-28), JThS.NS 35 (1984), 31-49

Schöllgen, Georg, Die Didache als *Kirchenordnung*. Zur Frage des Abfas-sungszweckes und seinen Konsequenzen für die Interpretation, JAC 29 (1986), 5-26

Schöllgen, Georg, *Probleme* der frühchristlichen Sozialgeschichte. Einwände gegen Peter Lampes Buch über „Die stadtrömischen Christen in den ersten beiden Jahrhunderten", JAC 32 (1989), 23-40

Scholten, Clemens, *Martyrium* und Sophiamythos im Gnostizismus nach den Texten von Nag Hammadi, Münster 1987 (JAC.E 14)

Schottroff, Luise, Animae naturaliter salvandae. Zum Problem der himmlischen *Herkunft* des Gnostikers, in: Walther Eltester (Hg.), Christentum und Gnosis, Berlin 1969 (BZNW 37), 65-97

Schreckenberg, Heinz, Die christlichen *Adversus-Judeaos-Texte* und ihr literarisches und historisches Umfeld (1.-11.Jh.), Bern / Frankfurt a.M. ³1995 (EHS.T 172)

Schultz, D.R., The *Origin* of Sin in Irenaeus an Jewish Pseudepigraphical Literature, VigChr 32 (1978), 161-190

Schwager, Raymund, Der Gott des Alten Testaments und der Gott des Gekreuzigten. Eine Untersuchung zur Erlösungslehre bei *Markion* und Irenäus, ZKTh 102 (1980), 289-313

Schwanz, Peter, *Imago* Dei als christologisch-anthropologisches Problem in der Geschichte der Alten Kirche von Paulus bis Clemens von Alexandrien, Halle (Saale) 1970 (AKGRW 2)

Schwarte, Karl-Heinz, Art. Apokalyptik/Apokalypsen V. Alte Kirche, *TRE* 3 (1978), 257-275

Schweizer, Eduard, Matthäus und seine *Gemeinde*, Stuttgart 1974 (SBS 71)

Schwemer, Anna Maria, Studien zu den Prophetenlegenden *Vitae Prophetarum*. Band *I*: Die Viten der großen Propheten Jesaja, Jeremia, Ezechiel und Daniel. Einleitung, Übersetzung und Kommentar, Tübingen 1995 (TSAJ 49)

Schwemer, Anna Maria, Studien zu den Prophetenlegenden *Vitae Prophetarum*. Band *II*: Die Viten der kleinen Propheten und der Propheten aus den Geschichtsbüchern. Übersetzung und Kommentar, Tübingen 1996 (TSAJ 50)

Schwemer, Anna Maria, Prophet, Zeuge und *Märtyrer*. Zur Entstehung des Märtyrerbegriffs im frühesten Christentum, ZthK 96 (1999), 320-350

Seeberg, Reinhold, *Lehrbuch* der Dogmengeschichte. Erster Band: Die Anfänge des Dogmas im nachapostolischen und altkatholischen Zeitalter. 3., vermehrte und verbesserte Aufl., Leipzig / Erlangen 1922

Sesboüé, Bernard, La preuve par les *Ecritures* chez S. Irénée; à propos d'un texte difficile du Livre III de l'Adversus Haereses, NRTh 103 (1981), 872-887

Sieper, Johanna, Das *Mysterium* des Kreuzes in der Typologie der alten Kirche, Kyrios 9 (1969), 1-30.65-82

Simonetti, Manlio, Biblical *Interpretation* in the Early Church. An Historical Introduction to Patristic Exegesis. Translator John A. Hughes. Editors Anders Bergquist and Markus Bockmuehl, Edinburgh 1994

Skarsaune, Oskar, The *Proof* from Prophecy. A Study in Justin Martyr's Proof-Text Tradition: Text-Type, Provenance, Theological Profile, Leiden 1987 (NT.S 56)

Skeat, T.C., Irenaeus and the Four-Gospel *Canon*, NT 34 (1992), 194-199

Slusser, Michael, Art. *Martyrium* III. Christentum, III/1. Neues Testament/ Alte Kirche, TRE 22 (1992), 207-212

Slusser, Michael, *Docetism*: A Historical Definition, SecCen 1 (1981), 163-172

Smith, Morton, The History of the Term *Gnostikos*, in: Bentley Layton (Hg.), Rediscovery II (1981), 796-807

Smith, Christopher R., *Chiliasm* and Recapitulation in the Theology of Ireneus, VigChr 48 (1994), 313-331

Sobosan, Jeffrey G., The *Role* of the Presbyter: an investigation into the Adversus Haereses of Saint Irenaeus, SJTh 27 (1974), 129-146

Söll, Georg, *Mariologie*, Freiburg u.a. 1978 (HDG 3/4)

Spanneut, Michel, *La rédemption* cosmique autour des années 200, TabR 120 (Déc. 1957), 53-60

Staerk, Willy, Art. Anakephalaiosis, *RAC 1* (1950), Sp. 411-414

Stead, Christopher, The Valentinian Myth of *Sophia*, JThS.NS 20 (1969), 75-104

Stead, Christopher, In *Search* of Valentinus, in: Bentley Layton (Hg.), Rediscovery I (1980), 75-95 (Diskussionsprotokoll der Tagung 95-102)

Steck, Odil Hannes, *Israel* und das gewaltsame Geschick der Propheten. Untersuchungen zur Überlieferung des deuteronomistischen Geschichtsbildes im Alten Testament, Spätjudentum und Urchristentum, Neukirchen-Vluyn 1967 (WMANT 23)

Stockmeier, Peter, *Glaube* und Kultur. Studien zur Begegnung von Christentum und Antike, Düsseldorf 1983 (BTRW)

Stommel, Eduard, Σημεῖον ἐκπετάσεως (Didache 16,6), RQ 48 (1953), 21-42

Straeten, José *van der*, Saint Irénée fut-il *Martyr*, in: *Les martyrs de Lyon (177)*, 145-153

Strathmann, Hermann, μάρτυς κτλ., ThWNT 4 (1942), 477-520

Studer, Basil, *Gott* und unsere Erlösung im Glauben der Alten Kirche, Düsseldorf 1985

Stuiber, Alfred, Die drei σημεῖα von Didache XVI, *JAC 24* (1981), 42-44

474   Quellen, Übersetzungen, Hilfsmittel und Literatur

Teselle, Eugene, The *Cross* as Ransom, Journal of Early Christian Studies 4/2 (1996), 147-170

Tiessen, Terrance L., *Irenaeus* on the salvation of the unevangelized, Metuchen (N.J.) / London 1993 (ATLA.MS 31)

Tilly, Michael, *Johannes* der Täufer und die Biographie der Propheten. Die synoptische Täuferüberlieferung und das jüdische Prophetenbild zur Zeit des Täufers, Stuttgart u.a. 1994 (BWANT 137)

Torisu, Yoshifumi, *Gott* und Welt. Eine Untersuchung zur Gotteslehre des Irenäus von Lyon, Nettetal 1991 (SIM 52)

Torrance, Forsyth Thomas, Kerygmatic *Proclamation* of the Gospel: Irenaeus, The Demonstration of Apostolic Preaching, in: Ders., Divine Meaning. Studies in Patristic Hermeneutics, Edinburgh 1995, 56-74

Torrance, Forsyth Thomas, Early Patristic *Interpretation* of the Holy Scriptures, in: Divine Meaning, 1995, 93-129

Tortorelli, Kevin M., Some *Methods* of Interpretation in St. Irenaeus, VetChr 30 (1993), 123-132

Tortorelli, Kevin M., *Two sketches* in Irenaeus, VetChr 31 (1994), 369-382

Tremblay, Réal, *La signification* d'Abraham dans l'oeuvre d'Irénée de Lyon, Aug. 18 (1978), 435-457

Tremblay, Réal, *La manifestation* et la vision de Dieu selon s. Irénée de Lyon, Münster 1978 (MBTh 41)

Tremblay, Réal, *Le martyre* selon Saint Irénée de Lyon, StMor 16 (1978), 167-189

Trevett, Christine, *Montanism*. Gender, authority and the New Prophecy, Cambridge 1996

Tripp, David H., The Original *Sequence* of Irenaeus „Adversus Haereses" I: A Suggestion, SecCen 8 (1991), 157-162

Tröger, Karl-Wolfgang, Doketistische *Christologie* in Nag-Hammadi-Texten, Kairos 19 (1977), 45-52

Tröger, Karl-Wolfgang, Die *Passion* Jesu Christi in der Gnosis nach den Schriften von Nag Hammadi, diss. Berlin 1978

Tröger, Karl-Wolfgang, Das *Christentum* im zweiten Jahrhundert, Berlin 1988 (KGE I/2)

Tuilier, André, Art. Didache, *TRE 8* (1981) 731-736

Unnik, Willem Cornelis van, Der *Ausdruck* „In den letzten Zeiten" bei Irenaeus, in: Neotestamentica et Patristica. Eine Freundesgabe, Herrn Professor Dr. Oscar Cullmann zu seinem 60. Geburtstag überreicht, Leiden 1962 (NT.S 6), 293-304

Unnik, Willem Cornelis van, Two *Notes* on Irenaeus, VigChr 30 (1976), 201-213

Unnik, Willem Cornelis van, An Interesting *Document* of the Second Century Theological Discussion (Irenaeus, Adv. Haer. 1.10.3), VigChr 31 (1977), 196-228

Unnik, Willem Cornelis van, Theological *Speculation* and its Limits, in: William R. Schoedel / Robert M. Wilken (Hg.), Early Christian Literature and the Classical Intellectual Tradition. In honorem Robert M. Grant, Paris 1979 (ThH 54), 33-43

Unnik, Willem Cornelis van, Der *Fluch* der Gekreuzigten. Deuteronomium 21,23 in der Deutung Justinus des Märtyrers, in: Carl Andresen / Günter Klein (Hg.), Theologia Crucis – Signum Crucis. FS für E. Dinkler zum 70. Geburtstag, Tübingen 1979, 483-499

Vallée, Gérard, Theological and Non-Theological *Motives* in Irenaeus's Refutation of the Gnostics, in: E.P. Sanders (Hg.), Jewish and Christian Self-Definition. Volume One: The Shaping of Christianity in the Second and Third Centuries, Philadelphia 1980, 174-185

Vallée, Gérard, A study in anti-Gnostic *polemics*. Irenaeus, Hippolytus and Epiphanius, Waterloo (Ontario) 1981 (SCJud 1)

Vielhauer, Philipp, *Geschichte* der urchristlichen Literatur. Einleitung in das Neue Testament, die Apokryphen und die Apostolischen Väter, Berlin / New York 1975

Vielhauer, Philipp / Strecker, Georg, XIX. *Apokalyptik* des Urchristentums, in: NTApo II[5], Tübingen 1989, 516-547

Vogt, Hermann Josef, Die *Geltung* des AT bei Irenäus v. Lyon, ThQ 160 (1980), 17-28

Vogt, Hermann Josef, *Teilkirchen-Perspektive* bei Irenäus?, ThQ 164 (1984), 52-58

Voorgang, Dietrich, Die *Passion* Jesu und Christi in der Gnosis, Frankfurt/M. u.a. 1991 (EHS.T 432)

Voss, Bernd Reiner, Der *Dialog* in der frühchristlichen Literatur, München 1970 (STA 9)

Wanke, Daniel, Irenäus und die Häretiker in *Rom*. Thesen zur geschichtlichen Situation von Adversus haereses, ZAC 3 (1999), 202-240

Ward, Keith, *Freedom* and the Irenaean Theodicy, JThS.NS 20 (1969), 249-254

Waszink, Jan Hendrik, Art. *Basilides,* RAC 1 (1950), 1217-1225

Weber, Hans-Ruedi, *Kreuz*. Überlieferung und Deutung der Kreuzigung Jesu im neutestamentlichen Kulturraum, Stuttgart / Berlin 1975 (ThTh.E)

Weigandt, Peter, Der *Doketismus* im Urchristentum und in der theologischen Entwicklung des zweiten Jahrhunderts, diss. Heidelberg 1961

Weiss, Hans-Friedrich, *Paulus* und die Häretiker. Zum Paulusverständnis in der Gnosis, in: Walther Eltester (Hg.), Christentum und Gnosis, Berlin 1969 (BZNW 37), 116-128

Wendebourg, Dorothea, Das *Martyrium* in der Alten Kirche als ethisches Problem, ZKG 98 (1987), 295-320

Wengst, Klaus, *Tradition* und Theologie des Barnabasbriefes, Berlin / New York 1971 (AKG 42)

Werner, Andreas, Koptisch-gnostische *Apokalypse* des Petrus, in: NTApo II⁵, Tübingen 1989, 633-643

Widmann, Martin, Der *Begriff* οἰκονομία im Werk des Irenäus und seine Vorgeschichte, diss. Tübingen 1956

Widmann, Martin, Irenäus und seine theologischen *Väter*, ZThK 54 (1957), 156-173

Wilckens, Ulrich, Der Brief an die *Römer*, 1. Teilband: Röm 1-5, Zürich u.a./ Neukirchen-Vluyn 1978 (EKK 6,1)

Wilken, Robert L., *Melito*, the Jewish Community at Sardis, and the Sacrifice of Isaac, TS 37 (1976), 53-69

Wilson, Robert McLachlan, *Valentinianism* and the Gospel of Truth, in: Bentley Layton (Hg.), Rediscovery I (1980), 133-141 (Disskussionsprotokoll der Tagung 141-145)

Wilson, Robert McLachlan, Art. Gnosis/Gnostizismus II. Neues Testament, Judentum, Alte Kirche, *TRE 13* (1984), 535-550

Wingren, Gustaf, *Man* and the Incarnation. A Study in Biblical Theology of Irenaeus. Transl. by Ross MacKenzie, Edinburgh / London 1959

Winling, R., Le *Christ-Didascale* et les didascales gnostiques et chrétiens d'après l'œuvre d'Irénée, RevSR 57 (1983), 261-272

Wisse, Frederik, The Nag Hammadi Library and the Heresiologists, *VigChr* 25 (1971), 205-223

Wright, D.F., *Clement* and the Roman Succession in Irenaeus, JThS.NS 18 (1967), 144-154

Zahn, Theodor, Art. *Irenäus*, Bischof von Lyon, RE³ 9 (1901), 401-411

Zahn, Theodor, *Apostel* und Apostelschüler in der Provinz Asien, in: FGNK VI, Leipzig 1900, 1-224

Zahn, Theodor, *Analecta* zur Geschichte und Literatur der Kirche im zweiten Jahrhundert, in: FGNK IV, Erlangen / Leipzig 1891, 247-329

Zöckler, Otto, Das *Kreuz* Christi. Religionshistorische und kirchlich-archäologische Untersuchungen. Zugleich ein Beitrag zur Philosophie der Geschichte, Gütersloh 1875

Register

Synoptic Concordance

A Greek Concordance to the First Three Gospels in Synoptic Arrangement, statistically evaluated, including occurrences in Acts

Griechische Konkordanz zu den ersten drei Evangelien in synoptischer Darstellung, statistisch ausgewertet, mit Berücksichtigung der Apostelgeschichte

PAUL HOFFMANN, THOMAS HIEKE, ULRICH BAUER

4 Bände; Band 1 (Einleitung, A – Δ):
1999. 31 x 23,5 cm. LXXIII, 1032 Seiten.
Leinen. DM 298,–/öS 2175,–/sFr 265,–/approx. US$ 175.00
• ISBN 3-11-016296-2

Nachschlagewerk zur Erschließung des Sprachgebrauchs der ersten drei Evangelien durch parallele Anordnung der synoptischen Wortbelege (griechischer Text) mit differenzierten statistischen Auswertungen.

Mit der „synoptischen Konkordanz" wird der Evangelienforschung ein neues Instrumentarium und damit auch ein umfangreiches Datenmaterial zur Verfügung gestellt, das die sprach-liche Analyse der synoptischen Evangelien wesentlich erleichtert. Die Grundidee ist, das Prinzip der Konkordanz mit dem der Synopse zu verbinden.

Im Unterschied zu den gebräuchlichen Wortkonkordanzen kommen bei der synoptischen Konkordanz durch die Anordnung der Wortbelege in drei Ko-lumnen mit den Belegstellen des einen Evangeliums zugleich die jeweiligen synoptischen Parallelen in den Blick. Statt in einem zeitaufwendigen Verfahren anhand der Konkordanz die einzelnen Belegstellen in einer Synopse aufsuchen und notieren zu müssen, wie es bei der Verwendung üblicher Konkordanzen bislang notwendig ist, können „mit einem Seitenblick" die terminologischen und syntaktischen Unterschiede und Gemeinsamkeiten zwischen den Evangelien erfaßt werden. So wird z.B. im Sinne der Zwei-Quellen-Theorie deutlich, wie Matthäus oder Lukas ihre Markus-Vorlage rezipiert haben oder wie sie sich in ihrer Q-Wiedergabe terminologisch unterscheiden.

Preisänderung vorbehalten

WALTER DE GRUYTER GMBH & CO KG
Genthiner Straße 13 · D–10785 Berlin
Tel. +49 (0)30 2 60 05–0
Fax +49 (0)30 2 60 05–251
Internet: www.deGruyter.de

de Gruyter
Berlin · New York

Athanasius Werke

Erster Band. Erster Teil (Die dogmatischen Schriften)
2. Lieferung: Orationes I et II contra Arianos
Herausgegeben von der
Patristischen Arbeitsstelle Bochum
der Nordrhein-Westfälischen Akademie der
Wissenschaften unter der Leitung von Martin Tetz
Edition, vorbereitet von Karin Metzler,
revidiert und besorgt von Kyriakos Savvidis

29,5 x 21 cm. Seiten XXXIII-XL, 65 -260. 1998.
Kartoniert DM 168,-/öS 1226,-/sFr 150,-/approx. US$ 99.00
• ISBN 3-11-016409-4

Textkritische Edition der Ersten und Zweiten Rede gegen Arianer
(griechisch) im Rahmen der Berliner Ausgabe der Athanasius Werke.

Die Erste und die Zweite Arianerrede des Athanasius, die der alexan-
drinische Bischof wohl auf seiner Flucht in Rom (ca. 340) verfaßte,
sind eine der Hauptquellen zum Arianischen Streit. Die hier vorliegende kritische Ausgabe bietet den sachlich und überlieferungs-
geschichtlich zusammengehörigen Komplex der beiden Arianerreden
und ersetzt Bernard de Montfaucons Edition von 1698 und deren
Nachdrucke.

Beteiligt waren an der Edition als Mitarbeiter der Bochumer
Patristischen Arbeitsstelle der Nordrhein-Westfälischen Akademie der
Wissenschaften Dr.phil. Karin Metzler und Dr.phil. Kyriakos Savvidis
unter der Leitung von Prof. Dr. Martin Tetz, em. Ordinarius für
Kirchengeschichte an der Universität Bochum.

Preisänderung vorbehalten

WALTER DE GRUYTER GMBH & CO KG
Genthiner Straße 13 · D–10785 Berlin
Tel. +49 (0)30 2 60 05–0
Fax +49 (0)30 2 60 05–251
Internet: www.deGruyter.de

de Gruyter
Berlin · New York